2013

桂林调查年鉴

GUILIN SURVEY YEARBOOK

国家统计局桂林调查队　编

COMPILED BY SURVEY OFFICE OF THE
NATIONAL BUREAU OF STATISTICS IN GUILIN

中国统计出版社
China Statistics Press

图书在版编目(CIP)数据

桂林调查年鉴. 2013 / 国家统计局桂林调查队编. -- 北京：中国统计出版社, 2014.1
ISBN 978-7-5037-7048-7

Ⅰ.①桂… Ⅱ.①国… Ⅲ.①统计资料－桂林市－2013－年鉴 Ⅳ.①C832.673-54

中国版本图书馆CIP数据核字(2014)第011349号

桂林调查年鉴-2013

作　　者/ 国家统计局桂林调查队
责任编辑/ 余竞雄
装帧设计/ 赵桂滔
出版发行/ 中国统计出版社
通信地址/ 北京市西城区月坛南街57号 邮政编码/100826
办公地址/ 北京市丰台区西三环南路甲6号 邮政编码/100073
电　　话/ 邮购（010）63376909 书店（010）68783171
网　　址/ http://csp.stats.gov.cn
印　　刷/ 桂林日报印刷厂
经　　销/ 新华书店
开　　本/ 890mm×1240mm 1/16
字　　数/ 550千字
印　　张/ 18.25 彩页 1.25
版　　别/ 2014年1月第1版
版　　次/ 2014年1月第1次印刷
定　　价/ 260.00元

如有印装差错，由本社发行部调换。

《桂林调查年鉴-2013》

编委会和编辑工作人员

编者说明

一、《桂林调查年鉴-2013》是国家统计局桂林调查队编辑出版的资料性刊物，本书收录了2007-2012年桂林市经济社会相关统计调查数据，以及全区其他13个市主要统计调查指标。

二、全书内容主要包括价格调查、住户调查、企业调查、退耕还林调查、投资环境调查、调查信息、调查报告和相关的工作动态等。为了方便读者使用，附有《主要统计指标解释》。

三、资料中所使用的度量衡单位均采用国际统一标准计量单位。

四、资料来源于年度和月度统计调查和专项调查资料。

五、资料表中的符号使用说明："空格"表示该项统计指标数据不详或无该数据；"#"表示其中项。

六、在年鉴的编辑过程中，得到了桂林市市委、市政府及其他市级国家调查队的大力支持，在此我们深表谢意。限于我们的水平，加上时间仓促，年鉴的错误和不足之处在所难免，恳请广大读者给予批评指正。

2013年7月6日，桂林市常委、常务副市长秦春成为国家统计局桂林调查队题词

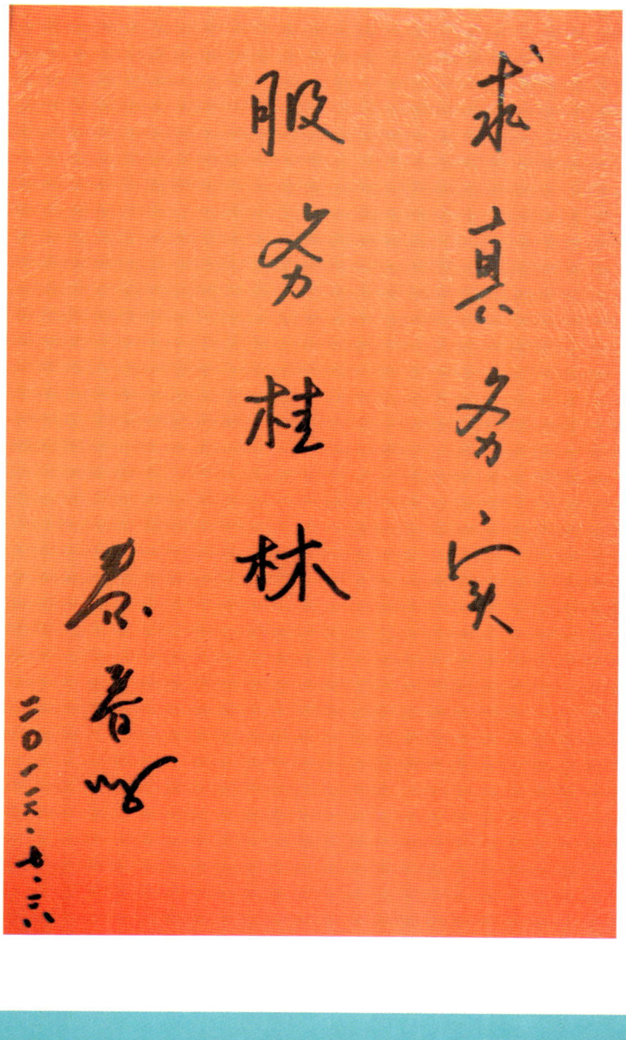

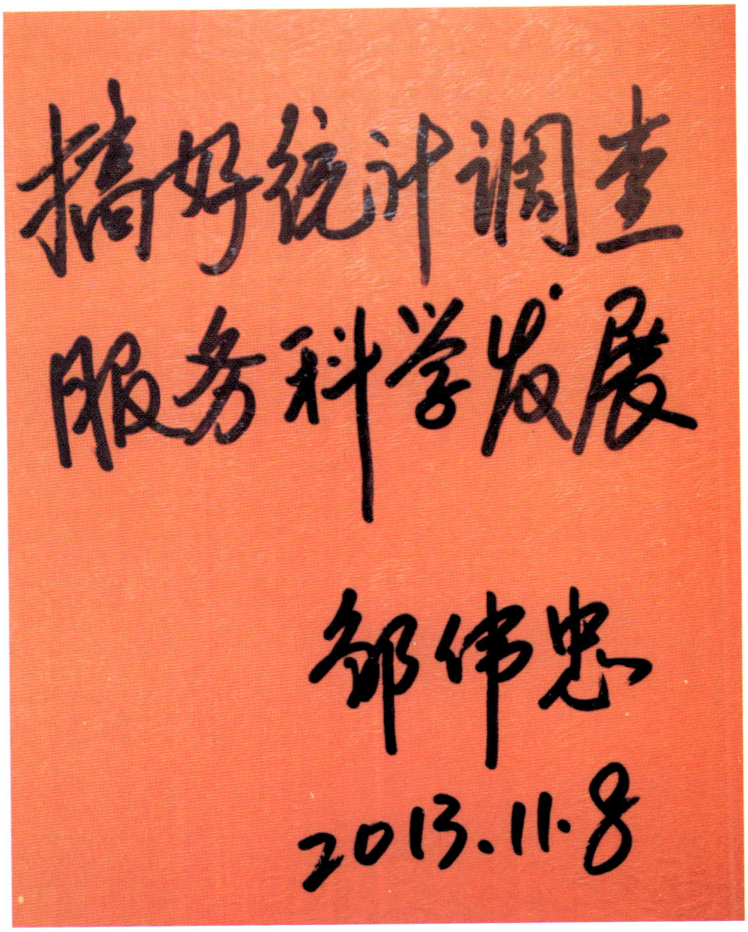

国家统计局广西调查总队总队长邹伟忠（右四）与桂林市县队长合影

桂林市常委、常务副市长秦春成（前排左七）看望奋战统计调查战线的桂林调查队干部

国家统计局桂林调查队全体人员

2007年-2012年桂林市城镇居民家庭人均现金收支情况

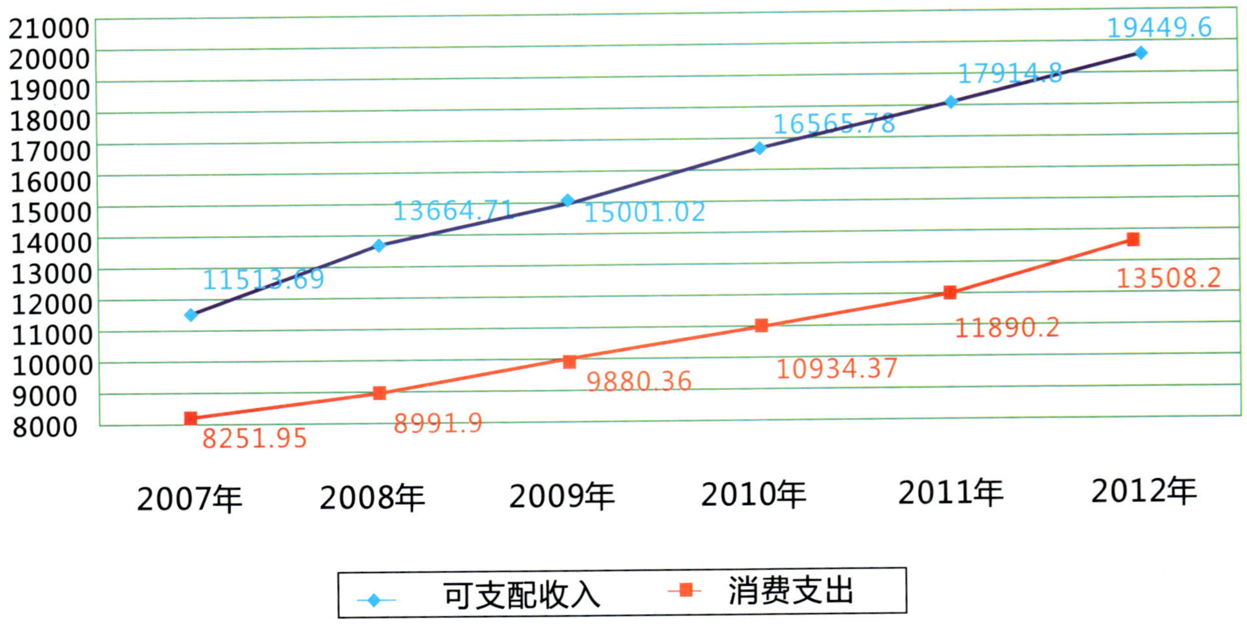

2007年-2012年桂林市居民消费价格指数(CPI) (上年同期=100)

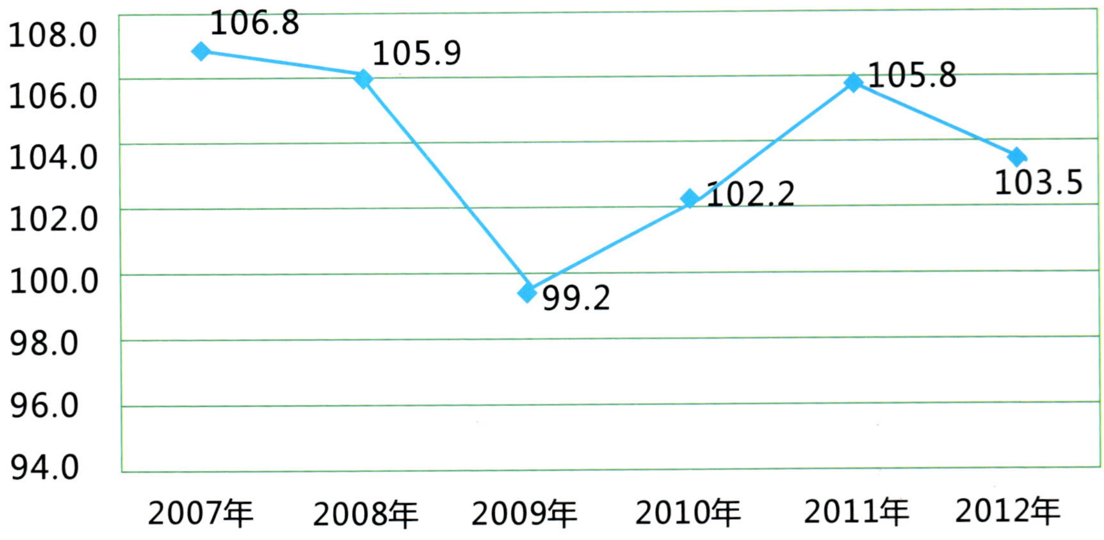

2007年-2012年桂林市各月居民消费价格指数(CPI)(上年同期=100)

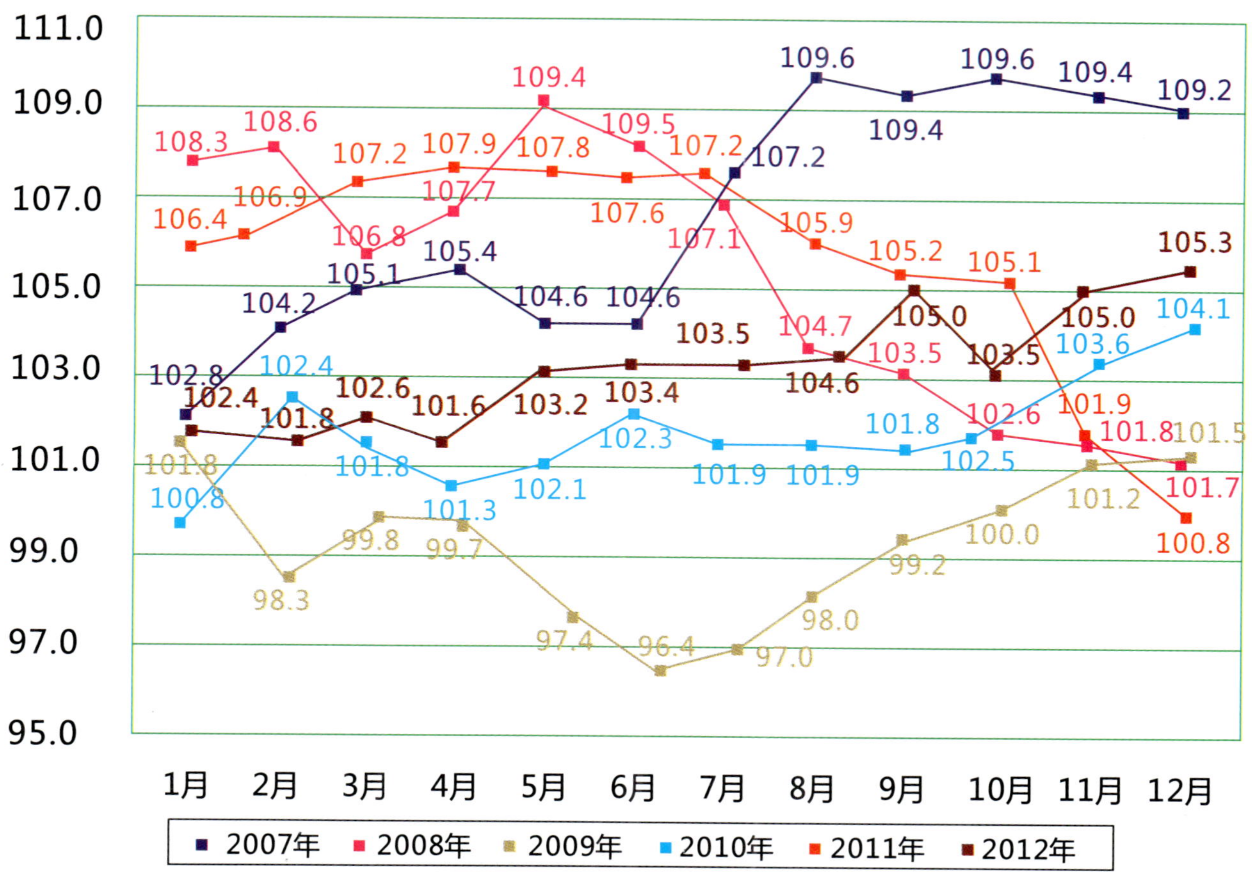

2007年桂林市各月居民消费价格指数(CPI)(上年同期=100)

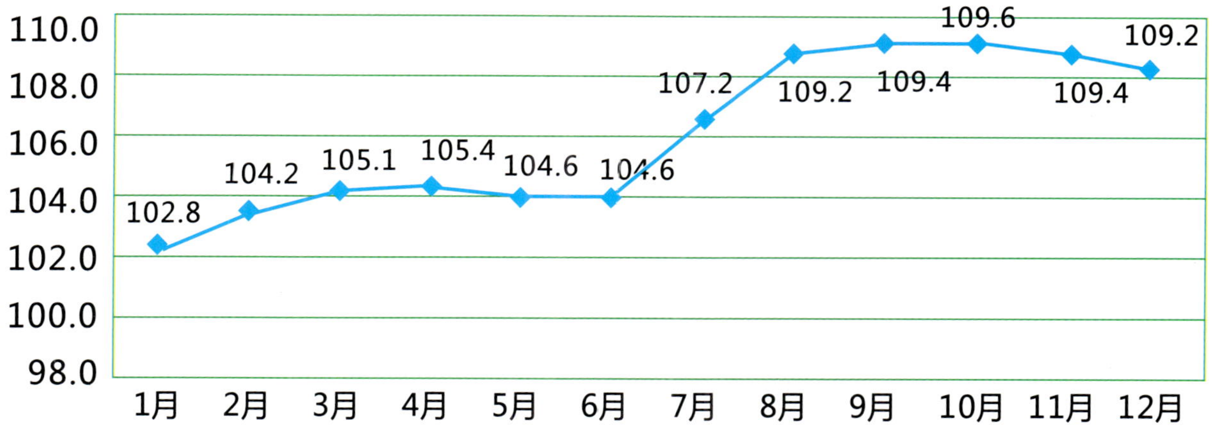

2008年桂林市各月居民消费价格指数(CPI)(上年同期=100)

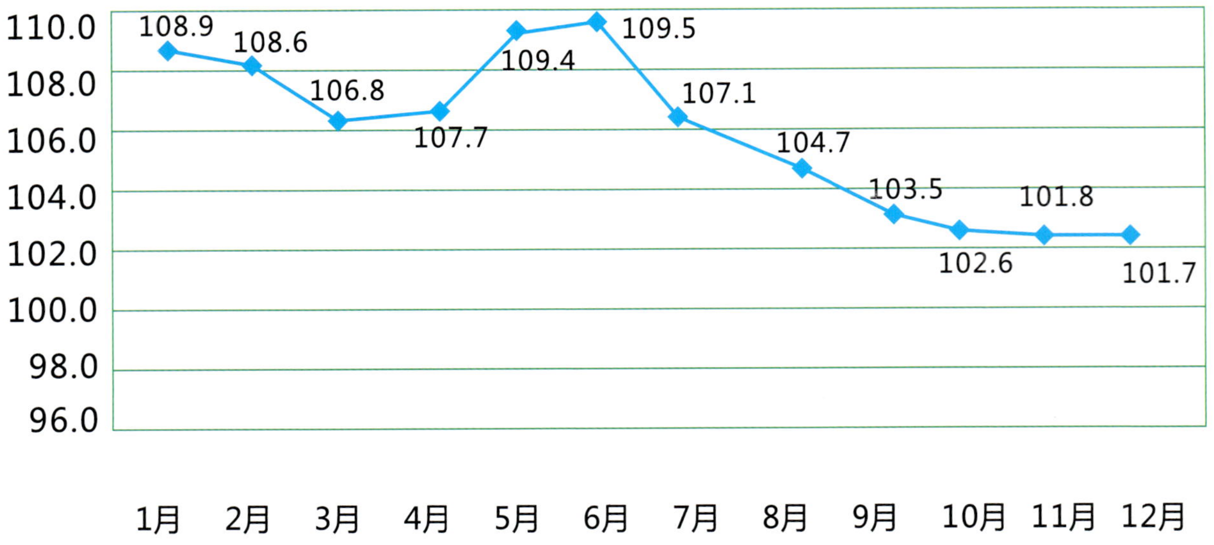

2009年桂林市各月居民消费价格指数(CPI)(上年同期=100)

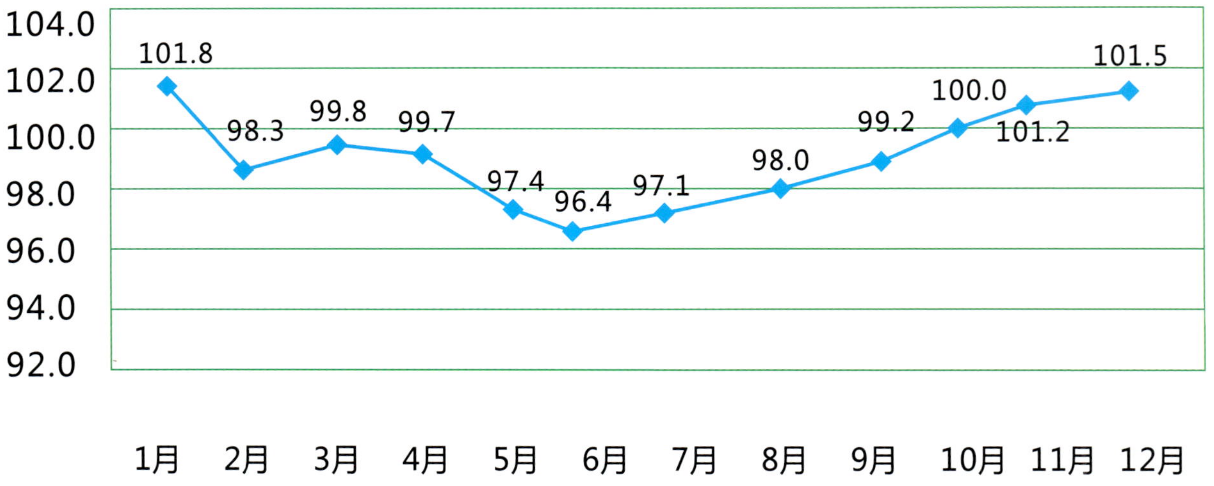

2010年桂林市各月居民消费价格指数(CPI)(上年同期=100)

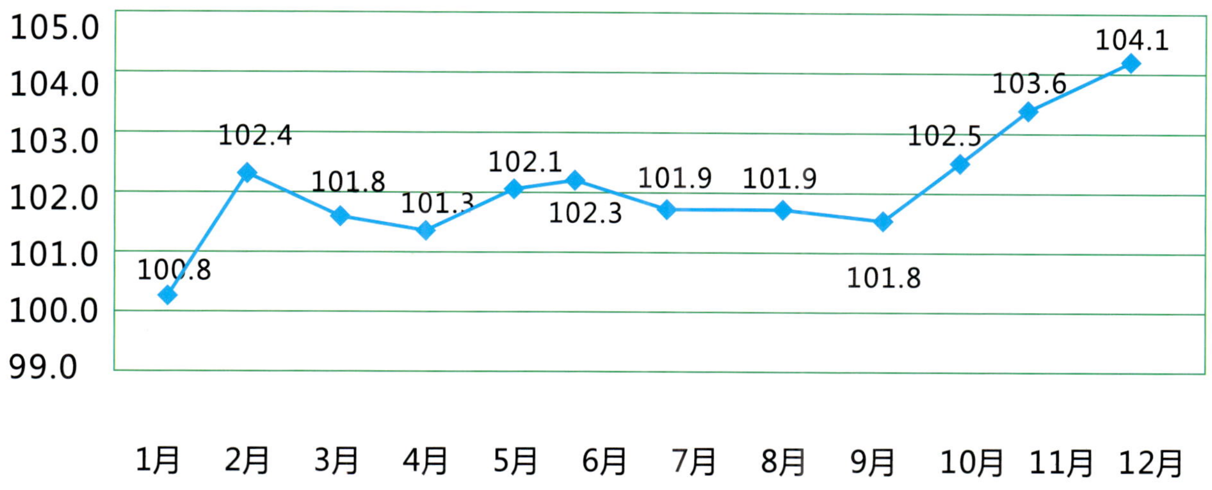

2011年桂林市各月居民消费价格指数(CPI)(上年同期=100)

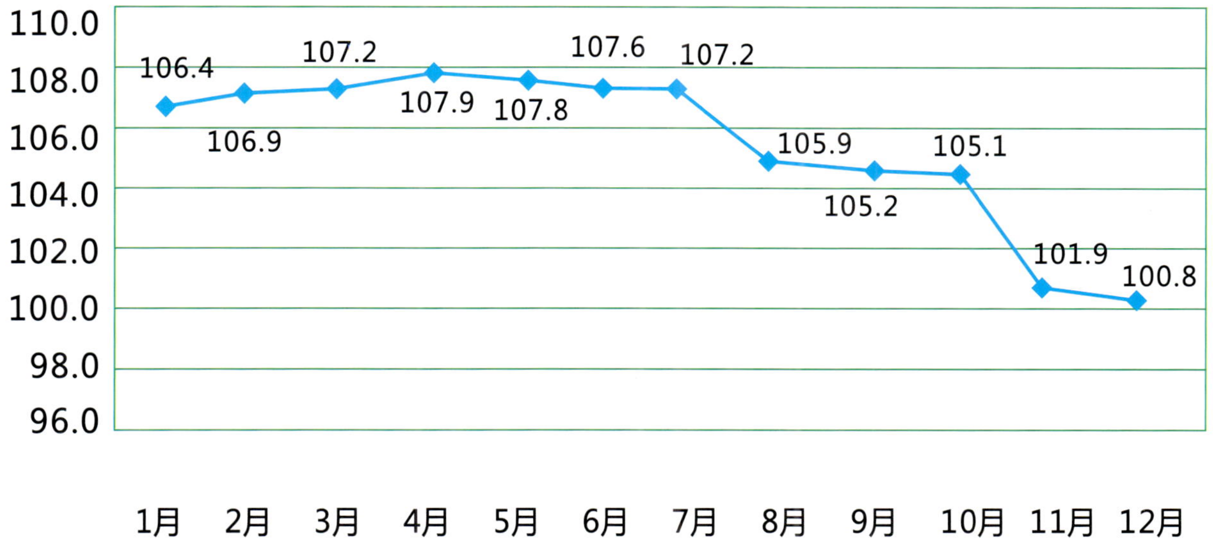

2012年桂林市各月居民消费价格指数(CPI)(上年同期=100)

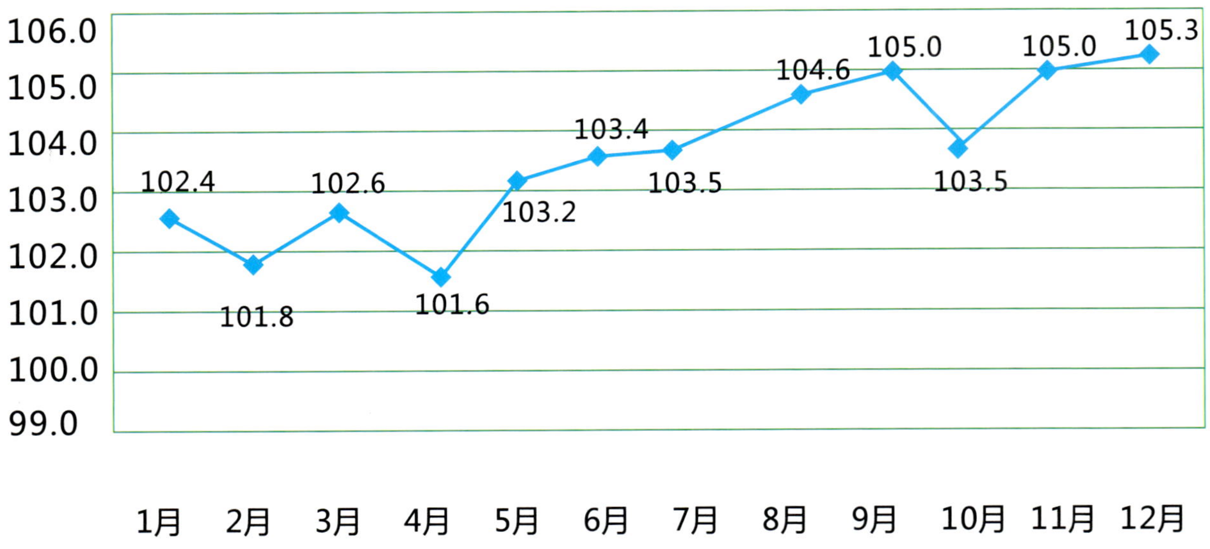

2007年-2009年桂林市各季度企业家信心与企业景气指数

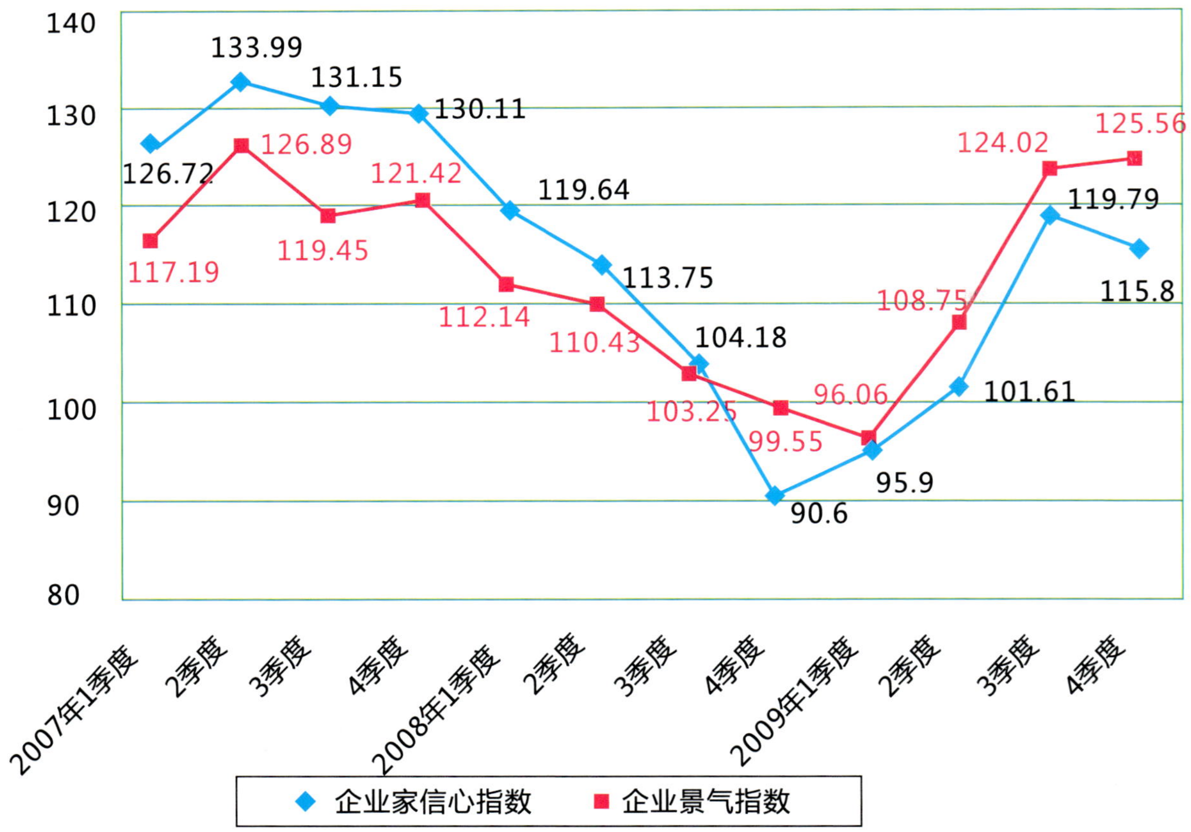

2010年-2011年桂林市各季度企业家信心与企业景气指数

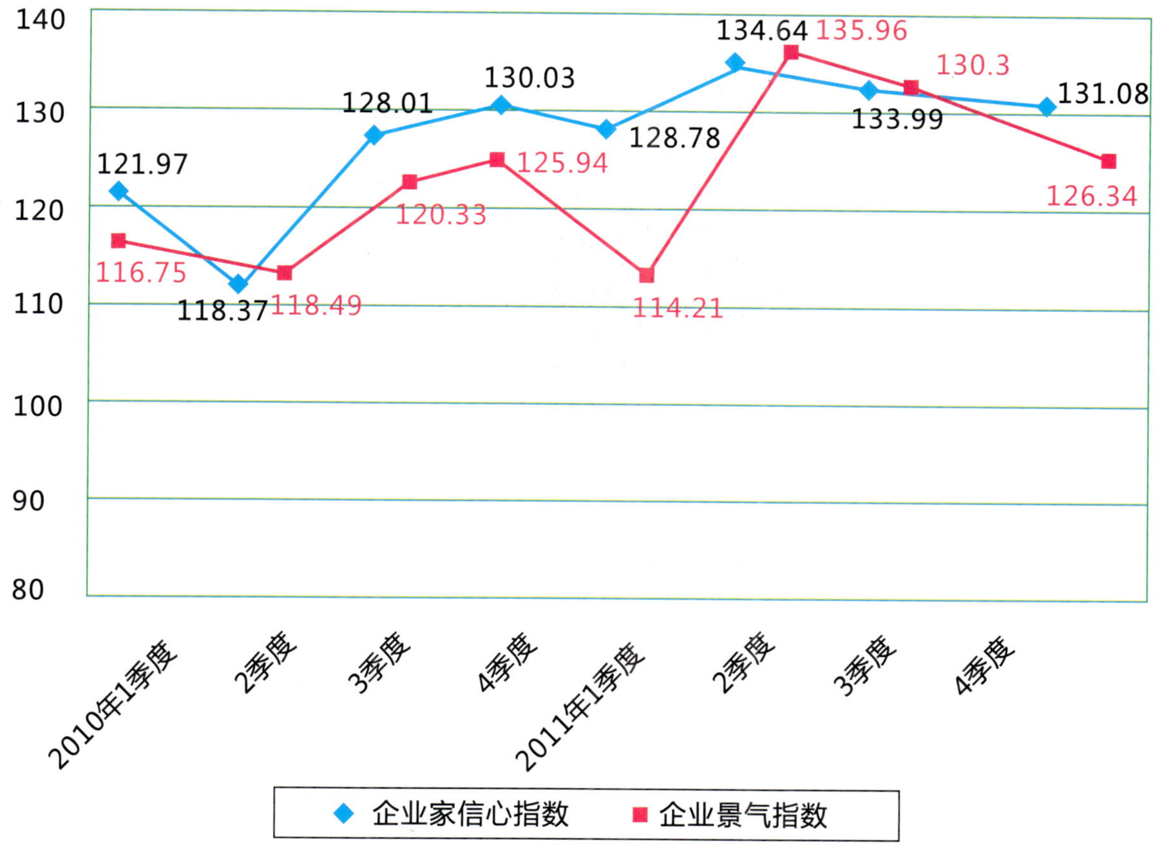

风劲帆满正远航　于无声处著华章

——国家统计局桂林调查队发展掠影

在彩翠相间的叠彩山下，当清晨第一缕阳光透过翠绿的树林照进办公楼，迎面墙上那印着“国家统计局桂林调查队”简朴的牌匾，无时无刻不在展示着桂林统计调查人那种低调严谨踏实的工作作风和追求卓越的工作态度。走过难忘的2012年，桂林统计调查人欣喜地发现，他们所在的集体正在用辛勤汗水和不懈努力抒写着桂林调查队年轻的历史，收获着属于桂林统计调查人的一份份沉甸甸的荣誉：2007-2010年连续4年获广西调查队系统目标考核三等奖，2011-2012年连续2年获广西调查队系统目标考核二等奖，2009-2011年连续四年荣获桂林市委信息先进单位，2012年荣获《桂林市志（1991～2005）》修志工作先进集体称号，2012年荣获国家统计局授予的城乡住户调查一体化改革工作先进集体，荣获国家统计局广西调查队系统先进集体称号……回首这几年的发展之路，不难发现，“求真务实，开拓进取”的工作理念正是桂林统计调查人前进道路上的最强足音，伴着他们在平凡而繁杂的数字海洋中不断谱写着新的华章。

组建——新起点负载新使命

2006年12月，国家统计局广西调查总队正式下发文件宣布了国家统计局桂林调查队成立。2007年4月，正值初春，伴着统计机构改革的步伐，桂林调查队举行了隆重的挂牌仪式——广西调查总队党组书记、总队长邹伟忠，桂林市委常委、常务副市长束华莅临，兄弟市级调查队的主要领导纷纷到场祝贺，不仅体现了他们对桂林调查队成立的重视，更体现了一种期待。盛大而热烈的场面伴着初春的生机，宣告了原桂林市城市社会经济调查队、桂林市企业调查队合并成一支新的生力军——国家统计局桂林调查队。正是负载着这份厚爱和关注，国家统计局桂林调查队站在新的起点上，肩负着新的使命，开始了自己的发展之路。

国家统计局桂林调查队是国家统计局的派出机构，既是政府统计机构，也是统计执法机构，依法独立

2007年4月隆重举行国家统计局桂林调查队成立大会暨揭牌仪式

2007年4月广西调查总队总队长邹伟忠（左二），
时任桂林市常委、常务副市长束华（中）
分别为桂林调查队成立致辞

2007年4月广西调查总队总队长邹伟忠（左），
时任桂林市常委、常务副市长束华（右）
为桂林调查队成立揭牌

行使统计调查、统计监督的职权，独立向广西调查总队上报调查结果，并对上报的调查资料的真实性负责。同时，承担地方党委、政府委托的各项统计调查任务。桂林调查队内设办公室、综合和法规科、住户调查科、农业调查科、价格调查科、工业企业监测调查科、专项调查科等6科1室。其主要职责有：

（一）组织实施城乡住户、工业生产者价格（PPI）、居民消费价格（CPI）、部分服务业、规模以下工业、主要畜禽监测、退耕还林监测等国家抽样调查制度，以及国家统计局布置的有关企业景气、企业集团制度跟踪监测、农村贫困监测基本情况等专项调查制度。

（二）组织实施国家统计快速反应制度，组织开展经济社会重大问题专项调查，及时报告本地区的突发性经济事件和重大社会经济问题等方面信息。

（三）参与组织实施国家有关普查项目

（四）根据国家统计局的授权，管理和公布有关统计调查数据。

（五）依法查处调查对象的统计违法案件。

（六）负责本队机关人事、财务工作。

（七）负责本队机关党的建设、纪检监察工作。

（八）组织指导地方调查队的业务工作。

（九）接受地方政府、有关部门的委托，开展统计调查，提供数据处理服务。

（十）完成国家统计局以及广西调查总队交办的其他事项。

规范——以规矩成方圆

不以规矩，无以成方圆。建队以来，桂林调查队根据广西调查总队“规范化”建设的要求，建立健全并印发了包含行政、业务、人事、后勤等各类管理制度60多项，逐渐形成了制度健全、管理规范的管理模式。

议事决策民主化。以党组班子为核心，通过参加总队举办的各种学习班，提高了走群众路线、执行民主集中制的认识和自觉性，建立并逐步完善

2011年11月21日，广西调查总队检查组到
桂林调查队检查规范化建设

2011年12月12日，桂林调查队召开述职述廉会议，队领导班子接受总队考核组的考核

了党组决策议事规则、队常务会、队务会制度。在总队的要求和指导下，开展了基层重大事项决策的讨论，根植了责任意识、执政为民、群众观念、工作纪律思想，抵制了独断专行、纪律松散现象，执行决策议事民主化。在近几年的民主测评中，民主化决策满意率均达到95%。

工作流程程序化。将以目标责任制为主的19项规章制度汇编成册，人手一份，形成了领导带头、办公室监督、干部自觉遵守的格局，实现了用制度管人、用制度管权，依章办事，加强了自我约束力，增强了工作主动性，避免了互相推诿的现象。

目标管理科学化。坚持集体领导分工负责制，建立明确领导分工，科室职能的个人岗位目标和考核办法，推行完成任务质量与晋级、评选、评鉴相关事项挂钩的制度。

财务实行国库支付预算化。严格执行财经纪律，制定财务制度，做好预算，按照项目安排使用经费，提高经费使用的计划性、合理性；严格执行政府采购，做到一车一卡，完善固定资产和车辆管理，提高后勤保障能力。

工作运行检查常态化。每月第一个星期二下午召开工作例会，主要对照检查上月全队、各科室、各专业工作完成情况、存在问题、本月工作安排。做到公开透明，检查到位，监督有力。

夯实——勇立潮头踏浪行

站在统计机构改革的浪潮上，桂林调查队紧紧围绕数据质量、优质服务、统计执法三大块基础内容踏浪前行。

（一）主抓数据质量这条生命线

2011年4月广西调查总队总队长邹伟忠(中)来桂林调研

2011年4月广西调查总队总队长邹伟忠(中)到桂林调查队检查工作

数据质量是统计调查工作的生命线。提高统计数据质量，生产出真实可信的统计产品，是统计调查工作的出发点和归宿，是各级统计机构的第一要务。桂林调查队矢志不渝地紧抓这一生命线，加强业务建设，不断提高数据质量。

1.坚持以规范化建设为抓手，为提高数据质量夯实基础。一是领导重视，成立机构，专业负责。成立了桂林调查队规范化工作领导小组，由综合和法规科牵头，负责组织、实施、检查等事宜。二是按照总队规范统一、公开透明的要求，各专业依据总队对应处室要求，做到标准化。三是进行自查和检查。每年年初制定规范化检查及基层企业报表质量抽查的工作计划，并严格按照计划开展业务和行政规范化自查和报表抽查，重点抓数据采集、机表对数等环节。检查结果反映出意识到位、责任到位、行动到位，基本达到要求。

2.紧抓培训和执行环节，提高方法制度的执行能力。一是专业人员做到培训深度化，保证理解制度不走样。专业人员积极参加总队、国家局举办各类业务培训会，同时不定期地组织开展学习，领会方法制度出台的背景、调查的目的、指标含义、资料收集方法、规定，并结合人员新老交替过渡的特殊性，要求每个专业（包括常规调查和专项调查）在工作布置前，均要提交工作方案和培训材料，包括目的、调查内容、对象、范围、时期、培训方式、人员分工、经费预算、时间安排、质量控制办法、会议通知及指标解释等文字材料，以此促进和检验专业人员的能力。二是对调查人员培训制度化，保证参与调查人员均能掌握调查方法制度要求。紧抓方法制度执行环节，采取集中学习形式，结合实际，由专人不定期对调查员进行培训，保证了第一手数据资料的优质、高效。三是对企业人员培训多样化，保证企业统计符合方法制度规定。紧抓数据源头，根据专业特点对企业统计人员开展培训，采用多媒体形式，一人一机，举办企业相关负责人培训班，详述调查相关理论知识。四是跟踪检查常态化，保证及时发现和纠正出现的问题。出台了调查人员跟踪管理办法，采取专人跟踪抽查形式，杜绝弄虚作假现象。同时，定期开展内部规范化检查和统计执法，及时发现和纠正问题，实现了以制度管人、使责任跟人、让监督到人的良好机制。通过培训环节、执行环节两手抓，桂林调查队统筹安排常规调查和专项调查，做到执行方案不走样，履行程序不简化，圆满地完成了各项常规调查和专项调查工作任务。

3.做好“责任、经费、检查、评估”配套措施，助推数据质量提高。在每年的个人岗位目标责任制

2009年6月广西调查总队总队长邹伟忠(前排右二)
到桂林调查队调研

桂林调查队召开全市2011年企业景气
网上直报培训会

2011年6月9日，桂林调查队邀请广西调查总队进行优质服务培训

中，做到每个专业有岗位、有目标并落实到具体人；根据工作需要与经费可能，对培训、调查、收集、汇总、资料保存等在内的办公费用和调研费均做了安排，保证组织实施；同时，按照数据评估制度的要求，组织开展评估检查活动，做到公开透明，增进了解，互补创新，检查监督，将提高统计方法制度的执行力纳入常态化。通过落实目标责任、工作经费、检查、评估四配套，保证各项常规业务及CPI、ICP和房地产价格调查，企业景气调查网上直报，工业生产者价格网上直报，规模以下工业抽样调查等制度改革任务的完成，近年来无重大数据质量差错现象发生。

（二）紧抓优质服务不放松

优质服务让统计数据得到升华。桂林调查队在紧抓数据质量的同时，对优质服务也不放松。

1.提升调查分析能力。坚持按《国家统计局桂林调查队统计调查数据管理及对外提供发布暂行规定》对数据资料实行有效管理，在《国家统计局桂林调查队优质服务工作管理考核办法暂行规定》中对信息、分析的质与量均作了任务分解，进一步完善了信息、分析、管理和考核办法。据统计，2007-2012年，桂林队对外审核提供数据153次，共撰写调查信息、报告449篇,其中总队采用310篇，桂林市委、市政府采用21篇,自治区党委、政府采用54篇,得到自治区领导批示7篇,中办、国办采用9篇,获国家领导批示7 篇；上报政务信息300余篇，总队采用243篇，国家局采用15篇，信息、报告的质量明显提高，优质服务水平有新突破。

2.服务好地方党政中心工作。定期编纂《调查信息》、《桂林市CPI专报》报送市有关领导和部门，编制工业生产者价格指数、城镇低收入居民基本生活费用价格指数，接受委托开展了组织工作满意度民意调查、广西党风廉政建设民意调查、国有企业反腐倡廉民意调查、广西投资环境监测调查、桂林市机关绩效考评、桂林市民主评议政风行风公众问卷评议、桂林市国税纳税人满意度调查、桂林市公众对城市环境保护满意度调查等。

3.做好新闻宣传工作。2011年年初，与市统计局联合召开统计新闻发布会，主动向新闻媒体投稿；接

2011年3月21日桂林调查队召开2011年桂林市投资环境监测调查培训会

2009年全市统计违法检查会议

2011年2月15日，桂林调查队召开
2011年国际比较项目调查培训会

2009年1月25日，桂林调查队与
桂林房改办进行数据评估

受记者采访，让新闻媒体零距离见证统计调查过程，树立国家队形象，维护统计调查数据的权威性；成立舆情监测领导小组，设立舆情监测站，落实舆情监测责任人，明确职责，时刻对电视、报纸、网络等媒体进行跟踪监测，释疑解惑能力增强；结合“中国统计开放日”，多渠道多方式开展统计宣传活动，通过中国移动、中国联通、中国电信以手机短信的方式，共发送各种标语口号1000余条，充分展现了统计走向公开透明的良好形象。

（三）强化统计执法，统计执法工作保持良好势头

1.加强统计调查法制宣传与教育，以工作布置和培训会为契机，对调查对象积极开展统计法律法规宣传教育，共发放有关统计法宣传材料达5000多份，参加培训人数超过2000多人次。

2.各专业规范布置基层企业报表业务，发放《统计调查事务告知书》，统一制定报表报送、资料发放情况登记表，并对登记工作进行跟踪监督检查，到20余家企业进行统计执法检查，立案查处2家迟报企业，统计执法基础进一步加固。

3.严格执行地方调查项目申报规定，成功申报2012年国税纳税人满意度调查项目、行风建设调查项目等，为项目的圆满完成提供了法制保障。

巩固——砥砺奋进开新篇

年轻人的加入，为桂林调查队注入了新鲜的血液，这支统计调查战线上的生力军也从合并之初的13人逐渐壮大至如今的22人，也为巩固统计改革成果奠定了基础。“从年轻人的身上，我看到了桂林调查队的未来”，这是队党组书记、队长阳德芳常挂在嘴边的一句话。

是的，合并之初，全队人员年龄老化，大学本科学历仅占38%，各项基础差的现状有目共睹。事业的发展离不开一支高素质的人才队伍，面对这一现状，队党组首先从抓队伍建设、提高人员素质入手，逐渐打造一支讲政治、守纪律、作风正、业务精的队伍。

（一）开展教育培养，提升干部综合素质。一是加强思想教育。以“三个提高”为核心，树立国家队意识、调查队意识；加强行风建设，增强责任意识和使命感，学习统计法规，结合“中国统计开放日”开展教育，在历次的党风廉政建设民意调查，组织工作满意度民意调查中都体现了全体队员严密的组织纪律，坚持求真务实和顽强拼搏的工作作风。二是开展多层次、多形式、针对性强的学习。近年来，桂林调查队邀请专家开展“责任胜于能力”讲座，邀请总队综合处、法规处、消价处指导授课，组织学习上级文

2012年4月22日，桂林调查队荣获广西调查队系统第五届运动会二等奖

2011年9月23日，刘宇波荣获国家统计局授予的“优秀基层调查员”称号

件，赴兄弟队交流学习，购买《中国共产党历史（第二卷）》、《致加西亚的信》等学习书籍，开展积极有效的教育培训工作，增强干部职工的大局观意识、团结互助精神、职业道德修养。三是实战锻炼学习，指导培养拟定调查工作方案等，提升工作思路、方法。四是开展“传帮带”活动。搭建实践锻炼平台，平等沟通交流，营造组织培养、群众帮助、个人努力的氛围，队伍素质提高很快。建队后，经群众推荐，组织考核，有2名中层干部走上党员领导干部岗位，1名中层干部晋升副调研员，提拔了5名干部为中层领导，3名同志晋升为副主任科员，占队伍总人数的46%。五是积极配合开展国家局举办的“共和国记账人”和总队举办的“业务能手”等各类评选活动，营造了争当先进的浓厚氛围，涌现一批创先争优的统计调查人。

（二）加强基层党组织建设，提升队伍战斗力。一是坚持服务中心，围绕基层党组织建设和实际工作需要制定工作计划；二是加强学习，坚持两会一课，适时开展民主生活会，开展思想教育谈心活动；三是开展争优创先活动，树立标兵；四是抓好党员的发展工作。目前，在22名在编干部职工中，有14名是党员，2名是预备党员，1名是入党积极分子，另有2名递交了入党申请书。在近年各项工作中，党员发挥了先锋模范带头作用，体现了顽强的工作作风。2011年，桂林调查队党支部荣获市直机关工委授予的“优秀基层党组织”称号，邹学亲同志荣获“优秀党员”称号。

（三）构建文体平台，促进队伍和谐团结。组织气排球训练，并在科室之间、与统计局等市直单位开展友谊赛，在交流提高球技的同时，培养团结合作的精神，促进队伍的和谐；积极参加广西调查队系统职工运动会，在第三届运动会中荣获一等奖，第四、五届连续两届荣获二等奖。

新鲜血液的注入优化了桂林调查队的队伍，至2012年12月，全队在职在编22人，其中研究生4人，大学本科14人，大学本科以上学历占81.8%。通过加强队伍建设，桂林调查队干部素质得到提高，干部职工特别是年轻干部的工作热情与责任感得到增强。在统计行风建设宣传作品征集活动中，梁白冰同志在“提高执行力”主题征文活动中获一等奖；谢登宝同志的书法作品被总队推荐参与国家局的评比；在“中国统计开放日”短信征集评比活动中获优秀奖；在“共和国记账人”评选活动中，刘宇波同志荣获国家统计局授予的“优秀基层调查员”称号，其个人先进材料《从采价新人到业务尖兵》在2011年9月2日的《中国信息报》上刊登；在“业务能手”评选活动中，张悦等4名同志得到总队相关处室的肯定与推荐，其中刘宇波同志荣获广西调查队系统“业务能手称号”。随着一批兢兢业业、顾全大局、团结互助、顽强拼搏的年轻干部涌现出来，一支政治强、业务精、作风硬、纪律严，和谐氛围浓的队伍已初步形成，同时，也翻开了桂林调查队新的篇章。

憧憬——风好正是扬帆时

2007年，凭借过硬的数据质量和科学严谨的数据分析，CPI调查、房地产价格调查、工业生产者价格调查逐渐成为了桂林调查队的拳头产品。

2007年，桂林调查队开始陆续接受当地党委、政府及相关部门委托的各类专项调查20余项，从最初的桂林市卷烟市场调查到党风廉政建设民意调查、政风行风公众评议调查、投资环境监测调查等关系当地党委、政府重要工作和当地社会经济发展的调查。

2008年，受中央组织部、广西区党委组织部的委托，桂林调查队开始连续5年在桂林辖区开展了组织工作满意度民意调查。

2009年，桂林调查队撰写的调查分析获中央办公厅、国务院办公厅，自治区党委、政府，桂林市党委、政府采用及获领导批示逐渐增多。

2012年，时任桂林市市长李志刚、副市长何永东多次到桂林调查队调研，听取汇报，看望慰问桂林统计调查人，关心和支持统计调查事业的发展。

2012年，为了适应统筹城乡发展需求，适应改善收入分配格局的需求，适应提高调查数据质量需求，全国开展了城乡住户调查一体化改革，这是继统计“四大工程”之后又一重大统计调查制度改革，是一项十分重要的民生统计工作。作为一体化改革的主体，桂林调查队勇挑这一改革的重任，迎接前所未有的挑战，将一体化改革作为一项品牌，精心谋划布局，认真梳理局队关系，在向市政府多次汇报、与统计局多次协商沟通下，住户一体化改革工作得到了市委市政府的支持和肯定，召开了全市工作布置会，成立了以常务副市长为组长的工作领导小组，并把领导小组办公室设在 桂林调查队，通过认识到位、人员到位、责任到位、培训到位、宣传到位、经费到位的六位一体整体推进。桂林市也成为全区首个成立住户调查一体化改革工作领导小组的城市。2012年，桂林调查队获国家统计局授予的全国住户调查一体化改革工作先进集体，2013年，荣获广西调查总队授予的住户调查一体化改革工作特等奖。

……

回首这一路走来的历程，每一段都见证了桂林调查队队伍建设、业务建设、管理水平与时俱进，印证了调查系统管理体制改革符合并服务于当前社会主义市场经济条件下的需要，彰显着调查系统职能作用的进一步发挥和社会地位的提升。

风好正是扬帆时。站在统计调查改革的潮头，桂林统计调查人信心百倍，意气风发，在数字的海洋里，搏风击浪，一往无前，满怀信心地迎接更加灿烂的明天，谱写更加辉煌的篇章！

2013年5月，广西调查总队住户调查一体化调研组在桂林调查队陪同下深入记账户了解情况

2011年4月8日，桂林调查队与市房产局座谈

2013年桂林市市长黄俊华(左)到桂林队调研

2012年5月时任桂林市市长李志刚（前右一）在时任副市长、现广西调查总队副总队长何永乐（前中）的陪同下到桂林调查队调研

2013年3月12日，广西调查总队副总队长杨锡虹（后排左二）率队到桂林调查队检查工作

2011年11月13日，桂林调查队获广西调查队系统第四届职工运动会二等奖

桂林调查队承办2012年广西调查队系统第五届职工运动会，2012年4月21日队党组书记、队长阳德芳致欢迎辞

2012年3月11日，桂林调查队召开全市
2012年组织工作满意度民意调查培训会

2011年7月4日,桂林调查队党支部重温入党誓词

2007年桂林市工价、景气、房价统计工作会议

2009年3月桂林调查队参加
国家统计局调查队系统中型
城市调查工作研讨会

桂林调查队在阳朔县早稻实测估产

目　录

一、调查信息

2007年

2008年

2009年

2010年

2011年

2012年

二、调查报告

2007年

2008年

2009年

2010年

2011年

2012年

三、价格调查

四、住户调查

五、企业调查

六、退耕还林调查

七、投资环境调查

八、附　录

九、国家统计局采用的政务信息

一、调查信息

2007年

调查信息

2007年一季度桂林市房产交易价格总水平温和上涨

谢登宝

调查显示，一季度桂林市房屋销售价格比上年同期（下同）上涨3.5个百分点，房屋租赁价格上涨2个百分点，物业管理费上涨0.5个百分点，总体上属温和型上涨。

1.在房屋销售价格中，占主导地位的商品房销售价格涨势仍然明显，二手房销售价格涨势相对平缓：本季度商品房销售价格上涨了3.7%，其中住宅类上涨3.5%，非住宅类上涨4.5%；二手房上涨2.5%。上涨原因有三：

（1）开发商在楼盘的园林设计、前期绿化、健身场地器材等配套设施等方面加大力度，使建房成本提高，房屋销售价格上涨。同时市民对高层住宅的认知度和接受度慢慢提高，高层住宅价格上涨明显。一季度普通住宅上涨3.5%，其中多层住宅价格上涨3%，高层住宅价格上涨3.8%。

（2）高档住宅因地价因素，目前价格一路看好，进而在一定程度上拉动了整个房价的走高。一季度高档住宅售价上涨4.5%，其中高档住宅中别墅价格上涨4.3%，高档公寓价格上涨5.4%。

（3）随着桂林市城市建设的不断完善，外地客商越来越多，新开楼盘铺面紧俏，价格持续上升。非住宅类中价格上涨明显的是商业娱乐用房，价格上涨了5.1%。

2.租赁市场看好，价格看涨。随着桂林城建改造效果明显，内外环境的越来越好，外来投资者和进城务工的农民越来越多，很大程度上刺激了租赁市场的需求量，由于市场需求旺盛所以价格一直走高。另一方面市场的转型发展也是租金上涨的一个因素。以往租房，往往是出租清水房，家具等用品不多或者只有简单的床和沙发等家具，因此租赁价格不高。而如今普遍出租的房子除配有必须家具外还配有电视机、洗衣机、热水器等生活必须电器，这既适应市场需要，同时又提高了房屋的附加值，造成了租赁价格的提高。一季度普通住宅租赁价格上涨3.9%，商业娱乐用房租赁价格上涨1.5%。

3.物业管理费微幅上升。一季度住宅类物业管理费上涨0.8%，其中普通住宅物业管理费上涨0.6%，高档住宅物业管理费上涨1.9%；办公用房物业管理费上涨0.2%；商业娱乐用房物业管理费持平。

2007年上半年桂林市房产交易价格平稳上涨

谢登宝

2007年1-6月桂林市房屋销售价格比上年同期（下同）上涨3.8个百分点，房屋租赁价格上涨2.3个百分点，物业管理费上涨0.5个百分点，且上半年环比价格指数波动范围在1个百分点内，幅度很小。调查显示，上半年总体上属平稳上涨。

一、占主导地位的商品房销售价格涨势明显

1.据统计数据显示，2007年上半年桂林市商品房现房销售额为6.29亿元，同比增长104.6%，商品房现房销售面积同比增长100.4%。而期房的销售额和销售面积均呈下降趋势，同比分别下降0.6%和3.4%。这表明桂林市上半年房地产销售市场繁荣，楼市价格看涨。

2.上半年高档住宅售价上涨5.2%，其中高档住宅中别墅价格上涨4.7%，高档公寓价格上涨5.8%。高档住宅受土地价格因素、国家政策控制别墅用地因素以及市场对现有高档住宅的炒作因素，价格一直走高。由于国家严格限制别墅用地的规划和审批，造成基本上已无新批的别墅项目用地，现有的别墅买卖一般都是以前批建的项目，奇货可居，造成价格一路走高。

3.非住宅类中价格上涨明显的是车库和一些天台、杂物房等其他用房，价格上涨了6.0%。2007年上半年物权法的出台，明确了原来一些不明确的公共建筑的权力归属问题。因此开发商纷纷赶在物权法即将施行以前，把原来一些产权不明确的车库和一些天台、杂物房等作价出售，买方市场在法律的担保下也是信心充足，市场看好，所以导致了2007年上半年其他用房价格的明显上涨。

二、租赁市场价格看涨

上半年普通住宅租赁价格上涨3.7%，商业娱乐用房租赁价格上涨2.2%。租赁市场一般价格不会有突然的异动，而是依附于商品房市场和整个社会经济的走势。商品房买卖市场的繁荣决定了租赁市场的繁荣。居民购了新居，一般就会把旧居出租。且随居民生活水平和消费价格水平的提高，整个市场经济的走高，租赁收入作为居民资产生息所得的一部分，自然也水涨船高。

三、物业管理费微幅上升

上半年住宅类物业管理费上涨0.8%，其中普通住宅物业管理费上涨0.6%，高档住宅物业管理费上涨1.9%；办公用房物业管理费上涨0.2%；商业娱乐用房物业管理费与上年同期持平。物业管理费总体上是具稳定性的，由各物业公司根据自已小区的情况制定价格，一般来说波动不频繁。上半年主要是由于一些新开楼盘的物业费，较上年和以前的楼盘的物业管理费高，因此拉动了整个价格的小幅上涨。

2007年7月桂林市市居民消费价格大幅上涨

谢登宝

调查显示，2007年7月份桂林市居民消费价格总水平比上月上涨了2%，比上年同期上升7.6%，同比涨幅比上月提升了2.7个百分点，涨跌成因分析如下：

1.分类别看，涨多降少，呈“六升二降”态势，结构性上涨影响明显。食品、烟酒、家庭设备、医疗保健、娱乐教育和居住类同比分别上涨15.2%、3.8%、1.8%、3.7%、7.7%和6.7%，分别拉升总指数5.1、0.2、0.1、0.3、1.3和0.9个百分点；衣着和交通通信类分别下降了2.1%和1.5%，分别拉低总指数0.2和0.1个百分点。

2.粮、油、肉禽蛋等主要食品大幅上涨是拉动整个食品类乃至居民消费价格总水平持续飚升的最主要原因。按往年惯例，每至7月，肉禽类价格都会随着消费量的相对削减而下降。上年7月肉禽类价格比6月下降3.1%，其中猪肉价格下降7.2%。而2007年不仅不降，反而大幅上涨。2007年7月肉禽类比上月上涨15.7%，其中影响较大的猪肉上涨28.1%，最高价位达28元/公斤，为历年之最高，同时牛肉、鸡和鸭也分别上涨了1.7%、2.5%和20.8%。如此一跌一涨，同比指数自然大幅飚升。与上年同月比，肉禽类价格上涨了50.5%，涨幅比6月提升了24.5个百分点，影响总指数上升4.4个百分点，对上类食品影响13.1个百分点。其中：猪肉上涨87.5%，最高价位时近乎翻番，影响总指数上升2.8个百分点；牛肉、鸡和鸭同比分别上涨7.9%、32.6%和66.5%，分别影响总指数提升0.1、0.5和0.8个百分点。

粮油价格持续高位运行，副食品价格普遍上扬，蛋类价格受近期全区乃至全国鲜蛋价格普遍大幅上涨大气候影响继续大幅上涨，对食品价格的持续攀升也起了一定的推动作用。7月粮食价格较上月上涨5.2%，较上年同月上涨13.2%；油脂类价格较上月上涨1%，较上年同月上涨11.6%，此两项共影响总指数上升0.5个百分点。蛋类价格较上月上涨5.1%，较上年同月上涨20.2%，影响总指数上升0.2个百分点。与上年同月比，水产品上升12.9%,拉升总指数0.3个百分点，菜和瓜果分别下降2.5%和11.5%，分别拉低总指数0.1和0.3个百分点。

3.民用液化气、建筑材料价格上涨等因素共同影响居住类价格再度走高。民用液化气价格继上月快速回升后，本月又再度继续上涨，目前均价为93元/瓶（15公斤装），比上月上涨了3.9%，同比上升13.6%；木材、水泥、玻璃等建筑材料受原材料、税政及消费旺季需求量增加等多重影响，价格也大幅上涨，分别比上月上涨5.3%、2.9%和14.4%，比上年同月分别上涨5.7、19.1和17.9个百分点；房屋贷款利率再次上调，环比上涨3.9%，同比上涨27.3%，加上年初自来水价格的大幅上调，居住类价格再度高走。7月居住类同比涨幅比6月提升了1.5个百分点。

4.教育收费居高不下，娱乐服务逐步攀升。尽管近年来“一费制”的落实规范了义务性教育的收费标准，并在一定程度上抑制了教育收费的持续上涨，但技能培训等非义务性教育的逐年走俏和收费标准的有待规范，促使教育收费仍然居高不下。同时，电影、电视、公园、旅游等服务价格逐年上调，以致文化娱乐及游玩服务价格呈逐步攀升之势。7月教育、文化娱乐及旅游同比分别上涨7.3%、11%和17.6%，分别影响总指数提升0.56、0.39、和0.4个百分点，其中文化娱乐类涨幅因电影录像娱乐服务收费的上调而比上月提升了0.7个百分点。

5.工业消费品市场仍然供过于求，价格总体运行趋势仍处低迷，对消费价格总水平的快速上涨仍起到一定牵制作用，同时由于上游产品传导作用近年逐渐显现，部分工业消费品开始止跌回升。与上年同月比，服装、西药、交通工具、通信工具和文娱耐用品等分别下降0.5%、0.2%、0.3%、2.1%和3.6%，而电冰箱、空调器、电炊具以及家具类等家庭耐用消费品分别上涨了1.2%、1.1%、6.2%和3.1%。

2007年8月桂林居民消费价格同比呈两位数上涨

谢登宝

国家统计局桂林调查队调查显示，2007年8月份桂林市居民消费价格总水平同比上升10%，涨幅比上月提升了2.4个百分点，为1997年以来最高涨幅。价格总水平比上月上涨2%，1-8月比上年同期上升5.8%，主要体现在：

1.食品价格大幅上涨是拉动消费价格持续上涨的主要原因。从类别看，居民消费八大类同比呈“六升二降”态势，食品为主推动力。食品、烟酒、家庭设备、医疗保健、娱乐教育和居住类同比分别上涨23.7%、3.3%、1.5%、3.1%、

7.8%和4.4%，分别拉升总指数7.9、0.2、0.1、0.3、1.3和0.6个百分点；衣着和交通通信类分别下降了2.1%和1.5%，分别拉低总指数0.2和0.1百分点。由此可见，食品价格大幅上涨是拉动居民消费价格总水平持续飚升的最主要原因，且在食品的16个小类中，除糖和乳制品下降外，其余14种食品均呈不同程度的上涨趋势。

2.肉禽类价格继续攀升，尤其是猪肉价格的翻番又是整个食品价格直线攀升的主导因素。按往年惯例，每年的7、8月，肉禽类价格往往为全年最低。而2007年不仅不降，反而大幅上涨。2007年7月肉禽类比6月上涨15.7%，其中猪肉上涨28.1%；8月比7月上涨10.9%，其中猪肉上涨16.8%。此外，受猪肉影响，其它肉类食品也普遍上扬。与7月比，牛肉、羊肉、鸡、鸭、畜肉制品和禽制品分别上涨了2.3%、14%、3.4%、7.8%、10.3%和5.6%。如此一跌一涨，同比指数大幅飚升。与上年同月比，肉禽类价格上涨了67%，涨幅比7月提升了16.5个百分点，影响总指数上升5.8个百分点，对上类食品影响17.6个百分点，其中：猪肉上涨119%，影响总指数上升3.9个百分点；牛肉、羊肉、鸡、鸭、畜肉制品和禽制品分别上涨10.4%、8.7%、37.1%、79.6%、39.2%和15.3%，分别影响总指数提升0.11、0.04、0.6、0.9、0.2和0.1个百分点。

3.与上年同月比，粮食价格上涨11.6%，油脂类价格上涨14.4%，此两项共影响总指数上升0.4个百分点。蛋类上涨23.1%，水产品上升14.6%,菜上涨11.6%，瓜果上涨4.3%，在外用餐上涨5.6%，分别影响总指数提升0.23、0.36、0.43、0.11和0.32个百分点。

2007年8月份桂林市房屋销售价格总水平看涨

谢登宝

国家统计局桂林调查队调查显示：2007年8月份桂林市房屋销售价格总水平比上年同期（下同）上升4.2%，比上月上升0.4%，同比涨幅比上月提升了0.6个百分点。

一、房屋销售中商品住宅价格普遍看好

本月桂林市商品房销售价格同比上涨4.3%，其中：普通住宅价格上涨4.7%，非住宅价格上涨2.1%。

1.据房产商反映，进入8月，桂林市天气转凉，加上不少较好地段的新楼开盘和竣工，如兴进、曦镇、长岛16区、联达、雅居、东晖星城、上东国际等相继开盘、集中上市，看房、购房、订房者增多。数据显示，8月桂林市商品房施工面积650.19万平方米，累计增长24.7%；其中住宅施工面积530.73万平方米，累计增长23.7%；商品房销售建筑面积17.57万平方米，累计增长29.4%，其中住宅销售建筑面积17.2万平方米，累计增长29.6%。

2.高档住宅售价上涨6.5%。由于土地日趋紧张（城市周边的土地更是如此），同时受国家在政策上对别墅用地进行控制等因素影响，地价在不断上涨，2005年桂林市土地交易价格指数为104.9；2006年土地交易价格为指数112.4，同时房屋建筑商在建筑中注重小区配套齐全，精品楼、高档楼增多，在一定程度上推动了整个房价走高，本月桂林市高档住宅中的别墅价格上涨5.9%；高档公寓价格上涨7.2%。

3.非住宅类价格上涨了2.1%，其中上涨明显的是其他用房，其价格上涨了6.6%，主要是开发商纷纷赶在实施物权法前，对一些产权不明确的天台、杂物房作价出售，而买方也由于有法律保障购者踊跃，市场看好，导致其他用房价格明显上升；同时，商业娱乐用房上涨了2%。

二、二手房住宅紧俏，价格上涨

一方面，跟随商品房大盘走势，二手房房价继续上升；二是由于桂林市城市整体建设效果显著，内外投资和人居环境越来越好，来桂经商务工人员增多，极大的刺激了租赁市场需求，使二手房价格上涨3.8%。另一方面，桂林市出租房价格也出现租金上升现象，观其原因主要是出租房内设发生变化，现今出租房除配有简单家具（如床、沙发）外，还配套有电视机、洗衣机、空调、热水器、电冰箱等日常家电产品，既满足租房者所需，又提高房屋的附加值，尤其学校附近的出租房更是明显。

桂林八大行业中交通运输、仓储和邮政业最景气

唐彰徽

据国家统计局桂林调查队景气调查资料显示，2007年三季度，企业景气指数为119.45点，其中交通运输、仓储和邮政业景气指数为146.67点，连续五个季度位居八大行业之首。

近几年桂林市交通运输、仓储和邮政业一直保持稳定加快发展态势。从2006年三季度到2007年三季度，连续5个季度景气指数在140.00点运行；从2004年一季度到2007年三季度的15个季度，交通运输、仓储和邮政业景气指数都在景气区间运行，平均景气指数高达138.20点。桂林市交通运输、仓储和邮政业持续保持良好的运营态势，主要表现在：

1.业务量稳步增长。2004年、2005年、2006年和2007

年1-8月交通运输业务量同比分别增长25.40%、6.00%、3.02%和11.26%，邮电业务量同比分别增长28.60%、14.00%、16.70%和27.70%。2007年三季度，交通运输、仓储和邮政业的业务预订和业务量的景气指数分别为146.67和126.67点，继续在较为景气区间运行。

2.盈利平稳提高。本季有26.67%的交通运输、仓储和邮政企业盈利增加（亏损减少），60%的企业盈亏不变，仅有13.33%的企业减盈（增亏）。盈利（亏损）变化景气指数为113.33点，连续15个季度在景气区间运行。

本季交通运输、仓储和邮政业的企业家信心指数为140.00点，比上季略升1.61点，企业家对本行业总体运行状况继续保持较为乐观态度，企业家预计下季景气指数将上涨到153.33点。

桂林住宿业面临四大困难

唐彰徽

“十一”国庆黄金周前，桂林调查队对部分酒店进行了走访调查，就桂林市住宿业目前面临的问题和困难与企业家进行了座谈。住宿业企业反映的问题归纳起来有以下四个方面：

1.行业竞争不规范。尽管桂林市也相应地成立了酒店业行业协会，但是当淡季客房出租率普遍偏低时，为了吸引顾客，有的星级宾馆竟打出了每天80元/间的超低价。桂林市目前地段好些的星级宾馆年客房出租率约在60-70%，地段差的在50%以下。市中心的三星级宾馆年平均房价尚不足200元/标准间，在广西属客房出租价格最低的城市。

2.旺季过旺，淡季时间太长。“五一”、“十一”两个黄金周只有3、4、5日三天住房紧张，其余时间入住率比平时稍好而已。

3.营业成本不断上升。员工的工资水平在提高，可年轻、素质高的酒店服务员依然往沿海发达地区流动；柴油价格由每吨2000多元涨到5000多元，一个不到200间标准客房的小酒店一年则要为此多支付30万元以上；消防设施要通过有资质的消防中介认可方能合格，但收费自然又上涨了不少；每间客房的电视收视费由14元/月涨到26元/月；此外，部分国营老企业还有下岗人员的负担……

4.旅行社结算不及时，货款拖欠现象仍然存在。

2007年9月份桂林房价继续高走土地使用权拍出天价

谢登宝

据国家统计局桂林调查队调查资料显示：2007年9月份桂林市房屋销售价格总水平继续高走，同比上涨5%，环比上升0.5%，涨幅分别比上月提升了0.8和0.1个百分点；国有土地使用权出让市场活跃，前9个月共出让土地使用面积26617平米，成交总价达11215万元。

一、房屋销售价格、楼盘销售普遍看好

1.调查数据显示桂林市房屋销售价格逐步上升，与上年同期相比，一季度上升3.5%、二季度上升4.1%、三季度上升4.3%；其中普通住宅一季度上升3.5%、二季度上升4.5%、三季度上升4.7%;高档住宅一季度上升4.5%、二季度上升5.9%、三季度上升6.2%。

2.桂林市房产市场素有“金九银十”之说，每至金秋9月，天高气爽季节的到来，看房、购房者明显增多，同时加上国庆黄金周桂林市房车节盛大开幕，26家房产开发商商品住宅销售普遍看好，为期5天的房车节现场成交房屋162套，成交金额9120万元。

二、房地产市场出现亮点

1.中小户型走俏。从销售情况发现，桂林市中小型配套住宅十分俏销，中小型住宅只要是配套好用，单价虽然较高，但总价对于许多单身或新婚自立人士容易接受，成功销售率高。

2.“炒房热”再度在桂林悄然升起。据房地产商介绍，本月不少新开楼盘开盘之日，看房购房者均排起了长龙，尤其一些临近“两江四湖”的景观楼盘更是热闹非凡。如“西湖景园”开盘之日，购房者多半在当日凌晨4点钟便排起了长龙，有人甚至雇人排队，酬金竟达200元/6小时，而票号排位卖价更是高得出奇，前50号卖价为3000-5000元/张（位），120名之后也能卖500-2000元/张（位）。

3.位于桂林市依仁路南、滨江路西的一块商业性质国有土地使用权出让拍出每亩1386.14万元的天价，3.03亩面积总价达4200万元，超出底价的1倍，比正常情况下商业性用地高出8.6倍之多。

2007年1-10月桂林市房产市场价涨量缩

谢登宝

一、1-10月桂林房价一路攀升

上半年,桂林市房屋销售价格同比上涨3.8%，7月房价涨4.1%，8月房价指数同比上涨4.2%，9月同比上涨5.0%，10月上涨4.8%。比起全国70个大中城市平均房屋销售价格同比上涨9.5%的水平，桂林的房价涨幅只是处于中下游水平。

二、房屋供应量、成交量减少

1-10月商品房竣工面积54.93万平方米，累计同比减少49.4%，其中：住宅竣工面积47.43万平方米，累计同比减少51.4%；商品房现房建筑面积为41.98万平方米，累计同比减少21.5%，其中住宅现房销售建筑面积为38.81万平方米，累计同比减少23.2%；现房销售额为9.71亿元，累计同比减少14.3%。

三、价涨量缩的原因

1.土地拍卖价格不断抬高，导致房产开发成本持续上涨。2007年桂林“招拍挂”的地块屈指可数，而且随着市区可供地块的减少，大多数“招拍挂”地块位于桂林市的郊区或城乡结合部。随着桂林城市建设框架的拉伸，政府也有计划有意识的引导开发商向城市外围扩展，因此稍微靠近市中心的地段已是寸土寸金，导致了物以稀为贵的结局。

2. 开发商“捂盘”现象,更是拉高了房价。土地供应量减少，土地成本攀高,手中的可用土地面积有限，于是开发商通过延长开发周期,抬高房价等使收益最大化。在2007年下半年，“不急着卖”的风气在桂林各开发商中甚为盛行,各大楼盘的开盘放量速度明显慢于前两年,新开楼盘较前两年更是明显减少，多见是前两年开盘楼盘的二期、三期，再加上在买方“追商买涨”心态和股市“财富效应”的双重影响下,使得桂林楼市需求出现放量，加大了供需矛盾,使得房价节节攀升。

3.2007年连续5次加息，还有期待的再加息消息以及提高第二套房首付比例等金融调控政策，令买方进入观望阶段。

2007年11月份桂林CPI同比涨幅回落

谢登宝

据国家统计局桂林调查队调查: 2007年11月份桂林市居民消费价格总水平同比上升7.1%，涨幅比上月回落了2.9个百分点；1-11月比上年同期上升6.6%，涨幅与前10个月基本持平。影响CPI涨幅回落的因素有:

一方面由于桂林市严格执行“菜篮子”市场负责制，相关部门积极组织生产和供应，确保了肉禽蛋等主要副食品不断档、不脱销，市场货源充足，整个食品价格稳中有降；另一方面由于上年翘尾巴因素完全消失，同比涨幅回落明显。11月份食品价格较上月下降1.4%，同比上涨15.3%，同比涨幅比上月回落9.3个百分点。其中：肉禽价格稳中有降，较上月下降0.3%，同比涨幅由上月的152.2%回落到132.5%；鲜菜价格下降明显，较上月下降6.2%，同比涨幅回落13.7个百分点；干鲜瓜果较上月下降6.6%，同比涨幅回落12.2个百分点；蛋下降1.4%，同比涨幅回落18.2个百分点,因此食品价格回落成为主因。

此外，受“十一”黄金周过后旅游价格回调影响，相关价格明显回落。11月份旅游价格比上月下降6.2%，其中：旅行社收费下降5.5%，宾馆住宿收费下降7.5%，其它住宿收费下降13.4%。

2008年

调查信息

两个因素影响桂林市工业发展

覃莲姣

工业企业是国民经济发展中的一支重要力量，在促进经济增长和解决劳动力就业方面起着重要作用。但桂林市工业企业在生产运营过程中，还存在一些不太景气甚至是很不景气的现象：

1.原材料购进价格大幅上涨。主要原材料及购进价格大幅上涨，企业生产成本增加。2007年，由于工业企业生产所需的主要原材料及能源的购进价格上涨，导致工业企业主要原材料及能源的购进价格景气指数下滑，由一季度的59.66下滑到第四季度36.81，下滑了22.85点。随之而来的是工业企业生产成本增加，从而导致成本景气指数下降，2007年一至四季度，工业企业的成本景气指数分别为77.10、68.26、51.25、45.33。

2.企业的融资依然受困。2007年景气调查结果显示，企业普遍存在融资难的问题，一至四季度企业融资的景气指数分别为73.70、70.95、73.54和67.33,都处在不景气区间。四季度虽然比上年分别提高3.8、2.9、5.3和0.37点，但企业融资依然困难,企业流动资金仍然紧张,四个季度的流动资金景气指数都处在不景气区间运行，从调查情况看，企业普遍存在融资困难的原因主要有三个方面：

一是在资产运营上，桂林市工业企业规模普遍较小，所处产业水平比较低，资产存量有限，技术设备超负荷使用，严重影响了产品和服务的质量。二是近年来，企业加快了改革的步伐，但大部分企业改制只是流于形式，很多信息不够全面。对银行来说，向企业提供贷款的最大障碍是信息不对称。三是商业银行对企业贷款在认识上存有偏见。由于信息的不完全和不确定性，借款人拥有信息优势，贷款人很难也无法完全准确地收集到有关借款人的全部信息，而鉴别这些信息也需要花费巨额成本。为了降低贷款风险，银行必须大规模搜集企业经营状况的信息，这样就使银行的贷款成本和监督成本上升。

乡镇畜牧兽医站有四困五盼

李娜

2008年1月中下旬，国家统计局桂林调查队在对临桂、灵川、荔浦、恭城、资源、灌阳、永福等县和5个城区进行畜禽监测摸底调查中了解到，近几年来，桂林市基层乡镇畜牧兽医站为促进全市畜牧业的发展做出了积极贡献，然而乡镇畜牧兽医站的发展不容乐观，基层畜牧兽医站受四大因素困扰。随着改革不断深入，乡镇畜牧兽医站也面临着一些新的情况和问题，主要表现在：

1.工作手段落后。大多处于“一张嘴，两条腿”的工作状态，目前全市没有乡镇兽医站配有工作用车，最多是配1部摩托车。如荔浦县12个镇只配有8辆摩托车，平均每个乡镇不到一部。青山镇最远的村委会离乡镇兽医站有20多公里路，而该镇只有1部摩托车，工作不分白天黑夜，哪里有小猪出生和疫情都要去，乡镇防疫工作可以说是“横到边、纵到底”，工作量之大是可想而知的。另外，从事防疫检测依靠眼看、手模的原始操作方式，技术含量非常低。

2.防疫难度大。目前全市畜禽养殖中农户的散状饲养占有很大的比重，在散状饲养中，人畜混杂，饲养条件阴暗潮湿，圈舍通风不良，污染严重；另一方面，许多农户防疫意识较差，存在侥幸心理，给免疫、检疫带来极大的难度。从2007年上半年感染生猪高热病来看，疫情都发生在饲养条件、卫生条件差，科学养殖和科学防病知识缺乏的散养户。难以有效的防止交叉传染，控制疫病，所以在防疫上出现了空档，造成疫病发病率增高，给畜牧业生产造成了巨大损失，因而出现2007年猪肉价高涨而一些农民养殖户却亏损的怪现象。

3.资金投入少。据调查了解，乡镇畜牧兽医站的业务经费非常少。以荔浦县为例，该县乡镇畜牧兽医站的业务经费平均每月只有200元左右，平均每人每月只有40元，少的只有20多元。另外由于资金缺乏、设备落后，基层防检人员从事防疫检、疫情监测工作仍靠眼看、手摸的原始操作方式；资金的缺口使防疫人员待遇普遍很低，基层兽医人员普遍没有技术津贴，好的县如荔浦县技术津贴每月也只有60元，好在基层兽医防疫人员自身防患意识比较强，但疫情发生的潜在隐患还很大。乡镇畜牧兽医站人员工作量增大，其报酬偏低，村级防疫员报酬未纳入财政定补。

4.人员素质低。乡镇畜牧兽医站人员素质偏低，知识老化，有的参差不齐，且缺编严重。如荔浦县乡镇站定编46人，实有75人。在编人员除荔城镇有5人外，其它乡镇只有2人，其余人员全是聘用的临时人员。乡镇畜牧兽医队伍整体素质不高，防疫人员少，任务重。

目前在基层乡镇畜牧兽医站工作人员，大多数是上个世纪八、九十年代参加工作的，由于生活、工作条件差，大中专毕业生宁愿选择打工而不愿从事兽医工作，由此技术人员出现了“断层”的现象。专业人才极度缺乏，人员素质出现老化。特别是村一级兽医人员，大部份兽医人员是跟师学艺，父传子承，懂业务的技术人才极度缺乏，因此基层站的专业水平普遍不高。

在调查中也发现，乡镇基层广大畜牧人员工作热情高，爱岗敬业，忠于职守，任劳任怨，忘我工作。无论是在防疫防检工作、品种改良工作、新技术推广、畜牧养殖各个方面都取得了较好的成效。为了更好的推进畜牧事业的发展，基层畜牧人员有五盼：

一盼有一支专业强技术人员队伍。随着畜牧向深层次的产业化发展，而基层畜牧站越来越不适应这一发展的要求，关键是在于解决好基层乡镇畜牧人员队伍建设问题。一是畜牧业的发展，不但要增加数量，而且更重要是强调质量和安全性。因此，需要有一支专业的畜牧兽医队伍作保证；二是畜牧防疫防检工作的制度化、法制化推进。现在为了减轻群众负担，畜牧防疫结束了长期“收费打针”方法，在这种情况下，要想防疫密度达到100%那只是一个理论上的数，检疫工作更是无法谈起。三是畜牧生产的发展，需要有一支专业技术强、作风过硬的专业技术队伍去抓好技术培训和跟踪技术指导，否则，要发展畜牧业就会成为一句空话；四是畜禽品种改良，需要一支专业的技术队伍去具体实施，没有专业专职的人去抓是抓不起来的（如恭城、灌阳、荔浦等县，从2005—2007年3年间就开始抓的猪改，三年产出改良品种极少），品种改良要有突破，必须要有一支专业队伍。

二盼政府能加大经费的投入。特别是畜牧防疫防检工作，应视为公益事业，各级政府应建立畜牧推广专项资金，用于实施畜牧推广项目，并使推广资金随着财政收入的增长而增加。对专职技术人员实行防疫津贴。

三盼建立激励机制。对畜牧兽医人员实行评聘分离，按工作能力和责任心实施低职高聘或高职低聘，对工作成绩突出、贡献大的给予重奖和加薪；对工作责任心不强，工作业绩极差的给予高职低聘或经济处理，以奖勤罚懒，调动畜牧兽医技术人员的积极性。

四盼政府加强对乡镇畜牧兽医站基础设施建设的投入力度。有计划地推进乡镇畜牧兽医站办公用房、仪器、防疫设备的投入，改善基层人员的工作条件。

五盼政府解决好村级防疫人员报酬。各级财政转移支付，将其村级防疫人员纳入财政定额补贴，补贴标准应与村干部一视同仁。

桂林八成被调查者认为近期内不购房

覃莲姣

近期对桂林市五个城区1200个城镇住户调查结果显示：八成被调查者认为目前不打算购房。这结果说明消费者对房地产市场宏观调控效果抱很大的期望，多数购房者逐渐趋向理性，购房投资者放慢了脚步。

从调查结果看，这一现象是桂林购房需求的理性回归和平稳释放，是未来5年内桂林楼市相对稳定的重要保证。因为2007年银行累计加息幅度已超过14%，因受多次加息的影响，相当一部分购房需求受到了一定的压抑，而这部分被压抑的购房需求必将会在未来5年内逐渐释放出来。经过2006年调控压力和2007年需求集中释放这样冰火两重天的考验之后，桂林房地产市场在岁末年初陷入了浓浓的观望气氛。加息的累计效应初露端倪，房贷政策的进一步收紧，保障性住房政策的逐步落实，房地产业面临着新一轮的心理考验。在城镇居民大样本的购房者心态调查结果显示，83.33%的被访者表示在1年内不打算买房，明确表示计划在1年内购房的只占2.14%，而计划5年后、3-4年内和2年内购房的比例分别为7.95%、2.39%和4.19%。

而在2.14%的1年内购房者中还有七成被访者表示，如果2008年央行持续加息，则不排除将会放弃现有的购房计划。另三成的被访者认为央行屡次加息，并没有影响到自己的购房计划，这部分购房者中以动迁和婚房等刚性需求为主。

对于房价未来的走势，大部分购房者还是保持比较冷静的判断和理性分析，看涨、看跌和持平的比例基本相近，多数被访者认为2008年房价走势将基本持平外，并没有出现“一边倒”的现象。市民对于后市价格涨跌反映平淡，与此同时，房价的合理、平稳的小幅波动，也已经能够被市场大众所接受。

桂林恭城等县受冰雪的影响水果滞销

李娜

2008年2月22-25日，国家统计局桂林调查队对桂林各县进行走访调查，百年不遇的冰冻雪灾，使桂林市恭城、平乐等桂南县因受冰雪的影响水果滞销。如恭城瑶族自治县水果誉满全国，在国外也小有名气。依靠水果种植使当地农民走上了富裕之路，然而，2008年因冰雪灾害遭遇水果卖不出去的惨状。

据调查了解，该县2007年柑桔产量219.66万吨、橙子10.58万吨、沙田柚9.21万吨，到目前以上3种水果仅销了三分之一，销量还没有达到一半。该县莲花镇一位多年做推销的余先生说：“做了这么多年水果销售，2008年是最淡的一年。以往大年三十都有老板来买，2008年到现在还没见几个老板。随着天气慢慢变暖，有的水果已经开始坏了，看到果农黄灿灿的果子卖不了真揪心。”

值得一提的是，在调查中也了解到，为了把滞留的水果尽快销售出去，最大限度减少果农的损失，恭城县采取了有力措施，一方面县领导和有关部门组成4个工作小组，积极联系客商，奔走在农户和市场之间，找销路、跑信息，有的奔赴国内各大水果市场；另一方面为了调动本县销售队伍的积极性，首次出台促进水果销售的重奖政策，对销售柑、橙、柚三类水果达一万吨以上的销售大户奖3万元、8000吨—10000吨奖2万元、5000—8000吨奖1万元、3000—5000吨奖5000元、1000—3000吨奖2000元，对销售大户实行税收优惠政策等。银行也在设法协调解决水果流通过程中的资金周转问题，使销售大户能够尽快得到信用贷款。现在正是春季备耕的时刻，果农的水果销售不出去，资金就面临着很大的困难，直接影响2008年水果和春耕生产，为此，真诚希望全国各地的水果商到桂林恭城、平乐等桂南县调运水果，把灾区的损失减到最低。

春节前后桂林市采取强力措施平抑市场物价

谢登宝

2008年2月，由于正值春节，市场需求总量增加，且受冰冻灾害影响，农产品上市量受限，食品价格再度上蹿，从而拉动CPI整体上扬。由于市委市政府及时启动紧急预警方案，积极组织货源，大开绿色通道，确保市场供应充足，并采取临时价格干预措施，加大市场价格监督力度，尽全力稳定物价，春节前后桂林市未出现脱销断档和抢购现象。

一、价格变动情况

据国家统计局桂林调查队调查统计，2008年2月，桂林市居民消费价格总水平比上月上涨2.5%，比上年同期上涨8.5%，其中食品比上月上涨7%，比上年同期上涨22.4%。食品价格的上涨是拉动价格总水平上升的直接原因。

而影响食品价格上涨的各类食品：肉禽、菜、水果、水产品和豆制品，环比同比大多呈两位数上涨，分别比上月上涨2.9%、38.5%、19%、13.8%和10.6%，分别比上年同期上涨40.1%、45.5%、15.8%、14.4%和39.9%。

二、政府采取强力措施

1.举行临时价格干预措施会，尽全力稳定物价。1月28日，桂林市物价局召集桂林市被列入实行调价备案名单的商家（各大商场超市、气站等）和企业（猪场、蔬菜供应大户等）召开专门会议。为了抑制市场价格过快上涨，保持市场价格的基本稳定，对于一些商品的价格调整，施行临时价格干预措施。对于一些特定商品和企业，进行价格备案。

2.桂林市物价检查所每天都对市场价格进行跟踪监督，若证实有行业联合恶意哄抬物价的行为，必定严惩。如超过120元的液化气价格都属私自涨价，一旦查实将予以严惩。

3.桂林市商务局紧急投入抗冰冻雪灾工作。1月28日晚自治区召开抗冰冻雪灾紧急电视电话会议后，桂林市商务局局党组按照市委、政府的统一部署，立即召开全局抗冰冻雪灾动员大会，成立了市商务局抗冰冻雪灾工作领导小组，下设物资供应对接、石油保障、物资采购、市场调查、信息材料、安全生产督察等6个工作小组，对各组的主要工作职责进行了明确，指定负责人，开展抗灾救灾和物资供应工作，各种物资供应有了保障，市场秩序井然有序。

4.为进一步确保市场供应正常，鼓励商家积极从外地调入物资，市商务局出台激励机制，对从市外调进食品的物资供应企业、商家承诺，每调入一吨直接补贴600元/千公里。此举给各物资供应企业和商家鼓足了干劲，春节前后分别从外地（主要从海南调入）调入大量鲜菜鲜果等农产品，极大地减轻了市场供应压力，抑制了生活必须品价格的过快上涨。

5.及时发放鲜活农产品“绿色通行证”，搞活农产品流通。从市农业局和交通局了解到，为确保春节前后农产品供应充足，各种时令农产品不断档、不脱销，各县区农业部门与有关部门加强协调，强化服务意识，提高运输效率，搞活农产品流通，促进桂林市农产品的运输和销售，市内所有路卡均不设防，对所有运输物资车辆一律放行。

桂林市区15%的家庭拥有2套住房，还有11%的低收入家庭存在住房困难

庞育光

近期，对桂林市5个城区的1200个城镇住户调查结果显示：桂林八成居民拥有自己的私有住房，其中15.21%的桂林市民有2套或者2套以上的住房。

从居民房屋住用状态看，自有产权的占86.38%，家庭租住的占8.64%。另外，从居民拥有产权住房套数看，户均拥有住房1.19套，82.82%家庭拥有一套住房，15.21%户居民拥有两套住房，1.88%家庭拥有三套住房，0.1%户居民拥有四套住房。其中，11%的居民住的是一居室，选择两居室(两室一厅)的居民总量占50.33%。随着居民收入稳步增长，一居室、两居室的拥有率正呈逐年下降之势，三居室、四居室的市场比例已经上升至6.2%和2.3%。

值得一提的是,还有11.02%的低收入家庭存在住房难的问题，他们都是“四代同堂”住着10多个平米的小房，这

些家庭除了应对基本生活外，根本没有能力来购房，希望政府进一步加快廉租住房建设，尽快解决这部分的住房难的问题，并在廉租房上做到应保尽保。

猪仔价格快速上涨值得关注

李娜

2008年3月上旬，国家统计局桂林调查队对桂林永福、荔浦、资源、恭城、灌阳、龙胜、临桂等7个县35个规模养殖户的猪仔情况进行了一次快速调查。据规模养殖户反映，由于受冰雪的影响，猪仔价格快速上涨，与2007年同期相比：30-45斤猪仔每头680元，增长18.33%；50-65斤猪仔每头900元，增长28.57%；70-100斤猪仔每头1050元，增长30.15%。猪仔价格快速上涨主要原因有三：

1.能繁母猪减少造成猪仔供源紧张。2008年初发生的大冰雪，使桂林市能繁殖母猪受到严重损失。如荔浦县双江乡两江村生猪规模养殖大户张宣庆反映：2007年存有510头生猪，其中能繁殖母猪48头，受冻后母猪出现严重感冒和拉稀，使能繁殖母猪死去36头，猪仔也死去70头；永福县苏桥乡大罗村规模养殖场王纯科老板反映：由于没有取暖设备，母猪和猪仔一受冷就感冒，染上胃肠炎死了53头，养了10多年的猪，从没见过这么严重的灾。

2.市场无猪仔供应也抬高了仔猪价格。在恭城县莲花镇、平乐县二塘镇等猪仔市场的调查了解，根本没有看到猪仔在市场销售，向当地人了解得知，现在猪仔根本不用到市场销售，猪仔商贩直接到养殖户就收购完了。这也对猪仔来源紧张和猪仔价格上涨起了助推作用。据资源县资源镇天门村规模养殖户周仲友反映，现在他们那里的猪仔价格达到每斤22元以上，好的种猪还要贵，如瘦肉型的猪仔每斤30元以上，最近猪仔商贩更是“有多少收多少”，要想扩大养殖规模真难。

3.养猪户空栏也促使猪仔上涨。据龙胜县南山生猪饲养场的柳老板（桂林市生猪协会会员）反映，由于受冻灾的影响，他所在的村规模养猪户仅有15%，有85%的生猪被冻死。据他测算，该县规模养猪场（户）空栏高达40%左右。猪仔的需求量大增，也是猪仔价格上涨的因素之一。

低收家庭生活状况令人忧

庞育光

最近，桂林调查队深入到桂林市叠彩区芦笛社区的一些低收入家庭进行访户调研。在调研中了解到，桂林市低收入困难家庭生活状况令人忧。主要表现在：

1.因收入低而贫困。在走访调查中得知，他们所在企业生产经营不景气，职工收入较低，且不太稳定，家庭人口多，负担重。而这些低收入家庭的人均收入略高于当地低保标准，又不属低保优抚对象，所以他们处于“夹心层”的家庭。由于收入不稳定，经不起任何风浪的打击。

2.因“教”至贫。如马女士家里共有4口人。夫妻两人，丈夫退职在外打工，收入不固定。配偶收入暂算固定，但每月的收入也只有600多元。因人口多，两个子女读书，且有1人在读大学，负债供子女读书，生活负担加重。

3.因“病”至贫。如李女士家，共有5人，前几年丈夫因患绝症病故，且因治病欠下几万元的债务。配偶有固定的退休金，但每月也只有800多元。这是一个举债度日的组合家庭。大儿子已年过三十，谈的对象因家境贫寒而离去，现仍难于成家。

4.节省开支应对物价上涨。面对物价的快速上涨，尤其是食品中的副食品价格的大幅上涨，使低收入家庭生活雪上加霜。俗话讲“屋漏偏逢连阴雨”，收入不增加而生活成本因物价上涨而加大。无奈，这些家庭在其他开支能省则省。在饮食上尽量减少副食品的消费，餐桌上主要以素菜应对。且他们每天只好选在傍晚的时间到菜市购买价廉的食品。如此节省开支艰难度日。

据调查，像这类处于“夹心层”的低收入家庭不在少数。希望有关部门在优抚救济、安排就业等方面应给予政策倾斜，想方设法让这些低收入困难家庭走出困境，共享发展成果。

桂林71.5%的老人要求上门服务

覃莲姣

随着独生子女父母进入老年期，“空巢家庭”老人也随之增多，这是不可逆转的事实。虽然近年来桂林市养老机构有所发展，但发展速度远远赶不上需求。因此，在社区建立一个社会化的养老服务体系，为居住在家中的老年人开展社会化服务是非常必要的。为此国家统计局桂林调查队在桂林叠彩、象山、秀峰、七星四个城区100户居民60岁以上的老人作了一次问卷调查，调查结果是：

一是需要提供上门服务。在问道“在社区你需要什么样的服务”时，有71.5%老人希望社区设有老人电话服务热线，有需要时可随时得到社区上门服务或者是预约服务，有28.3%的老人希望子女不在家时，社区有专门给老人休息的场所和给予必要的照顾，其它的只占5.2%。

二是需要提供生活照顾。调查中，有49.5%的老人需要有钟点工或临时工帮做饭和家居清洁以及洗衣等服务，有34.2%的老人需要帮助购物和送货上门服务，其它的服务如陪聊等只占16.3%。

三是需要提供医疗服务。有57%的老人要求社区卫生服务站,为老人建立卫生健康档案,给老人提供医疗服务，45.5%的老人希望有医护人员上门看病，37.5%的老人希望能定期上门检查身体，27.5%的老人希望社区能有理疗和按摩，23.6%的老人希望社区能开展健康知识讲座，21.8%的老人能上门帮助打针和护理，19.7%的老人希望有人陪护去医院看病，这样比较安全些，其它的只占10.5%。

桂林市82%的居民参加养老保险

覃莲姣

随着经济的发展和社会文明程度的提高，居民积极参加社会保险。据对桂林市五城区1200户居民一次性调查显示，有82.2%的居民参加基本养老保险。

近年来，桂林市政府不断完善社会保障机制，使居民参加各类保险的意识不断增强。调查结果显示：有82.2%的居民参加基本养老保险，有75.5%的人参加了医疗保险，有29.2%的人参加了住房公积金，有27.7%的人参加了失业保险，有19.1%的人参加工伤保险，还有15%的人参加了生育保险。

值得关注的是，在涉及到全社会特别是非就业人员的保率明显偏低。这需要政府加大对这部分人群“失业、生育和住房公积金”的支持力度，以满足非就业低收入弱势群体的要求。

2008年一季度桂林市房地产价格保持上涨 调控力度需加强

麦丽

据国家统计局桂林调查队调查：一季度，桂林市的房地产价格继续呈现上涨态势。与2007年同期相比，房屋销售价格平均上涨5.7%，土地交易价格平均上涨9.1%，房屋租赁价格平均上涨0.5%，物业管理价格上涨0.2%。主要呈现以下特点：

一、房屋销售价格上涨明显

1.房屋销售价格持续上涨。分月看，房屋销售价格涨幅一直保持在5.5%以上，其中1月桂林市房屋销售价格上涨5.8%，2月上涨5.9%，3月上涨5.5%。

2.新建商品房价格上涨最大，二手房价格次之。桂林市新建房价格上涨最大，1月新建房销售价格上涨6%，2月上涨6.1%，创2008年以来价格涨幅之最高，3月上涨5.6%，一季度平均上涨5.9%，涨幅较2007年同期的3.7%高出2.2个百分点。二手房价格上涨5%，涨幅较2007年同期的2.5%高出2.5个百分点，其中一月上涨5%，二月上涨4.9%，3月上涨5.2%。

3.新建房中的高档住宅和二手房的高档住宅价格上涨较快。一季度新建高档住宅价格上涨幅度最大为11.3%，涨幅较2007年同期4.5%扩大6.8个百分点，涨幅比普通住宅高5.7个百分点，在套型上又以90平米以上的价格上涨快。二手房中高档住宅上涨6%，涨幅高于普通住宅0.6个百分点。

二、土地尤其是商业和居住用地交易价格上涨速度较快

随着国家严格控制占用耕地及严格住房用地审批制度的实施，土地交易价格呈上涨态势。一季度桂林市土地交易价格上涨9.1%，其中居住用地和商业用地上涨两位数以上，分别上涨11.2%和12.8%。

三、房屋租赁价格小幅上涨，涨幅低于房屋销售价格

在房屋销售价格和土地交易价格上涨的带动下，桂林市的房屋租赁价格也持续小幅上涨。一季度，房屋租赁价格与2007年同期相比平均上涨0.5%，涨幅低于房屋销售价格5.2个百分点。其中住宅租赁价格平均上涨0.6%，非住宅租赁价格上涨0.4%。

房地产经济在国民经济发展中所起到的作用越来越大，而且与居民的切身利益有着密切的联系，合理的房价，对于房地产业和国民经济的发展乃至整个社会的稳定，都有着至关重要的影响。因此，建议政府从宏观调控入手，加强房地产价格管理，加大监管力度，促进桂林市房地产业健康地发展。

2008年3月桂林CPI开始回落

谢登宝

2008年3月，随着春节过后市场总需求的相对削弱以及农业生产的快速恢复与发展，桂林市场总体供给充足，全市肉禽蛋、菜、果等农产品价格较上月下降明显，CPI呈高位快速回落态势。本月价格变动主要有如下几个特点：

一、价格总水平高位快速回落

据国家统计局桂林调查队调查统计，2008年3月，桂林市居民消费价格总水平比上月下降1.4%，比上年同月上涨6.9%，其中食品价格比上月下降3.2%，同比上涨18.6%。虽然同比涨幅仍处高位，但较上月8.5%的同比涨幅却下降了1.6个百分点，其中食品价格同比涨幅较上月22.4%的涨幅下降3.8个百分点。

二、农产品价格较上月下降明显

由于春节过后市场总需求相对削弱，而市场总供给充足，农产品价格较上月下降明显。3月，肉禽、菜、水果、水产品和淀粉等主要农产品价格分别比上月下降1.3%、18%、9.3%、6%和8.2%。此为自2007年下半年以来首次明显下降，同时也是导致食品乃至整个CPI高位回落的最主要因素。

三、油脂等加工食品价格仍呈上升趋势

因受国际国内大豆等油料价格持续上涨影响，油脂类价格呈大幅上升趋势。3月，油脂类价格较上月上涨9.5%，同比涨幅较上月16.8%的涨幅提升了9.9个百分点。此外，豆制品比上月上涨4.4%，同比上涨46%，同比涨幅比上月提升6.1个百分点。

四、换季打折促使衣着价格小幅下降

进入3月，随着天气逐渐转暖，冬季服装销售渐淡，各商家为了回笼资金尽快进入夏季服装市场，纷纷对冬季服装进行打折清仓销售，价格自然下降。3月衣着价格较上月下降2.3%。

五、液化石油气价格下调致使居住类涨幅小幅回落

由于近期桂林市各气站存量充足，同时随着天气逐渐转暖，居民用气量减少，煤气价格下调。3月平均气价为100元/瓶（15KG），比上月下降7%，进而导致居住类价格比上月下降0.8%，同比涨幅较上月回落0.3个百分点。

此外，烟酒、家庭设备、医疗、交通通信和娱乐教育类价格与上月持平。

2008年一季度桂林城市居民教育支出同比下降22.5%

庞育光

2008年春季开学，桂林市实行城乡义务教育学生免收学杂费及教科书这一优惠政策，让居民得到更多的实惠，老百姓肩上的担子也减轻了，贫困家庭的孩子再不用为上不了学而发愁。据桂林市城镇居民家庭抽样调查资料显示：一季度，居民家庭生活八大类消费中，文化娱乐服务和教育类消费支出大幅下降:文化娱乐服务消费人均69.23元,与上年同期对比下降18.68%；教育消费支出125.58元,与上年同期对比下降22.50%，其中教材下降30.34%、教育费下降21.80%。

桂林食用油价格差异较大值得关注

朱兰英

2008年一季度，桂林市食用植物油在全线上涨的同时，市场零售价格也比较混乱。据对大小商店、超市的采点跟踪调查，市场食用油主要以调和油、豆油为主，跟踪调查的重点是山东的鲁花一级压榨花生油和防城港的金龙鱼大豆油产品（5升装规格），各商家的标价分别是123、125、126、128、129.9、139.9元和62.5、68.5、69、70、72、73、74元，这些零售价的最高价与最低价相差分别16.90元和11.50元，在同一产品、同一地域、同一规格的情况下，每桶的价格差异很大。食用油是老百姓生活的必需品，也是老百姓消费量最大的食品之一，其价格对于百姓生活有着举足轻重的影响，建议有关部门应该加强监控：

1.加强对市场重要商品物价的管理，采取更有效的措施，稳定市场价格。

2.定期对食品价格进行检查，严格执行食品价格标准。

3.对擅自哄抬市场物价的商家，要坚决进行曝光，必要时可采取对部分商品实行价格干预措施。

桂林住房公积金覆盖率达八成

覃莲姣

2008年是桂林市建立住房公积金制度的第15个年头，到目前止，全市缴存住房公积金的职工达27.2万人，覆盖率为88%，累计缴存金额达41.9亿元，在全区14个地级城市中名列第一。

为了让住房公积金制度向中低收入者倾斜，桂林从2008年2月1日起调低了住房公积金的最高贷款限额，并对相关的贷款规定进行了调整，即“如果你的单位按时缴存住房公积金，且缴存比例不低于5%，那么最低贷款保障限额，市本级可贷7万元，县区可贷5万元。”让更多的职工群众享受到住房公积金这项社会保障制度。

在走访中了解到，目前桂林市公积金的缴存还存在一些不足，有部分在岗职工没有缴存住房公积金，这些职工主要分布在县级和乡镇的七站八所、学校、卫生院，非公有制企业的职工缴存住房公积金的也不多，全市还有少数单位缴存比例低于5%，有4个县的财政补贴比例没达到规定的标准。

费多也是房价上涨的重要原因

蒋华春

一季度，桂林房价继续上涨，与2007年同期相比上升5.7%。为何在国家不断加强房地产业宏观调控的大背景下，房价还在加速上涨？带着这个问题国家统计局桂林调查队对桂林房产商进行了一次走访调查。在走访调查中发现，房产商缴纳各种费用多，也是直接影响房价上涨的重要原因。

在房地产项目上需缴纳的各种费有：建筑施工图审查费—施工图设计费总额的20%、绿化费500元—600元/平米、规划方案设计费20元/㎡、人防费18元/平米、预算审核费、水质和空气检测费每点600元—800元（按户数×4×5%的抽查率）、施工排污费5元/平米、消防图纸审查费（30000平米以上每栋3000元、30000平米以下每栋1000元）、消防设计管理费（按消防设施总造价6%）、消防设施设备检测费7000元/栋、建设施工图费15元/平米、供水施工方案图费300元/户、园林方案施工图18元/平米，还有避雷费、地质勘探费、招标委托费、工程质量监督费、白蚁防治费、建安劳动保险费等等，费用共计23项，涉及19个部门，所缴纳的费用占房价的13%—18%。当然房价上涨的原因是多方面的，但这些费用最终也会转嫁给消费者。为了平抑房价，呼吁有关部门对收费问题进行清理，取消那些可收可不收的费用。

在走访调查中也发现，有一些开发商有意延缓申请预售许可证，造成商品房供应量减少，这种捂盘现象，在一定程度上也为房价上涨提供了空间，希望政府加大督促和调控力度，使房产市场尽快理性回归和平稳的发展。

桂林市98.6%的市民支持本市申报文明城市

麦丽

国家统计局桂林调查队在桂林市四城区开展文明城市问卷调查，此次共调查市区1200名市民，其中党政机关人员占4.4%、事业单位人员占16.8%、武警战士占28.9%、企业单位和技术人员占20.4%、其他人员占29.5%。调查资料显示：

1.桂林市民对创文明城市知晓率高。对创文明城市表示不关心的仅为0.3%、表示不知道的占3.8%、表示有所了解和知道的占95.9%。

2.大部分市民支持桂林申报文明城市。在回答对桂林市申报文明城市的态度时，有98.6%的市民认为有必要和很有必要，只有0.1%的市民认为不必要、1.3%的市民认为无所谓。

桂林7成多的单位认为节能改造能力不足

麦丽

国家统计局桂林调查队近期对桂林市109个政府和大型公共建筑状况开展调查，调查资料反映桂林市各单位已有较强的节能意识。调查资料显示：有91.74%的单位认为节约能源工作重要；有97.25%的单位配有专人负责水电等能源管理工作；有72.48%的单位已进行节能改造；有88.99%的单位已实行节能管理。

在对最优先考虑的节能计划预测时，75.23%的单位认为会优先考虑规范用能行为和标准；58.72%的单位认为会完善运行管理制度；23.85%的单位认为会安设调节装置；20.18%的单位认为会制定能耗定额标准。同时有30.28%的单位认为缺乏节能意识；43.12%的单位认为缺乏信息来源。另外，有76.15%的单位认为节能改造能力不足.。看来，建立完善节能管理制度，进一步提高节能改造能力将是桂林市今后节能工作的重点环节。

粮价上涨导致桂林CPI再度反弹

谢登宝

2008年4月，随着国际粮价的持续上涨和“粮荒论”的快速蔓延，桂林市粮价跟风上行，进而带动整个食品价格上扬，导致CPI再度反弹。

据国家统计局桂林调查队调查统计，自2007年下半年以来，CPI便一直处于高位运行状态，上年11月和2008年3月份曾有小幅回落，而至4月，因粮价上涨桂林CPI再度出现反弹现象。4月桂林CPI环比上涨0.9%，同比上涨7.7%，同比涨幅提升0.9个百分点，其中食品价格环比上涨2.6%，同比上涨21.3%，同比涨幅提升了2.7个百分点。

粮价上涨是主因。由于受国际粮价的持续上涨和“粮荒论”快速蔓延的影响，4月桂林市粮价比上月上涨4.4%，同比上涨14.4%，同比涨幅比上月提升4.5个百分点。此外，在粮价上行的带动下，淀粉、豆类、肉禽、蛋、菜、酒类等分别比上月上涨0.3%、4.3%、3.5%、0.3%、10.2%和4.5%。由此导致桂林市CPI高位反弹。

粮价上涨原因有三：一是受国际粮价的持续上涨和“粮荒论”的快速蔓延影响所致，桂林市粮价跟风上涨；二是桂林市粮食市场仍存在缺口。据市粮食局反映，尽管近年桂林市连获丰收，但由于地域差价而外销（主向广东）量大，本地市场供给相对削弱，存在一定缺口；三是目前正值青黄不接时，农民惜售现象严重。

桂林“社会环境”得到投资者的认可

李娜

最近国家统计局桂林调查队对250家企业进行了一次问卷调查，调查结果显示：八成企业家对桂林“社会环境”感到非常满意，满意度高达81.48分，比2007年提高2.67个百分点，其中外商投资者的满意度达到82.50分。桂林“社会环境”的满意度高于全区平均水平3.38分，排在广西首位。

社会环境的评价指标包括社会治安、市民的文化素质及文明程度、社会风气状况、市民的道德诚信状况、市民及政府对投资者的态度5个方面。而对社会治安和市民及政府对投资者的态度得到投资者的认可最高，满意度分别达到82.18和85.52,其中外商投资者的满意度更高，分别达到85.50和84.75。其余的三个指标即市民的文化素质及文明程度、社会风气状况、市民的道德诚信状况满意度分别为78.18、79.92和79.96。其中外商对社会风气的满意度达到81，这说明外商对桂林社会风气的认可度高，他们来桂投资感到很放心。

八成企业家对桂林自然环境感到满意

麦丽

最近国家统计局桂林调查队对桂林市250家企业进行调查。调查结果显示，企业家对桂林“自然环境”的满意度高达82.32分，说明桂林再一次得到投资者的认可。

从具体行业看：租赁和商务服务业、信息传输和计算机服务及软件业对桂林市自然环境评价最高，满意度分别达到86.67和85.00分；其次是批发和零售业、建筑业、房地产业、住宿和餐饮业、交通运输、仓储和邮政业、水利、环境和公共设施管理业六个行业，满意度都在80分以上；只有采矿业、居民服务和其他服务业、电力及水的生产和供应业满意度在78分以下。

近八成外商认可桂林政策法制环境

覃莲姣

良好的政策法制环境是吸引外商投资和发展的一个非常重要的基础条件。二十世纪以来，桂林在大力加强基础设施建设的同时，注意抓好政策法制建设，制定和完善吸引外资的一系列政策法规，在改善外商投资环境方面做了大量的工作，为外资企业营造了一个良好的发展空间。在国家统计局桂林调查队对桂林投资环境跟踪调查中，79.52%的外商对桂林市“政策法制”环境认可,比本地企业高出2.85个百分点。

在评价“政策法制”环境的11个指标中，政府落实环境政策法规和对知识产权保护的满意度最高,都达到了84；对投资者的合法权益得到法律保障的满意度也达到了83.68；对政府与执法机构公正的执法、政府对外来投资者的承诺、政策的透明度等都给予了很高的评价,其满意度分别为80.75、81.25和82.50。

为进一步改进和完善桂林市投资环境，外商提出了很多宝贵意见，主要集中在资金、人才等问题上。造成外商融资难的原因是融资渠道少，间接融资难，融资审批程序繁，对引进高、精、尖人才的工作力度还不太足等。

桂林企业反映：目前企业生产经营发展受四大因素困扰

覃莲姣

最近，国家统计局桂林调查队对桂林市250家企业进行投资环境调查。企业集中反映，目前企业生产经营发展受四大因素困扰：

一、资金不足影响企业发展

调查结果显示，有45.8%的企业反映目前企业资金不足，制约了企业生产经营的发展。造成企业资金紧张的主要原因是企业融资难，在问到“贷款取得的难易程度”时，48.95%的企业回答非常难。当前受全球经济不景气和国内信贷缩紧、融资渠道单一等多种因素的影响，企业很难从银行得到贷款。

二、缺乏人才优势

调查中对“技术人才供应充裕程度”时，有32.6%的企业反映不够充裕，特别是对中、高技术人员比较短缺。有30%的企业认为缺高级技术人才、59%的企业认为缺中级人才、还有11%的企业认为缺初级人才。缺乏人才优势也是影响企业发展的重要因素，市场竞争说到底是人才竞争。人才资本已成为决定企业发展成败的主要因素。特别是投资高新技术产业，更需要有相应的高层次人才资本。桂林市在引进高新技术人才方面还存在一定缺陷，人才引进还比较困难。

三、市场竞争缺乏秩序

调查中，桂林调查队设计了“市场秩序方面存在的突出问题”的多项选择题，有50.7%的企业认为同行业恶性竞争、有33.2%的企业认为拖欠货款影响资金周转、有22.6%的企业认为制假造假商品多、有21.3%的企业认为市场法律法规不够健全、还有8.5%的企业认为有地方保护现象。希望各级政府加强管理，真正形成开放有序的市场竞争体系，使外企和内企在有序的市场环境中展开公平竞争。

四、政府管理部门办事效率和服务水平有待提高

调查结果显示，政务环境特别是对机关工作效率，企业的认同率是:有25.4%认为好、有64.8%认为一般、还有9.8%认为差。营造良好的投资环境，必须继续转变政府职能，规范政府行为，努力提高政府管理部门的办事效率和服务水平。建立精干高效的政府管理部门，提高办事效率，加快与国际接轨的步伐。

食品价格上涨再促桂林CPI走高

麦丽

据国家统计局桂林调查队调查，2008年5月份桂林市物价继续保持其上涨之势，与上年同期相比，居民消费价格上涨8.2%，比上月上涨0.4%。调查的八大类商品和服务呈六升二降态势。上涨的有：食品类、衣着类、家庭设备及维修服务类、医疗保健和个人用品类、娱乐教育文化用品及服务类和居住类，与2007年同期相比分别上升22%、2%、0.9%、2.4%、0.3%、7.3%；下降的则是烟酒及用品类与交通和通信类，分别比2007年同期下降1.7%和3.9%。5月份物价变动主要有以下几个特点：

一、食品类仍为促涨主因

由于受到国际粮食价格上涨的影响，食品类呈全面上涨局势，除液体乳及乳制品外，粮食、淀粉、干豆类及豆制品、油脂、肉禽及制品、蛋、水产品、蔬菜、调味品、糖、茶及饮料、干鲜瓜果、糕点饼干、在外用膳食品、其他食品全面上升，支撑食品类上涨达22%，拉动消费价格总指数上升7.08个百分点，影响程度达86.3%。

二、工业消费品价格回升

受工业原材料价格的上涨、生产成本提高以及季节变化推动等因素影响，5月份工业消费品价格小幅回升。调查显示，同比衣着类上升2%，家庭设备用品上涨0.9%，娱乐教育文化用品上涨0.3%。

三、居住类涨势保持不变受原材料的影响，5月居住类价格比上年同期上升7.3%。

调查资料显示：建房及装修材料价格明显上升，木材、木地板、砖、胶合板、玻璃、油漆继续维持不同程度的上升水平，比上年同期分别上升5.3%、3.3%、11%、1.1%、29.3%、1.5%。

桂林各类商场执行“限塑令”各有对策

朱兰英

“限塑令”实施20多天了，桂林情况如何？连日来，据国家统计局桂林调查队调查，在菜市场超薄塑料袋仍有使用,部分小型超市仍免费提供塑料袋。

一、大型商场、超市塑料袋使用量大幅减少

“限塑令”后，桂林市中心的各大商场超市如“桂林微笑堂”、桂林百货商场和“好又多”等大商场的塑料袋数量大大减少，实行了塑料袋收费，售价都在5角、3角、2角一个。以前每天需要使用几百个塑料袋，现在每天才用去几十个，大部分顾客购物都不要超市的购物袋，选择徒手带去商品或自带的购物袋子。

二、小型超市在执行“限塑令”中打折扣

相当一部分小型超市在执行“限塑令”过程中打折扣，依然使用国家禁用的塑料袋包装商品。在调查走访中，还发现一些超市还要顾客花钱购买塑料袋，而塑料袋还是同原来免费提供的一样，不少顾客反映：“原来的塑料袋，为什么还要多收钱”，反映出这些小超市又从中获取利润，这说明它们还继续使用原来免费超薄的塑料袋。

三、菜市场看不到“限塑令”的气息

在桂林市菜市场上大量的超薄塑料购物袋依旧存在，多数经营者并未执行环保塑料袋有偿使用制，各种小摊贩提供给顾客的免费购物袋仍为过去超薄塑料袋。在市中心的乐群、西门、东江三个大型菜市场中，杂品店、塑料袋的批发店、成捆的原始塑料袋仍摆放着出售，并未看到环保塑料袋的身影。对于限塑令，绝大多数摊主都表示知道，无偿提供塑料袋属违法行为，保护环境是好事，不过他们还不知道应该如何应对。据一位摊主反映：“现在没人管，大家都在照样免费提供超薄塑料袋，她担忧的是如果自己家收费，肯定会影响生意，再说，来的都是一些老顾客，收2、3角钱不好意思”。调查中还发现这位摊主已备有环保袋，只是没有提供使用。

2008年二季度桂林工业景气指数继续回落

蒋华春

受燃料油价格、银根紧缩、汇率调整和自然灾害等多种因素的影响，桂林工业景气指数继续回落。据调查：2008年二季度桂林工业景气指数在一季度下降的基础上继续回落，与2007年同期比下降17.49点。

从企业的经营情况看，由于国内对燃料油价格的调控，在电煤成本上升的压力下，工业成本景气指数只有51.73，比2007年同期的68.26点下滑16.53点，生产总量、销售、利润和产品订货4个景气指数也呈现下滑状态，比2007年同期分别下降15.53、15.91、17.31和15.78点；由于银根紧缩，企业的流动资金、融资、和货款景气指数分别只有74.79、73.54和93.58点,都在低区间运行；原材料及能源购进价格景气指数更低，仅有23.08点,由此可见，工业生产经营的难度较大。

煤炭、钢材价格上涨给桂林企业带来巨大压力

粟凌燕

经调查发现，焦碳、原煤、生铁、各类钢材价格的一路走高，令桂林市的企业生产成本增加，利润减少，企业生产经营面临巨大的压力。

一、煤炭价格上涨对企业的影响

1.桂林市最大的火力发电企业反映：2008年上半年，企业的发电用原煤平均购入价同比上涨了34.49%，入炉煤折标煤单价同比上涨了45.81%。受电煤价格影响，企业总成本同比上涨了50%左右，因此企业出现巨额亏损，资金缺口巨大。

2.桂林市最大的米粉企业反映：煤炭的采购成本比2007年同期上涨了39.82%，企业的总生产成本同比上涨了约3.3%，而米粉价格因政策规定因素又不能相应上涨，企业只有亏损经营。

3.桂林市最大的水泥企业反映：由于煤炭市场供应持续紧张，基本上是有煤就买，有什么煤就买什么煤，没有挑选和讨价还价的余地。无煤可买和买不到生产需要的对口煤，造成了企业生产成本的增加。但是水泥又是季节性的商品，夏秋两季为销售旺季，可以相应提高价格，而冬春两季为销售淡季，只有维持销售，严重影响了企业的经济效益。

二、钢材涨价对企业的影响

机器制造业企业普遍反映：2008年各类钢材的价格同比涨了近一半左右，致使各企业的生产成本纷纷上扬。如变压器厂反映，2008年钢材价格的上涨使变压器总成本同比上涨了4.10%；阀门制造企业反映，原材料铸铁件的价格同比上涨了51.89%，生产成本同比上涨了32.06%；冶金机械厂反映，钢材进价同比平均上涨了40%，产品的成本同比平均升高了8.50%。

桂林房地产首次降入不景气区间

蒋华春

据桂林市2008年二季度景气调查数据显示：桂林市房地产业景气指数为78.97点,分别比上期和2007年同期大幅下降36.86和34.34点，是从2005年以来首次下降到不景气区间。房地产行业主要受困于以下几个问题：

1.融资困难。央行在二季度连续三次调高银行准备金后，银行准备金率达到17.5%的历史高位，面对持续地从紧货币政策，房地产企业融资相当困难。调查资料显示：二季度桂林房地产企业融资景气指数创历史新低，仅为41.98点。

2.资金紧缺。二季度房地产企业流动资金景气指数为70.56点，在较不景气区间运行；资金不足严重影响房地产企业新项目的开工，新开工情况景气指数分别比上期和2007年同期下降0.49和8.81点；另外，土地开发景气指数也分别比上期和2007年同期下降40.36和13.80点。

3.销售不旺。由于国家加强对房地产行业的调控，使购房者也有等待、观望的心态，房产销售较淡。据调查，二季度房地产的商品房销售和预售都不景气，两个指标的景气指数只有75.45和94.35点，处在不景气区间运行。

4.盈利下滑。二季度房地产业企业盈利变化景气指数为88.33点，继续在较不景气区间运行。由于土地价格、人工、代建工程等成本不断上升，使企业盈利下滑。据调查资料显示，二季度桂林市土地价格上涨15.1%，成本不断上升进一步挤压了企业利润的空间。

2008年上半年桂林市居民社会保障支出增长五成多

庞育光

近年来，桂林市采取有力措施，建立健全社会保障机制，努力提高社会保障水平，争取做到应保尽保。最大限度地为广大人民群众解决后顾之忧。据居民家庭抽样调查资料

显示：2008年上半年，桂林市区居民家庭人均社会保障支出达420.9元，比上年增长55.7%。其特点主要表现在：

1.职工交纳养老金增长快。为确保退休后的基本生活保障,企业职工在有劳动报酬期间,响应号召积极交纳个人养老保险金。据上半年调查，居民人均交纳养老金205.4元，比上年同期增长1.6倍。

2.居民交纳医疗基金越来越多。随着居民生活质量的提高，居民认识到参加基本医疗统筹基金，是为了通过社会群体间的互助共济来分担风险，解决患大病时的医疗费用，最大限度地减少因病致贫的可能。因此，参保人数和覆盖面越来越大。据调查资料显示，上半年居民的医疗基金支出比2007年同期增长96.7%。

3.人均交纳失业基金呈两位数增长。上半年，居民人均交纳的失业基金增长22.4%。

7月份桂林各类工业品出厂价格均上扬

粟凌燕

据桂林调查队调查资料显示：7月份桂林各类工业品出厂价格均大幅度提高：

一是食品和农副食品加工产品价格涨幅最明显，同比分别上涨38.15%和27.78%，主要原因是受上游食品原料价格不断上涨影响。

二是水泥、玻璃制品和日用化学产品，价格同比分别上涨36.46%、27.62%和17.05%，主要是受煤炭价格、原油价格的不断飚升影响。

三是汽车零部件及配件和泵、阀门、压缩机类机械，同比分别上涨18%和19.27%，主要是受钢、铜等金属材料价格的不断上涨影响。

四是其他各类产品的出厂价格也有不同程度的上涨。如金属加工机械价格同比上涨8.52%、中成药价格同比上涨了7.56%、日用及医用橡胶制品价格同比上涨4.36%。

上述情况说明，自2007年底以来各类原材料、燃料、动力等上游产品价格的大幅上涨已逐步在向下游产品传导。

桂林工业品牌竞争力存在四大问题

李娜

最近桂林调查队开展“重点产品国际竞争力”调查，重点走访了13家企业。从走访调查中得知，桂林重点产品特别是工业品牌取得了一定的成果，但仍存在不少问题，主要有：

一是品牌的数量和占有率少。据调查了解，桂林共获得各类工业品牌95项。其中，中国名牌仅有1项，占全广西的10%；中国驰名商标3项，占全广西的27%；国家免检产品5项，占全广西的14%；广西著名商标23项，占全广西的14%，广西名牌63项占全广西的20%。获中国知名出口品牌仅有一个企业，其它的在全区所占的比重也低。

二是企业技术创新能力不足，高科技、高附加值的产品少。从调查和重点走访的情况看，桂林重点产品特别是工业品牌弱势突出表现在产品技术含量不高，企业的研发能力不强，水平不高。工业品牌中的传统技术产品多，自主知识产权产品少，高新技术产业甚至没有一个名牌产品。

三是缺乏品牌培育、保护和经营意识。在调查企业中，大部分企业重视产品生产，忽视品牌效能，缺乏品牌培育经营意识和人才；不注重资源的有效整合，未能形成一个强势品牌带动企业的发展，没有形成品牌合力。

四是职能部门管理不到位。从目前的情况看，桂林要构建政府引导、企业为主体的创品牌建设任务还很繁重。因为，工业品牌建设是一项系统工程，需要政府制定发展规划，建立健全协调机制，相关职能部门要加强分工与协作。企业作为创品牌建设主体，需要把品牌建设与技术创新、制度创新和质量管理密切联系起来，共同推进桂林重点品牌特别是工业品牌培育建设工作。

桂林菜价连续3个月下降

刘宇波

据调查资料显示，自2008年5月份以来，桂林菜价持续回落。其中，5月环比下降10.9%，6月环比下降4.3%，7月环比下降1.9%。《2008年4月至7月份部分采价一览表》为部分规格品近4个月的价格：

由该表可见，自5月份开始，大部分菜价格明显下降，虽有个别菜价受季节等因素影响有所上涨，但鲜菜总体价格水平呈下降趋势。菜价持续回落的原因主要有以下两点：

1.2008年2月份受雪灾影响，菜价环比指数高达137.8（以上月为100），多数菜价创历史新高。但是，由于政府及时采取了多项平抑菜价措施，加上农业生产的恢复与发展，市场供应逐渐好转，所以雪灾过后，菜价迅速回落。

2.6、7月份天气适宜，蔬菜长势良好，加上原本销往外地的部分蔬菜受油价上涨，运输成本增加的影响，转为内销供应本地市场，所以本地蔬菜供应充足。虽然6月份桂林市局部县乡遭受水灾，但这次水灾并非蔬菜主要生产基地，因此对本市区菜价的影响不大。

2008年4至7月份部分菜价一览表

（单位：元）

规格品名称	计量单位	4月均价	5月均价	6月均价	7月均价
空心菜一等	千克	5.46	4.26	3.43	2.92
冬瓜一等	千克	3.73	2.92	1.92	1.81
丝瓜一等	千克	5.21	3.42	2.98	2.88
茄子一等	千克	5.29	4.26	3.99	3.92
大白菜一等	千克	2.96	2.14	2.31	2.28
芹菜一等	千克	3.69	3.29	5.79	5.31

2008年第三季度桂林市社会服务业景气指数创历史新低

唐彰徽

国家统计局桂林调查队2008年第三季度企业景气调查数据显示：桂林市社会服务业景气指数仅为77.33，比上期下降33.34点，比2007年同期降幅高达65.01点，创桂林市编制企业景气指数以来历史新低。步入比较不景气区间。其主要原因是：

1.在北京举行的奥运会，导致来桂林旅游客源的减少。据桂林市统计局统计，8月份本是暑期旅游旺季，然而来桂林游客却只有150.12万人次，比2007年同期减少1.5万人次。旅游客源景气指数只有84.79。

2.成本上升，企业盈利空间被挤压。⑴《劳动法》的实施，企业增加了人工工资及相关费用；⑵水电消耗多以及物耗的价格上扬；⑶同行业间竞相降价。第三季度企业盈利变化景气指数为73.33。比上期下降3.02点，比2007年同期下降19.58点。

2008年10月桂林房价明显回落销售量持续低迷

粟凌燕

据国家统计局桂林调查队调查显示：2008年10月桂林房价出现明显回落，房屋销售价格同比回落1.9%，环比跌幅为1%，创2008年以来最大降幅。新建房的环比跌幅为1.2%，其中住宅类跌幅为1.4%，高档住宅跌幅3.8%，明显大于普通住宅0.6%的跌幅；而二手房的环比跌幅为0.7%。本月桂林开发商一改8月份以来打折、送家电送装修等价格暗降转为直接降价。如桂林新建房产集中的南片价格变化典型代表了桂林房产2007-2008年的走势。这一片的新建房价格从2007年上半年的3200元/平米，到2007年底涨到3500元/平米，而本月普遍跌到2800元/平米至2900元/平米左右，个别小实力企业甚至掉到了2650元/平米。一家前年入驻桂林市场的外地房产开发商，其楼盘本月三期的开盘价2880元/平米已经低于2007年一期2980元/平米的开盘价了。房屋销售量也继续低迷。10月底桂林市排名第一的本地开发商开盘试水，反映是“真冷”！以前楼盘开盘的火爆场面不再，开盘推出100多套房源才卖了十几套。在金九银十的房产销售旺季，沿漓江边的高端品牌楼盘“恒宇·江上一品” 10月销售为零。

金融危机冲击桂林经济居民消费受影响

庞育光

进入2008年11月份以来，桂林市区不少商家纷纷打出了促销打折的招牌。商家的促销行动比往年提前了1个多月。据住户调查显示，到11月份桂林市居民消费只增长6.2%，与上年相比增幅回落2.3个百分点。

金融危机正在对桂林市居民心理和日常生活产生影响。据住户调查资料反映：七成多的桂林市居民认为金融危机对他们的生活有着直接影响。居民消费从7月份起环比呈现逐月下降，2008年11月份居民消费支出与上年同期对比，“家庭设备用品和服务类”下滑速度最快达15.7%、其它的如“交通和通讯类”和“教育文化娱乐及服务类”等支出分别减少7.9%和6.2%。

2009年

调查信息

房产新政不断出台 企业家信心依旧下行

廖　静

根据国家统计局桂林调查队企业景气调查结果显示：2008年第四季度，在桂林市八大行业中房地产企业家信心指数最低仅有46.1点，同比下降84.91点，下降幅度是历年来最大的，且全年四个季度呈现逐季回落的现象。主要原因有：

1.*房地产资金紧缺*。房地产行业本期企业融资景气指数为69.18点，比2007年同期下降8.15点，位于较为不景气区间。企业流动资金景气指数仅为30.77点，比2007年同期下降46.56点，已下降到较重不景气区间，房地产企业资金紧张严重影响企业家信心。

2.*房产价格离购房者预期还有差距*。桂林房价在11月有所松动，房屋价格同比下降0.4%，是2008年桂林房价首次下降，其中高档商品住宅同比下降9.4%，但至今的房屋价格对大多数想买房的刚性购房者来说，价格还是偏高。一方面房地产开发商手上持有大量的现房待售，另一方面绝大多数居民由于房价太高没有支付能力进入这个市场。

3.*消费者持续观望气氛浓*。由于全球金融危机的影响，当前经济形势不断下行，消费者对购房增值信心略显不足，四季度商品房销售景气指数为69.18点，比2007年同期下降30.82点，商品房销售持续低迷，购房者观望气氛浓。

“小、弱、低”是制约桂林服务业发展的主要原因

李娜

据国家统计局桂林调查队对桂林市区69家服务业抽样调查结果显示：桂林服务业企业缺乏规模效应，小、弱、低等因素是制约服务业发展的主要原因，主要表现有：

1.*整体经营规模偏小*。桂林市部分服务业企业发展态势良好，但经营规模普遍偏小。在调查的样本企业中，从业人员在50人以下的企业占60.87%，其中20人以下的占43%；而在100人以上的只有14.49%。从营业收入看，年营业收入在1000万元以上的仅占23.19%，有55.07%的企业营业收入在100万元以下，有些甚至仅有4-5万元左右。

2.*抗风险能力弱，生存周期短*。在69家服务业企业中，消亡和停产12家，占全部样本企业的17.39%。

3.*管理水平低*。部分企业经营管理者的素质落后于形势发展，特别是企业管理水平不高，服务水平较低，竞争力较弱。在遇到金融风险时，企业融资能力不强，抵御外部环境风险的能力相当弱。

2008年12月桂林房价继续下跌 销量略有回暖

粟凌燕

据国家统计局桂林调查队调查资料显示：2008年12月桂林市的房屋销售价格继续下跌，同比下跌3.6%，创下2009年最大跌幅。其中新建高档商品住宅价格同比下降14.6%，为近年来跌幅首次超过两位数；新建普通商品住宅、新建非住宅以及二手房三类房屋价格为近年来同比首次下降，分别下跌2.1%、0.3%和1.4%。

岁末年终各楼盘都推出了年度震撼低价。如高端楼盘奥林匹克花园推出开盘前50名8.1折活动；山水凤凰城、广源国际社区推出了“一口价”和特价房，单套房让利幅度过万元。在各楼盘实实在在的让利促销和国家一系列鼓励购房消费政策陆续出台的引导下，桂林房产市场的销量略有回暖。如山水凤凰城搞活动的当天就成交了5套住房；广源国际社区自推出活动以来连续几天都有成交量；而奥林匹克花园则收到意向客户180组。

2008年桂林居民财产性收入比上年增长6.6%

庞育光

据居民抽样调查显示：2008年，桂林市居民人均财产性收入同比增长6.6%；人均财产性收入占人均可支配收入的比重由上年同期的0.97%提高到1.93%。推动居民财产性收入快速增长的主要因素：

1.*居民理财有方*。2008年股市暴跌的情况下，桂林市多数居民选择了把余钱存入银行获取利息。据调查资料显示，居民利息收入比上年增长21.57%。

2.*居民理财形式多样*。据调查了解，居民不仅把自己多余的钱拿去买一些股票、定期基金和期货，还把空闲的住房也出租，调查数字显示：2008年居民的股息与红利收入比上年增长35.27%。

3.*桂林旅游名城效应推进居民投资多元化*。据了解，2008年桂林吸引海内外游客1600万人次，旅游收入达100亿元。成熟的旅游市场也改变了桂林市居民的投资理念和增加投资的渠道，随

着旅游市场的扩大，居民对艺术品、邮票、古玩等的投资也迅速增多，这也是促进桂林市居民财产性收入快速增长的一个主要因素。调查资料显示，居民的其它投资性收入比上年增长5.13倍。

金融风暴对桂林装备制造业影响凸显

粟凌燕

为了解金融风暴对桂林装备制造业的影响程度，近日国家统计局桂林调查队对桂林市正菱第二机床厂、桂林橡胶机械厂和桂林机床股份有限公司3家桂林最大的装备制造业企业进行调查，结果显示，金融风暴对桂林装备制造业的影响已经凸显。

1.企业出口订单减少，出口量下降。2008年底企业出口订单同比减少了10%-30%左右，出口额同比下降20%。对于出口占企业总销售近1/3的装备制造企业来说，出口的下降对整个企业的销售影响明显。

2.国内需求下降，企业库存加大。由于受金融风暴的影响，国内下游厂家纷纷减产或者倒闭，导致对上游产品的需求量大幅下降，造成上游企业库存加大。比如橡胶机械厂的下游企业轮胎厂，2008年第四季度轮胎积压约40%左右销售不出去。

3.市场风险加大。企业的出口订单都是用美元结算的，金融风暴导致美元汇率持续走低，企业销售产品“见量不见钱”，甚至“越卖越赔钱”。

当前企业应对金融风暴采取了三项措施：(1)裁员。陆续把临时工辞掉，合同到期的合同工不再续约；(2)减工资。员工工资下调幅度普遍在10%-30%之间；(3)调整优化产品结构等措施。但是面对尚未见底的金融风暴，企业迫切的希望政府能加大技改资金的投入，放宽贷款政策，加大贴息，解决老企业设备陈旧、使用率低和流动资金缺口大等问题和困难，以帮助企业度过危机。

金融危机下桂林租赁和居民服务业逆势增长

李娜

2008年，随着全球金融危机蔓延，经济陷入衰退，外部需求减少，桂林服务业出现明显回落。据国家统计局桂林调查队最近对69家服务企业进行抽样调查数据显示：在服务行业中，全部营业收入与上年同期比下降12.7%，而租赁和居民服务业却出现逆势增长，与上年同期比分别增长16.6%和8.6%。主要是近几年来市政府采取一系列措施，以提升旅游服务质量和服务品牌为着力点，开拓中高端客源市场、优化客源结构，努力把桂林建成世界旅游休闲名城的效果得以显现；其次是社会需求决定市场走向，人们的生活水平提高，消费观念也更新了，不再满足于温饱，而是更注重生活的质量，开始关注养生保健。由此也带动了洗浴、理发及美容保健传统服务行业的经营理念的变革，出现了更多具备商务、娱乐、保健功能于一体的休闲健身的娱乐活动场所，因此，桂林作为旅游名城向这些行业集中也成为市场导向的必然结果。

桂林年夜饭呈现四特点

麦丽

随着人们生活水平的提高，不少家庭一改中国民间过大年三十全家人围坐在一起热热闹闹吃自己动手做的年夜饭共同除旧迎新的习惯，而选择大年三十全家人到宾馆或饭店享用省事、方便的年夜饭。据对桂林市承接年夜饭的宾馆、饭店调查，在金融危机大环境下，2009年桂林市不少市民仍保持去饭店吃年夜饭的习惯，呈现以下4大特点：

1.接单时间有所推后。据调查了解，桂林市很多酒楼、宾馆大年三十年夜饭的预订直到除夕前半个多月才开始进入高潮，而2008年春节前两个月就有顾客预订年夜饭，到春节前1个月就只能订到大厅的位置了。

2.市中心饭店销售好于较偏饭店。从桂林市丹桂大酒店、榕湖饭店、漓江大瀑布饭店、大广福饭店、民间菜馆、得天宫等饭店订餐部了解到，到2月25日前，这些饭店安排接待年夜饭的包厢95%以上已预订出去，一些饭店在包厢预订完后，大堂的席位都已有客人下订单了，接单明显好于较偏饭店。

3.规格增加，更便于选择。据调查，2008年饭店主推年夜饭价格在每桌600元-800元/桌，而2009年商家则安排了多种标准的年夜饭，价格从300元到数千元/桌不等，方便不同要求顾客选择。

4.拼桌同吃年夜饭增加。调查发现，2009年的订餐客人中有些不是一家人的但为朋友或同学的同拼一桌年夜饭的桌位增加，不少客人认为拼桌吃年夜饭一来可融洽关系；，二来可增加热闹气氛。

桂林市消费市场迎来开门红

覃莲姣

2009年春节期间，桂林市消费市场以“扩大内需、繁荣市场、实惠百姓”为主题，开展了一系列酬宾促销活动，迎来开门红。据对市内4家大商场(微笑堂、百货大楼、南城百货、苏宁电器)走访了解,4家商场的零售额同比增长11%。其中:食品类商品同比增长12.3%;服饰类商品增长9.5%;日用类商品增长8.3%。据了解,销售红火的主要集中在三大类:一是服装服饰销售增幅较大,同比增长幅度在7%左右,微笑堂和百货大楼达到15%以上;二是主要食品成为消费热点,如高档水果、高档酒、食用油、各种熟食以及糖果、巧克力、葡萄干等,货架上时常供不应求;三是家电产品销售仍是大头。由于天气寒冷以及男婚女嫁、年末购大件等诸多因素,使得空调、电视、取暖器等商品热销,零售额全面增长。在四家商场中,苏宁电器增长最快,同比增长20.6%。

桂林节后出游价格出现回落

覃莲姣

据对桂林市的国旅、天元国旅、春秋旅行社等多家旅行社了解,春节过后,国内外热门旅游线路价格出现回落,其中华东线路降幅最大达57.05%。

由于节后机票价格大幅下降,酒店和相关的费用较之春节期间便宜,各条旅游线路价格出现不同程度的回落,其中,华东、厦门旅游线路降幅最大,降幅分别为57.05%和33.01%。其次是南海和昆明旅游线下降18.78%和15.2%。2月底至3月初,国内旅游市场将进入节后淡季,相关线路价格将在此基础上还有10%左右的下调。

出境游线路价格降幅不是很明显,如春节时欧洲为11100元现在下降到9900元、韩国为3390元现在下降到2999元。据国旅市场部孙女士说:出境游线路已经进入淡季,因此不会出现太大幅度的下调,但随着欧洲各国旅游节日的到来,将会推出一些特色线路,如威尼斯狂欢节线路、郁金香之旅等。

桂林公交车票价下降倍受市民欢迎

刘宇波

根据桂林市物价局(市价字[2009]1号)文件规定,桂林市自2009年2月1日起,对公交车票价进行调整,具体为:

1.普通公交线路零票价格由原来的1.20元/人次降低为1.00元/人次,下降16.7%。

2.空调车线路、城区郊外及邻边县线路票价全部统一为2.00元/人次(开往临桂县城的88路、89路、27路公交车暂执行1.00元/人次,下降16.7%)。

3.持城市公交IC卡A卡乘车给予票价优惠,在原零票价九折基础上降至八折,下降25.9%,C卡(学生卡)收费标准仍为25元/月,B卡取消。

近期据国家统计局桂林调查队对乘坐公交车的市民调查,90%以上市民赞扬此次公交车票价下调,一是票价改为整数,省去找零钱的麻烦;二是票价下降,节省费用,降低生活成本。据一位姓李的市民反映,他每天上下班,都要刷卡乘坐公交车,每天至少4次,现在刷卡的价钱降了,一个月就能省下30多元钱。多数市民表示,在公交车降价后,以后会更多考虑乘坐公交车出行。

桂林商家借“家电下乡”打开市场

覃莲姣

自2008年底桂林就开展了“家电下乡”活动,农村对“家电下乡”政策普遍感到满意。到目前止,据桂林市商务局对各销售网点统计,共售出电器640台(件),其中冰箱228台、手机202部、洗衣机175台、彩电35台,销售金额近100万元。“家电下乡”试点企业的商品已经成为农民购买家电的首选。

据桂林星达电器的唐先生说,买1台电视机能享受13%的优惠,相当于直接享受了8.7折;桂林金风凰音响电器有限公司陈小姐也说,他们卖一台冰箱的市场价是1950元,按国家补贴13%的政策计算,农民就能获得253元的补贴。所以国家推行“家电下乡”补贴农民是非常满意的。桂林星达电器和桂林金风凰音响电器有限公司都是桂林“家电下乡”的企业,这两家公司都拥有一套完整的服务网点,目前已经覆盖农村市场各个网点,同时也加快了开店步伐,近两个月的销售额都上升很大,比上年同期都增了一倍多,这与推行的“家电下乡”是密不可分的,他们分享到“家电下乡”政策拉动的巨大市场蛋糕。

在送“家电下乡”的同时,农民希望这些企业的服务网点也设置到农村,方便农民朋友对家电的维护。

桂林市40%返乡农民工重新上岗

覃莲姣

据桂林市劳动和社会保障局局长朱名华介绍:“桂林常年在外务工的农民工达40万人,2008年下半年以来有10万农民工返乡。桂林市通过送岗位、送就业信息、送免费培训的‘三送’活动,让返乡农民工找到了自己合适的工作。到目前为止,桂林有40%多返乡农民工重新走上了工作岗位”。主要有三项措施:

1.加大就业培训力度。桂林市推行职业培训—技能鉴定

—职业介绍—上岗就业"四位一体"的办法,帮助农民工提高技能和就业竞争力。12家技工学校免费为返乡农民工培训,帮助农民工提高技能。据市教育局介绍,2009年各技工学校新增2000个招生指标重点面向农民工,并根据市场的需要和返乡农民工的学习特点,开设专业课程,突出培养具有针对性、实用性和有效性的专业。据了解,烹饪、机电、修理和计算机等专业,尤其是烹饪、机电和修理,因其实用倍受青睐。

2.企业提供就业岗位。桂林百强企业如桂林长海发展有限责任公司、天和药业、优利特公司、电力电容器厂、北京王致和(桂林腐乳厂)食品有限公司、中国化学工业桂林工程分公司等大型企业积极为农民工提供就业岗位,这些企业主要提供普工、机械、电子等岗位。

3.为返乡农民工举行专场招聘会。2009年以来,桂林劳动部门联合人事、妇联、总工会等多家部门开展"春风行动"系列活动,分别在12个县、区举行返乡农民工专场招聘会。

但随着产业化的升级,企业招聘人员对学历的要求日益提高,学历低依然是农民工就业的门槛。

桂林林业生产支出下降35.51%

蒋华春

因2008年农资价格大幅上涨,加之冰冻灾害使林木损失严重,导致大面积林地需要补植补种和护理,桂林市退耕户对林地管理和养护费用支出应有所增加,然而,据国家统计局桂林调查队的退耕还林(草)监测调查结果显示:2008年桂林市退耕户林业生产费用支出反而比上年下降35.51%。主要有两方面的原因:

1.退耕户对林地管理和养护积极性不高。有些农户误认为只要退耕,就能享受退耕政策所给的粮食和现金补助,对退耕后的苗木地不认真管理。有些村民认为林地经济效益低、见效慢,不如从事农业、牧业或者外出打工,所以舍不得投入时间和资金对林地进行管理和养护。

2.部分退耕户减少受损严重林地的生产费用支出。冰冻灾害使大量的毛竹、林木被"斩首"或"折腰",农户损失惨重,受损的林木价值还不抵伐木的人工费,所以部分退耕户至今未对受灾林地进行补植补种。

这些现象都会影响退耕还林(草)工程效果的巩固,调查数据显示,2008年退耕造林累计面积虽增加0.69%,而实际保存面积却下降了2.34%。

桂林工业企业积极采取措施应对金融风暴

粟凌燕

据国家统计局桂林调查队调查显示,桂林工业企业为了应对全球金融风暴给企业带来的负面影响,顺利渡过难关,积极主动采取各种有效措施:

1.调整出厂产品价格策略,随行就市争市场、保生存。价格下调幅度较大的有:普通硅酸盐水泥、铁合金和体视显微镜,价格分别比上年同期下降了近20%、13%和10%左右。

2.停止生产销路不好的老产品,把生产能力集中转移到当前适销对路的产品上。如桂林英才机械厂,停产了原产品汽油机,转而生产汽车零配件;桂林皮尔金顿安全玻璃有限公司,停产普通玻璃,转产技术难度更高的轿车玻璃。

3.积极争取国家项目或扶持政策,跻身行业认定等,以提高企业硬件资源。如桂林科丰机械厂生产的斜挂式收割机,2009年跻身入全国9省农机补贴行列;桂林三花股份有限公司争取到全国白酒标准化技术委员会米香型白酒分委落户该企业,成为国内四个基本香型白酒之一米香型白酒国家技术标准的制定者。

桂林旅游行业四招应对旅游危机

麦丽

作为一个闻名世界的旅游名城,金融危机不可避免影响桂林的旅游经济。面对危机,桂林旅游界认真应对,采取多种措施,积极突"危":

1.做好本地游。以往桂林市旅游市场主要是做外地游客的生意,此次全球金融危机,广西区政府为了进一步刺激旅游消费,推出"广西人游广西"活动,桂林旅游部门积极响应,制定了"桂林人游桂林"活动方案,桂林多个景区、宾馆和旅行社都制定了购票优惠政策。一家大型国内社还推出了"10元游桂林"活动。

2.主打短途休闲游。据多家旅行社介绍,借助"三八"国际妇女节,桂林市旅行社2009年推出的旅游线路比往年增加了三成多,桂林台联国际旅行社、榕湖国旅等旅行社负责人介绍,他们在针对"三八节"推出了1-3天的短期休闲旅游,如贺州温泉游、恭城桃花游、北海银滩游、钦州三娘湾游、永福金钟山游、龙胜大塘湾、温泉两日游等,价格控制在60元-380元,价位比市场价更优惠。

3.量身裁衣个性游。据调查,桂林市旅行社针对到桂游客数量急速下降的特点，从旅客角度考虑，推出了量身定做个性化行程。国旅有关负责人介绍，他们利用网络平台，只要客人把要求和想去的景点以及来去时间告之，就可为他量身打造行程。从桂林市中国旅行社网站上可以看见提供的"散客拼团量身定做""包车/独立用车量身定做"等特色服务。

4.价格低廉周边游。与此同时，桂林市也积极启动桂林周边游，4月30日前，对广西居民游览象山、芦笛、七星、叠彩、伏波等公园和景区一票通门票优惠(只需60元/人)。周边的兴安乐满地、龙脊梯田、古东瀑布、银子岩等都以特价招揽本地客。

桂林企业出口订单逆市增多

覃莲姣

面对全球性金融危机的冲击，桂林市企业树立全球"大市场"的经营理念，调整营销策略，大力开拓国际市场，一些企业出口订单逆市增多。

1.桂林橡胶机械厂近年来以国际化营销为目标，强调人才建设、销售、售后服务等全面与国际接轨。他们一方面与传统代理公司结成战略伙伴，另一方面充分利用自营进出口权，自己走出去，在美国、日本等国设立办事处，招聘当地人员销售和服务，并加大了印度、中欧等新兴市场和欧洲轮胎、阿波罗等新客户的开发力度，通过强化管理，保证产品质量和提高服务水平。该厂到目前已拿到的出口订单超过2000万美元；

2.桂林高邦公司是联合国人口基金安全产品最大的国际供应商，该公司70%的产品用于出口，由于欧美市场不景气的影响出口产品受阻，2008年出口创汇同比下降26%。进入2009年后，他们及时调整产品生产结构和营销方式，在力争打破原来产品僵局的同时，加大医用产品出口的力度，把市场重点放到中东、南美和美国，到目前为止，逆市接到巴西206副医用手套订单。

3.桂林国际电线电缆集团公司和桂林机床股份有限公司，在瞄准国内重点工程的同时，也努力开拓国际市场，采取调整营销策略和营销手段，抓好技术改造,梳理内部管理，以品牌、质量争取客户。桂林国际电线电缆集团公司在奥大地亚设有分厂，通过外分厂接到了一些国外订单，订单量与上年比基本持平；桂林机床股份有限公司对出口产品采取调整价格的办法，使出口量比2008年略有上升。

但也有一些企业拿到的订单相当少，有的甚至到现在一份订单也没有。据了解，有一家企业是专门从事滑石开采、加工、销售的企业，产品远销欧美、日本和东南亚市场，据公司负责人说："由于受到金融危机影响，往时上年底就会落实下一年的全年出口订单,但2009年至今还没有拿到一份订单，预计2009年总销量将减少一半以上。"

贵广铁路开工拉动桂林货运汽车销售

刘宇波

据国家统计局桂林调查队调查，由于受大的经济环境影响，从2008年下半年开始，桂林货运汽车销售情况一直不景气。但是进入2009年2月随着贵广铁路的开工，桂林货运汽车销售量直线上升。

从桂林攀丰贸易有限公司汽车销售分公司得知，2009年2月份当月已销售10辆各种型号的货车。而2008年7月至2009年1月，该店每月销售只有2-3辆。桂林源鑫汽车销售有限责任公司的自卸卡车销售也非常喜人。同样是2009年2月份当月就销售了20辆。而2008年12月该店仅销售1辆，2009年1月份更是无一销售。据了解，购车者多是邻近县的农民，购车主要用于为贵广铁路运送沙石。随着国家加大对地方基础建设的投入，对地方经济的拉动作用开始逐渐显露出来。

2009年2月桂林商品房销售出现回暖

麦丽

2009年2月桂林市商品房销售额比2008年同期增长2.9%，出现明显复苏迹象。从调查的十几个楼盘情况看，桂林市房屋销售回暖得益于以下因素影响：

一、刚性需求因素影响

2008年桂林市商品房中住宅施工面积虽比2007年有较大幅度增长，但至年底商品房住宅空置面积比上年减少7.3%，而同期桂林市城镇适龄结婚人数不断增加，住房需求只升不降。桂林市房地产企业在媒体牵线下，推出甜蜜婚房活动，吸引了大批的客户，反响热烈。2008年底才开盘的城南楼盘"彰泰城"，在活动期间成交量达95套，冠泰.水晶郦城在2月的婚房推介活动中就成交了36套婚房。

二、楼盘促销活动影响

至年初开始，各楼盘都推出新春抽奖大行动。如"真装、精工、金品质"御林湾在3月8日前预约可获10000元优惠，还可抽最高3000元大奖，购买精装房客户可抽宝马轿车；临桂金水湾购买一楼房源额外享受30平米庭院。在各楼盘实实在在的让利促销和引导下，桂林商品房销售明显回暖，翠园雅居2月劲销80余套；彰泰城2月份成交量达118套。

三、房价优惠让利影响

就目前来讲，地价、建材、人工工资不断上涨，建造成本增加，但很多楼盘避成本降房价，如“真装、精工、金品质”御林湾精装价3300-3800元/平米，临桂金水湾销售单价2398元/平米起，如此实惠的价格吸收了不少客户，带动了商品房的销售。

2009年一季度桂林市旅游业拉动住宿餐饮业回暖

廖静

调查数据显示：一季度桂林市住宿餐饮业景气指数为100点，环比增长51.41点，同比上升45.7点。主要原因是桂林市政府针对国际旅游市场受金融危机影响的新情况，不断加大对国内外游客的招揽力度，成效显著。

1.开启“广西人游广西”活动。借助广西区政府启动的“广西人游广西”的活动，桂林各大景区推出了一系列优惠政策，如门票派发、宾馆房价优惠等，极大地拉动了区内游客数量的增长，象山景区2009年一季度接待游客25.4万人次，比2008年同期增长42%。

2.采取大篷车形式。春节过后，市委领导亲自带队主动出击广东、湖南等市场，与周边省市签订互利互惠的旅游合作协议，活动不但宣传得有声有色，也为今后旅游合作打下了很好的基础。第一批广东“千车万人游桂林”的首发团200人已抵桂，预示着桂林旅游的春天已到来。

3.加大对市内居民的优惠。随着气温的回升，加之桂林市政府向市民免费开放五个公园的举措，市民出游气氛高涨，市内各景区、周边县城旅游景点，农家乐等都吸引了大批市民，由此带动了桂林市住宿餐饮业呈现旺盛局面，市区伏波山酒店一季度客房入住率约为42%，比2008年同期上升了9个百分点；1-2月全市住宿餐饮业实现社会消费品零售总额8.42亿元，同比增长16.7%，增幅比上年同期高6.2个百分点。住宿餐饮业恢复性增长，景气指数下期预计106.25点。

桂林市社区居委会工作凸显四大问题

庞育光

最近，国家统计局桂林调查队深入桂林市四城区的银锭、芦笛、丽君、码坪和毅峰等社区居委会进行走访座谈和问卷调查。在调研中了解到社区建设主要存在四大问题。

1.办公经费不足。社区普遍反映办公经费太少，“费不跟事转”很难满足工作的开展。如有近4000户居民的芦笛社区反映，社区每月的办公经费仅有800元。现国家的安抚政策多，残疾、低保和孤寡老人的联系照顾和计生等都要花钱。光电话费开支每月就要近600元，探望一个住院老党员最少得花50元/人、次。想丰富社区文体生活由于办公经费捉襟见肘而很难开展。

2.工作任务繁重。社区居委会是城市一个基层的群众自治组织，对上都是主管部门。社区普遍反映，除了平时的琐碎事情。所有职能部门的工作都压到社区，如各种调查、普查、检查、计生、治安等任务不计其数；对下居民多，特别是流动人口和下放到社区的退休人员和党员也越来越多，要处理的问题也随之增多。工作不分白天黑夜，任务相当繁重。

3.工资待遇低。社区工作人员的工资收入水平普遍偏低。如大多社区的社区主任每月工资为1050元，副主任、委员的工资级差分别依次少50元，若扣除三金（社会保障金）后，均不到1000元，与付出的劳动极不相称。有部分社区还达不到这个工资水平。

4.工作难做，人身安全受到威胁。社区居委会不是职能或执法部门，很多职能部门的工作都放到社区来做。大多居民也误把解决问题的希望押在社区身上，但社区一无执法权，二无经费。只能做些调解工作，居民对此不理解很有怨言，群众工作难度加大；特别是在做一些如计生等强制性工作时，社区人员的人生安全也受到威胁。

桂林市区居家养老服务快速发展

覃莲姣

目前桂林市65岁以上老年人已达75万人，其中纳入农村五保供养的和城市“三无”老人约达3.5万人，但真正实现集体供养的不到三分之一。为了解决这一问题，桂林市政府加大力度，在基础设施项目投资中拿出240万投建养老事业，5月中旬桂林首家以供养中心、综合福利院、光荣院为一体的“三院合一”的居家养老机构，在七星区朝阳乡西南村委乌山里村挂牌成立。建筑面积达2800平方米，标准床位65张，集生活、休闲、娱乐、医疗于一体的宾馆式居家养老机构。到目前止，有四个城区建有8个居家养老服务站，享受居家养老服务的老人已超过10000人。“三院合一”作为桂林市养老服务业的一次有效创新，不仅大大提升了养老服务业的硬件设施水平，也为今后继续探索社会化养老事业积累了经验。

2009年4月桂林木衣架出口增长34.6%

覃莲姣

在全球金融危机、汇率大跌等一次次的冲击下，桂林木衣架出口却逆势增长。2009年1月至4月，桂林木制衣架出口额达1506.5万美元，同比增长13.2%；其中4月份的出口额达428.9万美元，增长34.6%。据海关统计数字显示，出口额占全国同行业的36.3%，出口量稳居全国首位。主要出口为美国、德国、西班牙等欧美国家。

桂林木制衣架生产企业主要集中在荔浦、兴安等县。近年来，企业根据市场的变化，积极调整产品结构、加强内部管理、努力开拓市场，提高了产品质量和市场占有率。2009年桂林海关也积极为企业服务，采取了多项措施支持企业发展加工贸易，加强指导，简化手续，为企业的发展提供良好外部环境和政策支持。

品牌优势让桂林橡胶机械订单不减反增

覃莲姣

桂林橡胶机械是国家级高新技术企业，主要生产产品有轮胎成型机、密炼机、化工机械、双复合挤出生产线、钢丝帘布载断机等，轮胎硫化已形成机械式及液压式硫化机两大类上百种规模产品的专业生产厂家。在经济危机冲击下，该企业积极创新，主打质量牌，依靠品牌优势，订单不降反增。据厂领导介绍，该厂生产的机械式硫化机在国内市场占有率达40%，液压式硫化机在国内市场占有率达70%，产品畅销国内外。到5月底，已接大订单3.5亿元，同比增长30%左右，其中日本7台、印度14台、美国2台等，国内订单也达8000万元，全年预计订单可达6亿元。

三大原因促使桂林企业综合生产经营状况二季度比一季度全面回升

廖 静

国家统计局桂林调查队对桂林市282家企业调查显示：二季度企业综合生产经营指数比一季度全面上升，生产总量本期指数为110.99，比上季度80.66上升30.33点；企业产品订货本期指数为97.76，虽尚未恢复进入景气区间，但比上季度上升27.81点，比2008年同期提高3.03点，扭转了继续下滑的局面；固定资产投资本期为109.42，比上期回升15.92点，较2008年同期提高2.43点。促使桂林市企业生产经营指数上升原因：

1.固定资产投资工作卓有成效，呈现快速发展态势。2009年以来，桂林市各级、各部门把扩大投资作为拉动经济增长最直接、最有力、最有效的途径，把中央扩内需保增长的各项投资举措落到实处，全力推进项目投资建设，固定资产投资呈现加快增长的态势。1-5月全市城镇固定资产投资171.55亿元，同比增长101.1%。其中，基本建设完成投资105.44亿元，同比增长120.3%。

2.桂林市各金融机构认真执行宽松的货币政策，为企业量身打造融资平台。桂林市商业银行不断创新金融服务手段，在2008年开办了针对小企业的快速、高效的微小贷款金融服务，截至2009年4月底，桂林商业银行微小贷款余额由2008年底的4300万元增至1.04亿元。融资环境的改善企业流动资金困难的有效解决，为企业恢复正常生产奠定了基础。

3.企业采取措施积极应对金融危机。企业把"危机"转化为企业发展良机，抓住当前项目建设成本低的有利时机，上项目大抓技术改造，据了解，桂林漓佳金属有限责任公司近年斥资1.1亿的技改项目已具规模，新落成的上万平方米厂房里，海水淡化铜管生产线正在安装并将于近期投产，这为企业产品链向下游和环保产业延伸奠定了基础。

桂林相关行业沉着应对成品油上涨

刘宇波

2009年7月16日，据国家统计局桂林调查队调查，从6月30日零时起，桂林成品油价格上调。这是自2009年1月1日燃油税开征以来第三次油价上调，为涨幅最大的一次。通过调查发现，桂林相关行业对此次油价上涨并未做出太大反应，而是沉着应对。

1.公交1元票价不变。2009年2月1日，市公交集团公司经营的普通公交线路零售价格由1.20元/人次降低为1.00元/人次。近一个月来，油价大幅提高，增加了公交的运营压力，但公司相关负责人表示公司目前不会调整票价。

2.客运近期不考虑涨价。据市骏达运输有限公司生产经营处的负责人介绍，按照自治区油运价格联动机制规定，当油价变动达到一定幅度时可提高或降低公路客运基准运价。目前，油价上涨的幅度还没有达到规定幅度，公路客运价格近期内不会上涨。

3.出租车燃油附加费维持1元收费。据市物价局介绍，根据自治区物价局"出租汽车运油价格联动机制"的规定：当90#汽油价格在4.50-5.09元/升时，出租车收取1元/乘次的燃油附加费；达到5.10-6.09元/升时，收取2元/乘次。目前90#汽油已售价5.68元/升，燃油附加费按规定可升至2元/乘次。但在政府增加补贴的情况下，目前桂林市出租车仍维持1元燃油附加费，暂不调高。

4.液化气、管道燃气保持价格不变。调查发现在全市多家液化气配送点，15公斤装的液化石油气售价依然为78元/罐（含运费），此价格已维持近2个月。据桂林市新奥燃气公司相关负责人介绍，液化石油气和管道天然气的价格虽然与油价息息相关，但目前，无调整气价的计划。

油价上调对社会生产、生活的影响是深层次的，虽然目前各行业短期内影响不大。但在其他社会产品价格变动因素的推动下，各行业价格调整也可能逐步出现。

受金融危机影响　广告业经营受挫

李娜

最近，国家统计局桂林调查队对"桂林市世纪华顿广告有限责任公司、桂林市天虹广告有限责任公司、桂林市金路广告公司"三家广告企业进行了调查。受金融风暴打击，桂林市广告行业业务滑入了低谷，面临订单少、成本高等重重困境。

一、金融危机对广告企业的生产经营、生存和发展影响大

在调查的三家广告企业中，都认为金融危机对广告企业的生产经营影响很大。受金融危机的影响，企业的业务收入大幅减少、经营利润全部亏损、职工工资水平偏低。

桂林市世纪华顿广告有限责任公司，上半年全部营业收入为31.78万元，同比下降17.02%、职工月平均工资为800元、亏损10000元；桂林市天虹广告有限责任公司，上半年全部营业收入为23.5万元，同比增长13.5%、职工月平均工资为620元、亏损4700元。桂林市金路广告公司，因无法经营在2009年五月份已停业。

二、金融危机对广告企业的主要影响

1. 订单减少，业务收入下降。受金融危机影响，实体产业投资回落，广告萎缩。广告企业以前是等客上门，现在是找米下锅。由于没有业务可做，导致桂林市金路广告公司停业。

2.由于僧多粥少，同行间恶性竞争加剧，广告产品价格大幅下调。如喷绘2008年每平米15元，2009年则下调为每平米8元，同比下降53%。企业生产经营利润空间变窄，生存受到威协，发展受到制约。

三、广告企业应对金融危机采取的主要措施

1.压缩工资成本，下调员工工资，员工工资每月只发50%，以此来降低企业成本，减轻企业的负担。

2.在当前订单日益减少的情况下，即使是核心员工也要放假休息，减少无效人工投入，降低亏损额度。如桂林市天虹广告有限责任公司仅有8名核心员工，全部进行轮休。

尽管企业采取了上述措施，也只能减少企业的亏损额度，并不能从根本上扭转企业惨淡经营的不利局面。因此被调查的3家企业对下半年的生产经营预期都不乐观。

桂林外资企业最关心的三大问题

覃莲姣

近期，国家统计局桂林调查队对桂林市23家外资企业调查结果表明，在全球金融危机的背景下，市场、人才以及配套服务是外商企业目前最关心的三大问题。

1.市场秩序不规范。在市场经济条件下，企业若要生存就必须参与激烈的市场竞争，反过来市场调整变化又影响企业的生产和发展。目前，在全球金融危机的背景下，部分外商投资企业订单减少、库存增加、生产经营困难，市场自然就成为企业目前最关心的问题。在调查中，外商认为在市场秩序方面存在的问题是：有47.6%的外商投资企业认为存在"同行恶性竞争"、有33.3%认为"市场法律法规不健全"、有19.1%认为"假冒伪劣商品多，冲击企业产品销售"。

2.管理人员和技术人才难招。企业没有足够的人才，科技创新就难以发展，企业就会缺乏发展动力，特别是高新技术企业，人才和技术在企业发展中更有着举足轻重的作用。调查显示，43.2%的外商投资企业认为管理人员难招；有38.1%的认为技术人员少；有18.7%认为员工素质不高。

3.配套服务不到位。随着全球金融危机影响不断加深，国内外市场萎缩，企业发展受到限制。企业要想生存和发展，不仅要靠企业自身条件改善和不断创新，还要依靠市场的调节、各方面的服务也要有所改善，只有为外商投资企业提供良好的软硬件条件，外商投资企业才能渡过难关更好地发展。外企认为在配套服务方面存在的问题有：45.4%的外商认为是"零部件本地配套难"；有34.1%的认为是"中介服务体系不健全"；有20.5%的认为是"水、电、运输等企业外部生产条件不能满足需要"。

桂林市低收入居民家庭生活"三低一差"

张悦

为了解城镇居民低收入群体的生活状况，桂林调查队结合城镇住户抽样调查资料，对桂林市叠彩、秀峰、象山、七星四

个城区的部分低收入居民进行了走访调查。从走访调查情况看,低收入居民家庭普遍存在“三低一差”:

1.收入水平低。调查数据显示,2009年1-7月,低收入居民家庭(占调查总体20%)人均可支配收入只有4010.62元,比市区人均可支配收入和高收入家庭(占调查总体20%)人均可支配收入分别相差1.2倍和3.26倍。家庭就业人口少是低收入家庭收入水平低的直接原因,受访的低收入居民户平均就业率仅有4%。如象山区调查户蒋先生家,共7口人,两个老人没有工作,儿子因前几年企业效益不好倒闭失业,现到处找临时活做,只有儿媳一人有稳定收入,月收入也仅有600元;七星区刘先生一家三口,小孩在上高中,爱人前几年下岗身体又不好,只有他一人工作,每月工资1073元。

2.消费层次低。调查数据显示,2009年7月,低收入家庭人均食品消费支出仅为220.74元。在调查走访中得知,他们多数以降低自身的生活质量来维持生活,肉蛋奶吃得很少,蔬菜的消费量增加,饮食结构变“素”。如叠彩区低收入户荣先生,所买肉类都是猪脚和猪内脏,没买过肉禽蛋,更谈不上增加营养,提高生活质量了。

3.参保率低。由于收入水平低,低收入居民参加社会保障的能力明显不足。根据走访调查,部分低收入居民不参加医保的主要原因:一是参保意识不强,对“医保”了解不够;二是一些低收入居民的确无力支付每月几十元的参保费。一些特困居民无力支付个人交纳的基本医疗、养老保险费,干脆就不参加保险。如叠彩区的周先生,他一家三口人,周先生是企业“内养”人员每月只发280元,小孩大学毕业在家待业,他爱人因病退只有780元/月,又得糖尿病,家庭储蓄又少,病得特别重时才去住院,实在是病不起。

4.住房配套设施差。低收入家庭住房有29%是租住公房,而且房子大多都在30至50平米,配套设施很不齐全。如七星区周先生,现还租住房管所的房子,只有一房一厅,在他家里只看到一台小彩电,没有其它的配套设施。

当前桂林水泥生产经营凸显四大问题

粟凌燕

近日,国家统计局桂林调查队对桂林市水泥生产经营企业进行了走访调查,其中重点调查了销售量占据桂林市场95%的3家龙头企业:兴安海螺水泥厂、桂林鲁山水泥厂和桂林独秀水泥厂。调查发现,当前桂林市水泥生产经营存在着四个突出问题。

1.目标市场集中,产品梯度优势拉不开。当前企业的销售市场高度集中于农村,占总销量的80%;房地产建设和国家基础设施建设这两项对水泥需求最大,但仅占企业销量的20%。各强度等级的产品争夺农村市场,打价格战,拉不开梯度,高端产品优势发挥不出。如兴安海螺水泥厂是桂林最大、生产工艺最先进的企业,其高端产品--强度等级42.5的回窑水泥主攻市场为房地产和基础建设。但是,由于上半年房地产业不景气,而且基建水泥需求也只占供应合同的10%,因此企业的高端产品只能进入农村市场,价格甚至比强度等级42.5的立窑水泥还低。

2.销售区域受限,物流成本影响辐射范围。目前各企业的销售范围90%集中在桂林市区及12县,只有10%销往柳州三江、湖南等市场。水泥产品的运输主要依靠公路,如今辐射范围都在200公里以内,其运输成本约为50元/吨,超过200公里,水泥到岸价就不具备竞争力。现在公路实行计重收费,在一定程度上导致运输成本上升,销售辐射范围难以突破。

3.增产不增收。2009年上半年受粉煤灰、电价等原料价格高于2008年同期及环保工序持续投入的影响,水泥的生产成本同比上涨了20元/吨,涨幅为10%。而出厂产品价格却因为受2009年雨水季节较长和金融危机双重因素的影响,比2008年同期低了50元/吨,下降17%。2009年上半年,虽然受海螺公司新开生产线的拉动影响,水泥产量比2008年同期几乎翻了1倍,但是同期的销量却只有7%的微涨。上半年企业普遍亏损,个别企业亏损额创下了接近600万元的历史新高。

4.库存近满,开工不足。由于销售不畅,上半年以来企业生产处于不正常的状态,库存率都在80%以上,一些企业库存爆满,不得不经常停工,开工率普遍在60%以下。加快库存产品销售,确保生产正常运转,已成为当前桂林市水泥生产急需解决的重大问题之一。

桂林私营企业最缺三种人才

麦丽

为了应对金融危机,加快产业结构的调整,各地企业纷纷引进人才,使得人才市场上专业技术人才方面的竞争更加激烈。特别是私营企业,大部分企业产品竞争能力弱,一些企业虽有好项目,但技术人才缺乏,开发能力欠缺,直接制约了企业的发展。据调查了解,目前桂林市私营企业最缺三种人才:

1.缺管理型人才。桂林是旅游城市,工业发展较慢,不少私营企业想把企业做规范、规模做大、产业做强,迫切需要引进懂得人力资源管理、生产经营管理等多面人才,但在桂林本地很难找到这样的中高级的管理人才,从外省引进,又缺少人才平台。如灵川县大圩古镇艺术馆为提高旅游品牌的竞争力，计划2009年投资2000万兴建“古镇艺术部落”项目，但由于此方面人才欠缺，该项目至今尚未启动。

2.缺技术型人才。私营企业生产的多为专业性较强、技术要求高的产品，如桂林澳群彩印有限公司的产品是为云南烟厂印制专用烟盒，技术要求非常高。在调查中发现，该企业在设计、印刷、包装、动力等等方面，都出现人才短缺现象。再如桂林科丰机械有限责任公司原是一家19个人的小厂，目前已发展成200多人拥有自我特点的发展较好的企业，其生产的主导产品--斜挂式收割机是一种适用于小田块、小地块的农用机械，产品受到广大用户的欢迎，供不应求，发展前景看好，但公司反映他们单位生产农用机械，需要引进了解内燃机和动力性能的专业人才，但目前在桂林地区相当难找，要找类似人才，只能到江西和重庆等地才能请到。

3.缺营销型人才。产品销售对企业发展至关重要，特别是私营企业，单位小，资金有限，产品的销售好坏关系全局。企业反映，好的营销人员难招，而想找在经济发达地区呆过，接受过营销教育、有营销观念、有经营理念、懂得营销的人才更是难上加难。

不少企业也反映，桂林本地人才有限，不能满足所需，几乎每年都到大学招聘一些大学毕业生和通过其他渠道挖掘人才，但这样做费时费力且效果不太好，他们希望针对人才问题，桂林市政府能积极为私营企业搭建平台提供一个网上人才市场，使供需双方直接了解、交流对接，双向选择，提高成功率。

影响桂林市项目建设的四大因素

张悦

抓好项目投资建设，关系到桂林经济发展的大局。为了解企业投资项目建设情况，国家统计局桂林调查队对部分项目单位进行了走访调查。通过实地考察与座谈，大部分项目建设正在有序进行，项目建设取得了很好的成效。据统计资料显示，1-7月桂林市全社会固定资产投资同比增长95.8%，完成全年计划的46.66%。调查中也发现，在项目建设过程中还存在一些问题：

1.部分项目资金不足，特别是自筹资金的项目普遍存在困难。如灵川县大圩镇“古镇艺术部落”新建项目总投资5500万元，原定2009年3月开工，2009年计划完成2000万元。据该项目卢经理介绍，除前期政府做了一些项目前的准备工作外，其他的工作都没有进展，主要是投资方资金没有落实，在资金上自身实力有限，筹措资金过多的依赖第三方，投资方资金严重不足，对后续工程造成直接的影响，该项目有可能瘫痪和停建。其他的一些项目建设资金也不充裕，资金到位情况很不理想，过多的依赖政府扶持或获得土地证抵押贷款。

2.部分项目征地审批时间过长。桂林天和药业股份有限公司中药贴膏项目总投资5245万元，计划2009年初动工，由于征地的原因，至今尚未启动。主要是该项目征地批复缓慢、手续繁杂，公司先后到政府有关部门审批8次，共用了半年多时间才拿到批复，严重影响了后续工程进展。

3.部分项目配套设施建设滞后。近年来，桂林加大基础设施建设力度，硬环境有了很大的改善，但因部分项目建设周边道路路况差，交通运输很不方便，水电供应也不正常，严重影响和制约项目工程的进展。如灵川县桂北竹木深加工项目，总投资2.6亿元，占地51.6公顷，项目地点在桂林八里街工业园一号园区，由于地理位置特殊，涉及正在修建的两条铁路和高速公路，通向项目园区的道路方案迟迟未确定，项目供水设施也无法铺开，使项目建设停滞，预计2009年的投资计划无法完成。桂林市天和药业股份有限公司也反映，周边道路建设周期长，堵塞严重，每次到工地至少要多绕行5000米，提高了项目后续建设成本。

4.其它因素影响项目进展。在项目建设过程中，还有其他因素也影响了项目的进展。如桂林远东化工节能技改项目，总投资9416万元，2009年3月份开工，投资该项目由四个大股东组成，到目前为止，只完成一期工程660万元，其中建筑工程141万元，安装工程34万元，设备购置485万元。后续项目需要再次召开股东会议才能决定，由于各种原因，股东会一直未能召开，致使后续工程停滞。又如桂林市澳群彩印有限公司，计划投资1.037亿元新上一条生产线，2009年计划投资5000万元，现已购进印前、印后设备，至7月底止，已完成投资3000万元，但该公司现有厂房空间已趋饱和，而需购进印中设备体积庞大无法进行安装，由于本公司场地受限，致使项目进展缓慢。

2009年前7个月桂林汽车销售总额同比增长59.8%

张悦

在国家政策和市场刚性需求的拉动下，在桂林市政府一系列促销活动的推动下，桂林汽车销售取得了良好成绩。统计数据显示：1-7月，桂林汽车销售总额同比增长59.8%。桂林汽车消费市场活跃的主要因素：

1.国家优惠政策的推动。在国家一系列鼓励汽车消费政策的推动下，居民的消费愿望被激发，特别是小排量汽车，其购置税率减半成为不少消费者买车的重要因素。调查中得知，桂林弘帆汽车销售服务有限公司7月就卖出160台汽车，实现销售金额2048万元，同比增长105.75%。

2.汽车商家的促销措施。一是政府搭台，企业唱戏。第二季度，按照桂林政府“促消费、保增长”的部署，7月份，桂林组织一系列汽车促销活动，各汽车商家业绩斐然。如桂林弘狮诚致汽车销售服务有限公司，7月份共销售各种车辆29台，同比增长了107.14%，成交额达209.77万元，同比增长82.83%；二是企业促销手段灵活多样。桂林市众多汽车经销商紧抓汽车消费政策利好时机，积极开展各种促销活动，主要有：大让利、代缴购置税、送保险、赠送配饰、免费试驾等，形式灵活多样。如本田、丰田、北京现代均推出了买车即送千元大礼包活动，东风日产加8千元即送DVD、导航系统、彩色倒车影像等，以此刺激消费。

3.居民收入水平提高。作为代步工具，汽车的方便、舒适一直是其他交通工具不可比拟的，节假日自驾车出游倍受消费者青睐；作为身份象征，汽车也是家庭耐用消费品的首选，反映了居民收入增加后对生活质量的更高要求。统计资料显示，7月份每百户市民拥有汽车数量增长到8辆，同比增长14.29%。桂林弘帆汽车公司和桂林福安汽车公司以销售小排量汽车为主，7月份销售额分别达到2048万元和800万元，同比均增长了一倍以上。

4.农村市场潜力巨大。随着国家和桂林市《汽车摩托车下乡实施方案》的下发，给汽车市场注入新的活力。据了解，目前，农民购买下乡微型客车和轻、微型载货车积极性较高，五菱、长安、昌河、东风等微型客车销售看好，特别是农用微型载货车，倍受农民青睐。据五菱汽车黄经理介绍，政策推出后，2009年累计销售汽车数量比2008年提高了10%。

值得注意的是，政策落实还存在一些不足，主要是只有部分商家开展了以旧换新业务，其中一些商家内部评估旧车价值，增加了评估的不透明性，建议有关部门加大政策落实的监督力度，促进汽车消费市场更快发展。

2010年

调查信息

四因素制约桂林市生猪养殖户提高收益

蒋华春

近期,桂林队在调查中了解到,以下几个因素制约生猪养殖户的收益提高:

一、生猪饲料价格高位运行

据调查,目前生猪饲料价格接近历史新高,其中占养猪成本较大比重的玉米、豆粕,价格分别为2.1元/公斤和4.0元/公斤,同比分别上涨26%和20%。据养殖户反映,目前自繁自养一头肥猪(100公斤)的成本约1100元左右,与上年年同期相比上涨16%。养殖成本大幅上升,直接影响了养殖户补栏积极性,因为担心饲料继续上涨,部分养殖户减少了养殖量。

二、生猪出栏率不高

主要畜禽调查显示:2009年生猪出栏率为80.9%。主要有两方面的原因,一是猪仔成活率低,一般在85%-90%;二是生猪疫病多。养殖户普遍反映现在生猪饲养难度比以前大,他们给生猪进行多种疫苗防疫,但还是会出现一些猪病,造成生猪死亡。

三、先进养殖技术掌握少

据了解,大部分养殖户不能正确使用饲料科学配制、后备母猪和经产母猪产前产后优饲、仔猪出生及断奶护理和饲喂、生猪疫病防治等先进生猪饲养技术。主要原因是他们没有经过生猪养殖培训,都是根据自己的经验和摸索别人的方法来饲养生猪,养殖方式粗放、养殖成本高、猪发病率高。

四、部分乡镇生猪销售市场集中垄断

据调查,大部分养殖户的肉猪主要是卖给贩肉商,部分县(区)的生猪销售市场被贩肉商垄断,在生猪市场不景气的时候,养殖户的肥猪难卖,他们只有降低价格“求”贩肉商买猪,造成生猪价格下降、生猪收购与猪肉销售差价大等不合理现象。另外,大部分乡镇仅有一个定点屠宰场,存在加工费高、不规范等问题,在一定程度上损害了养殖户的利益。

2009年桂林市居民消费有五大亮点

庞育光

2009年,在国家一系列保增长、扩内需政策措施的引导下,桂林市居民收入稳步增长,人均消费支出9880.4元,比上年增长9.9%。回升1个百分点。剔除价格因素实际增长10%,为近几年来的最快增速。居民消费领域不断扩大,消费结构优化,消费质量逐步升级。发展型、享受型消费亮点纷呈。

1.更加关注健康,医疗费用增速最快。2009年,居民参保积极性大大提高,人均交纳医疗基金增长16%。在加大对甲型流感的预防力度的同时,保健、防病、治病等健康意识增强,其中,居民人均药品、保健品和医疗费支出分别为142元、88元和323元,分别比上年增长18.8%、1.1倍和99.3%,拉动医疗保健类支出增长74.7%。这一方面说明居民生活水平提高,舍得花钱关注身体健康。另一方面也说明“看病贵”的局面仍有待改善。

2.汽车消费成新亮点。2009年上半年,国家先后出台了1.6L及以下排量乘用车购置税减半和取消养路费政策。这些政策措施极大地激发了居民的购车热情,带动了交通类支出的快速增长。年末,家用汽车每百户拥有8辆,比上年增加1辆。全年居民车用燃料及零配件和保养交通工具等服务支出分别增长1.2倍和1.7倍。全年人均交通费用支出增长63.2%。

3.生活质量提高,文体消费不断升温。居民文化娱乐、观光旅游、健身活动成热点。2009年,人均文化娱乐用品支出218元,比上年增长21.3%。文化娱乐服务支出292元,增长13.3%,其中参观游览支出增长18.2%,健身活动支出增长11倍。居民人均旅游花费总额411元,增长40.1%,其中乘坐现代交通工具支出增长38.7%。

4.追求时尚生活,美容美发、在外用餐、使用互联网等消费已成普遍。2009年,居民人均金银饰品消费30元,化妆品消费60元,美容消费35元,在外就餐费1067元,互联网使用费用36元。分别增长2.2倍、10.9%、94%、17. 4%和1.6倍。

5.服务性消费比重不断扩大。第三产业快速发展,居家生活方便快捷、减负休闲,提高生活质量受青睐。2009年居民服务性消费支出2541元,比上年增长15.4%,占消费支出的比重25.7%,提高1.2个百分点。其中减轻家务劳动压力的家政服务消费支出增长34.6%。

桂林市健身器材的安装维护存在四大弊端

庞育光

为方便市民就近进行健身运动,桂林市充分利用街头巷尾或庭院的一些空地安装了相应的健身运动器材,给市民开展健身活动,增强身体素质提供了极大的方便,这一为民办实事的举措很受市民的欢迎。但不少健身器材的安装与维护存在以下弊端:

1.健身器材安装在马路边沿。一是不少健身器材的安装场地选择在马路旁的人行道上,运动器材距马路边的垂直距离约2米或更短,没有护栏。马路上机动车来来往往,对于在马路边沿进行健身运动的人尤其是天生好动的青少年存在极大的安全隐患；二是密集的机动车流排出大量的尾气对正在马路边做运动的人来说，输送大量损害健康的污染源。

2.健身器材挤占人行盲道。有些安装在人行道上的健身器材挤占了盲人通道，如四会路等路段，致使盲人行走极为不便，有悖人文关怀。

3.健身器材及场地的管护不到位。一是不少健身器材的安装场地地面是泥土地面，经过风雨冲刷，已经坑洼不平，雨天积水难干，晴天尘土飞扬；二是几年前安装的健身器材由于年久失修，不但锈迹斑斑，且部分零部件已损坏，缺胳膊断腿，无人维修保养和更换，不少在带病使用。

4.缺乏统一的标准和管理。目前，桂林市的健身器材是由各城区文体管理部门负责在各自的区域进行安装，随意性很大。市有关职能管理部门没有一个统一的标准来规范这一运动器材的安装、管理、维护和更新。致使多年积累下来的问题得不到有效解决。

四大因素助桂林居民消费迎来首月开门红

庞育光

在国家一系列扩内需促增长政策持续有效影响下，桂林市居民消费迎来今年首月开门红。据国家统计局桂林调查队调查显示：2010年1月，桂林市区居民人均消费性支出1510.4元，同比增长61.2%。其中四大因素力推居民消费快速增长：

1.汽车消费势头强劲。国家继续推动汽车消费的政策举措对汽车消费起到持续促进作用。随着汽车消费环境逐渐改善，汽车性价比不断提升。年初，汽车销售商打出赠送客户2.5%购置税和几千元不等的新年大礼包，买辆新车好过年成为不少人的共识。在政策、价格等多方面因素共同作用下，居民汽车消费欲望大幅提高，汽车消费需求明显提升。调查结果显示，2010年1月。居民购买汽车人均支出547元，同比增长60.8倍，百户家庭汽车拥有量同比提升28.6%。由此带动居民车辆用燃料及零配件消费增长75.2%。

2.精神文化生活日益丰富。一是外面的世界也很精彩。具有开阔视野，陶冶情操，休闲时尚等特点的旅游消费越来越受到居民的推崇，出省游、出国游，自驾游方兴未艾，居民旅游消费数倍增长；二是各类群众性文体活动蓬勃发展，健身健美等热浪此起彼伏，居民文娱生活丰富多彩，消费支出成倍增长。调查显示，1月份，居民文化娱乐服务支出同比增长1.63倍，旅游支出增长3倍，其中团体旅游增长5.5倍，其它文娱活动增长1.2倍。

3.服务性消费热度不减。一是逢年过节，婚庆宴席，晋级乔迁，生日寿酒，宾朋好友欢聚餐馆、酒楼；二是具有桂林地方特色的桂林米粉是桂林大多市民早餐的最爱。餐饮的社会化倾向大大提高。同时，服务业的迅速发展，为居民生活质量的提升创造了有利条件。调查显示，1月，居民人均在外饮食支出162元，同比增长1.2倍。服务性消费支出266元，增长25.2%。

4.居住消费持续旺盛。居民把改善居住条件作为提高生活质量的重要目标。伴随房地产的快速发展，小区设施完善、配套率高，安全、绿化和环境良好，物业等服务功能齐全的大户型住房越来越受居民的追捧。1月，居民人均居住消费99元，同比增长30.2%，其中人均水电燃料支出88元，增长36.2%。尤其安全方便的管道天然气消费迅速崛起，人均支出10.4元，增长1.5倍。

春节黄金周桂林旅游市场呈现三大特点

粟凌燕

2010年春节黄金周是国务院颁布《关于加快旅游业发展的意见》的第一年，也是桂林市获得国务院确定建设国家级旅游综合改革试验区以来的首个黄金周。据调查，2010年春节黄金周桂林旅游市场运行良好，呈现三大特点：

1.景点接待量总体上涨，个别因受天气影响下降。桂林市各主要景区(点)接待情况如下：王城景区接待1.65万人次，同比增长2%；世外桃源景区接待1.62万人次，同比增长78.02%；“印象·刘三姐”接待2.27万人次，同比增长16.41%；银子岩接待2.85万人次，同比增长129.84%。而漓江景区因为枯水季节，影响了游船航程，线路缩短，黄金周只接待了2.79万人次，同比减少10.79%。

2.特色景点游受热捧。受强冷空气影响，2010年春节黄金周气温持续下降，温泉度假很受游客欢迎。桂林旅游股份有限公司旗下的资源丹霞温泉、龙胜温泉、贺州温泉都非常火爆，龙胜温泉和贺州温泉从年初二起天天爆满，3家温泉每天接待的客人总量达到2000人次。

3.自驾车、乡村游成为重头戏。尽管节日期间全国大范围降雪给游客出行带来不便，但依然有许多长江以北和广东、湖南一带的游客自驾车到桂林旅游，推动了桂林春节旅游业的兴旺。阳朔、龙胜、兴安等县(自治县)成自驾车旅游者首选地。据统计，阳朔县高田、兴坪、福利等旅游重镇，乡村游成为新亮点，游客同比增长都超过20%。

桂林市区部分公共设施受损严重

庞育光

近年来，桂林市结合城市改造，加大了对主要街道、景区景点的绿化、美化和亮化等装饰工程的建设力度，给这座“山水甲天下”的著名国际旅游名城增色添彩。但有不少公共设施遭到一些法律意识淡薄、公共道德缺失的人不文明行为破坏，受损严重。主要表现在：

1.道路设施。中山路是桂林市最繁华的街道，被视为桂林的“门面”。道路上绿化植被、垃圾桶、隔离带、树池等公共设施遭到严重人为破坏。据调查了解，2009年，中山路上井盖被盗近百个；树池被撞毁15座；灌木球114株被损。2009年，补种人为损坏的绿化植被4万株，更换了20多个价值约600元的垃圾桶。全年维护中山路被人为损坏的公共设施共支出了56万元，且损失数字每年在递增。

2.景区、景点的景观物。一是景区、景点的景观物被人为损坏严重。如滨江路、叠彩山脚木龙洞等的石龙、石鹅等石材景物被人为断头断脚面目全非。二是景观物被涂抹。一些景观物和免费公厕被涂鸦，“XX到此一游”或一些不堪入目的字迹比比皆是。

3.栅（护）栏设施。不仅湖边或公园周边等栅栏上的一些铁制材料被人为拆除当废铁卖掉外，一些石质材料也难以幸免。如西山公园和西湖等一些栅栏已残缺不全，埋下安全隐患。

4.装饰、亮化灯具。一些景观路面、小桥和较矮设施上的亮化灯具、灯箱、线路频频被盗，致使一些景点在晚上暗淡无光，丧失了装饰美化效果。

两原因造成当前桂林制造行业紧缺中级技工

粟凌燕

装备制造、汽车及零部件两大制造行业是桂林工业主要支柱产业。近日，桂林调查队深入企业调研了解到，当前桂林制造行业紧缺中级技工等人才。当前此两大制造行业企业迫切需求磨工、铣工、车工三大中级技术工人，总需求量达百人以上。由于招不满工，企业目前的开工率只有90%，无法满足一季度订单满满的需求。如桂林上市公司广陆数字测控股份有限公司一季度的出口订单较2009年同期上涨了30%，但是由于招不满工人，一些机器只能闲置。

企业“工荒”形成原因有二：一是教学脱钩让本地企业难以招到本地人才。本市的技校开设有铣工专业的几乎是凤毛麟角，几乎没有开设磨工专业的；开设车工专业又主要是以数控机器为主，而本地的制造企业绝大多数加工机床还是以机械和半机械为主。教学脱钩，让培养的人才不能满足本地企业的需要。二是本地企业工资水平低，难以吸引外地人才。由于桂林工资水平与沿海发达地区有一定差距，在2009年经济效益不好时只开到1000元/月，远远比不上沿海发达城市2000-3000元/月的工资水平，人才流失严重。

桂林公路客运市场存在三大问题亟待解决

刘宇波

据调查，桂林市公路客运市场存在三大问题亟待解决，主要表现在：

1.非正规售票点众多。一是有固定摊点，仅桂林火车站附近长期设岗的为数已达十几家，打出的招牌、信息对外地游客极具迷惑性；二是流动性兜售，以汽车站附近为甚，票贩子尾随游客软磨硬施。此类现象严重影响桂林国际旅游名城形象，冲击客车营运价格市场，影响桂林财政收入。

2.违规经营现象突出。一是非营运客车参与营运搭客现象，如到南宁、衡阳的均有；二是不按规定线路揽客。桂林市县城和城郊公路客运车辆因客源不够，沿街揽客；过境车辆恶性竞争，许多外地不具线路经营权的长途客运车，在本市兜圈揽客。既严重冲击客运市场，同时影响乘客自身的合法权益。

3.非规定站点停靠现象司空见惯。无论是按规定线路营运车辆，还是没有按规定线路的客车以及非营运客车，为了“方便”乘客，随意停车上下客，或者低速行驶上下客。既给乘客人身安全带来了隐患，又严重影响了交通顺畅。

希望有关部门能够加强治理，以确保乘客人身安全，维护客运市场秩序，保护消费者合法权益，维护桂林旅游城市形象。

桂林漓江市区段生态环境趋恶化

庞育光

近年来，桂林漓江市区段近20公里（即下游的净瓶山大桥上游的南洲大桥河段）的水资源日益匮乏，生态环境日趋恶化，主要表现在：

一、水源匮乏，河床干涸，近乎断流

一方面由于每年11月份至次年3月份时段多为漓江河段枯水期，降雨量锐减，导致水源匮乏；另一方面随着该市城镇化进程的加快，城市人口急剧增加，其生产、生活用水的刚性需求（临桂新区的用水也在其中）有增无减，而现有的补水工程又难解“近渴”。期间流经市区的漓江河段，水位急剧下降，有不少河段几近断流。大片河床干涸，被游客和市民戏称为“漓沟”。

二、水污染加剧，水质变差，生态恶化

生活污水直排漓江现象屡见不鲜。如伏波山上游100多米处的生活污水口直排漓江，且流量大；南溪河、同心园的污水沟，也排入漓江。一些临江而建的菜农聚居地，其生活污水沿着房屋墙脚呈散落状排入漓江，使漓江市区段成为污水集散地。水质变差，鱼类的生存环境日益恶劣。

三、自然景观受影响，观赏效果打折扣

漓江市区段是颇受游客青睐的黄金水道，特别是象山景观是桂林市的城徽。由于水位低、水质差，“象山水月”、“净瓶倒影”已难觅踪影，影响游客的观赏空间和审美需求。

最近，国家副主席习近平郑重指出“漓江的生态建设与科学保护，兹事体大”。保护好、利用好自然资源刻不容缓。做好漓江水文章，是“桂林国家旅游综合改革试验区”赋予的重要使命。

受两因素影响 漓江航线游客下降两成多

刘宇波

据调查，3月份（截至24日）桂林漓江航线游客人数仅为6.73万人次，比2009年同期下降23.51%，主要受两方面因素影响：

*1.水位下降，航程缩短。*一方面受干旱天气影响，桂林市2月份平均降雨量同比下降92.5%，3月份（截止23日）平均降雨量仅有7毫米；另一方面，漓江上游两个主要补给水库，三江水库已干枯，青狮潭水库因春耕需要，无法向漓江补水，所以导致不少河段几近断流，航程被迫由63公里缩短到18公里。虽经有关部门采取措施，下调票价，仍然无法满足游客需要，导致游客减少。

*2.私人游船（竹排）非法营运。*一是农民自用船、“圩客船”非法营运，收费一般为25元/位；二是竹排非法营运，一般可乘坐4至6人，价格为100元/只。此类游船（竹排）价格低廉，且能游览到漓江各主要景点，据观察，此类游船（竹排）颇受游客喜爱。

2010年一季度桂林房地产市场量价齐升

粟凌燕

据调查，2010年一季度桂林房地产市场继续上年下半年的热销态势，量价齐升，商品房销售面积比上年同期上涨41.4%，其中住宅销售面积上涨36.8%。房屋销售价格亦高开高走，上涨迅速，一季度同比上涨6.5%，且涨幅逐月扩大，1-3月各月分别同比上涨5.8%、6.3%和7.3%。分细项看，价格运行呈现三特点：

*1.投资类房屋价格涨幅抢眼。*在经济全面回暖下，人们投资意愿上升，而股市又持续低迷，投资的热钱便纷纷流入楼市。一季度二手房非住宅价格比上年同期上涨13.5%，新建商业营业用房价格上涨7.5%，成为本季度价格涨幅排最前列的两类。

*2.二手房价格上涨快于新建房。*二手房价格比上年同期上涨9.9%，高于新建房5.4%的价格涨幅。这主要是受2009年交易税费减免利好政策的翘尾因素影响，二手房交易市场活跃，价格上涨迅速，相比上年一季度低迷时期市场价格高出很多。

*3.土地市场回暖迅速。*一季度土地价格比上年同期上涨了7.3%，其中：居住用地上涨了11.4%，商业营业用地上涨3.5%。由于2008年、2009年连续两年出现土地流拍现象，桂林土地交易市场并不热闹，随着当前经济回暖并出现“地荒”问题，本季桂林加大了推地力度。一季度共拍出4块土地，其中2块为纯住宅用地，两块为商住混合用地，无一流拍。

桂林市区住宿业经营情况不佳 旅行社经营管理受困扰

张悦 廖静

作为一个知名旅游城市，旅游业是桂林的支柱产业，但据调查，目前桂林旅游业发展饱受困扰，住宿行业经营情况不佳，旅行社经营也存在较多问题。

一、住宿业经营情况不佳

据调查，一年来桂林市区住宿行业经营情况不佳，企业家信心指数和企业景气指数已连续四个季度在景气临界值以下运行。从2009年二季度至2010年一季度，住宿行业企业家信心指数分别为92.86、78.33、85.71、66.67，企业景气指数分别为52.87、92.86、79.72和66.67。经走访调查，桂林市住宿行业经营主要存在以下三大问题：

*1.行业竞争激烈，市场饱和程度高。*桂林旅游业发展较

早，各类酒店遍地开花，近年来知名连锁经济酒店也纷纷在桂林开辟疆土。目前，市区和县级住宿业市场趋于饱和，住宿业客房供应大于需求，如市区某三星级酒店2010年1-3月客房出租率仅为28.67%。为抢占客源，部分住宿业企业实际房价是标牌价的4-5折，如果团队入住或是协议价则更低。

2.经营成本不断升高，亏损现象普遍。住宿业水电价格比工业用水电分别高约0.6元/吨和0.25元/度，加上其它能源价格也在不断上涨，能源消耗占营业成本的比例在逐年上升；面对2008年新劳动法的颁布和实施，企业承担的社会保险额度随之增加，住宿业是劳动密集型行业，企业负担较大，部分企业一年缴纳的社会保障资金就占了职工工资总额的30%。企业利润减少，部分企业利润连续几年为负增长。

3.入住客人类型单一，容易受冲击。桂林是国际知名的旅游城市，目前以旅游观光客居多，会议和商务旅客占的比例小，且随着县区旅游景点的开发，旅客在桂林市区停留时间缩短。住宿业企业面对消费者群体的单一性导致了其对当地旅游的依赖性大，容易受冲击。

二、三大问题困扰桂林市旅行社经营管理

旅行社作为旅游业的载体，其经营情况直接关系到桂林旅游服务质量的高低。调查结果显示有三大问题困扰旅行社经营管理，主要表现在：

1.存在恶性价格竞争，部分旅行社不规范经营抢占市场。随着桂林旅行社的增多，价格竞争日益激烈，部分中小旅行社由于受政策约束性小、员工负担轻，旅游服务又具有很大的同质性，便通过降低价格抢占客源。据了解，某些旅行社报价接近于正规经营旅行社的成本价，利用合同价和成交价不一致，转而从景点、酒店和租用车上拿提成，导致报价降低。

2.缺乏电子商务人才，利用网络销售平台不足。据调查，近3年来，桂林市旅行社以网络作为销售渠道的比例日益增加，如桂林中青旅、国旅的2009年网络销售收入分别达到了销售总额的38%和60%，网络的拓展使旅游市场大大拓宽。但部分旅行社反映缺乏电子商务人才，网络建设跟不上企业发展需要。主要原因一是工资待遇赶不上沿海发达城市水平，二是本地区的电子商务平台无法给高级人才带来更好的发展空间，即使招聘到了也留不住。

3.入境旅游增多，但外汇风险难以规避。统计数据显示，2010年1-3月桂林市海外旅游收入同比增长30.1%，入境游在增加外汇收入方面发挥着重要作用。走访的国际旅行社表示，企业入境游均提前以美元或欧元签订合同，而到结算时却要换算成人民币，这在人民币升值压力日益增大的情况下给企业带来重大损失，且接待量越大，亏损越多。如桂林中国国际旅行社2009年因为人民币汇率变动，企业平均每接待一个国外顾客就损失200-300元，因为没有合适的金融产品规避外汇风险且服务业出口不在补贴政策范围内，企业发展入境游受到阻力。

公众对桂林县区机关效能评价总体良好

谢登宝

受桂林市委委托，国家统计局桂林调查队与桂林市绩效办联合开展了2009年桂林市各县区机关绩效考评公众评议调查活动。结果显示，社会公众对各县区机关效能评价总体良好，平均满意率达82.7%。主要有：

一是对服务态度方面最满意，满意率达90.6%，其中：很满意占27.8%，比较满意占35.4%，基本满意占27.5%。二是对办事政策、程序、时限明确公开方面和对2009年开展企业服务年的总体成效方面满意率在80%以上，分别为83.4%和80.3%，“服务企业年”和“党组织服务年”活动深得民心，成效显著。三是对各部门在协作配合、实行联合审批方面和对治理乱收费、乱罚款、乱检查方面认为初显成效，满意率分别为79.9%和79.1%。

社会公众调查表明，县区机关绩效还有很大的提升空间：一是县区发展不平衡，综合平均满意率县区间差距大，各县区综合平均满意率高低相差13个百分点。二是“三乱”工作仍需继续努力。有13%和16.3%的社会公众分别认为对各部门在协作配合、实行联合审批方面和对治理乱收费、乱罚款、乱检查方面表示不满意。三是在17个县区调查中，经梳理收到232条中肯的建设性意见，期待改正。

桂林市企业集团在研发方面呈“两不足两减少”态势

唐彰徽

近日，桂林调查队对有新产品销售的7家企业集团进行了走访调查，调查结果显示，桂林市企业集团在新产品研发方面呈现“两不足两减少”的态势：

1.对技术创新重视不足。技术创新是企业做大做强和可持续发展的关键。据调查，在有新产品销售的7家企业集团中，尚有2家未建立技术中心，有5家企业集团近三年来未获得国内专利申请授权。

2.研究开发费用不足。调查发现，7家企业集团2009年共投入研究开发经费1.21亿元，仅占全部销售收入的2%，低于国家最低标准(3%)1个百分点。

3.研发人员减少。调查表明,2009年7家集团企业共有研发人员813人,同比减少17人。

4.研发人员劳动报酬减少。数据显示,2009年7家企业集团发放科研人员人均劳动报酬同比下降2.2%,其中有3家企业集团未建立科技人员工资收入分配激励机制。

桂林橡胶制品企业多措施应对原料价格上涨

粟凌燕

橡胶制品业是桂林市的七大支柱产业之一。2010年以来,由于产胶大国——泰国政局不稳和国内产胶区遭受旱灾影响等原因,橡胶的进口和国产供应量双双减少,价格迅猛上涨。调查数据显示,2010年1-5月,天然橡胶和合成橡胶价格逐月环比涨幅均超过10%,5月均价与2009年同期相比近乎翻番。原料橡胶价格的上涨,导致各橡胶制品企业1-4月的生产成本上涨了12%-52%。

面对橡胶价格快速上涨带来的不利影响,橡胶制品企业沉着应对,多措施解决眼前困难。一是与供应商签订浮点合同。有些企业与供货商约定,每次进货价要比当时的市场价低1-2个百分点,以双赢的方式,双方共同承担价格风险。二是果断囤胶、分量采购。部分企业在胶价处于低位时果断出手买进囤积一部分,而当胶价高涨时再小批量购进,以平抑价格波动,降低成本。三是调整产品结构。如某乳胶厂在年初把生产重点放在手套上而降低安全套的生产规模,使得企业在1-4月整个橡胶行业总体利润下降的情况下,仍然盈利74万元。四是寻找新的利润增长点。如某航空轮胎厂把目光投向航空轮胎翻新这个新的利润增长点,并组织科研力量攻克技术难关,拓宽了生产领域,取得了较好的收益。

桂林部分规模以下企业熟练工流失现象严重

唐彰徽

2010年以来,桂林部分规模以下企业熟练工人流失现象较为严重。近期,国家统计局桂林调查队走访了3家企业,发现1-5月流失的熟练工人占其熟练工人总数的35%,且基本流向广东、福建及江浙等沿海发达地区。经了解,熟练工流失主要受以下因素影响:

1.收入普遍偏低。桂林市的熟练工人月平均收入在1000元以下,比沿海地区低50%以上。

2.福利待遇差。调查发现,走访的3家企业中仅有1家为职工购买了养老保险和医疗保险。

3.开工不足。目前12家正常生产的企业平均设备利用率只有48%,企业基本处于半停工状态。

4.企业与职工缺乏交流,职工没有归属感。走访中发现,3家规模以下企业均没有职工食堂和宿舍,工人1个月也难以见到老板一面,职工普遍反映没有归属感。

桂林工业企业技工流失严重

粟凌燕

据调查,从2010年6月开始,桂林部分工业企业开始出现明显缺工现象,并一直持续。如桂林乳胶厂开春招收的190名农民工,半年来陆续流失,目前只剩下12名;桂林桂北机器制造有限公司当前的订单已经排到了10月后,但是苦于招不到相关技术工人,产品出不来,不敢再接订单。经调查了解,造成这一现象的原因主要有三个方面:

1.工资不具竞争优势。目前桂林工业企业的劳务派遣工平均工资为1200－1300元/月(含五险),但实发工资只有800多元,而桂林的服务行业工资水平与之相差不大,如卖米粉也可收入800元/月,且包吃住。因此,部分务工人员更倾向于从事服务业。

2.招聘宣传时间不够灵活。据了解,大部分的外出务工人员在春节过后即外出务工,而招聘会大都在3－4月份举办,错过了大规模招收农民工的最佳时期。此外,针对农民工的大规模招聘会一年只有一次,不利于企业按需及时增补工人,一旦出现缺工现象一般要到次年才能有所缓解。

3.技能培训和本地企业需求不符。据了解,桂林市的县、乡两级有关部门每年举办的劳动技能培训大都针对驾驶、理发等服务类行业,而工业技能培训较少,同时现有的工业技能培训也是以沿海发达地区工厂需求为主,不符合桂林本地企业的实际。

物价上涨对桂林市低收入家庭影响明显

蒋华春

据国家统计局桂林调查队调查,2010年1-10月桂林市居民消费价格同比上涨1.9%,其中占消费支出比重较大的食品价格同比上涨5.4%。物价上涨,特别是居民消费品价格的上涨,直接影响了桂林市低收入家庭的生活水平,主要体现在以下三个方面(数据来自桂林市100户居民抽样调查):

1. 恩格尔系数上升。2010年1-10月桂林市20.0%低收入家庭(调查的100户居民可支配收入最低的20户家庭,下同)食品消费占总支出的比重(恩格尔系数)达56.0%,比2009年同期增加4.7个百分点。

2.半数家庭入不敷出。1-10月,20%低收入家庭人均可支配收入为6369.40元,人均消费性支出为6023.97元,人均可支配收入刚够消费性支出,其中每月约有半数家庭出现入不敷出状况,如10月就有50%的家庭处于这种状况。

3.提高生活质量的消费支出减少。受物价上涨,1-10月20.0%低收入家庭生存型消费支出较大幅度增长,其中食品、衣着、居住人均支出同比分别增长了37.9%、79.4%和9.9%。生存性消费支出的增加挤占享受性消费支出,1-10月,20.0%低收入家庭人均家庭设备用品及服务和医疗保健支出同比分别下降22.9%和15.4%。

桂林晚稻收购价格上涨幅度超过20%

廖静

11月中旬,桂林市晚稻收购价格大幅上涨,部分地区的晚稻收购价格同比上涨20%以上,最高达27%,单价水平和涨幅均创历史新高。据调查,目前三等普通杂交晚稻收购价125-128元/百斤,比2009年同期的102元/百斤上涨22%;桂小粘130元/百斤,比2009年同期上涨20%;优质晚稻天龙一号、银粘145元/百斤,比2009年同期的120元/百斤上涨21%,预计后市仍呈上升趋势。

晚稻收购价格高开且大幅上涨主要有以下几方面原因:一是受天气原因影响,春旱和季节推迟,及遭遇寒露风天气,导致晚稻减产且幅度较大;二是由于早稻收购量减少且价格上涨,必然增强市场各方对中、晚稻的收购,继而提升晚稻收购价格;三是农民惜售看涨心理普遍,持粮看涨待估心态者较多;四是当前物价继续上涨,从2010年8月份开始,桂林市居民消费价格持续上涨,其中部分农产品价格上涨幅度较大,对晚稻收购价格上涨有一定的拉动。

桂林制药企业三举措积极应对原材料价格上涨压力

粟凌燕

制药业是桂林支柱产业之一,尤其是中药生产较成规模。2010年以来,药材价格平均涨幅在30%以上,为应对原材料价格上涨带来的压力,桂林制药企业立足长远,采取措施积极应对:

1.压缩管理成本,降低能耗。部分制药生产企业在提高经营管理效率的同时,对高能耗生产设备进行技术改造。如桂林南药股份有限公司对锅炉进行改造,由沸腾锅炉向链条锅炉转型,降低能耗,减少粉尘污染,并引进资金800多万元,对生产环节中的制粒、压片、包衣、包装等生产设备进行更新改造,提高自动生产技术水平。

2.建立种植标准基地,保证药材供给。如桂林三金药业股份有限公司目前已投资287万元在灵川县潭下镇投资建设20亩GAP基地,力求在数量上保证药材供给,在质量上不降低产品水准。

3.波段操作,储备到位。大部分制药企业均根据中药材价格波动周期,在低位价格采购药材,并做充足储备,以备生产之需,避免价格上涨带来的成本骤增的风险,稳定产品价格。

2011年

调查信息

桂林市工业园区建设三大方面需进一步完善提高

廖静

加强工业园区建设是近年来桂林市政府工作的重要内容，目前全市共有自治区确认的3家工业开发区和9家工业集中区。2010年工业园区工业总产值占全市的35%，已成为加速工业化进程的重要平台。但在基础设施、生活服务、行政效能等方面，仍需进一步完善提高。

一是基础设施建设仍待完善。近几年，以路、水、电为重点的工业园区基础设施建设已取得一定成效，但稳定性还有待加强。如秧塘工业区停电现象时有发生，平均每月停电2次，每次停电时间半天以上，影响企业正常生产。此外，园区综合污水排放管道的建设速度也不尽人意，某企业在铁山工业园已入驻两年多，排污管道仍未建设完成，排污问题不仅影响了周边环境，而且也影响到企业招投标，阻碍了企业项目的引进。

二是生活服务建设有待加强。据了解，除高新科技园生活服务、文化娱乐比较完善外，其他工业园区都还未开始相关方面的建设。在交通方面，工业园区公共汽车数量较少，站点不多，如市区至铁山园工业园只有两趟公交车，且发车间隔至少半个小时，给企业职工上下班带来不便。此外，财物被盗时有发生，给企业造成重大损失。如桂林生产电容器的某企业，从2010年至今被盗财物价值达10万余元，且多次发生员工被抢事件。

三是行政办事效率尚待提高。目前，各工业园区大都成立了管理委员会，园区企业办理一些手续需由管委会与市内各相关部门协调，但由于办理手续繁琐、工作效率低，大量时间精力耗费在协调和商议上，影响项目进园和建设。如某正在积极筹备上市的企业入驻工业园已两年多，但新区土地使用证至今未办理完毕，严重影响了企业发展步伐。

桂林市服务业发展存在三大困扰

张悦

据国家统计局桂林调查队对桂林市装卸搬运、计算机服务业、商务服务业等样本企业调查显示：2010年桂林市服务业样本企业资产总计、利润同比分别增加28.19%和35%，从业人员数量增加26.90%，整体经营形势向好。但桂林市服务业发展仍存在三大困扰：

1.整体营业成本偏高。2010年样本企业营业成本同比增加22.17%，仅低于营业收入增长幅度0.73个百分点。大部分服务业企业反映，从业人员工资的增加、原材料价格的上涨推动了企业经营成本提高，据调查，2010年从业人员应付工资同比增加44.12%，应付福利费同比增加79.13%。

2.投资形式单一、保守。2010年服务业样本企业短期投资额同比下降24.60%，利息净支出减少19.30%，货币资金增加79.06%。表明企业在货币资金大幅增加的情况下投资较为谨慎，银行存款利息收入增加，偏重于保守的持有货币资金。部分企业反映本身资金流动性就不是很充裕，向银行贷款没有合适抵押品，手续又繁杂，没考虑过投资。

3.行业间发展不平衡。虽然整体利润有了较大幅度提高，但11个服务业行业间发展并不平衡。如居民服务业利润总额同比提高了69.13%，高于平均值34.09个百分点，而科技交流和推广服务业、软件业等行业利润增幅仍为负值，高附加值行业仍然有待发展。

2011年1-5月桂林市教育文化娱乐消费高涨

蒋华春

据国家统计局桂林调查队调查资料显示：2011年1-5月，桂林市城市居民人均教育文化娱乐服务支出538.9元，同比增长36.2%，增速比上年同期增加19.5个百分点。在居民消费八大类中，教育文化娱乐服务成为仅次于食品、交通与通信支出的第三大消费项目。

1.文化娱乐消费占家庭支出比重提高。随着居民可支配收入不断增加，人们用于教育文化娱乐服务支出的比重不断增加。数据显示，1-5月桂林城市居民人均教育文化娱乐服务支出占消费性支出的比重为10.6%，比上年同期增加2.6个百分点。

2.中高档文娱耐用品消费提速。1-5月桂林城市居民人均文化娱乐用品支出为252.7元，同比增长2.37倍。从主要文娱耐用品消费情况看，主要是居民购买彩色电视机、家用电脑、组合音响、数码照相机的热情高涨，购买数量增加较大。

3.托幼、培训班、成人教育费支出快速增长。1-5月桂林城市居民人均托幼费、培训班费和成人教育费支出分别为76.5元、43.4元和21元，同比分别增长48.1%、43.4%和57.4%，三项费用占整个教育支出的78%，可见托幼、培训班、成人教育已成为教育消费的主力军。

2011年5月份桂林市CPI涨幅首次回落控价形势仍然严峻

刘宇波

据国家统计局桂林调查队调查显示，5月份桂林CPI(居民消费价格指数)同比上涨7.8%，涨幅比上月回落0.1个百分点，为2011年来的首次回落。但目前CPI从单月看同比涨幅仍超过5%的控价目标，形势仍然严峻。主要表现在：

一、部分商品及服务价格仍呈上涨趋势

1.白酒类价格上涨。受部分白酒出厂价格上调影响，5月份白酒类价格比上月上涨3.0%，其中涨幅较大的是某品种桂林三花，均价涨幅达11.54%。

2.部分家电价格上涨。家庭设备及维修服务类价格中，5月份上涨幅度较大的有电风扇和吸排油烟机，分别比上月上涨15.2%和3.6%。

3.娱乐教育文化用品及服务类价格小幅上涨。因上调景点门票价格、电子储存器价格及部分培训费用价格，5月份娱乐教育文化用品及服务类价格比上月上涨0.4%。

4.建材、液化气等价格涨势不减。5月份因实施丰水期电价，居住类价格比上月下降3.1%，但建房及装修材料价格比上月上涨0.6%，液化石油气价格比上月上涨1.8%。

二、食品价格仍处高位运行，回落幅度过小

本月食品类同比涨幅比上月回落1.6个百分点，但同比涨幅依然高达17.4个百分点。

三、翘尾影响将进一步扩大

据测算，5月份翘尾达到5.2%，6月份翘尾比5月份有所扩大，物价形势更加严峻。

2011年二季度桂林市企业景气指数和信心指数创三年来新高

廖静

据国家统计局桂林队调查，二季度桂林市企业景气指数达135.96，企业家信心指数为134.64，分别比上期上升21.75和5.86点，比2010年同期上升17.47和16.27点，双双处于“较为景气”区间(120至150)，且创2008年以来新高。二季度桂林市企业生产经营主要特点是：

1.产品订货、生产总量形势向好。二季度桂林市企业产品订货景气指数为116.56，比2010年同期上升15.79点。生产总量景气指数为126.04，比2010年同期上涨7.91点，其中住宿餐饮业生产总量指数涨幅最大，比2010年同期上升78.21点。桂林从3月开始进入旅游旺季，酒店入住率及餐饮业接待客人人数大幅增长，本期业务量景气指数达到161.54的高位。

2.企业盈利水平和整体效益提升。二季度企业盈利水平景气指数为114.54，比2010年同期提升13.49点，回升至景气区间。

3.固定资产投资、劳动力需求稳步上升。二季度，桂林市固定资产投资和劳动力需求景气指数分别为120.06和118.56，分别比2010年同期上涨9.39和5.93点。桂林市企业生产运营良好，订单充足，投资增加，企业用工随之增大，其中住宿餐饮业、社会服务业、批发零售业劳动需求旺盛，景气指数分别为123.08、122.22和122.05。

2011年上半年桂林市家庭耐用品消费支出增长翻番

蒋华春

据国家统计局桂林调查队住户调查资料显示，2011年1–6月，桂林市城市居民人均耐用品(不包括汽车)消费支出340.4元，同比增长141.1%。家庭耐用消费品成为居民上半年消费亮点。

1.家电消费增长快速。家电是耐用品消费的热点，1–6月人均家电消费支出208.8元，同比增长148.9%。一是受益于家电以旧换政策，部分家庭对家电进行更新；二是购买了时尚新颖、智能便捷的家电产品。

2.助力车消费增长迅速。经济、清洁、方便、快捷的电动助力车成为居民常备的交通工具，1–6月人均助力车支出40.86元，同比增长384.1%。截至2011年6月底，百户家庭拥有助力车57辆，同比增长26.7%，助力车已经成为桂林市家庭主要交通工具。

3.移动电话不断更新。1–6月人均移动电话支出34.2元，同比增长50%。移动电话功能、款式的不断增强与更新，加上优惠的价格和商家灵活的促销方式，使移动电话更新换代速度加快，上半年百户家庭新购手机17部，比上年同期增长88.9%。

2011年上半年桂林市低收家庭收入因物价上涨多支出8.2%

蒋华春

据国家统计局桂林调查队调查，2011年上半年，桂林居民消费价格同比上涨7.3%，其中食品价格上涨7.4%。物价的持续高涨，直接影响低收入家庭收入多支出8.2%，恩格尔系数增加1.9个百分点，享受性消费支出减少。

1.收入“贬值”。上半年桂林市城市低收入家庭人均可支配收入为3109.9元，价格上涨导致低收入家庭人均多支出254.2元，占可支配收入的8.2%，其中，食品价格上涨导致人均多支出219.3元，占可支配收入7.1%。

2.恩格尔系数增加。上半年桂林市城市低收入家庭人均消费性支出2765.0元，食品支出1519.7元，恩格尔系数为55.0%，比上年同期增加1.9个百分点。

3.享受性消费支出减少。从食品消费情况看，上半年桂林市城市低收入家庭人均肉禽蛋水产品、蔬菜、糖烟酒饮料、干鲜瓜果、鲜乳品和在外饮食支出，同比分别下降12.7%、27.5%、27.3%、23.9%、16.1%和44.8%。从其他商品消费情况看，人均衣着支出111.9元，同比下降64.7%；人均家庭设备用品及服务支出90.4元，同比下降44.3%；人均交通和通信支出203.1元，同比下降40.6%。

2011年上半年桂林市工业生产者出厂价格上涨6%

郑雯月

据国家统计局桂林调查队调查，2011年上半年桂林市工业生产者出厂价格指数(PPI)同比上涨6%。

上半年工业生产者出厂价格变动呈如下特点：一是出厂价格持续平稳上涨。1-6月，桂林市PPI同比分别上涨5.2%、5.2%、6.2%、6.6%、5.8%、6.8%。二是轻工业产品价格涨幅高于重工业。轻工业产品价格同比上涨7.8%，比重工业产品价格高2.7个百分点。三是生活资料价格涨幅高于生产资料。生活资料价格同比上涨6.9%，比生产资料价格涨幅高出1.4个百分点。

工业生产者出厂价格变动的主要原因：一是原材料购进价格持续上涨，企业成本增加。如橡胶制造行业，由于天然橡胶主产地因遭受自然灾害而减产，造成原材料购进价格持续上涨，1-6月，天然橡胶乳购进价格上涨11%；另外，水稻、小麦最低收购价和成品油价格的提高，也推动了下游相关行业价格的大幅上涨。二是产品需求旺盛助推价格上涨。如中成药因供不应求，6月份出厂价格同比上涨11.7%；又如水泥价格，由于部分地方限电，外地客户到桂林抢购水泥也造成水泥价格上涨，1-6月各月水泥价格同比涨幅均在9.4%以上。

2011年7月份桂林市CPI环比持续下降

刘宇波

据国家统计局桂林调查队调查显示，2011年7月份桂林市居民消费价格(CPI)同比上涨7.2%，涨幅比上月回落0.4个百分点，低于全区水平0.2个百分点，在全区14个地级市中排名第六；CPI环比下降0.3%，连续3个月回落。7月份桂林市CPI环比下降的主要原因有：

1.鲜瓜果环比下降10.6%，拉低CPI0.4个点。随着本地水果的上市，各类鲜瓜果价格都有不同程度的下降，其中下降幅度较大的有香蕉和西瓜，分别比上月下降30.9%和25.5%。

2.衣着类价格环比下降2.2%，拉低CPI0.2个点。进入7月份以后，夏季服装的打折促销幅度进一步扩大，使衣着类价格环比下降2.2%。

3.自治区两项政策性调价，拉低CPI0.2个点。7月份自治区物价局发文下调有线电视初装费，由原来的336元下调至168元，降幅达50%，同时在现有执行标准下，公有住房房租下调10%，这两项措施使CPI环比下降0.2个百分点。

2011年7月份桂林市居民收支较快增长

庞育光

据国家统计局桂林调查队调查，7月份桂林市居民人均可支配收入为1501.6元，同比增长9.9%，人均消费支出1017.5元，同比增长23.4%，支出增幅高于收入13.5个百分点。

1.可支配收入较快增长。一是工资性收入平稳增加。7月份居民人均工资性收入750.8元，同比增长2.3%。二是财产性收入成倍增加。7月份人均财产性收入97.1元，同比增长4.6倍。三是转移性收入较快增加。7月份人均转移性收入622.9元，同比增长18.9%。其中因增加基本养老金政策出台，人均养老金或退休金收入同比增长28.0%。

2.消费支出大幅提高。一是医疗保健支出上升。7月份人均医疗保健消费支出56.9元，同比增长37.3%，其中药品和医疗费支出分别增长73.0%和28.0%。二是教育文化娱乐服务支出成倍增长。7月份人均教育文化娱乐服务支出308.7元，同比增长2.4倍。三是交通和通信支出增加。7月份交通和通信人均支出98.9元，同比增长8.3%，其中交通费支出增长1.2倍。受汽车拥有量增加影响，人均车辆用燃料及零配件支出同比增长1.02倍。

桂林市新开楼盘市场遇冷

粟凌燕

据国家统计局桂林调查队调查,近期桂林市新开楼盘市场遇冷。6、7两月,桂林市区共有6个楼盘开盘,新房上市面积占2011年以来新上市面积的55%。但市场反应趋冷,本次共推出新房源681套,截止到7月31日,网签成功257套,销售量只有37%。某楼盘6月中旬开盘,推出房源150套,到7月底实际只签约成功5套;某楼盘蓄客期长达半年,蓄客量是本次所推房源数量的一倍,房源上市两个月还余1/4未售,与2010年底新房上市一个月即售罄反差极大。

新开楼盘市场遇冷主要体现在两个方面:

一是开盘到访客户量明显下降。开盘来访客户量从2010年的350组/月下降到270组/月,个别楼盘甚至下降了50%。客户平均要来访4-6次才决定购买与否,购房周期长于以前2-3次近1倍。

二是新开楼盘开盘价普遍低于市场预期。如城东本次推货上市的两个年度大盘,开盘均价为8200元/平米,低于8500元/平米的市场预估价,与该区存量房8000元/平米的销售均价接近;城南上年12月该区域楼盘开盘价已经接近5000元/平米,7月份该区新开楼盘均价仍然没有"破5"。优惠折扣力度也是自2009年经济复苏后最大的,基础折扣就有97折,加上一次性付款、老带新等优惠,普遍可达95折,个别房源实际成交价格甚至是申报预售价的9折。

本次新开楼盘市场遇冷主要原因是现行的首付比例、利率、限贷等政策,已令无论是首次置业还是二次置业的购房成本都达到了历史高位,购房者考虑因素增多,观望浓重。

2011年8月份桂林市CPI同比上涨5.9% 涨幅连续4个月回落

刘宇波

据国家统计局桂林调查队调查显示,8月份桂林居民消费价格总水平(CPI)同比上涨5.9%,环比下降0.6%;同比涨幅比上月回落1.3个百分点,分别低于全国和全区0.3和0.7个点,在全区14个地级市中排名第十。虽然CPI同比已连续4个月回落,但1-8月份累计涨幅依然高达7.1%,位于全区第三。

8月份CPI同比涨幅大幅回落的主要原因有:

1.翘尾因素影响削弱。8月份桂林市CPI同比受翘尾影响4.7个百分点,比上月下降0.8个百分点。翘尾因素影响程度下降是8月CPI同比涨幅回落的最主要因素。

2.部分价格环比下降。一是食品类价格总水平小幅下降。8月份食品类价格环比下降0.4%,其中降幅较大的有干鲜瓜果、肉禽及其制品和菜,分别下降3.6%、1.3%和1.2%。主要原因是政府出台了猪肉、粮食和食用油等方面的控价或优惠措施,以及夏季蔬菜、水果上市量增加,市场供应充足。二是衣着类价格大幅下降。8月份因服装换季、部分商场开展店庆及打折促销等大力度优惠活动,衣着类价格环比下降8.1%。三是家庭设备用品及维修服务类价格小幅下降。受家电设备打折促销影响,家庭设备及维修服务类价格环比下降0.3%。

2011年1-8月桂林市居民财产性收入大幅增加

庞育光

国家统计局桂林调查队数据显示,2011年1-8月,桂林市城市居民人均可支配收入12055.01元,同比增长8.59%。其中人均财产性收入达563.08元,同比增长了1.53倍。

1-8月桂林市居民财产性收入呈现三大特点:

1.大幅拉动可支配收入增长。据调查,1-8月城市居民财产性收入563.08元,拉动可支配收入增长3.07个百分点,占可支配收入的比重提升了2.67个百分点,成为居民收入新的增长点。

2.股息与红利收入地位凸显。2011年桂林市部分股份制企业职工得到的股息收入和年终分红较为丰厚,推动了股息与红利收入的大幅增长。1-8月股息与红利收入446.14元,同比增长5.6倍,股息与红利收入地位凸显。

3.提款减少存款增加。数据显示,1-8月居民人均财产性支出22.46元,同比减少46.14%;人均提取储蓄存款金额2726.77元,同比减少了3.04%;人均存入储蓄款5433.20元,同比增长了7.94%。主要原因是存款利率的不断提高与其他金融产品风险的增大。

桂林市新米上市 米价同比仍上涨22.5%

郑雯月

8月份新米上市,仍止不住米价上涨。据国家统计局桂林调查队调查,自2010年9月以来,桂林市大米价格不断走高。2011年8月份,大米均价为6.94元/千克,同比上涨22.5%,涨幅创年内新高。

大米价格上涨的主要原因有:

一是稻谷收购价格上涨。2011年桂林市早籼稻的政府收购价同比提高了29.6%,受此影响,企业对粮食的收购价随之上涨,如某企业对桂宝粘早稻的收购价为3.36元/千克,同比上涨42.37%。

二是企业生产成本上涨。据调查,粮食从种植者流通到最终消费者要转手6次,运输费和人工费用占总成本的10%左右。2011年以来,这两项费用大幅上涨。如8月0#柴油价格为7.37元/升,同比上涨22.83%,某粮食企业人均工人工资上涨了400元/月,上涨幅度达20%。

三是农民惜售现象增加。据粮食局和部分米商反映,受一直以来米价大幅上涨影响,目前米价上涨预期强烈,农民的惜售行为进一步推动了米价上涨。

2011年三季度桂林市住宿餐饮业景气和信心指数大幅上升

廖静

国家统计局桂林调查队调查显示,三季度桂林市住宿餐饮业景气指数和信心指数分别为146.15和130.77点,比上年同期上升了54.48和64.1点。

三季度桂林市住宿餐饮业呈现"大、高、快、多"四个特点:

一是业务量和预订量增大。三季度住宿餐饮业业务量和业务预定景气指数分别为153.85和146.15,比上年同期上升20.52和21.15点,在"较为"景气区间运行。据统计,7、8月份来桂旅游人数为347.04万次和270.88万次,同比分别增长69.07%和9.45%。升温的旅游市场带动了住宿餐饮行业的发展。7-8月,市内星级酒店平均客房出租率为68.92%,同比提高了12.83%。

二是服务收费价格变高。受物价上涨及人工成本提高影响,企业服务的价格水涨船高。所调查的企业中,有23.08%认为本期企业收费(服务)价格比上期上升,认为持平的占76.92%。三季度收费价格景气指数为123.08,比上年同期上升31.41点。

三是固定资产投资变快。据调查,三季度住宿餐饮企业固定资产投资的主要方向为老店的重新装修及增加新的营业网点。本季度固定资产投资景气指数为130.77,比上年同期上升22.44点。

四是企业劳动力需求增多。住宿餐饮业属于劳动密集型行业,受旅游业带动,三季度住宿餐饮业劳动力需求景气指数为146.15,比上年同期增长37.82点。

2011年三季度桂林市房地产景气指数跌至临界值

谢登宝

据国家统计局桂林调查队企业景气调查显示,2011年三季度桂林市房地产景气指数为100,比上季下降18.18个点,比上年同期下降27.27个点,为2010年以来新低,首次进入景气指数临界值(100为临界值)。

三季度房地产景气指数变动主要特点是:

1.新开工情况和房屋竣工景气指数大幅下降。三季度新开工情况和房屋竣工景气指数为60和100,分别比上季度下降21.82和18.18个点。

2.商品房销售价升量跌。三季度商品房销售价格景气指数为90.91,比上季度增9.09个点,但商品房销售景气指数为80,比上季度下降10个点。

3.流动资金和企业融资极度不景气。三季度流动资金和企业融资景气指数分别为63.64和45.45,属极度不景气区间。

4.贷款拖欠和固定资产投资景气指数下滑。三季度货款拖欠和固定资产投资景气指数为136.36和90.91,分别比上季度下降17.19和18.18个点。

2011年9月份桂林市居民消费价格环比小幅反弹

谢登宝

据国家统计局桂林调查队调查,2011年9月份桂林市居民消费价格同比上涨5.2%,涨幅比上月回落0.7个百分点,已是第5个月连续回落;9月份桂林市居民消费价格环比上涨0.2%,这是经历5-8月连续4个月回落后,9月份出现的环比小幅反弹。

9月份桂林市居民消费价格环比小幅反弹的主要原因有:

1.节日食品价格有所反弹。随着中秋和国庆节假日的到来,食品价格整体呈现上涨态势,且部分食品涨幅呈扩大趋势。9月份食品价格环比上涨0.6%,其中:蔬菜类价格上涨9.1%;水产品上涨1.9%,涨幅比上月提升0.9个百分点;粮食价格上涨1.5%,涨幅比上月提升0.9个百分点;肉类产品价格上涨0.4%。

2.酒类价格上调。迫于粮食价格持续上涨和生产成本不断上升压力,酒类价格上调。9月份白酒环比上涨2.7%,啤酒上涨2.3%。

3.中药材及中成药价格上涨。因进货价格上涨，9月份中药材及中成药环比上涨3.5%。

4.居住类价格普遍上涨。9月份建材环比上涨1.4%，其中木材上涨6.4%，水泥上涨3.9%。

2011年以来桂林市滑石出厂价格大幅上涨

郑雯月

桂林市作为国内滑石的主产区，2011年以来滑石价格持续大幅上涨。据国家统计局桂林调查队调查，1-9月桂林市滑石价格同比上涨15.2%，其中：9月份滑石粉价格达1531.25元/吨，同比上涨33%。

造成桂林市滑石价格大幅上涨的主要原因有：

1.需求量增加。滑石是许多工业制品的原材料，当前国际国内的化妆品、塑料、油漆、纸张、橡胶等工业产业发展迅速，产品需求量与日俱增，直接扩大了滑石的需求量。

2.生产成本增加。2011年以来，汽油价格、产品包装、人工费用和电费不断上涨。如9月0#柴油价格为7.37元/升，同比上涨22.83%。某滑石企业包装用牛皮纸价格比上年均价多出1000元/吨，而工人工资也多出282元/月。

3.销售成本增加。桂林市滑石出口较多，关税的变动直接影响企业的销售成本。桂林某滑石企业2010年关税约730万/年，而2011年预计达到850万/年。主要是国家于2009年下半年取消对滑石企业的出口退税，同时，出口额超过规定的企业要通过招标才能得到额外的出口额。随着企业出口量的加大，企业销售成本必然增加。

2011年前三季度桂林市城市居民信息消费显著增加

庞育光

据国家统计局桂林调查队抽样调查资料显示，随着生活水平的提高和通讯信息技术的快速发展，2011年前三季度桂林市城市居民信息消费显著增加，主要体现在：

1.信息产品拥有量快速增加，消费旺盛。前三季度，每百户居民家庭移动电话拥有量为222部，比上年同期的199部，增长11.6%；购买移动电话23部，比上年同期的14部，增长91.7%。9月底，家用电脑拥有量为83台，比上年同期的72台，增长15.1%。前三季度居民人均购买移动电话支出66.9元，比上年同期的36.3元，增长84.4%；购买家用电脑支出117.8元，比上年同期的36元，增长2.3倍。

2.互联网迅速普及，消费增加。前三季度，每百户居民家庭接入互联网的计算机70台，同比增长了10.3%。移动电话上网也在增加，9月底每百户居民接入互联网的移动电话为15台，比上年同期的9.9台，增长51.9%。前三季度居民人均电信费支出343.6元，其中，居民人均上网费支出70.9元，占电信费支出的20.6%，比重同比提高4.1个百分点。

3.网购成为新时尚。前三季度，居民通过互联网购买商品和服务的人均支出48.2元，同比增加43.7元，便捷的网购已成为不少居民推崇的购物形式。

桂林市燃油助力车管理问题日益凸显

庞育光

近年来，燃油助力车以其经济实用、方便快捷等优点，赢得广大市民的青睐，成为桂林市许多市民的主要代步工具。但由于在销售、上牌、交规、交通等环节的管理上存在着诸多盲点，燃油助力车长期游走在法律边缘，给城市道路交通秩序与安全带来的许多问题日益凸显。

一是“大排量小标注”，发动机功率超标严重。许多生产厂家、经销商为了扩大产品的市场份额，迎合消费者的消费需求，借助自己可以随意标注“各类助力车”标识的有利条件，故意规避“50CC以下的燃油车辆不属于机动车，不用上牌”的规定，采用“大排量小标注”的障眼法，将不同排量的燃油助力车，全部挂上48cc标识来进行销售，发动机功率超标严重。

二是修理店非法改装，改装车速度快噪音大。一些摩托车修理商，为了赚取更大的利润，无视国家的法律和管理规定，擅自将电动摩托车改装为燃油助力车。经改装后的燃油助力车不仅速度快易出事，还发出巨大的轰鸣声，对市民工作生活干扰很大。

三是骑行人员交通安全意识淡薄，频频引发交通事故。目前，桂林市的很多燃油助力车骑行人员不参加培训考试，不戴安全头盔，交通安全意识非常淡薄；加之燃油助力车速度相对较快，频频引发交通事故。据桂林市交警部门统计，2011年1-11月，市区内发生涉及燃油助力车的交通事故133起，死亡44人，受伤163人。

四是燃油助力车不上牌无保险，交通事故理赔难。由于目前桂林市大多数燃油助力车不上牌，也不能购买保险，一旦发生重大交通事故，事故的损害赔偿将成为一个难题；同时，发生交通事故后驾驶员如果逃逸，也由于没有车牌增加了案件的侦破难度。另外，由于燃油助力车不登记、不上牌，更是导致被盗事件频频发生，并且侦查破案工作无从下手。

随着燃油助力车数量的日益增多，对城市交通秩序和交通安全的不利影响越来越明显，燃油助力车的管理也日渐成为突出的社会问题。市民热切希望政府有关职能部门多措并举、多管齐下，尽快出台有关措施加以解决，将燃油助力车纳入一个规范的管理轨道。

2011年11月份桂林市房价同比上涨5.4%

粟凌燕

据国家统计局桂林调查队调查，2011年11月份桂林市新建住宅销售价格同比上涨5.4%，其中：90平米以下住宅价格同比上涨4.4%，90-144平米住宅价格同比上涨7.1%，144平米以上住宅价格同比上涨0.2%。据国家统计局反馈，在11月份国内70个大中城市住宅销售价格指数中，同比涨幅超过5%的城市有5个，桂林市名列其中，排在第五位。

据分析，桂林市房价出现同比涨幅较大的主要原因有四个：一是房源供应相对不足。据统计，2011年1-11月，桂林上市房源量不到上年的六成，11月当期上市面积同比下跌逾七成。二是补涨因素。作为三线城市，桂林市房地产市场起步较晚，属“价值洼地”，基数较低，近年来因“补涨”效应，房价逐步抬升。三是住房产品结构升级。随着一些大型知名房地产企业的进驻和整个城市楼盘住宅品质的不断提升，2011年房价整体高于2010年。四是成本推高。在通货膨胀的大背景下，随着钢材、水泥等建材价格和劳动力成本的上涨，房价也水涨船高。

但从反映近期价格变动的环比指数看，11月份桂林市新建住宅销售价格环比下跌了0.2个百分点，为本年第二次下跌，且降幅大于上次，这说明当前市场持续走淡。

2012年

调查信息

2011年桂林市新区建设拉动建筑业景气度向好

廖静

国家统计局桂林调查队数据显示，2011年一至四季度桂林建筑业企业景气指数分别为120、134、134、135.6，均在“较为景气”区间运行，全年各季建筑业景气度向好，主要得益于“保护漓江，发展临桂，再造一个新桂林”发展战略，临桂新区建设快速发展的拉动所致。

1.新开工工程量增多。2011年临桂新区实施重大项目96个，1-10月完成固定资产投入30.8亿元，标准性建筑创业大厦已于7月中旬封顶，一院两馆主体工程也进入尾声。全年建筑企业新开工工程量平均景气指数为122.27的，位于“相对景气”区间运行，比上年上升11.02点。

2.企业技术设备能力增强。2011年各季度建筑企业技术设备能力景气指数分别为141.96、141.96、136.96和136.96，均位于“较为景气”区间。

3.工程货款拖欠情况有所好转。全年建筑业货款拖欠平均景气指数为117.23，比上年上升29.57点，由“相对不景气”区间进入“相对景气”区间运行。

4.劳动力需求增加。全年建筑企业劳动力需求平均景气度为131.86，其中，第四季度达到165的“较强景气”区间，比上年同期上升15点。

2012年1月份桂林市楼市成交量创新低

粟凌燕

据国家统计局桂林调查队调查，2012年1月份，桂林市房地产市场共成交商品住宅154套，比上年春节月470套的成交量下跌67%，比上年成交量最低的4月份157套成交量还低，创2008年以来月成交量新低。其中，春节黄金周期间只网签了1套商品住宅，而上年春节黄金周成交量为3套。

造成成交量新低的原因除了天气和传统销售淡季等影响因素外，还有两个原因：

1.银行资金政策继续收紧。新年以来，属三线城市的桂林各银行信贷依然收紧，首付利率依然高企。据部分房产的销售经理反映，如果房贷政策放松，销售量可以翻一番。

2.投资、改善性需求受抑制。在桂林，本地人购房率在80%以上，改善性需求是购房主力。而1月份正值春节，整个房产市场价格走势未定，投资及改善性需求观望心理极重。据各楼盘反映，原本120-144平方米是桂林的主销户型，但一年来超过120平方米的房子都不好卖，各楼盘调整了建设策略，从上年底开始推出的房子80%为120平方米以下的小三房和80平方米左右的两房，主要满足刚性需求，50平方米以下以投资为目的的房源也几乎没有了。改善型和投资型房源上市的骤减，进一步加剧了这两个购房群体的观望。

2012年1月份桂林市CPI环比涨幅创新高

刘宇波

据桂林调查队调查，2012年1月份桂林市居民消费价格（CPI）同比上涨2.4%，环比上涨3.1%。环比涨幅为1996年以来单月环比最高。本月环比涨幅高企的主要原因是：

1.受春节和阴雨湿冷天气影响，食品价格大幅上涨。1月份食品价格环比上涨5.5%，拉升总指数1.9个百分点。其中，菜类价格上涨24.5%，肉禽及其制品类价格上涨4.8%，水产品类价格上涨11.2%。

2.受春节期间汽车票价实行春运价格影响，城市间交通费用价格大幅上涨。1月份城市间交通费用价格环比上涨11.7%，拉升总指数0.1个百分点。

3.上年政府临时性价格干预措施集中取消，公共收费价格恢复性上涨。本月实行阶梯电价，居民用电价格由上月的优惠价46.00元/百度上涨到52.83元/百度，环比上涨14.8%；水费价格由上月的优惠水价1.04元/吨恢复到1.79元/吨，环比上涨72.1%；公房房租价格恢复原价，环比上涨42.9%；液化石油气由上月的优惠价99元/罐上涨至105元/罐，环比上涨6.0%；有线电视收费恢复原价，环比上涨50.4%。其中：初装费由168元恢复至336元，月租费由23元恢复至26元； 部分医疗检查费用恢复原价，环比上涨25.0%。上述六项服务价格的提价，拉动1月份总指数上涨1.1个百分点。

2012年2月份桂林市六成以上工业品出厂价格上涨

粟凌燕

据桂林调查队调查数据显示，2012年2月份桂林市六成以上工业品出厂价格上涨。在桂林市工业品出厂价格调查的27个工业大类中，环比价格上涨的有17个，上涨面达63.0%，其中仪器仪表制造、化肥农药、粮食谷物制品等价格环比分别上涨6.50%、3.55%、2.10%。

造成桂林市工业品出厂价格上涨面较大的原因是：

1.上年累积涨价压力的释放。企业在2012年新签订的销售合同中，将上年原材料等不断高涨带来的累积成本上涨压力集中释放，导致本月出厂产品的新合同定价明显走高，如出口滑石较年前提价20%、有机-无机复混肥料提价5%、玻璃瓶容器提价4%。

2.水电煤油等能源价格上涨。1月份起桂林市电价全面上涨，平均涨幅达14.63%，2月份起桂林全面实行阶梯型水价收费政策。一些用水大户单位水价上涨了20%；年后各企业采购的无烟煤较年前价格上涨了8%，柴油价格也从1月开始调高。水、电、煤、油等能源价格的走高，进一步助推了企业生产成本上升进而波及到出厂产品的价格走高。

3.人力成本的上涨。2012年实行的新最低工资标准，将原来的820元/月调整为1000元/月，6元/小时调整为8.5元/小时。加上桂林市为劳务输出型旅游城市，工业缺工情况比较突出。企业为了招到人，留住人，不得不相应提高工资待遇，据某厂介绍，厂里一线普工工资一直高于最低工资，且每年递增10%。

2012年2月份桂林市CPI同比上涨1.8%涨幅回落较大

李志江

据国家统计局桂林调查队调查，2012年2月份桂林市居民消费价格（CPI）同比上涨1.8%，涨幅比上月回落0.6个百分点；1-2月份桂林市居民消费价格总水平累计上涨2.1%。

从反映近期价格变动的环比情况看，2月份桂林市CPI环比上涨0.5%，涨幅比上月回落2.6百分点。与上月比，本月价格变动主要特点有：

1.食品价格总水平小幅回落。春节后，受天气回暖和政府取消平价猪肉、平价食用油政策的双重影响，食品类价格有跌有涨，但价格总水平回落。2月食品价格环比下降0.3%，其中价格变化较大的有：鲜菜、鲜瓜果和鲜蛋价格分别下降7.4%、2.9%和9.3%，油脂、肉禽和水产品价格分别上涨4.0%、1.7%和5.4%。

2.衣着价格季节性上涨。受春季服装陆续上市的影响，2月份衣着价格小幅上涨，衣着类价格环比上涨1.4%。

3.城市间交通收费价格下降。随着春运结束，2月份客运价格普遍恢复到节前价格。2月份城市间交通类收费价格环比下降11.4%，其中飞机票、长途汽车、短途汽车价格分别下降16.8%、15.12%和8.8%。

4.教育培训收费价格上涨。本月起政府取消公立幼儿园学前教育优惠政策，导致学前教育类收费环比价格上涨10.0%；汽车驾驶培训费因教学成本等因素持续上涨，导致专业技能培训类收费价格上涨10.3%。

5.居民用水和液化石油气等居住类价格上涨。居民用水本月实行阶梯价格，居民用水价格环比上涨24.0%；本月起政府取消液化石油气价格补贴政策，液化石油气价格上涨7.7%。

2012年一季度桂林市居民社会保障支出迅速增长

庞育光

据国家统计局桂林调查队调查，2012年一季度，桂林市城市居民人均缴纳的各项社会保障支出334元，同比增长31.8%，居民社会保障支出呈现迅速增长的势头。主要特点有：

1.社保支出占家庭总支出的比重提高。一季度桂林市城市居民人均社会保障支出334元，占人均家庭总支出的比重为7.8%，所占比重同比提高了1.9个百分点。

2.养老金和住房公积金成社保支出主体。一季度桂林市城市居民人均交纳养老基金136元，同比增长9.2%；人均交纳住房公积金148元，同比增长55.2%。此两项支出共占社保支出的84.9%，构成了社保支出的主体。此外，人均交纳医疗基金42元，同比增长56.2%；人均交纳失业基金8元，同比增长36.6 %。

3.低收家庭的社保支出有所减少。一季度桂林市城市低收家庭人均社保支出288元，同比下降4.6%，占家庭总支出的比重为12.5%，同比下降8.3个百分点。

2012年一季度桂林市住宅租赁价格和物业管理费明显上扬

粟凌燕

据桂林调查队调查，2012年一季度，桂林市住宅租赁价格同比上涨5.6%，其中廉租房价格上涨2.6%，普通住宅价格上涨6.1%，高档住宅租赁价格上涨1%；物业管理费同比上涨2.9%，其中普通住宅物业价格上涨明显，同比上涨4.1%。

造成一季度住宅租赁价格和物业管理费明显上扬的原因是：

1.政府控价措施取消。上年四季度，政府为了平抑物价，对住宅租赁价格采取了临时干预措施，而这项干预措施于2012年3月1日取消，造成2012年一季度廉租房租金价格反弹明显。

2.租房市场需求旺盛。受房地产市场不景气影响，一些刚性购房需求改买为租，加上年后是进城务工者、求职者和学生租房的高峰期，导致整体租房市场需求旺盛，住宅租赁市场呈现求大于供的局面，租金看涨。

3.物业管理费提价。随城市建设的发展，各商品楼盘的品质不断提升，新交住宅物业管理费明显走高。如电梯房，上年新交楼盘的物业管理费一般都在0.8-0.9元/月平米，2012年普遍定在1.20元/月平米以上。同时，原老楼盘也纷纷提价。如某2005年的老盘，原来楼梯房的定价为0.75元/月平米，从2012年1月起该物业公司将管理费提到0.90元/月平米。

2012年3月份桂林市新建住宅价格再探低点

粟凌燕

据国家统计局统计数据反馈显示，2012年3月份，桂林市新建住宅销售价格再探低点。从同比看，3月份桂林市新建住宅销售价格与上年同期持平，涨幅分别比1、2月份低1.6、1.0个百分点；从环比看，3月份桂林市新建住宅销售价格比上月下跌0.2%，这是自上年十一月份以来(2012年1月环比持平)第4个月出现下跌。造成价格持续走低的原因是：

1.楼市调控政策持续严厉。2012年以来，桂林市继续严厉执行国家的楼市调控政策，一方面，主管部门继续实行楼市限价措施，新开楼盘开盘价格依然被严格管制；另一方面，在银行继续限贷、资金收紧的政策大方向引导下，非刚性购房需求继续被挤出，不能对价格上涨形成支撑力。

2.低成交逼出高折扣。据市房产局统计数据显示，一季度桂林市区商品住宅成交面积6.27万平米，同比下降68.6%，成交套数598套，同比下降69.4%。就3月份来看，新建商品住宅成交套数和成交面积同比下跌都达6成。开发商为促销纷纷加大优惠折扣力度，推动了价格的下行。

3.刚性需求转战二手房市场，导致新建房价格难涨。据市房产局统计数据显示，一季度二手住宅成交套数653套，高出新建房成交套数55套。二手房成交套数高于新建房，显示市场对房产开发信心不足，刚性需求转战二手房市场。

2012年4月份桂林市CPI同比上涨1.6%

郑雯月

2012年4月份，桂林市居民消费价格(CPI)同比上涨1.6%，涨幅比上月回落1.0个百分点；4月份环比上涨0.2%，涨幅比上月回落0.5百分点。4月份桂林市CPI环比价格主要变动情况是：

1.食品价格继续回落。4月食品价格环比下降0.6%，其中：猪肉、羊肉和虾蟹类价格下降明显，分别下降5.4%、3.1%和13.2%，蛋类价格下降0.9%。

2.衣着价格持续上涨。随着天气转热，夏装陆续上市，衬衫、T恤等夏装价格普遍上涨。4月份衣着类价格环比上涨2.3%。自2012年2月以来，衣着类价格已持续3个月上涨。

3.城市间交通费普遍上涨。受旅游旺季到来和车用燃料涨价影响，飞机票和长途汽车票等城市间交通费价格普遍上涨。4月份交通通信类价格环比上涨0.6%，其中城市间交通费上涨4.1%。

4.居住类价格小幅上涨。受房屋装修旺季逐渐到来，以及原材料价格上涨的影响，4月份居住类价格环比上涨0.7%，其中：木材价格上涨4.9%，厨卫设备价格上涨3.7%，液化石油气价格上涨5%。

2012年4月份桂林市新建房价持平二手房价小幅上涨

粟凌燕

据国家统计局桂林调查队调查，2012年4月份，桂林市新建商品住宅销售价格同比、环比双双持平，其中同比指数已连续2个月持平；二手住宅同比上涨0.4%，环比上涨0.1%。

从主销户型同比涨幅看，新建房(90-144平米为主销户型)同比涨幅逐步收窄，二手房(90平米以下为主销户型)涨幅逐步扩大。数据显示，1-4月各月新建房主销户型价格同比涨幅分别为2.7%、1.3%、0.2%、0.1%，二手房主销户型价格同比涨幅分别为-2%、0.1%、0.2%、0.4%。

新房价格连续两个月保持上年同期水平，显示政策调控效果凸显，新房价格渐入平稳下行通道。但相对二手房而言，新房价格仍属高位，许多购房者因此转战二手房市场，加上桂林市区土地日益稀缺，从而推动二手房价上行。

2012年以来桂林市有色金属矿价格持续下跌

粟凌燕

据国家统计局桂林调查队调查数据显示，2012年桂林市锌、铅、锡、钨等有色金属矿价格持续下跌。如1-5各月锌精矿出厂价格环比涨幅分别为0.2%、-5.5%、-3.7%、0%、0.2%；铅精矿出厂价格环比涨幅分别为1.3%、-6.3%、-3.4%、-0.4%、-1.2%；1-5月锡矿和钨矿出厂价格环比平均跌幅分别为1.23和1.41个百分点。同时各有色金属矿的价格与上年同期相比亦呈现持续回落，且跌幅逐步扩大之势。

受国际市场影响，2011年以来有色金属矿的价格已经陆续从高位落回。2012年来市场需求减淡的情况更加明显，对有色金属的需求量呈持续下降态势。下游有色金属产品市场行情不旺，销售价格持续下行，上溯影响到原料矿的价格，采购商对原料矿压价十分厉害，导致2012年出厂价格步步走低。桂林市的矿产品主销区域为广西柳州、河池及湖南等地的冶炼厂，有色金属矿价格的持续下行令矿产企业利润空间受到压缩，各矿产公司减少开采量、捂矿惜售。

2012年5月份桂林市CPI同比上涨3.2% 涨幅创年内新高

李志江

据国家统计局桂林调查队调查，2012年5月份，桂林市居民消费价格（CPI）同比上涨3.2%，涨幅比上月高1.6个百分点，创2012年以来新高。从环比情况看，5月份CPI环比上涨0.5%，主要价格变动特点有：

1.食品价格总体小幅下降。受供应量增加和夏季肉禽蛋消费减少影响，食品价格总体呈小幅下降态势。5月食品价格环比下降0.3%，其中：蛋类价格下降2.6%，肉禽及其制品价格下降2.2%，水产品价格下降1.5%。

2.衣着类价格持续上涨。由于夏天到来，新上市夏季服装大幅上涨，5月衣着类价格环比上涨2.5%。

3.家庭设备用品及维修服务价格上涨。随着夏季的到来，部分夏季用电器进入销售旺季，价格呈现上涨趋势，家庭设备用品及维修服务类价格环比上涨1.6%。其中，电风扇、电冰箱(柜)价格分别上涨48.9%、11.0%。

4.交通和通信价格小幅下降。受成品油价格下调的影响，5月份交通和通信环比下降0.4%。

5.居住类价格普遍上涨。随着装修旺季的逐渐到来，建材的需求量逐渐增加，居住类价格普遍上涨。5月居住类价格环比上涨1.7%，其中：木材类上涨2.3%，厨卫设备类上涨1.2%，物业管理费上涨21.1%。

2012年5月份桂林市新建房价格同比下降0.2%

粟凌燕

据国家统计局桂林调查队调查，2012年5月份，桂林市新建商品住宅销售价格同比下降0.2%，其中：　90-144平米住宅价格同比上涨0.1%；而90平米以下及144　平米以上住宅价格分别下跌0.7%和1%。这是自2012年1月实行“新国八条”以来，月份同比首次跌破上年水平，从环比情况看，本月与上月持平。

5月份桂林市新建商品住宅销售价格同比走低的主要原因是：

1.调控政策的持续影响。从上年10月开始，桂林新建房价格逐步回落，新楼盘开盘价步步走低，呈现同比涨幅直线收窄之势，在2012年4月同比上年持平之后，政策继续是紧缩态势，助推了房价在5月进一步走低。

2.房产商价格优惠折扣力度加大。据统计，2012年前4个月桂林市平均房屋成交量为210套/月，按照这个销售速度，2011年底以来上市的新房库存量要消化完需16个月。进入5月份，各房企为加快销售速度，纷纷实行“以价换量”的销售策略，价格优惠折扣力度加大。如某外地入驻桂林的房企，打出八折、最高优惠30万元的折扣力度进行尾盘清货；又如几个4、5月新推货盘，不但开盘价与上期持平，还推出94折的5月优惠力度。市场对价格实在让利措施反响良好，5月共成交新建住宅363套，远超本年前4月。

2012年6月份桂林市新房价格环比上涨0.1%值得关注

粟凌燕

据国家统计局桂林调查队调查，2012年6月份，桂林市新建商品住宅销售价格同比持平，环比上涨0.1%。这是自2012年11月以来的8个月中，首次出现单月环比上涨。当前，全国房地产市场调控仍然处在关键时期，调控任务还很艰巨。6月份桂林市新房价格出现的环比上涨值得关注。

6月份新建房价环比上涨的主要原因有两方面：

1.优惠折扣力度减小。5月份各房企为加快销售速度，以价换量，推出了惊人的优惠折扣力度。在热销后，随着资金回笼良好和存量房源的减少，6月份各楼盘的折扣力度明显减弱。如某楼盘5月份一口价4180元/平米，至6月份上调为4380元/平米，每平米上涨200元，涨幅达4.8%。

2.降息利好刺激市场回暖。6月初贷款利率下调，购房成本明显下降，不但有效的刺激了刚性需求的购房，同时改善性购房需求亦有所松动。据有关部门统计，6月份共网签成交348套，为近一年半来高成交月份。市场的逐渐回暖对房价起到了有力的支撑。

2012年上半年桂林市部分服务业企业经营状况欠佳

张悦

据国家统计局桂林调查队对桂林市11个行业共110家规模以下服务业企业的调查，2012年上半年桂林市部分服务业调查企业整体经营状况欠佳，存在营业收入和利润总额下降、费用增涨过快、融资意愿下降等问题。

1.营业收入和利润总额均下降。上半年调查企业营业收入和利润总额同比分别下降17.6%和29.5%。受市场经济、政策和自身因素等多重影响，服务业企业生存困难。如某旅行社因为接团量减少，撤掉了一个办事处，营业收入同比下降了近50%。

2.费用增涨过快。上半年调查企业营业费用、管理费用和财务费用合计同比增长14.35%。主要原因是从业人员费用增加。调查企业在调查期间虽然从业人员数同比减少1%，但应付工资和应付福利费同比分别增长9.03%和6.03%，保险费和住房公积金同比分别增长23.38%和14.1%。

3.融资意愿不足。上半年调查企业货币资金同比减少17.3%。企业也反映存在不同程度的资金短缺，融资的主要问题是融资成本高而不愿融资，大多数服务业企业往往因为企业资产规模较小，管理不规范，需要多种抵押物，银行贷款利率有一定的上浮，贷款手续繁杂，费时费力。

2012年7月份桂林市PPI持续走低

廖静

据国家统计局桂林调查队调查，2012年7月份，桂林市工业生产者出厂价格(PPI)同比下降0.5%，已经连续两个月下降。

7月份桂林市PPI环比下跌0.1%，主要变动情况是：

1.松香类价格大幅下降。由于市场需求疲软，松香类产品销售不佳，加上市场竞争日趋激烈，导致松香类产品出厂价格下降。7月份松香出厂均价为11900元/吨，比上月下降800元/吨，降幅达6.3%。

2.普通铁合金冶炼价格下降。受全国钢材市场价格整体下滑影响，7月普通铁合金价格环比下降2.4%。

3.光学仪器产品价格下跌。自5月以来，桂林主要光学仪器产品生产企业经营情况堪忧，销售量及销售价格双走低。7月份光学仪器产品平均出厂价格为1157.5元/台，比上月下降1.3%，已连续3个月环比下降。

4.纤维板及纸质壁纸、窗纸、铺地制品类价格下降。由于房地产市场不景气，家具制造业产品库存增加，企业为回笼资金，降价销售产品。7月纤维板制造价格环比下降3.1%；纸质壁纸、窗纸、铺地制品类价格环比下降2.2%。

2012年7月份桂林市新建房价格同比下跌0.2%环比持平

粟凌燕

据国家统计局桂林调查队调查，2012年7月份，桂林市新建商品住宅销售价格同比下跌0.2%，为2012年以来继5月份之后的第二次同比下降；7月份新建商品住宅销售价格环比持平。据国家统计局反馈，7月份全国70个大中城市中，新建商品住宅环比上涨的城市有50个，持平的城市有11个，下降的城市有9个。近期，在全国一二线城市房价有所回升的大环境下，桂林市房价相对平静。

7月份桂林市楼市走向主要呈现如下两个特点：

1.价格仍处维稳状态。主要原因是价格竞争激烈、折扣走量所致。以楼盘扎堆、产品同质化高的东区为例，该区有联发旭景、冠泰水晶城、中海元居、兴进上郡、兰乔圣菲、彰泰睿城、绿海星城、七星批发城等诸多楼盘，7月份打折幅度均在9.5-9折之间，延续了6月的优惠力度。同时新开楼盘开盘价虽有所拉高，但是经打折后，实际成交价还是落在已有存量房成交均价内。如7月份新开楼盘彰泰睿城，其品质、地段等较周边原有楼盘明显提高，但是也不得不加入区域的价格战当中，新开盘即打到9.5-9折。

2.成交总量大幅增长，但各楼盘发展不平衡。据网签成交数据统计，7月份新建商品住宅成交674套，比上月增长93.7%；成交面积7.25万平方米，比上月翻一番。从成交总量看，楼市回暖明显，但分楼盘看，并非全面回暖，大部分楼盘销量与6月持平，波动不大，成交总量的大幅增长主要缘于少数楼盘的热销。如彰泰睿城7月份劲销189套，拉动总销量环比增长54%，贡献率达58%。

2012年8月份桂林市食品价格拉动CPI大涨

刘宇波

据桂林调查队调查，8月份，桂林市居民消费价格指数(CPI)同比上涨4.6%，涨幅比上月扩大1.1个百分点，分月看年内最高，比全区平均水平高1.2百分点，居全区14个地级市第一位；环比上涨0.5%。近期食品类价格大幅上涨是拉高

CPI的主要原因。

1.鲜菜价格因种植换季大幅上涨。由于上一季的鲜菜收尾时较便宜,而新一季的鲜菜刚上市,供应稍少,且品形质地好于上季末,因此价格比上月高。8月鲜菜类价格环比上涨7.2%。

2.节庆临近及炎热气候导致蛋类价格上涨。由于中秋国庆临近,做月饼对鲜蛋的需求增多,同时,天气炎热,鲜蛋的产量相对减少,故价格大幅上涨。8月蛋类价格环比上涨5.9%。

3.食用油价格因大豆等原材料价格上涨而上涨。8月油脂类价格环比上涨4.6%。

4.肉禽类价格出现反弹。8月肉禽及其制品价格环比上涨2.8%,其中:猪肉价格上涨4.3%,牛肉价格上涨5.4%,禽类价格上涨0.8%。

2012年8月桂林市PPI同比下降1.1%环比持平

谢登宝

据国家统计局桂林调查队调查,8月份,桂林市工业生产者出厂价格(PPI)同比下降1.1%,已持续三个月下降;环比持平。从分类看,本月价格变动情况主要呈现如下几个特点:

1.建筑装修材料出厂价格小幅回弹。受近期房地产市场出现回暖迹象影响,建筑装修材料出厂价格普遍回升。8月水泥出厂价格环比上涨1.4%,砖瓦、石材类价格上涨1.5%。

2.农副产品加工及食品制造类出厂价格上涨。受生猪价格回升和豆粕、玉米等饲料主要原材料价格大幅上涨影响,农副产品加工及食品制造类出厂价格相应上涨。8月肉类产品出厂价格环比上涨2.3%,饲料产品价格上涨2.5%,罐头产品价格上涨3.8%。

3.农业生产资料出厂价格持续上涨。8月农药和塑料薄膜产品出厂价格环比分别上涨5.4%和2.4%,同比涨幅分别达23.7%和28.7%。

4.有色金属矿采及黑色金属冶炼和压延等重工业产品出厂价格持续走低。受全球经济和国内经济增速持续放缓影响,2012年来金属矿采、冶炼及压延等重工业产品出厂价格一直处于低迷运行状态。8月常用有色金属矿采业出厂价格环比下降1.9%,铁合金价格下降3.1%,钢材价格下降1.8%。

2012年8月份桂林市新建商品住宅价格同比环比双上涨

粟凌燕

据国家统计局桂林调查队调查,2012年8月,桂林市新建商品住宅销售价格同比、环比双上涨,涨幅分别为0.1%和0.2%,这是年内首次双上涨,也创2012年以来环比涨幅新高。

桂林8月份新建商品住宅价格走高的主要原因是:

1.存量楼盘优惠折扣力度锐减。年初桂林房产市场销售行情惨淡,为了促销走量,5月以来各楼盘加大了折扣力度,普遍在9.5折左右,掀起了一波走量的小高潮。进入8月份,快速走量去库存化后房源所剩不多,加上临近"金九银十",各楼盘恢复了基础的9.9、9.8折。

2.新开高端楼盘逐渐增多。2012年以来桂林新砌楼盘向高端盘转变趋势明显。由于高端楼盘在建筑用材、园林设计、物业等方面投入比普通盘大幅增加,因此销售价格也水涨船高。如某楼盘销售经理表示,8月新开的三期楼盘打造为高端盘后,开发投入成本增加,相应的销售价格比二期普通盘拉升了约10%。

2012年桂林市PPI持续下降9月份同比下降1.6%

粟凌燕

据国家统计局桂林调查队调查,2012年9月份桂林市工业生产者出厂价格指数(PPI)同比下降1.6%,自6月份以来连续四个月下降,且跌幅比8月份扩大0.5个百分点;环比在8月份基本持平后,本月再次下跌0.4%。9月份桂林市PPI主要呈现如下几个特点:

1.基础原料类工业品价格下降明显。一是黑色和有色金属矿采选产品出厂价格下降幅度较大。受下游金属制品销售不畅影响,9月黑色金属和有色金属矿采业产品出厂价格同比分别下降35.2%、13.9%。二是钢材及钢制品价格持续下行。受全球经济增速放缓影响,黑色金属冶炼及压延加工业品价格同比下降6.9%,钢筋价格下降1.3%,铁合金冶炼产品价格下降9.3%,普通铁合金价格下降10.4%。

2.近半制造业产品价格下降。7大制造行业中有3个出厂价格下跌,其中:专用设备制造业产品价格同比下跌2.5%,电气机械及器材制造业产品价格下跌10.9%,工艺品及其他制造业产品价格下跌19.4%。如太阳能光伏电池板的出厂价格不到2011年同期的一半、矿山冶金建筑专用设备制造价格同比下降2.8%、橡胶加工专用设备制造价格下跌5.6%。

2012年9月份桂林市新建商品住宅价格出现下降

粟凌燕

据国家统计局桂林调查队调查，继2012年8月份桂林市新建商品住宅销售价格同比、环比双上涨之后，9月份出现双下降。其中同比价格下降0.3%，为2012年以来最大降幅；环比价格下降0.1%，为近5个月来首次回落。

9月份桂林市新建商品住宅价格下降的主要原因有：

1.新盘集中推货，开发商折扣走量。为抢占“金九”市场，8月份桂林市共有9个盘新拿预售证，并在9月份集中推货上市，推货上市量占2012年以来总推货量的30%，为年内最高。销售竞争激烈，再加上楼市调控政策并未放松、购房者观望情绪仍浓，开发商为加快走量、回笼资金，抓住热销季节和机会，大力开展促销活动，价格优惠折扣力度较8月明显加大。

2.市场热度有限，价格无有力支撑。9月份桂林市区共备案销售商品住宅595套，与8月份的575套相比增长3.5%，但与2012年成交高峰7月份674套相比，少了79套。热销的仅是少数优惠幅度特别大或者品质倍受信赖的楼盘，大部分楼盘在销售上并无热销现象，“金九”热度未超7月，难以对价格形成有效支撑。

2012年10月份桂林市新建商品住宅价格同比持续下跌

粟凌燕

据国家统计局桂林调查队调查，2012年10月，正值“金九银十”的传统房产销售旺季，但桂林市新建商品住宅销售价格同比持续出现下跌。10月份新建商品住宅销售价格同比下降0.4%，为连续第二个月下降，跌幅比9月份扩大0.1个百分点，创2012年同比跌幅新低；环比持平。

10月份桂林市新建商品住宅价格同比持续下跌的主要原因是：

1.控价新政抑制了价格上涨。8月份桂林市相关主管部门出台了《新建商品房价格协商方案补充规定》，规定桂林市下半年所有新申报预售证的楼盘，申报的房屋销售价格以2012年6、7月份销售平均价格为基础，不得上浮。1-7月桂林市申领预售证22个，8-10月桂林市申领预售证23个，在“金九银十”推货量增加时期，新政从开盘预售价上牢牢构筑价格上涨防线，稳定了价格。

2.为回笼资金房开企业快销走量。上半年桂林房产市场销售惨淡，为回笼资金，各房开企业纷纷快销走量。1-7月桂林市商品房上市面积20.89万平米，共1893套；8-10月上市商品房面积29.96万平米，共3009套。各楼盘推货量大，竞争激烈，要么优惠折扣要么持平销售，价格缺乏上扬后劲。

2012年10月份桂林市PPI同比降幅收窄环比回升

粟凌燕

据国家统计局桂林调查队调查，2012年10月份，桂林市工业生产者出厂价格指数（PPI）同比下降1%，自6月份以来连续5个月下降，但降幅比上月收窄0.6个百分点；环比上涨0.2%，为5月份以来的首次上涨。10月份桂林市PPI呈现的主要特点有：

1.水泥价格持续上扬。秋季是水泥销售旺季。7-10月份水泥价格持续上行，环比分别上涨0.9%、1.4%、0.8%和4.2%，涨幅持续扩大。

2.饲料价格明显上涨。受粮食收购价格提高、生产成本增加和国际因素等影响，粮食价格持续上行。其中，玉米价格同比上涨3.7%，小麦上涨2.6%，豆粕上涨27%。由此导致以豆粕为主原料的饲料价格明显上涨。再加上农副食品消费旺季的临近，饲料价格10月份环比上涨2.7个百分点。

3.黑色和有色金属矿价格回暖。2012年以来黑色和有色金属矿市场不景气，价格持续低迷，但近两月价格逐渐回暖。10月份黑色和有色金属矿采选业价格环比分别上涨9.4%和0.7%，同比价格跌幅分别比上月收窄6.1和8.7个百分点。

4.制造业价格继续下调。七大制造行业中价格高于同期的只有三个行业，价格高于上月的也只有一个行业，行业价格下跌面超过半数。显示本月制造业仍未出现全面回暖迹象，继续处于调整阶段。

2012年11月份桂林市PPI环比持续回升

粟凌燕

据国家统计局桂林调查队调查，2012年11月份桂林市工业生产者出厂价格指数（PPI）同比下降0.8%，继10月份后，降幅继续收窄0.2个百分点；环比上涨0.1%，为连续第二个月上涨。

11月份桂林市PPI呈现的主要特点有：

1.水泥价格保持上涨态势。11月份雨水较多，对水泥的销售和生产造成了一定影响，水泥价格同比下跌0.2%，但同比跌幅为2012年以来最小，价格环比上涨3.6%。

2.滑石价格上涨势头强劲。2012年以来滑石出口保持良好势头，价格持续上涨，11月份滑石价格同比上涨8.6%，环比上涨0.6%。

3.铁合金冶炼产品价格止跌回升。受钢材市场价格回暖影响，炼钢原料价格有所回升。11月份铁合金冶炼产品价格同比下跌7.7%，跌幅比上月收窄2.5个百分点；环比从上月的下跌2%转为上涨0.4%。

4.装修建材价格回暖。因处于装修旺季，11月装修建材类价格有所回升。如造纸及纸制品价格同比下降0.5%，跌幅比上月收窄0.7个百分点；环比上涨0.7%。

2012年11月份桂林市CPI同比、环比双涨

栗一多

据调查，2012年11月份，桂林市居民消费价格指数（CPI）同比上涨5.0%，环比上涨0.4%，。从环比上看，调查的八大类商品及服务价格呈“四升三降一平”的格局：其中，食品、家庭设备用品及维修服务、医疗保健和个人用品、居住类价格环比分别上涨1.6%、0.1%、0.1%、0.4%；衣着、娱乐教育文化用品及服务、交通和通信类价格环比分别下降0.5%、1.4%、0.6%；烟酒类价格环比持平。本月价格变动的主要原因是：

1.菜类价格环比上涨13.2%。11月份是本地叶菜类蔬菜结尾时期，本地叶菜类蔬菜基本靠外运填补市场空缺，加上受冷空气影响，外地供应不充足，涨幅明显，菜类价格环比上涨13.2%，其中鲜菜价格环比上涨16.1%。

2.肉禽及其制品价格上涨0.6%。冬季节是肉类消费的旺季，牛肉、羊肉、和狗肉的价格分别环比上涨2.4%、2.7%和1.3%。猪肉由于养殖户对生猪的养殖量增加，市场供应充足，价格维持稳定。

3.汽油柴油价格下降，拉动城市间交通费用价格下降。受发改委政策性调价影响，11月份汽油价格下降3.2%，柴油下降3.3%，受其影响，城市间交通费价格环比下降2.7%。

4.旅行类价格环比下降7.5%。受天气转冷影响，桂林市旅游进入淡季，旅行社收费、宾馆住宿、其他住宿环比分别下降7.9%、4.0%、12.3%。

2012年11月份桂林市新建商品住宅销售价格持续下降

栗凌燕

据国家统计局桂林调查队调查，2012年11月分，桂林市新建商品住宅销售价格同比下降0.3%，这是自9、10月份以来连续第三个月下降，且为2012年以来最大降幅；11月份环比价格下降0.1%。

11月份桂林市新建商品住宅市场运行的主要特点有：

1.金九银十之后，成交量、推盘量明显回落。11月份桂林市区共网签商品住宅573套，与9月份595套、10月份679套的成交量相比环比分别下降3.7%和15.6%；共有5个楼盘拿预售证上市，推出561套房共61231.2平米，推货量比金九银十时期下降了6成。

2.渐入销售淡季，市场价格波动不大。金九银十大部分楼盘实现了一定量的去库存化，11月份正在抓紧完成年底销售任务的楼盘打折促销力度较大；而已基本完成年度销售任务的楼盘，价格持平销售，部分楼盘取消折扣恢复原价。整体来看，新建商品住宅销售渐入淡季，价格没有上浮空间和动力，各楼盘价格维稳为主，波动不大。

二、调查报告

2007年

调查报告

食品市场关系重大，安全工作要常抓不懈

——桂林市食品放心工程满意度调查报告

麦丽

食品安全是人们十分关心的问题。为全面了解桂林市民对食品和食品放心工程的了解及满意度，国家统计局桂林调查队采用随机调查的方法于2007年2月13日—3月14日对市区250户城市居民家庭作为样本进行问卷调查，调查对象为16岁--65岁的城市居民。调查内容包括居民所在地区食品放心工程的工作和对食品安全整治工作开展情况的评价；居民对市区范围十种食品放心程度的评价；居民对食品安全知识的需求；居民对搞好食品安全工作的意见和建议等。调查结果如下：

一、居民对食品安全的宣传和管理不够满意

1.对实施食品安全工程的宣传力度不够

据调查资料显示：当被访居民被问及是否知道本市实施食品放心工程和对食品安全进行专项整治时，有六成的居民知晓食品放心工程，其中表示知道的只有21.2%，有38.8%的居民表示听说过，另有40%的居民表示不知道，说明桂林市实施食品放心及开展食品安全专项整治工作以来，虽然报纸、广播、电视等媒体相应进行了报道和宣传，但宣传力度仍不够。

2.8.4%的居民对本市的食品安全监管不满意

从被调查居民对本市食品安全监管工作的评价看：有20%的居民对桂林市的食品安全监管工作表示满意，71.6%的居民表示对食品工作监管一般，不满意的占被调查人数的8.4%。总体来看，评价较高的居民占二成，而大多数市民评价为一般，即市民对桂林市开展食品放心和食品安全专项整治工作效果的评价并不太高。

3.食品市场安全问题的整治需加大力度

调查数据显示：只有18%的被调查居民对本市食品市场安全感到放心，有70.4%被调查居民表示一般，有11.2%的居民表示不放心。总的来看，对食品市场安全放心的不到二成，说明对市场安全的满意度并不高。

4.认为本市受理投诉、举报、咨询、建议比较好的占28%

在调查中，居民认为食品安全监管部门对受理投诉、举报、咨询建议比较好的占28%，认为处理得一般的占66%，认为处理得不好的占6%。当问及具体事件如“某地发生一起餐厅集体中毒事件，后得到及时有效的处理，此事若发生在您所在的城市，你认为有关部门处理效果会怎样时”，被访者对这个问题回答满意的有26.8%，一般的占69.6%，不满意的占3.6%。回答问题与处理实例相差不多。

二、居民对主要食品放心程度的评价总体不高

在本次调查中，桂林队对米面、肉及肉制品、蔬菜等10类食品进行放心程度调查，从调查数据看，多数市民对市场销售的米面、蔬菜、水果感到放心，居民感到放心的分别占77.6%、60%、60.4%，占被调查人数6成以上。充分说明这三类食品在各环节的管理工作得到了市民满意和认可。但居民对主要食品放心程度的评价总体不高，特别是儿童食品、肉及肉制品、奶制品不放心比例很高（详见表1）。

表1　桂林市居民对主要食品放心程度

食品类别	放心(%)	一般(%)	不放心(%)
米面	77.60	19.60	2.80
肉及肉制品	20.80	50.00	29.20
蔬菜	60.00	31.60	8.40
水果	60.40	35.20	4.40
奶制品	28.80	45.60	25.60
豆制品	35.60	49.20	15.20
水产品	44.40	40.80	14.80
儿童食品	20.00	42.00	38.00
白酒	35.20	44.40	20.40
葡萄酒	38.00	44.00	18.00

上表表明一些值得注意的问题：一是居民对儿童食品最

不放心，达38%。市区居民认为儿童食品的安全率最低。儿童是祖国的未来，儿童食品的安全性是家长最关心的，近几年来，以儿童为消费对象的食品大量涌现，正餐之外的儿童食品消费所占比重越来越大，而一些食品生产厂家为获取暴利，忽视食品质量，很多食品中添加防腐剂、色素、糖精等等，成为影响儿童食品安全的原因，类似阜阳的劣质奶粉事件不能不引起重视。二是居民对肉及肉制品很不放心，在调查的10类食品中，市民对肉及肉制品放心的只占20.8%，表示一般的占50%，表示不放心的占29.2%，不放心率比放心率高8.4%. 这与市场经常混杂有私宰猪肉、病猪肉及用不好的猪肉加工制作的产品出售，而一般市民又难以识别有关。三是奶制品市场安全不乐观。随着光明回收奶和复原乳事件在报纸媒体的曝光，以及出现大头娃娃事件，居民对奶制品消费心有余悸，试想光明这样一个具有相当规模的大型企业都会发生如此事件，其他小型的企业的产品质量又将如何？这大大冲击了市民对奶制品市场的放心程度。调查数据显示对奶制品市场有28.8%的居民表示放心、45.2%的居民表示一般、25.6%的居民表示不放心。四是居民对白酒和葡萄酒市场也不放心。酒消费在日常生活中极为普遍，迎亲访友、节日喜庆、朋友聚会总会有酒，而假酒事件时有发生，就连一些高档的酒楼也成为假酒理想的销售点，这不能不使人感到担忧。调查数据表明：有20.4%和18%的居民对桂林市市场的白酒和葡萄酒表示不放心，说明酒市场仍是良莠不齐。五是豆制品市场喜忧参半，形势不容乐观。表示放心的占34.6%、表示一般的占49.2%、不放心的占15.2%。市场上不少无证经营，卫生状况极差的制作豆腐场所，以及加入吊白块的腐竹都直接影响居民对豆制品的信任。六是居民对水产品市场安全不放心率为14.8%，表示放心的占44.4%，一般的占40.8%。不能排出水产品市场不存在安全问题，比如：一些水产养殖场用药物催化鱼类，用福尔马林泡发海产品干货等。

三、居民对食品安全的关注点

调查结果表明：居民在采购食品时，55.6%的市民表示首要关心的是安全问题；其次关心的是食品的包装、标识、品牌、价格，关注比例分别为22.8%、16%、5.2%。而食品的保质期是居民购买食品最关注的。通常情况下居民在购买食品时最关注的是食品的保质期，占45.6%，其次是生产日期，占38.4%，其它如厂名、厂址、配料等也是居民购买食品关心的内容。第三是居民关注在食品经营中存在不诚信的行为。此次调查中，不少市民反映在购买食品中，遇到许多不诚信的生产或经营行为，据调查，以假乱真、以次充好的现象占38.8%。其次是购买食品有缺斤少两的现象，占32.8%，还有的利用媒体做虚假宣传的现象占15.2%，三是发现一些过期食品仍在销售。第四是居民关注对食品安全相关知识的需求。在调查中居民反映出最需要的是食品相关的法律知识，占被调查居民的36.8%，其次是食品安全饮食知识，占34%，还有食品营养知识、食品贮存知识、食品生产加工知识，食品烹饪知识、食品添加剂知识，儿童食品安全知识等相关知识。

四、对搞好食品安全工作的意见和建议

食品安全关系到居民家庭的切身利益，也是各级政府及有关部门十分关心的问题。对如何抓好食品安全？被访居民提出了自己的看法。44%的居民认为最重要的是严格检验检疫；24.4%的居民认为要对违法行为加大处罚的力度；10%的居民认为商家要诚信经营；生产厂家要规范生产；行业要自律；大力普及科学消费知识；抓住典型案件要曝光，起警示教育作用等等。

食品安全关系到千家万户，关系着整个社会秩序的稳定和谐，居民希望从以下几个方面加强对食品市场的管理：

1.政府有关部门应针对本地市场情况，出台食品安全的地方法规，加大食品相关方面知识的宣传，使消费者更多了解与掌握食品法规和知识；提高消费者维权意识。

2.定期对食品进行检查，严格执行食品安全标准，严格检验检疫，特别要加强对食品生产、流通环节的监控。

3.建议有关部门由重点治理生产源头转向重点培育绿色市场，加强对上市销售食品的安全监测，实行市场退出机制，引导安全生产。

4.加大对不法分子处罚力度，对不合格产品进行曝光，及时通知市民，增加应急事件真实性、透明度。

桂林市居民为何不敢消费

覃莲姣

“要正确处理好投资与消费、内需和外需的关系，最根本的是扩大国内消费需求”这是中央明确指出的经济工作方针。据统计，桂林市2007年一季度各项经济指标都朝着预期方向快速发展，其中固定资产投资在高速区间运行，与上年同期相比增长了40多个百分点。而在调查资料中，居民消费只增长11.29%。这组数真耐人寻味，一边是持续“高速的增长和火热的投资”， 一边是相对“冷清”的消费。这表明桂林市消费这驾拉动内需的马车，多少呈现出“不振”之势，那么究竟是什么让大家还“捂紧”钱袋？不敢大胆去消费呢？对此，桂林队开展了桂林市居民消费投向状况调查。根据走访调查情况和市民的反映，得出调查结论：扩大国内消费需求的难度，从居民消费的角度而言，既有现实的原因，也有社会保障和商业环境方面的原因，据此采取措施，提高居民消费倾向和水平。

一、居民不敢大胆消费的根源

1.房价逐年上升"透支"居民未来消费

一季度住户调查资料显示:居民人均可支配收入和人均消费支出与上年同期相比分别增长12.99%和11.29%。2006年国家对公职人员进行了工资改革后,公职人员工资增长成为一季度主要的增长点,其中工资性收入占居民可支配收入的66%。

但在上世纪末公职人员一直是住房条件比较好的群体,从本世纪初国内就实行房改制度,结束实物分房已有七、八年的时间,据调查了解,公职人员队伍新老更替后,有相当一部分公职人员、职务晋升人员和一些新来的公职人员多数是要置换住房和购房的,在调查中一位被访公职人员说:"2006年我买了一套三居室的住房,除了首付外还贷了15年的款,每月要还2000多元本息,除去还贷剩下的工资就只够买些日用必需品,其它的消费就甭提了,这种状态已经有一年了,房贷的压力这么大,那还敢去想其它的消费"。这种情况具有代表性,由于购房使许多居民抑制其他消费,以积攒支付月供款。虽然近几年国家对房价出台了一些调控措施,但房价仍在持续上涨。据调查资料显示,近十年来桂林市房价逐年上升,2007年一季度继续保持温和上涨,比上年同期增3.7个百分点,这在一定程度上使越来越多的购房者被迫背上沉重的房贷,这也是直接影响到城镇居民的消费,透支了居民未来的消费。

应该强调的是,根据现行统计制度规定,居民购房是一种投资行为,但并不计入居民的消费支出中。因此,平时公布的人均居住消费支出并不包括居民的购房支出,只包括与居住相关的日常性支出,如房租和水电煤燃料等,居民购房支出是作为固定资本形成来处理的。

2.社会保障制度不完善"挤压"了居民的消费

随着经济的发展,社会的进步,居民对社会保障越来越重视。走访中多数被访者都说:"我们的收入不多,工作了20多年,积蓄的钱还很少,小孩上学要钱,加上现在社会保障机制尚未健全,所以花钱的时候要计算好,能不买的就不买了,万一以后得个什么病,也不至于太拖累小孩啊"。随着人口老龄化压力的增加,近几年国家每年都在加大对社会保障资金的投入,但覆盖面还不够大,全社会保障机制还没建全。据了解,国内公共养老保险体系的覆盖面只占人口总数的13%左右, 市区以下的比例则更低,这个比例低于世界劳工组织确定的20%的国际最低标准。这说明国内城镇居民基本医疗保险参保的人数还不多,覆盖面仍然较窄,由于社会保障体系尚未完善,加上城镇居民中高收入与低收入阶层的收入差距逐渐拉大,相当多的居民尤其是中低收入的居民对预期不敢去消费,即使收入增加一点,也不愿意增加消费,而是对可能出现的失业、医疗支出以及养老等进行储蓄准备。据调查资料显示,一季度居民社会保障和保险支出分别增长17.1%和数10倍,这些数据也说明社会保障不完善,"挤压"了居民的消费。

3.教育费增长快,使居民其它消费"缩水"

"不要让孩子输在起跑线上"这一广告语变成广大家长的共同认知,教育费也成为家庭支出预算中越来越重要、也越来越沉重的一项!有人粗略地计算了一下,以桂林市为例,目前各年龄段的教育费支出,如果不计通胀等因素,一个孩子从幼儿园到大学毕业(仅算公立学校),所需的教育费用约为8~12万元。教育费用在人均消费性支出中所占比重呈上升之势。据调查资料显示,十年前桂林市城镇居民教育费用在人均消费性支出中所占的比重在5%以下,如今提高到了20%,增长了近8倍,而同一时期城镇居民可支配收入增长不到2倍。十多年来,桂林城镇居民教育费用以斜率为45度的一条直线呈明显增长态势,家庭教育支出在家庭个人消费中比例过高,一方面表明了城镇居民对教育高度重视,并随着收入不断提高、社会竞争加剧,会持续增加对教育的投入;另一方面也说明教育费增长太快,相当多的城镇居民感到教育费压力过重,使居民其它消费"缩水",这也是影响居民不敢消费的一个重要原因。

4.商业环境欠佳,限制了居民消费潜力的"释放"

随着经济的迅猛发展,商业环境问题越来越引起大家的关心,一位调查对象说:"2007年2月份在一家商场购买了一部手机,用了不到半个月的时间,手机就出了问题,到该商城反复修了四次,说可以退货,结果去了多次也没退成,商家还说是我在用时搞坏的,不管你怎么说,就是两个字:"不退"。现在假药也很多,食品卫生问题,以次充好的现象也频频出现,总之,现在买东西总感觉骗人的多,陷阱多,有时候真是折腾不起。近几年,一些商家和生产者为了自己的利益,采取不正当手段,用虚假广告来设计陷阱,偷梁换柱,隐瞒真情,混淆标准等手段,来诱惑消费者上当受骗。由于存在这些种种现象,也在很大程度上限制了居民消费潜力的"释放"。净化消费环境,提高商家的诚信度,政府有关职能部门要加强消费环境的整顿和执法力度,切实保障消费者的合法权益,促进居民收入向消费转化。

二、提升居民消费需求的两点建议

近年来,被称为"三大提款机"的教育、医疗、住房支出占居民总消费支出的比重不断扩大,导致居民用于其他方面的消费受到一定抑制。更不容忽视的是不少居民还为此产生了强烈的支出预期,形成了平日节衣缩食和难以轻松消费,再加上社会诚信欠佳,一些商家制售假冒伪劣产品、披露虚假信息、质量欺诈等问题不同程度地存在,这种种现象对整体消费需求产生了较大影响。为提升居民消费需求提出两点建议:

1.政府要继续加强宏观调控力度,采取措施切实解决群体关心的问题

在走访调查中,分别有57%、39.2%的人认为最难以承受的是"教育费的增加"和"医疗费的增加",加之人们为应付住房、医疗、教育、养老等"硬性"开支的增加,居民不得不增强储蓄意识,这样,即期消费必然受到一定程度压制。因此,政府在加大教育性公共财政支出的同时,逐渐加大社会参与办学力度;政府还要对目前医疗市场的无序行为进行约束,并探索尽可能覆盖普通人群的医疗保障体系。这些措施将会有效缓解居民用于这三大消费支出的增长势头。要让广大居民买得起房、看得起病和读得起书。

2.正确引导城镇居民消费需求

一季度桂林市城镇居民人均消费支出增幅比可支配收入增幅低了 2个百分点,这表明还有消费空间。以消费拉动经济增长是国家在今后实现经济增长的政策取向,因此政府要在加快桂林的经济发展同时,还要注意进一步提高城镇居民收入,缩小与全国平均水平的差距,引导和推动居民消费升级。据了解,如果人均GDP超过1000美元后,居民消费正处在加速升级消费阶段,在这阶段政府及有关部门要进行正确引导,使居民在住房、教育、旅游等消费方面大胆去消费。

桂林市畜牧业中长期发展潜力研究

邹学亲

桂林市的畜牧业,长期以来,既是传统产业又是农村经济的支柱产业,畜牧业产值(现价,下同)占第一产业总产值的比重长期稳定地维持在20%—30%左右,而第一产业增加值又占全市生产总值的20%以上,所以畜牧业生产发展的快慢及好坏,不但严重影响着全市国民经济的发展,而且还直接影响全市人民的日常生活(2007年以来生猪价格持续上涨引起较大社会反响就是最好的例证),因此,研究桂林市畜牧业生产的发展非常有意义。特别是分析研究桂林市畜牧业今后(到"十一五"或者"十二五"期间)的发展潜力如何?以及如何促使这种潜力转变为现实生产力,主要是通过对桂林市畜牧业的市场需求、生产规模、劳动力保障、饲料供给、资金投入、科技发展、结构调整等方面的分析,来达到促进桂林市畜牧业发展的目的。本文在对桂林市各县区畜牧业生产调查研究的基础上,搜集了大量统计数据资料,采用定性及定量分析方法来进行分析研究。调研结果仅供参考。

一、市场需求潜力分析

任何一个产业发展都不能没有市场保障,畜牧业同样如此,在此。我们姑且暂不考虑国际市场。

(一)本市市场需求分析。

"十五"时期桂林市城镇和农村居民人均肉、蛋、奶消费量年均增速将分别在0.88%、0.21%、6.77%和5.37%、-0.06%、11.2%(注:因资料问题,农村居民人均肉、蛋、奶消费量数据为2001—2004年)。根据《桂林市国民经济和社会发展第十一五规划纲要》,2010年末桂林市人口自然增长率控制在千分之七以下,总人口将达到520万人,城镇化水平将由现在的29%增加到35%,若按照这样的人口数量和城镇化水平,结合《中国食物与营养发展纲要》相关目标和参考近年来桂林市城乡居民住户抽样调查资料,可以测算,2010年桂林市肉、蛋、奶消费总量(不含外来人口)分别为20万吨、1.5万吨和3万吨,肉、蛋消费总量低于如今生产量,但奶的消费总量则远远高于如今的生产量。

(二)区内和国内市场分析。

广西属于西部不发达地区,人民生活水平亟待大力提高,就需要生产并提供大量的肉、蛋、奶产品,根据广西区统计局有关统计资料整理计算后得出,"十五"时期广西城镇和农村居民人均肉、蛋、奶消费量分别平均增长6.74%、-0.02%、14.06%和1.88%、-3.88%、12.50%。就全国而言,《中国食物与营养发展纲要(2001 - 2010年)》的发展目标是:我国城镇和农村居民人均肉、蛋、奶消费量年增速将分别在10.7%、11.6%、12.3%和3.0%、22.5%、19.6%。另外,就目前广西、桂林的肉、蛋、奶消费水平来讲也还是"粗放型"的,随着社会经济的快速发展,人们的生活水平将迅速提高,肉、蛋、奶消费水平将越来越"精"。肉、蛋、奶消费量将越来越大。

可见,桂林市要成为广西桂北畜牧业生产发展基地,畜牧产品的生产和加工面向本市、全区、全国都有着很大,而且还在不断增长的市场需求空间,市场需求潜力巨大。

二、生产规模潜力分析

据调查,桂林市畜牧业生产以饲养生猪、牛、羊以及家禽为主。"十五"时期末(2005年,下同)全市全年出栏:肉猪529.32万头,年平均递增6.61%,占全区总量比重为13.74%;肉用牛15.52万头,年平均递增11.34%,占全区总量比重为8.23%;肉用羊21.77万只,年平均递增14.51%,占全区总量比重分别为8.55%;家禽7716.27万羽,年平均递增116.61%,占全区总量比重为11.75%,全市全年肉类总产量48.94万吨、牛奶产量0.26万吨、禽蛋产量3.29万吨,"十五"期间分别年平均递增7.16%、0.74%、6.6%。"十五"时期末年肉类总产量、牛奶产量占全区总量比重分别为11.69%、4.87%,(缺全区禽蛋产

量统计资料)。桂林市是农业大市,农村人口约占总人口的80%,而自然资源、农业种养技术并不差,所以,桂林市畜牧业生产应当有更大的发展。根据《桂林市国民经济和社会发展第十一五规划纲要》,"十一五"期间桂林市农业增加值增长5.5%,到2010年桂林市养殖业将占农业总产值40%,并将优质畜禽作为县域经济优先发展的重要行业之一。按照这样的发展目标,并结合考虑"十五"期间以来生产发展变化趋势的定性及量化分析,测算得,2010年桂林市肉、蛋、奶总产量分别为80万吨、5万吨和0.30万吨,到"十二五"期末肉、蛋、奶总产量将分别达到113万吨、6.5万吨、0.40万吨以上。

三、劳动力保障潜力分析

和其它产业一样,畜牧业生产发展离不开一定的从业人员。根据统计资料显示:"十五"时期末桂林市农村劳动力约215.41万人,其中:从事畜牧业4.71万人,农村外出打工人数约80万人,按照《桂林市国民经济和社会发展第十一五规划纲要》,到2010年桂林市总人口要比现在增加约21万人,农村劳动力转移人数还要增加40万人,就此证明桂林市农村有着丰富的劳动力资源,存在着大量的剩余劳动力。今后,尽管其它行业,如外出打工等需要增加部分劳动力,而随着畜牧业市场需求扩大和较高经济效益驱动,畜牧业生产将吸引着部分农村剩余劳动力的转移,但是,伴随着科学技术的进步和养殖规模化的发展,畜牧业也相对降低了对一般劳动力的大量需求,反而急需的是具有较高素质,掌握一定养殖技术和防疫技术的技术型劳动力。可知,桂林市畜牧业生产发展在今后相当长的一段时期内是不会存在缺乏劳动力供给的问题的,缺乏的是技术型劳动力。

四、饲料供给潜力分析

众所周知,畜牧养殖业需要饲料供给。若按上"二"所述的桂林市未来畜牧业生产发展规模,并根据有关调查研究结果:南方地区食粮畜禽的肉料比是1:3,非食粮牲畜(牛、羊等)的肉料比是1:1.2,以及当前饲料消耗量及增长速度,可测算出,到"十一五"和"十二五"期末桂林市需要提供的总饲料量分别约为200万吨和270万吨(不含天然饲草)。

经调查证明, 桂林市的饲料主要来源于粮食、粮油加工副产品、粮油农作物秸秆以及其它饲用草。因此分析研究饲料供给能力,必须先从分析研究桂林市粮食供给需求着手,然后再分析确定桂林市粮食、粮油加工副产品、粮油农作物秸秆以及其它饲用草能提供饲料的最大供给量(本市饲用草绝大部分为天然草,所以在定量分析研究时本文省略去)。

(一)粮食供给潜力分析。根据现有统计资料并结合生产有关变化趋势的定性及定量分析来分析研究桂林市粮食的供给能力。

据粮食部门统计,2006年桂林市社会粮食总供给量421.19万吨,同比增长0.83%,其中:上年末结存122.17万吨、当年新增299.02万吨,在新增供给量中当年生产的粮食产量207.69万吨,占总供给量的49.31%,占当年新增供给量的69.46%,所以,在分析研究桂林市粮食的供给能力时,分析研究桂林市粮食生产产量很重要。

1.粮食亩产水平分析。随着科学技术的进步,田间管理水平的提高,优良品种的全面推广,桂林市粮食种植水平不断上升,粮食亩产逐年稳定增加,"十五"时期平均增长0.29%。按照生产有关变化趋势,据此测算,到"十一五"和"十二五"期末桂林市粮食亩产分别为351公斤、356公斤。

2.粮食播种面积与总产量分析。由于城镇建设扩大不断占用耕地面积和种粮比较经济效益相对低以及农业结构调整、政策驱动等原因,桂林市粮食播种面积呈现年际间波动,总体上为略减趋势,"十五"时期平均递减1.44%,但总量仍保持在595--600万亩左右。结合亩产水平变化,农业税减免提高种粮积极性等情况,据此测算,到"十一五"和"十二五"期末桂林市粮食播种面积分别608万亩、 611万亩左右,粮食总产量分别达到约214万吨、220万吨。确保了桂林市粮食总量的供给(保持年度间结存水平、部分品种市外调剂)。

(二)粮食需求潜力分析。据粮食部门统计,2006年桂林市社会粮食需求总量(不计损耗)302.55万吨,同比增长3.18%,为社会粮食总供给量71.83%;全社会粮食实际消费量216.78万吨,同比增长4.61%,占供给量51.47%,占需求量71.65%,其中:城乡居民口粮116.80万吨,同比增长0.22%;工业和食品、副食酿造用粮15.39万吨,同比减少3.34%;种子用粮2.18万吨,同比减少5.22%;饲料用粮81.87万吨,同比增长8.57%。若按如此粮食需求总量情况和消费水平,结合人口发展速度,测算得到"十一五"和"十二五"期末桂林市粮食需求总量总计为350万吨、430万吨,给粮食转化为饲料提供了巨大空间。

(三)饲料转化潜力分析。如前所述,饲料主要来源于粮食、粮油加工副产品、粮油农作物秸秆以及其它饲用草。因此在这里测算饲料总量转化提供主要是计算直接用于畜牧业养殖的原粮、粮油加工副产品、粮油农作物秸秆转化为饲料三个方面。

1.原粮转化潜力分析。从前面粮食的产供需状况分析中得知,到2010年桂林市可从粮食需求总量中转化而来的饲料数量约为100万吨,到"十二五"期末可从粮食需求总量中转化而来的饲料数量约为120万吨。

2.粮油加工副产品转化潜力分析。桂林市粮食产量中稻谷、玉米、大豆、红薯占总产量的98%以上,油料产量中花生占总产量的70%以上，因而在测算粮油加工副产品转化饲料能量时，仅考虑以上五个品种即可。

首先，测算稻谷。稻谷在加工为大米时，一般出米率为68%，一斤稻谷产出0.32斤糠麸，按照桂林市工业和食品、副食酿造用粮和当地城乡居民口粮消费中95%以上是大米，根据这两项消费情况和人口发展情况，可测算出，到“十一五”和“十二五”期末桂林市产出糠麸分别约为42万吨和50万吨。

第二，测算玉米、红薯。近年来随着生活水平的提高，玉米、红薯已经不再作为当地城乡居民口粮主食，除了少部分优良品种作为特色零食直接供应市场外，大部分都转化为饲料。根据生产情况，由此测算出，到“十一五”和“十二五”期末桂林市由玉米、红薯产量转化为饲料分别约为30万吨和50万吨。

第三，测算大豆。大豆在桂林市除了少部分优良品种作为特色农产品直接供应市场外，大部分都用以加工制作豆腐、腐竹、豆腐乳产品。在加工制作过程中一斤豆子可产豆粕0.4斤。根据生产情况，由此测算出，到“十一五”和“十二五”期末桂林市由大豆产量转化为饲料分别约为6万吨和8万吨。

第四，测算花生。作为油料的主要品种，花生同大豆一样在桂林市除了少部分优良品种作为特色农产品直接供应市场外，大部分都用来榨油，目前桂林市暂无大中型食用油榨油厂，整个花生榨油仍以各县的乡村小型榨油厂或土榨作坊为主，出油率不高，一般只为15--20%左右，则在花生榨油过程中一斤花生可产花生麸0.85或0.8斤。根据生产情况，由此测算出，到“十一五”和“十二五”期末桂林市由花生产量转化为饲料分别约为10万吨和15万吨。

3.粮油农作物秸秆转化潜力分析。经过加工能成为饲料或者能作为饲料直接喂养牲畜的粮油农作物秸秆主要是稻秸、麦秸、玉米秸、豆秸、红薯秧和花生秧等。根据已有的农业生产调查资料，桂林市粮食秸秆和总产量的综合比例是1.3:1，油料秸秆和总产量的综合比例是0.6:1。由此测算出，到“十一五”和“十二五”期末桂林市粮油农作物秸秆总量分别为282万吨和289万吨。鉴于桂林市没有秸秆饲料工厂（以秸秆为原材料利用青贮、微贮、氨化、盐化、碱化等技术将秸秆转化饲料的工厂），并习惯于将部分秸秆当作饲料直接喂养牲畜或者经过简单加工（发酵、煮熟）后喂养牲畜，根据已有的农业生产调查资料表明，红薯秧绝大部分作为饲料，稻秸、麦秸、玉米秸、豆秸和花生秧等20%作为饲料。由此测算出，到“十一五”和“十二五”期末桂林市由粮油农作物秸秆转化为饲料分别约为60万吨和70万吨。

根据上述三个方面综合得，到“十一五”和“十二五”期末桂林市饲料总供应能力分别约为250万吨和323万吨，比预测需要提供的饲料分别多25%和20%。

五、资金与科技潜力分析

任何一个产业都离不开资金投入，畜牧业也不例外。桂林市畜牧业资金投入主要有生产者（养殖企业、养殖户）和政府（区、市、县（区）财政）两个方面。

（一）生产者投入分析。生产者投入是畜牧业生产资金投入的主体。在畜牧业生产过程中资金投入主要是生产者将资金用于种苗、饲料购买、疾病防治和其他费税交纳，如果是养殖企业或者规模养殖户，还要加上前期畜禽宿和有关设备资金投入、日常工资、折旧、管理费开支等。桂林市 “十五”时期末（2005年，下同）畜牧业生产投入（不含工资）共335921万元，占畜牧业总产值的59.10%，2004年在农民家庭生产经营总支出中畜牧业占50.16%，而且支出比重在不断增加，2001—2004年平均增长8.97%。伴随着畜牧业生产不断发展扩大，按照这种发展趋势，如果各项优惠政策和措施落实得更加具体，今后生产者的投入会更加大。

（二）政府投入分析。这是畜牧业生产资金投入的重要来源之一。桂林市各级政府非常重视畜牧业生产发展，如今随着畜牧业生产发展在增加农民收入、促进农业产业结构调整、吸纳农村剩余劳动力转移、提高粮食转化率等方面的作用日益显著，桂林市各级政府不断加大对畜牧业生产资金投入，政府对畜牧业的投入主要用在对畜牧业科技普及和重大畜禽疾病防控等方面。多年生产实践证明，科技普及极大地促进了畜牧业生产的发展，科技进步对畜牧业生产发展的贡献率越来越大，但是，近年来桂林市畜牧业科技投入总量不够大，增长不够快，这就给畜牧业科技投入增加拉动畜牧业增长提供了较大空间。同时，在“工业反哺农业，城市支持农村”政策导向的大背景下，经过政府的大力支持和正确引导，加上畜牧业生产比较高经济效益的吸引，将会有更多的社会资金投向畜牧业生产。

政府对畜牧业的投入还体现在政策制定、落实和行政管理上。近年来，桂林市渔牧兽医局在市政府的正确领导下，有计划、有重点地在一部分县（区）开展畜牧业的规模化生产、加工、生态环境保护等工作和试点，全面开展畜禽良种推广、重大畜禽疾病防控，加大“公司＋农户”等畜禽专业合作组织和养殖企业、养殖户发展的扶持力度，增加畜禽交易市场，加强规范管理，大力发展特色畜禽养殖，积极落实各项优惠政策，确保了全市畜牧业的持续发展。

六、产业结构调整潜力分析

桂林市畜牧业产业结构调整分析，主要从畜牧业占农业（农、林、牧、渔）位置比较和畜禽产品结构比较以及畜禽产品与加工关系三个方面着手。

（一）畜牧业占农业（农、林、牧、渔）位置比较分析。"十五"时期末广西畜牧业产值占农业总产值比重为35.32%，其中南宁市为31.94%，桂林市为30.27%。桂林市畜牧业产值占农业总产值比重"十五"时期年均比例为26.92%，2006年也只占30.49%，多年来虽略增趋势但无大明显变化，低于全区和南宁市的水平。这说明了桂林市作为全区一个大市，而且以农村人口居多，畜牧业产值占农业总产值比重与全区和区内部分市的位置比较还有增长空间，畜牧业生产发展还有较大调整幅度。

（二）畜禽产品结构比较分析。桂林市畜牧业的畜禽产品结构比较有两个主要构成。

1.最终产品产值构成分析。桂林市畜牧业内部产品结构存在着肉偏重，蛋、奶偏轻的现象。"十五"时期末桂林市肉、蛋、奶产量比为1:0.07:0.005，而全国肉、蛋、奶产量比为1:0.37:0.37，广西肉、蛋、奶产量比为1:（缺资料）:0.01，南宁市肉、蛋、奶产量比为1:0.04:0.06，桂林市人均肉、蛋、奶消费量比为1:0.11:0.12，与全国、全区比，桂林市的蛋、奶生产都相对落后，与需求消费结构相比桂林市的蛋、奶生产也都相对滞后，这就给桂林市的蛋、奶生产发展留下了巨大的拓展空间，且发展潜力巨大。所以，桂林市畜牧业今后的发展不但需要更大的空间，还要不断调整自身内部产品结构，要把发展的目光看得更细更准、更高更远。

2.消耗原料的产品构成分析。畜牧业生产所消耗的原料主要是饲料，如上"四"所述，桂林市的饲料是由粮食和秸秆、饲草转化。"十五"时期末桂林市的食草（含部分秸秆）型和食粮（粮食转化的饲料）型畜禽产量比约为0.13:1，食草型畜禽产量远低于食粮型畜禽产量，桂林市有那么丰富自然草资源，食草型畜禽生产亟待大力发展，这与现代居民生活消费讲究自然绿色相吻合，也符合大力发展节粮型畜禽的畜牧业要求，既促进桂林市畜牧业内部产品结构优化组合，又为畜牧业发展提供了另一个更大的空间。

（三）畜禽产品与加工关系分析。桂林市畜禽产品和其它农产品产量一样，大部分从养殖场出产后，直接进入消费市场，经过有关加工企业进一步加工改变原产品形状和品质后再进入消费市场的很少，桂林市"十五"时期末年肉、蛋、奶等产品加工制品产量不多，畜禽产品加工业严重滞后，因此加快畜禽产品加工业发展非常必要，而畜禽产品加工业发展了，反过来又会促进畜牧业的发展。

七、确保潜力发掘的宏观措施

综合以上六大项潜力分析研究得出这样的结论：桂林市畜牧业发展前景广阔、发展潜力巨大。为确保桂林市畜牧业发展潜力能得到充分挖掘，必须采取如下宏观措施。

（一）时刻关注，加强领导与引导，增加投入。

（二）"多筑巢，多引凤"，加大规模养殖力度，拓宽、增粗"公司+农户"产业链条。

（三）重推科技养殖，疾病防控做在前。

（四）持久优惠政策，"直补、明补"补到生产者手上。

（五）大力建设畜禽产品深加工基地。

（六）保证粮食生产稳定，确保饲料供给。

只要抓住机遇，深入挖掘，定能排除制约畜牧业发展的一切不利因素，战胜畜牧业发展道路上的种种困难，使桂林市畜牧业保持稳定快速发展，使桂林市成为名符其实的桂北畜牧业生产、加工基地。为促进全市国民经济发展和提高人们生活水平、保持社会安定做出积极贡献。

2007年1-9月桂林市居民消费价格及全年预测分析

谢登宝

国家统计局桂林调查队调查资料显示，2007年1-9月桂林市居民消费价格总水平累计同比增长6.2%，食品价格上涨和调价政策出台是推动主力，且与上年基数低有一定的影响。预计全年走势仍将是高开高走的态势，涨幅将在6.5%左右。

一、物价上涨的主要成因

（一）从构成看。

1-9月桂林市居民消费价格总水平同比增长6.2%，其中：消费品价格上涨6%、服务项目价格上涨7.1%，分别拉动总指数上升4.5和1.7个百分点；2007年新增长因素影响4.8个百分点，上年9月后居民消费价格普遍上扬对2007年所形成的翘尾因素影响1.4个百分点；在居民消费八大类中，除衣着下降2.5%并影响拉低总指数0.21个百分点外，其余食品、烟酒、家庭设备、医疗保健、交通通信、娱乐教育和居住类分别上升13%、3.5%、1.2%、1.3%、0.1%、6.8%和4.3%，分别影响总指数提升4.31、0.16、0.08、0.10、0.01、1.13和0.56个百分点。

（二）食品价格上涨是主推动力。

1-9月，食品价格上涨13%，影响总指数上升4.31个百分点，其拉动率达69.52%。与全区、全国一样猪肉价格大幅度上涨并持续高位运行，这是推动肉食类价格上涨的最主要因素，而肉食类价格又是推动食品价格上涨的最主要因素。

在食品16个小类中，除糖和乳类稍有下降外，其余十四类均有不同程度的上涨，其中影响最大的是肉禽类，累计同比上涨34%，影响食品上升9.07个百分点，贡献率达69.52%，其中猪肉上涨52.1%，尤其7月同比涨幅达87.5%，8月达119%，

9月达106.9%，涨幅为所有食品之最。此外，家禽类上涨38.5%，粮食上涨7.7%，油脂上涨8.9%，蛋上涨11.6%，水产品上涨9.9%，鲜菜上涨10.6%，其它食品上涨6.7%，调味品上涨4.6%，餐饮业上涨2.6%。

桂林市猪肉价格大幅上涨主要原因是：一是全区、全国猪肉价格上涨大气候影响；二是受猪饲料价格大幅上涨和近两年猪肉价格一直低迷双重冲击，养猪积极性低落。桂林市又主要以散猪养殖为主，据畜牧局反映，散猪数量大致占全市65-70%，而2007年散猪存栏数量急剧下降50%。三是受猪瘟等猪病影响猪源突减，全市母猪数量由上年底的32万头降至2007年8月底的21万头，直接减少11万头。四是受全国性暂时缺口的“影响”，部分外流。

（三）公用事业收费、服务等政策性调价项目受到积压。

一是由于2005年桂林市居民消费价格全年同比涨幅偏高，平均达4%，一些公用事业收费、服务等政策性调价项目受到积压；二是由于2006年桂林市居民消费价格又比较平稳，全年平均同比涨幅只有0.7%，对于在2006年下半年和2007年上半年提高公用事业收费和服务的价格来说无疑是一个较好的时机。如：因数字电视收费、部分公园景点门票以及旅游收费等实行新的收费标准，致使文化娱乐类价格上涨8.9%，影响总指数提升0.3个百分点；自来水实行新的供水价格标准，涨幅达20.7%，影响总指数提升0.2个百分点；技能培训学费的逐年上升导致非义务教育学杂费价格上升9.4%，影响总指数提升0.6个百分点；旅游收费价格上涨15.6%，影响总指数提升0.4个百分点。此外，一些全区乃至全国性的统一调价项目也相继出台，如房屋贷款利率的持续上调，致使自有住房类价格上涨7.6%，交强险的强制缴纳致使车辆使用价格上升11.6%等等。

二、对桂林市价格涨势的评估

一是要清楚看到，上年桂林市物价比较平稳，全年涨幅为0.7%，位居全区八市最后一位，南宁、柳州、梧州、北海、贵港、贺州和百色的涨幅分别为2.5%、1%、1.4%、1.6%、0.8%、2.6%和2.9%。如此，桂林市价格基数的低位运行与2007年因全国性价格普遍上涨所引起的报告期价格逐步攀升便很自然地形成同比涨幅持续走高的趋势。若从两个年度的角度看，桂林市价格上涨幅度就处于中下水平。

二是目前桂林市食品价格的上涨仍是一个价格复位性的上涨，食品消费市场总供给是充足的，尽管目前猪肉等肉食价格相对偏高，但桂林市的价格水平与区内其它市同规格的食品价格比较仍处于中位。

三是居民收入仍保持一定幅度增长。1-9月扣除物价上涨因素，居民人均可支配收入增长7.2%。当然，由于价格上涨过快，对低收入群体带来一定的影响。

三、2007年全年及2008年价格走势预测

（一）2007年全年价格走势预测

根据桂林市1-9月居民消费价格的变动特点，结合国际国内经济供求情况和经济政策变化对桂林市经济的影响程度，并考虑到2007年下半年居民消费价格仍然大幅度上窜的反常现象，预计全年走势仍将是高开高走的态势，全年涨幅将达6.5%左右。

原因有三：一是虽然上年翘尾因素在一定程度上将拉低第四季度各月居民消费价格的同比涨幅，但新增因素拉高影响程度远大于翘尾因素拉低影响程度，翘尾因素影响拉低力量相对削弱；二是因周期性供求关系导致的下半年大幅度上涨局面在短期内不可能快速转向大幅度下滑趋势，尽管9月猪肉价格较上月稍有回落，但整个食品类高价位运行仍将持续一段时间。经测算，10-12月各月同比涨幅均在8.5个百分点以上；三是诸如国家对药品价格和教育收费将实行严控政策，继续规范调整和降低药品和医疗服务价格，严控学杂费、择校费收费标准；电信部门改进移动通信计费办法，降低资费水平等抑制价格快速上涨的政策性调价项目在前9月已陆续出台并相继得到了落实，9月后出台项目将不会很多。

（二）2008年价格走势预测

由于2007年价格走势是一个高开高走的态势，且下半年涨势迅猛，这必将对2008年上半年造成明显的翘尾影响，同时，由于目前物价基本趋于平稳，且稍有回落，顶峰一过，2007年第四季度乃至2008年将逐步回落。因此，可以判断2008年价格走势将是高开低走的态势。

2008年

调查报告

桂林经济发展进入佳境
运行中存在问题值得关注

覃莲姣

2007年，桂林确定向西发展，为桂林发展提供又一个千年难逢的机遇，使桂林市投资活力旺盛，经济呈现出高位高速又好又快发展。据统计，主要经济指标与上年同期相比都以两位数增长：GDP增长在13%以上、财政收入增长18%、城镇居民收入也增长12.4%。在积极的政策支持和良好的经营环境激励下，企业家对桂林经济发展充满信心，四季度企业家信心指数和企业景气指数分别达到130.11和121.42点，在较景气区间运行。

一、经济景气的主要特点

据调查数据显示，2007年桂林市实施全方位对内对外开放，全市经济出现骄人的成绩，其主要特点是：

1.工业中有87.18%行业景气指数上扬。2007年第四季度调查数据显示，在工业39个行业中，有34个行业景气指数都在景气区间运行，占全部工业的87.18%。反映企业前景的"双指数"分别在126.44和118.65，比上年分别增长5.10和5.12。反映企业效益的景气指数达到了106.00，也在景气区间运行。特别是食品饮料加工业、医药及医疗器械制造业、交通运输设备制造业、通信电子信息制造业表现尤为突出，这四大行业的企业生产经营景气指数均高于全市工业景气的总指数。反映企业效益的景气指数也均高于全市工业13.59点以上，最高的是医药及医疗器械业达到了153.85点。这些成绩主要得益于市委市政府大力推进工业化进程，重点培育扶持和加快发展支柱产业。

2. 建筑业、房地产业和IT行业企业的景气指数高位趋升。2007年，建筑业、IT行业和房地产业总体经济环境发展良好，企业的生产经营指数分别为129.07、133.33和175.00，比全市企业的景气指数分别高7.65、11.91和53.58点。同时在桂林向西发展的大好机遇下，建筑业和房地产业劳动力需求也增大，其景气指数都排在其它行业前列。

3.外商企业和股份制企业经营者十分看好桂林发展前景。2007年第四季度景气调查，外商投资企业经营者对桂林经济发展前景十分看好，企业家信心指数在各类型企业中最高，达到了160点，在较强的景气区间运行，比上年同期上升4.06点。随着桂林市企业改革的深入和对上市公司做大做强工作的不断推进，股份有限公司和有限责任公司的"双指数"分别达到141.75、151.52和146.06、143.43，"双指数"都高于其它行业。据了解，2007年桂林市新签外资项目600多个，新签项目总投资250多亿元，其中到位资金140多亿元，同比增长40%。这充分说明外商十分看好桂林市经济发展前景。

二、五个问题值得注意

据调查数据显示，在高位增长快速发展的同时，也暴露出一些值得注意的问题。

1.能源原料价格持续上涨，给企业生产经营带来挑战。2007年，成品油、天然气、煤炭、电力等能源价格上涨，以及有色金属和农产品等部分原材料价格上涨，企业生产成本一路攀升，给企业生产经营带来较大的影响。调查结果显示，由于主要原材料及能源的购进价格上涨，导致工业企业主要原材料及能源的购进价格景气指数下滑，由一季度的59.66下滑到第四季度的36.81，下滑了22.85点。随之而来的是使工业企业生产成本增加，从而导致成本景气指数逐期下降，2007年四个季度，工业企业的成本景气指数分别为77.10、68.26、51.25、45.33。这两大指标都跌入较重的不景气区间；有66.24%的企业认为原材料购进价格上升，其购进价格景气指数在不景气区间继续下挫，由一季度90.02跌到36.84，下跌了53.18点，也在很低的景气区间运行；交通运输仓储邮政业企业的成本景气指数也只有66.67，也比一季度下降13.33点，也处于较不景气区。其他几大行业经营成本也有不同程度上升，均处在不景气状态。

2.企业融资依然困难、流动资金紧张影响经营发展。2007年，国家多次提高准备金率和利率，受从紧的货币政策影响，桂林市企业资金紧缺、融资难问题依然突出，多数企业流动资金十分紧张，影响了企业生产经营，部分企业则无力更新设备或添置必要的生产设备，生产规模不能扩大，企业发展后劲不足，在很大程度上制约了企业的发展。据2007年景气调查结果显示，企业普遍存在融资难的问题，一至四季度企业融资的景气指数分别为73.70、70.95、73.54和67.33，都处在不景气区间，虽然比上年分别提高3.80、2.90、5.30和0.37点，但企业融资问题依然困难，导致企业流动资金偏紧，四个季度企业流动资金的景气指数都处在不景气区间运行，虽然比上年同期提高9-15点，但资金紧张状况依然没有得到根本解决，资金紧缺的问题严重影响了企业的生产经营，从而也影响了企业的发展。从调查情况看，企业普遍存在融资困难的原因主要反映在两个方面：一是在生产性（运营上）资金短缺；二是流动资金不足，使企业生产步履维艰。

3.物价上涨过快，影响居民生活水平。2007年桂林市物价在一片涨声中高位运行，CPI持续上涨而影响居民生活水平，尤其对低收入家庭冲击最大。调查结果显示，2007年桂林市城镇居民人均可支配收入比上年同期增长12.4%。由于居民消费价格比2007年上涨了6.6%，扣除物价上涨因素后，城镇居民实际收入增长5%。

4.房价上涨短期内难以遏制。作为调控"执行年"的2007年，房价上涨给桂林市带来了严峻考验。据调查，房屋销售价格总水平比上年上涨4.4%，其涨幅比2007年提升0.7个百分点。为何在国家不断加强房地产业宏观调控的大背景下，房价还加速上涨？从不同的角度分析，有着多方面的原因。从需求方面看，股市获利资金和部分投机资金转入楼市，投机性需求增加；从供应方面看，90/70的政策，令一些房地产开发商不得不调整项目规划，使不少商品房延迟了上市时间，商品房供应量被动性减少。针对2007年四季度商品房销价的景气指数依然在133.33点高位运行的状况，鉴于投机性需求增长和房价上涨预期明显的互动关系，预计短期内桂林市房价还难以控制。

5.市场不规范，行业恶性竞争加剧。目前市场经济发展还不够完善，存在一些严重的不正当竞争行为，导致一些企业经营备感艰辛。对这一问题反映较为突出的是交通运输和邮政快递业，企业认为行业竞争秩序混乱，首先是该行业不同所有制企业享受待遇不一样，私营企业认为受到不公正待遇；其次是公、私人客运矛盾突出，市场资源配置不够合理；三是邮政快递服务业存在的竞争更为突出。据2007年10月开展的邮政服务业专项调查，桂林市邮政快递服务业在运营中主要有四个问题： 一是邮件丢失、损毁引起用户投诉。有七成的人认为特快专递邮件丢失件数近年来呈增长趋势，其中多是手机等高价值物品；包裹、挂号信、平信等邮件丢失、损毁现象也时有发生，有的用户反映交寄邮件缺乏安全感，邮件丢失、损毁后，查询答复、赔偿不及时；二是投递服务质量不高，引起用户不满。主要表现在：城郊结合部投递工作不能满足用户需求；特快专递个人签收率较低；不按规定退回邮件的投诉增多；缺报少刊，投递报刊不及时和物品配送不及时等；三是服务水平不高，用户用邮不便；四是邮件传递速度慢，用户不满意。主要表现在特快专递邮件传递时限延误，普通包裹传递时间过长，用户邮寄的物品延误用户使用，造成用户投诉。这些问题应引起注意。

2007年桂林市居民消费价格剖析及2008年走势预测

谢登宝

据国家统计局桂林调查队调查资料显示，2007年桂林市居民消费价格总水平累计同比增长6.6%。食品价格上涨和调价政策出台是推动主力，2007年基数低也有一定的影响。受2007年翘尾巴因素以及食品价格将逐渐回落的双重影响，预计2008年将是高开低走的运行态势。

一、价格变动的主要特点及成因

1.2007年以来，在粮、油、肉、禽、蛋等食品价格不断上涨的影响下，桂林市居民消费价格总水平呈持续高位运行态势。当年各月，桂林市的居民消费价格总水平同比涨幅分别达3.1%、4.5%、5.4%、5.7%、4.7%、4.9%、7.6%、10%、9.8%、10%、7.1%和6.6%。

2.从构成看。桂林市居民消费价格总水平同比增长6.6%，其中消费品价格上涨6.7%，服务项目价格上涨6.5%，分别拉动总指数上升5.1和1.5个百分点；2007年新增长因素影响4.7个百分点，上年翘尾因素影响1.9个百分点；在居民消费八大类中，除衣着与交通通讯分别下降1.6%和0.4%并分别影响拉低总指数0.13和0.03个百分点外，其余食品、烟酒、家庭设备、医疗保健、娱乐教育和居住类分别上升14.3%、3.3%、1.1%、1.8%、6.0%和4.6%，分别影响总指数提升4.76、0.15、0.07、0.14、1.01和0.60个百分点。由此可见，2007年，虽然桂林市居民消费价格总水平呈大幅上涨态势，但结构性特征较明显，并非全面性通胀。

3.食品价格上涨是主推动力。食品价格上涨14.2%，影响总指数上升4.76个百分点，其贡献率达72%。猪肉价格大幅度上涨并持续高位运行，是推动肉食类价格上涨的最主要因素，肉食类价格又是推动食品价格上涨的最主要因素。在食品16个小类中，除糖和乳类稍有下降外，其余十四类均有不同程度的上涨，其中影响最大的肉禽及其制品类，累计上涨35.7%，影响食品上升9.74个百分点，影响总指数3.25个百分点，其中猪肉上涨54.7%，尤其8月、10月同比涨幅分别达119%和106.9%，其价位与涨幅均创历史新高。此外，涨幅及影响较大的还有：粮食上涨7.5%，油脂上涨9.4%，蛋上涨13.8%，水产品上9.9%，鲜菜上涨11%，干鲜瓜果上涨5.4%，豆制品上涨8.5%。

4.建筑材料等居住类商品持续高价位运行并仍呈上涨趋势。受房地产业投资规模持续高速运行和2007年实行征收木材消费税的双重影响，建筑材料价格一路高走。2007年建筑材料价格累计上涨10.6%，影响总指数0.23个百分点。此外，受国际原油和国内成品油价格持续上升影响，居民用各种燃料价格高居难下。2007年民用瓶装液化石油气仍比上年上涨0.3%，管道煤气上涨1.7%，煤等其他燃料上涨8.1%。

5.公用事业收费、服务等政策性调价项目频频出台，加剧了价格总水平的高涨。由于2005年桂林市居民消费价格全年同比涨幅偏高，平均达4%，一些公用事业收费、服务等政策性调价项目受到积压；而2006年桂林市居民消费价格又比较平稳，全年平均同比涨幅只有0.7%，对于在2006年下半年和2007年上半年提高公用事业收费和服务的价格来说无疑是一个较好的时机。如：因数字电视收费、部分公园景点门票以及旅游收费等实行新的收费标准，致使文化娱乐类价格上涨9.5%，影响总指数提升0.33个百分点；自来水实行新的供水价格标准，涨幅达20.7%，影响总指数提升0.2个百分点；技能培训学费上升34.4%，影响总指数提升0.42个百分点；旅游收费价格上涨16.2%，影响总指数提升0.41个百分点。此外，一些全区乃至全国性的统一调价项目也相继出台，如房屋贷款利率连续上调，累计达22.8%，交强险的强制缴纳，累计达26.7%等等。

6.工业消费品价格仍呈平稳运行态势。由于工业消费品市场仍然供大于求，市场竞争激烈，价格大战此起彼伏，工业消费品价格整体水平仍呈平稳运行态势。但是，随着原材料价格大幅上涨，生产成本加大，价格下降空间逐渐缩小，部分工业消费品的价格扭转了几年来的价格下降局面，呈现上涨态势，前期上游生产资料价格涨价向下游消费品的传导呈现。与上年比，衣着下降1.6%，耐用消费品涨1.5%，医疗器具涨7.4%，中药涨6.3%，西药下降0.9%，个人用品涨1.3%，交通与通讯工具分别下降0.5%和15.1%，文娱家电下降2.8%。

此外，增资政策的落实、消费能力的提高、投资及信贷过快增长滞后作用的进一步释放等因素也在一定程度推动了居民消费价格总水平的上涨。

二、对桂林市价格涨势的评估

1.2007年桂林市价格总指数偏高主要缘于7月和8月猪肉价格的大幅上涨，但自9月起，由于桂林市严格执行"菜篮子"市长负责制，相关部门货源组织得力，市场总供给充足，涨势基本得到控制，食品价格逐步回落（详见表1）。

表1　2007年各月环比涨幅一览表(%)

	1月	2月	3月	4月	5月	6月	7月	8月	9月	10月	11月	12月
总水平	1.10	2.30	0.10	0.10	-0.80	0.4	2.00	1.90	0.80	0.30	0.50	0.10
食品	2.40	6.00	0.20	0.30	0.20	0.4	5.20	5.60	1.50	-0.60	-1.40	0.90
肉禽	4.70	10.90	-0.10	-1.10	3.10	1.2	15.70	10.80	-0.40	-3.60	-0.30	5.20
猪肉	7.40	8.50	-4.10	-2.90	7.90	-3.6	28.10	16.80	-0.60	-5.70	-2.50	7.70

2.2007年桂林市物价比较平稳，全年涨幅为0.7%，位居全区八市最后一位，南宁、柳州、梧州、北海、贵港、贺州和百色的涨幅分别为2.5%、1%、1.4%、1.6%、0.8%、2.6%和2.9%。如此，桂林市价格基数的低位运行与2007年因全国性价格普遍上涨所引起的报告期价格逐步攀升便很自然地形成同比涨幅持续走高的趋势。比如米粉（2两）：2007年桂林市每碗单价为1.8元，南宁为3元，2008年每碗同涨0.5元，由于基数不一样，涨幅却相差悬殊，桂林同比涨幅达28%，而南宁仅涨17%，桂林涨幅比南宁高出11个百分点。若从2006年和2007年两个年度的角度看，桂林市价格上涨幅度就处于中下水平。

3.2007年桂林市食品价格的上涨仍是一个价格复位性的上涨，食品消费市场总供给是充足的，尽管猪肉等肉食价格相对偏高，但桂林市的其它生活必需品价格绝对值与区内其它市同规格的食品价格比较仍处于中位（详见表2）。

表2　2007年有关市部分同等规格品价格一览表

单位：元

	桂林市	南宁市	柳州市	梧州市
瘦猪肉/kg	23.72	22.79	18.85	24.60
草鱼/kg	9.83	9.83	13.80	10.59
早点米粉/(2两)	2.30	3.50	3.00	3.50
炒肉片/碟	10.00	22.00	12.00	16.00
煤气/(15kg)	91.35	96.90	93.60	101.83

4.居民收入仍保持一定幅度增长。2007年桂林市城镇居民人均可支配收入为11513.7元，比上年同期增长了12.4%，扣除物价上涨因素后，城镇居民实际收入仍增长5%；20%的低收入家庭人均可支配收入5286.2元，增长25.9%，扣除物价上涨因素后，低收入家庭实际收入仍增长17.6%，高出全市平均增幅12.6个百分点。所以，从收入方面看，此轮涨价对低收入家庭生活虽然带来一定影响，但影响程度却并不太大。

三、2007年与九十年代初中期（以1994年为例）价格通胀现象有着质的不同，并非全面性通胀

1.结构性差异明显。从八大类价格变动情况看，2007年的物价上涨具有明显的结构性特征，工业品价格基本保持低位平稳运行态势。而1994年除食品类价格上涨外，其他各类商品价格指数的上涨也大多高达两位数。1994年，桂林市的衣着类、家庭设备及用品类、医疗保健类、交通和通讯工具类、娱乐教育文化用品类、居住类和服务服务项目的同比涨幅分别高达61.1%、13.5%、8.6%、9%、12.4%、17.1%和18.2%。

2.上涨原因不一样。2007年引起物价上涨的原因多为市场经济因素，而九十年代初中期导致物价上涨的原因多为政策性因素。1994年食品涨主要因副食品及粮价的先后全面放开和全民下海从商而导致整个物质短期困乏所致。而2007年主要是因整个消费品生产成本上升和猪源暂时短缺所致。

3.总体涨幅有较大差距。1993-1995年桂林市居民消费价格总水平同比涨幅持续三年维持在2位数的高幅运行态势，1994年涨幅高达28.9%，而2007年为6.6%，远远低于90年代初中期的价格水平。

4.宏观经济背景以及价格上涨所导致的市场秩序不同。90年代初中期是国内由计划经济刚开始转变为社会主义市场经济，经济秩序还比较混乱，大部分商品处于供不应求的状态，出现了恐慌性抢购，而2007年价格总指数的上涨，是在绝大多数商品供过于求或供应平衡的情况下出现的，是市场对经济结构性矛盾的反应。

5.受国际影响程度不同。90年代初中期由计划经济刚开始转变为社会主义市场经济，受国际因素影响比较弱，国际价格的变动对国内市场影响不是很大；而如今，经过近30年的改革开放，国际价格的变化对市场价格的变动的影响力已越来越大。如国际粮食供求偏紧，价格上涨；国际原油涨价，成品油价格也居高不下，导致能源开采、加工、运输成本大大提高。化肥、农膜、化工、化合物产品跟随涨价；粮食转换能源增加，将粮食等农产品转换为能源加速了粮食价格上涨，而粮食价格的上涨又传导到饲料、肉禽等下游商品价格上。

6.价格高涨持续时间跨度不同。从1993年到1995年，桂林市居民消费价格总水平同比涨幅持续3年时间维持在2位数的高幅态势上；而2007年的价格高位上涨，预计到2008年的3月份将会逐步减弱，持续时间大概1年左右，相比90年代初中期的持续时间将短很多。

四、2008年价格走势预测

根据桂林市2007年居民消费价格的变动特点，结合国际国内经济供求情况和经济政策变化对桂林市经济的影响程度，并考虑到2007年下半年居民消费价格大幅度上窜对2008年上半年造成的翘尾巴影响，预计2008年价格走势将是高开低走的态势，全年涨幅将低于2007年。

1.2007年下半年CPI大幅度上窜对2008年上半年将造成较大的翘尾巴影响。据推算，翘尾巴影响达5.6个百分点。可见2008年上半年将仍然处于高位运行状态。而随着2008年下半年翘尾巴影响因素的逐渐削弱，同比涨幅必将大幅回落。

2.目前食品价格虽然仍处高位，但就其走势而言，却是稳中有降，同时随着各级政府对农业生产各项扶持政策的逐步落实到位，农产品价格的高位运行必将诱使种植业和养殖业的快速发展，预计2008年食品价格将逐渐回落。

3.据国家发改委相关信息透露，2008年国家对医疗和教育等公用事业性收费将继续实行严控政策，预计2008年服务项目收费价格将保持平稳态势，这对价格总水平的上涨将会起到一定的牵制作用。

桂林市物流行业前途可观 加快产业结构调整迫在眉睫

——桂林市物流发展和运行状况专项调查报告

麦丽

现代物流是现代产业升级的产物，其发展水平已成为衡量一个国家和地区现代化程度和综合国力的一个标志，被称为21世纪全球产业分工和产业结构的标志性产业。

为了解桂林市企业经营方面情况和摸清桂林市近年来物流行业的发展状况，为市政府及有关部门制订现代物流发展政策和战略，根据国家发展和改革委员会、国家统计局联合印发的《关于组织实施〈社会物流统计制度及核算表式（试行）〉的通知》（发改运行[2004]2409号）的精神，国家统计局桂林调查队和桂林市发展和改革委员会按照国家统计局广西调查总队、自治区发展和改革委员会的要求统一组织开展这项调查工作。

此次调查采取重点调查和抽样调查相结合的方法，一是对经济总量及行业发展有重大影响的大型物流企业进行全面调查；二是对中小企业采用与样本单位规模成比例的概率抽样进行调查。调查内容包括：企业法人单位基本情况、企业经营情况和企业物流状况共三大方面52个指标。

调查结果显示：桂林市工业企业的装备设施良好，货运量增加，委托代理货运数量增多，但桂林市专业从事物流的企业以小型居多，家庭式企业占有相当比重，具体情况如下：

一、调查单位的基本情况

1.此次调查共调查企业单位75家，按登记的类型分，内资企业70家，占被调查企业的93.33%、港澳台独资企业1家，占1.33%、外商投资企业4家，占5.33%。从分类看，工业企业48家、批发零售企业12家、物流企业15家。从成立（开业）情况分:1990年前成立(开业)的有28家,占37.33%;1990-1995年间成立(开业)的有8家,占10.67%;1995-2000年成立(开业)的有7家,占9.33%;2000-2005年成立(开业)的有21家,占28%;2005年成立的有11家,占14.67%。

2.从被调查企业控股情况分:国有绝对控股的有20家,占26.67%;国有相对控股的有7家,占9.33%;集体绝对控股的有4家,占5.33%;集体相对控股的有6家,占8%;其他形势控股的有38家,占50.67%。

3.按隶属关系分,属中央直属的有3家,占4%;属自治区级的有5家,占6.67%;属市级的有46家,占61.33%;隶属其他的有15家,占20%。

二、调查单位的经营情况

1.调查显示:桂林市的工业和批发业近年来得到飞速的发展,工业和批发两大行业购进总额和销售总额2006年比2005年有所增长,2006年单位购进总额比2005年增长15.15%;销售总额比2005增长17.15%(详见表1)。

表1

	购进总额(万元)			销售总额(万元)		
	2006年	2005年	同比(%)	2006年	2005年	同比(%)
工业	877720	759090	15.63	42002464	35844531	17.18
批发业	207768	183768	13.15	269636	238157	13.22
其中:内资企业	973501	829935	17.30	42126700	35943834	17.20
港澳台投资企业	16470	13176	25.00	19424	15539	25.00
外商投资企业	95517	99593	-4.09	125976	123315	2.16

2.调查显示:在调查的15家物流企业主营业务收入500万元以上的只有2家,其余以中小型为主,2006年配送量达1502万吨,2006年主营业务收入比2005年增长32.14%,其中配送收入、仓储收入、运输收入、装卸搬运收入均比上年增长52.63%、4.01%、35.1%、8.17%。

3.调查显示:桂林市企业全年流向区外的货物个数要多于流向区内个数(详见表2)。

其中:流向区内各市的个数以工业企业为最多,有56个,

表2 企业货运区内流向表

	总计(个)	物流企业(个)	工业企业(个)	批发企业(个)
区内城市	87	19	56	12
南宁市	23	7	14	2
柳州市	20	5	14	1
桂林市	25	4	13	8
梧州市	4	2	1	1
北海市	2		2	
钦州市	1		1	
防城港市	1		1	
玉林市	4	1	3	
贵港市	2		2	
河池市	3		3	
百色市	2		2	

占区内总数的64%；其次是物流企业19个；最后是批发企业有12个，以南宁、柳州和本市最多。而流向区外的货物个数仍以工业企业最多，占总个数的69%；其次是物流企业占28%；批发企业占3%。

4.调查显示：区内南宁、柳州、梧州、玉林等十多个城市都有货物到达市内，以南宁市、柳州市到达量最多，两城市的到达量占总到达量的52%；区外城市以上海、广州、北京、深圳到达量最多，四城市占总到达量的54.4%（详见表4）。

表3　企业货运区外流向表

	总计(个)	物流企业(个)	工业企业(个)	批发企业(个)
区外城市	126	35	87	4
北京市	13	5	7	1
天津市	1		1	
上海市	21	8	12	1
重庆市	4	1	3	
福州市	1		1	
厦门市	2		2	
成都市	2	1	1	
广州市	26	7	18	1
深圳市	12	5	7	
珠海市	5	1	4	
湛江市	2		2	
青岛市	5		5	
杭州市	11	3	7	1
长沙市	5	1	4	
合肥市	2		2	
港澳特区	2		2	
贵阳市	1		1	
昆明市	2		2	
沈阳市	1		1	
长春市	1		1	
南京市	3	2	1	
武汉市	2		2	
无锡市	2	1	1	

表4　　区外城市企业货物到达量表

区外城市	总计(个)	物流企业(个)	工业企业(个)	批发企业(个)
北京市	10	5	4	1
天津市	1		1	
上海市	24	8	12	4
重庆市	5	1	3	1
广州市	23	7	12	4
深圳市	10	5	5	
珠海市	2	1	1	
湛江市	2		2	
成都市	7	1	6	

区外城市	总计(个)	物流企业(个)	工业企业(个)	批发企业(个)
贵阳市	2		2	
昆明市	3		3	
沈阳市	1		1	
青岛市	1		1	
长春市	1		1	
南京市	6	2	3	1
杭州市	8	3	3	2
武汉市	5		5	
温州市	1		1	
长沙市	5	1	3	1
合肥市	1		1	
郑州市	1		1	
无锡市	3	1	1	1
港澳特区	1		1	

企业货物到达量统计显示：区外城市货物到全市数量最多的是工业企业，占总到达量59%，到达物流企业的占28.8%，到达批发企业的占12.2%。

三、被调查企业存在的问题

1.企业基础设施不齐备。从调查数据看，企业基础设施较好的是内资企业，内资企业中又以国有、其他有限责任公司、股份有限公司在自有仓储面积、装卸设备、控制物流的计算机信息、铁路专用及用于物流货运的车辆硬件设施方面占有明显优势(详见表5)。

从行业分，工业企业基础设施优势明显，共自有仓储面积381883平方米，占全部自有仓储面积的80%；装卸设备277台，占被调查单位全部的85%、控制物流的计算机信息44台，占51%、铁路专用线5条，占75%。而专业从事物流的企业有仓储面积43433平方米，装卸设28台，控制物流的计算机信息管理系统25套，铁路专用线1条。

2.专业化程度不高。桂林市批发业和工业企业都同时存在对货物的自运和委托运输情况，尤其是企业在从事生产的同时，还要安排人力、物力从事运输，使成本提高。调查资料显示：2006年，桂林市工业企业货运量达22591108吨，比上年增长227.86%，其中自运量达589496吨，占全部自运货物的26%，运价明显上升。

表5 企业基础设施统计表

	自有仓储面积(平方米)	租用仓储面积(平方米)	装卸设备(台)	物流计算机管理系统(套)	铁路专用线(条)	货运车(辆)
总计	474816	34819	325	87	8	710
内资企业	451283	24020	291	85	8	696
港澳台商投资企业		7599				5
外商企业	23533	3200	34	2		9

表6

	自运货物平均运价(元/吨公里)			委托代理货物平均运价(元/吨公理)		
	2006年	2005年	同比(%)	2006年	2005年	同比(%)
工业	8	8		4854	5047	-3.37
批发业	229	178	28.65	102	95	7.37

表7

	单位数	比重(%)	年末从业人员(人)	比重(%)
合计	75	100	45663	100.00
工业	48	64	40729	89.20
批发业	12	16	4265	9.30
物流行业	15	20	669	1.50

3.桂林市物流企业存在弊端多：在调查走访中发现，桂林市工业企业、批发企业的经营管理好于物流企业，工业企业和批发企业由于成立时间早，企业规模、企业的硬件、企业的管理方面都好于物流行业；被调查的物流企业中，多数企业年主营业务收入在500万元以下，这些企业相当一部分是在居民小区租房经营的，有的只有简单的单间和一张桌子以及简单的交通工具，这些物流企业总体表现为：一是经营主体规模小、实力弱、物流组织效率低；二是技术装备和设施落后及仓储设施空间都不够或干脆没有；三是机械化、自动化程度不高、信息化水平低，缺乏信息管理系统，也缺乏公共信息平台，四是管理水平和技术水平较低，从业人员人数少且素质较差，很多物流企业都以家庭式面貌出现；四是物流企业的年货物吞吐量少，年吞吐量才1500多万吨，业务成本高。

桂林是沟通广西与湘黔粤的交通枢纽，随着桂林市的几条高速公路和南宁至桂林、贵阳经桂林至广州高速铁路的开工建设，桂林作为区域交通枢纽的重要地位进一步凸现，同时随着桂林西部开发的进一步推进，产业的不断聚集，发展桂林商贸物流逾显重要。要充分利用好桂林作为区域交通枢纽的这一优势，发展一批专业连锁批发市场和物流企业，使之更好地为桂林市的经济建设服务，广东、深圳的经验值得借鉴，广东现有6000多家物流企业，2005年物流完成运量16.8亿吨，实现增加值3765亿元，成为GDP增长的重要因素。桂林市的物流行业属刚刚起步，发展空间大，物流的规划和定位尤显重要，为此建议：

一是政府及有关部门站在整个桂林乃至西部的高度尽早出台桂林市物流发展的总体规划，加强宏观调控和引导，将目前分散的物流服务资源根据总体规划要求重新整合，形成集约化的物流经营。

二是加快物流人才的培养，政府一方面可提供相应条件和优惠政策，引进一批急需物流人才；另一方面，对现有物流人员进行培训，对其资格进行认证。

三是培养扶持一批现代化大型物流企业和引进一批大型现代物流企业，走联合发展之路，以此来带动桂林物流业的发展，提升桂林在区域合作与发展中的地位。

落实政策扶持措施　提高畜禽养殖水平

——桂林市畜禽监测摸底调查情况

覃莲姣

为促进畜禽生产的发展，国家提出了一系列提高发展生猪生产、促进生猪综合养殖的政策措施，有效调动广大养殖场和农户的积极性。桂林市畜禽生产的发展以及国家有关政策落实情况如何？畜禽的规模养殖怎样？为此国家统计局桂林调查队于2008年1月份对桂林市畜禽规模户（养殖规模300头以上）情况进行一次监测摸底调查。从监测摸底调查的情况看，桂林认真贯彻落实国家畜禽生产有关扶持政策，并结合本地实际加大了畜禽生产扶持力度，全市畜禽生产呈现出“区域养殖、规模经营、科学管理、规范饲养”的发展态势。

一、监测调查基本情况

（一）监测调查的范围和对象

这次监测调查的范围和对象是：临桂、灵川、永福、灌阳、龙胜、资源、荔浦、恭城8个县和秀峰、叠彩、象山、七星、雁山5城区的279个规模户、57个生产单位的畜禽情况进行逐个摸底调查。这次监测摸底调查的重点是生猪存、出栏数两个主要指标，经过调查核实，现有规模户209户，停业或消亡70，消亡最多的是临桂县30户；生产单位有22户，停业或消亡的有35户，消亡最多的是资源县11户；新增的生产单位9户、规模户166户，新增最多的是灌阳县103户。

（二）生猪存栏和出栏情况

1.生猪存栏增加。监测调查显示：生猪存栏比上年增长6.64%；能繁母猪也比上年增长4.30%；仔猪比上年增长8.74%。能繁母猪和仔猪存栏量增加，说明生猪生产能力在不断得到发展壮大。

2.生猪出栏比2006年下降。生猪出栏下降的主要原因：上半年出现生猪高热病，规模养猪场（户）大多数都被感染上这种可怕的生猪高热病。特别是荔浦和灌阳两县，在监测调查对象中，有的规模饲养场（户）出栏数降幅达75%。受生猪出栏数量大幅下降的影响，从8月20日起桂林市生猪、猪肉价格出现大幅上涨。

二、政策的扶持及成效

生猪是桂林市农业生产的传统产业，是农民收入的重要来源。市委、市政府高度重视生猪生产，从2007年下半年以来扶持力度明显加大。一方面，市委、市政府积极贯彻落实国家有关扶持生猪养殖政策，另一方面结合桂林市实际情况，制订出台相关优惠政策，努力确保生猪生产和猪肉市场价格的双稳定。回顾近年来，桂林市扶持生猪生产的政策，主要体现在四个方面：一是对能繁母猪实行补贴。对全市能繁母猪按每头50元进行一次性补贴；二是对母猪实行保险制度。按每头母猪60元的标准实行保险，其中农户自负12元，其他部分由财政补助，此项惠农政策目前正在实施之中；三是提供免费疫苗。由畜牧兽医站在全市开展了防疫统一行动，对各类畜禽免费提供注射疫苗，提高防疫控能力；四是扶持规模养殖户标准化项目建设。如恭城、荔浦和灌阳等县，近几年来财政都划拨40至100万元的经费对规模养殖户进行扶持，有效提高了生猪规模养殖的生产能力，促进了农民增效增收。这些惠民政策措施的实施，有力的加快了生猪生产的发展。

(一)在生猪成本增加的情况下收益仍然上升

在监测调查中得知，2007年平均每头生猪总成本860元，比上年同期上升39.12%。分饲养类型看，规模饲养场平均每头生猪总成本比上年同期上升31.89%；散养户平均每头生猪总成本比上年同期上升38.33%。成本上升的主要原因：一是饲料价格上升。截止8月底，玉米和混配合饲料平均价格分别比上年同期上升43.32%和28.72%。因饲料上涨每头猪成本150元左右；二是仔猪价格上升。受养殖场(户)补栏量的增加，导致仔猪价格上涨。2007年每头仔猪600多元，比上年同期上升5至10倍。

虽然成本大幅增加，但由于生猪收购价格较高，因此养殖场(户)收益也大幅增加。特别是2007年8至12月，平均每头猪净利润500元以上，比上年同期增近两倍。分饲养类型看，上规模养殖场平均每头生猪净利润700元高的达到900元，比上年同期增加400元左右；农民散养户平均每头生猪净利润400元，比上年同期增加一倍多。从养殖规模的成本和收益情况看，规模养猪场比散户养殖的每头猪要多赚200元左右，所以规模养猪场比散户养殖成本低收益高。

(二)畜禽养殖呈现区域化。

桂林通过近年来的不懈努力，目前全市畜禽业养殖初步形成了三大产业带，即桂北沿线以全州、灌阳县的养猪带，桂南沿线以荔浦、恭城的生态种养带，临桂沿线以西的养(禽)鸡带。

(三)各类畜禽稳定增长。

畜禽种类多，品种优良，特别是生猪发展势头强。桂林市经历了一个从自发到自觉的发展过程，走出了一条由农民零散饲养到规模化集约养殖的路子。近几年特别是2007年下半年的较快发展，基本形成了产业化格局，进入了一个新的发展时期。在监测调查中，新增的生产养殖单位9户、规模户166户，新增规模户中最多的灌阳县为103户、荔浦县18户。

(四)畜禽产业化格局基本形成。

随着市场经济的运行，近几年，桂林市以畜禽的产业化格局和“公司+基地+小区+农户”的产业链已基本形成，并且不断得到延伸。如临桂、灌阳两个县，临桂县“桂林利源规模饲养场”，是广西“无公害肉鸡养殖基地”，是国家级农业产业化重点龙头企业，仅用了四年多的时间，就带动了8000多户农户以“公司+农户”的养殖模式，直接为农民增收6000多万元；灌阳县生猪规模养殖户快速增长，主要是县政府出台了一系列优惠扶持政策，除母猪每头50元补贴、提供免费疫苗、提高防疫到位和成立养猪协会外，该县对规模养殖户给予奖励，每养殖20头二元杂母猪补公猪一头，年出栏100头肉猪补助水泥10吨等等，有力的促进了该县生猪向规模经营发展。

(五)引进发展龙头企业。

如恭城县通过招商引资，引进了“斯格规模化生猪养殖场”，拉动了全县畜禽产业的发展。2007年该企业存栏生猪3190头，每天向市场供应10头以上的肉猪，对稳定和控制该县的猪肉上涨起到了一定作用。现在该县以“斯格规模化养殖场”为龙头，积极培育和发展生猪生产，并出台一系列优惠政策，如县财政实行贴息贷款，凡是养殖生猪的贷款利息由县财政支付，在技术服务，市场营销服务等等方面，为生猪生产的产前、产中、产后做好一条龙服务。

(六)“猪——沼——果”模式增大生猪规模养殖空间。

桂林市的恭城县就是这一模式的典范，该县有75%的农户建成沼气池，2007年这个县虽然上规模的不多，但在150—200头的生猪养殖户比较多，这就是该县建沼气以此促进和扩大生猪生产养殖的发展空间。

三、调查中群众反映的问题

目前，桂林市的畜禽业仍处在传统饲养方式与现代化养殖方式并存、传统养殖方式占支配地位的阶段，还存在着规模小、品种杂，人畜混居、散放散养、混放混养、粗放经营等一些问题，这也为疫病、资金等诸多因素所困扰。据调查反映主要表现在以下几个方面：

一是资金缺。随着物价的上涨，生猪散放散养无利可赚，只有走规模养殖才有出路，但多数养殖户面临最大的困难是资金短缺。据调查，由于圈舍和畜禽不能作为资产抵押，规模养殖户无法从银行获得贷款来扩大畜禽生产规模所需的资金。只有小额贷款，而小额贷款只是杯水车薪，目前物价上涨这么快,只能解决小部分的流动资金。如荔浦县养殖户覃远谋反映:他想在目前养猪效益较高的情况下扩大规模,但无法从银行取得贷款。他说养猪如果不走规模化养殖,根本没有钱赚。规模化养殖一是可以节约成本,二是有利于防疫,三是方便管理节省人力。他说要想扩大规模养殖没钱真难啊。

*二是用地难。*多数地方没有把畜禽规模养殖用地纳入乡镇土地利用总体规划,用地问题已成为加快规模养殖发展的制约因素。如荔浦县双江镇生猪规模养殖户何鹏举反映:2007年为了扩大生猪规模养殖,在自己的土地上扩建猪舍,一些部门说他改变了土地使用范围等,对其罚款两万多元。

*三是粪污处理难。*畜禽养殖污染已被广为关注,有些地方出台禁排限排措施,环保压力日益增大,排污投入不断增加,行之有效的养殖场大中型沼气利用项目发展还很少。如荔浦县青山镇规模养殖户许文安反映:为了减少污染,他把养殖场搬到了山边,没水粪便排不出去,这个问题太让他伤脑筋了,希望有关部门帮助解决引水问题。

*四是疫病防治难度大。*多数规模养殖户深有感触的说,由于现在多数是分散饲养,在疫病发生时难以有效的防止交叉传染,在建立公共卫生防疫上出现了空档,造成疫病发病率增高,给畜禽业生产造成了巨大损失,出现许多农户在2007年肉猪价狂涨的情况下仍有养殖户出现亏损的怪现象。据调查,一些县因防疫不到位,2007年初一些养殖户50头仔猪全部死亡,至今查不出病因。目前桂林市疫病防疫体系正处在起步阶段,基层防疫体系还不够完善。

*五是希望政府出台猪肉保护价。*在调查中,恭城县规模养殖户王福反映,按目前价格算,每养一头能赚取600至800元,但新购一头母猪要2500元左右,从现在开始到第一窝猪出栏得花10个月,谁敢保证以后猪肉价格还是否有利可图?他说:养了几年的猪,2005年赔了两万元,2006年又赔了一万元,2007年碰上历史上猪肉最高价,算是运气好了。但养猪投资大,价格又大起大落,怎么敢长期养?如果国家能出台控制猪肉最低价,只要不少于每斤7元,让养猪户有钱赚,猪肉就不会紧缺。不少规模养殖户希望政府建立猪肉等重要农副产品托市收购制度,给广大规模养殖户吃上一颗“定心丸”。

四、政策运行中存在的主要问题

从目前的政策运行情况看,提高桂林市畜禽养殖能力,还面临着以下四个主要问题。

一是一些部门的支持力度不够到位。据监测调查,规模养殖户普遍认为,要扩大生猪的规模养殖,首先要解决资金,而目前在银行又难获得贷款等等。

二是财政扶持力度还需加大。虽然近年来财政在资金支持上有大幅度增加,但与畜禽业的发展要求相比,仍有较大差距。而且财政支持的结构也不够合理,现在只对能繁母猪进行了补贴,对肉猪的养殖特别是对规模以上的养殖户补贴还是空白。据了解,一些先进地区如河南、四川等对肉猪出栏数多的规模养殖户给予补贴,如每年出栏在300至500头的给5到10万元补助金,多出栏多补助。这些地方的做法值得借鉴。

三是扶持生猪发展政策实施过程中的新问题亟须解决。在监测调查中,大部分的县国家出台鼓励生猪生产政策落实得比较好,84.62%对能繁母猪50元补贴资金落实到位,但还有15.38%的个别县在能繁母猪补贴工作的操作中出现了一些问题,突出的表现在:一是政策落实有点走样。据永福、资源两县生猪规模养殖户反映,能繁母猪50元补贴只领到38元,有12元被扣着用于保险费,这样的操作是不可取的;二是保险费低、理陪难。据规模养殖户反映,保险理陪手续非常繁杂,真是像陷入“事难议,议难决,决难行”的窘迫境地,在监测调查了解中,桂林市到目前止还没有一例保险理陪成功的,致使多数不愿参加保险。荔浦县生猪规模养殖户龚文秀说,很多规模养殖户不想参加保险,象现在这样的保险没多大意思;三是政府的贴息贷款难贷。在调查中不少规模养殖户反映,政府的贴息贷款在什么部门办理?规模养殖户不知去找什么部门?这些贷款规模养殖户根本无法享受。

五、畜禽生产仍不能放松

2007年猪肉价格上涨目前仍受影响,2008年的猪肉价格走势又将如何呢?从桂林的情况看,年初全市受百年未遇的冰冻大雪灾的影响,畜禽生产也受灾严重,这是一个不容忽视的事实,所以2008年猪肉仍将面临供求趋紧的挑战。

对于2008年的畜禽生产,中央经济工作会议和中央农村工作会议再次强调,实现2008年宏观调控的“两个防止”,特别是防止价格由结构性上涨演变为明显通货膨胀,必须千方百计增加主要农产品生产,确保农产品生产不滑坡,供给不脱销、不断档,各种农产品价格不大涨、不大落。为此对畜禽生产提出如下建议。

第一建立市级生猪储备基地。据监测调查得知,桂林市生猪外流现象较多,希望政府通过一系列政策调控,建立市级生猪储备制度,促使生猪销售回流,对于生猪价格上涨将起到平抑作用。

第二刺激畜禽生产,增加供给。业内专家认为,要稳定猪肉价格,应在通过调控措施抑制生猪出口的同时,更重要的是应通过财税等手段刺激畜禽生产、增加供给。比如要完善对规模养殖户进行补贴的机制,提高补贴标准,降低畜禽生产成本等等。

第三要采取长效措施稳定猪肉价格水平。2007年猪肉价格高涨，但养殖户从中得到的实惠相当一部分被饲料价格的上涨抵消了。政府必须对畜禽的生产采取一定的政策倾斜。比如饲料生产企业给予一定的税收优惠等等，对饲料供应给予价格上的支持，进一步加强对农资市场的监管，严厉打击哄抬价格行为等。

进一步完善和强化生猪扶持政策，稳步提高生猪规模养殖能力，在落实好国家一系列生猪扶持政策的同时，针对在支持生猪生产政策运行中存在的主要问题，进一步完善相关政策，不断加大支持力度，加强对各类规模养殖户的引导和扶持，加快桂林市促进畜禽标准化规模饲养的发展。

2007年桂林市公众环境保护满意率调查报告

麦丽

根据《国家统计局关于开展公众对城市环境保护满意率调查》（国统字〔2006〕196号）的通知精神，对参加全国城市环境综合整治定量考核的城市组织开展公众城市环境满意率的调查，并将此项指标作为在“十一五”期间开展城市环境综合整治定量考核全部16项指标体系中的其中一个方面（每年开展一次调查）。2007年12月下旬，依照国家统计局广西调查总队的统一安排，国家统计局桂林调查队在桂林市开展了城市环境满意率调查。此次调查采用分层多阶段随机抽样的方法，在4城区15个社区的范围共抽取600户城市居民家庭作为调查样本，调查人员直接入户进行问卷调查。调查内容涵盖城市空气污染、水污染、噪声污染、垃圾和其他等五个方面。从调查数据看，桂林公众对自己居住的城市总体环境是比较满意的，评价总分为73.27分，为区内四个重点城市的第一名。具体调查结果如下：

一、对空气污染方面的评价

1.被调查的居民认为，桂林市的空气清新，质量较好，其中非常满意的占31.67%、比较满意的占52.67%、此项的满意率达82.12%，证明大多数桂林的公众对本市的空气质量是认可和满意的。

2.城市要发展，城市建筑施工是必不可少的。那么桂林市对施工运输扬尘的控制效果如何呢？调查资料显示，桂林市公众对施工扬尘控制效果非常满意的仅有19.5%，比较满意的有42.33%，满意率为70.91%。

3.随着城市工业化发展、居民生活水平的逐步提高，城市汽车、空调拥有量的大增，工业废气及汽车尾气排放以及家用空调的使用均导致各种有害气体的排放越来越多，如何更好地控制这些废气，保持城市清新空气作为严峻的课题摆在人们的面前。调查数据显示，桂林市公众对控制工业废气、汽车尾气排放、异味的效果非常满意的仅有17%，比较满意的有40.83%，满意率70.07%。

二、公众对城市水污染方面的评价

（一）七成多的市民对城市河流湖泊和景观水体及工业污水治理效果感到满意

从桂林市情况看，市政府对本市的湖泊和其他景观水体及工业污水进行了治理，特别是1998年对市内各湖泊进行的彻底清淤换水等处理，如今桂林的两江四湖已成为灌通市内各湖泊及两条江的一条黄金旅游环城水系，并成为近几年来桂游客观光的新景。从此次公众的反映看，桂林的公众对河流、湖泊和其他景观水体治理工业污水的效果的满意率达到74.76%。

（二）对城市饮用水的评价

城市饮用水的水质好坏直接关系城市居民日常生活和身体健康，桂林一直以山秀水清而名闻世界，水质好是桂林人的骄傲，自然桂林人对饮用水满意人数也较多，感觉非常满意和比较满意的有69.5%，满意率达77.99%。同时，公众对政府在治理河流、湖泊方面的工作的满意率达76.6%。

三、噪声处理方面

（一）有七成多的公众对控制工业噪声的效果满意

近几年，桂林市对工业方面的噪声比较注意控制，从调查数据看，桂林公众对控制工业噪声的满意率达73.37%。

（二）交通噪声控制效果有七成多的公众表示满意

城市社会的不断发展，生活水平逐渐提高，家庭现代化进程加快，家用汽车、各种电器成为居民生活不可或缺的一部分，但同时噪声干扰问题也日益突出，桂林公众对城市形成噪声控制效果如何评价呢？调查资料显示，桂林市公众对控制交通噪声满意率为71.61%。

（三）对建筑施工的噪声控制有近七成的公众满意

城市发展离不开城市建设，城市建设中的建筑施工是必不可少的，但扰民的施工噪声每每又对城市居民的休息和环境形成干扰，从调查数据看，公众对建筑施工噪声控制效果非常满意的有14.83%，比较满意的有42%，满意率为68.34%。

四、公众对垃圾处理方面的评价

（一）对生活垃圾收集效果公众满意率较高

人在日常生活中离不开吃、喝、拉、撒，每天每家每人都会产生大量的垃圾废物，对于生活垃圾各城市都已形成一定的服务规律，从收集处理效果看，被调查的桂林市公众的非常满意和比较满意的达7成以上，满意率达76.42%。

（二）对治理卫生脏乱差效果的评价

调查中，很多公众认为桂林市整体卫生状况还是比较好的，特别是大规模开展的城乡清洁工程，对城市治理卫生脏乱差有一定的效果，从评价看，公众满意率达73.8%.

（三）对处理工业及建筑垃圾的评价

调查结果表明，有七成多桂林市公众对处理工业及建筑垃圾感到满意。

五、基本结论和问题及建议

（一）基本结论

根据国家统计局调查规定的计分办法计算，桂林市在本次环保评价中分数为73.27分，为四城市（南宁、柳州、桂林、北海）之首，但比国家规定的优秀城市标准门槛还差近12分。

（二）存在问题

尽管桂林此次评价在四个重点城市中得分名列第一，但得分已大大低于2006年试评得分13.93分，而且与其他三市得分相近，优势不明显，并且在城市发展的同时还存在不少问题，同时数据也说明社区之间的环保差距较大。

1.城市河流健康状况不尽人意，水土流失严重，到枯水季节，漓江河水断流，河床凸现，一些地段小鸡都可以自己过河。

2.环保队伍的人员和配置跟不上城市发展需要。

3.城市依然存在向河流排污现象。

4.各社区之间环保差距较大，市民环保素质参差不齐，导致市民整体素质跟不上。

（三）建议

1.加大环境保护方面的宣传教育力度，使市民对城市环境都能象爱护自己的家一样用心呵护，使爱护城市、保护城市这一观念深入人心。

2.多借鉴环境保护好的城市经验，根据自身特点，寻找新的突破口，如老工业城市柳州，近年来实施"蓝天碧水工程"，城市整体环境大为改观，枯水期柳江河仍现悠悠绿水，大大提高公众对城市环境的满意率。

3.加大对环保落后社区的整治力度，改进工作方法，力求做到不留空档、不留死角。

4.加强环境保护的科学性研究，提高环境保护的科技含量。

5.加大对环境保护资金的投入，对重要区域比如饮用水源、重要河流湖泊、农业浇灌用水、稀有植物保护等等给予重点资金支持。

6.加大执法力度，从重从严查处破坏环境的违法违纪案件。

7.严格审批制度，多建设低耗能、少排放、重复可利用、可持续的资源节约型企业。

发挥优势　提高质量　促进发展

——桂林市邮政服务需求调查分析

蒋华春

随着通讯手段的迅猛发展和普及，加之各类快递公司在各大中城市迅速崛起，无疑会对传统的邮政业务带来强烈的冲击，为了了解目前桂林市居民的邮政服务需求情况，国家统计局桂林调查队于近期开展了百户城市居民对邮政服务满意度及需求的调查。现将调查结果分析如下：

一、调查结果

调查结果显示：桂林市的邮政网点和基础设施基本齐全，居民对邮政服务比较满意，但用邮率较低。有51%的受访者在最近一年内没有通过邮局办理邮政业务，办理过1-2次的有30%，3-5次的有17%，6次以上的仅占2%。受访者在对邮局提供的服务总体评价时，有58%表示满意（其中有12%表示很满意），仅有1%表示不满意。

（一）邮局营业厅环境情况。

74%的受访者认为邮局营业厅环境好或者一般，仅有7%的受访者认为脏乱或者狭小拥挤；53%的受访者认为邮局的服务人员态度好或较好，仅有3%的受访者认为邮局的服务人员态度较差或差。

（二）用户办理邮政业务状况，营业时间能满足用户需求。

办理过邮政业务的受访者中有44%在办理邮政业务（信件、包裹、订报刊等）等待时间在10分钟以内，51%等待时间在10-30分钟，等待时间超过30分钟仅有5%；有67%的受访者认为邮局的营业时间可以满足使用需求，10%认为营业时间不满足或不合适。

（三）邮局网点和投信筒分布情况。

87%的受访者距离最近的邮局在2公里以内（其中30%在半公里以内）， 74%受访者认为去邮局办理业务方便，仅有15%的受访者认为网点太少不太方便；53%的受访者找投信筒比较方便。

（四）邮件投递方式。

邮局通常采用三种方式将平信报刊投递到用户居住的地方，37%的受访者通过信报箱接收邮件，34%通过居委会、小区收发室接收信件，28%通过约定的地点接收邮件；在邮局办理过邮件查询的受访者有87%表示满意或基本满意，不太满意或者不满意仅占13%。

（五）信件、包裹邮件送达情况。

在收寄过信件、包裹的受访者中有81%认为收到的信件、包裹及时，96%受访者没有碰到信件、包裹丢失现象；在订阅过报刊的受访者中有94.5%收到报刊及时或基本及时，仅有5.5%认为不及时或者经常不及时。

二、几点建议

从调查的结果可看出，居民对邮政业务的诚信度是认可的，对邮政的网络是肯定的，对邮政人员的服务态度是满意的，然而对邮政业务种类的收费标准希望有所调整，希望增加服务方式及种类。对此邮政业务必须围绕发挥优势，提高质量，方才适应市场化的需要，才能促进整体发展：

（一）调整业务资费，使邮政服务既安全、便捷又实惠。

调查结果显示：在对“您认为邮局还应在哪些方面改善服务？”的选择中，59%的受访者认为应降低资费价格；有20%的受访者认为资费偏高，其中有70%的人认为特快专递的资费偏高，55%的人认为包裹资费偏高，30%的人认为汇款资费偏高，平信和印刷品的资费较为合理或者低廉，认为平信和印刷品资费较高的受访者分别仅有15%和5%；。在走访中，受访者反映邮政快递和包裹等业务资费较贵，各类快递公司的业务资费普遍低于邮政快递的资费，其中不少快递公司的资费仅为邮政快递资费的一半，在邮局寄包裹比去快递公司寄快递还贵（包裹稍重的话），而且各类快递公司基本都实行门对门的服务，所以他们更愿选择更便捷、实惠的种类快递公司。邮局可以采取更灵活的业务资费方式：

1.调低快递和包裹业务的资费。快递业务是邮政重要业务之一，针对几乎所有的快递公司只在一、二线城市开展业务，邮局可以充份利用网络健全、投递安全等优势，采取降低一、二线城市业务资费，实行上门服务等措施，提高竞争力。

2.针对受访者认为平信和印刷品的资费较为合理（或者低廉），但服务质量多方面需要提高的情况，邮局可以适当调高平信和印刷品的资费，提供更好的服务。服务质量提高了，资费又比较合理，肯定会有更多的居民采用邮政业务。

（二）加大宣传、推广11185邮政客户服务中心。

11185邮政客户中心目的是向社会公众提供更加快捷、高效、优质的邮政服务，拥有资询、查询、受理、投诉四大基本功能，居民不需跑邮局，只需打一个电话，就可以进行邮政业务咨询、邮件查询和投诉，并可以享受邮政上门办理业务服务。在走访中，受访者普遍反映不知道或不了解11185邮政客户服务中心。邮局应加大宣传，如做广告，推广11185邮政客户服务中心，并提供更多的上门服务业务种类，把服务真正做到快捷、高效、优质。

（三）为用户安装独立使用的信报箱，方便用户接收邮件。

很多受访者反映把家庭住址作为通讯地址很不方便，如果要收寄信件，他们通常会使用单位的通信地址，因为家里没有专用的信报箱，担心使用家庭地址会造成邮件接收不及时或丢失邮件，这也是他们不愿使用邮政服务的主要原因之一。调查结果显示：24%的受访者需要安装接收邮局投送邮件的专用信报箱，88%的受访者希望自己的邮件投送到自己独立使用的信报箱、或者投送到户、或者投送到自己指定的地点。邮局可以采取一些措施，如（1）开展免费申请专用信报箱的活动，根据申请情况，为需要安装独立使用信报箱的用户统一、分批免费安装信报箱；（2）积极与房地产开发商联系，争取在小区安装信报箱属于建设项目的配套设施，所需要费用由房地产和邮局共同承担。

（四）开发旅游客户群体。

桂林是世界最著名的旅游城市之一，拥有大量的旅游客源。怎样利用这些资源呢？首先邮局可以与旅游局合作开发宣传旅游资源、地方特色为主要内容的精美邮资明信片；二是引导旅行社将各种旅游信息制作成明信片和商业信函，有针对性的寄给客户，且在途中可有策略性地宣传、介绍和推荐各类邮品及个性化明信片。

（五）抓住节日商机，开发相关客户群体。

像元旦、春节、教师节、中秋节等节日都蕴涵着巨大的商机。邮局可针对不同的节日和消费群体推出多样邮政业务（如商信函、广告、帮客户制作节日贺卡、拜年封）；并开展发放宣传单、折，制作邮送广告，开展业务推介会等宣传活动，让客户充分了解邮政业务，并采取上门公关，走访大客户，积极发展大客户，促进大客户用邮率的增长。

桂林市居家养老需求调查和建议

李娜

随着独生子女父母进入老年期，老年人空巢比例将持续增加，这是不可逆转的事实。根据第四次人口普查测算，桂林市从本世纪初进入老龄化时期。这反映出传统的家庭养老模式面临着严重的挑战，相对应的机构养老也面对着极大的压力。近几年来，桂林市养老机构虽然发展得比较快，但发展速度远远赶不上需求，供求矛盾突出。针对这个问题，国家统计局桂林调查队在桂林市的叠彩、秀峰、象山、七星等城区开展了一次“居家养老需求”的专项调查。

一、调查的基本情况

本次调查200个城市居民户共283位老人，调查对象是60岁以上的老人，其中男性45%，女性55%。有55.7%的老人住的是房改房，16.5%的老人住的是商品房，9.5%的老人是廉租房，18.3%同子女住；老人的收入来源有47.8%是离退休费，有24.5%是基本养老保险金，有1.5%是靠政府救济金，26.2%是靠子女供养。调查内容主要是老年人的自然状况、居住情况、收入与消费、居家养老服务需求等方面的情况。调查方式为问卷调查，由调查员直接入户同老人面谈的方式进行，即调查问卷由调查员在现场根据被访者的意见填写。

二、居家养老是老年人的主要选择

1.居家养老的好处。首先是符合中国传统的养老习俗。家庭对于老年人来说，是他们毕生经历和努力的结晶，保留了他们整个生命历程的印记，甚至是他们生命中不可缺少的一部分。在走访调查中，有一位姓张的老人说："他所在的社区有一个养老院，条件也很好，但老人们就是不愿意搬进去。当问到是什么原因时，老人说原因是多方面的，其中有观念的因素，觉得没面子，好像被儿女遗弃，儿女也不答应。另外就是养老机构的费用很高"。这种情况在其它社区也有很多的反映，老人愿意住进养老院的比例很少。居家养老既能满足老年人这种情感需要，也是目前最好的养老方式；其次是居家养老非常方便、快捷，拨一个电话或按一下按钮，就有人上门服务。老人不用离开居住地，能够在享受家庭温暖的同时，得到社会的服务。而且居家养老比住进养老院要省钱，既可解决"空巢"问题，又能为老人、为社会节省一笔费用；第三是居家养老可解决一部分人员的就业。一些下岗人员还可以通过再就业培训上岗，成为居家养老的服务人员；第四是可发展第三产业，老人花费一定的费用购买服务，也促进了第三产业即服务业的发展。

2.居家养老是老人的意愿。调查结果显示：有67.5%老人都选择在家里养老，有25%老人愿意到敬老院，有6.5%老人愿意到老年公寓，选择其它方式养老的仅有1%。

3.老人愿意居家养老的原因。有48.45%怕生病时没有照顾，有35.23%的认为退休金不够养老，有32.47%的老人没有生活来源，有27.50%的老人担心子女生活问题，还有25.12%和23.12%的老人认为需要时没有照料和怕误认为是子女遗弃等等。

三、老年人的服务需求多样化

在问卷调查中问及 "在社区你需要什么样的服务"时，有71.50%老人希望社区设有老人电话服务热线，有需要时可随时得到社区上门服务或者是预约服务，有28.30%的老人希望子女不在家时，社区有专门给老人休息的场所和给予必要的照顾，其它的只占5.20%。

为了摸清老人的服务需求，在问卷调查中，设计了老人身体健康的情况、生活照料方面、医疗上需要什么服务（供选择1项或多项）等。

1.老人的病况类别。在调查中得知，48.36%的老人有高血压，31.59%的老人有心脏病等等。老人身体健康的情况（详见表1）。

表1

类别 病况	高血压	脑溢血、脑血栓后遗症	心脏病	糖尿病	肾疾病	气管炎	类风湿	肢体残疾	视力障碍	其它
比例(%)	48.36	18.59	31.59	11.99	2.39	3.79	9.67	14.09	5.29	5.87

2.老人需要提供生活照顾。调查中，有49.50%的老人需要有钟点工，有34.20%的老人需要帮助购物和送货上门服务，有34.89%的老人需要家电管道维修等等其它的服务（详见表2）。

表2

类别 内容	送货上门	家电管道维修	清洁钟点工	代请保姆	代购物品	送餐	陪同出门	洗衣服	买菜做饭	维修家电	维修水电设施	其它
比例 (%)	27.02	34.89	49.50	25.13	7.18	5.03	18.86	9.63	5.26	34.52	50.08	10.59

3.老人需要提供医疗服务。有57.76%的老人要求社区卫生服务站，为老人建立卫生健康档案，给老人提供医疗服务，45.50%的老人希望有医护人员上门看病，37.50%的老人希望能定期上门检查身体，27.50%的老人社区能有理疗和按摩，23.60%的老人希望社区能开展健康知识讲座，21.80%的老人能上门帮助打针和护理，19.70%的老人希望有人陪护去医院看病，这样比较安全些，其它的只占10.50%（详见表3）。

表3

类别内容	陪同去医院	医务人员上门看病	社区卫生服务站	定时上门帮检查身体	是门打针护理	社区有健康教育讲座	其它
比例(%)	19.70	45.50	57.76	27.50	21.80	23.60	10.50

四、社区应采取的措施

根据国家统计局最新的统计数字，截止目前，国内六十岁以上的人口已经突破1.5亿，达到1.53亿，占总人口的11.60%，这是全世界唯一的一个老年人口超过1个亿的国家，现在老年人口是整个欧洲老年人口的总和，是亚洲老年人口的一半。根据人口战略研究报告显示，国内总人口峰值将在2033年来到，届时，老年人口仍然快速发展，到本世纪中期，老年人口达到峰值，将超过4个亿，约有4.37亿老年人口，占当时全国总人口的31%。也就是说，每三个中国人中，就有一个老年人。那么，面对老龄化群体，目前还有多少有关养老的问题需要急待解决？桂林应在人口老龄化高峰到来之前，加快建立健全社会化养老体系，建立一个以居家养老为主的多元化社会养老体系，而社区必须要先行。因此，建议在社区方面应采取如下的措施：

1.继续加强重视养老工作的宣传教育，形成全社会尊老爱老的良好风气。特别是社会、学校、家庭三方要加强对青少年的爱老、敬老教育，要加强舆论引导，发扬尊老敬老优良传统。

2.合理整合社区资源，充分发挥老年之家的作用，促进养老事业的健康发展。

3.社区要重视居家养老的服务工作，要制定全面发展社区居家养老工作的整体规划。

4.培养一支高素质的居家养老服务队伍，提高兼职人员的素质。

桂林市县(区)工业园区建设开发存在问题调研

麦丽

2008年4月国家统计局桂林调查队对桂林市投资环境情况进行了跟踪调查，同时对部分县(区)工业园区及园区内个别投产企业进行典型访问调查。调研结果表明：桂林市县(区)工业园区建设开发存在问题突出，亟待解决。

一、工业园区建设亟待解决的问题

(一)资金紧缺，特别是基础配套设施建设资金缺口大

据调查，走访的所有工业园区建设都遇到资金紧缺问题的困扰，此问题已成为影响园区建设迅速发展的“瓶颈”。园区基础配套设施建设需要大量的前期资金投入，如果没有资金投入或者资金投入不够，园区基础配套设施不好，就招引不来企业，就算一时招引来了一些企业，因为基础配套设施不行，企业无法正常生产，职工无法正常生活，招引来的企业也要撤走。据了解，临桂秧塘山水科技园截止目前，共累计投入人民币约7亿元作为园区基础配套设施建设资金，其中投入1亿元建设污水处理厂；投入5.3亿元修建供、排水、排污、10条道路“三纵七横”近20公里等路网、管网建设；投入0.2亿元建设供电、通讯、广播电视等配套设施，目前资金缺口约5亿元，其中单就供水一项缺0.8亿元。永福县福龙工业园区基础配套设施建设资金预计约0.9亿元，目前资金缺口约0.5亿元，造成该园区的标准厂房、苏桥新区水厂水处理系统改造、苏桥中学扩建、职业教育培训中心、派出所办公楼等基础配套设施建设进度缓慢或无法继续。桂林市铁山园区(铁山、英才、信息)2008年资金缺口约6亿元。

(二)水电供给不足，水质不优，道路平整等问题日趋严重

要想办好工业园区，如果没有良好的水、足够的电供给和平整畅通的道路，是根本办不到和不可想象的，目前桂林市各开发工业园区都将遇到水、电供给紧张的问题，有的园区还存在道路不够平整畅通的问题。特别是临桂秧塘园区供水问题显得尤其突出，因为临桂秧塘一带没有丰富的地表水(河流)可供水源，抽地下水最终满足不了需要和达不到水质标准，只能从桂林引水解决，这样不但给有限而且已经相当紧张的漓江水资源带来新的压力，还需要大量的资金投入(如上所述约0.8亿元)。现在该园区里已投产的某企业，为了及时开工投产，在园区供水困难的情况下，先是自行打井抽水用，结果因水质不达标，全体职工腹泻，后来请了专业打井队，添加了净水设备，才暂时解决了问题。同样，永福县福龙工业园区已投产的某企业，为了满足生产的日用化工产品要求，在园区供水的基础上增加了净水设备，增加了企业的负担，挫伤了企业进园区生产的积极性。进园区企业普遍反映经常遭遇停电，影响生产、生活，有的反映园区道路平整不及时，路面雨天泥泞不堪，晴天灰尘滚滚，不但影响原材料及产品运输，不方便人员出行，且又污染环境。

(三)通讯(电话、宽带)、电视管网建设滞后

桂林市有的工业园区已开发建设多年，但通讯(电话、宽带)、电视管网建设滞后，桂林队在某个工业开发园区调研时发现，有的企业2005年就进园建厂投产，固定电话直到2008年5月中旬(调研之前的一天)才接通，宽带和电视管线仍不知何时才能连接上，在此之前，企业的对外业务联系大多用移动电话(手机)，要收发一份传真或E—mail就必须到几公里以外的城镇才能完成，给企业带来诸多不便，难怪企业大声呼吁尽快解决。

(四)生活、娱乐等配套设施缺乏

在调研组所到的园区暂时没有看到有关生活、娱乐等配套设施建设，方圆几平方公里若大的园区里没有一家宾馆、饭店、商店、理发店(洗头屋)、影视院(网吧)。园区企业反映，由

于相关的生活、娱乐等配套设施没有及时跟上，职工日常生活用品的采购、吃饭就成为一大难题，职工下班后的业余时间一点娱乐都没有，增加了企业的管理难度，有的年青员工难耐下班后的寂寞，辞职走人，再招工时，有的应聘人员听说是园区企业的就不愿来（工薪同等或略优），直接影响企业职工队伍稳定，影响企业生产。

（五）园区用地与村民矛盾尚未彻底解决，影响基础建设。

园区用地与村民矛盾是园区开发建设带普遍性的问题，桂林市也不例外。如：永福县福龙工业园区南北大道与土榕大道交汇处的已废水渠因一些村民无理阻挠施工，使两条道路无法接通合拢，对园区路网完工造成严重影响，同时，因一些村民对施工企业实行强卖施工用料，造成新福大矿业供水管线铺设受阻，严重影响企业施工等，以及在规划用地中并已落实了落户企业（典林食品公司）的六亩晒谷坪，因村民不配合，至今尚未完成征地，严重影响该项目的推进及园区形象。

（六）缺少技术型人才。

在调查中发现，在市、县（区）园区管委会中人员里，技术性人才并不多，特别是在领导岗位（含中层）上的更少，这对搞好桂林市园区建设是极为不利的。

二、解决问题的几点建议。

针对以上存在的问题，结合调研过程听取的各种意见，提出如下建议：

1.加强领导，重在落实。不管市、县（区）、乡（镇）领导人如何变动，各级党委、政府都应按照制定的方案（规划）继续执行，切勿一人一事、一时一事。市抓县（区），县（区）抓乡（镇）、乡（镇）抓村（居）委，层层落实，责任到人，签订责任状。倾听基层意见，解决实际问题，各级党委、政府每季或半年，定期或不定期召开有各种人员（政府干部、企业老总、村民代表等）参加会议，讲明党委、政府的工作意图和目标，听取采纳意见，协商解决问题。

2.下大力气，夯实基础设施建设。全市各级党委、政府要借全力推进园区建设大会战这股东风，乘势而上，举全力加强水、电供应、道路畅通、电信、资讯设施、网络连接等建设，搞好基础设施建设，功在当代，利在千秋，使企业对当地的基础建设条件总体评价不断提高。

3.制定更加优惠政策。市委、市政府应给县（区）及其以下更多的优惠政策。一是把控规地招划拨（配套用地）由现在的7%左右，扩大到20～30%；二是提高园区标准厂房补助，并坚持不懈；三是原先给落户企业的优惠政策在继续执行的同时，还可适当放宽，使企业对当地的相关投资政策优惠条件评价不断提高。

4.千方百计拓宽融资渠道。一是继续实行BT投资方式引入资金；二是理顺各级投资体制关系，用活有限资金；三是多方筹集国有（企业）、私企及民间闲散资金；四是扩大创新招商引资方式，争取两到三年内把市区工业企业全部通过“退二进三”搬迁到园区这一契机的同时，把目标招商引资对准江浙、广东和区内相邻的大城市，甚至港、澳、台及发达国家或地区。采取以商招商、节会招商、小分队招商、产业链招商、项目定向招商、驻点招商、网上招商等行之有效的招商方式，提高招商引资成效。突出引进有带动作用的产业型项目，优选引进税源足、环保、科技的大项目和好项目；五是与国内、外有实力的大公司、财团合力举办园区，使企业对当地的融资政策评价进一步提高。

5.加强管理，提高功效。加强政府职能部门管理，多个部门联合组成办事、办证中心，下基层上门服务，简化审批手续。利用公务员工资改革（统一津贴规范发放）契机，加强公务员职业道德教育，制定新的有针对性的公务员业绩考核措施和办法，严防出现“做与不做一个样，做好做坏一个样，做多做少一个样”的不良现象出现，确保公务员队伍的高素质，不断提高办事效率。同时，大力引进技术人才，及时出台引进人才的相关政策与措施，引进的技术人才要放在合适的技术部门位置，人尽其才，使企业对当地行政机关工作效率和政府部门服务情况以及技术人才供应充分程度的综合评价全面提高。

2008年上半年桂林市居民消费价格浅析

谢登宝

据国家统计局桂林调查队调查资料显示，2008年上半年桂林市居民消费价格总水平上涨（同比，下同）8.4%。食品价格上涨是推动主力，上年翘尾因素也有一定的影响。预计下半年涨幅（同比，下同）将有所回落，但新增涨价因素仍存在。

一、上半年居民消费价格变动特点及原因

（一）价格变动的主要特点

1.价格总水平持续高位运行。1-6月，居民消费价格总水平涨幅分别达8.4%、8.6%、6.8%、7.7%、9.4%和9.5%。

2.结构性上涨仍然明显。上半年居民消费八大类呈现“六升二降”态势，其中：食品、衣着、家庭设备、医疗保健、娱乐教育和居住类分别上升22.7%、1.8%、0.9%、2.2%、0.2%和7.5%，分别影响总指数提升7.03、0.16、0.05、0.19、0.04和1.11个百分点；烟酒与交通通讯分别下降1.6%和3.8%，分别影响总指数下降0.06和0.39个百分点。

3.食品价格全面上涨。上半年食品类中的16个小类均有不同程度的上涨，其中影响较大的主要有：粮食上涨16.3%，淀粉上涨10.4%,肉禽类上涨42.7%,豆制品上涨43.0%,油脂类上涨22.0%,蛋上涨12.7%,水产品上涨9.9%,鲜菜上涨14.6%,干鲜瓜果上涨16.9%,在外用餐上涨15.8%。

4. 燃材料等呈上涨趋势。上半年建筑材料价格上涨5.6%,影响总指数0.25个百分点;房贷利率上涨22.3%,影响总指数0.13个百分点;液化石油气上涨23.7%,影响总指数0.50个百分点。此外,管道煤气上涨22.0%,煤等其他燃料上涨37.9%。

5. 工业消费品价格有涨有降。由于工业消费品市场仍然供大于求,市场竞争激烈,价格大战此起彼伏,工业消费品价格整体水平仍呈平稳运行态势。但是,随着原材料价格大幅上涨,生产成本加大,价格下降空间逐渐缩小,部分工业消费品的价格扭转了几年来的价格下降局面,呈现上涨态势,前期上游生产资料价格涨价向下游消费品的传导已逐渐呈现。上半年,衣着上涨1.8%,耐用消费品涨1.0%,医疗器具涨7.4%,中药涨6.4%,西药下降0.9%,个人用品涨3.1%,交通与通讯工具分别下降2.0%和19.6%,文娱家电下降4.3%。

(二)价格上涨原因

1. 上年翘尾因素影响。经测算,上年下半年因生猪紧缺引发食品价格大幅上涨所形成的翘尾因素对2008年上半年的影响程度高达5.7个百分点,新涨价因素影响3.7个百分点。

2. 自然灾害影响。一是春节前后,桂林市遭受冰雪灾害,农业生产受损严重,物资供应相对偏紧;二是5、6月桂林市普降暴雨,农业生产再度受损。

3. 国际国内共性因素影响。一是全球粮食趋紧,粮价上涨;二是农业生产成本上升,农产品价格普遍上涨;三是能源物资尤其是原油、煤等上游产品价格大幅飚升,生产领域价格上涨向消费领域传导的力度在加强。此外,增资政策的落实、消费能力的提高、投资及信贷过快增长滞后作用的进一步释放等因素也在一定程度推动了居民消费价格总水平的上涨。

(三)理性看待物价上涨

从上述物价上涨特点和原因中,应该看到,2008年物价上涨既在情理之中,同时又是可控的。

1.虽然桂林市居民消费价格总水平呈大幅上涨态势,上涨类别升多降少,但从各大类影响程度看,仍属结构性上涨,特征也较明显,食品价格上涨仍是当前的主推动力,并非全面上涨。但通胀压力仍然存在,防止价格总水平过快上涨一刻不能放松。

2.上半年桂林市物价涨幅虽达8.4%,明显高于全国4.8%的调控目标,比全国1-5月平均涨幅高0.3个百分点,但却低于全区平均涨幅,这与桂林市各级政府积极扶持农产品生产,认真落实"米袋子"和切实抓好"菜篮子"工程,及时起动价格应急预案等措施是分不开的。1-5月广西平均涨幅为10.8%,高出全国2.7个百分点,位居第三。

3.物价上涨原因中有上年物价上涨的翘尾因素,也有2008年以来的新因素,但翘尾因素明显占据主导,若扣除翘尾因素,桂林市涨幅则在调控目标内。

4.目前,随着时间的推移,国务院自上年下半年以来陆续出台并实施的一系列扶持农产品生产特别是生猪生产的政策措施在桂林市已见成效,由上年生猪价格突发暴涨引发的这一轮物价上涨的初始动因已经开始化解,猪肉市场价格出现小幅回落趋势。

5.从保护农民利益、促进农民增收的角度来讲,是一件好事。同时,考虑到上年桂林市已经积累了较高的物价涨幅,2008年下半年CPI将逐步回落基本已成定局。即使政府择机出台理顺能源价格的措施,也会视物价总水平回落的幅度统筹考虑。

二、下半年走势预测

根据上半年的变动特点,结合国际国内经济供求情况和经济政策变化对桂林市经济的影响程度,并考虑到上年下半年居民消费价格大幅度上窜所形成的翘尾因素在2008年下半年将逐渐消失,预计下半年涨幅将低于上半年。

1.上年下半年CPI大幅度上窜对2008年上半年造成了较大的翘尾影响。据推算,翘尾影响5.7个百分点。随着翘尾因素的逐渐消失,下半年同比涨幅必将大幅回落。

2.目前食品价格虽然仍处高位,但随着各级政府对农业生产各项扶持政策的逐步落实到位,农产品价格的高位运行必将诱使种植业和养殖业的快速发展,预计下半年食品价格将有所回落。

3.原油、煤等能源物资价格仍然持续大幅上涨,生产领域价格上涨向消费领域传导压力加大,通胀压力仍然存在。

三、几点建议

1.继续加大农业生产扶持力度,增加农产品市场的有效供给,抑制不合理要求,保证市场供应。

2.把握好政府调价的时机和力度,延缓调价时期,尤其与人民生活息息相关调价措施要分批分次有序进行,防止出现轮番涨价。

3.健全大宗农产品、初级产品供求和价格变动监测预警制度,做好市场供应和价格应急预案。

4.进一步加强市场和价格监管,依法打击串通涨价、囤积居奇、哄抬物价等违法违规行为。

5.完善和落实对低收入群众的补助方法,增加对生活困难群众的补助。

2008年上半年桂林市居民收入增长因素有新变化

庞育光

据国家统计局桂林调查队资料显示，上半年桂林市居民收入出现了快速增长的态势。其结构收入增长出现如下特点：

一、居民收入增长因素发生变化

桂林市居民人均可支配收入保持了较快增长的势头，上半年达到6976.6元，比上年同期增长17.1%。从收入结构看，居民收入增长较快的是经营性收入和财产性收入两个指标，各项指标的增长表现如下：

（一）经营性收入较快增长。

上半年，桂林市居民经营净收入得到较快增长，同比增长排在财产性收入、转移性收入和工资性收入之前，位列居民家庭四项收入增幅的首位。其主要原因有：

1.城市居民个体私营业主增多。

近年来，市政府围绕富民强市目标，在狠抓招商引资的同时，积极采取有效措施，激发市民创业精神，推动了个私经济的快速发展和城市居民家庭经营性收入大幅增加。在抽样调查户中，上半年个体私营经营者人数由上年的9.6%提高到17.7%。

2.城市居民经营性收入快速增长。

近年来，通过政策激励，机制拉动，桂林城市私营企业、个体经济得到了长足发展，城市居民家庭经营性收入成为推动居民收入持续增长的新动力。抽样调查数据显示，上半年，居民人均经营性净收入1167.3元，比上年同期增长3.3倍，占人均家庭总收入的比重为15.6%。在居民可支配收入中所占比重为16.73%，比上年同期高出12.13个百分点。

3.就业面扩大，促进经营收入增长。

据有关部门测算，在平均工资一定的条件下，全市城镇就业每提高1个百分点，城镇居民人均收入则可提高0.8个百分点。因此就业问题是增加经营性收入增长的一个关键问题。目前，在发展资金技术密集型产业的同时，桂林市进一步发展劳动密集型产业，努力增加更多的就业岗位；积极开拓国际劳务市场，扩大劳务输出规模；完善就业服务体系，市政府推广“人人技能工程”，促进劳动力的合理有序流动，进一步拓宽居民收入的来源。在抽样调查户中，上半年就业人数由2007年的43%提高到44%，就业人口提高了1个百分点。

（二）财产性收入增六成多。

据居民抽样调查显示：2008年上半年，桂林市居民人均财产性收入为207.9元，同比增长63.7%；人均财产性收入占人均可支配收入的比重由上年同期的2.2%提高到3.0%。推动居民财产性收入快速增长的主要因素：

1.居民理财有方。在2008年股市暴跌的情况下，桂林市多数居民选择了把余钱存入银行获取利息。据调查资料显示，上半年居民利息收入比上年同期增长了2.3倍。

2.居民理财形式多样。在调查中，有一名调查户说：“以前自己对理财没有什么概念，余钱全部存银行。现在他不仅把自己多余的一间空闲房子租出去，还买了一些股票、定期基金和期货等。他说‘你不理财，财不理你’”。据走访调查，最多的一户一次性获取红利收入达8500元。据调查数字显示：上半年居民的股息与红利收入与上年同期比也增长了1.6倍。

3.桂林旅游名城效应推进居民投资多元化。据统计，近三年桂林市旅游人数和收入都以两位数的速度增长，成熟的旅游市场也改变了桂林市居民的投资理念和增加投资的渠道，随着旅游市场的扩大，居民对艺术品、邮票、古玩等的投资也迅速增多，这也是促进桂林市居民财产性收入快速增长的一个主要因素。据调查资料显示，居民的其它投资性收入比上年同期增长了2.6倍。

（三）工资性收入稳步增长。

统计调查资料显示，上半年，居民人均工资性收入达到3882.6元，比上年同期增长1.8%，占人均家庭总收入的52%。

（四）转移性收入继续增长。

养老金和离退休金、赡养和赠送等转移性收入，是居民家庭可支配收入的重要组成部分，在可支配收入中所占的比重仅次于工薪收入。上半年居民人均转移性收入2213元，增长7.3%，其中养老金或离退休金增长9.5%。

二、居民生活消费呈现亮点

上半年居民人均消费性支出4553.8元，比上年同期增长7.5%。从消费结构看，桂林市居民生活消费主要呈现如下亮点：

（一）吃，从量的满足讲究质的提高。

居民饮食改掉了过去大鱼大肉填饱肚子，注重营养搭配，蛋白质、各种卫生素均衡发展，健康、绿色食品成为餐桌上的主流。上半年居民人均食品支出2340.7元，比上年同期增长28.9%。其中粮油类、肉禽蛋水产品类、蔬菜类、干鲜瓜果类和奶及奶制品消费支出分别比上年同期增长28.4%、30.5%、32.6%、17.2%和22.9%。随着人们收入水平的提高，工作和生活节奏的加快，在外用餐已成为人们消费的时尚，居民在外用餐支出比上年同期也增长39.3%。

（二）穿，讲究时尚和个性。人靠衣装马靠鞍。

山水甲天下的桂林居民，素来讲究衣着打扮，仪容仪表，尤其是女性善于追赶外来服装消费潮流，凸显前卫和个性，霓裳倩影与甲天下的山水相益得彰。上半年居民人均衣着支出416.2元，比2007年同期增长6.4%，其中人均购买各种鞋类支出96.3元，增长22.2%。

（三）高档耐用品的拥有量持续增长。

以家用电脑和移动电话等为代表的高档家电产品拥有量增长迅猛，成为新的消费热点。上半年桂林市居民每百户家庭拥有家用电脑61台、微波炉62台、空调机107台、移动电话175部，分别比上年同期增加20台、11台、16台和23部。

（四）通信，顺风耳显灵。

随着信息产业的快速发展，信息产品更新换代速度加快，极大地刺激了居民通信消费需求，使居民通信消费保持了较高的增长水平，为人们的时空观赋予了新的内涵。上半年桂林市居民家庭人均通信支出289.6元，比上年同期增长1.1倍。

（五）居住质量提高。

上半年，居民人均用于居住消费的支出为403元，比上年同期增长19.8%。其中居民住房装潢支出增长1.3倍。人均住房建筑面积28.33平方米，比上年同期增加1.64平方米。

三、两点建议

一是在城市居民财产性收入步入快速增长的同时，广大居民不要过于集中在资本市场和房地产两个市场。2008年以来，央行紧缩银根、股市震荡、房地产市场走势不容乐观，在这个市场繁荣的背后，也隐藏着风险。如何实现财产性收入的理性和可持续增长是关键。在调查中，就目前情况来看，一些居民把财产性收入的增长仅理解为发展金融市场，这样的理解与“十七大”主张原则上是有差距的，很多人把财产性收入短期内的急剧上升，包括房价、股票当作财产性收入上升的主要渠道。实现财产性收入增长，最为重要的是居民要有财产。有一位著名专家说过“增加居民财产性收入的首要一点就是通过增加劳动报酬在初次分配中的比重来实现。此外，各级政府还要防止物价大起大落，保持物价长期稳定等等”，为此，提高劳动者报酬在初次分配中的比重，让更多社会财富创造者能够分享到更多改革发展的成果，这才能使财产性收入稳步增长。

二是桂林市还有9%的家庭未达到低收标准。上半年，桂林市政府出台了该市城市居民的低收入标准为每月人均收入294元。但在调查中，桂林市区内还有9%的家庭月人均可支配收入还低于294元的标准。由于从2008年7月起，桂林市规定月人均收入少于225元的属于低保家庭而得到救济补助。而还有一部分人除了得到低保救济的家庭以外，还有4%的家庭月人均收入在226～294元内。对于这些收入略高于低保人群的“低保边缘人”即“夹心层”的低收入家庭，他们的生活还相当困难，特别是在物价不断上涨的今天，生活成本不断增加，生活压力不断加大，希望政府及有关部门对这部分家庭也应给予关注，出台一些相应的保障措施，设法解决和提高这部分“夹心层”家庭的生活水平。

2008年前三季度桂林市房地产市场分析及对策

粟凌燕

房地产业是推动国民经济增长的重要产业之一，但2008年房地产行业颇为不平静。全国房地产价格增势普遍趋缓，一线城市房价甚至出现大幅度下跌的情况。在这样大环境下，桂林市房地产市场又如何？为此，桂林队对一些房地产企业进行了调查，调查结果表明：

一、桂林房价走势逐步下降

前三季度桂林房价的走势如下图：

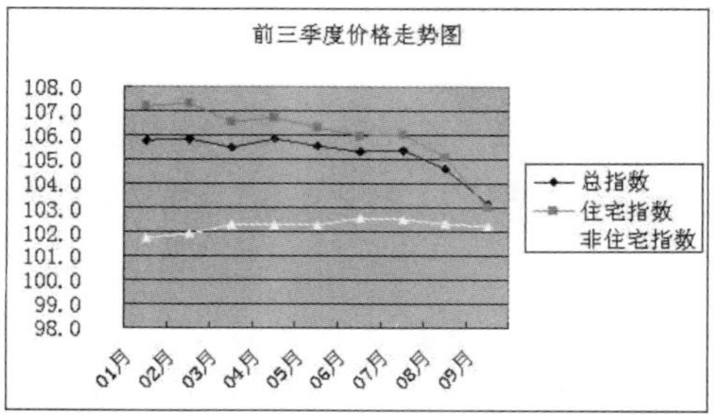

从上图可以看出2008年前三季度桂林市房屋销售价格总指数和住宅类价格指数呈现逐月下降的趋势，而非住宅的价格指数则比较平稳。说明自2005年以来国家实行的一系列房地产调控政策在桂林已初见成效，房价快速上涨的势头得到了控制。但桂林的房价是小幅逐步下降，而没有像其他大城市那样出现大跌的现象，主要是因为：

（一）土地价格平稳、供应充足是支撑房价的根本

在对桂林市土地交易部门的调查中发现，目前出让的土地90%都是以实业为目的，炒地皮的现象极少，这就杜绝了土地价格翻倍涨价；且每年都有新增的大块土地出让，土地供应充足，所以自2005年以来来桂林市的土地价格一直是比较平稳的。稳住了地价也就基本稳住了房价。

（二）不断上涨的成本制约了房价的下跌空间

各种成本要素的上涨造成土建成本2008年比上年涨了200-250元/平米。而其他各种费用如行政收费、水电增容费等构成的潜在成本2008年上涨了500-600元/平米。因此在各种成本要素不断涨价的挤压下房地产的利润空间有所减少，降价空间有限。

（三）刚性住房需求是房价稳定的有力支撑

现在桂林市房价下降的主要原因是房子销售低迷，而销售低迷一部分是受投资抑制的影响，但是很大一部分是购房者理性回归所至。桂林市住房一直是刚性需求，外地人来桂林买房只占30%左右，而买房人80%是用来居住而不是投资，随着需求的释放，销售量上升，房地产价格必然得到支撑。

二、2008年的桂林市房地产市场机遇与挑战并存

（一）机遇：各方压力下房地产市场正经历着重新洗牌，良莠不齐的局面被打破，优胜劣汰后实力企业突现

1.门槛提高。地价上涨、资金紧缺，没有一定实力想一家拿下土地已经越来越难，如今常见两家或者几家联合出资购买土地。以往买一块地就可以成立一家房产公司的投机情况不复存在。

2.贷款评先。国家虽严格控制房产业的贷款发放，但是对一个城市评前1、2名的房产企业还是有优先贷款权和一定的贷款额。

3.品牌销售。虽然现在整体销售量低迷，但是有实力和品牌的企业销售依然可观，有合适的房源依然受到购房者的追捧。

4.炒地皮现象悄无声息。桂林市2008年前三季度只拍卖了一块土地，且应拍者寥寥，拍价不高。这让真正做实业建房的开发商能以合理的价格拿到土地，从而更好的把资金和精力放到如何搞好楼盘品质上。

（二）挑战：房产政策重压和销售低迷之下桂林房地产企业的生存现状不容乐观

1.在土地上积压的资金太多，土地挂牌价节节高升，拍卖价更高。且国家新的土地出让政策规定，买地的时候要一次性交清所有款项，不能像以前一样可以分块交钱，加上经常要花钱重新修整买的地，使之达到可以用的程度。而开工建设又要等指标分配，如此一来前期压在土地上的资金巨大，周转不畅。

2.建房成本不断攀升。建筑成本不断上涨：钢材2007年2000元一吨，现在5000元一吨；红砖2007年0.15元/块，现在0.35元/块；水泥价格比上年上涨了10%；人工成本，原来30-40元/天的工人工资，现在涨到100-120元/天。

3.资金链紧绷。受观望情况的影响，桂林的房地产销售也正在遭遇寒流。销售量上不去，投进去的钱收不回来；国家信贷政策收紧，贷款融资艰难，排前两名的房产企业，银行如今根本不予贷款，不排前列的房产企业贷款额也有限制。而这边工程进度不断推进，房地产商的资金链已经紧绷到了断裂边缘。如今桂林的地下钱庄空前活跃，部分房地产商迫不得已只有借高利贷。

4.行业增速放缓。现在的开发商是缓开工、急卖房，尽快把房子卖出去，尽早把资金回笼。前三季度桂林市房地产业景气指数分别为115.83、78.97、85.13，行业景气指数连续两个季度落在不景气区间，增长速度明显放缓。

5.社会舆论压力大。报纸舆论报道说房地产是暴利企业，有泡沫。房地产企业自喻自己如今好似过街老鼠人人喊打，觉得受到了行业歧视，挫伤了经营开发积极性。

三、对策及建议

房地产业的发展是桂林市经济发展重要支柱产业之一，随着经济的增长和工资收入的增长，居民对住房需求的增长逐步提高。为了稳定桂林市房地产市场价格，使房地产业健康持续发展，建议如下：

（一）采取措施，正确引导房地产业发展

近来世界经济不景气，国内经济也有所放缓。房地产业作为拉动经济增长的一个重要行业，作用不可小视。如今国家已经两次调低利率，对于房地产业的发展来讲是个积极信号，一些地方也陆续出台了各种扶持政策。建议桂林可以把房产高压政策持续到2009年上半年，使桂林的房地产市场重新洗牌，兼并重组和联营后优胜劣汰。之后出台一些更适合本地实际情况的措施，良性发展本地房地产业。

（二）利用税费杠杆，正确引导开发商建房

明文收税费，并给予适当政策优惠或减免一些税费，利用税费杠杆良性引导开发商建经济适用房、廉租房等，利用开发商建立健全好社会住房保障体系。

2008年1—9月桂林市居民消费价格走势简要分析

刘宇波

据国家统计局桂林调查队调查，1—9月桂林市居民消费价格总水平累计同比增长7.3%。主要是食品上涨的推动，同时上半年冰冻灾害对全年指数也有很大的影响，预计第四季度涨幅将继续小幅回落，但新的涨价因素依然存在。

一、物价运行特点及成因

（一）物价变动的主要特点

1.从物价走势看，上半年持续高位运行，下半年开始逐步回落。1—9月，居民消费价格总水平各月同比分别上涨8.3%、8.5%、6.8%、7.7%、9.4%、9.5%、7.1%、4.7%、3.5%。上半年各月指数基本在8%上下波动，从2008年7月起，随着翘尾因素的逐渐消失，同比指数开始连续三个月回落，其中以食品类最为突出。1—9月食品类各月同比分别上涨21.2%、22.4%、18.6%、21.3%、26.0%、26.4%、19.3%、12.5%、9.4%。虽然居民消费价格总水平月同比已经下降到3.5%，但居民消费

价格总水平累计同比仍高达7.3%，处于高位运行中。

2.从结构上看，居民消费价格八大类累计同比呈现“五升三降”格局。食品、衣着、家庭设备用品及维修服务、医疗保健和个人用品、居住类分别上涨19.5%、1.9%、0.6%、1.3%、7.4%，分别影响总指数上涨6.17、0.17、0.03、0.11、1.08个百分点；烟酒及用品、交通和通信、娱乐教育文化用品及服务分别下降1.2%、3.3%、0.3%，分别拉低总指数下降0.04、0.34、0.04。食品和居住两大类成为拉高居民消费价格指数的两大因素。

（1）食品类价格全面上涨，是拉高CPI的主要原因。1—9月份，食品类价格累计上涨19.5%，拉动CPI上涨6.17个百分点，对总指数的上涨影响高达84.5%，成为拉高CPI的最主要的原因。

——食品类价格全面上涨。食品16个小类呈全面上涨态势，其中：粮食上涨18%，豆类上涨36.7%，油脂上涨20.3%，肉禽上涨29.7%，水产品上涨9.2%，鲜菜上涨9.6%　，瓜果上涨13.6%，乳制品上涨12%，在外用膳上涨21.8%。

——肉禽及其制品开始小幅回落，但依然处于高位。至2008年7月份以来，肉禽及其制品同比已经连续3个月小幅回落。累计同比涨幅从2008年6月份的42.7%，降至9月份的29.7%。肉禽及其制品同比虽有回落，但对总指数的影响依然巨大。其拉动CPI上涨2.5个百分点，对总指数的上涨影响高达34.2%。

——受2008年粮、油、米、肉、菜等价格上涨，在外用膳食品也随之上涨。桂林市作为一个旅游城市，餐饮成为其自身发展的一个重要部分，也在很大的程度上影响着人们的生活。1—9月份，桂林市在外用膳食品价格累计上涨21.8%，拉动CPI上涨1.2个百分点。

（2）居住类价格涨势迅猛，成为拉高CPI的第二大因素。1—9月，居住类同比累计上涨7.4%，拉动总指数上涨1.1个百分点，对总指数的上涨影响高达15.1%，其中建筑装饰材料、房屋贷款利率和水电燃料类分别上涨4.5%、15.4%和10.4%。

3.工业消费品价格呈小幅上扬趋势。由于工业消费品市场仍然供大于求，市场竞争激烈，价格大战此起彼伏，工业消费品价格整体水平仍呈平稳运行态势。但是，受原材料价格上涨、运输成本增加，工业品消费价格小幅上涨。1—9月，工业消费品价格累计上涨1.8%，影响CPI提升0.8个百分点，对总指数的上涨影响达到11.0%，其中：衣着类上涨1.9%，耐用消费品上涨0.6%。

4.服务项目价格相对平稳。近年，随着政府对教育、医疗等服务行业投入和监督力度的加大，各类收费标准相对统一规范，乱收费现象明显好转，服务项目价格保持相对平稳。1—9月服务项目价格累计上涨0.4%，其中：个人服务类上涨14.1%，文化娱乐类上涨2.2%，教育类下降0.3%，医疗保健服务价格保持平稳。

（二）影响居民消费价格变动的主要原因

据分析，桂林市2008年上半年居民消费价格指数高位运行，进入7月份以后，开始小幅回落，是多种因素共同作用的结果。

1.受国际环境影响。年初，一方面，受国际粮油价格大幅上涨，进而影响到国内食品价格上涨；另一方面，受中国在内的几个发展中国家快速发展，固定资产投资增加，对钢铁、石油等大宗原材料需求旺盛，各种原材料价格一片上涨，进而逐渐向下游产品进行传导。例如，原材料2008年上涨最高的煤和碳，涨幅达到50%。进入8月份以后受多种国际因素影响，石油、铁矿石等价格开始回落。

2.受自然灾害影响。2008年1、2月份桂林地区遭受到罕见的冰冻灾害，其对农业有巨大的影响，特别是新鲜瓜果、蔬菜的影响最大，一些工业品也因交通不畅，出现断货涨价的现象。进入5月份以后，农业生产逐渐恢复到灾前水平，价格开始小幅回落，成为总指数小幅回落的最大拉动力。以菜类价格为例，菜类价格1—4月份大幅上涨，尤其2月份更是比上月上涨38.5%，其中涨幅比较大的有大白菜、洋白菜、油菜、菜花、西红柿，分别比上月上涨82.6%、88.0%、104.9%、87.0%、63.0%；进入5月份以后，菜价开始小幅回落，但依然处于高位运行。

二、第四季度市场价格趋势预测

根据2008年1—9月桂林市物价走势，预计2008年第4季度会继续小幅回落，但是还存在以下几点不确定因素：

1.受政策性调价影响。由于前段时间桂林CPI高位运行，一些公用事业收费、服务等政策性调价项目受到积压，同时生产成本上涨，也给一些相关企业造成很大的压力。政策调价压力开始逐渐释放。例如，从10月份开始，桂林市开始调整污水处理费收费标准，居民生活用水从0.6元/立方米调整到0.75元/立方米，工业、行政事业、经营性用水从0.70元/立方米调整到0.86元/立方米，特种用水从1.20元/立方米调整到1.35元/立方米。水费的上调不仅直接拉高总指数，还会使一些工业品的生产和服务业的成本上升，最后这些成本还会转嫁到消费者的头上。

2.国际能源、原材料价格。进入8月份以来，国际油价持续走低，原材料价格已经开始松动下滑，这是多种国际因素影响的结果，接下来会是一个怎样的情况，现在还很难说。随着国际金融危机的影响逐渐加深，使国际能源市场和原材料市场存在更大的不确定性。

三、几点建议

1.继续加大农业扶持力度,保障市场供应。在保障农产品上面,不能仅仅从源头保障,更要做好产、供、销的监督保障,防止不法分子串通涨价、囤积居奇、哄抬物价等违法违规行为。

2.把握好政策调价的时机和力度,尤其是与居民生活息息相关的调价项目,要多从居民的角度思考问题。

3.建立健全大宗农产品的价格预警机制,加强应对突发事件的能力,保障市场供应。

工业企业家信心谨慎乐观
景气指数持续回落

——第三季度桂林市工业企业景气调查报告

唐彰徽

受国际金融动荡和美国次贷危机、国内股市持续下跌、自然灾害接连不断、煤、油等原材料价格高位运行影响,桂林市第三季度工业企业家信心指数为110.31,比上期下降10.01点,比上年同期跌落15.58点。2008年以来每季呈近十个点的速度回落,创2004年同期以来新低。但是,高于同期全市综合指数和房地产、社会服务、住宿和餐饮业。低于建筑、交通运输、仓储和邮政及批发零售业。仍处于较为景气区间,表明工业企业家谨慎乐观。预计第四季度将稍有好转,企业家信心指数预计为113.27,比本季回升2.96点。

一、工业企业家信心指数在"较为景气"区间运行

桂林市委、市政府非常注重"工业强市"政策的贯彻落实,近年来,大力推进各工业园区基础设施建设。为承接东部产业转移,筑巢引凤,不断完善服务职能,为工业企业可持续发展奠定了坚实的基础。

1.关注民生,水、电和煤气供应平稳健康发展。以人为本、关注民生、群众生活无小事是建设和谐社会的基础。桂林市第三季度工业企业监测显示:水、电和煤气供应企业家信心指数达125.57,比上年同期提高11.15点,分别高出制造业和采矿业27.32点、5.57点。

2.中秋佳节的到来,刺激了食品、饮料的生产。在制造业中第三季度企业家信心指数排前四位的分别是工艺品、塑料制品、食品和饮料制造业,分别为200、182.91、144.44和150.00。与上年同期相比工艺品、塑料制品两类持平,食品和饮料制造业分别增长6.94和33.93点。

3.从注册类型看,处于景气区间的有股份有限公司、有限责任公司、国有企业、外商及港、澳、台资企业,企业家信心指数分别为129.33、119.35、118.95、114.83,但是只有国有企业与上年同期相比上升1.6点,其余均下降17.48点以上。

4.大、中型企业信心指数分别为116.05、107.08,比上年同期分别下降54.36、1.97点;小型企业信心指数为122.22,比上年同期略升2.22点。

二、工业企业景气指数回落,生产经营状况不容乐观

本季度工业企业景气指数103.54,比上期下降4.88点,比上年同期下降11.14点。认为本期情况"偏好"的占24.70%,认为"偏差"的占21.16%;反映企业综合生产经营状况15项分类指数中有7项景气指数处于不景气区间运行,占46.67%、在景气区间运行的有8项景气指数,占53.33%。下一季度预计企业景气指数将达115.31,比本期提高11.77点。

(一)工业企业景气指数回落的原因

1.生产成本的大幅度提高,在企业的综合景气指数中反映强烈。由于煤、油、钢材等原材料价格在高位运行,交通运输价格和人工工资的大幅度上涨,产品的生产成本不断攀升。据了解,煤炭价格从上年的600—700元/吨,涨到2008年最高时的1000元/吨;钢材从上年第三季度的4000元/吨,涨到2008年内最高的6200元/吨;铁路运输用集装箱每个也变相涨价200-300元;人工工资较上年也有较大幅度增加。生产成本的大幅度上升,使企业原材料购进价格和生产成本景气指数分别只有42.41、51.09,跌入2008年谷底。

2.在国家紧缩银根政策的影响下,企业融资渠道受阻。企业融资和流动资金景气指数分别为72.01、81.15,比上年同期下降1.53和2.44点。企业资金状况步入不景气区间。

3.生产成本的上升,极大地压缩了企业的盈利空间。调查资料显示:第三季度桂林市工业企业盈利(亏损)变化景气指数为98.18,比上年同期下降17.55点。

4. 受国际金融动荡、需求不振、人民币升值等因素影响,出口创汇企业压力倍增。第三季度桂林市国外订货景气指数为86.98,比上年同期下降6.45点。

(二)工业企业采取措施,内部挖潜、减员增效、拓展市场

1.扩大生产规模,薄利多销、从而产生规模效应。三季度桂林市工业企业固定资产投资景气指数为119.35,虽比上年同期略降1.17点,但仍然处于景气区间;同时,生产总量景气指数为111.30,比上年同期下降12.23点。比如,1—9月桂林国际电线电缆集团公司产品产值累计已完成13.6亿元,同比增长31.5%。

2.内部挖潜、减员增效,提高科技创新能力。三季度桂林市工业企业科技创新景气指数为113.39,处于景气区间;与此同时,劳动力需求景气指数为96.49,比上年同期下降8.39点。如桂林红星化工有限责任公司一改过去劳动密集型的手

工包装为自动化程度较高的机械包装，实施减员增效、减轻人工工资增长带来的压力。

3.实施名牌效应，提高产品销售价格。仍然是桂林红星化工有限责任公司，由于其“剑石”牌焦糖色素系列产品和“野花” 牌天然碳酸钙占全国市场份额的60%以上，而且其作为添加剂也仅占整个食品价值的2%。据测算，其上半年生产成本同比上涨了26%，在采取系列措施仍消化不了时，提高产品销售价格为必由之路。据反映，该单位产品平均销售价格比上年同期提高16—18%。三季度桂林市产品销售价格景气指数为103.61，比上年同期下降2.87点。

4.推进市场多元化战略。一方面，国际市场上，由于美元的贬值，出口创汇企业为减少损失改为以相对较为稳定的欧元或澳大利亚元为结算货币；另一方面，积极开拓国内市场。三季度桂林市产品销售景气指数为113.57，依然处于较为景气区间。

三、当前工业企业面临的主要困难

1.市场竞争激烈。桂林国际电线电缆集团公司在广西的同行业中虽居首位，但是，由于该行业门槛低，小厂家林立，也让该企业倍感压力；

2.出口退税率近年来有所降低，对出口创汇企业影响较大。2006年出口退税率为17%，2007年调整为13%；

3.铁路集装箱运力满足不了企业需求。造成个别以铁路集装箱为主要运输工具的企业原材料进不来、产品运不出去，生产、经营受阻；

4.生产成本上升，企业生存空间被挤压，是每一个工业企业面临的难题。

2009年

调查报告

2008年桂林房价分析及2009年走势预测

粟凌燕

2008年，随着国家宏观调控政策作用的陆续显现，房地产开发商资金链紧绷，购房者处于明显的观望状态，商品房交易量大幅下降，房地产市场景气回落，曾经一路高歌猛进的房价涨幅亦开始趋缓进而回落。下半年又发生了全球性的金融风暴，导致经济下滑，桂林房地产业和全国各地一样可谓度过了颇为曲折的一年。

一、2008年桂林市房地产价格变动特点及成因

(一)从价格总体来看，房屋销售价格呈现总体微涨，但涨幅全面回落

据桂林调查队调查资料显示，2008年桂林市房屋销售价格总水平比上年上涨3.7%，涨幅比上年回落0.7个百分点。其中新建商品房销售价格上涨3.6%，涨幅比上年回落1.1个百分点；二手房增长4.3%。按房屋类型分，新建非住宅销售价格上升1.9%，涨幅比上年回落2个百分点；新建商品住宅价格上涨4%，涨幅比上年回落0.8个百分点，其中：普通住宅和高档住宅销售价格分别上涨4%和3.9%，分别比上年回落0.8和2.1个百分点。

(二)从各月房价走势来看，上半年房价高居不下，下半年则直线下降

1.上半年国家从紧的房产调控政策和上游成本的一路高涨使桂林房价居高不下。1-6月房价同比分别上涨5.8%、5.9%、5.5%、5.8%、5.5%、5.3%。主要原因有二：

一是房地产业资金链紧绷，融资困难，使得房价不敢轻易下调。2008年上半年为了防止经济过热，避免房地产业出现泡沫，国家对房地产业实行全面紧缩的政策。土地政策从严：新的土地出让政策规定，买地要一次性交清所有款项，改变了以前可以分块交结的做法，导致开发商想买地投资房地产必须前期在土地上投置巨大资金。同时信贷措施从严：全面收紧银根，银行对房地产企业的融资贷款全面收紧；个人住房贷款也收紧，提高了首付比例，由原来的30%提高到40%，二套住房的贷款政策更严。从严政策的施行使得房地产业资金链异常紧绷，因此不敢在房价上轻易让步。

二是建房成本一路高涨，房价骑虎难下。钢材、水泥、人工等建筑成本上半年一路高涨：钢材由2008年的2000元一吨涨到5000元一吨；红砖由2008年的0.15元/块涨到0.35元/块；水泥价格比上年上涨10%；人工成本，原来30-40元/天的工人工资，涨到100-120元/天。建房成本的上涨进一步压缩了房地产业的利润空间，致使房价居高难下。

2.下半年急剧动荡的国际金融形势使桂林房地产业遭遇“寒流”，量价齐跌。

一是受全球金融危机蔓延影响，下半年钢材、水泥价格由上半年的高涨急转为下跌。然而原材料价格下跌导致的建房成本下降，并没有给整个房地产业带来多少福音，因为前期投入资本过大，再加上金融风暴导致整个市场经济一片萧条，股市熊市，投资钱被套牢。人们由于对前景的担心导致不敢轻易消费，尤其是对于购房这样大额的支出，更是慎之又慎，购房者都处于明显的观望状态。因此房地产业销售量持续低迷。桂林市商品房销售面积下半年呈现直线下降趋势，同比累计涨幅由6月份的16.1%，开始逐渐回落为5.2%、2.5%、0.1%，进而到10月、11月份同比分别下降5.7%和6.4%。

二是销售低迷和价格传导因素导致房价下行。首先销售低迷导致房价下降。下半年桂林房价同比涨幅由5.3%逐步回落为4.6%、3.1%、1.9%，进而在11月、12月房价转为下跌0.4%和3.6%，其中新建高档住宅12月份同比下跌14.6%。销售量的持续低迷直接引发价格下行，房价在半年之内加速下降，没有任何回升迹象。

三是价格传导原因致使房价短期难以回升。虽然第四季度为了应对严峻的国际金融形势，拉动内需，国家出台了一系列扶持房地产业的措施，三次调整了房地产税收政策，央行又5次降息，但是桂林房价还是下跌而没有回升，原因是政策效果的滞后性所致，因为降息、减税等措施的出台是在10月底之后，因此11月、12月市场没有那么快的反映速度，短期不能马上体现出来，要一个缓慢的发生效应过程。例如国家从2005年就开始出台了控制房价过快增长的措施，2006年、2007年又陆续出台了一系列调控措施，但是一直收效甚微，直到2008年，政策的效用才显现出来，一路高涨的房价才刹住车，慢慢地回落。

二、2009年房价预测

桂林房地产市场走过了颇不平静的2008年，经历了风雨洗礼之后的桂林房价炒作的泡沫成分在一定程度上被挤压，价格理性回归。岁末年终，桂林楼市在大打折中结束，以震撼低价收尾。纵观国家宏观调控政策，对于2009年桂林房地产市场的走向，房产价格不会继续大幅回落，而是在一定程度上维持稳定并有可能小幅回升。

(一)从桂林地方特点看

一方面桂林土地价格平稳、土地供应充足是支撑房价的根本，另一方面本市刚性住房需求是房价稳定的有力支撑。根据2008年的统计数据显示，本地居民购房占全市房屋销售量的比例高达85.8%左右，因此当前的房产市场销售低迷很

大程度上是购房者理性回归导致，进而引发房价下降，因此刚性购房需求依然存在。随着国家2008年底密集出台的利好房产政策效应的逐步显现，购房者被抑制的刚性住房需求得到合理的释放，房屋销售量一上升，房价就会维持稳定。

（二）从大的经济环境看

2008年底国家已三次调整了房地产税收政策，2009年年头又陆续出台了房产扶持政策，并明确把房地产业作为2009年拉动内需、刺激经济增长的一个重要支柱产业，同时地方房产税收优惠政策也已出台，土地增值税和房产交易税亦再次优惠；如今的广西又地处北部湾中心，是国家投资建设的热点，黔桂、湘桂等铁路交通枢纽和桂梧、京桂等高速公路的建成，未来桂林将会成为西南几省的交通枢纽，区域位置凸显。以上种种措施必将为2009年的桂林房地产业发展打下一个良好的基础和提供更多更好的有利条件。桂林本来就是房地产业发展的后进城市，“山水房产”应该会成为未来桂林投资的热点。在这些利好情况下，房价回升应该是可以预见的。

“十一五”时期桂林市居民消费价格走势及预测

谢登宝

居民消费价格的高低直接关系到城市居民的生活质量，决定着城市、企业商务经营成本的高低，影响着城市的综合竞争能力。通过对桂林市“十一五”规划前三年居民消费价格变化进行分析，对正确预测价格走势，科学确定“十一五”规划后两年价格的调控目标，运用积极的价格政策和调控措施，促进经济全面、协调、可持续发展，具有重大意义。

一、“十一五”前三年价格变动主要特点

回顾“十一五”规划前三年价格变化运行过程，总体上跟全国形势一致，主要有如下几个特点：

（一）前期平稳回升，中期快速上涨，后期逐步回落。

从三年来各月价格走势看，2006年呈平稳回升态势，2007年呈高开高走态势，2008年则呈高开低走趋势（详见图1）。

图1:2006—2008年桂林市居民消费价格各月同比指数走势示意图

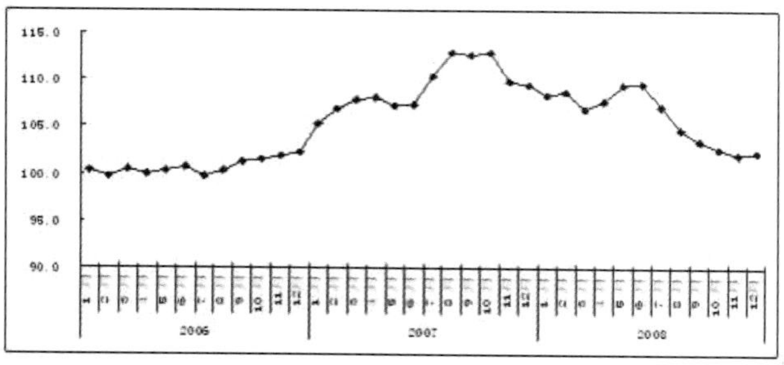

（二）价格高位上涨持续时间跨度长，涨幅大。从图1不难看出，同比涨幅在5%以上长达19个月，即2007年1月至2008年7月；涨幅突破2位数的有4个月，即2007年7月至10月同比涨幅分别高达10.3%、12.8%、12.6%和12.8%。同时，2007年8月猪肉最高价格达30元/公斤，同比涨幅达152%，同比涨幅和价位均创历史新高（详见图2）。

图2:2006—2008年桂林市猪肉价格各月同比指数走势示意图

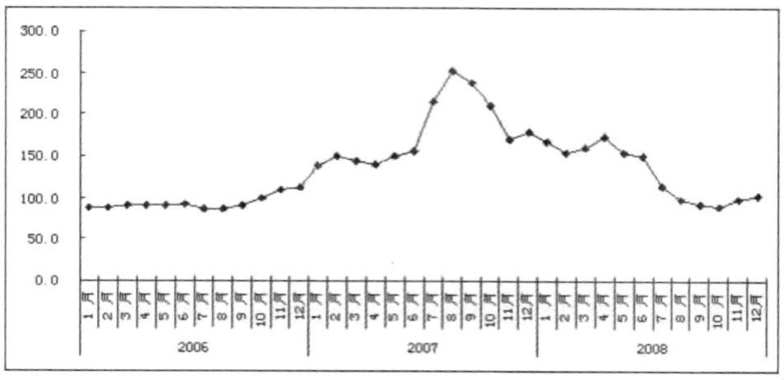

图3:桂林市食品价格各月同比指数走势示意图

（2006－2008年）

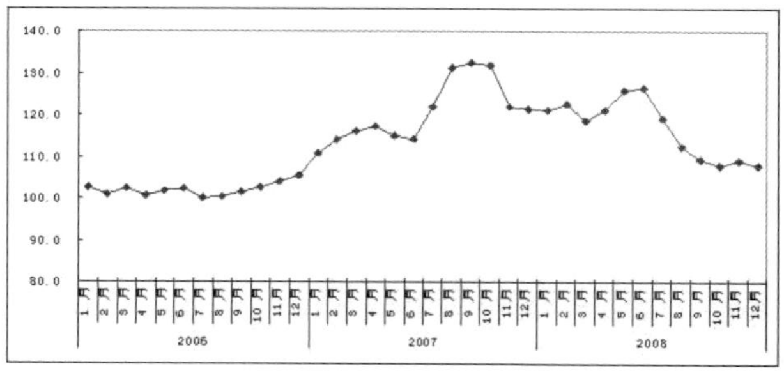

（三）消费种类升多降少，食品类和居住类是拉动总指数的主要因素，结构性涨价特点仍然明显，并非全面性通胀。从居民消费八大类别看，前两年均呈现“六升二降”的态势，2008年呈“五升三降”的态势（详见表1）。

从类别看，概括起来有如下几个特点：

1.食品及其猪肉价格大幅上涨是此轮CPI整体上升的主要推动力。

从图1、图2和图3所列走势中，可以清楚的看到，三个图形惊人相似，换言之，近三年食品及其猪肉价格的变动趋势其实就是整个CPI运行情况的一个缩影。

2006年，食品价格回升2个百分点，全年CPI处于平稳微升态势。

2007年，食品价格上涨14.2%，影响总指数上升4.76个百分点，其贡献率达72%，全年CPI一直处于高位运行状态。猪肉价格大幅度上涨并持续高位运行，是推动肉食类价格上涨的最主要因素，肉食类价格又是推动食品价格上涨的最主要因素。在食品16个小类中，除糖和乳类稍有下降外，其余十四类均有不同程度的上涨，其中影响最大的肉禽及其制品类，上涨35.7%，影响食品上升9.74个百分点，影响总指数3.25个百分点，其中猪肉上涨54.7%，尤其8月、10月同比涨幅

表1 桂林市居民消费价格分类指数一览表(2006－2008年)

(以上年为100)

项目	2006年	2007年	2008年预计
消费价格总指数	100.70	106.60	105.90
食品类	102.00	114.30	116.50
烟酒类	100.40	103.10	99.00
衣着类	92.10	98.40	101.10
家庭设备类	96.10	101.10	100.30
医疗保健类	101.00	101.80	100.70
交通通讯类	100.50	99.60	96.90
娱乐教育类	100.80	106.00	99.30
居住类	106.00	104.60	105.50

分别达152%和106.9%，其价位与涨幅均创历史新高。此外，涨幅及影响较大的还有：粮食7.5%，油脂9.4%，蛋13.8%，水产品9.9%，鲜菜11%，干鲜瓜果5.4%，豆制品8.5%。

2008年，食品价格上涨16.6%，拉动CPI提升5.3个百分点，对总指数的贡献率高达89.8%，下半年开始逐步回落，进而促使价格总水平随之回落。食品下辖16个小类，呈全面上涨态势，涨幅近两位数及以上的有8类，其中：粮食19.2%，豆类33.5%，油脂16.9%，肉禽21.3%，水产品8.3%，瓜果8.2%，乳制品15.3%，在外用膳24.2%。

2.居住类价格涨势迅猛，为拉高CPI的第二大因素。

2007年，居住类上涨4.6%，拉动总指数上涨0.6个百分点，贡献率高达10%，其中建筑装饰材料、房屋贷款利率和水电燃料类分别上涨10.7%、22.8%和2.9%。

2008年，居住类上涨5.5%，拉动总指数上涨0.8个百分点，贡献率高达13.6%，其中建筑装饰材料、房屋贷款利率和水电燃料类分别上涨3.7%、8.2%和7.7%。

3.工业消费品价格小幅回升。

由于工业消费品市场仍然供大于求，市场竞争激烈，价格大战此起彼伏，工业消费品价格整体水平仍呈平稳运行态势。但是，受原材料价格上涨、运输成本增加，工业品消费价格小幅上涨。2006年、2007年和2008年涨幅分别为-1.1%、0.8%和1.1%。

4.服务项目价格日趋平稳。

近年来，随着政府对教育、医疗等服务行业投入和监督力度的加大，各类收费标准相对统一规范，乱收费现象明显好转，服务项目价格日趋平稳。2006年、2007年和2008年涨幅分别为2.3%、6.5%和-0.1%。

二、“十一五”前三年价格变动主要原因

据分析，从2007年7月起，桂林市居民消费价格指数便一直处于高位运行状态，历经一年后，进入2008年7月份，开始小幅回落，是多种因素共同作用的结果。

(一)价格上涨原因

1.因前期农产品，尤其生猪价格低迷与生产成本增长的矛盾加剧，前期农民种养效益实际下降。

农民通过种养提高所得远远赶不上农资价格上涨幅度，农业比较效益低，农业生产积极性受挫，不少地方出现双季稻田改单季稻或其他非粮食作物现象，甚至再次出现耕地撂荒的情况，加之外出人员增加，农业劳动力转移，致使整个农业生产人为受损，尤其生猪存栏率急剧下降，附带疫情影响，导致2007年下半年猪肉价格大幅上窜，进而带动整个食品类和餐饮业全面上涨。

2.受自然灾害影响。

2008年1、2月份，我国南方普遍遭受到罕见的冰冻灾害，桂林市是重点灾区之一，其对农业生产造成了巨大的损伤，特别是对新鲜瓜果、蔬菜的影响最大，一些工业品也因交通不畅，出现断货涨价的现象。进入5月份以后，农业生产逐渐恢复到灾前水平，价格开始小幅回落，成为总指数小幅回落的最大因素。以菜类价格为例，菜类价格1－4月份价格大幅上涨，其中2月份更是比上月上涨38.5%，进入5月份以后，菜价开始小幅回落，但其依然处于高位运行。

3.受国际环境影响。

首先，2008年初受国际粮油价格大幅上涨影响，国内粮油价格追风上涨；其次，受中国在内的几个发展中国家快速发展，固定资产投资增加，对钢铁、石油等大宗原材料需求旺盛的影响，上半年各种原材料价格一片上涨，进而逐渐向下游产品进行传导。进入8月份以后受多种国际因素影响，石油、铁矿石等价格开始回落。

4.受国家宏观调控政策的影响。

近年来，国家择机理顺成品油价格，提高污水处理费等环保收费标准，理顺资源性产品价格等政策，在一定程度上推动了价格总水平的上升。如：2006年桂林市民用自来水价格比上年上涨了14.1%，2007年上涨了20.7%，2008年上涨了2.3%。

（二）价格回落原因

1.农业生产逐步恢复，尤其生猪生产恢复，2008年下半年，生猪价格大幅下降，猪肉价格逐步回落，进而带动相关食品价格相对下降。

2.受美国次贷危机引发的全球性金融风暴影响，居民消费预期下降。

3.房地产交易市场目前的不景气，致使钢材、房贷等居住类价格急剧下滑和大幅下调。

综上所述，应该理性地看到，一是此轮市场商品价格的持续上涨，既是我国经济步入新一轮增长周期的反映，又带有一定的恢复性。它是农产品、钢材、煤炭等商品供求关系发生变化以及部分行业和地区投资增长速度过快，国际原油等商品市场价格波动以及农产品价格长期相对低迷而生产成本上升所共同导致的结果。二是目前结构性上涨特征仍然明显，说明此轮CPI指数快速上升并非全面性通胀。三是自2008年下半年以来，桂林市CPI指数出现连续快速下滑的趋势，同样值得关注。

三、"十一五"后两年价格走势预测

根据2006年至2008年居民消费价格的变动特点及其走势，结合国际国内经济供求情况和经济政策变化对桂林市经济的影响程度，若无重大自然灾害和政策变化影响，预计"十一五"后两年居民消费价格总水平将呈现平稳回落的走势特征。主要理由：

（一）根据以往惯例和近期走势，预计后两年CPI将是稳中有升，但涨幅将低于2007年和2008年。

（二）农产品价格因生产成本上升所带来的上涨压力仍然存在，食品价格将小幅上升。

（三）国家择机上调水、电、天然气等事业性收费价格将在一定程度上推动CPI上扬。

（四）因全球性金融风暴影响，居民消费预期下降，且商品市场总体供过于求，一些工业消费品因前期生产成本增加而传导消费价格上行的空间有限，其走势仍将保持平稳运行状态。

（五）建材及房贷价格因目前房地产市场的不景气将持续回落。

桂林居民服务业在挑战中得到发展

李娜

居民服务业是服务业的重要组成部分，包括家庭服务、托儿所、洗染服务、理发及美容保健服务、洗浴服务、婚姻服务、摄影扩印服务、其他居民服务等行业。与百姓日常生活息息相关，是为人们衣食住行提供直接服务的重要行业。近年来，桂林居民服务业虽然得到较快发展，但仍存在一些问题。

一、居民服务业现状

随着国民经济的发展，人民生活水平的不断提高，生活节奏的加快，使得居民对服务性消费需求明显增加，推动了居民服务业呈现良好的发展势头。主要特点表现在以下几个方面：

1.居民服务业发展规模不断扩大。近年来居民服务业发展速度相对较快，甚至快于其它第三产业的服务业。据统计，2008年全市居民服务业增加值达10.48亿元，占GDP的比重为1.3%，占第三产业增加值的比重为3.6%，分别比上年提高了0.1个和0.4个百分点。2008年居民服务业增加值同比增长28.2%，增幅分别比GDP和第三产业增加值高15.3和17.2个百分点，居民服务业逐步成为第三产业发展的主要力量。

2.城市居民经营性收入稳步增长。近年来，随着消费需求的增长带动了居民服务业的发展，主要体现在：一是营业收入比重上升。据2008年对69家服务业抽样调查结果显示：在其全部营业收入中，居民服务业占0.39%，其它服务业占1.25%，娱乐业占6.56%，与上年同期比分别上升0.08、0.13和0.02个百分点。二是主营业收入增长。据调查结果显示：2008年，桂林居民服务业实现主营业收入441.3万元、其它服务业1501万元，分别比上年增长8.08%和2.13%。

3.安置就业人员增加。据抽样调查结果显示：2008年居民服务业和其它服务业从业人数与上年比增长0.63%和2.99%。

4.发展环境较为宽松。实践证明，环境宽松、人文和谐，各类生产要素就可能向那里聚集，就会形成吸引资金、人才、技术和消费的"洼地"。近年来，桂林的投资环境得到了很大改善，据2008年投资环境调查显示：桂林投资环境总体的满意度为78.97分，比上年提高2.87分，在全区位居第二，企业家给予了充分的肯定；桂林的硬环境和软环境的满意度分别为80.09分和77.84分，比上年提升1.7分和2.26分。对政府有关职能部门的满意度为78.49分，比上年提高3.1分。

二、桂林居民服务业发展的特点

1.行业相对集中。桂林的居民服务业发展，从其内部行业构成情况看，大部分集中在理发及美容保健服务、洗浴服务和其他居民服务包括送奶、送水、送报、洗车、清洁等等的服务。社会需求决定市场走向，生活水平的提高，消费观念的更新，人们不再满足于温饱，而是更注重生活的质量，开始关注养生保健。由此也带动了洗浴、理发及美容保健传统服务行业的经营理念的变革，出现了更多具备商务、娱乐、保健功能于一体的休闲健身的娱乐活动所，因此，向这些行业集中也成为市场导向的必然结果。

2.女性用工比例较高。在走访调查的居民服务业中，女性从业人员占从业人员约有65%以上，但是行业内部的差异度较大，理发、美容保健服务、洗染、洗浴服务行业的女性从业人员大大超过男性。反之，在修理和维护服务行业，则是男性从业人员是主角。

3.行业规模有待发展。居民服务业单位平均从业人员19.75人，居民服务行业与人们日常生活密不可分，直接影响到人们的生活水平，因此单位、从业人员数量越多，人们获取服务越便捷。

4.从业人员整体文化素质不高。在走访调查中,从事居民服务业的人员，大专以上学历非常少，大多数是高中及以下文化程度者，文化素质偏低影响到了居民服务业的服务质量。

三、制约居民服务业发展的因素

在一些发达国家居民服务业已经相当成熟，近年来，桂林居民服务业发展迅速，但也出现了鱼龙混杂的现象，管理不规范和从业人员水平参差不齐等，这不仅影响了居民服务业的质量与效率，而且也损害了居民服务业的社会信誉，也制约居民服务业发展。

1.管理基础落后，服务意识淡薄。“不能为客户创造高价值”，是居民服务业难以发展壮大的根源。桂林是旅游名城市，居民服务业有着庞大发展市场。但绝大多数的居民服务业管理基础工作普遍淡薄。

2.居民服务业发展不规范，客户满意程度不高。居民服务业数量虽然比前几年的数量有所增多，但大多是资金少、知名度低、管理落后，而且存在着盲目发展的趋向，主要表现为业务方向不明、市场定位不清、专业化水平低、短期行为较普遍，客户的满意度不高。

3.高级人才匮乏，基础条件不完备。优秀的居民服务人才需要具有很好的行业和专业领域的背景，不仅善于获取信息、整理信息、分析信息，而且能为经营决策提供有价值的参考。目前，居民服务业从业人员普遍缺乏实际运作经验，受过专业训练和具有丰富工作经验的优秀人才更是极度匮乏。居民服务业发展愈是迅猛，中高级人才匮乏的问题就越是突出。另外，居民服务业普遍缺乏资金，跟不上发展需要也是制约居民服务业发展的一大因素。

四、桂林居民服务业发展中亟待解决的问题

桂林居民服务业的发展是“小荷才露尖尖角”，处于起步阶段，存在着总量不大、规模较小、水平不高、服务功能弱、服务领域窄、运行不规范等问题，与社会的发展和居民的要求有较大的差距，特别是在当前金融危机中，加快发展居民服务业很有必要，既可以缓解就业压力，又能推动当地的经济发展。因此，当前要发展桂林居民服务业亟待解决的问题：

1.加强引导，建立品牌化、规模化、连锁化的经营模式，提升行业竞争力。目前桂林居民服务业发展中突出问题，一是布局分散、二是产业链条较短，产业间渗透式发展尚未形成，这就导致了主导产业优势不突出、三是规模效应不明显，延缓了服务体系的完善，也影响了企业的竞争力。特别是社区服务、家庭服务、婚庆服务等行业基本没有形成产业化。要把现代企业的经营方式和信息技术运用到居民服务业发展中去，推广品牌效应，追求更大的社会效益。同时，挖掘居民服务业中的优势行业、品牌行业是提升传统居民服务业、发展现代居民服务业的必由之路。如、柔婷美容企业都走专业经营、连锁经营的道路，美容美发专业店的流行使美容美发专业的服务得到更好的细化。每个专业的技术和服务特点都不一样，专业细化更容易做出美容店自己的特色。

2.积极发展社区服务业。社区服务业是居民服务业的依托，加快发展社区服务业，着力解决的主要问题一是要加快社区服务中心建设，拓宽服务领域，积极发展养老、托幼、医疗、健身、家政等服务项目；二是要加快社区服务社会化进程，对学校、医院和企业、事业单位以及有条件的机关后勤服务设施进行改革和资源整合，向社区开放；三是要加快社区服务产业化进程，多渠道、多形式筹集社区服务资金，引导和培育各类民间服务的发展；四是要加快构建社区服务信息网络，实现辖区内全社会社区服务的信息交流与资源的共享。

3.加大职业培训力度，拓展培训内容。政府不仅要进行简单的技能操作培训和随着行业技术水平提高，把更多的高新技术应用到人们日常生活服务中，而且还需要相应的增加服务礼仪培训、服务规范化培训等，以全面提升受培训人员的整体水平和素质。

4.建立诚信服务。建立行业诚信理念，建立公开、平等的行业制度，制定科学、合理的行业标准，进一步规范市场经营行为。坚持靠诚信取胜，靠规范的服务取胜，创造和谐、有序的市场环境，更好的保证人们的健康和安全。

5.构建政府信息平台。服务行业的特点呼唤政府搭建一个信息平台从而解决服务资源分散、供求信息不对称的问题。整合政府的服务功能和社会的服务资源，有助于服务产业规模化、规范化发展；使居民服务需求和供给之间形成相互促进的良性机制，在扩大就业的同时，盘活闲置的服务资源；在满足居民日常求助中不断发现新的服务需求，不断创新自己的服务业务，创新服务的空间和形式，从而不断创造新的就业岗位。

2008年桂林市居民消费价格走势分析及2009年预测

刘宇波

国家统计局桂林调查队调查显示:2008年桂林市居民消费价格比上年增长5.9%,食品上涨是主推动力,同时上半年冰冻灾害对全年物价也有很大的影响。受金融危机、原材料价格下降、居民消费信心不足等因素影响,预计2009年涨幅将有所回落,但新的涨价因素依然存在。

一、物价变动的主要特点

(一)从物价走势看,2008年上半年持续高位运行,下半年开始逐步回落。

全年居民消费价格各月同比分别上涨8.3%、8.5%、6.8%、7.7%、9.4%、9.5%、7.1%、4.7%、3.5%、2.6%、1.8%、1.7%。上半年各月涨幅在8%上下波动,从7月起,随着翘尾因素的逐渐消失,开始连续回落,而且受金融危机、原材料价格下降的影响加剧回落。其中以食品类最为突出。食品类各月同比分别上涨21.2%、22.4%、18.6%、21.3%、26.0%、26.4%、19.3%、12.5%、9.4%、7.9%、8.9%、8.6%。虽然居民消费价格总水平月同比已经下降到12月份的1.7%,但全年居民消费价格与上年相比涨幅仍高达5.9%,仍处于较高位运行状态。

(二)从结构上看,居民消费价格八大类呈现"五升三降"格局。

食品、衣着、家庭设备用品及维修服务、医疗保健和个人用品、居住类分别上涨16.5%、1.0%、0.3%、0.7%、5.5%,分别影响居民消费价格总水平上涨5.30、0.09、0.02、0.06、0.81个百分点;烟酒及用品、交通和通信、娱乐教育文化用品及服务分别下降0.9%、3.1%、0.7%,分别拉低居民消费价格0.03、0.31、0.11个百分点。食品和居住两大类成为拉高居民消费价格的两大因素。

1.食品类价格全面上涨,是拉高CPI的主要原因。全年食品类价格比上年涨16.5%,拉动CPI上涨5.30个百分点,对总指数的上涨影响高达89.8%,成为拉高CPI最主要的原因。

(1)食品类价格全面上涨。食品中的16个小类呈全面上涨态势,其中涨幅较高的有:粮食19.2%,豆类33.5%,油脂15.9%,肉禽21.5%,水产品8.4%,鲜菜6.5%,瓜果8.1%,液体乳及乳制品15.8%,在外用膳24.2%。

(2)肉禽及其制品开始小幅回落,但依然处于高位。2008年7月份以来,肉禽及其制品已经连续5个月小幅回落。同比涨幅从6月份的42.7%,降至12月份的21.5%。肉禽及其制品虽有回落,但对总指数的影响依然巨大,拉动CPI上涨1.88个百分点,对总指数的上涨影响高达31.2%。

(3)由于粮、油、米、肉、菜等价格上涨,在外用膳食品也随之上涨。桂林市作为一个旅游城市,餐饮成为其自身发展的一个重要部分,也在很大程度上影响着人们的生活。全年桂林市在外用膳食品价格比上年涨24.2%,拉动CPI上涨1.33个百分点。

2.居住类价格涨势迅猛,成为拉高CPI的第二大因素。全年居住类价格比上年涨5.5%,拉动总指数上涨0.81个百分点,对总指数的上涨影响高达13.7%。其中建筑装饰材料、房屋贷款利率和水电燃料类分别上涨3.7%、7.9%和7.6%。

3.工业消费品价格呈小幅上扬趋势。由于工业消费品市场仍然供大于求,市场竞争激烈,价格大战此起彼伏,工业消费品价格整体水平仍呈平稳运行态势。但是,受上半年原材料价格上涨、运输成本增加,工业品消费价格小幅上涨。全年工业消费品价格比上年涨1.1%,影响CPI提升0.46个百分点,对总指数的上涨影响达7.8%。其中:衣着类上涨1.0%,耐用消费品上涨0.2%。受大的经济环境影响及原材料价格回落,工业品价格开始出现小幅回落。

4.服务项目价格相对平稳。近年随着政府对教育、医疗等服务行业投入和监督力度的加大,各类收费标准相对统一规范,乱收费现象明显好转,服务项目价格保持相对平稳。全年服务项目价格比上年下降0.1%。其中:娱乐文化用品及服务类下跌0.7%,教育类下降0.2%,医疗保健服务价格保持平稳。

二、影响居民消费价格变动的主要原因

据分析,桂林市2008年上半年居民消费价格高位运行,进入7月份以后,开始小幅回落,是多种因素共同作用的结果。

(一)受国际环境影响。

年初,一方面受国际粮油价格大幅上涨,进而影响到国内食品价格上涨;另一方面,受中国在内的几个发展中国家快速发展,固定资产投资增加,对钢铁、石油等大宗原材料需求旺盛,各种原材料价格一片上涨,进而逐渐向下游产品传导,如煤和碳涨幅达到50%。进入8月份以后受多种国际因素影响,石油、铁矿石等价格开始回落。

(二)受自然灾害影响。

2008年1、2月份桂林地区遭受到罕见的冰冻灾害,对农业生产有巨大的影响,特别是新鲜瓜果、蔬菜的影响最大,一些工业品也因交通不畅,出现断货涨价的现象。进入5月份以后,农业生产逐渐恢复到灾前水平,价格开始小幅回落,成为总指数小幅回落的最大因素。以菜类价格为例,菜类价格1-4月份大幅上涨,尤其2月份更是比上月上涨38.5%,其中

涨幅比较大的有大白菜、洋白菜、油菜、菜花、西红柿，分别比上月上涨82.6%、88.0%、104.9%、87.0%、63.0%；进入5月份以后，菜价开始小幅回落，但依然处于高位运行。

(三)成本上涨压力。

受人工、房租、运费等价格上涨，企业运营成本上升，推动相关商品和服务类价格上涨。

三、2009年价格趋势预测

根据2008年全年桂林市物价走势，预计2009年涨幅将有所回落，其因素主要有：

(一)国家加大宏观调控，在生产、流通、销售环节出台各种措施，减免各种税费，降低企业运营成本。

(二)粮食、蔬菜、生猪等主要农产品生产形势良好，农副产品供应状况良好，同时桂林市出台了“2009年桂林市级生猪活体储备第一轮入储计划”，对进一步稳定食品价格奠定了坚实的基础。

(三)受国际金融危机影响，居民消费信心不足，部分消费者持币观望，市场需求量有所下降。

(四)2008年10月份以来，原材料价格开始走低，随着原材料价格向最终消费品的传导，未来工业品价格存在下降的空间。

(五)由于2008年物价水平处于较高位运行，为物价下降提供了回落的空间；另一方面，上年基数较大，2009年涨价的“翘尾”影响进一步减小，对价格上涨的后续拉动也进一步减弱。

但新的涨价因素依然存在：

一是受大的经济环境影响，一段时间内居民消费信心相对不足，需求相对下降，势必导致价格的下行。同时，国家正在加大投资，扩大内需，价格水平依然存在不确定因素。

二是2008年进入8月份以来，国际油价持续走低，原材料价格已经开始松动下滑，这是多种国际因素影响的结果，随着国际金融危机的影响逐渐加深，国际能源和原材料价格现已处于一个较低价位。能源和原材料价格将成为影响2009年物价水平的又一个不确定因素。

四、几点建议

(一)继续加大农业扶持力度，保障市场供应。在保障农产品上面，不能仅仅从源头保障，更要做好产、供、销的监督保障，防止不法分子串通涨价、囤积居奇、哄抬物价等违法违规行为。

(二)把握好政策调价的时机和力度，尤其是与居民生活息息相关的调价项目，要多从居民的角度思考问题。

(三)建立健全大宗农产品的价格预警机制，加强应对突发事件的能力，保障市场供应。

(四)扩大内需，加大投资，确保经济的稳定发展，使物价水平保持在一个适宜范围。

受金融危机影响
桂林市企业景气连创新低

廖静

国家统计局桂林调查队企业景气调查结果显示，由于受国际金融危机和国内经济增速回落等多重因素叠加的影响，桂林市企业生产经营遇到前所未有的困难，利润空间不断缩小，经营风险不断加大，一些企业已处于举步维艰的困境，桂林市企业家对当前宏观经济发展的信心继续下滑，生产经营状况令人担忧。

一、企业家信心指数再创新低

受国内外宏观经济形势发展的不利影响，2008年四季度桂林市企业家信心指数继续下降。企业景气调查表明：企业家信心指数为90.6点，分别比2007年同期和2008年三季度回落39.5点和13.58点，表明桂林市企业家对宏观经济的预期比较担忧。

从八大行业看，回落幅度最大是房地产业，信心指数为46.1，分别比2007年同期和2008年三季度下跌84.91和1.06点，创1999年以来的新低，由此说明，企业家普遍对2009年一季度房地产业发展缺乏信心。其次是住宿餐饮业，信心指数为48.59点，分别比2007年同期和2008年三季度回落81.05点和29.98点，呈逐季回落态势。回落幅度最少是建筑业，信心指数为110.53点，分别比2007年同期和2008年三季度回落23.81点和9.78点。

从登记注册类型看，回落幅度最大是外商企业，信心指数为83.71点，同比回落78.52点；其次是有限责任公司，信心指数为86.09点，分别比2007年同期和2008年三季度回落65.43和24.26点。回落幅度最小的是股份有限企业，信心指数为117.59点，同比回落24.16点。其余类型的企业均有不同程度的回落。

二、企业景气指数跌至五年以来新低

第四季度景气调查数据显示：企业景气指数为99.55，分别比2007年同期和2008年三季度回落21.87和3.7点，呈逐季回落态势，说明桂林市企业整体生产经营状况不理想。

从不同行业看，八大行业中除批发零售业景气指数同比上升，其他行业景气指数较2007年同期全部回落，其中房地产行业回落幅度最大，景气指数为69.18，同比回落64.15点；其次是信息传输和计算机软件行业，景气指数为116.67，同比回落58.33点；回落幅度最小的是交通运输行业，景气指数为

125.87,同比回落0.8点。与2008年三季度相比,交通运输、批发零售行业和建筑行业景气指数出现回升,交通运输业环比上升12.93点,批发零售业环比上升8.84点,建筑业环比上升4.52点。除信息传输行业持平外其余行业全部回落,依次是住宿餐饮业、工业、房地产业、社会服务业,分别回落29.98、21.12、15.95和6.66点。

(一)工业企业景气指数创出新低

2008年四季度,桂林市工业企业景气指数为82.42,比2007年同期和上季度分别回落36.23和21.12点,继续呈下滑态势,创2002年以来四季度的新低。在被调查的企业中,认为本期情况"偏好"的占19.18%,认为"持平"的占44.07%,认为"偏差"的占36.76%。其主要特点:一是生产总量减少,产品订货下降。企业生产总量景气指数为73.86,比2007年同期和上季度分别回落48.03和37.44;产品定货景气指数为62.53,比2007年同期和上季度回落55.93和40.8点;二是产品销售下降,销售价格回落,盈利空间缩小。产品销售景气指数为74.47,比2007年同期和上季度分别回落41.96和39.1点;销售价格景气指数为77.97,比2007年同期和上季度回落32.87和25.64点;盈利指数为74.49,比2007年同期和上季度分别回落35.51和23.69点;三是货款拖欠增加,三季度企业货款拖欠景气指数为76.94,比2007年同期下降29.98点,但比上季度下降15.36点,处于不景气区间。

(二)交通运输和建筑企业景气指数止跌回升

2008年四季度桂林市交通运输业景气指数为125.87,虽比2007年同期回落0.8点,但比2008年三季度上升12.93点,由于春运高峰将至,加上油价的下降及燃油税费改革的执行,桂林市交通运输行业经营有所好转。在被调查的企业中,认为本期情况"偏好"的占46.27%,认为"持平"的占33.33%,认为"偏差"的占20.40%。其特点是业务量增大,盈利水平有所提高。业务量景气指数为172.94,比2007年同期和2008年三季度分别上升59.61和40点。四季度盈利水平139.6,比2007年同期和2008年三季度分别上升39.6和26.66点。

在国家保增长、促发展的政策下,桂林市加大基础设施投资建设,依靠投资拉动内需,建筑行业景气比上季度有所回升。建筑企业景气指数为115.05,虽比2007年同期回落14.02点,但比2008年三季度上升4.52点。四季度桂林市建筑行业企业家信心指数为110.53,比2007年同期和2008年三季度分别下降23.81和9.78。其主要特点:一是建筑材料购进价格下跌,工程结算成本降低。建筑材料购进价格和工程结算成本景气指数分别为112.38和76.79,比2007年同期分别上升75.54和12.54点,比上季度分别上升41.11和24.16点。二是流动资金紧张,盈利水平降低。流动资金景气指数为51.41点,比2007年同期和上季度分别下降23.68和21.05点。四季度建筑企业盈利水平景气指数为100.96,比2007年同期和上季度分别下降23.77和15.79点。

(三)房地产业企业家艰难过冬,企业总体生产经营状况不容乐观

2008年四季度,综合反映企业生产经营状况的房地产企业景气指数为69.18,比2007年同期和三季度分别回落64.15和15.95点。主要特点:一是完成投资减少,流动资金紧张。四季度,完成投资景气指数为84.56,比2007年同期和2008年三季度分别下降46.45和44.68点;流动资金景气指数为30.77,比2007年同期和上季度分别下降46.56和30.25点。二是销售价格下降,房屋预售量减少。四季度,商品房销售价格景气指数为61.48,比2007年同期和上季度分别下降71.85和9.42点。房屋预售景气指数为53.85,比2007年同期和上季度分别下降46.15和18.72点。

(四)住宿餐饮企业景气度继续回落

2008年四季度桂林市住宿餐饮业景气指数为48.59,比2007年同期和2008年三季度分别下降46.4和29.98点,继续回落。在被调查的企业中,认为企业本期情况"偏好"的没有;认为"持平"的占48.59%;认为"偏差"的占51.41%。其主要特点:一是业务量减少,服务价格下降,盈利水平降低。业务量景气指数为47.18,比2007年同期和上季度分别下降19.24和58.55点;服务价格和盈利水平景气指数同为47.18,比2007年同期下降25.32点,比上季度分别下降52.82和21.43点。二是流动资金紧张,融资困难,企业间货款拖欠增加。流动资金景气指数为47.18,比2007年同期和上季度分别回落31.39和1.41点;企业融资和货款拖欠景气指数分别为42.86和84.3,比2007年同期分别回落36.78和38.2点,比上季度分别回落14.28和24.25点。三是劳动力需求大幅度下降。四季度住宿餐饮企业劳动需求景气指数为41.45,比2007年同期和上季度分别回落45.33和42.85点,处于非常不景气区间。

三、影响企业生产经营的突出问题

一是企业生产总量减少,业务量降低。在国内外一系列不利因素影响下,社会总需求减少。资料显示:本期生产总量景气指数只有97.93点,处于不景气区间,其中:住宿和餐饮、社会服务和信息传输、计算机服务和软件、工业四大类企业处于强烈不景气区间,本期生产总量景气指数分别只有47.18和47.29;二是中小企业资金紧缺,融资难仍是制约中小企业进一步发展的瓶颈,中小企业无法与大型企业相比,抗风险能力较弱,融资更为困难。资料显示:本期企业融资景气指数为73.16。八大行业中仅有批发和零售业在景气区间运行,其他都处于不景气区间。中小企业的企业融资景气指数为59.62,

低于大型企业42.17点。

四、对下期景气走势的预测

预计2009年一季度企业景气继续小幅回落，景气运行预期指数为92.03点，企业家对未来趋势持谨慎态度。据调查资料表明，预计一季度企业家信心指数为93.66，高于2008年四季度。

桂林市环保满意率已达到模范城市标准但环境保护工作仍然任重道远

麦丽

城市是人们世世代代居住和繁衍之地，城市环境状况的好坏不仅影响着人们身体健康，同时也是衡量城市社会进步和经济发展程度的重要标准。城市环境保护一直得到党和政府的高度重视，国家环境保护总局从2006年开始委托国家统计局，对参加全国环境整治定量考核的城市组织开展“公众对城市环境保护满意率”调查，桂林市是参加考核的城市之一。依照国家统计局广西调查总队的统一安排，桂林调查队于2008年12月26日至2009年1月4日对桂林市开展了公众对城市环境保护满意率调查。

本次调查，在四个城区15个社区范围进行。采用分层多阶段随机抽样的方法(即先确定调查社区，再确定调查户，最后确定被访者)，共抽取600户城区居民家庭作为调查样本，由调查员直接入户进行问卷调查。在调查户中，随机抽取1名18～65周岁且在本市居住一年以上的家庭成员作为被访者。从被访者情况看，男性占46.5%、女性占53.5%；年龄18～35岁占26.5%、36～55岁占45.3%、56～65岁占28.2%。此次调查涵盖空气污染、水污染、噪声污染、垃圾处理、环保宣传教育等方面内容。

一、调查结果如下

(一)对空气污染方面的评价

1.调查数据显示，大多数居民对桂林空气质量感到满意，其中感到非常满意的占62.33%，比2007年增加30.66个百分点；感到比较满意的占21.17%，满意率达87.99分，证明桂林空气质量得到公众的满意和认可。

2.城市要不断地发展就要不断建设，那么桂林的公众对城市建筑施工中控制施工运输扬尘效果如何看待？调查数据显示：被调查的公众中感到非常满意的占49.33%，比2007年增加了29.83个百分点，比较满意的占33.33%，满意率为85.12分。

3.随着城市工业化发展，人们生活水平的提高，生活节奏加快，城市汽车、摩托车、空调数量大增，空调、工业废气、汽车尾气等有害气体的排放越来越多，如何在发展的同时，更好地控制废气的排放，从而保持城市空气洁净。调查数据显示，桂林公众对控制工业废气、汽车尾气排放、异味的效果非常满意有48.83%，比2007年增长31.83个百分点；比较满意的有28.5%，满意率为84.05分。

(二)公众对城市水污染方面的评价

1.八成多的居民对城市、湖泊和其他景观水体及工业污水治理效果感到满意。很多桂林的居民都对1998年桂林大规模的城市改造仍然记忆犹新，当年市内各湖泊均被彻底的清淤和换水，并开通了一条灌通市内各湖泊连接两条江的环城水系，如今湖内一年四季碧水悠悠，四湖周围景色优美逼人；到了晚上万盏彩灯齐绽放，又犹如到了人间仙境，成为来桂旅游客人观光喜爱的又一景色。此次桂林公众依然对该项反映很好，非常满意的有54.67%，比2007年增长了26个百分点；比较满意的有27.33%，满意率得分86.37分。

2.对饮用水的评价。人们日常生活离不开水，而水质的好坏直接关系人们身体健康，桂林有着得天独厚的优势，山秀水清名甲天下，水质好一直是桂林人的骄傲，桂林人对饮用水满意的也很多，感到非常满意的人占62.33%，比2007年增长了31.5%；比较满意的占16%，满意率得分86.54分。同时，公众对政府在治理河流、湖泊方面的工作给予了很高的评价，满意率得分86.34分。

(三)对噪声污染方面的评价

1.近年来，虽然桂林工业有了较快发展，但城市规划注意了厂区和居民区的分离，而且，工厂也注意对噪音的控制，从调查数据看，桂林公众对控制工业噪音非常满意的有58.83%，比2007年增长42.66个百分点；比较满意的有24%，满意率得分86.9分。

2.随着城市社会的进步，人们生活水平提高，家庭现代化进程加快，汽车拥有量不断上升，但同时噪声干扰问题也日益突出。桂林公众如何评价桂林控制交通噪声效果呢？调查资料显示：桂林公众对控制噪声效果非常满意的有57.83%，比2007年增长43.16个百分点；比较满意的有24.5%，满意率得分87.08分。

3.城市要发展就离不开城市建设，城市建设中的建筑施工是城市建设中必不可少的环节，而建设施工中打桩机的打桩声、汽车马达的轰鸣声又经常影响居民的休息，调查数据显示：公众对控制建筑施工噪声非常满意的占49.83%，比2007年增长35个百分点；比较满意的占33.67%，满意率得分85.69分。

(四)对垃圾处理的评价

1.人在日常生活中离不开吃、喝、拉、撒、用，每天每户每人都会产生大量的垃圾废物,如果这些垃圾废物处理得不好,城市就会受到污染、人们的身体健康就会受到影响,目前各城市对于生活垃圾的处理已形成一定的服务规律,从生活垃圾的收集效果看,桂林市有65%的公众感到非常满意,有18.83%的公众感到比较满意,满意率得分88.26分。

2.在调查中,很多居民认为经过多年的环境整治,特别是大规模的开展城乡清洁工程,加上市政府对百条小街小巷进行改造,统一铺上柏油路后,脏、乱、差问题得到明显改变,整体环境卫生状况大为改善,从公众评价看,非常满意的有63.67%,比2007年增长48.17个百分点;比较满意的有16.67%,满意率得分87.41分。

3.长期以来,桂林对工业和建筑垃圾的处理都有严格的规定,居民对此也深感满意,调查结果显示:非常满意的有61.17%、比较满意的有21.17%,满意率得分87.66分。

(五)对环保宣传教育方面的评价

1.调查中,有64.5%的公众非常满意桂林政府对环境保护工作的重视,有18%的公众比较满意桂林政府对环境保护工作的重视,满意率得分88.88分。

2.调查中,只有39.5%的公众非常满意本市市民的环境保护意识,有46%的公众比较满意本市市民的环境保护意识。

3.调查中,有44.83%的公众非常满意桂林在环境保护方面的宣传教育工作,有38.5%的公众比较满意桂林在环境保护方面的宣传教育工作。

二、调查的基本结论

根据国家统计局规定的计分办法计算,桂林在本次公众对城市环境保护满意率评价中,总满意率得分为86.58分,公众满意率明显提高,得分高于2007年13.31分,此项指标已达到国家规定的模范城市标准。

三、存在问题及建议

尽管此次公众评价桂林的环保工作比2008年有了明显的进步,但应该清醒认识到,区内的南宁、柳州、北海在环境保护方面做了大量的工作,取得了很大成绩,桂林在与这些城市相比优势并不明显,况且在城市发展的同时,还存在不少的问题,各社区间的环保差距也较大。

(一)存在的问题

1.公众的环保意识不够强,整体素质参差不齐。

2.漓江的基本状况不尽人意,水土保持工作还需要加强。枯水季节,河流水位偏低度,一些地段河床凸现,严重影响漓江形象。

3.城市中仍存在有向河流排污及废气现象。

4.各社区间环保差距较大,还存在一些环保死角。

5.环保教育宣传工作有待加强。

(二)建议

1.加强环境保护宣传力度,提高公众的环保意识。虽然近年来公众对于环保的重要性、必要性、责任感、紧迫感均有明显提高,但公众主动了解环保知识、参与环保活动的行为略显不足,有待政府进一步推进,从而使环保理念深入人心。

2.加大环保执法力度,从严从重查处破坏环境的违法案件。

3.严格审批制度,对高消耗、高排放的企业要严格控制。《国家环境保护"十一五"规划》中首次以规划形式明确了要培育一批有自主品牌、能够提供较多就业机会的优势企业和企业集团,使环保产业成为国民经济支柱产业,从而从政策上避免"以环境代价来换取经济增长"的现象。

4.政府要发挥主导作用,引导居民在扩大内需、引导社会消费方面,多向发达国家学习,推广发达国家消费理念,如在购买汽车时多购买小型、小排放、节能的环保汽车。

5.加大环保的资金投入,学习借鉴环境保护好的城市经验,根据自身特点,寻找新的突破口。

党的十六届三中全会提出了以科学发展观统领经济社会发展全局的宏伟要求,这是具有划时代特点的发展战略,标志着社会经济正在"由环境换取经济增长"向"以环境优化经济发展"阶段转变。但目前情况下,一方面,全世界面临通货膨胀,市场疲软的经济形势,政府正积极地鼓励消费、刺激消费以拉动经济增长;另一方面,很多消费行为又浪费了资源、破坏了环境,给自然生态造成很大压力,这就要求在二者之间寻求一种动态、合理的平衡。因此,在相当长的时间内,仍然面临严峻的环境压力,环境保护工作是长期而艰巨的。

桂林经济出现回升迹象
面临困难依然严峻

——从调查数据"盘点"桂林首季经济运行状况

覃莲姣

在全球经济依然处于低迷衰退的背景下,桂林一季度经济能否回升?从调查数据看:一季度桂林经济虽然还不能称为全面回升,但已经呈现回升迹象。这是一个积极的信号,也是一个良好开端和运行态势,但面临困难和问题依然严峻。

一、经济回升迹象

据调查数据显示,一季度桂林实施全方位拉动内需和扩大投资,全市经济呈现回升迹象,主要体现在:

(一)企业景气指数回升

据对282家企业调查结果显示:反映企业前景的景气"双

指数”(即“企业家信心指数”和“企业综合经营景气指数”)有四大行业与上期比都呈现回升,即工业、交通运输、信息传输、住宿餐饮信心指数比上期分别增12.74、11.67、63.02、38.91点;企业综合经营景气指数比上期分别增9.2、6.01、59.77和51.41点。

按注册类型分,在七大类型中有六大类型(国有、集体、股份合作、有限责任公司、私营和外商企业景气前景“双指数”与上期比都出现回升,信心指数回升最大的是国有和股份合作企业,分别上升26.39和63.94和点;其次是集体企业增19.04点,有限责任公司、私营和外商企业也分别增6.71、6.68和6.9点。只有股份有限公司比上期下降14.9点。

建筑业、交通运输业、批发零售业和信息传输企业综合经营景气指数均在景气区间运行。较好的是交通运输业和信息传输,企业景气指数分别达到133.68和176.44点;其次是建筑业和批发零售业,企业景气指数分别为105.48和117.33点。

上述调查数据说明,企业渡过难关的信心有所增强,虽然有些指数还没有达到景气区间,但与上期比出现回升迹象,这表明企业的信心得到恢复,就像温总理说的“心暖经济暖”。

(二)企业流动资金景气指数回升

2009年初国家实行信贷扩张和宽松的财政政策,充裕的信贷资金流于实体经济,使企业紧张的流动资金得到了缓解。据调查结果显示,全市企业流动资金景气指数比上期回升2.93点。在八大行业中,建筑业、房地产业和信息传输业增幅最大,分别增加56.59、12.74和28.42点。

(三)消费品市场迎来开门红

一季度桂林市消费品市场以“扩大内需、繁荣市场、实惠百姓”为主题,开展了一系列酬宾促销活动,取得了较好成绩。据住户调查结果显示:一季度桂林市居民人均消费支出为2553.33元,同比增长7.28%,其中服务性消费支出增长17.05%。在八大类消费支出中,增幅最大的医疗保健增77.43%;其次是家庭设备用品及服务为16.26%;三是食品类消费人均支出为1273.66元,同比增长8.57。

据统计,一季度全市社会消费品零售总额76.07亿元,同比增长18%;全市主要流通企业供应的各类商品总值达13亿元,同比增长11.2%。其中,食品类商品6亿多元,同比增长12.3%;服饰类商品5亿多元,增长9.5%;日用类商品2亿多元,增长8.3%。在“家电下乡”政策的推动下,热点商品主要集中在女装、运动系列等服装服饰;食用油、糖果、高档水果等食品;空调、彩电、取暖器等家电产品一季度热卖,汽车也逐渐将成为新的消费热点。

(四)工业增加值呈两位数增长

桂林市全面贯彻落实中央扩大内需、保持经济平稳增长的政策措施,全年工业工作做到早安排、早行动、工作实,并及时申报和发放中小企业流动资金贴息贷款,在财力十分紧张情况下,市政府拿出3000万元成立了桂林市中小企业担保公司,积极帮助企业解决融资难的问题;制定了工业发展的激励政策,鼓舞了发展工业的士气;积极做好煤电油运等生产要素的调配工作,有力地促进了工业经济发展。其主要特点是规模骨干企业发挥了重要的支撑作用,据统计,一季度规模以上工业完成工业增加值20.98亿元,同比增长11.8%。

(五)投资活力旺盛,自筹投资能力增强

2009年桂林市大力加强基础设施建设投资,为扩大内需,拉动经济发展,首先加快城乡重点基础设施建设。在铁路建设方面,主要以“贵广”铁路建设、湘桂铁路扩能改造“两铁”,以桂林－兴安、桂林－三江、阳朔－鹿寨高速公路的“三高”建设为主推,全面启动“项目建设年”,确保2009年完成633亿元的投资任务,力争实现788亿元的投资规模。

桂林还有另一项“重磅投资”便是临桂新区建设。据悉,围绕“再造一个新桂林”的目标,临桂新区已经确定67个重点项目上马,投资总量超过百亿元。从统计数据看,一季度全社会固定资产投资预计为61.94亿元,增长25%,关系民生的行业投资增长幅度较大。其中农、林、牧、渔业投资1.5亿元,增长1.6倍;教育投资2.1亿元,增长55.6%;卫生、社会保障业投资0.3亿元,增长120.6%。

(六)电力、煤气及水供应景气指数回升

作为经济晴雨表的用电出现增长,不仅能反映电力企业运行情况,也能比较客观地反映整个地区经济运行态势。据企业景气调查结果显示:一季度桂林市电力、煤气及水的生产和供应企业前景的“双指数”分别为127.26和126.21,比上期增14.06点和4.2点,都在较好的景气区间运行。电力供应景气指数回升也预示着实体经济进入平稳的上升通道,这也显示出经济转暖的一个积极信号。

(七)部分企业劳动力需求景气指数回升

调查资料显示,一季度企业劳动力需求景气指数比上期提高16.05点。在八大行业中,一季度劳动力需求景气指数有四大行业都在景气区间,即交通、商业和信息传输劳动力需求景气指数分别为110.00、104.51和125.60点;住宿餐饮业劳动力需求景气指数比上期增加67.52点,只有房地产业下降29.30点。企业一季度劳动力需求景气指数回升的迹象,也说明就业压力得到缓解。

二、经济运行中的困难依然严峻

从调查情况看,桂林的经济虽然还不能称为全面的复苏企稳,但全市经济已经出现局部性回升势头,但经济运行中所面临的困难依然严峻。主要表现为企业订单减少,经济增长放缓,企业生产经营困难等方面。

(一)企业综合经营状况下滑

企业的经营状况与企业的业务外向程度密切相关。从调查结果看,虽然一季度企业经营状况的一些主要指标有所好转,但还处在不景气区间。

——反映企业综合经营景气指数下滑。调查结果显示,反映企业综合经营景气指数为96.06点,比上期下降3.49点。在八大行业中,有五大行业即工业、建筑业、社会服务、住宿餐饮和房地产企业,综合经营景气指数只有91.62、98.39、67.78、87.50和35.58点,处在较不景气区间运行。

——工业企业销售、产品订货和劳动力需求下降。调查资料显示,反映企业产品销售、产品订货和劳动力需求的景气指数比上期分别下降4.66、1.17和4.13个点,这三个景气指数都处在较低的景气区间,均为2001年以来的最低水平。

企业发展面临新的困难、新的挑战,企业经营者希望一方面通过加强自身管理、推动创新提升企业竞争力;另一方面也寄托决策部门应根据当前国内外经济形势的变化情况,及时调整宏观调控政策;同时,企业经营者期待政府进一步加快政府职能转变步伐,帮助企业提振信心、渡过难关,促进企业发展。

——房地产仍然很不景气。据调查结果显出:一是反映企业前景的“双指数”仍然处在很不景气的区间运行,仅有35.58和50.23点,比上期下降10.52和18.95点,创下10年来最低水平。虽然国家利好政策频出,但房地产市场仍然低迷;二是房屋销售价格比上年同期下跌4%,价格下跌幅度最大的为新建高档住宅和二手房高档住宅,分别比上年同期下降6.3%和5.6%,这是有史以来价格同比首次下跌。从环比来看,三个月房价的走势是呈现曲折型的,价格时起时伏,1月、2月、3月价格分别比上月下降0.1%、上升0.2%和下降0.5%;三是受外围金融危机的影响,多数居民在捂紧自己的口袋,继续持币观望,期待一轮又一轮的打折、降价,不肯轻易消费,观望心理较浓。

(二)居民可支配收入增速放缓

据调查结果显示,一季度桂林市城区住户人均可支配收入为3974.09元,同比增长4.58%,人均消费支出为2552.6元,同比增长7.24%,收入和支出增幅明显比上年放缓11.72和3.06个百分点。

而财产性和经营净收入快速下降,是影响居民可支配收入放缓的主要原因:一是企业特别是私营企业的风险抵御能力差,生产经营均受到不同程度的影响,生产经营效益下降,从而导致居民“经营净收入”下降26.80%;二是股市暴跌,使居民的股票、基金投资亏损严重。居民的“股息与红利”收入同比下降69.20%,由此影响财产性收入下降48.40%。

(三)CPI连续两月走低传递的信号

据调查数字显示,从2月份居民消费价格总水平(CPI)同比连续两个月走低,2月份下降1.70%,比全区少降2.1个百分点、3月份降0.20%。CPI走低主要是衣着、居住和医疗等,也与2008年同期基数较高有关系。

在当前严峻的经济形势下,CPI涨幅呈现久违的负增长,这与经济有着密切相关。随着2009年经济增速的放缓,总需求增长的速度必然降低,这也是当前CPI出现负增长的一个重要因素。从桂林市的情况看,CPI走低也传递这样一个信号,在经济增速回落时,一定程度上缓解了供求关系,但高终端产品市场竞争十分激烈,外部需求变“冷”,使实体经济库存化就快速传递到居民消费,由此导致就业难以及部分居民收入减少,就会降低部分人群对物价的承受能力。据调查,一季度居民消费增速同比放缓3.06个百分点。

(四)市场不规范,行业恶性竞争加剧

目前市场经济发展还不够完善,存在一些严重的不正当竞争行为。这主要反映在交通运输、旅游业和邮政快递等社会服务性行业。据邮政专项调查,由于行业出现恶性竞争,各自利用自己的特点,采取压价和运输快捷等手段;旅游业最近也打起了价格战,因为争相“优惠”而陷入低价恶性竞争的漩涡。

三、思考与建议

1.跟踪国内外经贸形势,及时调整工业产品和市场方案。国家对外贸政策的调整,主要是防止外贸顺差进一步增大。为此,凡是外贸政策调整涉及的行业,从部门管理层次到企业都要跟踪国际经贸形势,研究外贸政策调整导致的市场变化,及时调整产品生产及营销方案。

2.扩大支柱产业的合作。这是做大做强工业、实现工业大型化、重型化的有效途径,也是加快工业化进程的必由之路。从桂林市实际出发,在重型机械、机床、水泥制造等行业,大力开展异地合作,这是桂林制造业面临的机遇。因为全球经济面临调整和重组,这次经济危机的结果,就是产业洗牌,洗一次牌就是一次机遇。所以桂林制造业要抓住这次难得的机会。

3.加快物流产业建设。加快建立以资源性产品进口、储备、预加工和配送为重点的第三方大物流产业,目前国家加大物流产业投入,这为桂林市建立大物流产业提供了一个可选择的方向。尽快建立以储备、预加工及配送为主要内容的物流产业,充分释放铁路、航空的集输运第三方物流的产能。

4.夯实工业发展基础。当前全市工业发展的主要瓶颈制约还在于技术创新,自己的品牌少。政府要充分利用国家这次放松银根和积极的财政政策有利时机，帮助有发展潜力、有比较优势企业的技术创新，使他们做大做强。对于一些技术落后的传统产业，要帮助其引进相对先进的技术和工艺，促进企业的改造升级，提升产品技术含量。

5.加大银企对接力度。要抓住中央扩大内需，促进经济增长的发展机遇，搭建银企交流平台，促进银企合作。继续为中小企业提供担保，引导企业优化资金支出结构，加速资金周转，确保流动资金需求。

2009年一季度桂林房价震荡下行 短期难以回升 远景看好

粟凌燕

2009年一季度桂林楼市"小阳春"、"倒春寒"此起彼伏，一边是国家利好政策频出，从中央到地方都传递出扩大内需、鼓励购房的明显信号，让楼市如沐春风；一边是金融危机的影响逐步显现，市场信心低迷，资金链紧张，让楼市在乍暖还寒的春风中瑟缩。据国家统计局桂林调查队调查资料显示：一季度桂林房屋销售价格呈现震荡下行的态势。未来桂林房价走势如何？预计短期内价格难以回升，低开平走，远景看好。

一、一季度桂林房屋销售价格总趋势为震荡下行

据调查本季桂林房屋销售价格总水平比上年同期下跌了4%。分类别来看，新建住宅价格比上年同期下跌5.7%，新建非住宅价格比上年同期下跌0.1%，二手房价格比上年同期下跌1%。其中价格下跌幅度最大的为新建高档住宅和二手房高档住宅，分别比上年同期下降了6.3%和5.6%。这一情况从侧面反映了受金融危机影响，当前经济不景气时期，投资的谨慎和被抑制。

分单月环比来看，三个月房价的走势是呈现曲折型的，1月、2月、3月价格分别比上月下跌0.1%、上涨0.2%和下跌0.5%。在2月份房屋销售价格较1月份有0.2%的上涨。其原因有两个方面：一是年后各开发商的资金链暂时得以缓和一下，因此1月份为了能够销售出房屋、尽快回笼资金而给出的年终震撼底价等优惠折扣活动取消了，价格有一个恢复上升的过程；二是国家在2008年底已经出台了一些房产交易税费优惠政策，并且表示没有计划再出台新的优惠政策，2月初桂林市市委书记又做出了关于做大做强桂林房地产行业、尽快打通桂林地产外销通道的重要指示。从中央到地方都明确的发出以房地产拉动消费、扩大内需的信号。因此春节后在房产交易低成本的利好下，加上媒体的造势宣传，购房者压抑了一年的刚性需求集中爆发。各楼盘的关注度迅速提升，成交量明显提高，出现了一波楼市销售的小高潮。各开发商据此感觉出一个楼市回暖的信号，因此价格纷纷止跌走平，观察市场的动向，再决定下一步定价的策略。

3月份虽然在南宁、柳州、贺州等区内各市看房团的渲染下，相比2008年门可罗雀的冷清，2009年各楼盘看房、询价、签意向的客户有所增多，然而真正出手买定房产的却不多。在2月份"小阳春"过去后，桂林楼市又继续归于沉寂，各楼盘不得不又打起了降价促销的大旗。如城北楼盘"鑫灿--爱情湾"2月份在以几乎成本价的促销下，销售成交6套，意想认购8套，然而3月在每平方米提价100元的情况下，只实际卖出2套；城西楼盘"四季花城"2009年1、2月维持开盘价3800元/平方米不降价优惠，无销售，3月份以3300元/平方米促销40套，一个月内被认购一空。

反观2月份的价格微涨，主要是靠普通住宅价格上涨拉动.新建普通多层住宅和二手房普通多层住宅价格分别比1月上涨了0.7%和0.6%。新建商铺类的销售价格却在各类别房屋销售价格大都平走的时候，"逆市"下行了0.4%。这表明购房者浓重的观望情绪虽然有所松动，但是受金融危机的影响，投资性需求仍然未有所动，购房者还是慎之又慎。最明显的说明例子是3月份新建高档住宅价格比上年同月下跌了8.6%，其中新建高档公寓价格比上年同月下跌了13%。高档公寓的定义模糊，介于普通住宅和别墅之间，客户群稀缺。以往都是靠投资拉动，现在受金融危机影响，销售异常艰难，不降价促销难以为继。如漓江边，定位为纯投资的高档公寓"港湾一号"，在2007年底开盘时月劲销20至30套，2009年以来却一直无销售。3月份价格下调10%后实现销售2套。

以上情况说明市场虽然对国家一系列房政利好措施有所反应，但是只是刚性住房需求的部分缓慢释放，楼市仍旧存在波动，偶尔的"小阳春"并不能代表楼市已经回暖，一季度来看整个桂林楼市依然还是处在"冷"的阶段。但是通过实在降价楼盘的热销来看，刚性需求还是在逐步释放，实实在在的价格让利，几乎成为楼盘热销的唯一手段。

二、预计短期内桂林房价会继续震荡下行

从一季度的整体形势来看，短期内桂林楼市难以整体回暖，偶有的"小阳春"是2008年积累的刚性需求的集中释放，也是2008年底国家一系列房产交易税费优惠政策产生作用的效应体现，更是以低房价、低交易成本为支撑的。房价的升降和成交量的回升取决于有效需求的走向。而当前主要矛盾依然在于全球金融危机的影响下的有效需求不足。因此桂林市房价向下调整的趋势是较明显的，且要持续一段时间。具体原因为：

1.地价、土建成本、税收和投资意愿的走低决定了房价震荡下行。钢材、水泥等建材价格降低，失业人口增加导致劳动

力成本下降等土建成本的降低让房价有下行空间。同时贷款利率下调和土地价格的相对便宜，也让房地产的开发成本下降。并且随着国际金融危机负面影响的进一步扩散，人们的消费态度和观念也在变化，多数人继续持币观望，期待一轮又一轮的打折、降价，不肯轻易消费，投资意向持续走低。在金融危机影响下，购房者消费信心短期内难以恢复。

2.开发商利润预期决定房价震荡下行。当前开发商的资金链仍然紧张。虽然现在贷款相对2008年容易了，但是面对未见底的金融危机，未回暖的楼市，开发商们都表示出了担心。一季度房地产业的信心指数和房地产业景气指数较上季双双下跌10.52和18.95，均落在较不景气和较无信心区间内。因此相对以前通过拉高房价来赚取利润的做法，现在开发商都采取降价促销，薄利快销的方式来保证企业正常的销售量，以使资金尽快回笼，加快资金流转速度，保证企业的生存，保持企业的可持续运营和发展。

三、桂林特点决定房价低开平走，远景看好

桂林为三线城市，前期投机行为不大，非理性的因素所推动的价格虚高成份较少，经2008年下半年至2009年一季度的挤压，房价温和下降，逐渐回归理性。且一直以来普通住宅的价格都很坚挺，因此未来价格下行的空间不会太大。

同时桂林独特的地理区域位置决定了未来的房价前景看好。桂林位于广西的东北部，“湘西走廊”的南端，是广西连接西南部各省的重要通道。随着全国“八纵四横”铁路网的建立，桂林将会由过去的铁路途经站成为重要的铁路中转枢纽站。贵广铁路已于2008年底开工，桂林2009年新建的三条高速公路也在紧张施工中。高速铁路、公路的建立拉近了桂林与周边城市的地域距离，而桂林当前的房地产价格水平相对其周边城市并不高，甚至是偏低的。因此预计未来在公路、铁路建成之后，会吸引周边城市的购房者来桂林购房居住或者投资，房产价格会有一个和周边城市走平的逐渐上升过程。

退耕还林地成了农户的绿色银行

——桂林市退耕还林调研报告

蒋华春

了解退耕还林工程执行情况，工程产生的社会效果，掌握退耕农户的生产、生活及其对林地管护和效益状况，及时发现和解决问题，这对于进一步贯彻落实“农业稳市”的战略目标有着十分重要的意义。为此，桂林调查队于4月中下旬对全州、兴安等县进行调查访问，通过听取部门汇报和对部分农户走访，了解到退耕还林工程受到当地农户的拥护和支持，农户通过退耕还林增加了收入，改善了生活，但仍存在一些风险，应当引起重视。

一、退耕还林工程基本情况

1.退耕还林工程覆盖面广。在桂林市十二县126个乡镇中，有123个乡镇实施了退耕还林工程，覆盖面达97.6%。直接参与农户有13.86万户，惠及人口64.31万人，占十二县总人口的14.9%。

2.退耕还林工程完成率高。2002—2008年，自治区下达桂林市退耕还林工程任务7.2万公顷(其中：退耕地造林2.5万公顷，荒山造林3.1万公顷，封山育林1.6万公顷)，截止2008年底，工程累计完成面积7.13万公顷(包括恭城县已完成但未验收的666.7公顷封山育林任务)，工程完成率为99.26%，其中2002—2007年计划任务全部完成，2008年完成计划任务的95.3%，未完成的任务准备在2009年完成。

3.退耕地合格保存率高。桂林市退耕地还林完成2.5万公顷，合格保存面积2.43万公顷，保存率为96.2%。

二、退耕还林工程成效显著

1.有效改善了生态环境。工程实施8年来，全市增加林地面积7.13万公顷，森林覆盖率上升2.6个百分点。工程减少15度以上的陡坡耕作面积4.3万公顷，有效抑制了泥沙流量。退耕农户反映，过去大雨后江水浑浊，数天难清，现在大雨过后，很少泛洪，江水很快就变清了。工程有效减少了水土流失，像兴安、永福等县本年境内主要河流泥沙平均含量仅为0.1公斤/立方，生态环境得到了较好的改善。

2.切实增加了退耕农户的收入。退耕地基本是比较贫瘠的土地，农作物产量低，收入少；退耕后，大部分农户根据实际情况，采取“树木+套种矮杆农作物”的模式，农作物收入加上退耕补助收入比仅种植农作物收入增加了许多，如全州县白宝乡白宝村委的退耕农户，退耕前在地里种植包谷、黄豆、花生、红薯等农作物一般收入400元/亩；退耕后，农户种植了板栗树，在树苗成长期，农户套种花生、黄豆等农作物，每亩收入约250元，加上230元的退耕补助，每年可收入480元/亩，农户收入增加20%，并且每亩地一般能种植33棵板栗树，据测算，每棵树成年后可产10公斤板栗，每亩可产板栗330公斤，按4元/公斤计算，每亩收入可达1220元，是单种农作物的3倍。再如兴安县崔家乡崔家村委，因为退耕地土质差，退耕前种植包谷产量仅有150公斤/亩，按0.4元/公斤折算成收入仅为240元/亩；退耕后，农户采取“香椿树+银杏树+套种矮杆农作物”模式，每年“退耕补贴+套种农作物的收入”约为400元/亩，比单种农作物收入高出33.3%；并且每亩地可种植约60棵香椿树和40棵银杏树，据测算，10年的香椿树可卖20-30元/

棵，那么一亩香椿树至少有1200元产值，15年的银杏树每棵可产约25公斤白果，每亩可产1000公斤白果，按2元/公斤计算，一亩银杏树每年有2000元的产值。同时，崔家村退耕户积极进行荒山造林，每亩荒山种植约180棵杉树，成材后按15元/棵计算，每亩杉树有2700元的产值。这两个例子是退耕户的缩影，退耕还林工程不仅增加了退耕农户的收入，还成为了他们的绿色银行。

同时，退耕还林工程的实施还节约了大量的劳动力，为退耕农户从事多种经营和外出务工创造了条件。退耕农户反映，退耕林地在树苗成林后，管护工作相对会简单很多，有些树种基本不怎么用管护，比种植农作物可以节省一半以上的劳动力。随着退耕林地不断成林，退耕农户可以投入更多的劳力到农业、牧业、外出打工等方面，据统计资料显示，2008年退耕户人均农业收入、牧业收入、第二产业收入和第三产业收入同比分别增长了9.17%、54.01%、55.02%和19.14%；人均工资收入达1313.36元，占人均总收入的27.3%。

3.退耕林地已开始为农户产生经济效益。退耕农户反映，他们种植的板栗、柿子、柑桔等果树已开始挂果。据统计资料显示，2008年人均退耕林地收入达到115.69元，同比增长207.54%，经过7年的管护，退耕林地逐渐成了农户的摇钱树。

三、退耕还林政策的执行情况良好

1.退耕还林补助发放情况。退耕地还林补助标准为230元/亩，其中每亩补助稻谷150公斤，折款210元，管护费20元/亩。林业部门一般每年会进行两次验收，验收合格的退耕地还林补助，由财政直接汇入还林农户统一在银行办理专用存折里。部分农户反映，2009年3月底已领到2008年的退耕补助款。

2.退耕林地管护情况。退耕农户反映，他们对退耕地林地一般采取套种农作物的方式进行管护，对农作物松土、除草、施肥等管理，也间接地管护了林地，而且种植的豆科作物的根瘤菌可起到固氮作用，相当于在对树苗施肥，部分退耕农户还会对树苗进行扩坑施肥和涂白管护；他们对荒山造林林地一般采取除草管护。

3.退耕农户补植补种情况。2008年年初，桂林遭受了严重雨雪冰冻灾害，如兴安县崔家乡崔家村委荒山造林种植的杉树基本被雪压倒或压断，农户损失惨重，但在有关林业部门的组织安排下，农户积极对受灾林地进行了补植补种。

四、退耕还林成果巩固情况乐观

经过7年的管护，部分退耕林地已开始为退耕农户产生经济效益，估计到退耕补助期结束时，退耕林地基本能为退耕农户产生经济效益或即将产生经济效益，退耕农户不会轻易砍树还耕，主要理由如下：

1.退耕农户耕地和粮食均有保障。退耕农户反映，他们还林的耕地并不多，有的一亩还不到，大多数退耕农户也就1-2亩，他们每年生产的粮食能够满足生活的需要，大多还有结余。据统计资料显示，2008年退耕农户人均实有耕地面积1.2亩，其中水田0.73亩、旱地0.46 亩，与全市农村居民人均耕地基本持平，人均粮食产量为443.48公斤，其中稻谷376.34公斤、玉米53.06公斤。

2.退耕林地产生的收入远大于种植农作物的收入。如种植板栗树的退耕地每年收入可达1220元/亩，是种植农作物的3-4倍，而且管护退耕林地比种植农作物更省劳力。

五、退耕农户遇到的问题和主要面临的风险

1.林权证发放工作滞后。部分退耕农户反映，退耕还林工作已经开展了七、八年了，但仍未领到林权证或者不知道有关林权证的事情。没有林权证，农户部分权益可能得不到保障。

2.退耕农户补植补种没有种苗补助。荒山荒地造林政府只一次性补助种苗和造林费50元/亩，以后不再补助种苗和造林费，在一定程度上影响了他们补植补种的积极性。部分退耕农户反映，50元/亩荒山造林补助还不够开山造林的开销，更别说以后补植补种了，如2008年雪灾，很多树都被雪压倒和压断，都是他们自已购买种苗补植补种的。

3.部分退耕农户技术欠缺。虽然每年相关部门会组织专家或退耕点村委会邀请专家给农户讲课，但由于时间短、农户接受能力差，大部分农户只掌握一些基本的种植管护技术，部分农户植树后不懂或不能正确地对树苗进行嫁接、施肥、防治病虫害等管护工作，部分退耕农户种植树苗过密，这些情况导致树苗瘦弱，长势缓慢，影响了林地的产量，可能会出现“广种薄收”的情况。

4.林地产品销售或许会是退耕农户要面临的最大风险。桂林市缺乏林产品加工龙头企业，林产品销售大多依靠外地老板收购，销售链比较脆弱，农户风险大，如2008年桂林市部分水果就出现滞销的情况，很多水果因卖不出去而烂在家里，甚至出现有少数种植户觉得花劳力采摘出售不合算而宁愿果子烂在树上的情况，出售价格也比2008年大幅下跌。根据当前的形势，今后如何把退耕林地产品转化成商品形成收入或许会成为退耕农户要面临的一个大问题，如全州县白宝乡白宝村委的1156亩退耕地基本是种植板栗树，按亩产330公斤计算，白宝村仅退耕地每年可产板栗38万公斤，白宝村委只有一千多人，就是全州县人口也只有78.4万人，显然本地居民很难消费掉这么多板栗，销售就会成为白宝村委退耕农户面对的一大难题，这也是其他退耕农户要面临的难题，如果不加以引导或帮助退耕农户解决销售问题，不排除会产生果贱伤农进而出现砍树复耕的情况，如阳朔县兴坪镇古皮寨何家村村主任反映，2008年因为柿子价格低，部分退耕农户宁愿柿子烂在树上也不愿花劳力采摘拿去出售，现在还有230元/亩的退耕补助收入，即使果子不得钱也不会砍树还耕，因为他们会期待果子价格回升；而补助停发后，如果连续两、三年出现因果子价格低而使退耕地果树收入低于种植农作物收入的情况，将会有人为了生计而采取砍树复耕以增加收入的情况。

六、意见和建议

1.*加强培训和指导力度*。针对部分农户缺少技术的情况，可以采取到农户林地现场指导、组织农户参观学习、鼓励农户互相学习等方式，提高他们的管护技能。

2.*培养营销大户，鼓励外地老板，建立销售网络*。建议政府相关部门组建农产品销售指导办公室（下面简称指导办），以指导办为中心，以收购老板（公司）、农产品加工企业、农户为主体，搭建一个方便高效地营销网络，协助收购方快捷地完成收购计划，帮助农户把产品及时卖出去。指导办还可根据情况制订指导收购价和保护收购价，并采取培养本地营销大户、鼓励外地老板、优先帮助退耕农户销售等措施，保证广大农户（特别是退耕农户）的产品能卖得出、卖得好。

3.*大力发展后续产业，推进农业产业结构调整*。建议政府部门进一步加强对退耕还林后续产业发展的组织领导，加强统筹规划和政策引导，大力发展后续产业，逐步形成农户促进产业、产业带动农户的良好运作机制。对退耕还林农户创业和外出务工给予小额信贷支持，有序地组织农户外出务工、转移到非农产业和投入到小城镇建设中去。

4.*适当增加荒山造林管护和工程管理经费*。按目前标准，国家50元/亩的种苗和造林补助费仅够荒山的一次造林费用，如果遇到干旱、大雪等自然灾害，一次性造林补助费用是不够的。为此，建议政府在种苗和造林补助费用采取灵活和人性化的补助措施，根据实际情况给予适当补助，进一步提高退耕农户补植补种的积极性。

2009年上半年桂林市居民收入消费增速放缓

庞育光

2009年以来，桂林市采取有力措施积极应对金融危机，坚持扩内需，保增长，保稳定。国民经济和各项社会事业平稳发展。据桂林调查队100户市区居民调查资料表明，上半年桂林市区居民收入、消费稳步增加，但增速放缓。

一、居民收入平稳增长

上半年，桂林市城市居民人均家庭总收入为8075.1元，同比增加604.3元，增长8.1%。人均可支配收入为7594.0元，同比增加617.4元，增长8.9%，较上年同期回落8.2个百分点；扣除价格因素，实际增长10.1%。从收入构成上看，居民收入呈两升两降格局。

1.*转移性收入大幅增长，占可支配收入33.6%*。近年来，桂林市不断加大社会保障力度，提高养老金发放标准，扩大居民统筹养老覆盖面，使居民家庭养老金收入不断提高。从2008年7月起，桂林市再次提高低保标准，由210元提高到215元；2008年下半年以来，规范公务员补贴，使得桂林市这一类单位的退休人员的退休金增加；2009年年初上调企业退休人员养老金，月均增加105元；春节前中央为广西困难群众发放3.32亿元补贴等举措，提高居民收入。上半年桂林市城市居民转移性收入2550.2元，同比增加337.2元，增长15.2%；其中养老金或退休金2313.5元，同比增加338.8元，增长17.2%。居民养老金或退休金的增长是转移性收入增长的主要动因。

2.*工资性收入仍是居民收入和增长的主体*。2008年下半年以来，桂林市规范公务员（包括参公事业单位）津补贴逐步落实到位，并提高职工最低工资标准，增加"四零五零"人员的公益性岗位等一系列政策措施，促使居民工资收入增长。上半年桂林市城镇居民人均工资性收入4286.1元，同比增加403.5元，增长10.4%；其中人均工资和补贴收入4054.4元，同比增长13.2%；人均其他劳动收入231.6元，同比下降23.1%。居民工资性收入占可支配收入比重为56.5%，同比提高0.7个百分点。

3.*经营净收入和财产性收入下降*。国际金融危机的蔓延，桂林经济尤其外向型经济实体均受到不同程度的冲击。一是桂林企业特别是私营企业的风险抵御能力差，生产经营均受到不同程度的影响。订单减少，开工不足，生产经营效益下降，居民的"经营净收入"下降3.1%。二是自2008年下半年以来的股市暴跌，居民的股票、基金投资大面积欠收，居民的"股息与红利"收入下降83.9%。"其他投资性收入"则由上年同期人均10.2元降到2009年"零"收入记录。居民财产性收入下降近五成。

二、居民消费支出有所增长，但增速趋缓

上半年桂林市城市居民人均消费支出为4778.04元。同比增长4.9%，较上年同期回落2.4个百分点。从调查的八类消费支出构成看，同比呈"六升两降"态势。见下表：

1.食品消费2443.3元，增长4.4%，同比回落24.5个百分点，占消费支出的比重下降（恩格尔系数下降0.3个百分点）。

上半年桂林市居民八大类消费支出比较表

指标名称	2009年	2008年	增减%	占消费支出比重%
消费支出(元)	4778.00	4553.80	4.90	100.00
1.食品	2443.30	2340.70	4.40	51.10
2.衣着	394.90	416.20	-5.10	8.30
3.居住	415.10	403.00	3.00	8.70
4.家庭设备用品及服务	264.70	224.60	17.90	5.50
5.医疗保健	245.40	185.30	32.40	5.10
6.交通和通讯	494.90	468.30	5.90	10.40
7.教育文化娱乐服务	381.50	407.80	-6.50	8.00
8.其它商品和服务	138.40	108.00	28.20	2.90

居民的“肉禽蛋水产品”“蔬菜”、“调味品”、“糖烟酒饮料”和“干鲜瓜果” 等分别增长1.1%、27.3%、22.6%、27.6%、和8.1%。2009年以来，猪肉价格大幅回落，居民的消费量增长8.7%，而消费支出则下降11.2%；“奶及奶制品”受伪劣奶制品的负面影响较大,居民的消费心理日见谨慎和理性，支出下降17.7%。

2.衣着消费下降5.1%。一方面有些居民为应对金融危机“节衣缩食”,减少穿着支出。另一方面，商家为减少库存降低损失在节假日大打折扣。居民服装和衣着材料消费分别下降13.2%和23.3%。

3.居住消费增长3.0%。2009年以来,居民的住房装修情况较少,支出下降22.4%,但由于居民的租赁房租和居住服务分别增长35.7%和24.1%的影响。居民在这方面的消费仍平稳增长。

4.家庭设备用品及服务增长17.9%。2009年以来，居民加快了对洗衣机、电冰箱、空调器等家电和耐用消费品的更新换代步伐，购买量增加，电冰箱和空调器的消费支出1倍以上的速度增长。上半年，居民家庭耐用消费品的消费支出以68%的速度快速增长。

5.医疗保健消费增长32.4%。

6.交通和通讯消费增长5.9%。2009年以来,居民在购买家庭交通工具主要是摩托车支出增长1.5倍;交通工具服务支出增长了74.4%。居民的通信支出虽下降3.6%，但该类消费仍稳步增长。

7.教育文化娱乐服务下降6.5%。一是居民的文化娱乐用品支出下降7.7%，二是居民外出旅游尤其是“团体旅游”活动减少则文化娱乐服务的支出锐减30.3%，三是从2008年秋季取消城市义务教育学杂费致使居民的义务教育学杂费支出减少19.7%等的影响，此类消费有所下降。

8.其他商品和服务消费增长28.23%。尽管经济不太景气，旅游名城居民爱美之心有增无减。珠宝饰品的购买热情高涨；认真美容美发扮亮自己舍得花钱。上半年居民的金银饰品和美容消费支出大幅增长。

三、低收入家庭收入消费增长较快

上半年，在国家一系列社会保障和补贴措施的出台和到位，占调查样本20%的低收入家庭的收入得以大幅提高，人均可支配收入达3501元，增长29.1%。消费支出为2898.4元，增长10.5%。

四、问题与建议

1.继续提高低收入居民收入，改善他们的生活。2009年由于对低收入群体各项保障、补贴等措施陆续到位，使低收入居民收入以较快的速度增加，但其平均收入水平达不到总体平均收入的一半,仅有46%。应进一步提高低保线、增加补贴，提高他们的收入，改善他们的生活，进一步缩小高低收入群体收入差距。

2.继续完善社会保障体系，增强居民消费信心，提高居民消费倾向。继续完善社会保障体系，如继续提高三条保障线水平，继续深化教育、医疗制度改革，减轻中低收入家庭负担等，减轻居民的后顾之忧，增强他们的消费信心和即期消费能力。不断提高居民消费倾向，增强消费对经济增长的拉动作用。

3.积极扩大就业。就业是民生之本，积极扩大就业和再就业，是应对目前国内外经济形势严峻变化的有效方式，是增强居民消费信心和扩大居民消费的治本之策。上半年数据显示，金融危机已对桂林旅游业及与之密切相关的行业产生的负面影响加大，居民的经营净收入和财产性收入不断下滑；居民的其他劳动收入快速下降。这也必然对居民就业产生影响。因此，以中央加大投资及桂林"保护漓江，发展临桂，再造一个新桂林"为契机，以"项目建设年"为载体。以加快投资来拓展就业渠道；对就业率较低的困难家庭，要"授之以渔"，认真从政策、资金、技术等方面进行扶持，想方设法扩大他们的就业和再就业，不断提高居民特别是低收入家庭居民的收入水平。

2009年上半年桂林消费品零售市场面面观

谢登宝

2009年以来，桂林市积极贯彻落实国家扩大内需、促进经济稳定较快发展的各项方针、政策，人们的收支预期稳定，消费者的消费信心有所提升，消费品零售市场呈现"销售平稳增长，价格振荡下行"的量升价降态势。调查统计显示：上半年，全市实现社会消费品零售总额156.2亿元，同比增长18.61%；消费品价格同比下降1.2%。

一、消费品零售市场运行情况及主要特点

1.消费品零售总额平稳上升。随着中央扩大内需等一揽子政策的实施，人们的消费购买能力和消费信心得到了提升，消费品零售市场总体运行形势良好。据统计，1-6月全市实现社会消费品零售总额同比增幅均在两位数以上，分别为19.7%、16.9%、17.7%、18.4%、18.4%和18.61%。

2.消费品价格振荡下行。由于受国际金融危机和上年负翘尾影响，加上近年来工业消费品市场供过于求，价格一直处于低迷状态，抑制了消费品价格的整体上升。据调查，1-6月桂林市消费品价格同比涨（跌）幅分别为2.6%、-1.6%、0.2%、-0.5%、-3.2%和-4.5%。

3.假日消费仍是市场亮点。上半年是消费市场的传统旺季，在元旦、春节、清明、"五一"等节日市场旺销惯性带动下，居民消费热情高涨，消费品市场繁荣活跃。各商家也抓住商机，广泛开展促销活动，拉动消费。据调查，春节期间，百货大楼零售额同比增长17.微笑堂同比增长7.99%;"五一"期间，苏宁电器零售额同比增22.5%，南城百货同比增长11%。

4.城乡市场同步繁荣、活跃。在收入增长以及消费品升级换代、娱乐休闲需求日益增长的情况下，居民消费形式日趋活跃，呈现出城乡市场两旺景象。1-6月份城市实现消费品零售额87.43亿元，比上年同期增长17.23%，占全市零售总额的55.97%。而农村市场随着社会主义新农村建设的推进，农民收入水平和消费能力不断提高，特别是"万村千乡市场工程"和"家电下乡"项目的扎实实施，农村市场消费旺盛，1-6月县及县以下实现零售额68.77亿元，同比增长20.41%，占全市零售总额的44.03%。

5.大类消费品全面增长。随着生活水平的日益提高，人们对生活必需品的需求量由量到质发生了明显变化。各大商场、超市也紧紧抓住居民在传统节日购买相对集中的有利时机，积极组织货源，拓展消费空间，开展了各具特色的促销活动，使吃、穿、用商品的销售大幅度的上升。据统计，上半年全市粮油、食品、饮料、烟酒类消费实现零售总额3.16亿元，同比增长22.32%，其中粮油、食品类实现社会消费品零售额1.73亿元，比上年增长16.17%；服装、鞋帽、针织类同比增长7.22%;化妆品类同比增长29.68%；日用品类同比增长25.6%；金银珠宝类同比增长14.87%；体育、娱乐用品类同比增长28.85%;家用电器类同比增长9.53%;汽车类同比增长49.79%；其他类同比增长32.55%。

6."家电下乡"产品销售成绩显著。据统计，自2009年1月初"家电下乡"推广工作在全市全面铺开以来，12县五城区备案登记"家电下乡"销售网点868家，在全区排位第一;产品销售截止2009年6月30日，共销售49056台（部）计金额8543万余元，在全区排位第二，其中，冰箱32536台计6312万元、彩电6633台计767万元、手机1031部计68万元、洗衣机8176台计1237万元。按农业人口（每1万人）平均购买家电下乡产品，桂林市为128台（部），在全区排位第一，成绩显著。预计到年底全市"家电下乡"产品销售将突破1.6亿元，家电下乡产品销售将成为2009年消费品市场最大亮点、将成为扩大内需拉动消费的主渠道。

二、消费品市场发展趋势分析

纵观上半年桂林市消费品市场运行态势，既有许多有利因素，同时也存在不少制约消费品市场快速增长的不利因素。

（一）有利因素

1.国家扩大内需政策将为消费市场的发展奠定坚实基础。为有效应对国际金融危机，市委、市政府迅速行动，扎实推进"保护漓江，发展临桂，再造一个'新桂林'"的战略，加快了固定资产投资规模。据统计，1-6月全市已完成固定资产投资306.21亿元，同比增长101.9%。这些将为消费市场的发展奠定坚实基础。

2."家电下乡"推广工作的扎实推进，特别是补贴资金的兑现，将有效刺激农村消费。据统计，从1月初启动家电下乡工作开始，国家下拨给桂林市5283万元家电下乡补贴资金，已全部到位并及时下拨到各县、区。截至6月30日，已补贴家电下乡产品金额717万元。这项举措将对农村市场产生积极影响，带动农村消费逐步增长。

3.城乡居民收入水平稳步提高。上半年桂林市城市居民可支配收入7594元，同比增长8.9%；一季度农民人均现金收入1531元，同比增长8.97%，为消费品市场的继续增长提供了保障。

（二）不利因素

1.从大环境看，全球金融危机对经济发展的影响尚未完全见底，这将制约城乡居民的消费信心和消费预期，消费结构变化不大。从限额以上零售业企业经营的主要消费品类值看，增速较快集中度较高的是人们日常消费的必需品，如：粮油、食品、饮料、烟酒类、日用品类、化妆品类等。

2.从商家角度分析，商品销售利润空间缩小。城乡市场的各路经销商为扩销促销，采取打折、让利、返利、延长营业时间等方式，聚集人气，促使生活必需品销售量不断增大，但利润空间缩减。从2009年上半年销售情况看，重点流通企业销售额增速缓慢。

三、对策和建议

1.继续贯彻落实中央扩大内需促进经济增长的政策措施.逐步帮扶低收入群体，特别是城镇弱势群体和农民；逐步完善社会保障体系，使人们解除"不敢买东西"的忧虑；消除"有钱不想买，想买没有钱"的消费断层现象，真正让消费需求拉动经济健康成长。

2.千方百计扩大就业，增强消费者的消费能力。就业是民生之本，增加城镇居民收入，特别是消费倾向较高的中低收入阶层的收入，就必须努力做好就业和再就业工作。大力发展小区服务、餐饮等劳动密集型产业。加强职业技能培训，发展灵活多样的就业方式，最大限度增加城乡居民收入。

3.加强市场监测，确保市场供应。要加强市场运行监测分析，研究解决市场流通中的突出问题；要健全生活必需品应急保障体系，应付突发事件造成的市场波动；充分利用现代网络技术，发挥信息引导作用，更好地服务于政府决策、企业经营、行业管理和居民消费。

4.加快农村现代流通体系建设，促进农村消费升级。大力推进"万村千乡"市场工程和"家电下乡"工作，引导大中型连锁企业到城镇、乡村设立销售网点，针对农村的消费习惯和环境，开发品质优良、可靠实用、价格适中的产品和服务，刺激农村消费增长。

5.进一步净化市场环境，完善诚信服务体系，强化整顿和规范市场经济秩序工作。倡导"诚信兴商"，努力营造安全、有序、和谐的消费环境，为商家创造公平、公正的竞争平台。

生猪生产保持增长　存在问题不容忽视

——2009年上半年桂林市生猪生产情况调查报告

蒋华春

最近，桂林调查队对全州、兴安、平乐、阳朔4个县的47个普查小区710个生猪散养户，以及全市326个生猪养殖规模户和17个非农生猪养殖生产单位进行了主要畜禽监测调查，同时对临桂、叠彩区部分生猪养殖户（单位）进行了走访调查，结果表明：上半年桂林市生猪生产保持增长，但效益明显下滑。

一、生猪生产情况

在2008年生猪持续高价和国家扶持生猪生产政策的推动下，桂林市生猪生产得到快速地发展。据主要畜禽监测调查样本数据显示：2009年上半年生猪期末存栏量为21万头，同比增加1.1%，出售肥猪头数17.4万头，同比增加15.2%；其中二季度生猪期末存栏量比一季度增加0.1%，出售肥猪头数比一季度增加5.7%，生猪生产保持增长的态势。

1.散养户数减少，存栏增加。目前生猪散养户仍是生产的主力军，据畜禽调查显示：调查的47个普查小区共有农户3215户，上半年末有604户饲养生猪，比2008年年末减少109户，其中新增养殖户79户，有188户清栏，散养户一般投入不多，进入和退出养殖行业相对较容易；生猪期末存栏量为5283头，同比、增加8.00%，其中能繁母猪期末存栏736头，同比增加142.10%，有49.20%的生猪散养户养有能繁母猪，同比增加11.60%，因为能繁母猪增加和猪仔价格下降，大部分散养户在上半年增加了养殖量，在二季度尤为明显，生猪增加量比一季度多38.96%。

2.规模化养殖较快发展。据畜禽调查显示：在全市343个规模养殖户（单位）中，上半年有229户生猪期末存栏量达到300头的养殖户（单位），同比增加14.5%，其中有42户存栏量达到1000头，同比增加16.7%；343个规模养殖户生猪期末存栏量为20.5万头，同比增加3.6%。

在调研访问中了解到，大部份规模户把生猪养殖当做自己的事业，他们对生猪养殖投入了大量的心血，积累起丰富的经验和过硬的技术，所以不会轻易放弃自己养猪之长而从事其他不熟悉的工作，他们表示不管亏赚，都会继续养猪，只是养多养少而已，直到亏得没钱养为止。343个规模养殖户上半年仅有2户规模养殖户清栏。

3.能繁母猪稳步发展。据统计数据显示，全市上半年能繁母猪期末存栏为29.07万头，同比增加6.6%。同时畜禽调查显示：二季度种猪期末存栏量比一季度增加1.1%，其中能繁母猪期末存栏量比一季度微减0.2%，说明大部分养殖户

(单位)正在有计划地淘汰产能低的能繁母猪,补充了优良的后备母猪。能繁母猪保持良好的发展,使二季度自繁猪仔增加数量比一季度上升7.2%。

4.防疫情况好,生猪出栏率高。在调研访问中得知,养殖户十分重视生猪疾病防治,部分养殖户还采用进口药对生猪进行防治,因为防治比较到位,他们的猪仔成活率约上升10%,达到90%左右,而大猪出栏率达到了99%。

二、生猪市场情况

受金融危机、瘦肉精事件、"猪流感"事件等不利因素的影响,上半年桂林市生猪市场总体表现为需求不旺,价格持续回落,成本上升,效益下滑。

1.生猪供给大幅增加。主要有两方面的原因:(1)生猪"集体出栏"。据畜禽调查样本数据显示:2009年上半年出售肥猪头数同比增加15.2%,主要原因是2008年上半年补充的大量后备母猪所产的第一窝猪会在2009年上半年"集体出栏",特别是在二季度,出售肥猪头数比一季度还增加5.7%,导致5月、6月生猪价格大幅下跌。(2)生猪外调受阻,外地生猪涌入。生猪养殖户反映,由于广州瘦肉精事件影响,2009年上半年基本没有外地老板收购他们的生猪,如阳朔规模户唐老板上半年生猪外调数量比2008年减少50%;而湖南、河南、贵州等地的生猪因进入广东受到限制,这些生猪有一部分涌入桂林市场。

2.猪肉消费不旺。据调查:1-6月市区一级猪后腿肉价格出现逐月下降趋势,除 1月比2008年12月上涨2.9%外,2-6月环比分别下降6.15%、0.54%、4.92%、11.74%、9.9%,1-6月同比下降幅度高达24.8%。然而1-6月市区居民每月人均猪肉消费量分别为3.55、2.13、2.12、2.34、2.37和2.48公斤/人,上半年平均消费量为2.5公斤/人,同比仅增加8.4%,居民没有因为猪肉"便宜"而大幅增加对猪肉的消费量。

3.生猪价格下跌,养猪效益下降。上半年,桂林市生猪价格持续下跌,从年初的14元/公斤下降到6月的10元/公斤,降幅为28.6%,其中在5月、6月下降速度加快,如全州县5月、6月生猪平均价格环比分别下降14.7%和7.5%。

在调研访问中了解到,一季度养殖户每头生猪(100公斤)大约可赚120元,从4月开始进入亏损状态,5月每头猪亏损达到40元左右,6月亏损金额超过100元。

4.生猪成本持续走高。随着饲料原料、运输成本、病害防疫等费用不断上涨,导致养殖成本不断增加。其中占养猪成本较大比重的玉米,价格从年初1.46元/公斤上涨到6月 1.70元/公斤(本地玉米的价格),涨幅约16%,特别是在5、6月,在这两个月内约上涨了10%。养殖户反映,因为猪饲料价格不断上涨,目前每头猪的成本要增加60元左右。

三、存在的主要问题

1.生猪养殖周期长、调头难。能繁母猪从受孕到它所产的猪仔育肥上市,约需8-9个月的时间,生猪养殖周期长,养殖户很难根据当前生猪市场行情来准确预测几个月后的行情,容易造成养殖户"一哄而上、一起而下"的情况。调查中了解到,现在生猪市场不好,部分养猪户想减少养殖规模,但存在一些难处,一方面母猪是前一两年花1500-2000元买回来的,现在当肉猪只能卖600-700元,所以只会淘汰那些产仔少或经常流产的亏本母猪;另一方面母猪产下的猪仔,很难卖掉或价格低舍不得出售,只能自己喂养,所以一直保持较大的养殖量。

2.生猪养殖户流动资金出现周转困难。因为2008年扩大规模投入大量资金和2009年连续亏损,大部份养殖户出现资金周转困难。在调研访问中了解到,部分规模养殖户已经向银行贷款,他们希望借用这部资金来度过目前的亏损期,期望不久后生猪价格能回升赚钱。如兴安县规模户周老板,他现在饲养了1050头生猪,每天喂猪的饲料要花掉3000-4000元,出售一批肥猪的收入几天就被猪吃光了,他已经用房子抵押贷款,赌价格回升,如果年内价格持续低迷,他将血本无归。

3.生猪屠宰市场不规范。在调查中得知,部分县的屠宰场在生猪屠宰加工过程中,存在管理不规范、秩序混乱等问题。如全州规模养殖户邓老板反映,在全州县屠宰场宰杀生猪,每头猪加工费要收37.5元,猪下水不计入重量(要送给杀猪佬),杀猪佬在加工生猪时 "割肉"看不到(一般割掉1-2公斤),而在桂林市区屠宰场,加工费他只需付5元,猪下水算计入重量,不存在杀猪佬"割肉"的情况,所以他宁愿"舍近求远",把生猪拉到桂林市区宰杀。

四、稳定生猪生产的对策建议

1.加强信息发布,引导生猪养殖户(单位)控制养殖量。目前生猪市场供大于求与养猪户盲目跟风养猪有很大的关系,与政府注重引导养殖户发展生猪生产而轻视市场供求变化也有一定的关系。建议市政府组织相关部门(畜牧、商务、统计等)开展更细致的生猪统计调查,搞清桂林市的生猪供给与需求情况,对今后生猪市场进行分析判断,建立灵活机动的信息平台及时对社会公布结果,引导生猪养殖户(单位)保持合理的养殖规模。

2.让生猪养殖大户增减养殖量来调节市场供求。据推算,上半年规模户(325家)加上非农单位(17家)生猪期末存栏量约占桂林市生猪期末存栏量的10%,生猪养殖大户增减养殖数量,对生猪市场有一定的调节作用。政府可给予养殖大户资金扶持(如2008年对规模猪场的各项补助),养殖大户履行调节稳定生猪市场的职责,如生猪市场供大于求的时候,养殖大户减少能繁母猪的受孕次数和收购散养户非正常淘汰的能繁母猪,政府给予养殖大户饲养能繁母猪成本补贴。

3.继续实行能繁母猪补贴。为了保持能繁母猪稳定发展,避免养殖户非正常的淘汰母猪,建议政府继续对能繁母猪养殖户给予补贴,还可对减少受孕次数的能繁母猪给予饲养成本补助。

4.加大对生猪散养户的支持力度。一方面出台措施保护生猪散养户的即得利益,让生猪养殖成为广大农户的增收产业,这对稳定生猪生产至关重要;另一方面,对农户从事草食牲畜、小家禽养殖、外出务工等方面也给予大力支持,鼓励生猪散养户从其他行业增收,避免农户挤生猪养殖的“增收独木桥”。

5.向低收入居民发放猪肉补贴。据了解,部分低收入居民,一般每星期只吃一次肉。建议政府向低保、孤寡老人、残疾、生活困难户等对猪肉购买能力有限但又对猪肉有一定消费需求的低收入群体分发猪肉消费卷;或者模仿家电、汽车下乡补助,实行“农民消费猪肉补助”,刺激居民增加猪肉消费。

6.规范屠宰场,保护养殖户利益。建议相关部门制定屠宰场规范化操作流程,要求各屠宰场严格执行流程,并定期组织人员对屠宰场进行检查,以保护生猪养殖户(单位)利益不被屠宰商损害。

五、对下半年生猪生产形势的预测

1.生猪存栏量和出栏量继续在高位运行。养殖户表示,会继续坚持养猪,不会淘汰(至少目前不会淘汰)产能正常的能繁母猪,不会减少能繁母猪的受孕次数,会继续饲养母猪产下仔猪;还有部分养殖户觉得目前是一个机会,现在亏本,或许几个月后生猪价格会比较好,所以适当加大了养殖规模或开始养猪。不过,目前生猪价格相对比较便宜,外地生猪进入的数量会减少,生猪外调数量会增加,加之部分养殖户会退出生猪养殖,生猪供给大于需求的数量会缓慢减少。

2.能繁母猪存栏量会缓慢下降。据了解,养殖户目前补充后备母猪的积极性低,后备母猪增长会很少。在随后的几个月内,养殖户会继续淘汰产能低的能繁母猪,但养殖户从2008年三季度就开始了淘汰能繁母猪的工作,所以淘汰的能繁母猪数量也有限。

3.不利因素。目前生猪养殖亏损还属于大部份养猪户可以接受的程度,政府采取的一些措施也给予养殖户很强的信心,大部分养猪户没有采取措施控制养殖量,下半年生猪价格会继续在低位运行,如果生猪养殖亏损的状态持续到养殖户无法承受的程度,如资金断链,可能会出现养猪户非正常淘汰母猪或弃养猪仔的情况,应引起重视。

2010年

调查报告

房价理性回归 市场回暖趋好

——2009年桂林房价分析和2010年走势预测

粟凌燕

2009年对桂林房地产市场而言，是颇不平静的一年，在国际金融危机持续深入影响和国家扩大内需宏观政策的双重作用下，房地产价格经历一季度的“小阳春”、“倒春寒”震荡下行后，二季度随着销售小旺季带来刚性需求的集中释放，价格缓步上升，到了三、四季度随着国内经济形势的持续好转，价格持续上扬，但是涨幅比较平稳。全年的房价走势呈现出低开低走、V形反转的态势，这表明2009年桂林市房地产市场价格在国家宏观政策的有力拉动下，克服了自2009年以来金融危机的不利影响，实现了软着陆，保持了平稳的发展势头。

一、房地产市场价格运行特点

1.房屋销售价格总水平低开低走，后市持续拉升，2009年全年平均总水平比上年同期下降1.7%(详见下图)。

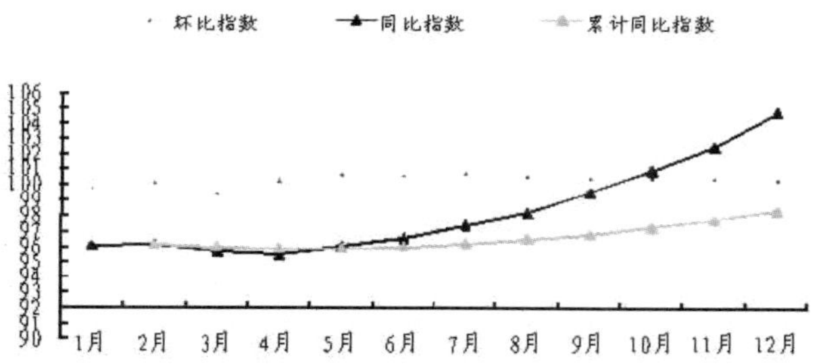

从上图可见，桂林楼市在一季度是处在“冷”的阶段，说明在国家2008年底出台的一系列房政利好措施下，刚性住房需求释放缓慢，投资依然谨慎和被抑制，整个市场信心还没有暖定。调查显示，一季度房屋销售价格总水平比上年同期下降4%。

二季度在市场信心的持续恢复和刚性住房需求的集中释放下，房价总水平开始缓步上升，短短三个月便结束震荡下行，且环比涨幅逐月扩大。二季度是房产销售的一个小旺季，由于天气温暖适宜，在春季房车节、五一、端午等节假日活动的“节假日经济”促销带动下，居民看房选房都比较活跃，加之政策坚定不移的导向和经济回暖迹象的逐渐显现，各楼盘形成购销两旺的局面。

7月房价达到全年月涨幅之最，比上月上涨0.8个百分点，之后价格环比涨幅逐步回落，显示出对未来前景预测的不明朗。在价格环比持续6个月拉升的影响下，价格总水平同比从三季度开始收窄下跌幅度，并于第四季度由负转正。

2.多数类型房屋价格超2009年同期。3月份桂林各类型房屋销售价格打破2009年以来环比全线下行的态势，新建非住宅类和二手房价格首先上涨，分别比上月上涨0.7%和1.3%。并且在其他房屋价格都还低于2009年同期的时候，二手房价格在7月份就实现了同比转正，比2008年同期上涨1.3%。因为国家于2008年底出台的房产交易优惠政策主要是针对二手房的，所以二手房价格首先回暖。年底，多数类型房屋销售价格超过了2008年同期。

3.高档公寓价格较上年同期持续低走。3月在新建非住宅和二手房环比价格上涨时，高档公寓价格却下跌了7%，为有史以来月降幅最大。之后，价格虽然环比连续上涨，甚至到8月份有月环比2.1%的涨幅，也没能在年底实现超2008年同期水平，以低于同期0.8个百分点收尾。主要是高档公寓介于普通住宅和别墅之间，客户群面窄，以往都是靠投资拉动。由于高档公寓这类投资型物业的投资方向不明朗，在前期销售艰难时价格被打压下来后，一时还是难以恢复。

4.土地价格小幅上涨。调查显示，2009年土地价格比上年上涨了1.3%，分类别来看呈现“两升一降”态势，其中：居住用地和商业营业用地分别上涨3.2%和3.2%，工业用地下降1%。

二、2009年桂林房价走势成因

1.低购房成本支撑下的刚性需求释放是房价企稳的客观因素。在全球金融危机影响下，桂林房地产价格经过积压，由原来一路高歌逐渐回归到理性价位，再经国家2008年底出台的一系列房产交易税费减免政策作用，房产交易费用降至近年最低。在低售价和低交易税费双重利好下，居民的刚性购房需求于2009年二、三季度集中释放。据统计资料显示，累计到2009年11月，桂林商品房销售面积同比上涨了3.3%，期房销售面积上涨了8.6%。而据桂林市房产局的统计数据显示，2009年桂林市的房子86%由本市城区及周边十二县的桂林居民购买，即86%是购房刚性需求，有别于其他城市由炒房团构成的买方主体。所以在2009年上半年国内经济形势尚未稳定、投资者仍然持币待购之时，这86%的购房生力军结束观望，出手买房，短时间内就有力的拉动了房屋销售，止住了房屋销售价格继续滑落的势头。

2.房地产商的利润预期是房价回升的主观因素。一方面居民购房刚性需求的集中释放，将2008年以来滞销的存量房消化得差不多，让开发商大大缓了一口气，货销出去了，资金回笼了。另一方面国家2009年的房地产业宏观政策乃为近几年来最利好，不但放松银根，加大对房地产企业的贷款力度，而且进一步放宽了对房地产企业的贷款限制－35%的资本金比例。宽松的资金链使房地产商在销售价格上少有优惠、折扣等促销举动。再则，在2008年年头房地产业的高压管制政策和年底的金融危机两方面作用下，对行业前景的不乐观让开发商们纷纷放缓了开发速度，导致2008年下半年，3块商住用土地因为无企业应拍而流拍。整个2008年至2009年上半年，将近一年半的时间，桂林市新开楼盘仅有1、2家，2009年8月开盘了好几家楼盘，但是推货量都不是很大，仅1栋、2栋的卖。到2009年11月累计商品房竣工面积同比下降17.7%，原有开发楼盘也是大力销售存量房为主，新货不多。所以在前期存量房快速去库存化后出现了新房源跟不上、剩余存量房少的尴尬局面。在房源少的时候，开发商们不急于售房，所以价格上鲜少有让步。

3.通货膨胀预期和投资回升拉动影响房价年底快速上涨。岁末年终随着物价水平的上升，人们预计会进入新的一轮价格上涨通道，加上当前股市等投资渠道尚未显现出利好的信号，为了抵御通货膨胀，很多人选择投资房地产。同时，年底很多来桂林做生意的外地人，经过几年的打拼，小有所成，赚的钱没有太多的理财方式，一般都是买房的，既解决了住房问题又可以作为一个理财方式。

总之，桂林的房地产市场经过近一年多的跌宕起伏，价格逐渐回归理性。在国家宏观政策利好导向下，出现了量价齐升的良好局面，这有刚性购房需求拉动，也有改善型需求及投资回升的拉动作用，还有通货膨胀的预期因素。

三、2010年房价走势预测

根据2010年桂林房价走势，结合当前经济发展形势进行综合分析，预计2010年桂林房价将继续小幅上升，不会大涨大落。主要理由有：

1.一直起伏不大的价格是桂林房价持续平稳走势的基础。桂林房价一直以来都是比较平稳运行的，鲜少大起大落。在房价一路高歌的2007年，桂林房屋销售价格总水平对比同期只上涨了4.4%；在2008年底，全国房地产市场一片萧瑟下，桂林房价也只是3.6%的同比跌幅。如今经过一年的泡沫挤压，桂林房价逐渐回归理性，未来走势将以延续平稳为主。

2.国家政策走向决定房价不会有大幅的深度调整。当前国家扩大内需的政策效应逐步显现，投资消费双双加速，国内经济正企稳回暖。但由于国际金融危机对世界经济的影响仍未结束，经济发展的不确定因素较多，明年国家的经济政策依然是保持宏观经济政策的连续性和稳定性，继续实施积极的财政政策和适度宽松的货币政策。房地产业作为国民经济的重要组成部分和财政收入的重要来源之一，在我国经济发展中扮演着重要的角色，在今后一段时间内，作为支柱产业的地位依然不可动摇。因此2010年桂林市房地产价格将不会有大幅的深度调整。

3.稳定的土地价格决定了房价不会大幅上扬。土地成本一直在房价成本中占据着很大成分。相比二季度，全国各地“地王”频现的情况，桂林土地市场可谓波澜不惊，6月份推出的一块土地虽然受到了十几家房地产企业的关注，但是竞拍时，只有两家企业参与，起拍价1.3亿，最后以1.5亿成交，只高出起拍价15%。年末最后出让的一宗面积爆有拍以来最大的土地，以4.69亿元高于起始价80%的价格成交，成交价与起拍价的比价幅度创下2009年之最。从历史数据来看，桂林市的土地拍卖市场竞争不激烈，成交价一直以来都没有超过起拍价的1倍，地价比较稳定。

2009年桂林市服务业抽样调查报告

张悦

服务业作为现代经济发展水平的一个重要标志，在加快转变经济发展方式、促进经济平稳较快增长，特别是在扩大城乡居民消费需求方面发挥着重要作用，是有效提升经济发展的内在动力。据对桂林市11个行业大类的153家服务业企业抽样调查表明：2009年桂林市服务业呈现良好发展态势，三大特点明显，但存在问题不容忽视。

一、桂林市服务业呈现三大特点

（一）营业利润上升

调查数据显示：2009年桂林市服务业企业营业利润比上年同期上升38.47%。除计算机服务业和体育业外，其他9个行业营业利润同比均增加，其中增长较快的行业有：娱乐业、居民服务业、科技交流和推广服务业，同比分别上升333.95%、63.67%、45.81%。企业营业利润上升的主要原因是营业成本和费用的下降：样本企业全部营业成本同比下降15.2%，营业费用同比下降20.83%。尤其是企业改善经营管理水平，努力控制成本费用支出起了很大作用，如科技交流和推广服务业企业，在全部营业收入下降3.72%的情况下主营业务成本和费用分别下降了3.93%和22.97%，即使该行业企业从业人员小幅增加，利润仍然大幅上升。

（二）从业人员数量保持平稳

调查数据显示：2009年桂林服务业从业人员数量与上年同期基本持平。从业人员数量增长较快的行业是体育业和居民服务业，同比分别增加154.55%和26.63%。可以看出，一方面，随着经济的发展，桂林居民对生活质量的要求日益提高，对服务业的需求越来越大；另一方面，服务业企业并没有大幅裁员，显示出企业对本行业的发展前景保持乐观。

（三）工资和福利水平提高

调查数据显示，2009年桂林服务业企业应付工资总额、保险费、住房公积金和住房补贴同比分别上升 6.95%、20.72%、30.04%。其中,应付工资总额上升较快的行业是软件业和其他服务业,同比分别上升111.03%和43.16%,人均工资总额分别上涨91.84%、40.5%;保险费上升较快的行业是计算机服务业和居民服务业,保险费同比上升13.5倍和1.1倍,人均保险费同比上升12.8倍和67.26%;住房公积金和住房补贴上升较快的行业是居民服务业和仓储业,同比分别上升105.13%和37.60%,人均住房公积金和住房补贴额度同比分别上升62.03%和47.69%。

二、服务业企业存在的问题

虽然桂林市服务业得到了一定发展,但与整个经济发展和人们生活日益提高的服务业需求相比,仍存在发展不平衡、规模小、水平不高、从业人员素质低等问题。具体表现在以下几个方面:

(一)服务业各行业差异大,发展不平衡

受金融危机影响,2009年桂林市服务业营业收入总额同比下降11.39%,但11个行业大类增减情况差异较大。5个行业营业收入同比下降,6个行业营业收入上升。全部营业收入同比增长较快的行业有:软件业、其他服务业和计算机服务业,分别增长67.85%、30.34%、25.64%。全部营业收入下降较快的行业为:仓储业、租赁业、商务服务业,同比分别下降61.46%、12.84%、4.36%。桂林以传统服务业为主,服务业企业以旅行社居多,业务发展也最为完善。而现代服务业是一个多种行业集合体,行业间联系也不断加强。从2009年服务业各行业经营收入也可看出,软件业、计算机服务业、其他服务业在目前的经济环境中展现出了极强的增长态势,而桂林在这些服务业上的竞争能力并未显现。随着旅游业从资源竞争向资源与服务竞争方向转化,以及来桂旅游人数的增多,重视发展旅行社外的其他服务业,各种服务业实现均衡发展是桂林巩固旅行社发展、完善服务业体系的必然选择。

(二)企业规模较小,经营管理水平低,稳定性较差

在样本单位中,规模较小的企业占了大多数。2009年平均从业人员数量在10人以下(含10人)的企业占了总数的43.14%,从业人员数量在20人以下(含20人)的企业占了总体的一半以上,而从业人员数量在100人以上的企业仅占总体的15.84%。这些小规模企业以私企性质为主。数据显示,20人以下的企业中,私企就占了73.08%。此外,小规模企业主要集中在商务服务业,其中又以广告业和旅行社居多。一方面,较为分散的小规模服务业企业给消费者提供了便利;另一方面,小规模企业易停留在为零散客户提供低端服务上,存在规范化程度不高、管理落后、服务水平低、竞争能力不强等缺点。调查结果显示,部分小规模企业盈利情况较差,旅行社的亏损面高达50%以上。表明小规模企业发展稳定性较差,受社会经济环境影响较大。

(三)从业人员素质有待提高

据调查,由于准入门槛较低,其他服务业从业者大专以上学历较少,大多数是高中及以下文化程度者,文化素质偏低不仅影响到了服务质量,更影响到企业的发展。从业人员的低素质使企业存在短期行为。随着桂林旅游业的日益发展和来桂林旅游人数的日益增多,对服务业如旅行社、会议及展览服务、娱乐业、汽车维修和保养、运输服务的需求也必将日益增多,从业人员的低素质既制约了企业发展,也使企业无法打响自己的品牌。

三、加快桂林服务业发展的几点建议

经济发展和人民生活质量的提高,对桂林服务业提出了新的要求。鉴于桂林服务业存在着行业发展不平衡、企业规模较小、运行不规范、服务功能弱、人员素质低等问题,与社会的发展和居民的要求有较大的差距,特别是在当前经济背景下,加快发展桂林服务业既可以缓解就业压力,又能推动当地的经济发展。因此,应采取适当措施,推动桂林服务业发展:

(一)重视服务业各行业发展,走均衡发展之路

一方面,在发展旅游业的同时注重发挥辐射作用,以旅游业带动其他的服务业发展;另一方面,注重发展旅游产业外服务业,积极引进相关行业技术人才,规范行业制度及标准,制定多渠道的优惠政策,加强相关基础设施建设,使桂林市服务业逐步走上均衡发展之路。

(二)积极引导小规模企业走规模化、连锁化、品牌化道路

目前桂林服务业发展中的布局分散和规模效应不明显,延缓了服务体系的完善,也影响了企业的竞争力。要把现代企业的经营方式和信息技术运用到其他服务业发展中去,推广品牌效应,追求更大的社会效益。同时,挖掘其他服务业中的优势行业、品牌行业是提升发展服务业的必由之路。

(三)鼓励服务业企业大胆创新,拓展业务范围

目前,桂林服务业企业大都从事较单一的业务活动,发展空间受限。鉴于此,政府要鼓励服务业拓展业务范围,从原来的传统项目中跳出来。如对于汽车服务行业来说,应逐渐把经营重点由传统的维修转到养护上,从简单的满足洗车、打蜡等基本需要转向汽车的个性化装修、美容等一站式服务上,再由一站式服务转向挖掘消费者潜在消费需求并引导未来消费上,积极拓展服务业业务范围。

(四)规范职业资格证书制度,拓展培训内容

一方面,政府要逐步完善行业相关执业资格证书制度,对从业人员进行专业技术培训、重视职业技术学校教学质量;另一方面还需要相应地增加服务礼仪培训、服务规范化培训

等,以全面提升服务业从业人员的整体水平和素质。只有把好入门关,使从业者具备相应的硬件软件知识,服务业才能得到更好更快发展。

企业家信心回升 生产经营待改善

廖静

据国家统计局桂林调查队的企业景气调查结果显示,2010年一季度,桂林市企业家信心继续增强,重返“较为景气”区间,但企业订货、生产总量、盈利水平等经营状况不理想,有待改善,预计下期回升。

一、企业家信心指数回升至 “较为景气”区间

一季度,桂林市企业家信心指数为121.97,较上季度回升6.17点,主要有三大“亮点”。

亮点之一:对行业走势抱乐观态度的企业家明显增多,八大行业企业家信心指数以回升态势为主。调查显示,有33.62%的企业家对当前的宏观经济持“乐观”态度,比上季度净增2.47点;54.75%认为“一般”;11.64%认为“不乐观”,减少3.71点,企业家信心增强。八大行业企业家信心指数除住宿餐饮业和信息传输、计算机服务和软件业比上季略有回调外,其他行业均不同程度上扬。其中,批发零售业企业家信心指数增幅最大,本期企业家信心指数为141.24,涨幅达17.6点。

亮点之二:“三大节日”带动批发零售、交通运输行业回暖。在元旦、春节、元宵三大节日的带动下,桂林市消费市场繁荣活跃,吃穿用等消费品是消费持续增长的稳定动力。一季度,批发业企业家信心指数为141.24,连续两个季度上升,且回升幅度增大,上升幅度分别为3.33点和17.6点。随着国家扩大内需政策的继续实施,批发零售行业企业家对未来消费市场充满信心,纷纷增加固定资产投资,如微笑堂商场在原有基础上新增一层,扩大了营业面积;喜洋洋等连锁经营超市也在加快扩张步伐,新店开设速度提升。2010年前三个月,探亲高峰和旅游高峰带来了交通运输行业的春天,尽管运输成本居高不下,但旅客数的激增给企业创造了可观的经济效益。该行业企业家信心指数升至131.25,与上季度比较增幅为13.31点。各分项景气指数中,业务预定、业务量、业务收费价格及盈利指数较上季有明显上升。

亮点之三:建筑业信心指数最高,主要受益于投资拉动。桂林紧紧抓住国家实施“增投资、扩内需、保增长”的历史性机遇,以“四个非常”推动投资项目建设,以交通、城市建设、电力和水利等基础领域重大项目建设为抓手,2010年桂林市安排第一批重点项目239个,总投资1350亿元。其中,续建重点项目86个,总投资811亿元,年度计划投资172亿元;新开工项目62个,总投资210亿元,年度计划投资40亿元;建筑业回升主要受益于政府投资的加大以及房地产行业的回暖,建筑业企业信心指数运行态势回升明显,运行于八大行业之首,本期企业家信心指数为147.92,比上季度回升14.69点与上年同期相比上升49.53点。

二、企业景气指数回落,生产经营状况待改善

(一)企业景气指数回落

2010年一季度,桂林市企业景气指数为116.75,比上季度回落8.81点。

1.八大行业景气指数多数回落。调查数据显示,本季度桂林市八大行业企业景气多数回落,回落幅度在1.37-60.87点之间,其中社会服务业回落幅度最大(详见表1)。

表1 桂林市企业景气指数对比表

	本期	上期	增减	2009年同期	增减
总体状况	116.75	125.56	-8.81	96.06	20.69
按行业门类分					
工业	111.21	125.10	-13.89	91.62	19.59
建筑业	125.00	127.20	-2.20	105.48	19.52
交通运输、仓储和邮政业	143.75	122.94	20.81	131.88	11.87
批发和零售业	140.91	142.28	-1.37	117.33	23.58
房地产业	127.27	92.86	34.41	50.23	77.04
社会服务业	88.89	149.76	-60.87	55.12	33.77
信息传输、计算机服务和软件业	137.05	156.99	-19.94	176.44	-39.39
住宿和餐饮业	76.92	76.01	0.91	100.00	-23.08

2.从企业登记注册类型看。股份有限公司和国有企业景气指数回落较大,别比上季度下降20.69点和15.47点,有限

责任公司、股份合作企业、私营企业和集体企业都有不同程度的回落。

3.从企业规模看。大型企业景气指数回落幅度最大，比上季度回落39.31点，作为经济增长的重要支点和经济结构优化的主要载体，大型企业运营状况至关重要。

（二）当前企业生产运营的特点

1.企业订货情况不佳，生产总量下降。一季度作为企业生产经营先行指标的产品订货景气指数为97.51，比上季度下降7.52点。生产总量景气指数为99.6，比上季度下降13.67点。工业企业产品订货和生产总量景气指数分别为98.08和88.82，比上季度分别下降6.66点和27.81点。社会服务业的业务量为55.56，比上季度回落32.6点。住宿餐饮业业务预定量和业务量分别为46.15和53.85，比上季度分别下降34.31点和39.9点。

2.企业盈利水平下降。全市企业盈利变化景气指数为97.57，处于景气临界值以下，比上季度下降22.42点。工业企业盈利变化景气指数为92.10，比上季度下降39.24点。原材料上涨，工业产品出厂价格下降，双重压力使得工业企业盈利空间被压缩。社会服务业盈利变化景气指数为88.89，比上季度下降25.4点，社会服务业竞争激烈，同质化程度越来越高，企业盈利情况不佳。住宿餐饮业盈利变化景气指数为38.46，比上季度下降42.79点，下降至“较重不景气”区间内运行。

3.固定资产投资减缓，货款拖欠增加。在经历了金融危机后，企业还处于恢复调整阶段，生产总量和订货情况都未恢复到危机爆发之前的状态，另外企业流动资金紧张、融资困难、盈利水平下降等因素使得企业放慢了固定资产投资的脚步。一季度固定资产投资景气指数为108.55，比上季度回落11.39点。企业间货款拖欠情况有所增加，本期货款拖欠景气指数为98.67，比上季度下降5.63点，回落到景气临界值以下。

4.企业资金紧张有所缓解。2010年桂林市金融部门继续贯彻落实中央积极的财政政策和适度宽松的货币政策，加强对企业的信贷支持，企业流动资金和融资情况比上季度略有回升，分别回升了0.24点和5.85点，与2009年同期比也分别上升11.34点和9.8点。

（三）当前存在的主要问题

一季度企业经营情况多项指标出现回落，其中反映出来的一些问题值得重视。

1.主要原材料及能源购进价格不断上涨，盈利空间缩小。景气监测资料显示桂林市工业原材料及能源购进价格景气指数从连续四个季度在不景气区间内运行，2010年一季度原材料及能源进购价景气指数回落到“较重不景气区间”，为42.62。2010年前三个月，桂林工业品出厂价格呈现持平或略微上涨态势，但价格上涨幅度远低于原材料和能源上涨幅度。桂林五大行业之一的医药生产行业，由于中药材原料和蔗糖的价格上涨，大大压缩了企业的盈利空间，制约企业持续健康发展。

2.企业人才难寻，劳动力不足。企业景气调查显示，一季度企业劳动力需求景气指数为110.29，比上季度回升0.06点，比2009年同期上涨33.13点，表明企业劳动力需求上升。企业有需求但人才市场却供应不足，如桂林制造行业紧缺中级技工等人才，磨工、铣工、车工三大中级技术工人，总需求量达百人以上。由于招不满工，企业目前的开工率只有90%，无法满足一季度订单满满的需求。工业企业和高新技术软件企业人才缺乏问题尤为突出，企业“工荒”形成原因有二：一是教学脱节让本地企业难以招到人才，本市技校开设的专业与企业需求用工专业脱节。二是本地企业工资水平低，引进人才优惠政策少，难以吸引外地人才，人才流失严重。

3.桂林投资环境有待改善，基础设施建设缓慢。近日，从企业反馈的信息了解到，新工业园区配套基础设施落后，企业污水处理、沟通平台建设、交通运输条件与企业发展不相匹配。如新搬迁至铁山工业园的桂林电力电容器厂，2010年2月已经完成整体搬迁，所有生产线已全部启动运行，当前迫在眉睫要解决的问题是：公司的生产污水排放急需接入到城市综合污水排放管网，希望政府能尽快建成铁山工业园综合污水排放管网，这样既有利于企业发展，又有利于保护环境。2009年九月入驻桂林市场的沃尔玛超市，目前最主要的问题是：位置处于交通主干道，车辆多，行人多，交通混乱；超市停车场指引标识不明显。希望通过多方交涉能增设交通信号灯或架设人行天桥，保障行人安全，以及在超市附近的多个路口设立交通导航牌以告知顾客正确、方便的路线，避免交通混乱。

另外，调查结果显示，桂林市当前有89.99%的企业家对二季度经济稳步回升具有信心。从企业用工需求和订单等先行景气指数持续回升以及国际经济形势转好、国家一系列刺激经济复苏、拉动消费、扩大内需等多项财政支持政策与各地配套资金逐步到位情况来看，预计二季度企业景气指数和企业家信心指数分别为130.85和126.61，都比一季度有所回升。

加强桂林漓江市区段生态建设和科学保护迫在眉睫

庞育光

桂林漓江市区段贯穿于旅游名城桂林市城区，是漓江流域的重要组成部分。随着桂林市城镇化进程的加快，城市规模的拓展，旅游业的快速发展，漓江市区段面临的生态环境压力越来越大。“漓江的生态建设与科学保护，兹事体大”。因此，搞好漓江市区段“生态建设和科学保护”，是“桂林国家旅游综合改革试验区”赋予桂林人重要的历史使命，并具有深远的历史意义和重大的现实意义。

一、漓江市区段的价值体现

漓江，桂林的母亲河，桂林市居民的生命之源，它穿桂林城而过，即所谓“千峰环野立，一水抱城流”，从上游的南洲大桥到下游的净瓶山大桥蜿蜒近20公里的河段为桂林漓江市区段，东西两岸生活着近百万的居民。

漓江，又是桂林山水的灵魂。其中流经桂林城区这段得天独厚的漓江景观段，是百里漓江画廊中风光旖旎、自然景观密集、游览最便捷的一段黄金水道，10多公里长的两岸，汇聚了净瓶山、斗鸡山、塔山、穿山、象鼻山、伏波山、叠彩山、虞山等多处景点，素有“城在景中，景在城中”的美誉，也是“两江四湖”景区的重要组成部分。具有厚重的自然资源底蕴和不可估量的人文旅游资源。多年来，每年慕名到桂林观光旅游的中外游客快速增长，2009年达到1800多万人次，比十年前增加了1倍多。

二、漓江市区段存在的生态环境问题

近年来，受天气影响，旱情逐年加剧和延长，桂林漓江市区段水资源日益匮乏，水污染加剧，生态环境日趋恶化。

1. *河水枯竭*。作为一条雨源性河流，漓江每年9月到次年3月面临着长达半年多的枯水期。尤其2010年1-3月份，桂林市平均降雨量比历年同期偏少四成。一方面旱情不断加剧，河水枯竭；另一方面不断增加的城市人口对生产、生活用水的刚性需求日益增加，供需矛盾突出。枯水期间，使得流经市区的漓江河段，水量骤减，水位急剧下降，多处河段仅存几近断流的河沟；大片干涸的卵石河床、茂盛的水草和杂草丛生的沙滩遍布其中，形成漓江的另类“风景”。

2. *水污染加剧*。枯水季节时，人口密集的漓江市区段沿岸，就显露出多处排水口，它们直接向漓江排入大量乌黑发臭的生活污水；一些临江而建的菜农聚居地、乱搭乱建的餐饮大排档等排出的生活污水沿着房屋墙脚排入漓江，一些建筑、生活垃圾被随意倒进河中，多处河汊成为恶臭的污水池。

3. *自然景观缩水*。水，是桂林山水景观中不可或缺的重要元素。由于季节性缺水，市区这段山、水自然景观在枯水期时观赏效果大打折扣。如临江的净瓶山、伏波山、象鼻山水面收窄深潭变浅。特别是象山景观中吸附河水的象鼻有成为无水可喝的“旱鼻”的危险。作为桂林市的城徽，“象山水月”、“净瓶倒影”已踪影难觅，极大地影响了游客的审美需求。

4. *鱼类生存环境恶化*。枯水季节时水位低、水质差，加上滥捕滥钓导致漓江市区段鱼类生存环境不断恶化。如使用近20米长对大小鱼虾赶尽杀绝的“地笼”和电鱼器捕鱼的行为屡禁不止，钓鱼者随时随地可以在这段漓江水域上垂钓。据渔民反映，漓江市区段，一斤以上的鱼已经很难见到。此外，干旱时漓江上特有的小螺蛳大批地干死在卵石河床上。据有关资料显示，漓江原有鱼类140余种，目前仅剩不足30种，而市区段的情况更严重。天灾、人祸导致漓江上物种的多样性及生物链受到一定程度的破坏，生态恶化。

三、漓江市区段生态建设与科学保护的对策和建议

具有雨源性特点的漓江，在雨水季节特别是在上游连降大到暴雨的汛期，漓江水流量大且湍急、混浊，漓江市区景观段同样在景观效果、游览价值和安全系数上均为最低值，超出安全水位时则要实施封航；而在枯水季节，晴天时间较多，即使是小雨天气，漓江的水流量不大且较清澈。是“江作青罗带”的真实写照；是游览和观赏的最佳时节。更何况这期间“国庆节”、“中秋节”、“元旦”“春节”等大小节日众多，是游客到桂林观光旅游的旺季。因此，做好桂林漓江市区景观段在枯水季节“水”的文章，是夺取桂林市生态文明建设和旅游业双赢的重要前提。

1. *牢固树立科学保护漓江的理念*。多年来，从中央高层到各级领导，都十分关注漓江的生态环境问题。改革开放的总设计师邓小平曾语重心长地指出：“为了发展生产，如果把漓江污染了，把环境破坏了，是功不抵过！”最近中共中央政治局常委、国家副主席习近平也郑重指出：“漓江的生态建设与科学保护，兹事体大”。

从桂林市关停并转几十家对漓江造成污染的工矿企业，到“发展临桂，保护漓江，疏解提升老城区，再造一个新桂林，最大限度地减轻环境对漓江的压力”重大战略的实施，都是为了一个目的，科学发展，保护漓江。桂林被列为“国家旅游综合改革试验区”后，更应该采取各种形式和手段加大科学保护漓江的宣传力度，让每个桂林人牢固树立保护漓江的理念。继而向来过或还未来过漓江的人传递这样的信息：漓江是全人类的财富，共同保护漓江责无旁贷。

2. *全力实施“保水”工程*。除做好漓江上游的防洪补水工

程外，对漓江市区段进行综合治理当刻不容缓。务必在做好“水”的文章上狠下功夫。一是针对一些河段河床浅地势高的特点，对裸露的卵石砂滩进行全面的疏浚和相应的深挖，降低并形成U型的平缓河床能够蓄存更多河水；二是清除堆积在净瓶山、伏波山、象鼻山等水面前的沙滩，还原本来宽广的水面。三是针对在枯水期储水、保水能力差而严重缺水的特点，分别在净瓶山、象山和伏波山的下游附近修建枯水期能蓄水、通航、汛期能泄洪的生态型拱水坝，确保这10多公里的景观河道在枯水期间能正常通航游览，有宽广的水面保证漓江完整的山水景观。使得全段水面如解放桥墩到訾洲段一样，即使在枯水期也能常年保持一定的水深和碧波荡漾的水面。

3.加大治污力度，确保漓江碧水长流。针对市区仍有不少生产生活污水直接排入漓江造成污染的情况，亟需继续加大治理力度。一是切断污水源头。排查污染源，加强对污染源进行综合整治。切实对老城区实施污水管与雨水管分离，把明溪明沟污水引入处理厂进行净化，使污水得到有效处理。二是落实治污举措，加大监管力度。坚决制止随意将废水废物直排向漓江的污染行为，对直接或间接向水体排放污染物的行为进行相应的惩处。

4.建立健全用水机制，落实节水措施。为缓解不断增长的用水需求与水资源日益匮乏的突出矛盾，一方面要加大节约水资源的宣传力度，不断提高人们的节水意识；另一方面要利用价格杠杆，建立健全用水机制，落实节水措施，如制定丰、枯水季节生产、生活用水的不同水价和阶梯用水价位政策等。

5.严格实施“禁渔”制度。在漓江市区段，采取强制性的禁渔措施。严禁各种形式的捕鱼、钓鱼行为，违者重罚。切实为鱼类创造良好生存环境，并适时放流补充一些适应漓江生长的鱼苗，维护漓江鱼类和其他水生物生存环境。

6.开发净瓶山公园。临江的净瓶山是漓江市区景观段至今唯一没有加以开发和保护的一处景观。净瓶山瓶口上方的大洲岛是漓江市区段仅次于訾洲，且是唯一一个没有人居住的原生态大岛。岛上生长有多样树种、竹林及灌木丛，植被优良，它与净瓶山组成花瓶上的一束花（倒影）景观，“两江四湖”游览线路可延长至此。近年来，净瓶山脚乱搭乱建的建筑越来越多，大洲岛上已有人在开餐馆，有些地方甚至被辟为菜地。因此，应尽快采取措施，制止乱搭乱建和一些个人行为。结合滨江南路的修建，开发和保护好仅存的一处原生态公园景观。这不但可以结束城南无公园的历史，且能更好地发挥城市“肺”功能，起到净化空气的作用。

7.加大市区两岸生态植被建设和景区的管护力度。一是实施生态保水，加大两岸水源林、生态植被的建设和管护，严厉打击和惩处破坏生态文明行为。二是实施严格统一的长效管理，设立监管机构，配备足够的执法监管人员，对“两江四湖”区域特别是漓江景观段的一草一木均由相应的职能管理部门进行有效的监测和管护。任何单位和个人未经许可，不允许在区域内乱搭乱建。采取切实措施，永葆漓江景区青山长在，碧水长流。

退耕林地富了农民　绿了大地

——2009年桂林市退耕还林监测调查报告

蒋华春

据国家统计局桂林调查队对全市退耕还林工程监测调查和对阳朔县、全州县、兴安县、平乐县的340户退耕农户跟踪调查结果显示：2009年末，桂林市退耕还林工程累计完成面积7.54万公顷，同比增加8.15%，工程提高桂林市森林覆盖率2.8个百分点，退耕还林地区生态得到明显改善；2009年退耕林地亩产值达到439.1元，同比增长201.3%，经过几年的管护，退耕林木正陆续成为农户的重要收入来源。

一、退耕还林工程稳步推进

（一）参与户数和人数继续增加

退耕还林工程为广大农民带来了很好的经济效益，受到了大家的拥护和支持。调查数据显示，2009年底桂林市126个乡（镇）中，有136.8万户住户，共计435.8万人。其中123个乡镇开展退耕还林工作，占全市乡镇数的97.6%；有13.7万户农户68.3万人参与退耕还林工程，同比分别增加2.5%和6.3%。

（二）工程完成率高

2002-2009年，自治区下达桂林市退耕还林工程任务累计为7.69万公顷（退耕地造林2.53万公顷，荒山造林3.53万公顷，封山育林1.63万公顷），其中2009年计划任务为0.5万公顷。截止2009年底，桂林市退耕还林工程累计完成面积7.54万公顷，完成率高达98%。

（三）退耕造林合格保存率继续提高

据对阳朔县、全州县、兴安县、平乐县340户农户调查显示：2009年末退耕还林累计完成面积合计为824亩，合格实际保存面积合计为815亩，保存率为98.9%，同比增加两个百分点，退耕还林工程成果得到了有效的巩固。

（四）补助力度继续加大

2009年，桂林市出台了退耕还林工程种苗补助、粮食补助、延长补助期等文件，有效保证了工程的顺利开展和成果的巩固。调查结果显示，2009年退耕还林补助资金为10424万元，同比增加15.6%；2009年桂林市政府为退耕农户提供种苗1018万株，同比增加43.06%。

（五）退耕还林后续产业发展良好

为了确保退耕还林工程的连续性，保障群众的退耕积极性，桂林市在退耕还林工程实施过程中，根据当地的实际情况，发展具有本地特色的经济林，如恭城的柿子，阳朔的金橘，临桂的柑橘等，它们都形成了一定的产业，对当地农村收入起到了重要的作用。同时，各县还引导农民大力开发观赏树种、优质水稻、蔬菜、水果、油茶等产业，为桂林市的退耕还林后续产业发展注入了新的活力，并且公司+基地+农户等产业模式已初显成效，在盘活和巩固退耕还林成果的同时，也让退耕农民得到了实实在在的好处，他们的“钱袋” 逐渐鼓了起来，实现了生态效益、经济效益、社会效益三赢。

二、退耕还林工程成效显著

（一）有效改善了生态环境

退耕还林主要针对水土流失比较严重的坡耕地，工程实施8年来，成功减少15度以上的坡耕地5.6万公顷，有效遏制了水土流失，改善了桂林市生态环境状况。据兴安县调查点退耕监测户反映，当地过去下雨后江水浑浊，数天难清。现在大雨过后很少有洪水，雨后几个小时江水就变清了。

（二）退耕农户收入明显提高

调查结果显示，2009年退耕农户人均总收入为5188.9元，同比增加8.0%，其中人均纯收入4010元，同比增加15.0%。

1.退耕地收入大幅增加。退耕地基本是比较贫瘠的土地，农作物产量低，收入少。退耕后，大部分农户根据实际情况选种经济林，并采取套种农作物模式增加收入。据调查，套种农作物收入加上退耕补助收入就比单种植农作物收入增加了许多。经过几年的管护，经济林陆续进入生产期，为退耕农户带来了可观的收入。调查结果显示，2009年退耕林地每亩产值达到439.1元，同比大幅增长201.3%，其中干鲜果产品每亩产值达到416.5元，同比大幅增长211.0%。比如兴安县兴安镇南源村委志木村农民张维义家有1.6亩旱田靠近山边，由于没有水源，每年只能种一季稻谷，亩产只有500斤左右，收入也就500多元。2002年，他响应退耕还林政策号召，将这块旱田种上南方蜜桔，经过八年的管护，目前产量已超过2500公斤，收入高达8000多元，是种植水稻收入的16倍。

2.第二、三产业和外出务工收入显著增加。退耕还林（草）工程的实施，改变了退耕农户以往广种薄收、靠天吃饭的局面，有了较稳定的收入，同时也解放了束缚在土地上的大量劳动力，促使其向二、三产业转移，外出从业收入也逐年提高。调查结果显示，2009年退耕农户外出务工人均收入1018.2元，同比大幅增长112.9%。同时，2009年退耕户第二、三产业生产经营人均收入合计为299元，同比增长41.8%。

（三）退耕农户生活水平明显提高

1.住房更宽、更舒适。调查结果显示，退耕农户人均住房面积达到30.5平方米，比上年增加6.4%；80.6%的退耕农户使用自来水和深井水，同比增加11.4%；99.7%的退耕农户用上了电，同比增加0.3%。

2.生活条件明显改善。随着收入不断增加，大部分退耕农户都购置了大件耐用消费品，改善生活条件。调查结果显示，退耕农户户均拥有电视机、热水器、电冰箱、洗衣机、移动电话、摩托车分别为1台、0.1台、0.3台、0.2台、1.7部和0.5辆。在调查的340户退耕户中，有1户购买了家用汽车，3户购买了家用电脑，5户购买了摄像机。退耕农户生活水平明显提高了。

三、退耕还林工程中存在的一些问题

（一）重退耕、轻管理现象依然存在

主要表现在：一方面退耕还林工程已实施了八年，各地在退耕还林政策宣传、政策执行等方面存在不同程度的弱化。在调查中了解到，各地基层组织由于人员少，工作任务重，人员变动大，退耕还林工作经费少，加上持续时间长，因此部分地方组织在完成上级布置的退耕还林任务后，没有把监管林地苗木生长情况当作一项重要的工作来做，出现政策宣传、指导退耕农户等工作不到位的现象。另一方面退耕林地生长期长，要几年才能产生经济效益，因此部分退耕农户管理粗放，只注重国家给的补助，为验收合格，应付性的进行补种，再加上退耕农户管理技术落后，所以退耕林木生长质量不高。

（二）退耕农户林产品销售渠道狭窄

据调查，退耕农户主要通过外地老板收购的方式销售林产品，销售方式被动，产品定价权掌握在收购商手中，直接影响林产品收益。

（三）退耕农户增收渠道不多

退耕还林地区一般是贫困地区，农民文化程度不高、思想落后、技能单一，收入来源主要是第一产业，收入大大低于全市农民平均收入水平，据调查，2009年退耕户人均纯收入为4010元，全市农村人均收入为4833元，退耕户人均纯收入仅为全市农村人均收入的83%。

四、巩固退耕还林成效的几点建议

（一）加强抚育管理

一是加大对退耕农户指导，引导农户对退耕林木进行正确的施肥、修枝、病虫害防治等管理工作，提高林木生长质量。二是建立专家技术指导的长效机制，退耕农户遇到病虫害等问题时可以请到专家帮助解决。三是及时组织退耕农户对自然、生物灾害等原因造成保存率未达到国家验收标准的退耕还林地、配套的荒山造林地进行补植补造。

（二）加强市场管理

一是对林产品市场价格进行监控，对不法商贩控制价格、损害农户利益的行为进行严厉打击；二是加强对退耕农户林产品销售的指导，积极帮助农户联系收购商，保证广大农户（特别是退耕农户）的产品能卖得出、卖得好。

(三)进一步搞好农业产业结构调整

推进退耕还林工程区域的农业结构调整和产业化进程是增加退耕农民收入的主要途径,建议各级政府要通过合理规划布局,在退耕还林区域尽快形成优势产业区域化、规模化、品牌化生产,做大做强一批优势农业产业,继续大力发展特色产业,实现资源优势向经济优势的转化。同时,要因地制宜,巩固和发展退耕还林成果,宜林则林,宜果则果,充分结合本地实际,栽培适宜品种的林木,在获得良好社会效益的同时,提高其经济效益,让青山绿水换来更多的收益。

(四)提高退耕农户的综合素质

强化退耕农户的市场竞争意识和创新意识,加强科技教育和思想教育,对退耕农户进行科技培训,促使其在家能务农,出外能挣钱,增强他们对市场的预测能力,开辟新的增收点,积极巩固退耕还林成果。要以市场为导向,以体制创新、机制创新和技术创新为动力,依托林木资源大力发展种植业和养殖业。要通过政策引导,本着有利于树木生长、有利于农民增收原则,因地制宜、科学合理地发展林草间种、林药间种、林下养殖等产业,积极推进产业化、现代化进程。

桂林市投资环境不断优化

谢登宝

国家统计局桂林调查队投资环境及企业投资成本收益状况监测调查资料表明:2009年以来,在市委、市政府的正确领导下,桂林市坚持"四市"战略,紧紧围绕"四保"目标,切实采取"四个非常"手段,通过扎实开展"项目建设年"、"服务企业年"、"党组织服务年"和"城市建设高潮年"等一系列活动,投资环境得到明显改善,企业对桂林市改善投资环境的努力给予了高度评价,但部分问题仍然存在。

一、整体投资环境满意度上新台阶

本次调查共抽取250家企业作为调查样本,调查范围涵盖工业、建筑业、交通运输仓储电信业、批发零售业、房地产业、社会服务业、信息传输及计算机服务软件业、住宿餐馆业八大行业。调查结果显示:2010年桂林市整体投资环境满意度(以100分制计,下同)为78.8,比上年提高了0.5,高于全区平均水平0.4,处于较高满意区间(75-90)。仅次于南宁、柳州和钦州,位于全区第4位,比2009年提高了1位,整体投资环境上新台阶。

二、"硬环境"稳步推进

调查结果显示:2010年桂林市投资环境调查的"硬环境"满意度为79.9,与上年基本持平,高于全区水平1.2,仅次于柳州和南宁,保持了全区第三位水平。

(一)自然环境保持良好状态

作为国际旅游城市,桂林市十分重视对自然环境的保护。据调查数据显示:2009年桂林市退耕还林工程完成面积同比增加8.15%,提高森林覆盖率2.8个百分点;启动资源金紫山风电场项目,对水利配套设施进行续建和改造,2009年全市共完成水利水电固定资产投资12.4亿元,改善桂林自然环境成效显著。投资环境调查中自然环境满意度为83.5,高于上年0.1个点。其中淡水、电力、燃料等资源保障、生态地理环境与企业发展的适合程度、水电供应部门提供的服务质量满意度均在80以上。

(二)基础建设投资力度加大

2009年以来,桂林大力实施交通基础建设、城市建设、工业园区基础设施建设等项目建设,贵广铁路、湘桂铁路复线扩能改造项目、机场路建设、临桂新区建设和老城区改造、城市水环境综合治理工程、污水垃圾处理设施建设工程等相继开工建设,为桂林的投资"硬环境"在全区的领先地位提供了基础。调查结果显示:企业对基础建设满意度为79,高于上年0.2。其中电信网络等通讯条件完善程度、海陆空交通运输便利程度及电信部门提供的服务质量满意度均在80以上。

(三)公共设施配套相对滞后

调查结果显示:桂林市公共设施条件满意度为77.3,较上年下降了0.5。主要是在自然环境和基础建设改造提升的同时,配套设施的建设相对滞后,如新城区配套设施尚不完善,当地的科研机构尚未充分发挥作用等。分评价项目来看,衣食住行便利程度、银行服务、商旅等服务环境便捷程度均在80以上,但城市建设国际化程度、科研机构完备程度仅为73.9和75.8,属一般水平,仍存较大提升空间。

三、"软环境"满意度明显提升

调查结果显示:2010年桂林市投资环境调查的"软环境"满意度为78.40,较上年上升0.7,高于全区水平0.1,排名比2009年提升了4位,提升速度之快为全区之最,总名次排在南宁、钦州、柳州、来宾之后,位于全区第五名。

(一)社会环境良好

2009年桂林荣获全国社会治安综合治理最高奖"长安杯",开展了整治互联网、网吧、荧屏声频和校园周边环境等一系列行动,为净化社会环境起到了一定的作用。调查结果显示:社会环境整体满意度为81.8,其中:民众及政府欢迎外来投资设厂的态度为84.7;社会治安状况为81.1;民众道德诚信程度为80.2;社会风气状况为79.6;民众文化素质及文明程度为78.4。

(二)政策法制环境提升快,但部分法规政策贯彻执行力不足

一直以来,桂林市积极开展多项专题招商和投资环境推荐会,吸引优秀企业和专业人才到桂林安家落户。此外,桂林

市以建立健全企业发展服务机制为目标，努力从金融信贷、土地规划、技改贴息等方面帮助企业渡难关。调查结果显示：桂林市政策法制环境整体满意度为78.7，比上年提高了1个点。

但在问到桂林市经营范围限制政策、土地管理政策、规划管理政策等15项法规政策存在的问题时，选择比例最高的问题是贯彻执行得不够好，尤其是社会保障政策、出入境政策和工商管理政策，选择贯彻执行力度不足的比例分别达到了66.7%、62.5%和70.5%，选择环境保护政策、财政优惠政策和进出口政策贯彻执行的不够好的比例也达到了58%以上。

（三）政务环境有所改善，但企业负担加重

2009年以来，桂林市扎实开展“项目建设年”、“服务企业年”等活动，强化相关部门对企业的服务意识，通过联合审批等方法，努力为企业创造良好政务环境。调查结果显示：桂林市政务环境满意度为78.6，比上年提高了0.2个点。

但是在调查中，当问到“贵公司2010年承担各项社会负担是否增加?”时，满意度仅为66.5，其中认为“明显增加”的企业占3.6%，认为“有所增加”的企业占32%，而认为“变化不大”的企业占53.6%，认为“有所减轻”和“明显减少”的企业仅占5.2%和5.6%。

（四）经济环境和经营环境向好，但企业融资仍存问题，与国内先进城市相比仍存差距

2009年以来，桂林市积极组织企业开展技术创新和品牌建设，建立人才信息库，网罗各类社会人才和服务机构，先后举办了三次银企对接会，努力拓宽企业融资渠道，并起到了一定的效果。调查结果显示：经济环境和经营环境整体满意度分别为76.4和76.5，分别比上年提高了0.3和1个点。

但在对当地的融资政策进行评价时，满意度为75.4，其中，有0.4%的企业选择了“非常差”，12%的企业选择了“差”，63.2%的企业选择了“一般”，只有24%和0.4%的企业认为本市融资政策“好”和“非常好”。在选择当地的资金贷款取得难易程度时，满意度仅为68.1，其中2.8%的企业选择了“非常困难”，24.4%的企业选择了“困难”，64.4%的企业选择了“一般”，只有8.4%的企业认为融资“容易”。此外，有73.9%的企业认为本地区银行贷款程序比较繁琐。

在调查中，问到“您认为与其他城市相比，您所在城市投资环境如何?”时，满意度仅为54.1，处于低度满意区间(0-55)，其中，认为“差距很大”的企业占15.2%，认为“有一点差距”的占49.2%，认为“差不多”的企业占18.4%，认为“略好”和“好很多”的企业仅占15.2%和2%。

四、企业对未来投资者投资的推荐程度较高

随着桂林市投资“软环境”、“硬环境”的不断优化和改善，企业对在桂林市投资建厂、加工经营的信心指数在逐年提高。桂林调查队企业景气调查数据显示：2010年一季度，桂林企业家信心指数为122.0，比2009年一季度提升了26.0，增加明显。

同时，此次调查结果显示：桂林企业对未来投资者投资的推荐意见为78.5，处于较高推荐区间(75-90)，就竞争力、当地投资环境、当地投资风险、发展潜力、投资效益、投资者权益保护、当地行政效率、内销市场前景和整体生活品质推荐意见而言，满意度均在75以上。

五、进一步改善桂林市投资环境的几点建议

调查结果显示：企业对最近一年当地投资环境的变化趋势满意度高达82.4，说明桂林市企业对改善投资环境寄予厚望，对投资回报充满信心，他们希望政府能继续重视投资环境的改善，使桂林投资环境更加完善和理想。

（一）努力提高政府对法规政策的执行力

在调查中有部分企业反映，政府的部分法规政策、企业优惠政策没有落实到位。建议切实提高政府机关和工作人员依法行政能力，兑现对企业的承诺，加大执法监督力度，强化政府执政基础，使企业有良好稳定的投资环境。

（二）规范各种收费，切实减轻企业负担

在调查中，有部分企业反映存在多头检查、多头收费的现象，再加上社会保障压力的增大，企业希望政府加大对各种收费的监督和检查力度，进一步规范对各种收费、检查的管理，让企业得到适当的减负，同时集中精力投入生产经营谋发展。

（三）切实落实“企业服务年”等相关政策，使企业得到真正实惠

针对被调查企业反映的融资难、手续复杂等问题，一方面应继续完善政银企合作机制，充分发挥担保公司和中小企业服务中心平台作用，切实加强对中小企业的扶持力度，适当简化银行贷款审批手续和时间。另一方面树立典型，鼓励有资质的企业多途径获得资金并给予一定政策扶持。此外，适时启动企业贷款跟踪预警机制，防范企业的信用风险和市场风险，鼓励银行、证券、审计、法律机构为企业提供金融和法律咨询服务，规范企业在取得资金后的经营行为。

（四）适时听取企业意见，缩短与优秀投资环境城市的差距

在走访调查中，有较多企业表示希望桂林能借鉴国内某些大中型城市的先进经验，加大政务公开力度，进一步提高政府管理部门的办事效率和服务水平，精简办事程序，有侧重的给中小企业以扶持政策，规范市场，大力推进公平、透明的竞争环境。此外，在招商引资的同时做好长期安排和计划，让已入驻企业可持续性发展，不仅要招商更要留商。

企业家信心增强　企业景气向好

——2010年上半年桂林市企业景气调查报告

廖静

国家统计局桂林调查队企业景气跟踪监测调查显示：2010年以来，桂林企业的宏观经济环境和生产经营状况承接2009年以来的良好态势，逐渐恢复到良性循环轨道，经济持续健康发展。第一、二季度，反映桂林市宏观经济环境的企业家信心指数分别为121.97和118.37点，同比分别提高26.07和16.76点；反映企业生产经营状况的企业景气指数分别为116.75和118.49点，同比分别提高20.69和9.76点；两大景气指数均为2008年金融危机以来的较好水平。预计第三季度全市宏观经济环境景气指数将持续上半年的良好走势并在景气区间内攀升，企业生产经营状况景气指数也将保持持续上扬的态势。

一、主要经济指标景气指数提升

（一）生产总量景气指数同比上升

第一、二季度全市生产总量景气指数为99.6和118.13点，同比分别增长18.94和7.14点。从行业来看，建筑业企业建筑工程量景气指数增长趋势明显，增幅比较大，景气指数为120和128.54点，同比分别增长35.76和12.61点。桂林市紧紧抓住建设国家旅游综合改革试验区的历史机遇，着力开展以“城市建设、交通基础设施建设、园区建设、城乡风貌建设”为重点的“四大建设”项目大会战，切实增强经济社会发展后劲，城市建设新高潮拉动上半年建筑企业工程量大幅度增加。

（二）整体盈利景气指数继续上升

第一、二季度全市企业盈利景气指数为97.57和101.05点，同比分别增长15.78和6.26点。2010年一季度有五大行业企业盈利景气指数同比上涨，分别为工业、批发零售业、房地产业、社会服务业、信息传输、计算机服务和软件业，同期增幅较高的为社会服务业，同比增长40.66点。二季度部分行业盈利景气指数同比有所回落，但工业、建筑业、住宿餐饮业由于订单的增多和管理水平的提高，盈利水平上升明显，盈利景气指数分别为104.13、123.54和141.67，同比分别增长13.28、4.77和79.17点。

（三）劳动力需求增加

随着经济的回升、投资的增多，企业用工需求明显增加，第一、二季度全市企业劳动力需求景气指数为110.29和112.63点，同比分别增长33.13和13.57点。六大行业第一、二季度劳动力需求景气指数同比增加，劳动力需求景气指数同比增幅在2.3－55.56点。

二、企业家信心增强，宏观经济环境看好

（一）五大行业的企业家信心指数同比均增加

调查资料显示：2010年上半年，除房地产业、信息传输业和住宿餐饮业的企业家信心指数同比下降外，其余5个行业的企业家信心指数同比均增加。第一、二季度企业家信心指数同比平均增长幅度最大的是建筑业，第一、二季度企业家信心指数分别为147.92和156.45点，平均同比增长43.46点；其次是社会服务业，第一、二季度企业家信心指数均为100，平均同比增长28.81点；然后为工业，第一、二季度企业家信心指数分别为119.41和118.18点，平均同比增长23.63点；增长幅度排名第四的是批发和零售业，第一、二季度信心指数分别为141.24和127.94点，平均同比增长21.3点；最后为交通运输、仓储和邮政业，第一、二季度信心指数分别为131.25和125点，平均同比增长2.25点。房地产行业企业家信心指数一季度比上年同期增长73.51点，但二季度受新政的强烈影响，二季度信心指数大幅回落，仅为63.64点，比上年同期下降34.89，比上季度回落45.45点；信息传输、计算机服务和软件业2010年第一、二季度信心指数为137.05和125.94点，同比分别下降25.97和60.05点，但仍处于较为景气区间；住宿餐饮业2010年第一、二季度信心指数为76.92和91.67点，与上年同期相比，一季度下降10.58点，二季度增长10.64点。

（二）有限责任公司、私营企业和外商企业的企业家信心指数同比大幅增长

调查数据显示，上半年在调查的不同经济类型企业中，有限责任公司、私营企业和外商企业的企业家信心指数比上年同期大幅增加。具体指数为：第一、二季度有限责任公司的企业家信心指数为127.79和124.69点，同比分别增长34.99和23.45点；私营企业的企业家信心指数为95.45和109.52点，同比分别增长33.53和38.55点；外商企业的企业家信心指数均为119.27，同比分别增长28.66和37.58点。

（三）大、中型规模企业家信心指数同比增加

上半年，大、中型规模的企业家信心指数同比全部拉升，中型企业增幅最大。具体表现为：第一、二季度大型企业家信心指数为134.81和126.14点，同比分别增长24.93和1.6点；中型企业家信心指数为132和130.67点，同比分别增长37.98和32.61点。

三、企业景气向好，微观生产经营状况改善

（一）交通运输行业的企业景气状况在八大行业中遥遥领先

调查数据显示，第一、二季度交通运输行业的企业景气指数分别为143.75和137.5点，连续两个季度在八大行业中保持首位；受拉动内需政策的影响，批发零售企业景气指数保持平

稳增长的态势，企业景气指数分别为140.91和136.7点，同比分别增加23.58和5.24点；另外，增幅较大的房地产业企业景气指数为127.27和109.09点，同比分别增加77.04和30.52点。

（二）有限责任公司的企业景气度在九个不同经济类型企业中平均增幅最高

调查数据显示，得益于2010年有限责任公司形势的看好，第一、二季度有限责任公司的企业景气指数在九个不同经济类型企业中平均增幅最高，其企业景气指数分别均为124.69，同比分别增加32.34和11.57点。其它主要经济类型企业的景气指数状况为：国有企业的景气指数为114.55和127.27点，与上年相比，一季度下降2.36点，二季度上升11.35点，二季度发展趋势明显；股份有限公司景气指数为131.13和122.29，与上年相比，一季度增长8.97点，二季度下降35.64点；私营企业的企业景气指数为100和85.71点，同比分别增加34.85和14.46点。

（三）所有不同规模的企业景气指数同比全部增加

上半年，大、中、小规模的企业景气指数同比全部拉升，并且指数的高低与企业规模呈正相关，即大型企业的景气指数最高。第一、二季度大型企业景气指数为127.82和153.35点，同比分别增长8.88和14.13点，在较为景气度以上稳步发展；中型企业的企业景气指数为121.33和129.33点，同比分别增长28.4和28.04点，企业的景气程度，同企业家的信心度表现出相同趋势。小型企业的企业景气指数为110.29和109.7点，同比分别增长10.29和4.29点，其景气度明显低于大中型企业。

四、企业生产经营中存在的主要问题

（一）原材料价格上涨，生产成本压力加大

上半年，原材料价格普遍上涨，变动比较明显的是钢材、铜材等黑色金属和有色金属，以及煤、电、油等能源价格。如钢材、铜材从一月开始月环比涨幅在5%－10%之间，同比涨幅维持在20%以上。调查结果显示：一季度、二季度工业企业原材料及能源购进价格景气指数分别为42.62和45.15，同比下降49.91和32.03点，处于"较重不景气"区间。加上人工成本、融资成本上升等因素影响，企业形成较大的成本压力。第一、二季度工业企业生产成本景气指数为53.84和67.21。

（二）用工需求增加，招工难度加大

随着企业订单和生产总量的增加，企业的用工需求增加。企业普遍反映员工流动性大，缺乏熟练工，难招到合适的员工。部分企业还出现了用工缺口，如桂林机床电器有限公司由于缺乏生产工人，在订单增多的情况下却完不成生产任务，企业生产能力下降。六大行业第一、二季度劳动力需求景气指数同比增加，分别为工业、交通运输、仓储和邮政、批发零售业、房地产业、社会服务业、住宿和餐饮企业，劳动力需求景气指数同比增幅在2.3－55.56点。

第一、二季度桂林市企业家的信心指数和企业景气指数，以及企业订货、盈利景气指数的调查结果进一步显示，三季度桂林市企业家对宏观经济和微观生产的态度继续向好，表明宏观经济的企业家信心指数和反映企业微观生产经营的企业景气指数均将继续上扬。企业家预计三季度桂林市企业家信心指数为122.28点，将比二季度提高3.91点；企业景气指数为128.29点，将比二季度提高9.8点。

2010年上半年桂林市居民消费价格波动上扬

刘宇波

据调查，因受经济复苏、原材料价格上涨和上年翘尾等多种因素影响，2010年上半年桂林市居民消费价格（简称CPI）比上年同期上涨1.8%。随着经济的逐渐起稳回升且继续向好发展，原材料价格上涨，预计下半年桂林市CPI将呈平稳上涨趋势，但也存在诸多不确定性因素。

一、CPI变动主要特点

（一）各月同比波动上涨

桂林上半年CPI同比呈现上涨、下降、再上涨的波动上涨趋势。各月同比指数分别为100.8、102.4、101.8、101.3、102.1、102.3，除1月、4月涨幅在1%左右外，其它四个月涨幅均在2%左右，今后还有进一步上涨的趋势。

2009年桂林市各月CPI同比运行图

（以上年同月为100）

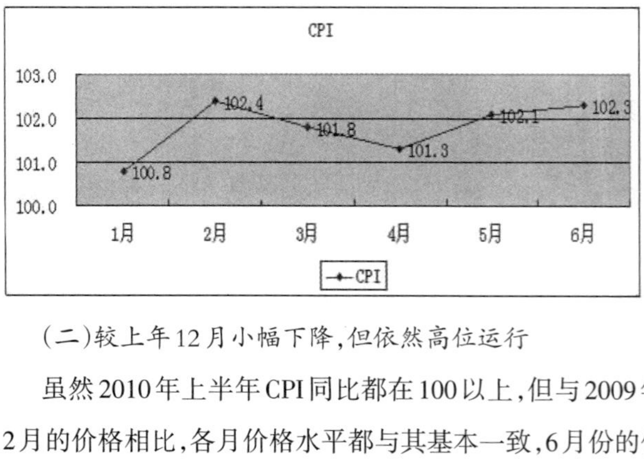

（二）较上年12月小幅下降，但依然高位运行

虽然2010年上半年CPI同比都在100以上，但与2009年12月的价格相比，各月价格水平都与其基本一致，6月份的价格总水平较2009年12月下降1.0个百分点。虽然上年全年的价格指数为负，但是由于下半年物价上涨速度较快，使得年底价格处于一个较高的位置。

2010年桂林居民消费价格总水平运行图

（以2009年12月为100）

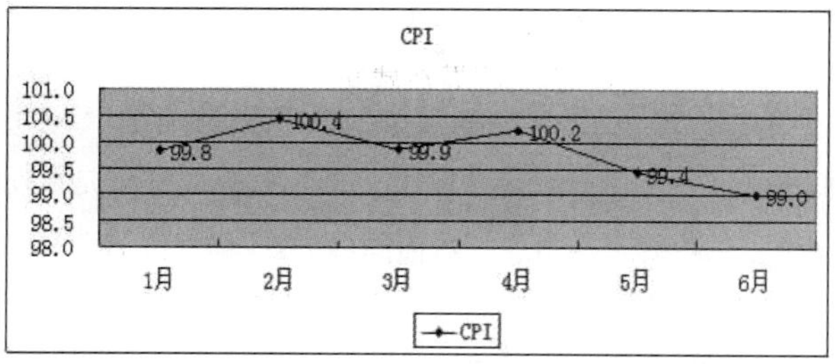

（三）居民消费八大类呈现“四升四降”格局

2010年上半年桂林市居民消费八大类总体呈现“四升四降格局”，与上年同期相比，价格水平呈上涨趋势的是食品、医疗保健和个人用品、娱乐教育文化用品及服务、居住四类，分别较上年同期上涨4.9、0.6、0.8、4.9个百分点。呈下降趋势的有烟酒及其用品、衣着、家庭设备用品及维修服务、交通和通信四类，分别较上年同期下降0.7、3.6、3.0、0.9个百分点。食品和居住类依然成为拉高CPI的两大动力。

（四）纵向对比桂林低于全国及全区水平

据调查数据显示，2010年1--4月份桂林居民消费价格同比上涨1.6%，涨幅低于全国0.8个百分点，低于全区0.6个百分点，涨幅位列全区14个地级市中的第11位。

二、影响价格变动的主要因素

㈠食品成为拉高CPI的最大动力

2010年1-4月份的干旱、5-6月份的连续强降雨天气，在很大程度上影响了桂林本地农作物的正常生长，导致以鲜菜鲜果为代表的食品类价格出现较大幅度上涨。2010年1-6月份各月同比分别上涨1.9%、6.5%、4.8%、4.3%、6.0%、6.0%。各月同比除1月份较低外，一直处于高位运行。2010年1-6月份食品类价格较上年同期上涨4.9%，拉动CPI上涨1.6个百分点。

1.鲜菜、鲜果成为拉高食品的主要动力。

2010年桂林市鲜菜、鲜果环比变动情况

（以上月为100）

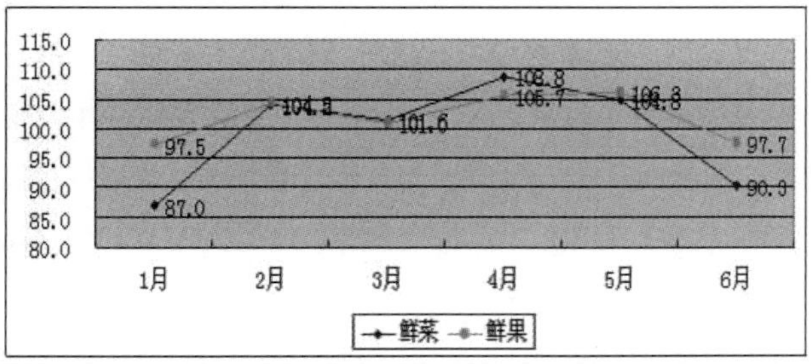

如上图所示，2月份受春节影响，鲜菜、鲜果价格均有较大幅度的上涨。进入3月份，鲜菜、鲜果并没有在春节过后出现价格下降，而是受旱情影响，价格呈上涨趋势。4月份价格更是出现了较大幅度的上涨，鲜菜类环比达到108.8%，鲜果达到105.7%。4月中旬的强降雨在一定程度上缓解了旱情，同时却打落了大量处于开花期的果树花朵，在一定程度上影响到2010年本地水果的产量。5月下旬，随着本地大量蔬菜的上市，使得高位运行的鲜菜出现了价格的较大回落。6月份，即使连续遭受了几场强降雨，但蔬菜价格并未出现大幅度的上涨，只是较降雨前上涨一成左右。从同比来看，2010年鲜菜、鲜果一直处于高位运行。特别是鲜菜，进入2月份以来，同比一直处于110%以上，5月份时更是达到峰值的129.2%。因天气的影响，2010年1--6月份桂林市鲜菜价格同比上涨15.7%，鲜果价格同比上涨5.0%，两者拉高消费价格总指数上涨0.5个百分点。

2010年桂林市鲜菜、鲜果同比变动情况

（以上年同月为100）

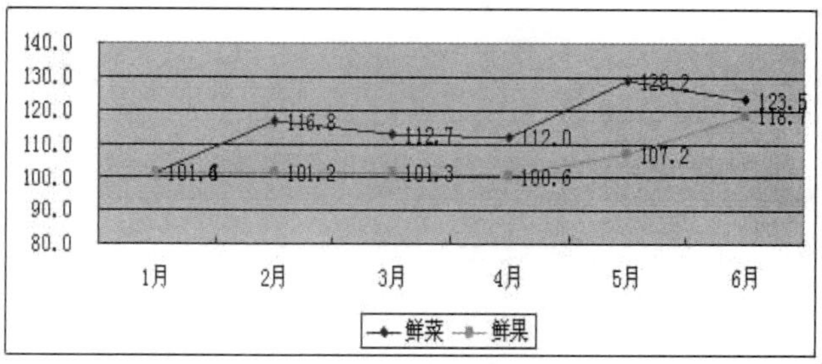

2.粮食价格稳步上涨。由于2010年1--3月底、4月初桂林市依然处于干旱状态，部分水田无法按时播种。农民因怕影响到正常的春耕生产，对手中余粮采取了惜售行为，出现了粮贩难以从农民手中收到粮，但零售市场并未出现抢购现象，市民冷静看待粮食的小幅上涨。同时北方的小麦价格略有上涨，导致面粉价格也出现了小幅上涨。2010年1--6月粮食类价格上涨2.7%，拉高消费价格总指数0.1个百分点。

3.猪肉价格持续下降。2010年1--6月份食用禽肉及其制品价格较上年同期下降4.6%，其中猪肉价格下降最为明显，从3月份开始，猪肉价格连续4个月呈现下降趋势，3、4、5三个月的降幅都在5%左右。造成猪肉价格下降的主要原因有：一是春节过后，随着天气逐渐变热，猪肉的消费量逐渐减少，价格也会出现一定程度的下降；二是春天为各种疫情易发时节，部分猪场怕感染疫情，大量活猪集中出栏；三是活猪的出栏价格降低，零售价格随之下降。据市商务局根据全市四家屠宰场提供的数据显示，2010年2月生猪收购价为11.25/公斤，5月份生猪收购价降到了9.6/公斤。量多价降因素的影响，导致2010年1--6月份猪肉价格同比下降5.8%，拉低总指数0.2个百分点。

㈡居住类价格成为拉高指数的第二动力

2010年1-6月份居住类价格同比上涨4.9%，拉高消费价格总指数0.7个百分点。造成居住类价格上涨主要有两个因素，一方面是经济回暖、钢材涨价等造成建材价涨、新政致贷款利率折扣力度变小造成实际住房利率上升等因素的影响；另一方面是水、电、燃料的影响。其中水、电、燃料的价格上涨，拉高消费价格总指数上涨0.6个百分点。

㈢工业品及服务类价格基本稳定

1.服装价格逐月下降。4月份以来，为占领更大的市场份额，各商家打折、买赠促销活动此起彼伏，打折力度不断加大，与上年同期相比，服装类价格下降3.6%。

2.耐用消费品价格走低。由于产品更新换代速度的加快，市场竞争日益激烈，耐用消费品价格一直处于下降态势，与上年同期相比，1--6月家庭设备用品及维修服务类价格下降3.0%、文娱用耐用消费品及服务下降3.0%。交通工具下降1.0%，通讯工具下降13.1%。

3.服务项目价格总体小幅上涨。1-6月桂林市服务项目价格总体较上年上涨0.6%，主要是用工成本增加，企业相应的增加了部分服务业的价格。同时，自治区有关部门出台相关学费减免政策，从2010年春季开学开始广西取消部分高中收费项目，使非义务教育学杂费价格较上年同期下降3.6%。

㈣滞后影响使得CPI居高不下

桂林市上年CPI全年价格走势为先高速下降，再高速回升的"U"型结构；致使2010年上半年CPI受2009年的翘尾影响非常严重，经测算，2010年1--6月份因翘尾因素，拉高消费价格指数2个百分点。上年价格的翘尾因素分别拉高2010年1--6月份单月指数1.0、2.0、2.0、1.1、2.7、3.3个百分点，2009年上半年价格持续处于下降过程，2010年上半年价格在上年年底的高位上持续拉升，故两者相比，消费价格指数居高不下。

三、居民消费价格走势预测

从涨价范围看，构成居民消费价格的八大类商品及服务项目并没有出现全面上涨，而主要集中在食品类和居住类。食品类方面，预计下半年受粮食收购价提高的影响，粮食价格将呈上涨态势，但由于国内粮食储备充足，涨幅不会太大；伴随着天气好转、农产品大量上市，由蔬菜、水果引发的新涨价因素将有所减弱。居住类方面，资源性价格的调整和看涨、房贷利率的调整会进一步促进居住类价格的高位运行。进入三季度，由于翘尾因素的逐渐消失，CPI同比涨幅会逐渐回落。预计2010年下半年桂林市价格总水平总体将呈温和上涨走势，对全年居民消费价格总水平实现涨幅控制在3%以内的目标保持乐观。

㈠刺激物价上行的因素

1.食品类的拉动作用不容小视。

（1）粮食价格继续稳中略升。由于2010年年初的旱情影响了正常的春播，同时粮食部门小幅提高了粮食收购价格，粮食零售价格处于温和上涨状态，同时粮食生产受气候影响较大，下半年自然灾害和病虫害对粮食生产的潜在威胁因素不可低估，6月南方部分地区又出现了洪涝灾害，这些都是促使粮价上涨的不确定因素。从目前的趋势看，粮食价格没有降价的预期。

（2）下半年猪肉价格将触底回升。从我国消费结构来看，夏季猪肉的消费量少，冬季进入消费的高峰期；同时由于现在的活猪屠宰价在8.95元/公斤（6月18日全市4家屠宰场均价），已经低于农民的养猪成本，加之近期的疫情影响，使得生猪的存栏数，能繁母猪的存栏数都出现了不同程度下降，据市商务局调查数据显示：15家参与桂林市市级生猪活体储备的单位，2010年1月底生猪存栏数为19855头，截止4月份底这个数已下降到15219头，这可能导致下半年猪肉供应下降，从而致使猪肉价格触底反弹。此外，2010年饲料玉米的价格较2009年平均高近30%，这一趋势将持续到9月份秋粮丰收，这也将推动猪肉价格继续上涨。

（3）鲜菜、鲜果价格受天气影响大，价格波动大。由于2010年年初不仅本地受到旱情影响，连桂林外地蔬菜重要供应地的云南等地也遭受了旱灾影响，加上本地5月份后又连续遭受强降雨天气，多因素影响桂林蔬菜价格，使其一直处于高位运行。6月份已经出现大幅回落，但后期的天气对鲜菜的影响程度还很难把握，即使后期不再上涨，就目前来看依然要比上年同期高出很多。由于2010年年初干旱，4月份在果树开花的季节，又遭受强降雨天气，打落了不少果树花朵，这可能会影响到2010年夏、秋两季的水果产量，从而直接导致鲜果类价格上涨。

2.居住类价格的普涨也刺激着物价指数的上涨。

居住价格在居民消费价格中的比重列食品类之后，在八大分类指标中权重位居第二。居住价格包括建房及装修材料价格，水、电及燃料价格，两个主要项目。

（1）2010年国家抑制房地产价格过快增长的政策将发挥作用，有利于租房价格的相对稳定。但政策作用的发挥尚有滞后，前期房价的过快上涨是租房价格上涨的诱因，影响将维持一定的时间。2010年4月，银行购房贷款利率优惠折扣幅度缩小，使实际利率上升，这一新涨价因素也对居住类价格起到拉升作用。

（2）资源类价格改革将使物价继续上行。煤、电、气、水等要素价格长期被管制和扭曲的矛盾开始释放。2010年国家和广西、桂林市有可能选择适当时机推进资源性价格改革，在一定程度上给物价带来上行压力。据市物价部门介绍，预计下半年将对水价进行调整。受国内外政治、经济环境影响，成品油市场供需面临多种不确定因素，国内成品油市场受国际市场原油价格影响较大，随着金融危机影响的减弱，需求回暖，国际、国内成品油市场价格将有所上涨，必将带动下游产业的价格上涨，如液化气价格。

(3)随着楼市新政措施的逐步见效,房市和股市的持续下跌,会对人们的需求产生较大的抑制作用，建房及装修材料市场也会稍微降温。同时,下半年我国依然存在的钢铁、水泥、平板玻璃、煤化工等多个行业产能过剩的格局,在宏观上已经制约了物价大幅上涨的可能。

3.政策性调价带来的新涨价因素。

一是2010年春季开学开始广西取消部分高中收费项目，非义务教育学费略有下降，但是部分民办教育学校因成本原因，学费却有不同程度的提高。二是在前两年物价水平比较高的情况下，国家抑制了很多景点门票的涨价，部分景点门票甚至十多年未曾变化，从上年年底开始，物价部门就逐渐对桂林市主要景点的门票进行上调，下半年会对一些近年都未作调整的景点作出价格上调。

㈡下行因素的存在对指数起到缓解作用

1.工业品和服务项目价格的下拉作用难以缓解。由于国内外制造业产能过剩及产品更新换代的加速，加之国外经济环境不乐观，部分原来出口的企业，也加快了内销的步伐，使得国内的家用电器、纺织服装、一般日用消费品、通信等行业均呈现供大于求的状态，这种格局将抑制工业消费品价格的上涨。

2.政策影响。2010年春季入学的时候，自治区出台学费减免政策，下半年政府在医疗、教育等关系国计民生的重大项目上可能会出台相关减免政策，这些都可能拉动整个物价趋势下行。

四、稳定居民消费价格的建议

1.做好防灾工作。加强当前的防汛工作，组织好农民进行补种、抢种以及做好防治病虫害工作，将灾害影响降到最低限度，同时做好相关重要农产品的储备、供应工作，防止不法商贩，利用灾情，哄抬物价，赚取暴利。

2.保持市场稳定。继续加大农业扶持力度，保障市场供应。在保障农产品上面，不能仅仅从源头保障，更要做好产、供、销的监督保障，防止不法分子串通涨价、囤积居奇、哄抬物价等违法违规行为。

3.把握好政策调价的时机和力度。尤其是与居民生活息息相关的调价项目，要多从居民的角度思考问题。

4.建立健全大宗农产品的价格预警机制。加强应对突发事件的能力，保障市场供应。

2011年

调查报告

2010年桂林市规模以下工业整体运行良好

唐彰徽

近年来,桂林市强力推进"工业强市"政策,中小企业发展呈现速度明显加快、规模逐步扩大、实力不断增强、贡献日益突出的趋势,在促进经济增长、调整产业结构、增加财政收入、扩大劳动就业等方面发挥出更大的积极作用,成为全市国民经济的重要组成部分和推动经济社会发展的重要力量之一。国家统计局桂林调查队规模以下工业抽样调查资料显示:2010年,63家抽中目录样本企业实现工业总产值7157.51万元,按可比口径计算,比上年同期增长17%。36个村委中507家个体工业年末从业人员2847人,实现营业收入16965.4万元,比上年同期增长4.4%,整体运行良好。

一、规模以下工业出现的可喜变化

(一)参保意识增强,参保人数有所增加

随着《劳动法》的贯彻实施,为职工购买"两险"企业在增多。2010年抽中在产的63家目录样本企业中,有12家为职工购买了养老或医疗保险,比上年同期增加1家,占在产样本企业的19%。其中:私营企业9家,占购买"两险"企业数的75%。参险人数177人次,比上年同期增加15人次;总保险额38.97万元,同比增长14%。

(二)产销率保持高位运行

由于小型企业抗风险能力较弱,企业基本都采取以销定产的方式,尽量减少库存,所以其产销率始终保持高位运行。2010年抽中在产的63家目录样本企业实现主营业务收入6866.74万元,同比增长28.9%。产销率高达95.9%。

(三)纳税额度增加,对财政贡献加大

由于小企业计税方式由上年的定税制向以营业收入的比例计提转变,企业的纳税额度也有所增加。2010年63家在产目录样本企业共缴纳税金总额447.026万元,平均每家企业上交税金5.96万元,同比增长66.8%。

(四企业规模在不断扩大

随着全球金融危机的逐步减弱,国内经济的稳步回升,桂林市小企业抢抓机遇,化危为机。纷纷进行设备更新、扩大再生产。2010年63家在产目录样本企业资产总计达17294.68万元。平均每家企业资产274.52万元,按可比口径计算,比上年同期增长11.3%。

(五)出口创汇首次出现在小型企业

继上半年桂林市独秀喷雾器厂产品成功出口非洲之后,下半年又交易了8万元,全年成交额19万元。成为自开展规模以下工业抽样调查12年来首家出口创汇企业。

(六)企业稳定性好于上年,关停并转企业有所减少

经过整顿,2011年内新增锰品加工企业3家,关停并转率比上年同期下降3.2个百分点。

二、规模以下工业运行良好的原因

(一)全市宏观经济高位运行, 固定资产投资拉动作用明显

统计数据显示:2010年1–11月份桂林市全社会固定资产投资累计完成779.21亿元,同比增长41.1%。其中:工业投资完成248.3亿元,同比增长36.7%。进出口总额8.07亿美元,同比增长24.2%。规模工业完成总产值810.72亿元,现价同比增长41%。旅游业保持两位数增长态势,接待国内外游客2104.31万人次,同比增长21.4%.实现旅游总收入151.11亿元,同比增长32.9%。市区内"三桥十路"、湘桂铁路复线及桂林至兴安高速公路等基础设施的修建,如火如荼的工业园区建设,"保护漓江,发展临桂,再造一个新桂林"的决策部署都极大地拉动了规模以下工业的上升势头。

(二)"政、银、企"合作到位,全方位服务中小企业

1.资金短缺现状有所缓解。政府有关部门把为中小企业融资服务作为服务企业、做好工业运行、推动企业发展的重要工作。根据企业和银行的需求,不定期地组织召开银企座谈会、项目建设对接会、资金需求对接会,为银企沟通提供平台。帮助银行了解全市工业经济运行态势和企业经营动态,及时组织协调解决企业有关的具体问题,为银行贷款和企业投资融资创造条件。近年来,桂林市商业银行致力于打造"中小企业伙伴银行",推出对公循环额度贷款、园区(订单)封闭贷款、小企业快捷贷款、商户联保贷款、微小企业贷款、小企业快乐贷款等一系列特色产品体系,形成了一整套涵盖中小企业产、供、销各环节,以多种担保方式为依托的一揽子金融服务方案,成立了专门为小企业、个体工商户提供正规金融服务的小企业金融服务中心,累计发放金额4.27亿元,取得了银、企双赢的好效果。

2.担保体系建设加快,中小企业融资渠道增加。桂林市政府在2001年出资500万元成立市中小企业融资担保中心的基础上,2004年增资至2000万元,2008年7月增资至10111万元,担保实力不断增大;2006年市财政出资2000万元作为担保专项资金支持桂林市中小企业投资担保有限责任公司为桂林市中小企业开展担保业务;2009年出资3000万元组建政府全资的市工业投资担保有限责任公司,以发挥政府全资担保机构应有的作用,为中小工业企业提供融资担保,改善企业的生存和发展环境;同时还积极鼓励、支持和引导发展社会担保机构,现有各类社会担保公司56家,注册资本接近18亿元,实

收资本也已超过10亿元，为支持中小企业扩大融资正发挥着积极的作用。

3.为中小企业提供多主体、多层次、全方位的社会化服务。2009年12月正式组建的桂林市中小企业服务中心。定位于政府服务中小企业的助手和联系中小企业、整合专业服务机构的桥梁和纽带，为中小企业提供公益性和综合性服务，包括融资担保、技术合作、网络信息、人才供需、创业辅导、市场开拓、法律政策等。

（三）房地产热的带动

随着全国物价上涨趋势在“十一五”末期的释放，城镇居民在房地产增值、保值心理的支配下，房地产热潮再度掀起。作为“最适合人类居住”之一的三线城市，商品房均价尚不到一线城市的一半，桂林房地产业的前景十分看好。统计资料显示：1-11月桂林市房地产开发投资99.2亿元，同比增长35.8%。房地产热潮必然会带动石材、砖瓦等建材工业及加工工业等产业的发展。

三、规模以下工业发展中存在的主要问题

（一）货款拖欠现象依然严重

2010年63家在产目录样本企业应收帐款969.92万元，同比增长43.7%。个别小型企业应收帐款占其总产值的比重高达42%。某泡沫塑料包装厂老板反映：为大、中型企业加工产品，一般来说都要三个月才能收回资金。

（二）生产成本的上升，挤压了企业的盈利空间

部分原材料价格上涨，生产成本增加，利润减少。据调查，2010年用于竹制品加工的主要原材料--毛竹每根为16元，比上年增加0.5元，增长3.13%、；酿酒行业用的主要原料大米每公斤为2.1元，比上年增加0.1元，增长4.76%；豆制品行业用的主要原料大豆每公斤为1.9元，比上年增加0.1元，增长5.26%，但出售的竹针、竹筷、白酒、豆腐等产成品价格，增幅只有2%左右，部分产品与上年持平。因此，竹制品加工企业，酿酒、豆制品等行业的生产成本增加，利润减少。另据企业景气调查资料显示：2011年1-4季度，工业企业生产成本景气指数分别为53.84、67.21、68.91、50.27，全年在较不景气区间运行。

（三）流动资金紧张状况成为制约企业发展的瓶颈

据企业景气调查资料显示，工业企业2011年内流动资金景气指数徘徊在80点左右。小型企业的状况则更为不妙。2010年63家在产目录样本企业利息支出仅有277.3万元。其中：仅有16家企业在银行贷款，只占样本企业总数的21.3%。

（四）村级个体企业行业布局不合理

从抽中村（居）委个体工业企业样本分布看，呈现“城镇多于农村，近郊多于远郊”的特点。部分农户盲目投资，造成固定资产闲置浪费。据兴安县溶江镇廖家村委负责人反映：其所在廖家自然村共有430户，1500多人，原有十多家碾米加工作坊，由于近年来碾米加工总量变化不大，有的只好自行退出碾米加工行业，其机器设备闲置在家，浪费严重。目前该屯只有四家碾米加工作坊在加工生产，其中有两家碾米作坊处于半运转、“吃不饱”状态。

（五）规模以下工业企业科技含量低，产品单一，缺乏竞争力

据调查，村级个体企业一般都是些以碾米加工、豆制品加工、竹制品加工、木材加工、矿粉加工等为主的粗加工企业，生产出来的又都是些初级产品，科技含量不高，附加值低，缺乏市场竞争力，难以发展壮大。如兴安镇自治村委共有11个个体企业，其中7个为碾米加工作坊，1个酿酒作坊；严关镇灵坛村共有27个个体企业，米石加工场（将片石粉碎）就占了17个，碾米作坊有8个。

（六）自我保护意识差

个别企业虽有自主研发的好产品，但是由于品牌意识、商标意识、专利意识及竞争意识差，加上产品可复制性强，出现“我研他发”的现象，制约企业做大做强。如桂林市某电子有限公司自主研发安检门，由于没有申请专利保护和商标，其产品被广东、福建等多地复制，以致市场出现恶性竞争，售价从刚上市时的7000元/台，跌落到如今的3000元/台。

（七）抗自然灾害能力较低

在63家样本企业中有38家小水电站，由于大部分都是径流式发电，靠天吃饭。入秋以后桂林降雨量较少，部分电站无水发电，9家企业产值同比下降12.1%。

四、规模以下工业发展的对策与措施

一是要关注小企业的成长。政府在加大对财税贡献大的大、中型工业企业帮扶的同时，也要时刻关注小型企业的成长。由于宣传力度不够，近80%的小型工业企业对贷款信息依然不甚了解，以至于流动资金紧张状况短期内仍然难以缓和。

二是要督促中小企业建立健全内部制度，提高企业借贷资信。帮助中小企业建立清晰的产权治理结构；建立和完善劳动用工制度、收入分配制度、内部保险和福利制度；建立健全企业财会、评估、审计等制度。同时要高度重视制度的不断创新，适时调整经营策略。经营者要积极转变传统观念，做好企业长期发展规划。

三是要向管理要效益。提高企业管理水平和从业人员素质，加快培养和引进管理人才、技术人才、营销人才，走出家族式管理的陈旧模式。改粗加工为精加工，提高产品附加值。在资本扩大短时期难以满足的情况下，向管理要效益。

四是鼓励合作生产。将自然形成的石材加工、竹木加工、

月柿加工、米粉加工等村个体工业以合作生产经营的形式进行规范管理，避免无序竞争和资源浪费。

五是要树立创新意识、品牌意识、商标意识和专利保护意识，引导企业做大做强。

六是大力发展县域经济，逐步调整规模以下工业产业结构。因地制宜，实现可持续发展。

2010年桂林市服务业调查样本企业发展喜忧参半

张悦

桂林市是国家首批服务业综合改革广西唯一试点区域，服务业发展迎来了前所未有的机遇和挑战。为了解服务业发展情况，国家统计局桂林调查队按国家统计报表制度的要求于2010年12月对装卸搬运、仓储、计算机服务、软件、租赁、商务服务、科技交流和推广服务、居民服务、其他服务、体育和娱乐共11个行业的97个服务业样本企业进行了调查。从调查资料来看(样本调查统计数据为2010年1-11月，下同)：企业规模不断扩大，营业收入大幅增长，行业继续保持良好发展态势。但部分企业仍然存在规模偏小、生存周期短、费用高、利润低等问题，影响和制约了服务业的快速发展。

一、服务业调查样本企业现状

(一)固定资产投资加快，企业资产稳步增长

2010年桂林市第三产业固定资产投资累计417.98亿元，同比增长52.6%，占全社会固定资产投资总额53.6%，为服务业的快速发展创造了物质条件。调查数据显示，样本企业资产总计同比增长20.4%，其中固定资产原价同比增长8.0%，且已连续两年增长，资产总计增长幅度较上年同期提高4.6%，企业资产呈现逐期增长的趋势。

分行业来看，调查的11个行业中，商务服务业、仓储业、科技交流和推广服务业的资产总计增长率同比分别增长63.9%、23.4%和16.8%，其中调查的17家旅行社资产总计和固定资产分别比上年同期增长95%以上，成为拉动服务业发展的重要推手。

(二)营业收入增长，上缴税收额度增加

2010年，在宏观调控政策效应的作用下，企业营业收入大幅度增长，对税收贡献增多，回报社会能力增强。调查数据显示：样本企业实现全部营业收入18.06亿元，比上年同期增长28.6%，改变了2009年下降的局面。其中主营业务收入同比增长27.3%，成为企业营业收入增长的主动力。企业主营业务税金及附加同比增长31.9%，其中仓储业、商务服务业和其他服务业增长比例达40%以上，成为缴税额度增长最快的三个行业。

分行业来看，在11个行业中，仓储业、计算机服务业、商务服务业、其他服务业全部营业收入同比分别增长132.1%、15.6%、27.1%和39.2%。其中计算机服务业、其他服务业两年来营业收入均保持增长。

(三)从业人员数量增多，工资、福利待遇增长较快

调查数据显示：样本企业从业人员数量同比增长23%，应付工资总额、应付福利费总额、保险费和住房公积金分别同比增长25.2%、51.4%、25.8%和41.4%，从业人员人均月工资达1498元，人均月福利费达355元，服务业从业人员数量、工资和待遇连续两年持续增长。

(四)旅行社行业对服务业发展影响突出

2010年，市政府把握建设桂林国家旅游综合改革试验区的重大历史机遇，着力打造国际旅游胜地和大桂林国际旅游目的地，努力把旅游业培育成战略性支柱产业和人民群众更加满意的现代服务业，先后到河南、宁夏等地开展旅游宣传活动，举办大型旅游展览等。从调查数据也可以看出，旅行社对服务业发展影响显著，表现突出。

17家旅行社数据显示：全部营业收入同比增长29.2%，其中，主营业务收入同比增长25.0%。旅行社行业利润总额同比增长40%，从业人员数量同比翻了一番，应付工资总额同比增长55.1%，均走在服务业行业前列，继续成为推动服务业发展的中坚力量。

二、制约服务业发展的主要因素

(一)企业经营规模偏小

调查数据显示：虽然服务业企业发展态势良好，但经营规模普遍偏小，目前还无法摆脱“小、弱”的困境。样本企业中，从业人员在10人以下的企业占到41.2%，50人以下的占74.2%，而100人以上的仅占14.4%。从资产规模看，资产总计超2000万元的企业仅占13.4%，主要以500万元以下的企业为主，占到61.9%。这说明成规模、竞争力强的大型服务业企业偏少。

(二)抗风险能力弱，生存周期短

企业经营规模较小、部分企业经营管理者素质较低、从业人员水平不高、企业融资能力差等原因，导致企业抵御外部环境风险的能力较弱，生存周期短，成为制约服务业企业发展壮大的主要因素。

(三)费用大、利润低

尽管营业收入增长、主营业务税金及附加均同比增长20%以上，但是样本企业整体仍出现了费用偏高、利润同比下降的现象。调查数据显示，本期服务业样本企业营业利润仅

为1.75万元/月，同比下降32%，按平均从业人员数量计仅为每人每月不到2元。企业主营业务成本增幅超过主营业务收入4.2个百分点，企业费用合计同比增加24.5%。据了解，经营费用偏高、低门槛和竞争激烈是造成企业利润下降的主因。据桂林某广告公司反映，由于广告行业进入门槛比较低，投入成本相对较小，所以从业者越来越多，企业间竞争激烈，加之材料质量良莠不齐，价格不一，企业生存空间越来越小。

（四）贷款难，融资渠道少

2010年我国人民币贷款利率两次上调，部分服务业企业反映高利率、贷款门槛过高以及企业对利率的高预期使他们对金融机构贷款望而却步，资金基本依靠自筹。部分小型服务业企业反映，企业需要资金但是没有合适的抵押品，利息也负担不起，其他途径的贷款也不知道找谁，从哪着手。调查数据也显示：企业利息净支出较上期只增加了0.7%，企业贷款进展速度慢。

三、进一步发展服务业的建议

（一）注重中小企业的经营管理

服务业企业经营利润低、费用大，除经营成本提高的客观原因外，与企业的经营管理水平分不开。因此，面对运行环境的重大变化，许多中小企业势单力薄，又面临融资难、吸引人才难、争取优惠政策难、部分企业家综合素质低等限制，单靠自身力量实现转型升级困难重重，企业经营勉强维持。因此，改善优化中小服务业企业的发展环境是一项长期的任务，不仅有利于引导居民创业，也会促进企业家阶层的成长。此外，将服务业中小企业进一步细分，有针对性的进行帮扶，对提高中小企业经营管理能力、增强企业抗风险能力也会起到积极作用。

（二）关注企业资金需求，提升中小企业竞争能力

服务业企业规模相对较小，中小企业占多数，应加大对中小企业发展的扶持力度，继续完善银企合作机制，继续加强对中小企业贷款的扶持力度，培育特色化经营，提高竞争水平，增强中小企业的生命力。一方面通过完善信贷管理制度，加大面向中小服务业企业的金融产品推出力度，优化中小企业融资环境，降低融资难度，减轻资金压力，为中小企业进一步发展提供信贷支持；另一方面鼓励中小企业根据自身情况找准市场定位，走特色化经营道路，打造一批经营方式灵活、服务品种多样的特色型中小企业，以满足多层次的服务需求。

（三）依托桂林特色，大力发展旅游服务业

桂林旅游资源丰富，发展旅游业具备良好的基础。因此要着力培育旅游业，拓展服务业发展空间。调查结果也显示出，旅行社在服务业中行业竞争能力较强，发展迅速。

一是要着力打造旅游景区景点，进一步提高游客吸引力；二是要大力开发旅游产品，进一步提高旅游产品销售收入；三是要完善餐馆、饭店设施设备，进一步提高旅游服务档次；四是要引进和培养旅游管理人才，进一步提高旅游服务质量。

（四）注重物流、科技交流和推广服务业等其他服务业发展

调查显示，除旅行社行业外，装卸搬运和其他运输服务业、科技交流和推广服务业也焕发出极强的生命力。如运输代理服务业、科技交流和推广服务业资产总计同比分别提升4.2%和16.8%，利润总额同比增加50.9%和95.5%。

2010年桂林市兴建道路运输站场17个，各项目累计投资达6540万余元，同比增长超89%。道路交通条件的改善，直接促进了全市客、货运输业的发展。目前，物流业应依托交通枢纽、产业集群和区位优势，加快发展现代物流业并不断强化物流园区综合配套功能，降低物流成本，提高服务水平，扩大经营规模，根据重点优势产业的发展趋势，着力推进制造业、农产品、商贸、建材等产业物流发展。

在加强科技服务业方面，可依托本地优越的教育资源，进一步加强高等院校、科研院所与企业合作，加快科技创业平台、研发平台、科技成果转化公共服务平台建设，把各类园区建设成为高新技术研发聚集地、孵化基地和产业化基地，提高服务业科技含量。

2010年桂林市房地产价格走势分析

郑雯月

对于房地产市场来说，2010年是不平凡的一年，国家调控政策密集出台，房地产价格涨跌起伏。桂林市作为三线城市，虽然房价反应速度稍慢于一、二线城市，但同样受国家调控政策影响，2010年1-3月房屋销售价格持续高温；4-8月市场遇冷，增速放缓，其中6月和8月环比指数出现下跌；9月开始逐渐回暖，岁末火热运行。

一、房地产市场价格运行特点

（一）同比高开高走，一波三折

图1 2010年桂林市房屋销售价格同比指数

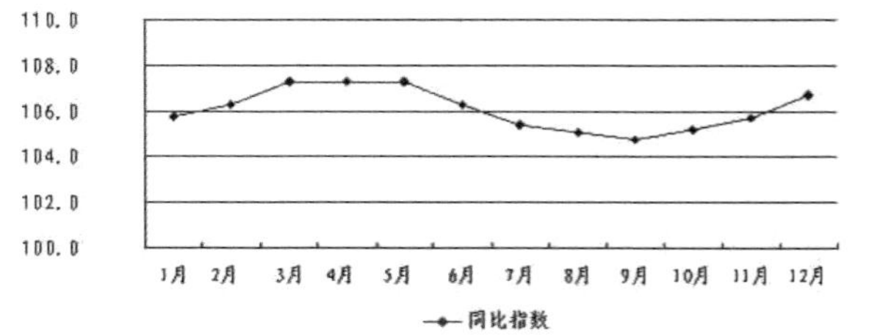

如图1所示，一季度房地产市场延续了上年末的热销态势，各月同比涨幅逐月攀升，分别上涨5.8%、6.3%和7.3%。但

随后的房价涨幅出现落起，可谓一波三折。

二季度房价增速出现转折，受国家出台的“新国十条”影响，5月份过后，同比涨幅迅速回落，4-6月同比涨幅分别为7.3%、7.3%和6.3%，但成交量骤减。据房产局网签数据显示，一季度总成交面积为48.97万平方米，从4月开始，成交面积逐月下滑，二季度总成交面积为42.79万平方米。

7-9月同比涨幅分别为5.4%、5.1%、4.8%，其中9月涨幅为年内最低，同时成交量继续下跌，本季度总成交面积为33.3万平方米，比一季度减少15.67万平方米，下降32%。

四季度增速回暖，10-12月同比涨幅逐月攀升，分别为5.2%、5.7%和6.7%。全年比上年上涨6.1%。

(二)环比高开平走，中期小幅下挫，后期持续回升

图2　2010年桂林市房屋销售价格环比指数

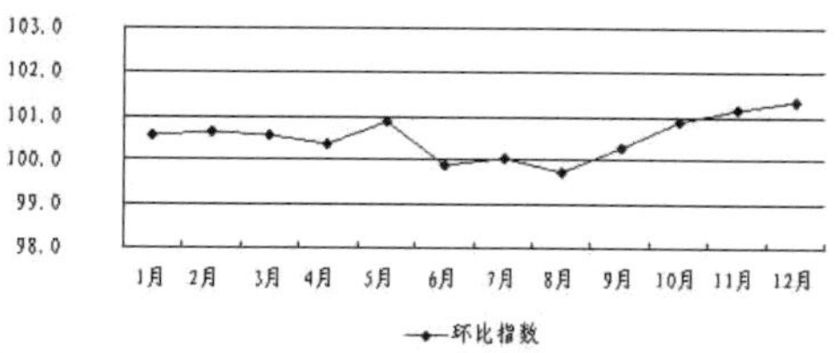

如图2所示，一季度房屋销售价格环比水平居高不下，1-3月环比涨幅均为0.6%。二季度走势呈倒V型，其中4、5月涨幅分别为0.4%、0.9%，6月环比下跌0.1%，为2010年环比指数首次下跌。三季度走势呈V型，7月环比持平，8月环比下跌0.3%，为全年降幅最大，9月环比上涨0.3%，标志着楼市开始回暖。四季度环比涨幅持续上扬，10-12月环比分别上涨0.9%、1.2%和1.4%，12月环比涨幅达到全年最大。

(三)各类型房屋价格均高于上年同期

图3　2010年新建房和二手房同比指数

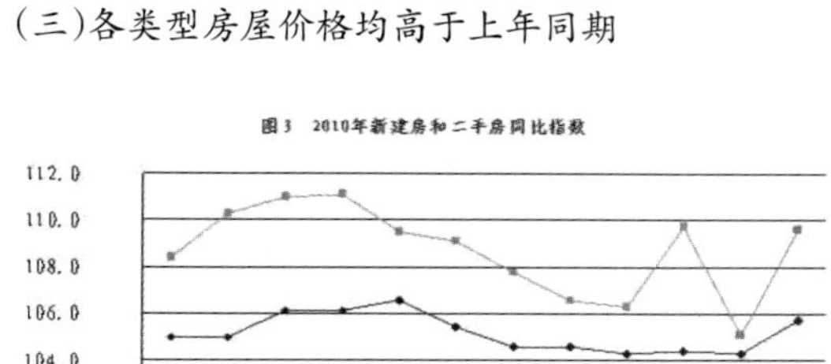

如图3所示，新建房和二手房价格均高于上年同期，二手房价格和新建房价格走势趋同，即先热后冷再复苏。一季度同样延续上年末热销态势，高开高走，5-9月期间，同比涨幅平稳回落。四季度，压抑已久的房价开始大幅上涨，二手房最为明显，10月同比陡然上涨9.7%，12月新建房和二手房价格分别同比上涨5.7%、9.6%。

(四)商业营业用房价格稳步高走

4月中旬“新国十条”颁布后，无论新建住宅还是二手房价格都出现了波动，但是与住宅价格不同的是，商业营业用房价格一直处于稳步的高位运行态势。如图4所示，1-3月上

图4　2010年桂林市新建非住宅同比指数

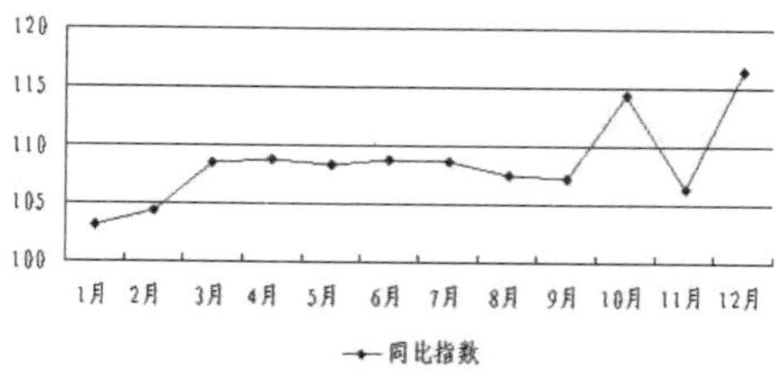

涨幅度逐月攀升，涨幅分别为3.1%、4.4%、8.5%；4月楼市新政颁布后，同比走势开始平缓，上涨幅度较稳定，4-9月同比涨幅分别为8.8%、8.4%、8.8%、8.7%、7.5%、7.3%；随着“金九银十”的到来，整个市场逐渐回暖，10月同比突然上涨14.3%，虽然11月涨幅回落至6.4%，但12月涨幅又达到16.4%，为全年所有新建房源中最大涨幅。

(五)土地价格大幅上涨

调查显示，2010年桂林市土地价格全线上涨，比上年上涨10.1%。其中，居住用地上涨9.4%，商业营业用地上涨15%。

二、房价走势成因

(一)需求激增和房源趋紧是房价居高难下的主要因素

伴随市场存货量的进一步消化，上半年的房源趋紧，在本市居民的刚性需求、春节期间返乡人员的置业需求和获批“国家旅游综合改革试验区”引发的外地购房者购房需求导致的求大于供的市场状况下，一季度桂林房价快速上涨，均价超过了金融危机前水平。国家调控政策颁布以后，房价虽有下跌，但由于有强大的刚性需求的支撑，城市价值和房产价值也得到更大范围的认可，这从市场供应可见一斑。自年初起，市场项目在3、4月期间基本没有放量，5、6月谨慎放量，7、8月后放量逐渐明显，9、10月份迎来了2010年的第一场大放量，在经历长时间的房源紧张后，市场的大放量极大的刺激了等待已久的需求，房价应声而起，在10、11月后迎来了成交的新高峰。

(二)通胀预期是岁末房价飘红的主观原因

进入下半年，从国家到地方物价指数都是一路上扬，在这样的大背景下，各方对经济的通胀预期加剧，投资房地产的热情也是只增难减，这也是岁末房价飘红的一个原因。

(三)市场相对成熟是商业营业用房价格一路上扬的重要原因

国家出台政策严厉打击炒房等投机行为，使整个市场显得更加务实，大家对投资住宅持谨慎观望态度，从而将目光转向商业营业用房，商业营业用房的投资价值更加明显，加之开发商积极招商，越来越多的市民愿意把钱投资到商业营业用房，导致商业营业用房价格与其他类型房源价格走势不同，一路波动上扬。

总之，相比上年房价的理性回归，2010年的桂林房价可谓一波三折，在国家多项密集的调控政策的影响下，房价在一季度火热之际遭遇寒流，之后由于刚性需求的力挺，打破了观望僵局，开发商信心回升，三季度末、四季度陆续放量，价格直线上涨，岁末价格远超一季度。

（四）密集的房价调控政策遏制了房价快速上涨

为遏制快速上涨的房价，国务院一季度出台若干项调控措施，收紧房贷、打击炒房投机行为；4月中旬又出台了史上最严厉的房地产价格调控措施"新国十条"，3天之内连发包括提高首付和限购等重要措施；9月，国家出台巩固楼市调控成果措施，暂停发放第三套及以上房贷；首套房首付比例不低于30%。为响应国家调控政策，桂林市迅速做出反应，主管部门出台规定监管预售市场，开展专项调查。新规严格执行商品房预售管理：预售许可证10日内一次性公布全部房源；商品房明码标价，成交价格浮动幅度不得超过申请定价的正负5%，并专门成立了桂林市房地产市场专项检查整治工作小组，在全市范围内进行整顿和规范房地产市场秩序专项检查。调控措施对桂林市房地产市场的影响立竿见影，虽然4、5月房价没有降下来，但从4月下旬开始，楼盘客户来访量明显减少，市场对房价下挫的期望越来越强。与此同时，作为传统销售旺季的"五一"小长假也看不到和往年一样的热烈促销态势。开发商和购房者集体进入观望状态，不少原定于5、6月推出的项目，开盘时间一推再推。

三、房价走势预测

根据2010年桂林市房价走势，结合国家政策和对当前经济形势的综合分析，预计2011年桂林市房价会持续上涨，但上涨不会过快过大，主要原因是：

（一）本地需求支撑房价上扬

根据桂林市房产管理局统计数据显示，近三年来本市购买者占总购房者的比例一直保持在80%以上，刚性需求性质的改善性购房需求一直主导着市场。2011年，庞大的刚需团体将继续支撑当地的房地产市场，在经历大半年的"房荒"和长时间的观望后，购房者的刚性需求得到释放。因此，2011年房价将延续上年末的上涨态势。

（二）一路上涨的土地价格决定了房价不会低

2010年土地价格全线上涨，比上年上涨10.1%，前三季度桂林市土地市场活跃，共成交11块地，其中9月份出让的一块土地，单价约为327万元/亩，成为近两年桂林市土地储备交易管理中心出让土地中的单价地王。虽然国家2011年三次发文令地方采取有效措施抑制地价过快上涨，但桂林市土地价格仍然不断上涨。随着获批建设国家旅游综合改革实验区以及城市基础设施建设加速，桂林市的城市价值和房产价值得到更大范围的关注，地价上涨符合常理，由此，必然导致房价的上涨。

（三）国家政策预期将遏制房价快速上涨

国家遏制房价过快上涨是近两年的基调。央行12月25日晚宣布，次日起上调金融机构人民币存贷款基准利率。在2011年货币政策相对偏紧的情况下，房地产企业的资金成本压力加大。住房城乡建设部部长姜伟新12月29日表示，2011年要继续坚定不移地加强房地产市场调控，进一步强化各项调控措施的贯彻落实，住房城乡建设部将会同有关部门储备调控政策。2011年在支持自住性、改善性住房需求的同时，抑制投资投机性购房，遏制房价过快上涨。土地招拍挂制度也将得到完善。国土资源部表示，要推动土地供应由"价高者得"的单一目标向完善市场、保障民生等多目标管理转变。国家发展和改革委员会主任张平表示，2011年将制定并实施解决居民住房和促进房地产市场平稳健康发展的综合性政策方案。在这样的国家宏观调控大背景下，房价快速上涨情况出现的可能性不大。

同时，2011年市场放量将持续增加，桂林市保障性住房也正在建设中，根据《桂林市保障性住房建设规划（2010-2015）》，2010-2015年之间，桂林市将建成各类保障性住房约2万套。市场放量的增加也起到遏制房价过快上涨的作用。

2010年桂林工业品价格运行特点及趋势分析

粟凌燕

随着全球和全国经济的持续回暖、广西工业经济形势持续向好和原材料价格大幅上扬，工业品出厂价格亦呈现总体上扬态势。2010年桂林市工业品出厂价格总水平比上年上涨3.5%。

一、工业品出厂价格运行特点

（一）从总水平来看，价格直线拉升趋势明显，年末高位微回落

图1　同比价格指数走势图

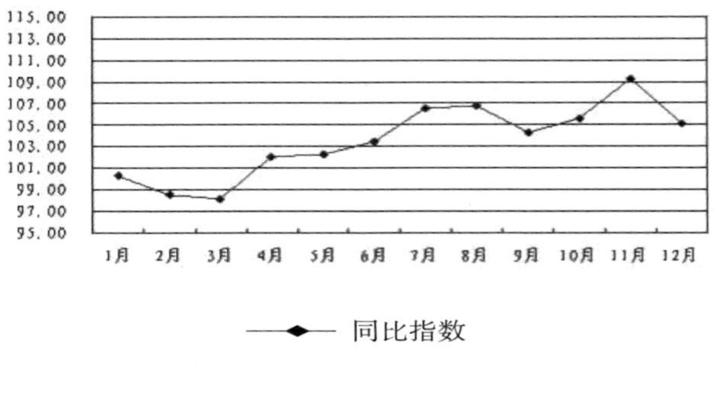

如图1所示，全年12个月中除2月和3月份价格低于上年同月外，其余10个月均高于上年同月价格。因为2、3月份处于中国传统新年期间，工业品需求相对不旺，故价格基本持平还略有下降。农历新年过后，各工业企业新一年的生产正式拉开序幕，出厂价格显示出持续强劲上涨势头。4-12月工业品出厂价格总水平去上年同月分别上涨2.0%、2.3%、3.5%、6.5%、6.7%、4.3%、5.5%、9.2%和5.0%。从4月份后，价格呈逐月攀升，环比涨幅逐渐扩大，年末价格略有回落的态势。

（二）从轻重工业来看，轻工业产品的价格增速要快于重工业

全年轻工业价格总水平比上年上涨5.9%，而重工业涨幅只有1.5%，低于轻工业4.4个百分点。分细项来看，轻工业中以农产品为原料的工业品价格涨幅高于以非农产品为原料的工业品价格涨幅1.6个百分点；重工业中涨幅最大的是采掘工业，比上年上涨4.2%。

（三）从生产资料和生活资料来看，前者的价格涨幅要高于后者

生活资料工业品价格总水平比上年上涨4.4%，高于生产资料工业品价格涨幅1.3个百分点。其中涨幅最大的是食品类工业品，涨幅达5.2%。

（四）从部门来看，同比价格走势"七升四降二平"

在桂林涉及到的十三大工业部门中，冶金工业、电力工业、建筑材料工业、食品工业、纺织工业、造纸工业和其他工业价格比上年分别上涨7.9%、3.1%、5.3%、7.6%、36.5%、2.3%和5.8%。化学工业、机械工业、森林工业和文教艺术用品工业，价格分别比上年下降0.1%、3.4%、1.7%和4.8%。缝纫工业和皮革工业工业品出厂价格与上年持平。

（五）从行业来看，工业品出厂价格上涨面达到65.6%

涨幅达到两位数的有3个行业，分别是纺织业、塑料制品业和有色金属冶炼及压延加工业，比上年分别上涨36.3%、17.6%和11.5%。其余行业价格涨幅都在10%以内。2011年纺织行业价格涨幅可谓异军突起，是价格涨幅唯一破"30"的行业。调查显示，纺织行业产品价格前4个月比较平稳，与上年价格持平。进入5月后，价格突然猛烈拉高，同比涨幅逐月迅速扩大，5-12月，同比涨幅分别为22.6%、40.1%、45.1%、42.3%、48.9%、69.2%、65.5%和62.2%。

（六）从主要产品来看，各类重点产品出厂价格有涨有跌

中医药、饮料、电气机械、通信设备、仪器仪表设备、橡胶制品等重点产品价格涨跌有别。

1.价格上涨的有：白酒价格上涨1.1%，啤酒价格上涨10.6%；日用及医用橡胶制品制造价格上涨5.9%；水泥制造价格上涨8.2%，铁合金冶炼价格上涨9.7%；绘图、计算及测量仪器制造价格上涨3.9%；金属切削机床制造价格上涨1.9%；橡胶加工专用设备制造价格上涨5.9%。

2.价格下降的有：中成药制造价格下跌10.5%。中药片剂、胶囊制造价格下跌9.8%；汽车零部件及配件制造下降2.7%。

二、工业品出厂价格走势成因分析

（一）原材料价格大幅上涨是拉动出厂工业品价格走高的直接因素

2010年国际、国内市场需求旺盛，引发工业原材料价格较大幅度上涨。同时受灾害性天气的影响，原材料紧缺情况加剧，供小于求，导致价格加剧上扬。

一是钢材、有色金属材、橡胶需求持续旺盛。随着我国钢材产能的扩大，汽车、轮胎产业的蓬勃发展，对铁矿石、橡胶等的需求也进一步扩大，加上我国对铁矿石和高质橡胶的对外进口依存度高，导致铁矿石、橡胶价格上涨，下游加工产品的价格随之走高。以钢材、有色金属材、橡胶为主要原材料的机械类、橡胶类制品价格持续走高。

二是纺织原料类的购进价格快速上扬。受国际市场供应偏紧、我国棉花主产区新疆遭受灾害性天气导致的棉花大幅减产的影响，从二季度开始，纺织原料类购进价格快速增加。到年底，棉花的购进价格同比增幅达60%，涤纶短纤维等棉织品的购进价格也增加了25%。导致下游棉产品价格的快速走高，增幅超30%。

三是农副产品价格增加迅猛。受2011年初全国大范围极端干旱天气、年终又遭遇洪涝灾害和持续高温的影响，各类农副产品的生产遭受了严重影响，如甘蔗产量下降，玉米、绿豆等购进价格大幅增加。桂林工业以轻工业和农产品业为主，所以诸如饮料、食品、饲料等出厂工业品价格持续走高。

（二）经济复苏势头明显、投资消费两旺，是拉动出厂工业品价格走高的刺激因素

随着国家一揽子经济宏观调控计划的一一落实，经济复苏效应逐渐显现。随着全国市场回暖信号的逐渐加强，桂林市经济企稳回升的态势明显，全市工业经济实现了平稳较快发展。预计全年完成全部工业总产值1260亿元，比上年增长27.1%，其中规模工业总产值完成930亿元，比上年增长32.5%；全部工业增加值完成420亿元，比上年增长18%；规模工业增加值完成303亿元，比上年增长20.5%。

近年来桂林的固定资产投资持续旺盛，大量新开工项目多，投资额大，投资增速维持在较高水平。2010年预计完成全社会固定资产投资880亿元，增长33.5%；市外境内到位资金增长32%；实际利用外资增长25.3%。

消费亦旺盛。外贸进出口总额增长15.1%；如桂林百货

业的排头兵微笑堂商厦2010年销售额超10亿元，明显高于上年同期。

投资、消费两旺，刺激了出厂工业品价格的上扬。如水泥价格，下半年尤其是进入第四季度后，随着全市赶超完成全年投资任务，大量投资上马，对水泥的需求量极其旺盛，导致各水泥生产厂开足马力生产还供不应求，水泥出厂价格节节高涨；如塔吊、金属加工机械等，随经济回暖，需求量大增，很多企业年中已经把订单排满到了年末，行情的火热，让企业产品的价格水涨船高。

（三）激烈的市场竞争，让价格并非只涨不跌

桂林的一些重点行业重点产品，如中医药品的价格，汽车零部件等的价格出现了同比下跌的情况。据悉是激烈的市场竞争迫使企业做出调低价格、薄利多销的决定。中医药产业是桂林的特色产业，同时也是竞争比较激烈的产业，本市企业为了打开外省的销售渠道，不得不降价求售，占领市场。汽车零部件在桂林市属于委托加工性质，价格受订单影响较大。

三、工业品价格运行趋势分析

随着经济形势的继续向好，原材料价格的持续高位运行，预计2011年桂林市工业品出厂价格将继续保持温和上涨态势。

（一）政府发展导向促工业持续向好

桂林还是个工业欠发达、后发展地区，未来一年政府坚定不移的导向仍然是坚持工业强市发展战略不动摇，坚定不移推进工业化进程，做大经济总量，壮大经济实力。据了解，2011年桂林市经济社会发展的主要预期目标是地区生产总值增长10%；财政收入增长13%；全社会固定资产投资增长20%；技改投资增长25%；招商引资实际到位资金增长25%。以“两铁五高三库”建设为重点，保持投资较快增长。强力推进产业项目建设，着力提升产业集群化水平，加快发展园区经济。

（二）原材料价格高居不下决定工业品价格不会下行

桂林企业原材料购进对外依存度高，受通胀预期影响，国际大宗商品的市场需求持续旺盛，2011年原材料价格走势预估是不会出现大幅下调的情况，因此作为工业品重要构成成本之一的原材料价格的高居不下，决定工业品价格不会下行。

（三）缺工依然是制约企业做大做强的瓶颈

桂林工业以轻工业、农产品加工业为主，属劳动密集型产业，缺乏普通工和技术创新工人，一直是制约桂林工业做大作强的瓶颈。如桂林某乳胶制品企业，普通包装工人缺口达百人以上，且从年头直到年尾都招不满所缺工人。据了解，缺工在桂林各工业企业中不同程度的存在。在未来一年，缺工问题根本解决的可能性不大，仍然会是制约桂林工业经济快速发展的一个瓶颈，决定了价格不会大幅上扬。

2010年桂林市CPI上涨2.2%，低于控价目标

刘宇波

据调查，2010年桂林市居民消费价格指数（CPI）比上年上涨2.2%，全年呈上涨态势。纵向对比，2010年桂林居民消费价格涨幅低于全国1.1个百分点，低于全区0.8个百分点，涨幅位列全区14个地级市中的第13位，低于全年控价目标。随着经济的继续向好发展，加之2011年下半年翘尾因素的影响，预计2011年桂林市CPI将呈高开高走趋势，但也存在诸多不确定性因素。

一、CPI　变动主要特点

（一）上半年平稳波动，下半年持续上扬

图1 2010年桂林市各月居民消费同比价格指数运行图
（以上年同月为100）

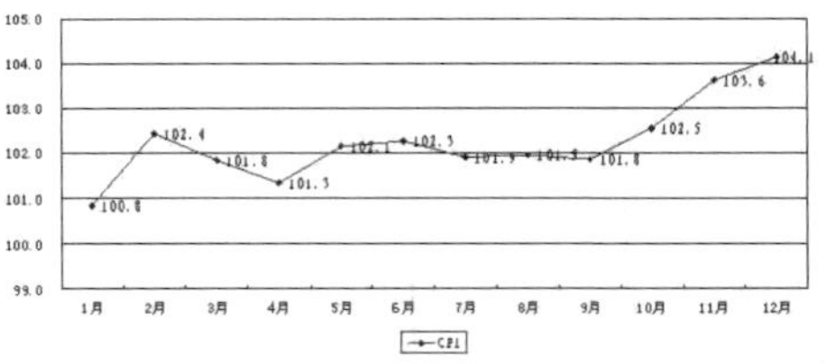

图2 2010年桂林居民消费价格总水平运行图
（以2009年12月为100）

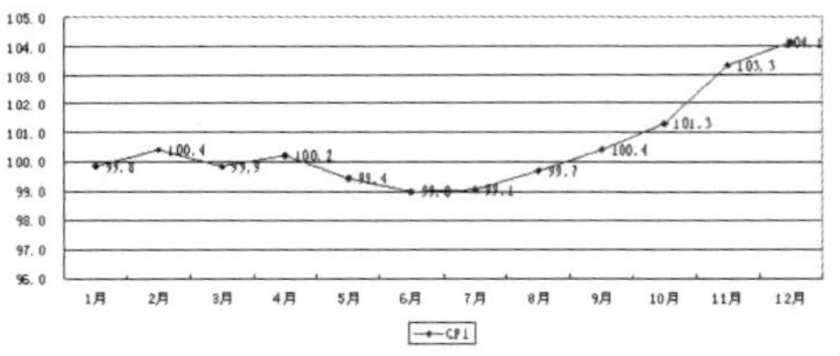

如图1、图2所示，无论从同比指数看，还是从定基（以上年12月为100）涨幅看，桂林市CPI均呈现上半年平稳波动，下半年持续上扬趋势。下半年尤其是第四季度的持续快速上涨，将对2011年的CPI同比价格指数产生较大的翘尾影响。

（二）八大类价格呈现“五升三降”格局

与上年相比，消费价格水平呈上涨趋势的是食品、烟酒及用品、医疗保健和个人用品、娱乐教育文化用品及服务、居住等五大类，分别上涨6.1、0.1、1.8、0.9和4.2个百分点；呈下降趋势的有衣着、家庭设备用品及维修服务、交通和通信等三大类，分别下降3.3、2.8和1.1个百分点。食品和居住类成为拉高CPI的两大动力。

（三）食品价格一直处于高位运行状态

自2010年2月以来，以鲜菜鲜果为代表的食品类价格出现较大幅度上涨。1-12月同比指数分别为101.9 、106.5、

104.8、104.3、106.0、106.0、104.4、105.7 、106.3、108.6、109.1和109.0。除1月份较低外，一直处于高位运行。食品16个分类呈现“13涨3降”格局，其中涨幅较大的有菜、淀粉、水产品、干鲜瓜果、蛋、肉禽及其制品，分别比上年上涨16.0、15.1、11.9、8.2、7.3和5.6个百分点。全年食品类价格总水平比上年上涨6.1%，拉动CPI上涨2.0个百分点。

（四）居住类价格普遍上扬

全年居住类价格总水平比上年上涨4.2%，推动CPI提升0.6个百分点，其中涨幅较大的有液化石油气、木材、住房利率、水泥，分别上涨24.5、15.5、10.4和9.4个百分点。

（五）工业品及服务类价格基本稳定

虽然市场竞争日益激烈，市场总体上供大于求，但由于原材料价格的上涨，工业品价格随之出现小幅上涨，全年工业品价格总水平较上年上涨0.2%。因原材料、人工成本等上涨，服务类价格也较上年上涨0.8%，但总体来说工业品及服务价格基本稳定。

二、影响价格变动的主要因素

（一）拉高食品价格的主要原因

1.天气异常导致鲜菜、鲜果价格在高位运行

图3 2010年桂林市鲜菜、鲜果环比价格指数变动情况
（以上月为100）

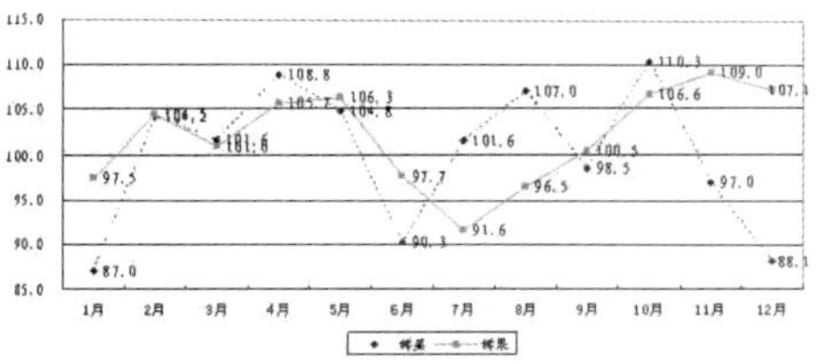

如图3所示，2月份，受春节影响，鲜菜、鲜果价格均有较大幅度的上涨，春节过后价格上涨幅度略有回落。受旱情影响，4月份价格更是出现了较大幅度的上涨，鲜菜类价格环比指数达到108.8%，鲜果达到105.7%。4月中旬的强降雨在一定程度上缓解了旱情，同时却打落了大量处于开花期的果树花朵，在一定程度上影响到本地水果的产量。5月下旬，随着本地大量蔬菜的上市，高位运行的鲜菜价格出现了回落。6、7月份为鲜菜鲜果上市旺季，价格出现回落。10月的鲜菜、鲜果价格达到环比上涨的新高。从同比价格指数上来看，鲜菜、鲜果一直处于高位运行，特别是鲜菜，进入2月份以来，同比一直处于110%以上，5月份时更是达到峰值的129.2%。受天气的影响，全年鲜菜和鲜果价格分别比上年上涨12.3%和9.4%，两者拉高CPI上涨0.5个百分点。

2.市场、政策主导粮食价格稳步上涨

2010年1-4月初，由于干旱，农民对手中余粮有惜售现象，粮贩难以从农民手中收到粮食，但零售市场并未出现抢购现象，市民冷静看待粮食的小幅上涨。同时北方的小麦价格也略有上涨，导致面粉价格小幅上涨。下半年晚稻收获低于市场预期，同时，政府提高粮食收购价格，粮价再次出现上涨，全年粮食类价格上涨4.5%，拉高CPI0.1个百分点。

图4 2010年桂林市鲜菜、鲜果同比价格指数变动情况
（以上年同月为100）

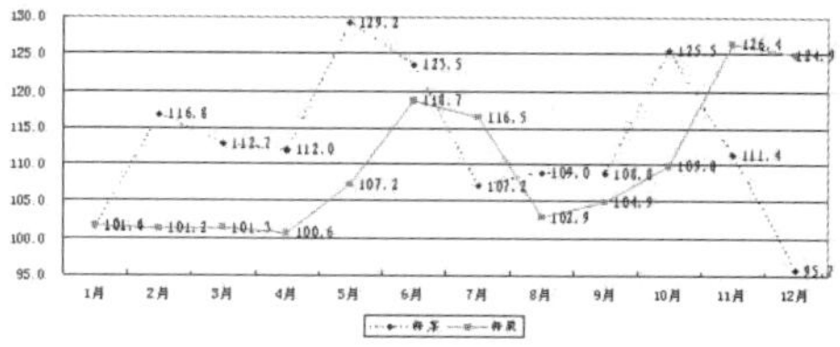

3.三季度生猪存栏数急剧下降，猪肉价格下半年强劲反弹

全年食用禽肉及其制品价格比上年上涨5.6%，拉高CPI0.5个百分点。其中猪肉价格上涨最为明显，从3月份开始至7月下旬，猪肉价格连续近5个月呈现下降趋势，降幅都在5%左右。但从7月底、8月初开始猪肉价格出现强劲反弹，8、9两个月的环比价格涨幅超过10%。造成生猪价格持续走高的两个原因：一是本地生猪存栏量减少。在被调查的22家生猪饲养单位和935户生猪养殖户中，3季度生猪存栏量较2季度下降9.3%，连续两个季度出现下降，且下降幅度扩大；二是外调生猪成本增加。近期燃油费上涨，运输成本增加，造成外地调入的生猪成本增加。全年猪肉价格比上年上涨2.6%，拉高CPI0.1个百分点。

（二）市场、政策导致居住类价格上涨

全年居住类价格比上年上涨4.2%，拉高CPI 0.6个百分点。造成居住类价格上涨的主要有两个因素：一是经济持续走好，钢材、水泥、木材、液化石油气价格上涨，其中液化石油气价格较上年上涨24.5%，拉高CPI0.5个百分点，二是政府上调住房贷款利率的影响。

（三）工业品及服务类价格基本稳定

1.耐用消费品价格走低。由于产品更新换代速度的加快，耐用消费品价格一直处于下降态势，与上年同期相比，家庭设备用品及维修服务类价格下降2.8%，文娱用耐用消费品及服务价格下降1.6%，交通工具价格下降1.0%，通讯工具价格下降13.5%。

2.全年服务项目价格比上年上涨0.8%。主要是原材料价格上涨、用工成本增加，企业相应的增加了部分服务业的价格。同时，自治区有关部门出台相关学费减免政策，从2010年春季开学开始取消部分高中收费项目，使非义务教育学杂费价格比上年下降4.6%。

三、2011年走势预测

随着经济的持续向好发展，以及2010年下半年物价持续

上涨产生的翘尾影响,预计2011年CPI将呈高开高走趋势,但也存在诸多不确定性因素。

(一)物价上行的因素

1.食品类价格仍将稳中趋升

(1)粮食价格继续稳中略升。由于2011年上半年受旱情影响,以及下半年粮食产量低于市场预期等因素的影响,粮食价格全年出现两次上涨。从目前的趋势看,粮食价格没有下降的预期。

(2)猪肉价格将稳中有升。由于生猪存栏数下降、高燃油价的持续运行、冬季猪肉需求量进一步增大等多因素影响,预计春节期间,猪肉价格会出现一定程度的上涨。

(3)鲜菜、鲜果价格走高。2010年底鲜菜价格的低位一定程度上影响了农民明年种植蔬菜的积极性,给鲜菜带来了供小于求而价格上涨的压力。

2.居住类价格将持续上涨

(1)2010年,国家抑制房地产价格过快增长而出台了多项政策,但政策作用的发挥尚有滞后,前期房价的过快上涨是居住类价格上涨的诱因,影响将持续一定的时间。2010年4月,银行购房贷款利率优惠折扣幅度缩小,同年12月再次上调住房贷款利率,这些都会使居住类价格上涨。

(2)资源类价格改革将使物价继续上行。煤、电、气、水等要素价格长期被管制和扭曲的矛盾开始释放。2011年资源性价格改革呼之欲出,在一定程度上给物价带来上行压力。受国内外政治、经济环境影响,成品油市场供需面临多种不确定因素,随着金融危机影响的减弱,需求回暖,国际、国内成品油市场价格将有所上涨,必将带动下游产业的价格上涨,如液化气等的价格上涨。

(二)物价的下行因素

1.工业品消费市场仍处供大于求状态,短时间内难以改变。由于国内外制造业产能过剩及产品更新换代的加速,加之国外经济环境的影响,部分出口企业也加快了内销的步伐,使得国内的家用电器、纺织服装、一般日用消费品、通信等行业均呈现供大于求的状态,这种格局将抑制工业消费品价格的上涨。

2.2011年政府在医疗、教育等关系国计民生的重大项目上将出台相关减免政策,相关价格将相应下调。

四、对稳定物价的几点建议

1.做好相关重要食品类的储备、供应工作,防止不法商贩,利用灾情哄抬物价、赚取暴利。

2.继续加大对农业扶持力度,保障市场供应。除从源头上保障外,更要做好产、供、销的监督保障,防止不法分子串通涨价、囤积居奇、哄抬物价等违法违规行为。

3.把握好政策调价的时机和力度,尤其是与居民生活息息相关的调价项目。

4.健全完善大宗农产品的价格预警机制,加强应对突发事件的能力,保障市场供应。

“十一五”桂林市居民生活水平明显提高

庞育光

“十一五”期间,桂林市认真贯彻扩内需、促发展、惠民生等一系列政策,经济社会又好又快发展,居民收入稳步增长,生活水平明显提高。

一、居民收入全面快速提高

调查资料显示:2010年,桂林市区居民人均可支配收入16566元,比2005年增加7064元,增幅达74.3%,年均增长11.8%。四大项收入全面增长,收入水平明显提高。(详见表1)

(一)工资性收入稳步增长

2010年居民人均工资性收入9187元,较2005年增长42.3%,年均增长7.3%。其中:工资及补贴收入8955元,增长44.5%,年均增长7.6%。工资性收入稳步增长的原因有:一是政府千方百计继续拓宽就业渠道,提供创业机会,加强培训,增加公益性岗位。居民就业率由2005年的户均1.25人提高到2010年的1.29人。二是从2006年起多次上调最低工资标准,即由2005年的460元每月提高到2010年的820元每月。三是提高教师工资待遇、医务人员实行效益工资、提高行政及参公事业单位从业人员津补贴等政策措施得以落实,居民工资性收入稳步增长。

(二)经营净收入增长势头强劲

调查显示,2010年居民家庭户均0.29人从事个体或开办私营企业,占户均就业人口的22.5%,比2005年的7.2%扩大了15.3个百分点。居民人均经营净收入2202元,比2005年增长了7.8倍,年均增长54.5%。经营净收入强劲增长,得益于桂林被选定国家旅游综合改革试验区和首批国家服务业综合改革试点区。桂林市以旅游业为龙头的第三产业,克服了金融危机的负面影响,加上就业引导、贷款、税收优惠等政策效用显现,居民就业结构发生很大变化,个体私营企业主人数增加,经营净收入增长势头强劲。

(三)财产性收入平稳增长

“十一五”期间,居民财产积累增长较快,居民储蓄存款年年递增,股民人数不断增加,住房投资仍是居民理财首选,新型投资项目也不断增加,带动居民财产性收入的快速增长。调查显示,2010年21%的居民家庭拥有2套及以上的住宅,较

表1 居民家庭收入比较表

指标	绝对额(元)		增长%	占总收入比重%	
	2010年	2005年		2010年	2005年
家庭总收入	17657.81	10056.23	75.59	100.00	100.00
其中:可支配收入	16565.78	9501.87	74.34	93.80	94.50
1.工资性收入	9187.12	6455.53	42.31	52.00	64.20
2.经营净收入	2202.64	250.33	779.89	12.50	2.50
3.财产性收入	396.17	274.71	44.21	2.20	2.70
4.转移性收入	5871.89	3075.67	90.91	33.30	30.60

2005年提高6个百分点。居民人均财产性收入396元,较2005年增长44.2%,年均增长7.6%,其中:股息与红利收入146元,增长2.5倍,年均增长28.3%;利息收入35元,增长6倍,年均增长47.6%。

(四)转移性收入持续较快增长

"十一五"期间,桂林市社会保障机制逐步完善,努力做到应保尽保。如:企业离退休人员基本养老金逐年提高;行政及参公事业单位退休人员在规范津补贴后的退休金大幅提高;最低生活保障标准不断提高,由2005年的160元提高到260元;对低收入家庭的专项补贴明显增多等,居民转移性收入持续快速增长。据调查,2010年居民人均转移性收入5872元,比2005年增长90.9%,年均增长13.8%。其中养老金或离退休金5435元,增长1.3倍,年均增长18.1%。

二、居民消费支出同步增长

"十一五"期间,桂林市采取了一系列"扩内需、保增长"政策,对居民消费水平的提高起了重大的促进作用。如取消公路养路费、减半征收小排量汽车购置税,财政投入资金补贴家电汽车摩托车下乡,汽车家电以旧换新等。据调查,2010年居民人均消费支出10934元,比2005年增长52.2%,年均增长8.7%。从结构上看,享受型消费比重进一步扩大,汽车、通信、旅游、家居成为居民消费热点(详见表2、表3)

(一)享受型消费比重加大

2010年居民消费中属于享受型消费的家庭设备用品及服务、交通和通信、文化娱乐用品和服务、其他商品和服务的支出,占整个消费支出的比重达29%,比2005年的23%扩大了6个百分点。汽车、旅游、家居成为"十一五"期间居民消费最大的亮点。

1.汽车、旅游成热点。2010年居民人均购买家用汽车支出536元;"十一五"末期百户拥有家用汽车9辆,比2005年增长3.5倍,年均增长35.1%;人均车辆用燃料及零配件支出242元,增长9倍,年均增长1.6倍;家庭设备用品在加快普及的基础上不断升级换代,人均家庭设备用品及服务支出562元,增长36.3%,年均增长6.4%;人均旅游支出533元,增长37.4%,年均增长6.5%;包含了金银珠宝饰品、化妆品、美容等消费内容的其他商品和服务的人均支出104元,增长46.5%,年均增长7.9%。

2.信息消费异军突起。高新科技的快速发展,中、高端电子产品不断以平民化身分迅速进入寻常百姓家庭。2010年底居民家庭移动电话的百户拥有量201部,比2005年年末增加了77部。家用电脑的百户拥有量从2005年底的37台增加至72台,拥有量提高了94.6%、由此衍生出以互联网、移动通讯领军的信息消费增长迅速。2010年居民通信支出较2005年增长97.3%,年均增长14.5%,其中通信服务消费增长1.4倍,年均增长19.1%。

3.居住条件得到极大改善。居民的居住面积越来越宽敞,居住环境越来越优美舒适,小区物业管理服务不断拓展、到位。调查显示,截止2010年底,90%的居民家庭拥有房屋产权。居民人均住房建筑面积达到28.9平方米,户均建筑面积达到84.2平方米。与"十五"期末相比,人均住房建筑面积增加了3.7平方米,增长了14.8%;物业管理费用增长32%,年均增长5.7%。从住宅建筑式样看,全市10%的居民家庭为一居室,43%的为二居室,35%的为三居室,6%的为四居室。家庭用水方面,2010年底100%的居民家庭使用独用自来水,较2005年底提高了3.1%;63%的居民家庭使用空调取暖,较

表2　居民家庭消费比较表

指　标	2010年(元)	2005年(元)	同比增减(%)
家庭总支出	13704.45	9259.35	48.01
消费支出	10934.37	7186.47	52.15
服务性消费支出	2691.82	2068.03	30.16
食品	5030.00	2808.31	79.12
衣着	839.63	511.45	64.15
居住	1057.34	1193.42	-11.40
家庭设备用品及服务	561.82	412.22	36.30
医疗保健	451.21	597.82	-24.50
交通和通信	1676.73	593.43	182.56
教育文化娱乐服务	1109.45	838.36	32.33
其他商品和服务	208.03	231.47	-10.14

表3　居民家庭主要耐用消费品拥有量比较表

品 种	单 位	2010年	2005年	增减(%)
家用汽车	辆/百户	9	2	350.00
洗衣机	台/百户	97	94	3.20
电冰箱	台/百户	97	92	5.40
彩色电视机	台/百户	135	145	-6.90
家用电脑	台/百户	72	37	94.60
接入互联网	台/百户	63	25	152.00
空调器	台/百户	126	85	48.20
固定电话	部/百户	70	93	-24.70
移动电话	部/百户	201	124	62.10
接入互联网移动电话	部/百户	10	2	150.00

2005年底提高了14.6%。炊用燃料方面，14%的居民家庭使用管道天然气，与2005年底1%相比提高13个百分点。2010年水电燃料及其他的消费支出较2005年增长45.2%，年均增长7.7%。

（二）生存型消费品位提升

随着收入水平的提高，居民已不仅要吃饱穿暖，更讲究“吃得健康、穿出品位”，膳食结构、营养搭配合理优化；衣着穿出旅游名城的特色、品位。2010年与2005年相比，居民人均食品支出增长79.1%，年均增长12.4%；体现方便快的在外饮食服务人均支出增长81.2%，年均增长12.6%；人均衣着支出增长64.2%，年均增长10.4%。

（三）发展型消费理性回归

“十一五”期间，桂林市九年制义务教育不断普及、城乡义务教育阶段学杂费全免分步实施；教育乱收费、乱摊派，医药价格虚高等现象得到一定控制，居民相关支出有所回落。2010年，居民人均医疗保健支出较2005年下降24.5%，人均教育支出下降8.2%。

（四）社会保障支出逐年提高

“十一五”时期，桂林市社会保障体系日趋完善，居民参保积极性不断提高，社会保障覆盖面持续扩大。2010年城镇企业职工基本养老保险、失业保险覆盖率分别为100%、95.1%，城镇基本医疗保险覆盖率为92%，率先在广西全面建立城乡居民最低生活保障制度。2010年居民人均社会保障支出904元较2005年增长99.1%，年均增长14.8%。其中养老基金增长1.3倍，年均增长18.1%；医疗基金增长1.4倍，年均增长19.1%；失业基金增长95.2%，年均增长14.3%。

综观“十一五”，桂林市居民的生活水平得到了较大提高，但居民收入增长速度仍滞后于GDP和财政收入的增长速度。展望“十二五”，桂林市面临新的发展机遇和挑战，广大市民期待经济发展和居民收入同步增长，进一步缩小收入差距，让老百姓共享改革开放、经济发展成果，提高居民的幸福感指数。

2011年一季度桂林市CPI高位运行

刘宇波

据国家统计局桂林调查队调查显示，2011年一季度桂林市居民消费价格（CPI）比上年同期上涨6.8%，高于全国1.8个百分点，高于全区0.6个百分点，在全区14个地级市中排名第三，其中受上年翘尾影响4.6个百分点，新涨价因素影响2.2个百分点。3月份CPI比上年同月上涨7.2%，创2008年7月份以来新高。

一、CPI变动主要特点

（一）持续高位运行

如图1所示，无论从同比看，还是从定基（以2010年12月为100）涨幅看，CPI均呈现高位运行状态。调查数据显示：各月同比指数分别为106.4、106.9、107.2，呈现高开高走态势。以2010年12月为定基，各月指数分别为101.4、102.5、102.5，亦呈现高走趋势，由此可见本年新涨价因素不容忽视。

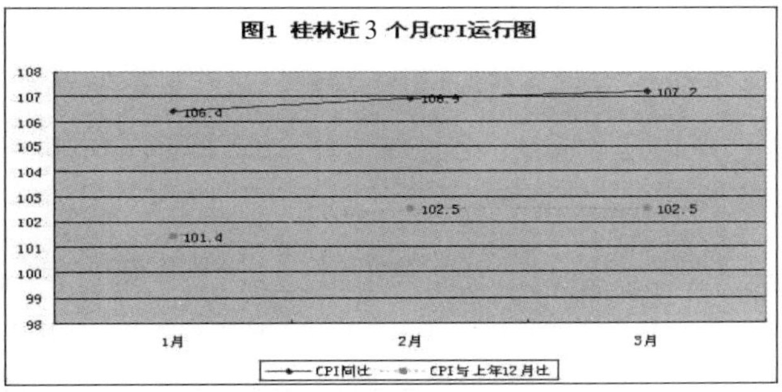

图1 桂林近3个月CPI运行图

（二）八大类价格全面上涨

与上年同期相比，一季度消费价格呈全面上涨趋势。食品、烟酒、衣着、家庭设备用品及维修服务、医疗保健和个人用品、交通和通信、娱乐教育文化用品及服务、居住类分别比上年同期上涨16.5%、2.1%、2.0%、2.6%、3.6%、2.7%、3.6%、1.1%。

（三）食品类价格唱主角

一季度各月食品类价格同比涨幅分别为15.0%、16.6%、17.8%，处于高位运行，且呈逐渐上升趋势，16个分类呈现“15涨1平”格局，其中涨幅较大的有干鲜瓜果、淀粉及制品、菜、粮食、肉禽及其制品、水产品、蛋，同比分别上涨48.3%、36.0%、31.9%、16.2%、14.4%、13.4%、12.8%。食品类成为拉高CPI的主要动力。

（四）工业品及服务类价格出现较大幅度上涨

一季度因原材料价格、人工成本等上涨，工业品、服务类价格均出现较大幅度上涨。一季度工业品价格同比上涨2.2%，服务项目价格同比上涨2.5%。

二、影响价格变动的主要因素

（一）影响食品价格上涨的主要原因

1.天气异常导致鲜菜、鲜果价格高位运行。1、2月份天气严寒，给本地蔬菜生产、外地蔬菜运输造成了较大影响，进入3月份以后，本地蔬菜、水果处于生产间隔期，产量较少，加上燃油价格的持续上涨，造成了运输成本的不断攀升，直接导致外地输入的蔬菜、水果价格持续上涨。一季度干鲜瓜果类同比上涨48.3%，拉高总指数1.2个百分点；菜类价格同比上涨31.9%，拉高总指数1.1个百分点。

2.受翘尾及新涨价双重影响，肉禽及其制品价格持续高位运行。一季度肉禽及其制品价格同比上涨14.4%，拉高消费价格总指数1.3个百分点，主要因素是受上年翘尾影响6.9个百分点，本年新涨价影响7.5个百分点。其中，一季度猪肉价格同比上涨25.8%，其中受翘尾影响14.8个百分点，受新涨价因素影响11.0个百分点，猪肉价格上涨拉高总指数0.9个百分点。

3.市场、政策双重主导粮食价格稳步上涨。受2010年下半年粮价上涨的翘尾因素和2011年提高粮食收购价格引起的新涨价因素的双重影响，一季度粮食类价格同比上涨16.2%，其中，上年翘尾影响10.5个百分点，2011年新涨价因素影响4.7个百分点，粮食价格上涨拉高消费价格总指数0.3个百分点。

4.原料及人工成本的上涨，拉高在外用餐费用。随着肉禽蛋菜果的持续上涨，部分商家开始上调在外用餐的费用，与桂林人民生活息息相关的米粉价格也由每2两2.5元上涨到3.0元。一季度在外用膳食品价格同比上涨7.2%，拉高总指数0.4个百分点。

（二）工业品价格持续走高

受原材料价格的持续上涨，本年一季度工业品价格同比上涨2.2%，拉高总指数0.9个百分点。建房及装修材料、家具、部分家电等均出现较大幅度上涨，其中，建房及装修材料上涨4.4%，家具上涨3.2%，商家反映原材料上涨及运输成本增加是上涨的主要原因。

（三）服务类价格在高位运行

随着原料、人力成本、场地租金等各种因素的影响，服务类价格均出现了不同程度的上涨，一季度服务类价格同比上涨2.7%，拉高总指数0.8个百分点。

三、未来走势预测

(一)刺激物价上行的因素

1.食品类的拉动作用仍将是CPI上涨的主推力。粮食价格将继续稳中略升。由于近期国家上调粮食收购价格,加上受上年粮食价格上涨的翘尾影响,市场出现粮食价格小幅上涨。从目前的趋势看,粮食价格没有下降的迹象。百物随粮价,随着粮价的上升,食品类价格将是一个上涨的过程。

2.居住类价格将刺激物价上行。2011年国家将重点推进资源性产品价格改革,煤、电、气、水等要素价格长期被管制和扭曲的矛盾将开始释放,在一定程度上给物价带来上行压力。随着金融危机影响的减弱,需求回暖,国际、国内成品油市场价格将有所上涨,并将带动下游产业的价格上涨。

3.成本的上涨开始转移到相关行业。食品价格的上涨,直接影响到餐饮行业;原材料价格的上涨,直接转移到工业最终消费品价格;铺面租金、用工成本的上涨对服务和工业品价格的上涨都有推动作用。

4.上年翘尾因素的影响不容忽视。2011年平均翘尾影响3.9个百分点,最高单月翘尾影响出现在6月,高达5.5个百分点,如果物价形势仍不能得到有效的控制,那么在2011年6、7月份,在翘尾和新涨价因素双重影响下,CPI将达到一个新的高度。

(二)缓解物价下行的因素

1.工业品和服务项目价格的下拉作用客观存在。由于国内外制造业产能过剩及产品更新换代的加速,部分原来出口的企业,也加快了内销的步伐,使得国内的家用电器、纺织服装、一般日用消费品、通信等行业均呈现供大于求的状态,但随着各种成本的上涨,这种削弱程度在减缓。

2.政策因素。由于2011年物价形势的严峻性,政府在医疗、教育等关系国计民生的重大项目上将会出台相关减免政策。这些将拉动整个物价趋势下行。

综上所述,后三个月的物价将会出现逐渐上扬的趋势,在6、7月份达到峰值,下半年同比涨幅将小幅回落,但价格总水平依然处于高位运行。

2011年上半年桂林市CPI上涨7.3%

刘宇波

据国家统计局桂林调查队调查,2011年上半年桂林市居民消费价格指数(CPI)同比上涨7.3%,分别高于全国和全区1.9和0.4个百分点,位居全区14个地级市第三位,高出桂林市5.5%的全年控价目标1.8个百分点。预计下半年同比涨幅将小幅回落,但价格总水平依然处于高位运行,完成全年控价目标任务艰巨。

一、上半年CPI变动特点

(一)价格总水平持续高位运行

图1 2011年上半年桂林市CPI运行图(以上年同月为100)

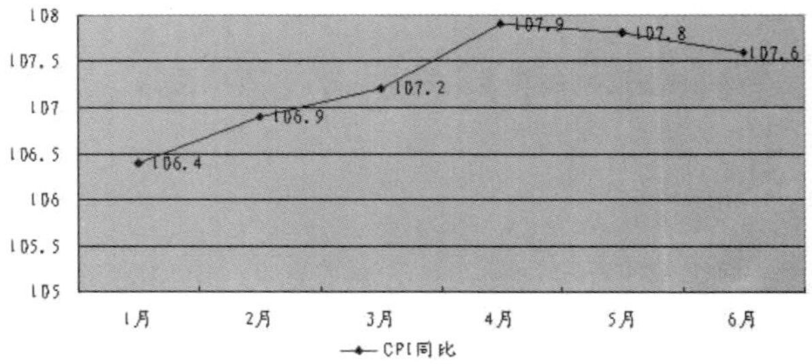

如图1,上半年各月同比指数(以上年同期为100,下同)分别为106.4、106.9、107.2、107.9、107.8、107.6,呈现高开高走态势,5月份后虽出现小幅回落,但价格依然处于较高水平。

(二)八大类价格全面上涨

上半年,桂林市食品、烟酒、衣着、家庭设备用品及维修服务、医疗保健和个人用品、交通和通信、娱乐教育文化用品及服务、居住等八大类类价格,同比分别上涨17.4%、2.3%、3.9%、2.9%、3.9%、3.1%、2.7%、1.4%。

(三)食品价格一直处于高位运行状态

上半年,以鲜菜鲜果为代表的食品类价格出现较大幅度上涨,各月同比指数分别为115.0、116.6、116.5、119.1、117.4、117.4。食品16个分类呈现"15涨1降"格局,其中涨幅较大的有干鲜瓜果、淀粉及制品、菜、肉禽及其制品、粮食、水产品、蛋,分别比上年上半年上涨45.1、35.4、22.5、20.1、17.6、14.8、12.6个百分点。

(四)工业品及服务类价格出现较大幅度上涨

上半年工业品价格同比上涨2.7%,服务项目价格同比上涨2.6%。主要是因原材料价格、人工成本等上涨,工业品、服务类价格均出现较大幅度上涨。在工业品更新换代速度加快、市场竞争日益激烈的时代,工业品价格一般应属于下降趋势。而上半年工业品价格的上涨,说明能源物资及原材料价格持续上涨给工业生产者的压力,已经开始在最终消费品上释放。

二、影响价格变动的主要因素

(一)食品价格居高的主要原因

1.天气异常导致鲜菜、鲜果价格高位运行。2011年1月份天气急剧严寒,给本地蔬菜生产、外地蔬菜运输造成了较大影响,进入3月份以后,本地蔬菜、水果处于生产间隔期,产量较少,加上燃油价格的持续上涨,增加了运输成本,直接导致外地输入的蔬菜、水果价格持续上涨。5、6月份随着本地鲜菜、鲜果的大量上市,价格才开始出现高位回落。上半年干鲜瓜果类同比上涨45.1%,拉高总指数1.2个百分点,菜类价格同比上涨22.5%,拉高总指数0.8个百分点。

2.受翘尾及新涨价双重影响,肉禽及其制品价格持续高位运行。上半年禽肉及其制品价格同比上涨20.1%,拉高消费价格总指数1.8个百分点。其中受翘尾影响11.0个百分点,新涨价因素拉高9.1个百分点。

猪肉价格的持续上涨,成为禽肉及其制品类价格上涨的主动力,特别是进入6月份以后,猪肉价格直逼历史新高。猪肉价格突然上涨的原因主要有两个:一是猪源偏少,生猪屠宰量大幅下降。据调查,6月份四个屠宰场平均每天屠宰生猪1009头,同比下降38.2%。受上年疫情影响,很多散养户损失殆尽,现在市场上提供的生猪主要由规模养殖户提供。同时,疫情导致部分能繁母猪死亡,使得生猪生产的恢复受到一定程度影响。加之桂林猪源的重要来源地云南、贵州、湖南等地猪源较紧张,导致了上半年桂林市生猪供求偏紧。二是饲料价格持续走高,销售成本偏高。据调查,6月混合猪饲料价格为3676元/吨,比1月价格上涨9.6%,饲养成本上升。此外,据调查,目前一个猪肉摊位每月的摊位费在3000元左右,平均每天的费用为100元左右,增加了猪肉销售成本。

3.市场、政策双重主导粮食价格稳步上涨。受上年下半年粮价上涨的翘尾影响,以及2011年粮价上涨的新涨价因素双重影响,上半年粮食类价格同比上涨17.4%,拉高消费价格总指数0.4个百分点。

4.原料及人工成本的上涨,拉高在外就用餐费用。随着肉禽蛋菜果的持续上涨,部分商家开始上调在外用餐的费用,与桂林人民生活息息相关的米粉价格也由每2两2.5元上涨到每2两3.0元的价格。上半年在外用膳食品价格同比上涨8.2%,拉高总指数0.5个百分点。

(二)工业品价格持续走高

受原材料价格持续上涨影响,上半年工业品价格同比上涨2.7%,拉高总指数1.1个百分点。家具、部分家电等均出现较大幅度上涨,商家反映主要是原材料上涨及运输成本增加的原因。

(三)服务类价格高位运行

随着原料、人力成本、场地租金等各种因素的影响,服务类价格均出现了不同程度的上涨,上半年服务类价格同比上涨2.6%,拉高总指数0.7个百分点。

三、下半年CPI走势预测

(一)刺激物价上行的因素

1.食品类价格上涨仍将是CPI的主推力。受近期国家上调粮食收购价格及上年粮食价格上涨的翘尾影响,市场出现粮食价格小幅上涨。从目前的趋势看,粮食价格将继续稳中略升。随着粮价的上升,食品类价格也将不断上涨。另一方面,猪肉价格的上涨,还会辐射影响到其他农副食品的价格,并会间接影响到餐饮等服务行业,使得本已高位运行的CPI雪上加霜。

2.成本的上涨开始转移到相关行业。食品价格的上涨,直接影响到餐饮行业;原材料价格的上涨,直接转移到工业最终消费品价格;铺面租金、用工成本的上涨对服务和工业品价格的上涨都有推动作用。

3.上年翘尾因素的影响不容忽视。2011年全年平均翘尾影响3.9个百分点,最高单月翘尾影响出现在6月,高达5.5个百分点,下半年的翘尾因素逐渐减弱,但下半年平均翘尾因素仍达3.0个百分点。

(二)缓解物价下行的因素

1.工业品和服务项目价格的下拉作用客观存在。由于国内外制造业产能过剩及产品更新换代的加速,部分原来出口的企业也加快了内销的步伐,使得国内的家用电器、纺织服装、一般日用消费品、通信等行业均呈现供大于求的状态,在一定程度削弱各种成本上涨的实现程度。

2.相关减免政策出台将拉动整个物价趋势下行。由于2011年物价形势的严峻性,政府在医疗、教育、水、电、燃气等关系国计民生的重大项目上将会出台相关减免政策,这些将拉动整个物价趋势下行。

综上所述,下半年CPI同比涨幅将小幅回落,但价格总水平依然处于高位运行,控价目标任务仍然艰巨。

四、对稳定全年物价的几点建议

1.做好相关重要农产品的储备、供应工作。适时向市场投放猪肉、鲜菜鲜果、食用油等,与人民生活息息相关的产品,平抑市场物价。

2.继续加大农业扶持力度,保障市场供应。在保障农产品上面,不能仅仅从源头保障,更要做好产、供、销的监督保障,防止不法分子串通涨价、囤积居奇、哄抬物价等违法违规行为。

3.把握好政策调价的时机和力度。尤其是与居民生活息息相关的调价项目,适当下调政策性定价。

2011年前三季度桂林市规模以下工业平稳增长,但效益下滑

唐彰徽

国家统计局桂林调查队规模以下工业抽样调查数据显示:2011年前三季度68家样本企业(注:抽中调查样本企业109家,其中关停转41家,正常生产68家)共实现工业总产值

110624.56千元,比上年同期增长9.3%。然而,由于原材料、人工和运输等费用的不断上涨,企业整体效益下滑严重,前三季度实现利润总额10919.99千元,同比下降20.2%。

一、规模以下工业企业运行特点

1.产值增长,销售收入增多。前三季度,样本企业共实现工业总产值110624.56千元,同比增长9.3%;人均产值101.4千元,同比增长11.1%;实现销售收入99850.43千元,同比增长3.45%,且产销率达90.26%,呈现出产销两旺的好势头。

2.效益不佳,利润空间小。受原材料、人工费用等因素影响,规模以下工业整体效益欠佳。前三季度,68家样本企业共实现利润总额10919.99千元,同比减少2757.32千元,下降20.2%;亏损企业16家,亏损面为23.5%;利润总额比上年同期减少的企业达42家,占样本企业总数的61.8%。

3.生产规模城乡差别大。前三季度,68家样本企业中,27家城市(含县城)企业共实现工业总产值92627.62千元,从业人员764人;41家位于乡镇村的企业共实现工业总产值23072.94千元,从业人员347人。人均产值城市企业高出乡镇企业54.75千元。平均每家城市企业比乡镇企业多吸收从业人员近20人,规模以下企业生产规模城乡差别明显。

4.设备利用率偏低。前三季度,68家样本企业平均每家设备利用率为66.7,比上年同期减少3.6年百分点;开工率80%以上的企业只有26家,占38%;开工率不足50%的有12家,占18%。

二、促进规模以下企业发展的因素

1.企业订单量大,出口大幅增加。由于中国与东盟各国之间的贸易逐年攀升,桂林市规模以下工业外贸出口额也在稳步增长。调查显示,前三季度样本企业实现出口交货值398.25千元,同比增长36.15%;期末剩余订单达2543.92千元,同比增长99.06%。

2.固定资产投资规模影响明显。相关统计资料显示,1-8月桂林市全社会固定资产投资完成额696.18亿元,同比增长30.4%。其中:工业投资完成230.86亿元,同比增长31.9%。同时,两条铁路、八条高速公路、城乡风貌建设、村村通公路、三大水利枢纽工程建设等等都将对规模以下工业特别是水泥、建材、水电等行业影响明显。

3.规模工业的直接拉动。1-8月桂林市实现规模工业总产值686.12亿元,同比增长37.9%;实现规模工业增加值217.02亿元, 同比增长19.8%。规模工业的快速增长,对以其为依靠甚至直接为其粗加工的规模以下企业提供了强大的动力。如桂林某科技有限公司为规模企业制造模具,2011年前三季度实现产值2128.5千元,同比增长24.5%。某机械制造有限公司为规模企业加工金属配件,2011年前三季度实现产值225千元,同比增长39.9%。

4.旅游和房地产市场的活跃带动。相关调查资料显示:1-8月桂林市全市接待游客1877.85万人次,同比增长32.2%;商品房施工面积1274.56万平方米,同比增长17.3%。其中:新开工面积267.91万平方米,同比增加55.1%。旅游和房地产市场的活跃,使得规模以下企业的产品需求旺盛。如某印刷厂为本地土特产生产企业提供包装印刷服务,前三季度实现产值871.88千元,同比翻了一番多。

三、阻碍规模以下工业企业发展的因素

1.原材料价格不断攀升。如某公司以不锈钢、高锰钢等钢材为原料,2011年的价格同比涨幅在30%。某家具制造公司以樟木为主要原料,2010年收购价为1200元/平方米,2011年涨到1900元/平方米,涨幅达58.3%。

2.人工费用不断增加。由于实行最低工资和强制性为工人购买“五险”,位于城区企业的人工费用普遍比上年同期增加。如桂林市某厂2011年平均为工人增加工资幅度达15%。某家具制造公司2011年前本季度工资总额同比增长20.44%。一些小水电站上年550元/月就可以请到工人,2011年增加到750元/月,增幅为36.4%。

3.货款拖欠现象普遍,资金周转困难。前三季度,有51家企业存在着相互拖欠现象,占样本企业总数的75%;平均每家企业被拖欠货款58.49万元,同比增长30.26%;拖欠其他企业33.83万元,同比增加14. 38%。如某公司被当地三家规模较大企业拖欠货款40万元,虽经法律途径赢得官司,却至今未能收回货款。某公司2011年以来共欠别人货款29.86万元,同时自己也被其他公司欠款141.63万元。

4.融资难题仍然困扰着企业。近年来,尽管各级政府部门为解决中小企业融资难题积极谋划,但是由于中小企业特别是小型企业经济实力相对较弱,大多是租赁厂房进行生产经营,往往缺乏有效的抵押和担保,加之效益及资信比大型企业差,所以往往难以得到金融信贷支持。样本企业中仅有14家企业在银行或信用社得到贷款,占抽中样本企业总数的20.6%。

5.招工难、留工难问题较为突出。由于规模以下工业企业的用工环境和发展平台相对较差,提供的薪资和福利水平较低,难以招收到高素质的工人,大部分工人来自农村,人员流动性大,跳槽现象比较普遍。如全州、兴安两县的小水电站,因位处山区,交通不便、生活单调还有噪音影响,大部分企业效益不佳,薪酬较低,附近请的农民工干不上三、五个月就走人。目前,80%的小水电站都由股东的亲友帮忙照料。另外,一些工人在小型企业学得一技之长后,由于体制等方面的原因,也常常跳槽到沿海地区发展。

6.受气候及环境异常变化影响明显。2011年以来，干旱灾害对桂林市规模以下企业影响明显。如：全州县104家小水电站，前三季度发电量同比下降的有76家，占73%；进入8月份后，已经有5家径流式水电站完全停产。

7.企业关停并转及减产数量多。在调查的109家规模以下工业抽中样本企业中，处于倒闭、停产、转变经营性质的共41家，占样本企业总数的37.6%。其中：属政策性关闭的高能耗、高污染企业15家。减产企业有33家，占正常生产样本企业48.5%。

8.抵御市场风险能力差。据调查，桂林市规模以下工业企业产品大多是同类产品，如大大小小的印刷厂(公司)就有1000多家。没有自主研发的拳头产品，在市场竞争中处于劣势，难以抵御市场风险。如桂林市某家具公司，受国家调控房地产市场及限购令影响，产品销量急剧减少，库存大量积压，主营业务收入下降32%，前三季度营业利润也由2010年的22.33万元变为2011年的-4.13万元，企业面临停产；又如某管业制造公司因受外地低价劣质产品冲击，导致该企业质优但价高的产品销售不畅，产值和销售收入同比分别下降6.6%和36.2%。

四、进一步发展规模以下工业的对策和建议

1.为企业增加融资渠道，提供信贷平台。多关注小型及微型企业的发展，国家开发银行及各担保公司要广泛宣传，让企业更多地掌握融资信息，增加小型及微型企业融资渠道，缓解其资金紧张状况。

2.加强中型、小型及微型企业自身经营管理。引导中小型企业朝向规模化、规范化、品牌化方向发展，增加企业融资能力和抗风险水平，给予更多的扶持和优惠政策。

3.借鉴经验，强调诚信。为缓解企业间货款拖欠困难，除大力宣传诚信经营、信守合同、维护法律的威严外，还应借鉴发达地区的先进经验，对不守合同，不讲诚信的单位予以曝光，或依法强制执行，维护弱势群体利益。.

4.加强环境保护，为企业创造良好经营环境。想方设法防止对环境的人为破坏，保护和改善现有环境。2008年冰冻灾害虽然将一些大的乔木冻死，却依然有灌木及苔藓类植物在发挥蓄水作用。一旦将整片山区承包给个人，种植经济作物，则再难恢复到原状。

2011年1-10月桂林市CPI同比上涨6.7% 实现全年控价目标难度大

谢登宝

国家统计局桂林调查队调查显示，2011年1-10月，桂林市CPI(居民消费价格指数)同比上涨6.7%，涨幅分别高于全国和全区平均水平1.1和0.1个百分点，在全区14个市中居第三位。预计全年仍处高位，桂林市5.5%的控价目标将难以实现。

一、价格变动主要特点

(一)同比指数总体高位运行。

从各月同比指数变动走势看，共历经三个时期，即高开高走期、平稳回落期和加速下滑期，形成倒"U"型。如图1所示，1-4月高开高走，月度同比指数(以上年同月为100，下同)从1月的106.4一路攀升至4月的107.9，直达2011年以来的顶峰，平均每月以提升0.5个百分点的速度持续高走；5-7月平稳回落，平均每月以下降0.2个百分点的速度平稳回落；8-10月加速下滑，平均每月降幅达0.7个百分点，10月降至105.1，为2011年以来单月同比指数最低。就总体而言，同比指数仍处于高位。

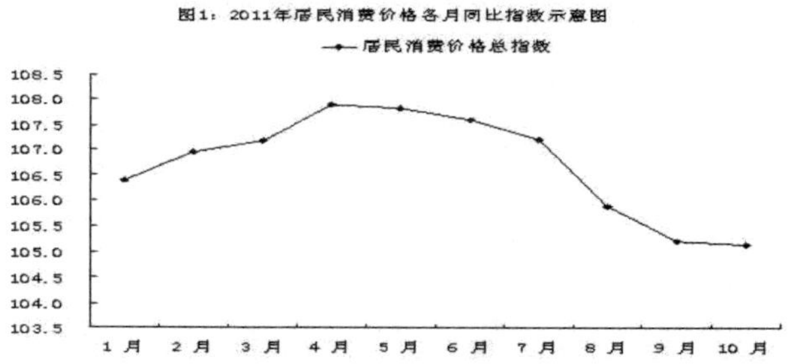

(二)环比指数波动幅度较大。

从各月消费价格环比变动走势看，成"S"型波动态势，即前期阶梯式快速上涨，中期持续回落，最后反弹回升。如图2所示，1-4月呈阶梯式快速上涨态势，平均每月环比涨幅达0.9%，4月为2011年以来最高价位；5-8月持续回落，平均每月环比降幅为0.6%，8月为2011年以来最低价位，与4月最高价位比相差2.5个百分点；9-10月反弹回升，且环比涨幅有扩大之势，其中：9月环比上涨0.2%，10月环比上涨0.7%。

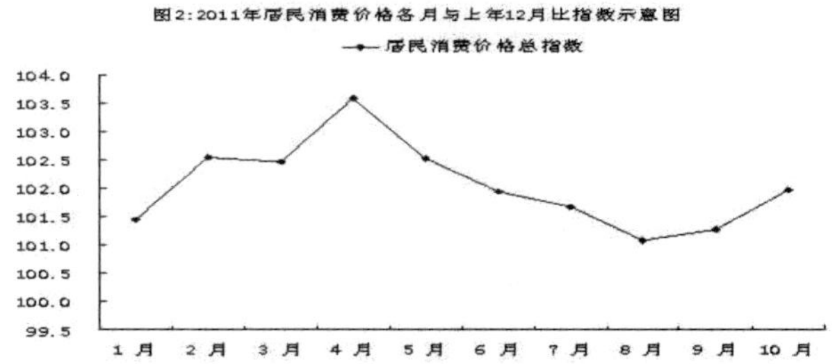

(三)八大类价格全面上涨。

调查显示，1-10月，居民消费八大类价格同比呈全面上涨态势，其中：食品价格同比上涨16.5%，烟酒类上涨2.7%，衣着类价格上涨2.1%，家庭设备类价格上涨2.4%，医疗及个人用品类价格上涨4.4%，交通通信类价格上涨3.2%，娱乐教育类上涨1.0%,居住类价格上涨1.4%。

二、价格变动主要原因

(一)食品价格普遍上涨是推高CPI的主要动力。

1-10月,食品价格同比上涨16.5%,直接拉升总指数5.2个百分点,占CPI总体涨幅的77.6%。在构成食品价格的16个小类中,除乳制品价格维稳外,其余15个小类均出现不同程度的上涨。其中涨幅较大且对总指数拉升力度较强的商品及服务项目主要有:

1.稻谷收购价格上调助推粮价上涨。2011年桂林市早籼稻的政府收购价同比提高了29.6%,受此影响,企业对粮食的收购价随之上涨,再加上农资价格持续上涨和农民惜售心理加重影响,粮价上涨预期强烈。1-10月粮食价格同比上涨18.5%,拉升总指数0.4个百分点,其中大米上涨20.6%,拉升总指数0.3个百分点。

2.猪肉价格带动肉类及其制品价格大幅上涨。1-10月肉类及其制品价格上涨23.0%,拉升总指数2个百分点,其中猪肉上涨41.1%,影响肉类及其制品价格指数提升16.7百分点,影响总指数提升1.4个百分点,其价格涨幅和影响力均为同级商品之最。

3.受异常天气和运输成本增加等诸多因素共同影响,瓜果和菜类价格持续高位。1-10月瓜果和菜类价格分别上涨33.9%和4.(4)随着食品价格的普遍上涨和经营成本的不断增加,在外用餐价格亦水涨船高。1-10月在外用餐价格同比上涨8.4%,助推食品价格提升1.5个百分点,拉升总指数0.5个百分点。

5.1-10月水产品、油脂类和蛋类价格同比分别上涨14.7%、10.2%和12.4%,共同拉升总指数0.5个百分点。

(二)翘尾影响是CPI持续高位的最主要因素。

经测算,1-10月,上年翘尾影响CPI同比涨幅达4.7个百分点,占CPI总体涨幅的70%,而新涨价因素拉动只有2.0个百分点,只占CPI总体涨幅的30%。其中6月份的翘尾影响幅度曾一度达5.5个百分点,为2011年以来单月影响之最。7月后,翘尾影响虽有所削减,但削减幅度不大,截止10月份,仍有3.1个百分点的翘尾影响。所以说,翘尾影响是导致2011年同比指数持续高位的最主要因素。

(三)政府干预政策对抑制物价过快上涨起到一定的作用。鉴于2011年以来物价形势严峻,桂林市党委、政府高度重视,积极贯彻落实自治区党委、政府关于抑制物价过快上涨的有关文件精神,结合桂林实际情况,相继制定出相关调控措施,对抑制物价过快上涨起到了一定的作用。

1.7月起下调有线电视初装费50%,公房租金10%,分别致使当月有线电视收费和住房租金价格环比下降29.3%和2.5%。

2.8月起每月定量向食品消费市场投放平价粮油和平价猪肉,对抑制食品价格过快上涨和确保低收入家庭基本生活起到了一定的作用。从8月15日到10月31日共3个月,桂林市计划投放平价大米6882吨(早籼米价格为1.74元/斤);食用油120吨,其中花生油20吨(1.8L花生油29.8元),大豆油100吨(1.8L大豆油16.6元);每天平均供应平价猪肉12000公斤,消费者每人每次限购1公斤(猪前后腿肉、五花肉每公斤26元,精瘦肉、排骨每公斤30元)。此外,对部分市场猪肉摊位租赁费实行减免。

3.9月起临时降价优惠有线数字电视基本收视维护费,从每月每户26元降至23元,公立幼儿园学前教育收费下调15%,此两项措施分别影响当月有线电视收费和学前教育收费价格环比下降1.7%和9.2%。

三、价格走势预测

根据1-10月桂林市CPI运行特点和走势,考虑到上年翘尾因素在2011年最后两个月的逐渐消失和有关物价调控政策的进一步实施,预计2011年最后两月CPI同比涨幅将继续平稳回落,但由于后期价格的反弹回升,全年涨幅仍将超过6%,实现全年5.5%的物价调控目标的可能性几乎没有。

(一)最后两月同比涨幅回落的理由

1.由于翘尾影响在最后两月将逐渐消失,势必导致月度同比指数回落。经测算,10月翘尾影响3.1个百分点,11月影响1个百分点,11月比10月削减2.1个百分点。即在维持目前价格不变的情况下,11月CPI同比将回落2.1个百分点,12月继续回落1个百分点。

2.物价调控政策的进一步实施,在一定程度上将继续在食品价格和服务性收费价格方面起到抑制过快上涨作用,但对CPI总指数的影响不大。

(二)全年5.5%的控价目标难以实现的理由

1.由于前10个月同比涨幅已达6.7%,要实现5.5%的全年控价目标,就意味着最后两月的单月平均同比涨幅必须是-0.5%,换言之,也就是说11月份的同比指数要比10月回落5.6个百分点,且12月同比还要维持11月的同比幅度不变,这显然不可能。预计全年涨幅仍将超过6%。

2.从9月、10月居民消费价格走势看,价格反弹迹象明显,且上涨面及涨幅均有扩大趋势,这不仅影响总指数的回落速度,而且极易导致新一轮的物价上涨。调查显示,10月CPI环比上涨0.7%,涨幅比9月提升0.5个百分点。居民消费八大类呈"七升一降"格局,在上涨面上比9月份的"五升三降"增加两类，几乎全面上涨。其中食品价格反弹迹象尤为明显，9月环比上涨0.6%，10月上涨0.8%，是导致CPI环比涨幅扩大的主要因素。此外，衣着类价格因为冬装上市而出现季节性上涨，10月环比上涨5.1%，是导致CPI环比涨幅扩大的又一因素。

3.长期以来原材料和能源价格大幅上涨所带给上游产品的价格压力，目前已在终端消费品市场逐渐释放，按贯例，年底又是居民置家购物旺季，大宗商品和居住类价格将有所上涨。

四、意见与建议

1.加强对物价调控政策、措施的落实和监督，抑制物价过快上涨不能有半点松懈。

2.继续做好低收入家庭基本生活保障工作，避免因物价上涨造成不必要的社会恐慌。

3.继续加强流通领域的监督和管理，严禁哄抬物价，预防年底居民消费价格，尤其是食品价格的大幅反弹。

2012年

调查报告

2011年四季度桂林市企业家信心和企业景气指数双回落

廖静

国家统计桂林调查队调查数据显示，2011年四季度桂林市企业家信心和企业景气指数分别为126.34和131.08，虽在较高位区间运行，但是分别比上季度下降2.91和3.96点。预计下季度仍呈小幅回落态势。

一、企业家信心指数小幅回落

2011年，桂林市经济总体运行较为稳定，企业家信心指数四个季度都保持在“较为景气”区间。但在外部错综复杂的经济环境影响下，四季度企业家信心总体指数比上季度下降2.91点。

从行业分类看，四季度企业家信心指数与上季度相比呈“三升四降一平”态势，其中：建筑业、交通运输业、房地产业呈上升态势，工业、批发零售业、社会服务业和住宿餐饮业呈下降趋势，信息传输计算机服务和软件业持平（详见表1）。

从企业规模看，大型企业企业家信心指数高于中小型企业。四季度大型企业家信心指数为183.48，属“非常景气”区间，比上季度上升17.14点，中型和小型企业家信心指数分别为127.63和　131.54。主要原因是大型企业在规模、研发水平、生产销售、品牌形象、人才、抗风险能力等方面较中小型企业更具竞争优势。

二、企业景气指数下滑

在被调查的222家企业中，企业家认为本季企业生产经营状况“偏好”的占37.34%；认为“持平”的占51.65%；认为“偏差”的占11.01%，四季度综合反映桂林市企业生产经营状况的企业景气指数为126.34，比上季度下滑3.96点，但仍运行于“较为景气”区间。

分行业看，八大行业景气指数与上季度相比呈“三升四降一平”态势，其中：工业、建筑业、信息传输计算机服务业的景气指数比上季度上升，交通运输业、批发零售业、社会服务业和住宿餐饮业比上季度有所下降，房地产行业与上季度持平（详见表2）。

（一）房地产市场低迷，景气指数处于临界值

四季度房地产企业景气指数为100，与上季度持平，处于

表1　四季度桂林市企业家信心指数情况

行业	四季度	比上季度增减
全市	131.08	−2.91
工业	135.34	−2.75
建筑业	170.00	18.04
交通运输仓储及邮政业	137.50	6.25
批发和零售业	136.36	−4.55
房地产业	72.73	27.28
社会服务业	88.89	−44.44
信息传输计算机服务和软件业	151.03	
住宿和餐饮业	100.00	−30.77

表2　四季度桂林市企业景气指数情况

行业	四季度	比上季度增减
全市	126.34	−3.96
工业	128.22	1.21
建筑业	135.60	1.20
交通运输仓储及邮政业	118.75	−18.75
批发和零售业	136.36	−9.09
房地产业	100.00	
社会服务业	111.11	−11.11
信息传输计算机服务和软件业	166.67	11.11
住宿和餐饮业	100.00	−46.15

景气临界值。据调查,11月1-25日,桂林市新建商品房签约套数为225套,成交面积约2.4万平方米,与9月同期相比,成交套数和成交面积分别下降44%和40%,房地产成交量处于低迷状态。

(二)住宿餐饮业景气度下降最多

四季度住宿餐饮业景气指数为100,比上季度下降46.15点,为八大行业降幅之最。多项分类生产经营状况指数呈现回落趋势。主要体现在:

1.整体业务预订和业务量大幅回落。四季度住宿餐饮业业务预订景气指数为92.31,比上季度下降53.84,从"较为景气"区间跌落到"微弱不景气"区间;业务量景气指数为69.23,比上季度下降84.62点。

2.企业营业收入减少。四季度住宿餐饮业营业收入景气指数为53.85,比上季度下降84.61点。

3.企业盈亏变化景气指数回落。四季度餐饮业盈亏变化景气指数为76.92,跌落至"较为不景气"区间,比上季度回落46.16点。

主要原因是旅游客源的减少。下半年以来,桂林降雨量少持续干旱,漓江水位急剧下降,甚至出现流量小于30立方米/秒的最低通航要求,使得游览漓江质量下降,严重影响游客对于前往桂林旅游的意愿;此外,欧债危机的蔓延使得国外来桂游客有所减少。旅游客源的减少严重影响住宿餐饮行业的业务量、收入和盈利。

(三)交通运输行业景气指数回落较大

四季度交通运输行业景气指数为118.75,比上季度下降18.75点,为2011年四个季度的最低点。主要体现在:一是业务预订和业务量减少。四季度交通运输行业业务预订和业务量景气指数分别为93.75和118.75,比上季度分别下降37.5和18.75点,部分企业反映四季度企业出现货运量减少,客运量被分流的情况,经营效果不理想;二是企业盈利变化景气指数回落。四季度交通运输企业盈利变化景气指数为81.25,比上季度回落31.25点,由"相对景气"区间跌落至"相对不景气"区间。

(四)主要生产经营指数回落

1.企业生产总量回落,产品订货减少。四季度,随着国内外市场需求转弱,企业整体生产经营活动也有所放缓。四季度桂林市企业生产总量景气指数为112.46,比上季度和上年同期分别下降21.52和14.38点。其中,社会服务业和住宿餐饮业生产总量景气指数最低,分别为55.56和69.23,两大行业企业经营放缓是拖累总指数下行的重要原因。尤其社会服务业生产总量的景气度由三季度的166.67的较高水平下探至四季度的55.56的"较为不景气"区间,下降了111.11点。

四季度产品订货景气指数为99.97,比上季度和上年同期分别下降22.13和18.56点,回落到"微弱不景气"区间。其中,社会服务业和住宿餐饮业回落幅度较大,比上季度分别回落100和53.84点。

2.经营成本居高不下,多重压力挤压企业盈利空间。2011年以来,原材料及能源价格持续上涨,以及劳动力成本的不断上升对企业经营成本构成较大压力,不断挤压企业的盈利空间。

一是原材料价格上升。四季度工业的主要原材料及能源购进价格、建筑业的材料购进价格、批发和零售业的商品购进价格景气指数分别为62.71,93.04,67.72,均在景气临界线以下。

二是提高最低工资标准,劳动力成本提升。2011年以来,随着最低工资标准的提高和物价水平的较快上涨,劳动力成本明显上升。为摆脱用工难、招工难、留不住人才的窘境,企业普遍提高员工的工资待遇和保障水平来增强吸引力,直接推高劳动力成本,某桂林知名化妆品连锁企业2011年员工工资提高10%,但仍存在招工难和人员流动大的问题。

三是市场竞争激烈,产品议价能力降低。受外部市场竞争激烈的影响、企业普遍反映订单议价能力偏低,难以通过提升产品价格转嫁成本压力。2011年1-11月,桂林工业生产者出厂价格同比上升5.8%,比1-6月同比价格下降0.2个百分点。景气调查显示,工业、批发零售业、信息传输和住宿餐饮业四个行业的产品销售(提供服务)价格指数出现不同程度回落,回落幅度在5.55-15.43点之间。其中,工业和信息传输两大行业的价格指数在不景气区间运行。四季度全市盈利(亏损)变化景气指数为106.49,分别比上季度和上年同期回落11.15和8.9点。

3.劳动力需求景气指数下降,中小型企业用工需求谨慎。(四季度企业劳动力需求景气指数为111.6,分别比上季度和上年同期下降9.11和6.94点。)分企业规模来看,大型企业劳动力需求景气指数为122.15,分别比中型和小型企业高出5.04和12.92,中小型企业在劳动力成本上升、经营环境复杂的形势下,劳动用工需求比较谨慎。

4.流动资金、融资指数持续不景气。随着央行持续上调存款准备金和贷款基本利率,银行对企业贷款尺度进一步收紧,导致企业融资环境趋紧,获得资金的难度普遍加大,流动资金相对不足。企业融资景气指数2011年连续四个季度处于不景气状态。从企业规模看,四季度只有大型企业融资状况处于景气区间,中小型企业融资指数继续处于不景气状态。此外,随着原材料购进价格持续上涨,生产成本不断上升,占用了企业更多的流动资金,导致企业资金紧张的现象更加突出，本季度企业流动资金景气指数为89.93，已经连续四个季度处于不景气区间。多行业反映流动资金趋紧，以资金需求量大的建筑业和房地产业为首。四季度建筑业和房地产业流动资金景气指数分别为83.64和63.64，继续运行在不景气区间。

三、下季走势

从目前走势看，2012年一季度企业家信心和企业景气指数会继续保持在"较为景气"区间运行，但将继续小幅回落。预计2012年一季度企业综合经营状况偏好的企业占32.23%，持平的企业占55.62%，认为偏差的占12.1%。

2011年桂林市服务业调查企业实现收入利润双增长

张悦

2011年，桂林市全面启动桂林国家服务业综合改革试点区域建设工作，全市服务业统筹推进142个重点建设项目，预计实际完成投资123.54亿元，有力地推动了服务业向前发展。国家统计局桂林调查队调查数据显示，2011年（报告期为2011年1-11月，下同）桂林市装卸搬运和其他运输服务业、软件业、商务服务业等11个服务行业（共143家企业）总体呈现收入利润双增长的局面。但在总体形势趋好的情况下，部分服务业企业经营管理仍存困扰。

一、服务业调查企业发展的特点

（一）货币资金增多，固定资产投资步伐加快

2011年，桂林市加大了对商贸流通业、旅游业等服务业的投资力度，大力推进重点建设项目。2011年143家样本企业共保有的货币资金量比上年同期增长45.96%，固定资产原价比上年同期增长了3.32%。

分行业来看，货币资金量增幅最大的是租赁业、科技交流和推广服务业、娱乐业，货币资金量与上年同期相比翻了一倍以上。固定资产原价增加最快的是装卸搬运和其他运输服务业、租赁业、娱乐业，固定资产分别比上年同期增长了28.19%、15.32%和11.24%。

（二）营业收入增多，利润总额增加

调查数据显示，11个行业呈现营业收入和营业利润双增长的良好局面。其中，样本企业营业收入比上年同期增长7.76%，利润比上年同期增长了28.57%，服务业企业整体经营形势较为乐观。

分行业来看，租赁行业的营业收入与上年同期相比增长最快，为27.76%，其次是科技交流和推广服务业、居民服务业，营业收入分别比上年同期增长17.57%、16.28%。11个行业中6个行业利润总额比上年同期增长，其中增长较快的行业是仓储业、商务服务业、其他服务业，增长幅度分别为49.91%、47.54%、25.2%。

（三）对社会贡献度提高，投资收益增长

2011年服务业样本企业营业税金及附加同比增长7.67%，与营业收入增长幅度基本持平，对社会贡献程度提高。随着盈利情况的好转，企业对外投资增加，投资收益增多，143家样本企业2011年投资收益比上年同期增加了84.25%。

分行业来看，租赁业、房地产和物业管理、商务服务业的营业税金及附加分别比上年同期增长了94.8%、22.07%、19.76%。对外投资方面，除娱乐业、其他服务业外，装卸搬运和其他服务业、仓储业、计算机服务业、软件业、房地产和物业管理、租赁业、商务服务业、科技交流和推广服务业、居民服务业共9个服务业行业投资收益均比上年同期增加。

（四）应付工资增长，员工福利水平提高

2011年，桂林市强制为员工购买保险，并不断提高最低工资水平，在服务业经营情况向好的情况下，服务业从业人员工资和福利水平不断提高。调查数据显示，2011年调查企业从业人员平均人数比上年同期小幅减少，但应付工资总额却比上年同期提高了9.99%，应付福利费总额比上年提高了33.63%，劳动、事业、养老、医疗保险费总额比上年同期提高了7.62%，住房公积金和住房补贴比上年同期提高了8.07%。其中，软件业、居民服务业、娱乐业人员工资增长较快，人均工资分别比上年同期提高了30.11%、23.89%、17.58%。

（五）旅行社行业表现突出

2011年桂林市荣获"2011中国特色休闲城市—最美休闲城市"称号，旅游业持续稳健发展。据统计，2011年1-11月，全市接待游客人数2729.16万人次，同比增长29.69%，实现旅游总收入197.19亿元，同比增长30.49%。桂林调查队调查数据显示，2011年旅行社经营情况较好，在11个服务行业中表现突出。其中，货币资金保有量和固定资产原价比上年同期增长46.07%和1.66%；营业收入和利润总额比上年同期增长12.71%和59.62%；营业税金及附加、投资收益比上年同期增长22.17%和52.23%；人均工资总额和福利费比上年同期增长29.46%和45.75%。

二、发展中存在的问题

（一）成本和费用的持续上升增加了企业的运营压力

2011年服务业企业经营成本和费用有所提高，被调查的143家企业营业成本比上年同期增长7.33%，增幅和营业收入增幅基本持平；营业费用、管理费用、财务费用总额比上年同期增长10.59%。其中科技交流和推广服务业由于受到劳动

力成本大幅度增加的影响，营业成本增长最快，增幅达23.88%，高于营业收入增幅6.31个百分点，造成部分企业经营压力和困难加大。

（二）服务业发展不平衡影响了经济协调发展

服务业重点行业发展过程中主要存在两个不平衡。第一是企业间发展不平衡。调查资料显示，143家样本企业中，资产规模超过平均水平3600万元的只有14家，占10%，而这10%的企业实现了调查总体56%的营业收入，创造了97%的营业利润。其次是行业间发展不平衡。服务业营业收入增长主要集中在租赁业、科技交流和推广服务业、居民服务业，增长幅度均超过15%以上，而其他服务业和软件业营业收入则比上年同期分别下降了17.8%和22.8%，行业发展缺乏活力。

（三）企业短期投资较少，理财保守

143家样本企业2011年投资收益比上年同期增长了84.25%，但是企业有短期投资的并不多，仅占不到5%。大部分企业反映，拥有充足的流动资金都成问题，如何周转，如何在短期内投资更成问题了，再加上企业规模小，竞争力弱，没有相关专业人才，即使有了多余资金，最多也存在银行里生息。调查数据显示，2011年企业利息净支出总体比上年同期下降2.48%，部分企业利息净支出为零或负值，说明企业有银行利息收入。

（四）从业人员平均人数小幅下降，企业员工流动性大

2011年样本企业全部从业人员平均人数比上年同期下降3.14%。其中下降最快的是软件业、居民服务业和其他服务业，分别比上年同期下降了27.3%、21.1%和10.8%。分行业小类来看，应用软件服务、家庭服务、清洁服务从业人员数量下降最多，主要原因与用工成本提高、居民实际需求量下降有关。这些行业对经济环境变化比较敏感，具有人员流动性大的特点，家庭服务和清洁服务行业还具有门槛低、对人员综合素质要求不高的特点，都进一步导致了从业人员流向其他行业。

三、进一步发展服务业的建议

（一）有系统、有重点地全面综合发展桂林市服务业

以“国家服务业综合改革试点”为契机，使服务业成为桂林市的战略性支柱产业，继续以旅游为龙头创新发展服务业，在突出特色的同时挖掘其他服务业发展潜力，实现更多开放发展，延伸产业，将资源优势转化为产业优势。

（二）创造有利于服务业企业生存发展的环境

调查资料显示，资产规模较低的服务业企业，缴纳的营业税金及附加增长幅度较快，平均增幅达50%以上，中小企业的税负仍然较重。因此应适度放宽对中小企业进入传统的公共服务领域的限制，切实落实财税优惠政策，清理有关税费，使中小企业享受同等的退税待遇与便利，为中小企业发展创造一个自由轻松的环境。

（三）积极拓宽中小企业资金渠道

一方面，继续加大对服务业发展的财政支出力度、外资和社会资本的吸引力度及多元化资本的公共服务引导力度。另一方面，促进金融机构对服务企业通过信用贷款、质押贷款、小额融资等渠道形成支持；支持建立桂林服务业产业投资基金，支持服务业重点企业进行债券发行试点，鼓励服务业企业上市融资。

（四）继续完善服务业人才培养培训体系

继续完善以企业为主题、职业院校为基础、学校教育与企业培养密切结合、政府推动与社会支持相结合的服务业人才培养培训体系。在培养专业人才的同时，注重人才与企业的沟通渠道和信息畅通机制，搭建专业平台，使物尽其用、人尽其才、才合其位、位合其酬。

（五）进一步完善相关法律政策

随着桂林市服务业企业的发展，部分服务业行业市场份额扩大，但相关法律政策跟进不足。较多服务业企业直接面对居民消费群体，易产生矛盾和纠纷，这就需要配套相关解决条款。如在如何处理业主和物业管理公司的矛盾和冲突上，如何解决家政人员和雇主的纠纷上。随着日益专业化的服务，怎样归责和协商处理方面的细化条款仍需完善，相关程序仍需化繁为简。

2011年桂林市新建商品住宅价涨量跌

粟凌燕

据国家统计局桂林调查队调查数据显示，2011年桂林市新建商品住宅价格上涨6.0%，二手住宅价格上涨1.9%；商品住宅成交面积54.09万平米，下跌49.9%。预计2012年房价仍呈上涨态势，但涨幅将有所回落。

一、房地产市场运行主要特点

（一）价格整体上涨

1.新建商品住宅价格大幅上涨。2011年桂林市新建商品住宅价格上涨6.0%，其中，90平米以下商品住宅价格上涨5.3%，90-144平米商品住宅价格上涨7.4%，144平米以上商品住宅价格上涨0.9%。由此看出，90-144平米商品住宅作为桂林新建房市场的主力销售类型，其价格涨幅最高；而144平米以上商品住宅的价格涨幅最低，大户型供销不旺，上市供应的144平米以上商品住宅只占全部房屋供应量的14%，而成交量只占18%。

2.二手房价格平稳上涨。2011年桂林市二手住宅价格上

涨1.9%,其中,90平米以下二手住宅上涨1.5%,90-144平米二手住宅上涨2.6%,144平米以上二手住宅上涨2.7%。二手房各类型价格走势与新建商品房正好相反,主销类型90平米以下二手住宅价格涨幅最低;而大户型144平米以上二手住宅涨幅最高。政策调控小户型二手房的投资投机需求作用明显,因而价格平稳;而购买大户型二手房则以改善生活的自住需求为主,价格弹性较大。

3.月度价格高开低走。2011年新建住宅和二手住宅的月度价格走势,均呈高开低走态势(详见图1)。

图1 2011年桂林市房地产价格走势图

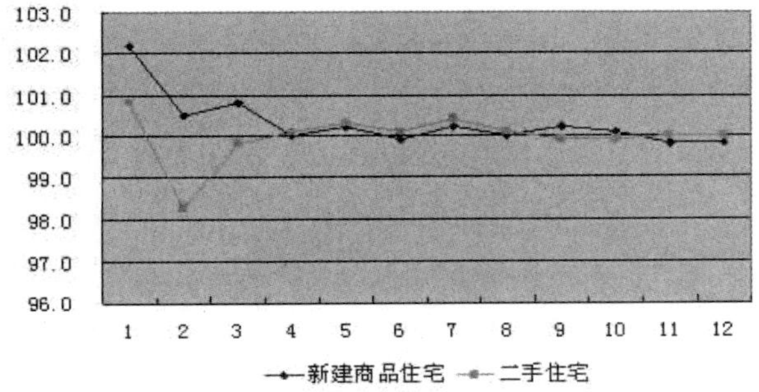

一季度新建住房价格月均环比涨幅为1.2%,上半年为0.6%,前三季度为0.4%,全年月均环比涨幅为0.3%,价格涨幅逐步回落。说明随着调控逐渐深入,价格快速上涨的势头被有效遏制。从图1还可以看出,前8个月二手房价格随新建房价格起伏,而9月份后,二手房价格走势与新建房相反。说明二手房受新房价格走势的影响在削弱。

(二)商品住宅成交量大幅下降

2011年桂林市新建商品住宅成交面积54.09万平米,下跌49.9%,创2005年以来新低。二手住宅成交面积32.88万平米,下降12.2%。

(三)保障性住房建设超"十一五"时期总量

2011年是桂林市保障性安居工程建设史上任务最重、投入资金最多、开工面积最大、建设种类最全、覆盖范围最广的一年。截至2011年11月份,已开工项目130个,建设保障性住房18114套,开工面积130.65万平方米,开工率超过100%,超过 "十一五"期间保障性住房建设总量。

(四)新供土地大幅缩减

2011年通过招、拍、挂共新出让商业住宅用土地4宗、526.42亩,下降近80%。成交溢价率大幅降低,4宗土地中溢价率最高的为2%,其余三幅宗地的溢价率均在1%以内。未发生流拍情况,也没有出现多家开发企业争抢一宗地的情况。

二、房价及新商品房存量的成因分析

(一)市场因素影响房价整体高于上年

1.城市及住房品质的升级。桂林属国际旅游名城,随着建设桂林国家旅游综合改革试验区、桂林国家服务业综合改革试点区域和旅游城建设的加快推进,以及正在建设中的贵广高铁等政策利好,城市规模不断扩大,潜在市场需求旺盛。另一方面,随着社会的发展,人民生活水平逐步提高,楼盘品质、住宅软硬件条件逐步提升。开发的楼盘整体品质都要高于上年,如某新开楼盘,房屋安装的是全指纹的密码锁、智能家居中央控制系统,房屋的整体造价大幅提高;又如某新开楼盘推出的所有房屋均安装了地暖设施;各小区都更加注重园林、绿化,带动了销售价格的上扬。

2.成本推高是直接因素。2011年桂林市CPI上涨5.8%,水泥价格上涨12%,红砖价格上涨8.8%。随着建材价格和劳动力成本的全面上涨,房价也水涨船高。

3.补涨因素。作为三线城市,桂林市房地产市场起步较晚,属"价值洼地",虽然2011年价格涨幅高于南宁和北海,但实际销售均价低于两个城市。较低的基数,随城市间的融通、连接显出"补涨"效应,房价逐步抬升;同时近年来外来楼盘逐渐增多,很多全国大的知名房产企业纷纷落户桂林,带来新建筑、新居住理念的同时,价格的形成机制也逐渐影响桂林房地产市场,对于价格的抬升影响明显。

(二)行政手段重拳出击遏制房价上涨幅度

按照"新国八条"的要求,3月底桂林市出台了2011年新建住房价格控制目标并向社会公布,提出桂林市2011年新建住房价格增幅不高于市本年度城镇居民人均可支配收入实际增长水平。在这个控价目标的指导下,采取了强有力的调控措施。

1.新建房预售监管从严。首先是预售价格的核定。按新国八条的要求,对楼盘的申请预售价格从严核准。对于楼盘品质、居住环境等没有实质变化,开盘价平白无故高窜的,不予发放预售证;对于建安档次确有提升,但价格虚高、价实不配的楼盘,让开发商重新核准开盘均价,经评估到合理价位后才予发放预售证。其次是销售价格的管制。严格实行商品房明码标价,所有出售房源必须一房一价进行明示,并且取消了销售价格上浮比例的规定,要求房屋不得高于申报预售价成交。

2.二手房税费征收从严。按新国八条要求,加强了房地产市场信息系统建设,根据桂林二手市场实际,对于非房改房进行交易买卖的,一律严格按照20%的税率征收个人所得税。加强二手房评估定价监管,所有评估报告必须经房管部门审定备案,未经备案的评估报告一律不予采用。对不符合《房地产估价规范》,评估价格明显高于或者低于市场价格的评估报告不予备案。

3.加强了企业服务引导。积极引导房产开发企业认清发展形势，把握政策导向，根据市场情况的变化积极调整发展战略，抢抓发展机遇，注重诚信建设，不断提高楼盘品质，提升品牌形象，而不是只把目光放在价格高低上；举办了房地产评估机构房地产估价师培训班，提高其二手房价格评估的业务素质及道德水平，对为迎合委托方不合理要求，出具不实报告行为的房地产估价机构作出停止估价业务或者取消执业资格的处理。

通过采取有力稳定市场发展的一系列措施，调控成效初步显现：以往楼盘开盘价格节节拉升的态势不再，2011年大部分楼盘的每期开盘价呈持平或者下行态势；二手房阴阳合同、偷逃税款的情况大幅减少，交易价格贴合市场实际，虚高或者虚低的现象基本杜绝。新建房价格虽整体高于上年，但涨幅为5.9%，控制在了城镇居民人均可支配收入实际增长10%的水平之内。

（三）信贷政策收紧、供应不旺，令市场成交量大幅下跌

1.信贷政策收紧。新国八条规定的限贷政策对桂林房地产市场销售的影响最大。近5年来，桂林本市居民购房占全体购房者的比例一直都在80%以上，建筑面积在90平米-144平米的房屋是市场销售的主力，占60%。表明桂林房产市场以改善型住宅需求为主导，很大部分购房者都是二次以上购房。限贷政策的实行，令购房者购房资金压力增大，成本增加，令很多购房者“心有余而力不足”，如据某楼盘9月销售了10套房屋，后来因为贷款办不下来，退房7套，对楼盘销售影响极大。限贷抑制了各种名目的炒房和投机性购房，“挤出”了这部分成交量。此外，2011年存款准备金屡次提高，银行信贷额度一度趋紧，下半年，几乎所有的银行都停止了二手房买卖贷款业务，新房贷款也亦趋艰难，申请时间拉长。

2.商品房供应下滑明显。受调控政策影响，不少房产开发企业对市场预期较为谨慎，压缩开发计划，减少开发项目，放缓开发速度和推货上市步伐。2011年房地产业景气指数和信心指数比上年双双下滑了11.37%和25%。市区房地产开发投资和施工、竣工量增长缓慢乃至下降。1-11月市区房地产开发投资和施工呈现负增长，房地产开发完成投资占城镇固定资产投资比例呈下降趋势，比2009年、2010年同期分别下降2.4%、1.1%。商品房上市供应量大幅缩减，全年上市供应面积同比下降38.9%，其中2月、3月连续两月无新房源上市，上市量创下近五年来新低。

由于前两年市场形势较好，存量房快速去库存化后，2011年市场房源紧张的状态一直比较突出。可售房源不丰，加重了市场观望氛围，同时受一线城市房价下跌的心理影响，成交持续低迷。2011年月均成交量低于受金融危机影响的2008年月度成交均值，创自2008年以来的成交量新低，成交面积同比下降49.88%。

三、桂林市房地产发展过程中存在的问题

1.市区土地供求矛盾比较突出。桂林地处南方丘陵地带，山地面积多，平整可供开发的土地面积不大；典型的 “喀斯特”岩溶地理地貌决定城市的建筑物是限高的，楼盘的容积率不高，限定了新建房的供应量，加重了土地的稀缺程度。新建房的开发不得不逐渐往城市郊区转移。市区近年土地供应量偏小，无论是商品房还是保障房，可供开发的土地都相对紧张，对住宅市场供应产生影响。

2.保障房短时间内难以形成有效供给。2011年全市有7265套保障性住房实现主体竣工建设目标，只相当于2006—2011年的年平均商品住宅成交量。而2011年建设的保障性住房超“十一五”期间保障性住房建设总量。综合2011年和前期的保障房总量，短期内难以大幅提高市场住宅供应。

四、发展桂林房地产市场的建议

1.重视二手房市场的培育发展。二手房对于满足市场居住需求，提高房屋的供应量起着重要的作用。盘活存量房产，实现二手房市场的供需平衡、价格平稳，使其成为房屋供应量提升的重要保证，合理拉动消费和投资，平抑房价涨幅。

2.继续大力推进保障房建设。只有形成良好的梯级住房供应机制，使不同的住宅需求得到不同的满足，才能形成合理的房地产市场差别价格，促进房地产业合理良性发展。

五、2012年房价走势预测

2011年底中央经济工作会议和住建部工作会议明确，2012年将继续坚持房地产调控不动摇，促进房地产市场健康发展。这意味着房地产市场面临的宏观经济环境将依然趋紧。综合当前桂林市房地产发展的情况，土地、房屋供求依然紧张、价格补涨因素、保障房陆续供应及金融政策等因素，预计2012年的房价将呈现小幅微涨态势，不会大幅上涨，但是下行亦难。

2011年桂林市CPI全面大幅上涨

刘宇波

受翘尾因素、原材料价格上涨等多种因素影响，2011年桂林市居民消费价格总水平（CPI）比上年上涨5.8%，低于全区0.1个百分点，在全区14个地级市中排名第五位。全年走势呈现“上半年高位上涨，下半年快速回落”的特点。

一、CPI变动主要特点

（一）上半年高位上涨，下半年快速回落

上半年各月CPI同比涨幅分别为6.4%、6.9%、7.2%、7.9%、7.8%、7.6%，呈现高位上涨的态势；下半年各月CPI同比

涨幅分别为7.2%、5.9%、5.2%、5.1%、1.9%、0.8%，呈现快速回落的态势(见图1)。

图1　　2011年桂林市CPI运行图(以上年同月为100)

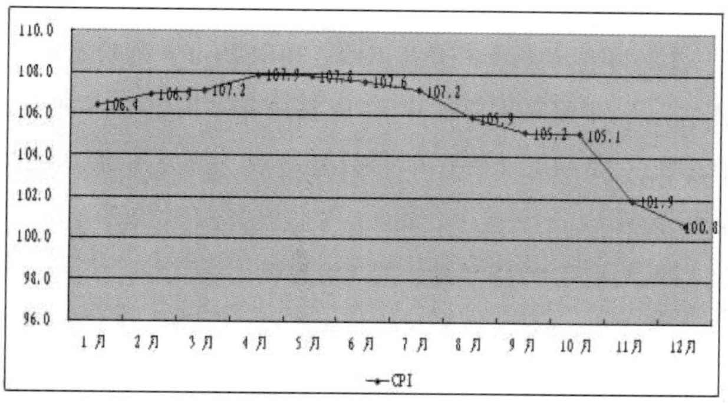

(二)八大类价格呈现全面上涨格局

调查的八大类商品和服务价格呈现全面上涨格局，其中：食品上涨15.0%、烟酒上涨3.0%、衣着上涨0.2%、家庭设备用品及维修服务上涨2.2%、医疗保健和个人用品上涨4.2%、交通和通信上涨2.9%、娱乐教育文化用品及服务上涨0.5%、居住类上涨0.2%。

(三)食品价格全面大幅上涨

2011年食品类价格上涨15.0%，拉动居民消费价格上涨4.8个百分点，占整个居民消费价格总水平涨幅的82.8%。全年各月同比涨幅分别为15.0%、16.6%、16.5%、19.1%、17.4%、18.3%、18.9%、15.2%、13.9%、12.6%、08.9%、07.1%；16个大类呈现“15涨1降”格局。

1.粮价上涨态势迅猛。受粮食收购价格提高及天气急剧变化的影响，2011年粮价上涨势头较前几年更加迅猛。全年除10月、11月价格有所下降外，全年均呈现上涨态势。全年粮食价格上涨17.7%，拉动居民消费价格上涨0.4个百分点，占整个居民消费价格总水平涨幅的6.9%。大米、面粉、粗粮、粮食制品价格全面上涨，其中尤以大米价格涨幅最高，涨幅为19.7%。

2.干鲜瓜果显著上涨。受天气因素及物价水平的整体上涨，2011年干鲜瓜果类价格显著上涨。虽然在5–9月水果生产旺季期间，环比价格出现回落，但全年各月同比价格均呈现上涨趋势，最高单月同比涨幅达到50.7%。全年干鲜瓜果类价格上涨28.5%，拉动居民消费价格上涨0.8个百分点，占整个居民消费价格总水平涨幅的13.8%。

3.肉禽及制品价格成食品类价格上涨主要推手。2011年肉禽及制品类价格上涨21.2%，拉动居民消费价格上涨1.9个百分点，占整个居民消费价格总水平涨幅的32.8%，为整个食品16个类别中影响最大的。其中，猪肉价格上涨最为明显，上涨36.3%，拉动居民消费价格上涨1.3个百分点，占整个居民消费价格总水平涨幅的22.4%。

4.水产品类和在外用膳类食品上涨明显。由于成本因素影响，水产品类和在外用膳类食品价格分别上涨14.2%和7.8%，合计拉动居民消费价格上涨0.7个百分点，占整个居民消费价格总水平涨幅的12.1%。

5.菜类价格显著上涨。受天气因素及生产、运输成本上涨影响，2011年菜类价格显著上涨。全年除11月份呈现下降趋势外，其他各月同比价格均呈上涨趋势，最高单月涨幅达到33.5%。全年菜类价格上涨13.2%，拉动居民消费价格上涨0.5个百分点，占整个居民消费价格总水平涨幅的8.6%。

(四)工业品及服务类价格小幅上涨

由于工业品更新换代速度的加快，市场竞争日益激烈，工业品价格一般情况下应处于下降趋势，但受原材料价格、人工成本等上涨影响，工业品、服务类价格均出现小幅上涨。2011年工业品价格比上年上涨1.4%，服务项目价格比上年上涨1.7%。

二、影响价格变动的主要因素

1.天气异常导致鲜菜、鲜果价格高位运行。2011年1月份天气严寒，给本地蔬菜生产、外地蔬菜运输造成了较大影响。进入3月份以后，本地蔬菜、水果处于生产淡季，产量较少，加上燃油价格的持续上涨，造成了运输成本的不断攀升，直接导致外地输入的蔬菜、水果价格持续上涨，直到5、6月份随着本地鲜菜、鲜果的大量上市，鲜菜、鲜果才开始出现高位回落。但至9月份，由于天气异常、气候变冷，鲜菜鲜果价格再度走高。全年干鲜瓜果类比上年上涨28.5%，拉高总指数0.8个百分点，菜类价格比上年上涨13.2%，拉高总指数0.5个百分点。

2.上年翘尾因素导致肉禽及其制品价格持续高位。其一，天气异常导致鲜菜、鲜果价格高位运行。导致肉禽及其制品价格持续高位。其二,2011年禽肉及其制品类价格持续高位运行，从年初的同比上涨11.9%，到7月份的峰值同比上涨36.8%；后因政府推出平价猪肉、加强猪源的调拨，以及生猪养殖户的及时补栏，下半年开始出现较大回落。全年累计上涨21.1%，拉高消费价格总指数1.9个百分点。其中受上年翘尾影响17个百分点，本年新涨价因素拉高4.1个百分点。

3.市场、政策双重影响粮食价格大幅上涨。一是稻谷收购价格上涨。2011年桂林市早籼稻政府收购价比上年提高29.6%，受此影响，企业对粮食的收购价也随之上涨，如桂宝粘早稻，某企业的收购价为3.36元/千克，比上年上涨42.37%。二是企业生产成本上涨。据调查，粮食从农民到消费者一般要流转6次，运输费和人员搬运工资占总成本的10%。2011年运输费和人工费用大幅上涨。如8月0#柴油价格为7.37元/升，同比上涨22.83%；某企业工人工资上涨约

400元/月，上涨幅度达20%。

4.原料及人工成本的上涨，拉高在外用餐费用。随着肉、禽、蛋、菜、果的持续上涨，部分商家开始上调在外用餐的费用。全年在外用膳食品价格比上年上涨7.8%，拉高总指数0.4个百分点，其中作为桂林市早餐主食的桂林米粉价格也由每2两2.5元上涨到3.0元，涨幅达20%。

5.受原材料价格持续上涨影响，工业品价格小幅上涨。全年工业品价格比上年上涨1.4%，拉高总指数0.6个百分点。其中家具、部分家电等均出现较大幅度上涨，商家反映主要受原材料上涨及运输成本增加的原因。

6.人力成本、场地租金等因素导致服务类价格上扬。全年服务类价格比上年上涨1.7%，拉高总指数0.5个百分点。

7.政府干预政策对抑制物价过快上涨起到一定的作用。鉴于上半年CPI持续高位，物价形势严峻，桂林市党委、政府高度重视，积极贯彻落实自治区党委、政府关于抑制物价过快上涨的有关文件精神，结合桂林实际情况，下半年相继出台相关调控措施。如：7月起下调有线电视初装费50%，公房租金10%；8月起每月定量向食品消费市场投放平价粮油和平价猪肉；9月起临时优惠有线数字电视基本收视维护费等等，对抑制物价过快上涨起到了一定的作用。

三、2012年CPI走势预测

从物价上行和下降因素来分析，2012年桂林居民消费价格存在诸多上涨压力，预计仍呈上涨态势，但涨幅应略低于2011年。

（一）刺激物价上行的因素

1.食品类价格的上涨仍将是CPI的主推力。从目前的趋势看，2012年粮食价格将会继续上涨。百物随粮价，随着粮价的上升，食品类价格也将上涨。另一方面，春节过后政府将逐步取消平价猪肉点，加节日、天气寒冷需求量剧增等因素的影响，猪肉价格可能出现较大幅度反弹，同时直接影响到其他农副食品价格。

2.成本的上涨开始传递到相关行业。食品价格的上涨，直接影响到餐饮行业；原材料价格的上涨，直接转移到工业最终消费品价格上；铺面租金、用工成本的上涨对服务和工业品价格的上涨都有推动作用。

3.上年价格干预政策停止引起上涨。2011年政府为稳定物价出台了大量的临时降价措施，2012年这些措施的集中取消会带来某些消费品价格的释放，这些因素的集中影响也将成为物价上涨的另一主推力。

（二）使物价下行的因素

1.工业品和服务项目价格的下拉作用客观存在。由于国内外制造业产能过剩及产品更新换代的加速，部分出口的企业加快了内销步伐，使得国内的家用电器、纺织服装、一般日用消费品、通信等行业均呈现供大于求的状态，会带来一定程度的价格下降，但随着各种成本的上涨，这种削弱程度在减缓。

2.2011年负翘尾因素的影响。由于2011年物价上半年快速上涨，下半年快速回落，造成2012年平均翘尾影响-1.1个百分点，负翘尾最严重单月翘尾影响出现在4月，高达-2.7个百分点。

四、对稳定2012年物价的几点建议

1.继续加大对农业的扶持和监督力度。除从源头做好保障外，更要做好农业产、供、销的监督，防止不法分子的串通涨价、囤积居奇、哄抬物价等违法违规行为。

2.做好重要农产品的储备、供应工作。可适时向市场投放猪肉、鲜菜鲜果、食用油等与人民生活息息相关的产品，平抑市场物价。

3.把握好政策调价的时机和力度。多从居民的角度思考问题，把握好政策调价的时机和力度，尤其是与居民生活息息相关的调价项目，必要时进行政策性定价。

2011年桂林市工业生产者价格平稳上涨

郑雯月

据国家统计局桂林调查队调查，2011年桂林市工业生产者出厂价格指数（PPI）比上年上涨5.5%，低于全区水平3个百分点，呈现平稳上涨的态势。全市31个大类行业中有27个行业的出厂价格上涨，其中农副食品加工业、食品制造业、饮料制造业、橡胶制品业等重点行业出厂价格涨幅较大。各月同比指数呈前8个月波动上行，后4个月直线下滑态势。

一、PPI变动基本情况

（一）分月看，同比涨幅前8月波动上行，后4月直线下滑

如图1所示，2011年各月PPI同比涨幅分别为5.2%、5.2%、6.2%、6.6%、5.8%、6.8%、5.9%、6.7%、6%、5.1%、4.6%、2.4%，呈现前8个月波动上行，后4个月直线下滑态势。

图1　2011年桂林市工业生产者出厂价格指数

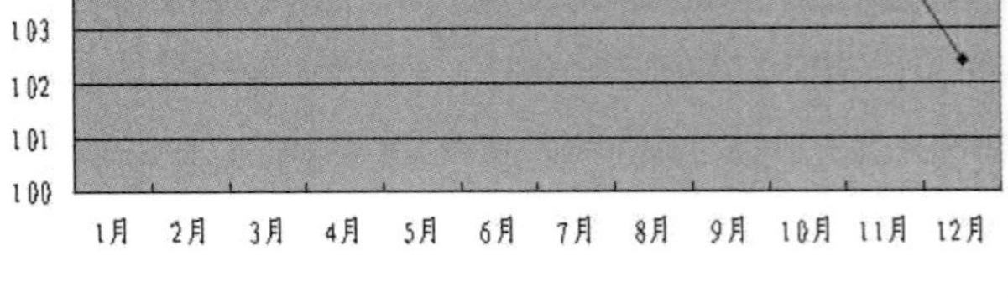

（二）分行业看，轻工业产品价格涨幅高于重工业

2011年轻工业产品出厂价比上年上涨6.87%，其中，以农产品为原料的轻工业产品价格上涨7.3%，以非农产品为原料的轻工业产品上涨5.18%；重工业上涨4.85%，其中，采掘类上涨8.14%，原料类上涨3.48%，加工类上涨4.87%。轻工业产品价格涨幅高于重工业2.02个百分点。

（三）分部类看，生活资料价格涨幅高于生产资料

2011年生活资料价格比上年上涨7.43%，其中食品类上涨7.65%，一般日用品上涨7.45%，衣着类上涨3.92%，耐用消费品上涨1.84%；生产资料价格比上年上涨4.71%，其中采掘类上涨8.14%，原料类上涨4.11%，加工类上涨4.49%。生活资料价格涨幅高于生产资料2.72个百分点。

（四）分大类看，31个大类中有27个价格上涨

在调查的31个大类行业中，27个行业价格上涨，1个行业持平，3个行业下跌，上涨面超8成。其中：农副食品加工业、食品制造业、饮料制造业、橡胶制品业等重点行业出厂价格涨幅较大，分别比上年上涨11%、7%、7.4%和10.8%。交通运输设备制造业、专用设备制造业、水的生产和供应业分别比上年下降4.3%、1.9%和1.7%。

（五）国际大宗原材料购进价格年末回落明显

上半年，由于国际国内对能源和基础性原材料的需求增加，国际大宗产品价格上涨。而下半年，随着欧债危机影响逐步加深，国际大宗商品如橡胶、石油制品、贵金属、有色金属等购进价格大幅下跌，12月份合成橡胶、聚乙烯塑料环比价格跌幅破20%。

二、PPI变动的因素分析

（一）成本因素

上半年，随着国内通胀压力增大，投资需求增多，加上市场炒作等因素，原材料购进价格和人工费用不断上涨。受此影响，多数工业产品价格上涨。大部分企业反映，原材料在成本中占比重较大，其价格上涨是企业面临的最大困难。

1.农副食品价格上涨。2011年稻谷收购价从3210元/吨上涨至3725元/吨，上涨16%；小麦购进价格从2587元/吨上涨至2940元/吨，上涨14%；大豆购进价格从4205元/吨上涨至4675元/吨，上涨11%；白砂糖从6629.5元/吨上涨至7357元/吨，上涨11%。这些农副食品价格上涨主要推动农副食品加工业、食品制造业、饮料制造业出厂产品价格上涨。

2.天然橡胶价格上涨。原材料橡胶在橡胶制品总成本中所占比例达70%以上，2010年至2011年上半年，天然橡胶价格翻了一番，企业利润急剧压缩，虽然2011年下半年天然橡胶价格逐步回落，但年末价格与年初价格基本持平。天然橡胶价格上涨主要影响橡胶制品出厂价格。

3.能源价格上涨。上半年一号无烟煤价格从1065元/吨上涨至1216元/吨，上涨14%；下半年，随着自治区征收临时电力价格调节基金和限电政策的实行，一些高耗能产业不堪重负，冶金业几乎停产。能源类产品购进价格上涨成为多数产品价格上涨的重要原因。

4.人工费用上涨。2011年以来，一些行业工人工资有所上涨，平均每月工资涨幅最高达到20%。人工费用的上涨，也成为这些企业产品价格上涨的一个因素。

（二）需求因素

上半年，世界经济和国内经济持续向好，投资需求强劲，部分产品需求旺盛，助推工业品出厂价格上涨。如中成药，往年4、5月销售已经进入淡季，但2011年同期需求仍然旺盛，且价格还有较大的上涨空间，主要原因是桂林本地的中成药质优价廉，在南部沿海发达地区有价格优势，且企业自身经过整顿或兼并，获得了资金、销售方面的优势。如水泥，由于国内某些地方限电，外地客户到桂林抢购造成水泥价格上涨。下半年，随着欧债危机影响逐步加深，制造业外需紧缩，上半年部分产品需求旺盛之势不再，但特色资源刚性需求仍然旺盛。主要表现在：

1.水泥传统需求旺季不旺。2011年水泥价格前后走势反差明显。上半年价格一路上扬，而下半年传统销售旺季不旺，企业库存积压严重，价格高位回落。水泥价格下跌的原因一是房地产调控政策影响需求。2011年国家出台多项政策遏制房价过快上涨，桂林市作为被监控的全国70个大中城市之一，下半年房地产开工少，此外，部分高铁和高速公路的停修，让水泥销售雪上加霜。二是库存积压严重。水泥的保质期一般为2-3个月，超过保质期的水泥由于受潮强度等级会降低。下半年，在需求没有大幅上涨的情况下，水泥和水泥熟料库存连续几个月积压严重，为尽快消化库存，企业不得已降价。

2.装备制造业下半年出口量减半，价格持续下跌。装备制造业是桂林市的重点行业。受欧债危机、人民币汇率走低的影响，各装备制造企业外需紧缩，出口量和价格出现不同幅度下跌。部分装备制造企业利润低于上年，出口量比上年下跌达50%以上。

3.滑石需求旺盛，价格持续大幅上涨。滑石是许多工业制品的原材料，国际国内的化妆品、塑料、油漆、纸张、橡胶等工业产业发展迅速，产品需求量与日俱增，直接扩大了滑石的需求量。由于桂林是全国滑石的主产区，刚性需求支撑滑石价格大幅上涨，从4月开始，滑石价格同比涨幅均在两位数以上，且涨幅逐月扩大，12月同比涨幅达全年最高，为32.1%。

（三）国际因素

上半年,石油、煤、铁矿石等价格的上涨带动国内大宗产品价格不断上扬,在一定程度上拉高了价格指数,与此同时,国内粮食、油料、糖类等农产品价格大幅上涨,带动了下游及相关行业产品价格全面上涨。下半年,由于欧债危机影响逐步加深,美国信用评级降低影响市场前景等原因,贵金属、石油制品、橡胶等国际大宗产品价格一路下跌。购进价格下跌使出厂价格高位上扬之势得到缓解。

(四)政策因素

国家调控政策对工业品出厂价格影响很大。如国家从2011年开始取消已经开展两年的汽车下乡补贴和小排量汽车购置税优惠政策,影响了桂林市的汽车零部件销售,企业不得不降价应对;2011年,国家提高水稻、小麦最低收购价,桂林市早籼稻的政府收购价比上年提高29.6%,受此影响,企业的对粮食的收购价也在上涨,推动下游的食品加工行业价格的大幅上涨;2011年上半年,国家两次提高成品油价格,不仅带动了能源类产品价格上涨,也推动了工业品价格上涨。

(五)结构因素

饮料制造业、农副食品加工业和通信设备、计算机及其他电子设备制造业是桂林市的重要产业,在全市工业中占有较大的比重,其价格变化对工业品出厂价格总水平有重要的影响。2011年通信电子设备制造业、农副食品加工业、饮料制造业、非金属矿物制品出厂价格比上年分别上涨13.4%、11%、7.4%、7.1%,由此推动总指数上涨2.41个百分点。

三、企业和政府的应对措施

(一)企业寻求新的利润增长点。

企业面对外需减少、原材料价格和人工费用上涨、企业贷款难度加大等压力,主要采取以下措施寻求利润措施:一是整顿销售市场,统一经销商价格,避免价格恶性竞争;二是调整出口和内销的比例。外需紧缩迫使各企业将重心放于国内销售,通过强化内销、提高内销产品价格来弥补外需不足所造成的损失;三是通过实行企业兼并,壮大公司实力;四是对产品实行技术改革,及时淘汰夕阳产品;五是积极实施节能减排,使用替代能源,降低企业生产成本。

(二)地方政府积极扶持。

国家和地方一些扶持政策给部分企业带来利好,使这些企业在出口形势不容乐观的形势下,能够保持利润,甚至利润高于上年。桂林市对于企业的扶持政策主要有:一是继续进行桂林市技术研究与开发计划项目;二是继续推行产业化政策;三是为促进对外贸易,支持出口商务类研发。凡是符合以上三个政策条件的企业,经审批,都可以得到地方政府的拨款。由于得到政府的扶持,一些外贸出口企业在外需不利的情况下,仍然获得了不少于上年的利润。

四、2012年工业生产者价格走势预测

中央经济工作分析会上提出,2012年要牢牢把握实体经济,将实施积极的财政政策和稳健的货币政策。由此可见,2012年农业、制造业等实体经济领域将会得到较宽松的经济环境,需求压力和资金流转困难将得到一定程度的缓解。同时,国际经济形势的不稳定性增加了工业发展的风险。在利好与不确定因素的同时作用下,预计2012年工业生产者价格将呈平稳上涨趋势。

2011年桂林市低收入居民家庭生活困难加剧

庞育光

据国家统计局桂林调查队调查,2011年桂林市低收入家庭(占调查总体10%、人均可支配收入最低的居民家庭)人均可支配收入为5255.57元,比上年下降18.04%;剔除物价因素影响,实际下降22.54%。人均消费性支出为5420.70元,比上年下降1.78%,剔除物价因素影响,实际下降7.17%。调查数据表明,因为收入减少和物价上涨等因素,10%低收入家庭生活困难加剧。

一、低收入家庭的生活现状

(一)收入下降,贫富差距扩大

2011年桂林市低收入家庭人均可支配收入为5255.57元,比上年下降18.04%,比全市人均水平低12659.26元,相当于全市人均水平的三分之一;比高收入家庭少44866.43元,高低收入悬殊达9.5倍,比上年扩大3倍多(详见表1)。

(二)入不敷出,生活质量下降

2011年桂林市低收入家庭人均可支配收入为5255.57元,人均消费支性出为5420.7元,支出超出收入165.13元。由于入不敷出,生活质量下降。主要体现在:一是2011年低收入家庭的食品、衣着、医疗、居住等基本生存性资料支出达4192.28元,增长2.43%。占低收入家庭消费支出的77.34%,比上年提高17个百分点,比全市人均水平高11.96个百分点。二是恩格尔系数较高。2011年低收入家庭恩格尔系数为51.82%,比全市人均水平的43.25%高8.57个百分点(详见表2)。

(三)社会保障支出下降,参保能力明显不足

社会保障是社会的稳定器,也是低收入家庭未来的生活希望。但由于收入水平所限,低收入家庭参加社会保障的能力明显不足。一些特困家庭无力支付个人交纳的基本医疗、养老保险费,干脆不参加保险,或者中途退保。2011年低收入家庭人均社会保障支出532.53元,比上年下降21.58%,比全

表1 2011年低收入家庭收入与全市人均水平比较表

收入分类	低收入家庭人均收入（元）	低收入家庭收入构成（%）	全市人均收入（元）	全市人均收入构成（%）	低收入家庭收入/全市人均收入（%）
家庭总收入	5889.70	100	19050.78	100.00	30.92
其中：可支配收入	5255.57		17914.83		29.34
1、工资性收入	2862.90	48.61	9004.69	47.27	31.79
2、经营净收入	778.67	13.22	1642.74	8.63	47.40
3、财产性收入			658.06	3.45	
4、转移性收入	2248.13	38.17	7745.29	40.65	29.03

表2 2011年低收入家庭消费支出与全市人均水平比较表

消费支出类别	低收入家庭（元）	低收入家庭支出构成（%）	全市人均（元）	全市支出构成（%）	低收入家庭支出/全市人均支出（%）
消费支出	5420.70	100.00	11890.24	100.00	45.59
其中：服务性消费支出	1340.66		3026.15		44.30
1.食品	2809.14	51.82	5142.34	43.25	54.63
2.衣着	195.78	3.61	728.24	6.13	26.88
3.居住	568.39	10.48	975.02	8.21	58.30
4.家庭设备用品及服务	198.43	3.66	641.49	5.40	30.93
5.医疗保健	618.97	11.41	927.75	7.79	66.71
6.交通和通信	382.26	7.0 5	1681.37	14.14	22.74
7.教育文化娱乐服务	569.27	10.51	1548.75	13.03	36.76
8.杂项商品和服务	78.46	1.45	245.29	2.05	31.99

表3 2011年低收入家庭社会保障支出与全市人均水平比较表

支出分类	低收入家庭（元）	全市人均（元）	低收入家庭/全市人均（%）
社会保障支出	532.53	872.92	61.01
1.个人交纳的养老基金	274.78	327.27	83.96
2.个人交纳的住房公积金	76.79	380.04	20.21
3.个人交纳的医疗基金	174.00	140.02	124.27
4.个人交纳的失业基金	6.97	22.13	31.51

市平均水平低38.09%（详见表3）。

（四）住房面积小，配套设施不完善

近年来，桂林市加大了住房建设力度，低收入家庭住房条件有了明显改善，与全市人均水平的差距逐年缩小，但仍然存在较大差距。2011年桂林市居民人均住房建筑面积达到27.17平方米，低收入家庭与人均水平相差11.38平方米。从房屋产权看，仅有8%的低收入家庭居住的是商品房，低于人均水平30个百分点；从住宅户型看，低收入家庭居住在二居室及以下的占100%，高于人均水平41个百分点。从住房配套设施看，低收入家庭的卫生设备有厕所浴室的占91%，低于人均水平2个百分点；从居民现住房按市场价估值看，人均水平每户房产价值已超过26万元，而低收入家庭每户房产价值只有17万元，且住房装修过的只有41%，低于人均水平30个百分点。

（五）耐用消费品拥有量少、档次低、更新慢

1.高端耐用消费品的拥有量低。2011年末低收入家庭每

百户拥有家用汽车0辆、家用电脑50台、钢琴0架、摄像机0架、照相机8架、微波炉58台、组合音响8台；而全市的平均水平分别为：家用汽车13辆、家用电脑88台、钢琴1架、摄像机11架、照相机56架、微波炉75台、组合音响41台。

2.耐用消费品更新换代慢。2011年百户家庭耐用消费品更新换代情况是：全市的平均水平分别为家用汽车1辆、电冰箱4台，箱彩色电视机10台、家用电脑9台、组合音响3台、照相机1架、中高档乐器2件台、微波炉1台，空调器2台，淋浴热水器15台、消毒碗柜1台、健身器材2件、移动电话32部。而低收入家庭则无一购买行为(详见表4)。

表4　　2011年低收入家庭百户主要耐用品拥有量与平均水平比较表

家庭设备用品	单位	低收入家庭	全市平均	低收入家庭/全市平均(%)	家庭设备用品	单位	低收入家庭	全市平均	低收入家庭/全市平均(%)
1.摩托车	辆	16	18	88.89	11.钢琴	架		1	
2.助力车	辆	58	60	96.67	12.其他中高档乐器	件		7	
3.家用汽车	辆		13		13.微波炉	台	58	75	77.33
4.洗衣机	台	100	96	104.17	14.空调器	台	91	151	60.26
5.电冰箱	台	91	92	98.91	15.淋浴热水器	台	91	101	90.01
6.彩色电视机	台	108	134	80.60	16.消毒碗柜	台	16	48	33.33
7.家用电脑	台	50	88	56.82	17.洗碗机	台			
8.组合音响	套	8	41	19.51	18.健身器材	套			
9.摄像机	架		11		19.固定电话	部	17	58	29.31
10.照相机	架	8	56	14.29	20.移动电话	部	225	229	98.25

(六)信息化程度低

2011年桂林市百户家庭接入互联网的移动电话、接入有线电视网络的电视机、接入互联网的计算机分别为：17部、87台、73台,低收入家庭则为0部、66台、41台。

二、低收入家庭困难的主要原因

(一)家庭人口多、负担重

2011年桂林市低收入家庭户均人口数为3.54人，超过全市人均水平0.51人；负担系数为2.81人，超过全市人均水平0.37人。

(二)就业难，收入来源少

一方面，低收入家庭成员中，下岗失业人员偏多，年龄偏大，文化程度偏低，劳动技能单一，身体状况不好，重新学习工作技能有很多制约条件，很难找到如意的工作，即使就业也属个体被雇，收入只有1000元左右，只能维持一家人的最低生活。另一方面，低收入家庭家底薄，自谋职业难。家庭积蓄十分有限，大都是入不敷出，举债过日子，想通过自主创业的途径解决收入问题，却因为资金匮乏而无法实现。

(三)医疗支出负担重

低收入家庭多数成员虽然享受了城镇居民医疗保障，但城镇居民医疗保障条件受诸多限制，生病住院个人支付部分比重较高，加之门诊治疗费和药品费过高，致使低收入家庭“生不起病，住不起院”。2011年桂林市低收入家庭人均医疗保健支出618.97元，比上年增长5.4倍；占消费支出的比重11.42%，提高9.67个百分点；比当年人均水平高3.6个百分点。在低收群体中，有时小病拖成大病，有的大病在小门诊部自己买点药吃，上不起医院。

(四)子女教育支出压力大

为了彻底摆脱贫困，为子女长远打算，贫困家庭往往比较重视子女教育，家长再贫再苦再累也要让子女受到良好教育，尽管国家采取了一些措施对贫困家庭进行了救助，但是由于他们收入微薄，高额的教育费用还是常常让他们为难。2011年桂林市低收入家庭人均用于教育方面的支出为483.92元，比上年下降2.91%，但占消费性支出的比重为8.93%，比上年提高0.16个百分点，比全市人均水平高4.97个百分点。

(五)食品价格大幅上涨加大低收入家庭生活负担

2011年桂林市居民消费价格比上年上涨5.8%，其中食品类价格上涨15.0%。经测算，2011年低收入家庭因食品价格上涨人均多支出421.37元，占人均消费性支出5420.7元的7.77%。换言之，在51.82%的恩格尔系数中有7.77个百分点是食品价格上涨导致的。

三、意见与建议

1.继续完善最低生活保障制度。近年来，桂林市最低生活保障制度不断完善，低保面不断扩大，低保标准也在不断提高，但不少低收入家庭在领取低保金后依然处于节衣缩食的状态。因此，政府应尽地方财政能力，适当提高低保标准；另一方面根据物价指数进行适时调整价格补贴标准，以保证低收入家庭的生活不因物价上涨而更加贫困。

2.加强价格监督，建立预警和应急处理机制。切实加强对粮食、食用油、肉、禽、蛋、奶、菜等与城镇居民生活密切相关的生活必需品的价格监测，密切关注这些商品市场供求和价格的变化情况，制止各种乱涨价、乱收费行为的发生，维护良好的市场价格秩序；慎重出台新的涨价措施，以便缓解通胀压力，确保物价稳定，保障居民特别是低收入家庭的正常生活。

3."授之与渔"创造条件增加就业机会。低收入家庭之所以收入低、就业负担系数高，主要是其文化水平偏低而导致就业困难。因此，应进一步加大支持中小和微型企业和非公经济发展，加强就业指导，加强免费职业培训，促进充分就业，切实解决好低收入家庭就业低的现象。

2012年一季度桂林市居民消费价格温和上涨

郑雯月

据国家统计局桂林调查队调查，2012年一季度桂林市居民消费价格总水平（CPI）同比上涨2.3%，分别低于全国和全区1.5和0.9个百分点，在全区14个地级市中最低。一季度桂林市居民消费价格总体呈现温和上涨的态势。

一、CPI变动的主要特点

（一）八大类价格呈现"七涨一降"格局

调查的八大类商品和服务价格中，八大类价格呈现"七涨一降"格局，其中：一季度食品类上涨5.5%、烟酒类上涨3.5%、家庭设备用品及维修服务类上涨0.5%、医疗保健和个人用品类上涨4.4%、交通和通信类上涨0.6%、娱乐教育文化用品及服务类上涨0.7%、居住类上涨0.2%，衣着类价格下跌3.9%。

（二）食品类价格仍是推动CPI上涨的最主要因素

一季度食品类价格上涨5.5%，在八大类中涨幅最高，推高CPI总指数1.9个百分点，食品类价格仍是推动CPI上涨的最主要因素。构成食品类16个中类，呈现"13涨3降"态势，其中涨幅较大的有糖类、水产品、糕点饼干面包类、粮食类、肉禽及其制品类，分别比上年同期上涨13.6、13.3、12.3、9.4、8.2个百分点。分月看，1-3月份食品价格同比涨幅分别为8.6%、4%和2.6%，随着负翘尾的影响逐渐明显，食品同比呈现下降趋势。

1.粮食价格上涨9.4%,拉动CPI上涨0.2个百分点。其中：大米、面粉、粗粮、粮食制品价格全面上涨，大米价格涨幅最高，涨幅达10.2%。一季度粮食类价格受上年翘尾影响6.6个百分点；受政府取消平价大米的因素影响，一季度粮食类价格新涨价因素达到2.8个百分点。

2.肉禽及其制品价格上涨8.2%，推高CPI上涨0.8个百分点。其中，以牛肉价格上涨最为明显，一季度牛肉价格同比上涨34.4%，2月份牛后腿肉均价高达52.8元/公斤，创2008年以来单月均价最高。由于肉牛规模化养殖较少，桂林市牛肉供应偏紧，2012年春节期间牛肉价格出现较大幅度上涨，节后出现小幅回落，但牛肉价格仍然在高价位上运行。

3.鲜菜鲜果价格涨跌互现。一季度鲜菜类价格同比上涨11.4%，推高CPI总指数0.4个百分点。鲜菜价格受节日和天气影响，1月份价格大幅上涨，同比涨幅达19.8%；春节过后，天气逐渐回暖，鲜菜价格涨幅逐步回落，2-3月份，鲜菜价格同比分别上涨4.8%、4.2%。一季度鲜果同比下跌9.9%，拉低CPI总指数0.3个百分点，是食品类中影响总指数下行的主要因素。鲜果类价格回落的主要原因,是受近年鲜果价格持续攀升的刺激，许多果农跟风种植，鲜果市场供应充足，价格开始出现高位回落。

（三）工业品及服务类价格普遍上涨

1.部分家庭设备用品及维修服务价格上调。一季度家庭设备用品及维修服务价格同比上涨0.5%。分月看，1、2、3月份同比分别上涨0.9%、0.5%和0.1%，由于大部分家电品牌根据市场情况做一些价格调整，调整时间一般定在春节后或五一之前。受上年原材料价格和人工成本上涨等因素的影响，目前大部分商家上调了产品价格。

2.医疗保健和个人用品价格持续上涨。受部分中药价格上涨影响，一季度医疗保健和个人用品价格同比上涨4.4%，涨幅仅低于食品类。分月看，1、2、3月同比涨幅分别为4.6%、4.9%、3.8%，价格持续上涨。

3.交通和通信类价格波动上涨。一季度交通和通信价格同比上涨0.6%。其中，1月份受春运影响，同比上涨1.1%；3月份，受国家上调车用燃料价格，同比上涨0.8%。

4.居住类价格逐步上涨。受原材料价格上涨和公共收费价格上涨的影响，一季度居住类价格同比上涨0.2%，其中，建房及装修材料上涨5%，价格上涨明显。

二、影响价格变动的主要因素

（一）原材料、人工费用等成本上涨

2012年以来，受原材料价格、人工费用、场地租金等成本上涨的影响，部分商家已经提高了家具、家电、在外用膳食品等工业品和服务类价格。3月份，国家上调车用燃料的价格，直接导致运输费的上涨，运输费上涨直接推高部分商品的价格。

（二）政策取消导致公共收费价格恢复性上涨

上年市政府实行的临时性价格干预措施集中取消，公共收费价格恢复性上涨。2012年1月份实行阶梯电价，居民用电价格环比上涨14.8%；水费价格由之前的优惠水价1.04元/吨恢复到1.79元/吨，环比上涨72.1%；公房房租价格恢复原价，环比上涨42.9%；液化石油气环比上涨6.0%；有线电视收费恢复原价，环比上涨50.4%；部分医疗检查费用恢复原价，环比上涨25.0%。2月起，政府取消公立幼儿园学前教育优惠政策，导致学前教育类收费2月环比价格上涨10.0%；居民用水实行阶梯价格，居民用水2月价格环比上涨24.0%；政府取消液化石油气价格补贴政策，液化石油气2月价格环比上涨7.7%。

（三）受上年负翘尾影响，物价指数偏低

2012年3月份，新涨价因素对CPI的影响程度达到4.2个百分点，但上年负翘尾因素影响CPI下行1.6个百分点。在负翘尾因素的影响下，3月份同比水平只达到2.6%，同比指数扭曲了当前的物价形势。

（四）阴雨湿冷天气影响

一季度以来，本地多阴雨湿冷天气对食品运输和部分农产品产量影响较大，导致食品价格上涨明显。

三、2012年CPI走势预测

结合一季度物价形势，从物价上涨和下行因素来分析，2012年桂林居民消费价格存在诸多上涨压力，预计仍呈上涨态势。

（一）物价上涨的因素

1.食品类价格的上涨仍将是推高CPI的主要因素。肉禽类价格是影响食品类价格变动的重要因素。自上年以来，各肉禽价格相继大幅上涨，尤其是牛肉价格，一直居高不下。此外，天气回暖，糖、豆类等用于制作饮品的食品原料价格也将逐步上涨。

2.衣着类价格将出现季节性上涨。从目前春装上市来看，2012年春装价格较上年基本持平，但随着人工、运输、场地租赁等费用上涨，以及受棉花等主要原材料价格的不确定因素的影响，下半年服装上涨的压力依然存在。

3.成本的上涨开始传递到相关行业。食品价格的上涨，直接影响到餐饮行业；石油等原材料价格、用工成本、铺面租金等成本的上涨，将直接转移到工业行业并最终转移到消费品价格上。据调查，一般家电行业各品牌产品价格会在年度进行一次较大范围的调整，大多数品牌会将价格调整定在春节过后、五一之前，这将是造成物价指数在上半年上涨的一个主要因素，而且如果原材料价格出现较大幅度变动，不排除厂家临时上调价格的可能性。

4.政策性调价对推动2012年物价上涨影响大。由于近年桂林市物价指数持续高位运行，部分长期受限不能上调价格的公共事业性收费项目，也在2012年集中涨价，例如1月实行阶梯电价、2月实行阶梯水价、3月民用管道天然气价格听证会已经举行，存在上调预期。这些政策性价格调整，一方面直接推高当月物价指数和居民的生活成本，另一方面也将间接影响相关行业成本，推动物价总水平上涨。

（二）物价下行因素

1.鲜菜、猪肉价格逐步回落。随着天气逐渐转暖，鲜菜价格将逐步回落，而猪肉价格由于供给稳定和季节性因素，价格处于回落周期中，这对二季度的物价回落提供有利条件。

2.工业品和服务项目价格存在下降空间。由于国内外制造业产能过剩及产品更新换代的加速，部分出口的企业加快了内销步伐，加剧了企业之间的竞争，通信类等价格将出现一定程度的回落；而物价上涨过快，也会刺激政府出台相关物价调控措施，服务项目价格同样存在下降可能。

3.上年负翘尾影响。由于2011年物价上半年快速上涨，下半年快速回落，造成2012年平均翘尾影响-1.0个百分点，负翘尾最严重单月翘尾影响出现在4月，高达-2.7个百分点。

四、对稳定2012年物价的几点建议

（一）继续加大对农业生产的扶持和监管力度。

除从源头做好保障外，更要做好农产品产、供、销的监管，防止不法分子的串通涨价、囤积居奇、哄抬物价等违法违规行为。

（二）做好重要农产品的储备、供应工作。

可适时向市场投放猪肉、鲜菜鲜果、食用油等与人民生活息息相关的产品，平抑市场物价。

（三）把握好政策调价的时机和力度。

多从居民的角度思考问题，把握好政策调价的时机和力度，尤其是与居民生活息息相关的调价项目，必要时进行政策性定价。

2012年一季度桂林市城市居民收支增长平缓

廖晓露

据国家统计局桂林调查队调查，2012年一季度，桂林市城市居民人均可支配收入为4902.5元，同比增长3.2%，实际增幅大大低于上年同期；人均消费支出3375.4元，同比增长2.6%，增幅比上年同期低6.1个百分点。居民收入和消费支出增长平缓，一些问题值得关注。

一、居民收支特点

（一）居民收入增长平缓

一季度桂林市城市居民人均总收入为5293.3元，同比增长3.1%，增幅比上年同期低4.8个百分点。四项收入呈"三升一降"态势，其中：工资性收入和转移性收入仍然是居民收入增长的主要动力，分别拉动居民总收入增长2.6个百分点和2.9个百分点；财产性收入增长2.4倍，拉动居民总收入增长1.6个百分点；经营净收入同比下降39.3%，拉动居民总收入下降4个百分点。

1.工资性收入稳步增长。一季度桂林市城市居民人均工资性收入为2710.0元，同比增加137.9元，增长5.4%。其主要原因：一是2012年以来，桂林市政府千方百计扩大在服务业、小微型企业等领域就业渠道，积极帮助就业困难人员实现就业。数据显示：一季度就业人口数同比增长2.8%；二是从2012年1月起，桂林市城区月最低工资标准由820元调整为1000元，增幅达到22.0%；三是不少企业增加了职工工资和津贴补贴；四是职工奖金、春节过节费有所提高。据调查，一月份恰逢春节，人均工资性收入同比增长55%。

2.转移性收入增速明显回落。一季度人均转移性收入2134.7元，同比增加151.2元，增长7.6%，增幅大大低于上年同期。主要原因是2012年居民接受转移支付的力度相对上年同期减缓。

3.财产性收入大幅增长，房租收入成主力。一季度人均财产性收入119.4元，同比增加83.8元，增长2.4倍。其中人均出租房屋收入107.1元，增长2.2倍。

4.个体或私营企业经营加困，经营净收入下降。一季度人均经营净收入329.3元，与上年同期相比减幅非常明显。主要原因是由于原材料不断上涨、用人工资提高、房租涨价等成本费用提高，挤压了不少经营户的收益。在国内经济增长放缓的大环境影响下，个体或私营企业经营比以前更加困难。

（二）消费增长稳中趋缓

一季度桂林市城市居民人均消费支出3375.4元，比上年同期增加85.9元，增长2.6%，增幅比上年同期回落6.1个百分点。八大类消费"五升三降"，增长较快的分别是医疗保健、食品、衣着和其他商品和服务四类支出，人均支出同比分别增长63.7%、26.5%、18.7%和12.5%；受家电下乡和家电以旧换新政策结束的影响，家庭设备用品及服务和教育文化节娱乐服务支出同比分别下降27.1%和19.1%；另外受高油价的影响，居民购买汽车的积极性下降，交通和通信支出同比下降47.4%。在八大类消费中，食品支出和医疗保健对消费增长的拉动作用最明显，分别拉动消费支出增长10.4个和3.4个百分点，八大类消费拉动居民消费增幅见（详见表1）。

1.食品支出大幅增长。受食品价格上涨因素影响，一季度桂林市城市居民家庭人均食品支出1670.8元，同比增长26.5%，拉动消费支出增长10.4个百分点。九大类食品有八

表1　2012年一季度居民消费支出来源及其增长

消费项目	金额（元）	同比增长（%）	拉动消费增（减）（百分点）
消费支出	3375.40	2.60	
一、食品	1670.80	26.50	10.40
其中：肉禽蛋水产品类	554.20	27.40	3.50
饮食服务	316.70	38.70	2.60
二、衣着	292.10	18.70	1.40
其中：服装金额	216.10	19.20	1.00
鞋类金额	64.10	18.90	0.30
三、居住	263.10	1.30	0.10
四、家庭设备用品及服务	156.40	−27.10	−1.70
其中：耐用消费品	48.30	−45.60	−1.20
五、医疗保健	297.40	63.70	3.40
其中；药品费	165.80	141.80	2.90
滋补保健品	63.10	237.30	1.30
六、交通和通信	339.60	−47.40	−9.10
其中：交通	196.60	−59.60	−8.60
七、教育文化娱乐服务	303.40	−19.10	−2.10
其中：文化娱乐用品	71.30	−56.30	−2.70
八、其他商品和服务	52.60	12.50	0.20

项人均支出同比增长在5%以上，其中粮油、肉禽蛋水产类、蔬菜、干鲜瓜果、饮食服务涨幅都在20%以上，分别为31.2%、27.4%、22.6%、37.0%和38.7%。

食品支出特点主要有三：一是膳食结构改善。居民食品消费正逐步由"果腹"向"享受"发展，品质好、营养高的食品更受到居民的喜爱，人均肉禽蛋水产品类、蔬菜类和干鲜瓜果类分别支出554.2元、150.1元和131.3元，同比分别增长27.4%、22.6%和37.0%。二是呈现出价升量增的态势。居民消费支出较多的大米、猪肉、鸡、鱼、新鲜蔬菜，购买单价同比分别上升了10%、10.8%、8%、15.9%、8.3%，人均购买数量同比分别增长了4.8%、7.9%、21.9%、18.2%、11.2%。三是居民在外就餐支出增幅最大。一季度人均在外饮食支出为316.7元，同比增长38.7%，拉动消费支出增长2.6个百分点。

2.衣着、妆饰品消费支出持续增长。一季度桂林市城市居民人均衣着消费支出292.1元，同比增长18.7%，其中，人均服装类消费支出216.1元，增长19.2%；人均鞋类消费支出64.1元，增长18.9%。另外，桂林市城市居民人均金银珠宝首饰和手表消费支出同比增长311.3%；人均化妆品支出25.76元，增长8.0%。

3.居住类支出维持平稳。由于市政府对水、电、煤气等居住类价格进行调控，价格比上年同期略有下降或持平，比如水、电单价同比分别下降7.9%和8.3%，所以居民在居住方面的支出没有出现较大的增幅。一季度人均居住支出263.1元，增长1.3%，其中人均水电燃料及其他支出23.8元，下降0.7%。

4.家电消费大幅下降。由于家电以旧换新政策2011年底到期，居民对政策涉及的家电消费同比大幅减少。一季度人均洗衣机、电冰箱、空调机消费支出同比下降73.6%，拉动家庭设备用品及服务支出下降11.6个百分点，受此影响，人均家庭设备用品及服务支出的增速同比回落41.3个百分点；人均电视、电脑消费支出同比下降47.2%，拉动教育文化娱乐服务支出下降6.4个百分点，受此影响，人均教育文化娱乐服务支出的增速同比回落58.7个百分点。

5.医疗保健消费仍保持高速增长，但增速大幅回落。随着生活条件的改善以及居民对健康认识水平的提高，居民的保健和防病意识进一步增强，医疗保健消费的支出不断加大。一季度人均医疗保健支出297.4元，比上年同期增加115.7元，增长63.7%，但增速回落42.0个百分点。其中，人均滋补保健品支出63.1元，增长2.4倍；人均药品费支出165.8元，增长1.4倍；而医疗费支出63.5元，下降29.1%。

6.居民购车积极性下降，交通和通信支出下降。由于油价不断上涨，汽车使用成本越来越高，影响了居民购买汽车的积极性。一季度人均交通和通信支出339.6元，同比下降47.4%，增速回落47.7个百分点。其中，人均交通支出196.2元，同比下降59.6%。

二、值得关注三大问题

1.工资性收入增长后劲不足。一季度，桂林市城市居民工资性收入占总收入的比重为55.3%，工资性收入仍是居民收入的主要来源，近年来桂林市居民工资性收入增长显得后劲不足。

2.经营性收入和财产性收入所占比重小，收入增长点少。一季度，桂林市城市居民经营净收入及财产性收入之和占总收入的比重只有8.5%。虽然一季度居民财产性收入大幅增长，但主要是依靠房租收入拉动，增收途径仍显单一。

3.医疗费用仍在一定高位。为解决群众"看病难、看病贵"的问题，近年来，政府不断深化医疗改革，加大医疗保障的覆盖面，并多次调低药品价格，但医院的检查费、化验费、手术费等医疗费用仍在一定的高位上，部分药品价格仍然很贵，一季度城镇居民人均医疗费和药品支出229.3元，同比增长45.0%，占到消费总支出的6.8%。

三、几点建议

1.适时出台增资政策，确保居民工资性收入能够持续稳定增长。近几年来，城镇居民收入中工资性收入所占比重越来越大，对收入增长的贡献率越来越多，工资性收入增长是居民增收的关键因素。目前，桂林市经济发展良好，在条件许可的情况下，应积极出台调整工薪政策。

2.加大对个体和私营企业扶持力度。目前个体和私营企业在经营方面存在一些困难，应在融资、税收等政策方面给予大力扶持，努力改善经营环境，拓宽此领域就业渠道，增加经营收入。

3.不断完善收入分配制度。提高工资在收入分配中的比重，建立职工工资随经济增长而增长的长效机制，实现收入与劳动生产率同步增长。

2012年上半年桂林市工业生产者出厂价格上涨0.6%

粟凌燕

据国家统计局桂林调查队调查，上半年桂林市工业生产者出厂价格（PPI）同比上涨0.6%，与全区和全国同比下跌1.1%和0.6%的趋势相比呈微涨状态。预计下半年将呈下行趋势。

一、出厂价格变动主要特点

（一）分月看，PPI同比涨幅呈逐月回落态势

1-6月，PPI单月同比涨幅分别为1.4%、0.9%、0.6%、0.4%、0.6%和-0.5%，呈逐月回落态势，其中6月首次跌破上年同期水平。

（二）分行业看，七成以上行业价格上涨，轻工业价格涨幅高于重工业

1.七成以上行业价格上涨。在调查的31个大类行业中，24个行业价格上涨，7个行业下跌，上涨面达77%。价格上涨的行业中，家具制造业、非金属矿采选业、水的生产和供应业、仪器仪表及文化办公用机械制造业、金属制品业、医药制造业六类行业价格涨幅明显，分别比上年同期上涨23.4%、16.4%、11%、9.1%、7.3%和5.1%。价格下跌的行业中，纺织业、电气机械及器材制造业、有色金属矿采选业、黑色金属冶炼及压延加工业、专用设备制造业五类行业价格下跌明显，分别比上年上涨-17%、-5.7%、-5.2%、-3.4%和-1.7%。

2.轻工业价格涨幅高于重工业。上半年，轻工业和重工业出厂价格同比涨幅分别为1.2%和0.3%，轻工业产品出厂价格涨幅高于重工业0.9个百分点。

从各月同比涨跌走势看，轻工业产品中，以农产品为原料的轻工业产品价格同比涨幅呈直线回落，1-6月各月同比涨幅分别为2.2%、1.5%、0.6%、-0.5%、-0.1%和-0.4%；而以非农产品为原料的轻工业产品价格同比涨幅呈波动式收窄，各月同比涨幅分别为4.5%、5.7%、4.1%、3.7%、4.9%和1.9%。重工业中产品中，采掘类和加工类价格同比涨幅持续回落，采掘类各月同比涨幅分别为7.9%、4.5%、3.1%、0.7%、1.6%和-1.4%，加工类各月同比涨幅分别为0.8%、-0.2%、0.2%、0.5%、-0.2%和-2%；而原料类价格却呈同比涨幅持续上扬态势，各月同比涨幅分别为-1.4%、0.4%、-0.4%、-0.2%、2.9%和3.6%。

（三）分类别看，生产资料价格同比下降，生活资料价格同比上涨

上半年生产资料价格同比下降0.6%，其中采掘类上涨2.7%，原料类上涨0.8%，加工类下跌1.3%；生活资料价格同比上涨3.4%，其中食品类上涨2.1%，一般日用品上涨4.8%，衣着类上涨5.4%，耐用消费品上涨22.3%。

二、PPI运行成因分析

（一）人力成本、能源价格上涨及上年累积涨价压力的释放，是上半年PPI呈微涨状态的三大因素

1.人力成本的上涨。一方面，按照全区统一的新最低工资指导标准要求，月最低工资标准由原来的820元/月调整为1000元/月，小时最低工资标准由原来的6元/小时调整为8.5元/小时，月与小时最低工资标准增幅分别达22%和42%。企业从1月份开始实行，工人计件及计时工资相应调高。另一方面，桂林市为劳务输出型旅游城市，用工的流向为沿海发达城市和本地服务行业，本地工业企业缺工情况突出。因此企业为了招到人、留住人，不得不以提高工资待遇为手段。据某厂介绍，厂里一线普工工资不但一直高于最低工资，且每年递增10%。上半年平均来看，几乎所有的调查企业，工人工资都普涨了13%左右。尤其是一些劳动密集型行业，如家具制造业，多为来料加工企业，工人工资占产品成本的绝大部分。年后工资的上涨导致人力成本大幅提高，企业不得不一再提高产品价格以平衡成本。

2.能源价格上涨。根据桂价格〔2011〕181号、184号文件的要求，1月份起电价全面上涨，平均涨幅达14.63%；根据物价局市价审字〔2012〕2号文件，2月份起桂林全面实行阶梯型水价收费政策。实行调价政策后，桂林电力的生产和供应、水的生产和供应两大行业价格同比分别上涨了2.50%和11.00%。水、电作为企业生产的不可替代能源，价格的涨跌直接敏感的影响成本。如一些用水大户企业反映，实行阶梯水价后，其单位水价上涨了20.00%，由于水是企业主要生产原料，企业出厂品价格不得不相应提高了20.00%。

上半年，油价于2月、4月两次调高，涨幅分别为3.51%和7.06%，价格从7.12元/升涨到7.89元/升，虽然5、6两月价格又连续回调，降幅分别为3.42%和5.64%，价格只回落到7.19元/升，仍然高于年初水平，整个上半年，高油价占大部分时段；各企业无烟煤的采购价同比亦上涨了8.00%。就调查数据来看，上半年能源价格同比上涨2.50%，1-6月能源价格同比涨幅分别为：-1.70%、1.60%、0.60%、0.30%、6.80%和8.00%，呈明显上扬态势。能源价格上涨进一步助推了企业生产成本上升进而波及到出厂产品的价格走高。

3.上年累积涨价压力的释放因素。部分企业的销售合同、销售协议都是实行按年签订制，即年初签定，一年不变。所以企业在年后新签订的销售合同中，将上年原材料、CPI等不断高涨带来的累积成本上涨压力集中释放，体现在2012年新签订合同中，体现在2012年的产品定价上。据调查数据显示，2011年全区原材料价格上涨10%，桂林市CPI价格上涨5.8%。累计的价格压力在2012年新定价上释放，导致2012年新合同定价明显走高，如出口滑石提价26%、橡胶板、管、带的制造提价19%、光学仪器制造提价12%、量具价格上涨12.8%。

（二）欧债危机、国内需求萎缩是影响价格逐渐下行的主要因素

2012年上半年各月，PPI受欧债危机、国内需求增速明显放缓的影响，涨幅逐渐收窄，快速回落，到6月份时同比涨幅为负，即低于上年同期水平，这是桂林自2010年以来，PPI同期价格首次下降。

1.出口市场影响:受欧债危机的影响,整体经济形势不景气,出口需求明显减少。欧洲市场萎缩明显而美国市场在贸易上多方压制中国产品,对企业的出口造成了极大的影响。如某企业为占领市场而进行降价,降价造成的损失约76万元;某太阳能电池片生产企业,2012年太阳能电池片出口美国的价格,比上年同期价格下降了55%。同时汇率的频繁变动,令企业出口的不确定性危险加大。如桂林某出口企业统计数据显示, 2011年出口合同因汇率变动而损失了约42万元。

2.国内市场影响:上半年,有色金属矿采选业价格同比下跌5.2%,其中铅锌矿采选下跌9.9%、锡矿采选下跌8.2%。受国内房地产、汽车、家电等行业景气度持续下滑的影响,2011年以来有色金属矿的价格已经陆续从高位落回。2012年来市场需求减淡的情况更加明显,对有色金属的需求量呈持续下降态势。下游有色金属产品市场行情不旺,销售价格持续下行,上溯影响到原料矿的价格,采购商对原料矿压价十分厉害,导致2012年出厂价格步步走低。

受2011年以来小排量汽车购置税减半和微型车享受财政补贴政策取消的影响,车企的销量下滑。汽车行业不景气,微型车价格一降再降,导致汽配销售市场不断下滑,汽车厂家不断压价,市场竞争激烈,零部件产品价格全面低于上年同期。1-6月机动车(汽车)零配件价格同比分别下跌0.2%、1.8%、1.8%、0.6%、0.2%和0.2%。

由于房地产行业受政策调控影响,开工不足,同时铁路、公路等大型基建项目投建放缓,导致上半年桂林水泥产能过剩,价格持续低迷,上半年水泥制造价格下跌6.2%。

三、下半年预测

根据上半年工业品出厂价格变动趋势,结合当前市场供需状况及其发展前景,预计下半年桂林PPI将呈下行趋势。

一是原材料价格下行令价格有下降空间。半年来原材料价格呈平稳下行走势,一改前两年原料价格高涨态势。虽然仍处高位运行,但是逐渐下行的趋势十分明显。如钢材、有色金属材、橡胶等,价格从5月开始逐渐下行;继5、6两月油价下调后,7月油价再次下调,预估油价进入下行通道,下半年继续下调的可能性极大。原材料价格的下行在下半年将会更加明显,作为出厂产品的主要成本构成之一的原材料价格下降,为出厂产品的价格下行创造了可能。

二是需求短期难以回暖,市场竞争强烈,致价格下行。当前国际国内经济增速放缓、需求不旺的趋势十分明显,下半年短期内难以回暖,在这样的情况下,企业要实现销售、要生存,价格不得不做出一定让利。

2012年上半年桂林市城市居民收支稳步增长

蒋华春

据国家统计局桂林调查队调查,2012年上半年桂林市城市居民人均可支配收入为9856元,同比增长8.2%,扣除物价因素实际增长5.6%;人均消费支出为6538元,同比增长9.6%。总体而言,上半年桂林市城市居民收支呈现稳步增长的态势。

一、居民收入平稳增长

1.工资性收入较快增长。上半年,桂林市城市居民人均工资性收入5275元,增长16.3%,拉动城市居民家庭总收入增长7.6个百分点,是居民增收主要动力。工资性收入快速增长的主要原因有三:一是受益于最低工资标准提高。2012年1月起桂林市区月最低工资标准由820元调整到1000元,增幅达到22.0%。二是就业形势较好。春节以来,企业开工率提高,用工需求增长,同时作为国家服务业综合改革试点区,2012年桂林市交通运输、商贸物流、信息通讯、文体娱乐、家政服务等服务业发展迅速,还重点拓展了服务业、小微型企业就业渠道,居民的就业形势不断改善。数据显示,上半年城镇个体或私营企业被雇人数同比增长5.3%。三是个税起征点的提高,间接提高了城市居民可支配收入。

2.转移性收入快速增长。上半年,桂林市城市居民人均转移性收入4442元,同比增长17.6%,其中,离退休职工人均养老金3800元,增长20.1%;社会救济收入和失业保险金分别增长6.4%、59.4%。2012年来,桂林市高度重视居民收入水平和生活水平的提高,出台一系列惠民政策,让居民真正享受到经济发展的成果。一是提高了低收入家庭最低生活保障标准,五城区城市居民最低生活保障标准由每人每月260元提高至300元;二是进一步完善社会救助和保障标准与物价上涨挂钩联动机制,按照市人民政府办公室的相关文件规定,当连续3个月低收入居民生活费用价格指数达到或超过3%时,就应启动相关联动机制。2012年3-5月的低收入居民生活费用价格指数均已超过3%,低收入居民每月获得24元补贴;三是企业离退休人员的离退休金标准进一步提高,根据桂林市规定,从2012年1月起,全市企业退休人员基本养老金每人每月至少增加115元。

3.低收入群体收入大幅提升。上半年,桂林市城市低收入户(占总调查户数的10%)人均可支配收入为3812元,同比增长55.4%,比全市平均水平高出47.2个百分点。桂林市在整体居民生活水平提高的同时，更加注重提高低收入家庭的收入，先后提高了低收入家庭最低生活保障标准、最低工资标准和离退休人员的离退休金标准，千方百计扩大就业规模，重点拓展服务业、小微型企业就业渠道，深入推进"全民创业"计划，积极帮助就业困难人员等重点群体实现就业，使低收入家庭的收入迅速增长。

二、居民消费支出增速加快

上半年来，桂林市积极扩大消费需求，深入开展扩大城乡居民消费"510"活动和美食、房车、旅游节事等主题促消费活动，进一步扩大消费需求，居民消费热情高涨，特别是节日效应对消费需求的刺激带来明显作用。调查结果显示，上半年桂林市城市居民人均消费支出为6538元，同比增长9.6%，高于收入增幅1.4个百分点。同时，居民的消费观念也在不断的调整和转变，消费结构日趋完善，居民生活质量不断提高，呈现几大新亮点。

上半年各月居民人均消费支出变化图

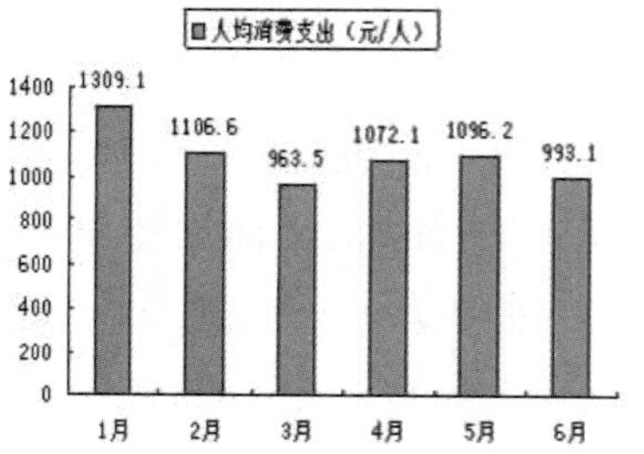

1.*食品支出比重增大，在外饮食大幅增长*。受食品价格持续高位上涨的影响，2012年上半年人均食品支出占消费性支出比重达47.7%，比上年同期的41.8%提高5.9个百分点。从结构上看，水产品、水果及蔬菜类消费增长较快，而糕点、肉类消费增幅则相对较小。另外，随着2011年国家服务业综合改革试点区域建设在桂林全面启动，带动餐饮服务业的迅速发展，上半年人均在外用餐支出602.9元，同比增长30.7%。

2.*衣着追求时尚、品牌和个性化*。桂林作为国际化旅游城市，特别是国家旅游综合改革试验区建设的推进，居民穿着更加注重追求服装的品牌、名牌效应，对于款式也追求新潮、时尚和个性化。上半年人均衣着支出503.4元，同比增长29.7%，其中人均购买各种鞋类支出107.9元，增长49.2%。

3.*社会保障意识不断增强*。上半年居民人均社会保障支出666.2元，同比增长50.2%，其中个人缴纳的养老基金增长27.3%，个人缴纳的医疗基金增长92.2%，个人缴纳的失业基金增长60.1%。

4.*旅游消费走近百姓家*。随着居民收入的稳定增加，消费观念随之不断更新，旅游、休闲娱乐等丰富多彩的生活方式在居民中悄然兴起。上半年人均团体旅游支出107元，增长24.4%。

三、存在的问题

1.*收入结构相对单一*。从上半年收入构成情况来看，工资、转移性收入比重较大，收入结构相对单一。工资性收入仍是居民家庭收入的主要来源，占居民家庭总收入的49.6%，比上年提高了3个百分点；转移性收入次之，占41.8%；经营净收入和财产性收入所占比重还不到一成，分别占6.4%、2.3%。由于原材料不断上涨，人工及房租等成本费用提高，上半年经营净收入同比下降30.7%；同时上半年股市疲软，房地产低迷，居民投资谨慎，居民财产性收入下降45.5%，其中股息与红利收入下降98.3%。

2.*转移性支出比较大*。由于居民在非消费性支出中的预期扩大，使得居民不得已降低了常规性的生活消费支出。上半年人均转移性支出990元，同比增长19.5%，其中用于礼尚往来的人均捐赠支出达724元，同比增长58.1%，影响居民消费信心，制约消费增长。

3.*低收入家庭消费仍以基本生活消费为主*。上半年桂林市10%低收入家庭的收入几乎全部用于食品、子女教育、衣着等基本生活消费，人均共支出3017元，占消费总支出的85.5%。同时，消费水平仍然处于较低状态，上半年全市10%低收入家庭人均消费性支出3531元，比上年增长43.7%，但比全市人均消费性支出6554元低3023元，仅为全市人均消费性支出的53.9%。

四、几点建议

1.*提高收入水平，优化收入结构*。收入结构的不合理，是影响居民消费能力的一个重要原因。随着收入差距的扩大，社会财富不断向高收入阶层集中。同时高收入阶层边际消费倾向不断下降，低收入阶层消费信心和消费能力不足，一定程度上制约消费增长，上半年桂林市高收入者人均消费性支出与上年同比下降50.7%。因此，提高收入水平，改善收入结构至关重要，一要鼓励居民拓宽收入渠道，引导居民理性投资，创造条件增加居民财产性收入；二要转变观念，自主创业，针对自主创业的居民要推行有效的就业扶持政策；三要借助国家服务业综合改革试点区机遇，切实加强对第三产业的扶持，创造更多的就业岗位，充分发挥服务业吸纳就业主渠道的作用。

2.*挖掘消费潜力，活跃居民消费*。高收入阶层主要关注消费的质量，中低收入阶层是推动整体消费需求快速增长的主体力量，但缺乏相应的购买力，制约了潜在消费的实现。因此，应制定不同收入群体的消费政策，改善消费环境，满足各层次居民的消费需求，活跃居民消费。要不断完善汽车、住房、娱乐服务等市场消费体系，带动中等收入居民消费；进一步完善各项社会保障措施,提高低收入居民消费信心;对于高收入家庭,应创造相应的消费和投资环境,促进消费。

3.完善分配制度,消除居民顾虑。房价居高不下抑制居民消费,交通工具易耗品、教育费用不断增加也制约居民的消费意愿。因此要进一步完善收入分配制度,完善社保体系,注重社会公平,健全收入分配调节体系,有效调节高低收入,让全社会每个成员共享改革成果,从根本上消除居民顾虑,增强居民消费信心,提高居民即期消费能力。

2012年桂林市投资环境满意度稳步提高

曾劭

近期,国家统计局桂林调查队按要求组织开展了2012年桂林市投资环境满意度调查工作。调查结果显示:桂林市投资环境总体满意度(以100分制计,下同)为81.84,比上年增加2.05,位居全区各市第六。其中,“硬环境”和“软环境”满意度分别为83.35和81.20,分别比上年增加2.14和2.01,居全区第二位和第九位。桂林市完善区域投资环境的多项举措取得明显成效。但是,仍存在桂林投资环境总体和硬、软环境满意度在全区排名下降,企业融资环境、政府服务功能满意度亟待大力提高等问题,应引起高度重视。

一、桂林市投资环境满意度总体趋好

(一)整体投资环境持续优化

调查结果显示,桂林市投资环境总体满意度连续4年增长,并首次突破80,处于较高满意区间(75-90),比全区平均水平高0.15(见表1)

表1 桂林市投资环境总体满意度得分情况(2008-2012年)

总体投资环境	2008年	2009年	2010年	2011年	2012年
桂林市	78.73	78.36	78.84	79.79	81.84
全区	77.85	78.00	78.41	79.1	81.69

(二)投资“硬环境”发展良好

近年来桂林市加快城市基础设施建设, 完善城市规划体系,得到了企业广泛认可。调查结果显示,近年企业对桂林市投资硬环境的满意度均在较高水平(见图1)。

图1 桂林市投资“硬环境”满意度示意图(2011年和2012年)

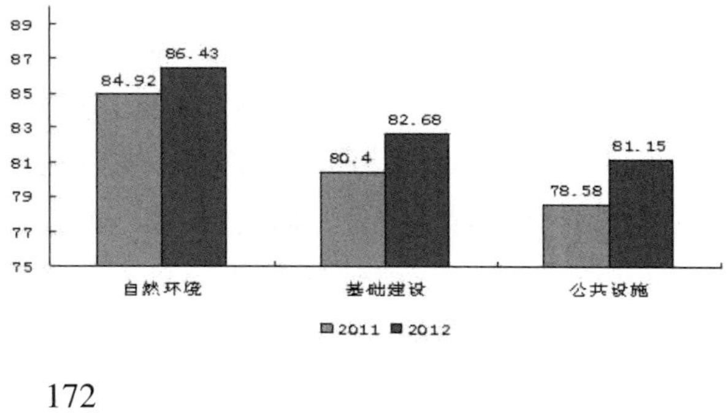

1.自然资源环境满意度最高。桂林市生态环境持续改善,居住环境质量不断提升,城市环境质量继续保持全国先进水平,国家环境保护模范城市通过自治区复核验收,被评为全国十佳绿色城市,“城考”成绩连续17年名列全区第一。桂林市良好的自然资源环境受到了企业、投资者的青睐,在整个投资硬环境评价中,企业对自然资源环境的评价最高,达86.43,比上年提高了1.51。调查资料显示,企业对生态地理环境与企业发展的适合程度、水电供应部门提供的服务质量、煤燃油等能源的保障程度、土地资源的保障程度和当地土地资源价格合理程度五项调查指标的满意度评价均有提高,分别为85.48、85.82、84.15、80.62、77.34,分别比上年增加1.8、1.46、0.73、0.46、0.64。

2.基础建设进一步优化。桂林市围绕建设特大城市目标,拉大城市框架,拓展城市空间,完善市政设施,提升城市品位。2011年完成固定资产投资1040.22亿元,同比增长26.5%;全市城镇化率40.2%,同比提升1.3个百分点。桂林市基础设施的不断完善,得到了企业的普遍认可。调查显示,企业对桂林市基础建设总体满意度为82.68,比上年增加2.28。其中,当地交通运输便利程度、城市规划及配套设施与企业发展的适合程度、物流仓储流通相关商业设施完善程度,电信资讯及网络等通讯条件完善程度和电信部门提供服务质量满意度分别为83.1、80.53、81.63、84.55、81.71,分别比上年增加1.66、1.39、0.77、0.19、0.95。

3.公共设施不断完善。调查结果显示,企业对桂林市公共设施的满意度有较大提升,满意度为81.15,比上年增加2.57,对桂林市衣、食、住、行便利程度,医疗、卫生、保健设施完备程度,学校和教育设施完备程度,科研机构完备程度,银行服务、商旅等商务环境便捷程度和城市建设国际化程度给予肯定,满意度分别为85.56、82.36、82.96、78.38、84.78、77.68,分别比上年提高1.08、1.46、2.76、1.8、3.64、3.28。

(三)投资“软环境”进一步改善

近年来,桂林市投资“软环境”不断提升,调查结果显示,企业对桂林市投资软环境的评价为81.2,比上年增加2.01(见图2)。

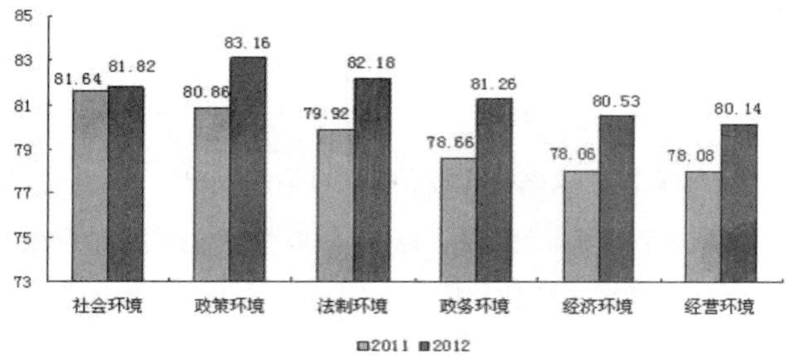

1.社会环境较为稳定。2011年以来，桂林市相继荣获“全国绿色模范城市”、“全国十佳绿色城市”等称号，实现“全区双拥模范城”八连冠，获得“2011中国特色休闲城市— 最美休闲城市”“最中国文化名城”等荣誉，文明创建活动不断延伸和拓展，社会保持和谐稳定。企业对桂林市社会环境的满意度为81.82，比上年增加0.18。其中，对社会治安状况、民众的文化素质和文明程度、社会风气、民众道德诚信程度以及民众及政府欢迎外来投资建厂的态度满意度分别为83.46、80.47、82.1、82.69、86.47，分别比上年提高2.78、2.01、2.26、2.81、0.57。

2.政策环境逐步优化。调查结果显示，企业对桂林市政策环境的满意度为83.16，比上年提高2.3。对行政法规与国家法律一致性程度、相关投资政策的优惠条件、对外来投资承诺实现的情况、政府政策稳定性情况、政府政策透明性情况、知识产权保护情况满意度分别为85.82、82.23、83.43、84.68、81.54、83.24，分别比上年提高2.78、2.13、1.57、2.02、2.12、1.68。

3.法制环境日趋改善。调查结果显示，企业对桂林市法制环境满意度为82.18，比上年提高2.26，行政法规与国家法律法规的一致性程度、政府与执法机构秉持公正的执法态度、解决纠纷的渠道完善程度、落实环保政策法规的情况、司法环境体现公平公正公开的程度、企业合法权益得到法律保障的情况满意度分别为85.34、82.61、80.53、84.27、81.38、83.77，分别比上年提高1.25、1.71、2.45、1.79、2.62、1.75。

4.政务环境满意度提高最快。调查结果显示，企业对桂林市政务环境的满意度为81.26，比上年增加2.6。其中企业对行政机关办事程序公开情况满意率增加最多。企业对当地行政机关贯彻落实《行政许可法》的情况、政府部门的服务意识、机关办事程序公开的情况、行政机关工作效率、官员操守清廉情况满意度分别为84.51、81.61、82.91、79.24、78.65、61.25、80.11，分别比上年增加1.09、1.67、3.07、2.15、2.91。

5.经济环境转好。调查结果显示，企业对桂林市经济环境的满意度为80.53，比上年增加2.47，其中，桂林市的城市经济开放程度、经济情况对投资者经营获利影响程度、未来具有的经济发展潜力情况，政府改善投资环境的态度、融资政策满意度分别为：79.52、78.22、83.67、86.22、82.18，分别比上年提高了1.3、2.84、4.19、4.42、4.86。

6.对经营环境的评价向好。调查结果显示，企业对经营环境的评价为80.14，比上年提高2.06。其中，厂房与相关设施成本合理程度、上下游产业供应链的完整程度、整体产业技术研发水平、对市场的发展潜力、同行业公平竞争的情况、政府鼓励企业自主创新情况的满意度分别为80.33、77.81、76.99、80.47、77.66、83.36，分别比上年提高2.51、1.63、1.89、1.49、2.24、2.74。

二、桂林市投资环境存在的问题

1.投资环境总体和软、硬环境满意度在全区排名下降。在全区14个市中，桂林市总体投资环境满意度比上年下降了2位，由上年第四下降为本年第六。其中，“硬环境”和“软环境”满意度比上年分别下降了1位和3位，硬环境由上年年的全区第一下降为第二，软环境由上年全区第六下降为第九。

2.政府服务功能有待进一步加强。调查结果显示，在评价桂林市行政机关工作效率时，选择“一般”、“差”和“非常差”的分别占了60.18%、5.6%和0.8%，行政机关工作效率满意度得分为79.24。企业反映较多的问题有：首先是行政审批过多，一些部门行政审批繁琐，需要时间较长；其次是出现问题有相互推诿行为，部门互相踢皮球，事情很久不能得到解决；第三是一些行政手段有待完善，比如有企业反映，产品送检的制度存在收费高，周期长等问题。部分中小企业反映，由于创新能力不足，对相关行业发展把握不到位，希望能够在控制成本和促进企业创新等方面上得到支持。

3.企业融资仍存困难。调查结果显示，企业对资金贷款取得的难易程度满意度不高，仅为71.11分，企业普遍反映存在流动资金紧张、银行融资困难、民间融资风险系数大等问题。由于无固定资产抵押，难以获得第三方担保，许多小、微企业无法得到金融机构贷款，尤其是没有在金融部门贷过款的企业，由于缺少诚信记录，贷款手续比较繁杂，贷款难度更大，使企业错失不少投资发展的商机。金融系统规避风险给中小企业贷款造成一定困难，迫使不少企业采取内部集资，民间拆借等高风险手段来融资。

4.行业恶性竞争增多。调查结果显示，桂林市同行业间公平竞争情况满意度得分仅为77.66，部分企业反映，有关部门对于假冒伪劣产品的打击没能做到快、准、狠，影响了经营环境的良性发展和企业正常的运营。产品同质化问题严重，市场的严重饱和加剧了同行业企业之间的恶性竞争。企业垫资增多，拖欠情况不断增多，影响企业正常运行。

5.配套服务不到位,经营环境有待提高。调查结果显示,当地劳动力供应充裕程度满意度得分为78.14,比上年下降了0.62。由于薪资、实际工作等原因,中小企业很难招到合适的人才,企业反映目前较普遍存在一般工人、技术人员、优秀管理人员缺乏等情况。

6.企业负担增加。调查结果显示,在问及"贵公司2012年承担各项社会负担是否增加"时,只有2.4%和8.74%的企业选择了"有所减轻"和"明显减少",满意度仅为61.25,比上年降低2.45。如部分企业反映有关部门在企业员工办理上岗证、继续教育以及产品送检等方面的收费过高。

7.与其他城市相比差距拉大。调查结果显示,在问及"您认为与其他城市相比,您所在的城市投资环境如何"时,选择"差距很大"的企业比例为13.6%,选择"有一点差距"的企业占50.4%,选择"差不多"的占"19.04",选择"略好"和"好很多"的企业仅占12%和4.96%,满意度得分仅为55.24,比上年下降1.96。

三、进一步优化投资环境的建议

1.进一步牢固树立政府为企业服务的观念。认真梳理行政程序,减少不合理、繁琐的行政程序,切实做到简化审批流程,理清部门责任,减轻企业负担,真正做到全心全意为企业服务。

2.营造良好的政策法制环境,解决企业后顾之忧。贯彻落实国家各项政策法规和优惠政策,保持政稳定性,提高政策执行透明度,兑现各项政策承诺,秉公执法,完善解决纠纷的渠道,切实保护企业投资经营的合法权益。

3.进一步优化经济环境,切实解决企业融资难问题。加大经济开放力度,探索科学合理的发展模式,提高商业和经济发展水平。拓宽企业融资渠道,加大对优质中小企业的扶持力度,制定更细致更有针对性的融资优惠政策,切实帮助企业解决实际困难。

4.提升企业的配套服务。充分利用桂林市教育科研资源,做好人才的培养和引进工作,加强企业与科研单位的合作力度,做好科研转化。

5.汲取经验,加强宣传,缩小与其他城市差距。向投资环境优秀地区学习,加快步伐,进一步完善桂林市投资环境。加大宣传,使企业了解桂林市的优惠政策,提高企业投资环境满意度。

近年来桂林市CPI变动情况对比分析

李小雯

近年来,居民消费价格指数大幅波动,是各级政府十分关注的重要指标,也是社会公众议论的热门话题之一。本文通过对2000年以来桂林市CPI运行情况并与全区CPI数据进行对比分析,总结特点,分析原因,提出建议,并对2012年桂林CPI进行预测,以供参考。

一、2000年以来桂林市CPI总体运行情况

2000年以来,桂林市CPI总体呈现跌宕起伏、波动幅度越来越大、越来越频繁的的趋势。分时段看,变动情况如下:

2000-2003年平稳运行。年度间略有波动,期间最高值和最低值相差2.7个百分点。

2004-2005年高位运行。由于亚洲金融危机解除,世界经济发展环境好转,国内经济稳步发展,对各种产品的需求不断增加,且广西粮食及畜产品产量减产,供求矛盾比较突出,猪粮价格大幅度上涨,桂林市CPI全面攀升,持续高位运行。2004年和2005年桂林市CPI涨幅均达4.0%。

2006年涨幅回落。受前两年猪价大涨、养猪效益好等因素的影响,养殖户热情高涨,主要畜禽产品产量大增,价格下滑,桂市林CPI涨幅回落,由上年涨幅4.0%下降到0.7%,回落了3.3个百分点。

2007-2008年再度走高。受国际、国内、区内雨雪冰凉雪灾及生猪"蓝耳病"疫情的影响,我国养猪业受到严重的冲击,生猪生产下滑,猪价再创历史新高。同时,广西粮食连续两年减产,粮价上涨带动了其他农产品价格全面上涨,桂林市CPI再度走高,上涨幅度分别达6.8%和5.9%。

2009年低位运行。受2008年四季度国际金融危机暴发影响,世界主要经济体经济下滑,需求锐减,国际市场上原油、铁矿石等大宗商品价格走低,国内市场相关商品价格也持续下跌;当年生猪生产在国家一系列畜牧业发展政策刺激下呈现恢复性增长,粮食生产也获得了较好的收成,猪、粮等大宗农产品价格明显回落,CPI也随之下降,降幅为0.8%,是十年来的最低。

2010-2011年持续攀升。受流动性过剩滞后效应、输入型通胀压力、成本上涨等多重因素的影响,CPI持续攀升,特别是2011年,物价上涨压力很大,市政府采取了多项物价调控措施,但桂林市CPI涨幅仍达到5.8%。

二、与全区CPI运行走势的异同点

随着市场经济体制的不断完善和发展,市场处于一个相对开放的氛围,影响全国价格波动的供求关系、货币供应、资本市场、国际市场、自然灾害等主要因素同样也会影响着桂林市CPI总体水平的波动,因此桂林市CPI与全区的总体走势有相同之处,但由于市场环境各异,CPI的变动情况也存在一些差异。

(一)相同之处

图1:桂林及全区CPI折线图(2000-2011年)

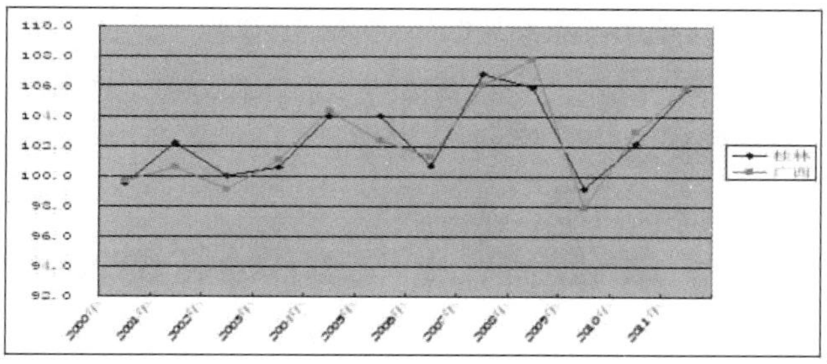

1.波动周期基本一致。从图1可以看出,桂林市CPI走势与全区的趋势基本一致,年度间涨跌没有出现趋势相反的现象;桂林的CPI在2004年、2008年和2011年为近年来的波峰,2002、2006、2009年为波谷,波动的周期基本为3-4年一次。

2.波动幅度由小到大的趋势基本一致。在国际、国内经济起伏发展的大环境下,桂林市CPI呈现出跌宕起伏、波动幅度越来越大的趋势,特别是2008年暴发国际金融危机后,世界经济增长明显放缓,部分主要发达国家或地区经济陷入衰退,为了应对国际金融危机,防止经济陷入严重衰退,世界各国都采取了一系列措施刺激经济发展,推动了全球物价上涨,在这种大背景下,桂林市CPI和全国、全区一样,受输入性影响较大,波动幅度呈前低后高、越来越大的趋势。

(二)差异之处

1.涨幅达到或超过4%的年份多于全区。2000年来,桂林市CPI上涨幅度达到或超过4%的有5年,比全区多1年;涨幅在2%~3%和0~2%的分别是2年和3年,与全区相同;负增长的2年,比全区少1年。总体来看,由于桂林市特殊的市场环境,CPI上涨幅度达到或超过4%的年份比全区略多,调控难度相对来说会大一些。

2.平均涨幅低于全区。分年度看,2000年以来的12年间,桂林市CPI涨幅有7年低于全区水平,有5年高于全区水平。分月份看,以2008年1月-2012年6月为例,在54个月中,桂林市CPI有33个月低于全区水平,占61.1%;有20个月高于全区水平,占37%;有1个月与全区持平,占1.9%。分时段看,同样以2008年1月-2012年6月为例,桂林市CPI低于全区水平的有3个时段,分别是2008年1月至2008年11月、2010年1月至2010年12月和2011年6月至2012年4月,而桂林市CPI高于全区的只有2个时段,分别为2008年12月至2009年12月和2011年1月至2011年5月,低于全区水平的时段略多,详见图2。

图2:2008以来桂林市及全区CPI分月数据折线图

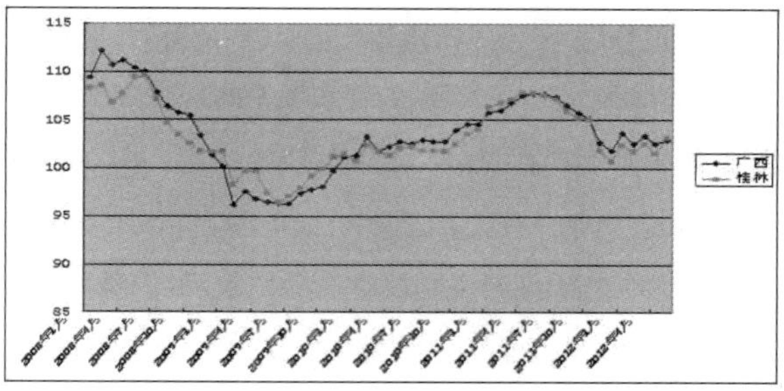

3.波动幅度小于全区。2002年全区CPI指数位于低谷, 2004年位于高峰,2004年比2002年高5.3个百分点,同期,桂林市CPI涨幅为4.0%,低于全区1.3个百分点;特别是2008年在CPI指数高涨时,全区CPI涨幅达7.8%,桂林市仅为5.9%;2009年指数下滑,全区跌幅为2.1,桂林市跌幅为0.8%,这两年全区CPI波动幅度高达9.9个百分点,而桂林的波动幅度为6.7个百分点,低于全区3.2个百分点。

4.结构性变动有差异。

(1)医疗保健和个人用品、娱乐教育文化用品及服务价格指数普遍高于全区。通过对2010-2011年CPI分项资料对比分析,2010-2011年桂林医疗保健和个人用品的价格指数分别为101.8和104.2,分别比全区平均水平高0.3和0.7个百分点,娱乐教育文化用品及服务价格指数分别为100.9和100.5,分别比全区高2.5和0.4个百分点,呈现出医疗保健和个人用

表1:桂林及全区居民消费价格分类指数表(2010-2011年)

指标	2010年			2011年		
	全区	桂林	桂林比全区	全区	桂林	桂林比全区
居民消费价格总指数	103.00	102.20	-0.80	105.90	105.80	-0.10
食品	107.10	106.10	-1.00	114.40	115.00	0.60
烟酒	101.60	100.10	-1.50	103.70	103.00	-0.70
衣着	99.80	96.70	-3.10	101.90	100.20	-1.70
家庭设备用品及维修服务	98.80	97.20	-1.60	101.70	102.20	0.50
医疗保健和个人用品	101.50	101.80	0.30	103.50	104.20	0.70
交通和通信	100.40	98.90	-1.50	101.90	102.90	1.00
娱乐教育文化用品及服务	98.40	100.90	2.50	100.10	100.50	0.40
居住	105.70	104.20	-1.50	102.20	100.20	-2.00

品、娱乐教育文化用品及服务价格指数均高于全区平均水平的趋势。

(2)烟酒、衣着、居住类价格指数普遍低于全区。通过对2010-2011年CPI分项资料对比分析， 2010-2011年桂林烟酒类的价格指数分别为100.1、103.0,分别比全区平均水平低1.5和0.7个百分点;衣着类的价格指数为96.7和100.2,分别比全区平均水平低3.1和1.7个百分点;居住类的价格指数为104.2和100.2,分别比全区平均水平低1.5和2.0个百分点。呈现出烟酒、衣着、居住类价格指数普遍低于全区平均水平的趋势。

(3)食品、家庭设备用品及维修服务、交通和通信类价格指数高低互现。观察2010-2011年CPI分项资料,2010年桂林食品、家庭设备用品及维修服务、交通和通信类价格指数分别为106.1、97.2和98.9,分别比全区平均水平低1.0、1.6和1.5个百分点,到了2011年这三类指数变为115.0、102.2和102.9,分别比全区平均水平高0.6、0.5和1.0个百分点,这三类指数与全区同类指数相比,呈现出高低互现的状况。详见表1:

三、与全区差异的原因分析

(一)消费结构不同,计算CPI的权重有差异

根据国家统计局《流通和消费价格统计报表制度》规定,计算居民消费价格指数使用的权数,是根据各地居民家庭住户调查及相关资料整理评估得出的,一般来说,由于消费习惯的差异导致消费结构不同,各地计算居民消费价格指数所用的权数也有所差别。例如:近年来桂林市和全区一样,CPI涨跌幅度很大,主要原因都是由食品价格上涨特别是猪肉价格上涨过高引起的,桂林CPI的走势与全区基本一致,但与全区有一些差异,主要原因是桂林物价水平特别是食品类绝对价格比全区平均水平相对低;另一方面,食品中权数最重的猪肉权数与全区有差异,由于全区各地消费习惯、民族风俗、地域特点不同,地处北部的桂林与全区其他地市城乡居民对水产品、猪肉等食品的消费数量肯定不一样,消费结构也有所差别,计算CPI用的猪肉、水产品等权重也会不同,因此,猪肉价格的大幅涨跌对桂林市CPI的拉动作用也会和全区有所差别。

(二)桂林经济平稳发展,对CPI的影响较温和

经济发展史表明,物价上涨周期与经济增长周期往往基本相同,高速经济增长率会拉高CPI,近年来,桂林经济平稳增长,波动幅度小于全区平均水平,对CPI影响也小于全区。据统计,2009-2011年广西GDP增长速度分别为13.9%、14.2%和12.3%,而桂林的增长速度则分别为13.8%、13.8%和12.2%;桂林GDP增幅波动幅度略低于全区平均水平;2009-2011年广西全社会固定资产投资增长速度分别50.8%、37.7%和29.1%,而桂林的增长速度则分别为35.7%、37.8%和28.9%,波动幅度远小于全区平均水平;总体来看,桂林经济呈平稳发展的趋势,波动幅度小于全区,平稳的经济发展对CPI的影响也较全区温和。

(三)PPI波动小,传导影响小

PPI(工业品出厂价格)反映生产环节价格水平,CPI反映消费环节的价格水平。根据价格传导规律,PPI对CPI有一定的影响,整体价格水平的波动一般首先出现在生产领域,然后通过产业链向下游产业扩散,最后波及消费品。桂林工业以轻工业为主,而全区以采矿等重工业和制糖业为主,桂林PPI与全区的PPI有一些差异,据工业生产者价格调查,2010-2011年,广西工业生产者出厂价格(PPI)比上年上涨12.0%和8.5%,而桂林的仅上涨3.5%和5.5%,比全区低8.5和3个百分点。由于桂林PPI波动幅度小于全区,因此对CPI的传导影响幅度也小于全区。

(四)政府对物价的干预措施不同,调控效果有差异

针对近年来CPI波动幅度较大的形势,特别是2011年物价持续高位,防控形势严峻,桂林市党委、政府高度重视,积极贯彻落实自治区党委、政府关于抑制物价过快上涨的有关文件精神,结合桂林实际情况,加大调控力度,根据不同时间,2011年下半年相继出台相关调控措施。如:7月起下调有线电视初装费50%,公房租金10%;8月起每月定量向食品消费市场投放平价粮油和平价猪肉;9月起临时优惠有线数字电视基本收视维护费等等,对抑制物价过快上涨起到了一定的作用。由于市场环境不同,各市采取的干预措施也不同,这对控制物价总水平会产生不同的影响。

四、2012年桂林CPI走势预测

目前国内经济仍处于弱势,上半GDP增速继续放缓,预计全年经济增速继续放缓,物价上涨的需求拉动因素减弱;同时,国内夏粮丰收、生猪生产大幅度增长,市场粮油肉供应充足,粮食价格稳定,猪肉价格进入周期性回落通道,食品价格涨幅仍有下降的趋势,2012年我国物价涨幅将放缓,预计2012年桂林CPI上涨幅度比上年回落,假如下半年桂林生产、生活等条件正常,没有其他影响物价的重大事件发生,全年涨幅可以控制在4%以内。

五、对调控物价的一些建议

经济全球化的状态下,各地的CPI上涨不仅仅取决于各地的总供给、总需求,取决于国内的货币状态,还取决于整个世界经济状况,因此桂林市在调控物价方面,应该立足于国际、国内这个大的市场环境,分析本市的物价特点,有针对性地进行调控。

(一)密切关注CPI,把控物价作为政府宏观调控的主要

目标

通货膨胀和通货紧缩都是经济发展过程中的不良现象，前者表现为“供不应求”，后者表现为“供过于求”，是宏观经济运行的不平衡和不协调的表现，通货膨胀和通货紧缩对经济发展将起到阻碍和破坏作用，因此，政府应充分认识通货膨胀（紧缩）的危害性，继续密切关注CPI的变动情况，适时采取措施，把治理通货膨胀（紧缩）稳物价作为当前宏观调控的首要任务。

（二）加强价格监测监管，增强通胀预期管理的有效性

政府有关部门要进一步加强和完善价格监测预警体系和机制建设，及时分析和防范可能引发价格异常波动的倾向性、苗头性问题，完善信息披露机制，科学引导社会公众的通胀预期。同时，建立健全价格调控监管机制，审慎采取价格干预措施，在充分发挥市场平抑价格内在机制的基础上，加大打击价格违法违规行为的力度。此外，加强政策协调配合，注意把握好政策调控方向、重点和力度，以形成管理通胀预期的合力。

（三）加大农产品生产力度，促进主要农产品供需基本平衡

由供求关系导致的农产品价格大涨大跌的问题，是目前世界各国普遍存在的问题。近年来，我国历次通胀都表现为食品类价格的过快上涨，而其中的粮食、生猪、食油、蔬菜等关系国计民生的大宗农产品的短缺成为推动物价上涨的主要因素，桂林是个农业大市，是广西粮食生产主产地，也是生猪、家禽、水果和蔬菜等大宗农产品的生产基地，应大力改善农业生产的基础条件，建立并完善规模化、标准化、现代化、产业化的农业产业体系，继续抓好粮食、生猪、家禽、水果、蔬菜等农产品的生产力度，建立健全农产品产业链，在保证供给的同时，积极引导消费，确实解决农产品在增产年份出现的“卖难”问题，确保这些关系国计民生农产品的供求基本平衡，从根本上破解农产品价格大起大落现象，稳定市场物价。

（四）改善农产品流通环节，降低流通成本

农产品的流通环节，是连接菜园子和菜篮子的中间环节，这个中间环节畅通与否，直接关系到农户和广大消费者的利益，是稳定物价的有效手段。

当前我国农产品流通主渠道的批发市场和农贸市场公益性大多缺失或被违背，使“最后一公里”成为农产品价格非理性上涨的背后推手之一。因此，要认真贯彻落实好国务院《关于深化流通体制改革加快流通产业发展的意见》，控制物流成本，减少流通环节，建立产销对接平台和产品供求信息系统，提倡和鼓励少环节、高效率的流通方式，如农超对接、工厂直营店等经营方式，如可鼓励一些距离桂林市区较近、条件允许的规模养猪户（企业）直接面对消费者经销猪肉，减少中间环节，降低流通费用，实现供需有效对接，促进消费，平抑物价。

（五）加强市场监管，维护市场秩序

针对近来农产品等价格上涨过快的现象，有关部门要采取有力的措施，加大市场价格监督检查力度，规范农产品流通领域收费行为，严厉打击价格违法行为；对食品超市、集贸市场等开展巡查，依法查处致使价格过快上涨的不正当竞争和垄断行为，重点打击恶意囤积、哄抬价格、变相涨价以及合谋涨价、串通涨价等违法行为，严厉查处恶性炒作行为，发现问题及时处理。桂林市是个旅游城市，流动人口及旅游人数多，要加强对景点门票、旅游纪念品、旅游服务产品市场的管理，坚决取缔违规和不合理收费，维护消费者合法权益，稳定消费价格。

2012年前三季度桂林市居民消费价格小幅持续上涨

李志江

据国家统计局桂林调查队调查，2012年前三季度桂林市居民消费价格指数（CPI）同比上涨3.1%，涨幅比上年同期明显回落，但总体上仍呈现小幅持续上涨态势。其中，上年价格上涨的翘尾因素为-1.3个百分点，2012年新涨价因素为4.4个百分点。

一、CPI变动主要特点

图1　2012年1-9月桂林市CPI运行图

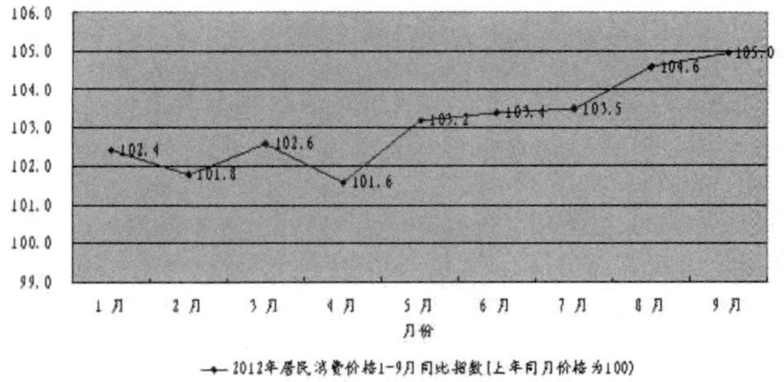

（一）1-4月小幅震荡，5月后持续上涨

如图1所示，2012年1-9月CPI同比指数（以上年同期为100，下同）分别为102.4、101.8、102.6、101.6、103.2、103.4、103.5、104.6、105.0，1-4月呈现小幅波动，5月份后受负翘尾因素逐渐减弱和多个涨价因素影响，价格持续上涨。

（二）八大类价格全面上涨

1-9月八大类价格全面上涨，其中居住类、食品类、医疗保健和个人用品类、娱乐教育文化用品及服务类、烟酒类、家庭设备用品及维修服务类、衣着类价格分别上涨5.1%、3.7%、3.0%、3.0%、2.7%、1.7%、1.1%，分别拉高总指数0.9、1.3、0.3、

0.4、0.1、0.1、0.1个百分点；交通和通信类价格上涨0.4%，对总指数影响相对较小。

（三）食品类价格上涨是拉高CPI的主要因素

1-9月食品类价格上涨3.7%，拉高总指数1.3个百分点。食品16个分类呈现“13涨3降”格局，其中，糖类、菜类、糕点饼干面包类价格分别上涨11.3%、11.1%、10.4%；水产品类、粮食类、其他食品类价格分别上涨8.3%、7.8%、5.2%；茶及饮料类、在外用膳食品类、油脂类价格分别上涨5.1%、4.5%、4.0%；淀粉及制品类、调味品类、肉禽及其制品类、液体乳及乳制品价格分别上涨2.5%、2.3%、1.5%、1.1%。主要食品价格变化如下：

1.粮食价格上涨明显。受上年国家提高粮食最低收购价格和桂林市取消平价米的影响，1-9月粮食价格同比上涨7.8%，其中粮食制品、大米、面粉价格分别上涨10.9%、7.3%、2.5%。

2.鲜菜价格处于高位。受农资产品和运输成本上涨影响，1-9月鲜菜价格上涨13.8%。1-9月各月同比分别为123.3%、106.1%、105.7%、103.8%、127.0%、118.0%、112.7%、122.4%、110.2%，价格一直处于高位。

3.牛、羊肉价格大幅上涨。由于供给不足，1-9月牛、羊肉价格同比大幅上涨，涨幅分别为41.9%、18.8%，随着冬季的到来，价格仍将继续上涨。

4.水产品价格明显上涨。受饲料等养殖成本上涨影响，1-9月水产品价格同比上涨8.3%，其中，淡水鱼、海水鱼、虾蟹类价格分别上涨8.0%、6.2%、8.8%。

5.油脂价格后期开始上涨。尽管发改委对食用油价格上涨施行了控制政策，但食用油企业难抵成本上涨的影响，纷纷于5月份后开始提价。1-9月油脂价格同比上涨4.0%，其中食用植物油、植物油制品价格分别上涨4.2%、3.7%。

6.糖、糕点饼干面包价格上涨幅度较大。受上年下半年原糖价格大幅上涨影响，1-9月糖、糕点饼干面包价格同比分别上涨11.3%、10.4%。其中，食糖、巧克力制品、面包、糕点价格同比分别上涨19.7%、13.0%、13.0%、9.9%，饼干、糖果、糖类小食品价格同比分别上涨8.3%、7.2%、5.2%。

7.猪肉、鲜蛋价格大幅下降。1-9月猪肉、鲜蛋价格分别下降9.5%、5.7%。受上年猪肉和鲜蛋价格居高影响，2012年养殖户增加了生猪和蛋鸡的养殖量，造成了价格下降。同时，负翘尾因素也拉低了2012年猪肉价格。据测算，1-9月猪肉翘尾影响为-5.8个百分点。

8.鲜果价格明显下降。受上年负翘尾因素和2012年水果收成较好的影响，1-9月，鲜果价格同比下降7.2%。据测算，1-9月鲜果受翘尾影响为-4.1个百分点。

（四）工业品及服务类价格明显上涨

因原材料、人工成本、经营成本等上涨，1-9月工业品、服务类价格均有所提高。工业品价格同比上涨2.1%，服务项目价格同比上涨3.8%，对总指数影响程度逐渐扩大。

1.工业品价格上涨。受上年年底白酒，葡萄酒价格上涨影响，酒类价格同比上涨5.8%；由于成本上涨，衣着价格同比上涨1.1%，其中服装、衣着材料价格分别上涨0.7%、11.2%；耐用消费品价格同比上涨1.8%，大部分以小幅涨动为主，家具、家庭设备价格同比分别上涨1.0%、2.3%；中药材及中成药受近年来收成影响，价格同比上涨13.5%，中药材、中成药价格分别上涨16.1%、10.1%。

2.服务费用上涨。受人工成本和经营成本的上涨，在外用膳食品价格同比上涨4.5%，其中主食价格同比上涨14.5%；衣着加工服务费同比上涨16.4%；个人服务价格同比上涨3.5%，其中理（烫）发价格同比上涨6.2%；专业技能培训价格同比上涨23.1%；文娱费价格同比上涨7.3%；旅游价格同比上涨15.4%，其中旅行社收费、宾馆住宿价格同比分别上涨17.3%、6.3%；物业管理费用同比上涨17.3%。

二、影响价格变动的主要因素

（一）猪肉价格持续回落

由于上年养猪效益好，2012年生猪的养殖量增加，市场供应紧张的状况得到有效缓解。1-9月猪肉价格指数分别为107.8、99.8、101.0、95.1、91.3、82.0、76.8、82.8、84.2。1-9月，猪肉价格同比下降9.5%，拉动总指数下行0.4个百分点。作为居民日常主要食品的猪肉，价格下降势必制约其他肉禽及其制品快速上涨。1-9月，肉禽及其制品价格同比上涨1.5%，拉高总指数0.2个百分点。

（二）政策性因素影响物价上扬

1月，桂林市取消丰水期优惠电价措施，电价恢复原价；水价恢复收取污水处理费；公房房租、有线电视收费、部分医疗检查费用恢复原价。2月，桂林市取消了限价米、限价油、平价猪肉措施；政府取消公立幼儿园学前教育优惠政策；政府取消液化石油气价格补贴政策。6月，桂林市管道燃气实行阶梯价格。7月，桂林市将实行阶段性电价。一系列政策因素，导致公共收费普遍上涨。1-9月，大米、食用植物油、水价、电价、液化石油气、管道燃气价格同比分别上涨7.3%、4.2%、24.0%、2.8%、1.5%、6.7%。大米、水价、电价的上涨分别拉高总指数0.2、0.1、0.1个百分点。

（三）成本上涨推动CPI上涨

2012年桂林实行新的最低工资标准，将原来的820元/月调整为1000元/月，部分商场提高了房屋摊点租金。在原材料、人工成本、经营成本上涨的影响下，部分商品利润微薄甚至负利润，成本上涨推动商品价格上涨。1-9月，水、木材、木地板、电、柴油、汽油价格分别上涨24.0%、23.0%、6.6%、2.8%、2.6%、2.5%。

（四）上年负翘尾影响

1-9月，受上年翘尾-1.3个百分点影响，在新涨价因素达到4.4个百分点的水平下，同比水平只达到3.1%。全年受翘尾影响达到-1.0个百分点，其中单月负翘尾最严重出现在4月份，达到-2.7个百分点。

三、全年CPI走势预测

结合1-9月物价形势，2012年桂林居民消费价格存在诸多上涨压力，预计全年仍基本维持小幅上涨态势，4%的控价目标有望实现。

（一）物价上涨的因素

1.适度放松的宏观调控措施对物价上拉作用明显。在当前国内外经济低迷的情况下，2012年央行先后调降存款准备金率一次、降息两次。近期，国家各部门都出台了稳增长和扩大民间投资的政策细则。种种迹象表明，各级政府为应对经济增速放缓而实施的诸多举措，将会对物价产生一定上拉作用。

2.食品类价格上涨压力明显。肉禽类价格是影响食品类价格变动的重要因素。从第二季度开始，由于猪肉价格持续下跌，养殖户养殖积极性受打击，部分养殖户压缩养殖量，预计后期猪价会有所反弹。另外，市场仍没有扶持养牛的利好政策，牛肉价格仍有上涨势头。

3.成本的上涨开始传递到相关行业。食品价格的上涨，直接影响到餐饮行业；燃油、木材等原材料价格、人工成本、铺面租金等成本的上涨将影响相关产品价格上涨；水电费价格的上涨，势必会增加部分行业的成本。这些成本的上涨将直接或间接转移到工业行业并最终转移到消费品价格上。

4.上年翘尾因素的影响逐渐减弱。负翘尾因素拉低了2012年物价指数，随着翘尾影响的减弱，新涨价因素将拉高总指数。

（二）物价下行因素

1.工业品和服务项目价格的下拉作用客观存在。受欧债危机影响，国内外制造业产能过剩及产品更新换代的加速，部分原出口企业也加快了内销的步伐，使得国内的家用电器、纺织服装、一般日用消费品、通信等行业均呈现供大于求的状态，在一定程度削弱了物价上涨势头。

2.国家继续执行严厉的楼市调控政策。2012年国家继续执行楼市调控，房地产投资减速，房价下行，建房及装修材料和耐用消费品消费将受到一定影响，有效控制了建房及装修材料和耐用消费品价格上涨。

3.国际市场原油价格仍有下降趋势。受国际市场原油价格下调影响，商品运输成本将进一步下降，从而拉低物价水平。

三、价格调查

居民消费、商品零售价格分类指数(2007年-2012年)

指 标	2007年	2008年	2009年	2010年	2011年	2012年
居民消费价格总指数	106.80	105.90	99.20	102.20	105.80	103.50
一、食品	114.60	116.50	100.20	106.10	115.00	103.80
1.粮食	108.20	119.20	105.60	104.50	117.70	107.20
2.淀粉及制品	105.80	102.80	98.50	115.10	131.00	102.40
3.干豆类及豆制品	108.30	133.50	102.10	105.10	102.70	98.10
4.油脂	108.70	115.90	87.10	98.70	108.40	107.00
5.肉禽及其制品	136.70	121.50	91.00	105.60	121.20	101.90
(1)食用畜肉及副产品	139.00	124.80	84.20	101.80	129.50	100.50
(2)禽	140.80	116.40	102.00	112.00	109.30	104.80
(3)加工肉禽	116.30	118.60	96.00	104.80	107.30	102.90
6.蛋	116.50	100.90	99.70	107.39	110.60	97.60
7.水产品	107.10	108.49	103.50	111.99	114.20	107.40
(1)鱼	111.70	115.89	94.40	113.19	113.40	107.00
(2)其他水产品	99.00	94.19	122.20	108.69	115.70	108.00
8.菜	112.20	106.59	95.50	116.09	113.20	109.80
鲜 菜	111.90	105.09	96.40	112.39	113.40	112.40
9.调 味 品	103.80	106.89	102.70	99.29	104.50	101.90
10.糖	98.50	103.29	103.10	104.29	113.90	110.10
11.茶及饮料	100.70	100.00	100.30	100.60	102.60	105.60
(1)茶叶	100.90	100.00	100.00	100.00	100.00	100.00
(2)饮料	100.60	100.00	100.60	101.00	104.30	109.30
12.干鲜瓜果	106.30	108.10	102.30	108.20	128.50	95.70
鲜 瓜 果	104.80	105.50	102.00	109.40	133.50	94.00
13.糕点饼干面包	103.00	103.30	100.30	104.50	113.20	108.40
14.液体乳及乳制品	97.10	115.80	114.30	101.90	99.70	100.90
15.在外用膳食品	103.30	124.20	112.00	103.10	107.80	104.80
16.其他食品	106.80	103.30	94.90	99.60	107.30	103.80
二、烟酒	103.30	99.10	98.90	100.10	103.00	102.10
1.烟草	103.40	96.10	98.00	98.80	100.00	99.30
2.酒	103.80	102.40	99.60	101.40	105.80	104.70
三、衣着	99.00	101.00	96.70	96.70	100.20	101.30
1.服 装	100.70	101.00	96.00	96.70	99.20	101.30
2.衣着材料	100.00	100.00	100.00	101.20	108.10	108.70
3.鞋袜帽	93.70	101.40	98.20	96.30	101.40	99.70
4.衣着加工服务费	101.80	98.20	100.00	99.30	117.10	116.10
四、家庭设备用品及维修服务	101.20	100.30	98.40	97.20	102.20	101.90
1.耐用消费品	101.70	100.20	97.10	94.30	100.40	102.30
2.室内装饰品	100.00	100.00	100.00	100.00	99.00	101.80
3.床上用品	98.90	100.00	99.20	99.10	113.60	100.40
4.家庭日用杂品	100.60	100.60	100.00	100.00	100.30	101.00
5.家庭服务及加工维修服务	101.80	100.40	100.00	101.10	102.40	104.30
五、医疗保健和个人用品	101.80	100.70	99.30	101.80	104.20	102.50
1.医疗保健	102.00	99.90	98.80	102.10	104.60	102.60
2.个人用品及服务	101.30	102.30	100.30	101.10	103.50	102.30

指　　标	2007年	2008年	2009年	2010年	2011年	2012年
六、交通和通信	99.80	96.90	98.90	98.90	102.90	100.60
1.交通	102.50	100.80	97.60	101.70	106.80	101.60
(1)交通工具	99.50	98.70	99.60	99.00	100.20	101.50
(2)车用燃料及零配件	101.80	109.90	98.90	107.80	109.40	103.10
(3)车辆使用及维修费	108.50	97.30	100.20	100.60	103.40	103.10
(4)市区公共交通费	101.00	100.00	90.70	99.10	100.00	100.20
(5)城市间交通费	100.30	101.60	101.10	102.00	120.60	100.60
2.通信	98.00	94.60	99.60	97.30	98.90	99.60
(1)通信工具	85.20	83.90	98.00	86.50	93.90	92.30
(2)通信服务	101.00	97.00	100.00	100.00	100.00	101.00
七、娱乐教育文化用品及服务	106.20	99.30	100.70	100.90	100.50	103.20
1.文娱用耐用消费品及服务	97.20	95.20	93.70	98.40	94.10	96.90
2.教育	104.50	99.80	100.10	98.60	102.30	101.80
3.文化娱乐类	109.50	101.60	103.20	102.20	99.00	105.80
(1)文化娱乐用品	100.70	100.70	99.60	99.00	101.70	102.20
(2)书报杂志	100.00	100.00	110.50	100.00	100.00	100.00
(3)文娱费	129.30	103.50	103.40	108.70	96.70	111.00
4.旅游	117.00	99.40	107.40	109.00	106.10	113.00
八、居住	104.40	105.50	97.70	104.20	100.20	107.00
1.建房及装修材料	110.10	103.70	100.50	102.20	105.40	105.50
2.住房租金	100.00	100.00	100.00	100.00	98.10	102.20
3.自有住房	108.60	101.70	86.30	104.20	100.30	107.70
4.水、电、燃料	102.80	107.60	95.70	107.80	98.30	109.90
商品零售价格总指数	104.80	106.80	99.60	102.50	106.20	102.40
一、食品	114.60	116.30	100.50	106.00	114.50	104.10
1.粮食	108.50	120.10	105.90	104.50	117.60	107.20
2.淀粉及制品	105.80	102.80	98.50	115.10	131.00	102.40
3.干豆类及豆制品	108.60	133.40	102.10	104.90	102.80	97.70
4.油脂	108.70	115.90	87.10	98.70	108.40	107.00
5.肉禽及其制品	136.80	122.00	91.20	105.40	119.90	102.80
(1)食用畜肉及副产品	139.10	125.60	84.60	101.40	128.40	102.00
(2)禽	140.80	116.40	102.00	112.00	109.20	104.70
(3)加工肉禽	116.30	118.60	96.00	104.80	107.30	102.90
6.蛋	116.50	100.90	99.70	107.30	110.70	97.60
7.水产品	103.50	102.30	111.40	110.60	113.80	107.60
(1)鱼	111.70	115.80	94.40	113.10	112.80	107.40
(2)其他水产品	99.00	94.10	122.20	108.60	115.70	108.00
8.菜	112.20	106.50	95.50	116.00	113.20	109.80
鲜　菜	111.90	105.00	96.40	112.30	113.40	112.40
9.调味品	104.70	106.80	102.60	99.00	104.00	101.60
10.糖	98.50	102.80	102.40	103.70	113.40	110.90
11.干鲜瓜果	106.30	108.10	102.30	108.20	128.50	95.70
鲜 瓜 果	104.80	105.50	102.00	109.40	133.50	94.00
12.糕点饼干面包	103.00	103.20	100.30	104.50	113.20	108.10
13.液体乳及乳制品	97.10	115.80	114.30	101.90	100.00	101.00
14.在外用膳食品	103.70	124.90	112.80	103.60	107.80	105.30
15.其他食品	106.80	103.30	94.90	99.60	107.30	103.80
二、饮料、烟酒	102.10	99.60	99.00	100.20	102.70	103.00

指 标	2007年	2008年	2009年	2010年	2011年	2012年
1.茶及饮料	100.70	100.00	100.30	100.60	102.80	106.20
(1)茶叶	100.90	100.00	100.00	100.00	100.00	100.00
(2)饮料	100.60	100.00	100.60	101.00	104.10	109.00
2.烟草	103.40	96.40	98.00	98.80	100.00	99.30
3.酒	103.90	102.40	99.60	101.40	105.90	104.80
三、服装、鞋帽	98.90	101.10	96.60	96.10	99.90	101.00
1.服装	100.70	101.00	96.00	96.70	99.60	101.40
2.鞋袜帽	93.30	101.80	97.80	95.80	101.60	100.30
3.其他	100.00	100.00	100.00	88.60	92.60	96.70
四、纺织品	99.30	100.00	99.50	99.40	111.70	102.00
1.衣着材料	100.00	100.00	100.00	101.20	106.40	108.10
2.床上用品	99.10	100.00	99.30	98.80	113.10	100.40
五、家用电器及音像器材	100.70	98.50	95.00	97.90	97.60	100.50
1.家庭设备	101.90	99.70	95.20	96.90	100.20	103.80
2.文娱用耐用消费品	99.40	96.50	93.50	98.60	93.40	96.00
3.专业音像器材	100.00	100.00	100.00	100.00	99.30	99.30
六、文化办公用品	98.70	99.20	100.00	100.20	100.50	101.00
七、日用品	100.50	102.50	103.00	99.40	99.70	102.50
1.日用百货	101.70	102.50	104.60	98.80	98.10	103.80
2.日用杂品	100.90	100.90	100.00	100.00	100.20	100.80
3.洗涤用品	98.70	103.30	104.50	99.50	100.80	102.50
4.其他日用品	100.50	104.60	99.90	99.30	100.90	101.80
八、体育娱乐用品	98.40	100.00	100.00	100.40	102.50	102.10
1.体育用品	96.90	100.00	100.00	101.00	105.90	104.50
2.娱乐用品	100.00	100.00	100.00	99.80	99.10	99.50
九、交通、通信用品	94.50	95.90	99.50	97.10	98.80	98.80
1.交通运输机械	96.10	97.90	99.70	99.10	99.70	99.90
2.通信器材	88.40	88.90	98.50	90.00	95.50	94.60
十、家具	102.10	101.90	100.00	89.40	103.70	100.30
十一、化妆品	95.40	100.00	100.00	99.90	100.30	100.80
十二、金银珠宝	108.10	112.10	99.80	109.70	112.00	101.50
十三、中西药品及医疗保健用品	101.00	99.10	98.70	103.10	102.60	102.30
1.医疗器具及用品	107.40	100.00	100.00	112.30	107.00	104.40
2.中药材及中成药	104.90	101.80	97.00	97.60	109.50	110.50
3.西药	99.10	97.50	98.60	102.30	99.80	97.80
4.保健器具及用品	98.70	100.50	100.10	107.00	95.20	99.50
十四、书报杂志及电子出版物	98.70	99.70	106.40	101.40	100.40	100.00
1.教材及参考书	94.80	98.70	100.50	106.40	101.10	100.00
2.书报杂志	100.00	100.00	110.50	100.00	100.00	100.00
3.电子音像制品	100.00	100.00	100.00	98.30	100.00	100.00
十五、燃料	102.60	116.40	98.90	113.10	110.80	103.50
1.煤炭及制品	105.70	116.30	115.00	103.10	121.20	100.00
2.石油及制品	102.00	116.40	96.10	115.30	110.00	103.80
十六、建筑材料及五金电料	107.80	105.30	100.00	104.00	105.50	103.90
1.建筑装璜材料	109.10	106.60	99.40	104.50	106.50	104.10
2.五金电料	102.60	100.00	102.30	102.00	101.40	102.80

居民消费、商品零售价格分月分类指数(2007年)

（上年同期=100）

指　标	1月	2月	3月	4月	5月	6月	7月	8月	9月	10月	11月	12月	累计(上年同期=100)
居民消费价格总指数	102.80	104.20	105.10	105.40	104.60	104.60	107.20	109.60	109.40	109.60	109.40	109.20	106.80
一、食品	104.40	107.50	109.40	110.40	108.20	107.30	114.20	122.60	124.00	123.50	121.70	121.80	114.60
1.粮食	105.00	104.30	105.20	105.50	105.50	107.70	113.20	111.70	111.60	110.30	110.30	108.00	108.20
2.淀粉及制品	100.00	100.00	100.00	100.00	100.00	100.00	106.30	106.30	112.50	119.80	112.50	112.50	105.80
3.干豆类及豆制品	100.00	97.3 0	97.30	98.50	99.90	101.60	114.50	115.90	116.90	116.10	119.60	122.40	108.30
4.油脂	100.10	102.10	103.00	105.10	105.60	107.70	108.90	111.50	111.90	111.90	117.50	118.90	108.70
5.肉禽及其制品	111.00	118.50	120.60	119.30	122.30	124.00	148.00	164.20	160.30	149.60	148.40	154.10	136.70
(1)食用畜肉及副产品	110.90	116.50	113.00	110.90	118.00	122.30	156.30	178.70	172.10	156.50	152.50	163.00	139.00
(2)禽	114.50	125.20	141.70	141.40	135.60	132.90	146.60	154.60	152.20	145.80	149.50	147.30	140.80
(3)加工肉禽	104.80	110.20	108.60	107.40	109.70	109.60	114.30	123.10	126.40	126.40	126.40	129.30	116.30
6.蛋	102.20	104.90	105.60	102.80	104.50	114.40	120.20	123.10	126.30	132.00	130.20	132.00	116.50
7.水产品	99.7 0	96.6 0	107.30	105.40	105.20	108.70	108.80	110.30	110.50	115.00	112.20	108.70	107.10
(1)鱼	99.4 0	100.50	111.00	109.20	108.40	112.20	113.80	118.80	119.90	117.20	116.00	116.00	111.70
(2)其他水产品	100.30	90.9 0	101.60	99.6 0	100.20	103.20	99.30	94.00	92.80	110.00	104.00	94.80	99.00
8.菜	101.40	102.00	109.70	127.90	117.00	103.60	97.40	111.50	127.00	126.70	119.20	106.70	112.20
鲜　菜	103.70	102.70	112.20	133.10	118.70	102.30	94.10	110.90	124.80	124.00	118.90	103.10	111.90
9.调 味 品	104.90	104.90	104.90	105.30	105.30	105.30	103.40	105.30	101.80	101.80	101.80	101.80	103.80
10.糖	105.80	96.50	98.00	98.30	99.90	96.10	97.00	100.30	97.70	98.20	98.00	97.20	98.50
11.茶及饮料	102.00	102.00	102.00	100.20	100.20	100.20	100.40	100.40	100.40	100.40	100.40	100.40	100.70
(1)茶叶	103.50	103.50	103.50	100.00	100.00	100.00	100.00	100.00	100.00	100.00	100.00	100.00	100.90
(2)饮料	100.70	100.70	100.70	100.30	100.30	100.30	100.80	100.70	100.70	100.70	100.70	100.70	100.60
12.干鲜瓜果	108.20	122.40	118.10	111.00	85.20	79.10	88.30	104.10	107.70	127.80	122.20	117.70	106.30
鲜 瓜 果	109.50	127.70	121.10	110.60	79.90	72.60	82.10	101.00	105.20	130.80	123.50	117.00	104.80
13.糕点饼干面包	100.20	100.20	100.20	100.00	100.00	100.00	100.00	100.00	109.00	109.00	109.00	109.00	103.00
14.液体乳及乳制品	97.1 0	97.50	97.5	98.20	98.20	98.20	96.00	96.00	96.00	96.00	96.00	99.00	97.10

指　标	1月	2月	3月	4月	5月	6月	7月	8月	9月	10月	11月	12月	累计(上年同期=100)
15.在外用膳食品	102.20	103.10	101.50	101.50	101.50	101.50	101.50	105.60	105.40	106.30	104.70	104.70	103.30
16.其他食品	104.60	104.60	104.60	109.60	109.60	109.60	104.70	106.90	106.90	106.90	106.90	106.90	106.80
二、烟酒	103.80	103.80	103.80	103.80	103.80	103.80	103.80	102.90	102.60	102.60	102.60	102.60	103.30
1.烟草	103.80	103.80	103.80	103.80	103.80	103.80	103.80	102.80	102.80	102.80	102.80	102.80	103.40
2.酒	104.50	104.50	104.50	104.50	104.50	104.50	104.50	103.40	102.80	102.80	102.80	102.80	103.80
三、衣着	96.70	97.50	97.20	97.20	97.20	97.20	98.10	98.10	100.30	102.60	103.10	102.90	99.00
1.服　装	98.40	99.60	99.60	99.70	99.70	99.70	99.70	99.70	100.40	103.50	104.30	104.00	100.70
2.衣着材料	100.00	100.00	100.00	100.00	100.00	100.00	100.00	100.00	100.00	100.00	100.00	100.00	100.00
3.鞋袜帽	91.20	91.20	89.80	89.80	89.80	89.80	92.60	92.60	100.00	100.00	100.00	100.00	93.70
4.衣着加工服务费	104.30	104.30	104.30	104.30	104.30	100.00	100.00	100.00	100.00	100.00	100.00	100.00	101.80
四、家庭设备用品及维修服务	100.90	100.90	101.20	101.20	101.30	101.30	101.90	101.60	101.20	101.20	101.20	101.20	101.20
1.耐用消费品	101.90	101.90	101.90	101.90	102.10	101.80	102.50	101.90	101.20	101.20	101.20	101.20	101.70
2.室内装饰品	100.00	100.00	100.00	100.00	100.00	100.00	100.00	100.00	100.00	100.00	100.00	100.00	100.00
3.床上用品	97.50	97.50	97.50	97.50	97.50	100.00	100.00	100.00	100.00	100.00	100.00	100.00	98.90
4.家庭日用杂品	100.00	100.00	100.00	100.00	100.00	100.00	101.10	101.10	101.10	101.10	101.10	101.10	100.60
5.家庭服务及加工维修服务	100.00	100.00	102.20	102.20	102.20	102.20	102.20	102.20	102.20	102.20	102.20	102.20	101.80
五、医疗保健和个人用品	99.20	100.20	100.10	100.10	100.80	101.30	103.70	103.10	103.00	103.50	103.10	103.50	101.80
1.医疗保健	101.00	100.60	100.50	100.60	101.60	102.80	103.60	102.80	102.30	102.90	102.20	102.90	102.00
2.个人用品及服务	95.20	98.90	99.20	98.80	98.80	98.00	103.90	103.90	104.60	104.80	105.10	104.90	101.30
六、交通和通信	101.40	101.10	101.10	101.70	101.00	100.40	98.60	98.60	98.60	98.30	98.20	98.40	99.80
1.交通	105.60	105.50	105.20	106.10	105.20	104.10	99.70	99.60	99.50	99.50	100.40	100.40	102.50
(1)交通工具	98.70	98.70	98.10	101.00	101.00	101.00	99.70	99.20	99.20	99.20	99.20	99.10	99.50
(2)车用燃料及零配件	107.50	107.10	105.90	103.90	100.80	97.90	97.90	97.90	97.90	98.30	104.00	104.00	101.80
(3)车辆使用及维修费	118.50	118.50	118.50	118.50	118.50	118.50	100.00	100.00	100.00	100.00	100.00	100.00	108.50
(4)市区公共交通费	102.60	102.60	102.60	102.60	101.30	100.00	100.00	100.00	100.00	100.00	100.00	100.00	101.00
(5)城市间交通费	99.30	99.30	99.30	102.40	102.40	100.50	100.50	100.50	99.70	99.70	99.90	99.90	100.30
2.通信	98.70	98.30	98.50	98.90	98.30	98.00	98.00	98.00	98.00	97.60	96.90	97.30	98.00
(1)通信工具	88.50	86.70	87.60	89.70	85.60	84.10	84.10	84.10	84.10	81.80	81.80	84.20	85.20

指　标	1月	2月	3月	4月	5月	6月	7月	8月	9月	10月	11月	12月	累计(上年同期=100)
(2)通信服务	100.90	100.90	100.90	100.90	101.20	101.20	101.20	101.20	101.20	101.20	100.40	100.40	101.00
七、娱乐教育文化用品及服务	104.40	107.00	107.80	108.00	107.50	107.70	107.90	107.90	103.70	104.90	103.80	103.60	106.20
1.文娱用耐用消费品及服务	97.70	97.70	97.70	97.70	96.20	96.40	96.40	96.70	97.20	97.20	98.00	97.70	97.20
2.教育	108.60	108.30	107.30	107.30	107.30	107.30	107.30	107.30	98.80	98.80	98.80	98.80	104.50
3.文化娱乐类	103.20	103.40	109.50	110.50	109.70	110.30	111.00	111.40	111.40	111.40	111.40	110.80	109.50
(1)文化娱乐用品	100.00	100.00	100.00	100.00	100.00	100.00	101.50	101.50	101.50	101.50	101.50	101.50	100.70
(2)书报杂志	100.00	100.00	100.00	100.00	100.00	100.00	100.00	100.00	100.00	100.00	100.00	100.00	100.00
(3)文娱费	110.30	111.10	130.30	134.00	130.80	133.10	132.90	134.40	134.40	134.40	134.40	132.20	129.30
4.旅游	101.50	119.10	118.40	118.40	118.40	118.40	118.40	117.90	116.90	124.60	116.20	116.20	117.00
八、居住	104.10	102.50	104.10	103.10	102.50	104.70	106.20	103.90	103.20	103.80	108.60	106.00	104.40
1.建房及装修材料	113.70	113.90	114.10	109.60	108.80	109.70	111.80	110.80	110.60	106.20	107.40	105.70	110.10
2.住房租金	100.00	100.00	100.00	100.00	100.00	100.00	100.00	100.00	100.00	100.00	100.00	100.00	100.00
3.自有住房	103.80	103.80	106.20	106.20	108.50	108.50	110.20	109.80	111.30	111.30	111.30	111.80	108.60
4.水、电、燃料	100.30	97.00	99.90	100.30	100.60	105.00	107.10	102.20	100.20	104.00	110.80	106.50	102.80
商品零售价格总指数	101.90	102.50	103.00	103.20	101.90	101.70	104.60	107.10	107.80	108.00	108.30	108.10	104.80
一、食品	104.70	107.50	109.40	110.50	107.80	106.90	114.00	122.60	124.10	123.90	122.10	121.90	114.60
1.粮食	105.30	104.50	105.40	105.70	105.70	107.90	113.60	112.00	112.00	110.60	110.60	108.20	108.50
2.淀粉及制品	100.00	100.00	100.00	100.00	100.00	100.00	106.20	106.20	112.50	119.80	112.50	112.50	105.80
3.干豆类及豆制品	100.30	97.60	97.60	98.80	100.10	101.70	115.10	116.40	117.20	116.50	119.70	122.20	108.60
4.油脂	100.10	102.10	103.00	105.10	105.60	107.70	108.90	111.50	111.90	111.90	117.50	118.90	108.70
5.肉禽及其制品	111.10	118.60	120.90	119.60	122.60	124.30	148.20	164.20	160.30	149.40	148.10	154.00	136.80
(1)食用畜肉及副产品	111.10	116.70	113.30	111.40	118.50	122.80	156.70	178.80	172.10	156.10	152.00	162.60	139.10
(2)禽	114.50	125.20	141.70	141.40	135.60	132.90	146.60	154.60	152.20	145.80	149.50	147.30	140.80
(3)加工肉禽	104.80	110.20	108.60	107.40	109.70	109.60	114.30	123.10	126.40	126.40	126.40	129.30	116.30
6.蛋	102.20	104.90	105.60	102.80	104.50	114.40	120.20	123.10	126.30	132.00	130.20	132.00	116.50
7.水产品	99.90	93.90	104.60	102.70	102.80	106.10	104.60	103.20	102.70	112.90	108.70	102.60	103.50
(1)鱼	99.40	100.50	111.00	109.20	108.40	112.20	113.80	118.80	119.90	117.20	116.00	116.00	111.70
(2)其他水产品	100.30	90.90	101.60	99.60	100.20	103.20	99.30	94.00	92.80	110.00	104.00	94.80	99.00

指　标	1月	2月	3月	4月	5月	6月	7月	8月	9月	10月	11月	12月	累计(上年同期=100)
8.菜	101.40	102.00	109.70	127.90	117.00	103.60	97.40	111.50	127.00	126.70	119.20	106.70	112.20
鲜　菜	103.70	102.70	112.20	133.10	118.70	102.30	94.10	110.90	124.80	124.00	118.90	103.10	111.90
9.调味品	106.10	106.10	106.10	106.50	106.50	106.50	104.50	106.50	102.10	102.10	102.10	102.10	104.70
10.糖	105.60	96.30	97.80	98.20	99.70	95.90	97.00	100.40	97.70	98.30	98.00	97.30	98.50
11.干鲜瓜果	108.20	122.40	118.10	111.00	85.20	79.10	88.30	104.10	107.70	127.80	122.20	117.70	106.30
鲜瓜果	109.50	127.70	121.10	110.60	79.90	72.60	82.10	101.00	105.20	130.80	123.50	117.00	104.80
12.糕点饼干面包	100.20	100.20	100.20	100.00	100.00	100.00	100.00	100.00	109.00	109.00	109.00	109.00	103.00
13.液体乳及乳制品	97.10	97.50	97.50	98.20	98.20	98.20	96.00	96.00	96.00	96.00	96.00	99.00	97.10
14.在外用膳食品	102.20	103.10	101.50	101.50	101.50	101.50	101.50	106.50	106.30	107.10	105.50	105.50	103.70
15.其他食品	104.60	104.60	104.60	109.60	109.60	109.60	104.70	106.90	106.90	106.90	106.90	106.90	106.80
二、饮料、烟酒	103.00	103.00	103.00	102.00	102.00	102.00	102.20	101.60	101.50	101.50	101.50	101.50	102.10
1.茶及饮料	102.00	102.00	102.00	100.20	100.20	100.20	100.40	100.40	100.40	100.40	100.40	100.40	100.70
(1)茶叶	103.50	103.50	103.50	100.00	100.00	100.00	100.00	100.00	100.00	100.00	100.00	100.00	100.90
(2)饮料	100.70	100.70	100.70	100.30	100.30	100.30	100.80	100.70	100.70	100.70	100.70	100.70	100.60
2.烟草	103.90	103.90	103.90	103.90	103.90	103.90	103.90	102.70	102.70	102.70	102.70	102.70	103.40
3.酒	104.50	104.50	104.50	104.50	104.50	104.50	104.50	103.40	102.80	102.80	102.80	102.80	103.90
三、服装、鞋帽	96.60	97.50	97.10	97.20	97.20	97.20	97.80	97.80	100.30	102.60	103.10	102.90	98.90
1.服装	98.40	99.60	99.60	99.70	99.70	99.70	99.70	99.70	100.40	103.50	104.30	104.00	100.70
2.鞋袜帽	90.90	90.90	89.30	89.30	89.30	89.30	91.00	91.00	100.00	100.00	100.00	100.00	93.30
3.其他	100.00	100.00	100.00	100.00	100.00	100.00	100.00	100.00	100.00	100.00	100.00	100.00	100.00
四、纺织品	98.40	98.40	98.40	98.40	98.40	100.00	100.00	100.00	100.00	100.00	100.00	100.00	99.30
1.衣着材料	100.00	100.00	100.00	100.00	100.00	100.00	100.00	100.00	100.00	100.00	100.00	100.00	100.00
2.床上用品	97.90	97.90	97.90	97.90	97.90	100.00	100.00	100.00	100.00	100.00	100.00	100.00	99.10
五、家用电器及音像器材	101.00	101.00	101.00	101.00	101.20	101.50	101.10	100.60	100.00	100.00	99.80	99.80	100.70
1.家庭设备	103.30	103.30	103.30	103.30	103.60	103.10	102.20	101.20	100.00	100.00	100.00	100.00	101.90
2.文娱用耐用消费品	98.70	98.70	98.70	98.70	98.70	100.00	100.00	100.00	100.00	100.00	99.40	99.40	99.40
3.专业音像器材	100.00	100.00	100.00	100.00	100.00	100.00	100.00	100.00	100.00	100.00	100.00	100.00	100.00
六、文化办公用品	98.60	98.60	98.70	98.60	97.60	97.60	98.70	98.80	99.10	99.10	99.80	99.50	98.70

指　标	1月	2月	3月	4月	5月	6月	7月	8月	9月	10月	11月	12月	累计(上年同期=100)
七、日用品	99.30	99.30	99.30	100.60	100.60	100.60	101.40	101.10	101.10	101.10	101.10	101.10	100.50
1.日用百货	100.60	100.60	100.60	102.30	102.30	102.30	102.90	101.90	101.90	101.90	101.90	101.90	101.70
2.日用杂品	100.00	100.00	100.00	100.00	100.00	100.00	101.80	101.80	101.80	101.80	101.80	101.80	100.90
3.洗涤用品	97.00	97.00	97.00	99.30	99.30	99.30	99.30	99.30	99.30	99.30	99.30	99.30	98.70
4.其他日用品	99.60	99.60	99.60	99.60	99.60	99.60	101.40	101.40	101.40	101.40	101.40	101.40	100.50
八、体育娱乐用品	98.40	98.40	98.40	98.40	98.40	98.40	98.40	98.40	98.40	98.40	98.40	98.40	98.40
1.体育用品	96.90	96.90	96.90	96.90	96.90	96.90	96.90	96.90	96.90	96.90	96.90	96.90	96.90
2.娱乐用品	100.00	100.00	100.00	100.00	100.00	100.00	100.00	100.00	100.00	100.00	100.00	100.00	100.00
九、交通、通信用品	95.00	94.70	93.90	95.30	94.60	94.60	93.80	94.50	94.70	94.30	94.30	94.40	94.50
1.交通运输机械	96.40	96.40	95.70	96.10	96.10	96.10	95.40	96.20	96.20	96.20	96.20	95.90	96.10
2.通信器材	89.20	87.90	86.90	91.70	88.70	88.70	88.00	88.00	88.70	87.00	87.00	88.70	88.40
十、家具	100.00	100.00	100.00	100.00	100.00	100.00	104.20	104.20	104.20	104.20	104.20	104.20	102.10
十一、化妆品	91.30	91.30	91.30	91.30	91.30	91.30	100.00	100.00	100.00	100.00	100.00	100.00	95.40
十二、金银珠宝	111.50	108.10	111.40	109.10	98.80	101.70	102.00	100.20	108.60	113.30	117.00	117.80	108.10
十三、中西药品及医疗保健用品	100.80	100.20	99.30	99.50	100.70	101.70	102.40	102.30	101.90	101.30	101.00	101.40	101.00
1.医疗器具及用品	110.10	110.10	110.10	110.10	110.10	110.10	110.10	110.10	110.10	100.00	100.00	100.00	107.40
2.中药材及中成药	103.00	101.20	103.20	103.40	104.50	107.50	108.40	104.70	102.50	107.10	105.40	107.50	104.90
3.西药	99.20	99.10	96.80	97.00	98.60	98.80	99.80	100.60	100.70	99.80	99.80	99.80	99.10
4.保健器具及用品	97.60	97.00	97.00	97.00	97.70	99.50	99.50	99.80	99.80	99.80	99.80	99.80	98.70
十四、书报杂志及电子出版物	100.00	99.70	98.50	98.50	98.50	98.50	98.50	98.50	98.50	98.50	98.50	98.50	98.70
1.教材及参考书	100.00	98.90	94.00	94.00	94.00	94.00	94.00	94.00	93.80	93.80	93.80	93.80	94.80
2.书报杂志	100.00	100.00	100.00	100.00	100.00	100.00	100.00	100.00	100.00	100.00	100.00	100.00	100.00
3.电子音像制品	100.00	100.00	100.00	100.00	100.00	100.00	100.00	100.00	100.00	100.00	100.00	100.00	100.00
十五、燃料	105.90	103.50	103.90	102.10	99.50	98.60	99.90	99.80	98.90	101.00	110.20	108.00	102.60
1.煤炭及制品	100.00	100.00	100.00	100.00	100.00	100.00	100.00	113.80	113.80	113.80	113.80	113.80	105.70
2.石油及制品	106.80	103.90	104.40	102.20	99.30	98.30	99.80	97.40	96.40	98.90	109.50	107.10	102.00
十六、建筑材料及五金电料	111.60	111.70	111.90	108.00	106.40	106.70	108.30	108.10	107.90	104.60	105.50	104.20	107.80
1.建筑装璜材料	112.40	112.60	112.80	108.60	107.90	108.30	110.30	110.00	109.90	105.60	106.80	105.10	109.10
2.五金电料	108.30	108.30	108.30	105.50	100.30	100.30	100.30	100.30	100.30	100.30	100.30	100.30	102.60

居民消费、商品零售价格分月分类指数(2008年)

(上年同期=100)

指　标	1月	2月	3月	4月	5月	6月	7月	8月	9月	10月	11月	12月	累计(上年同期=100)
居民消费价格总指数	108.30	108.60	106.80	107.70	109.40	109.50	107.10	104.70	103.50	102.60	101.80	101.70	105.90
一、食品	121.20	122.70	118.60	121.30	126.00	126.40	119.30	112.50	109.40	107.90	108.90	108.60	116.50
1.粮食	109.00	110.70	109.90	114.40	128.10	125.20	119.50	121.20	122.90	122.70	122.70	122.50	119.20
2.淀粉及制品	117.90	116.40	106.80	107.10	107.10	107.10	100.80	100.80	95.20	89.40	95.20	95.20	102.80
3.干豆类及豆制品	126.50	139.90	146.00	150.50	149.00	145.60	128.30	125.70	124.70	125.60	124.70	124.00	133.50
4.油脂	119.40	116.80	126.70	123.80	123.70	121.10	119.90	117.20	114.20	111.50	104.60	95.90	115.90
5.肉禽及其制品	151.00	141.50	139.80	146.40	139.80	138.80	118.60	106.50	104.20	104.00	100.70	98.10	121.50
(1)食用畜肉及副产品	157.50	154.10	156.20	165.20	152.60	149.50	121.30	105.90	102.50	100.20	96.10	92.20	124.80
(2)禽	146.60	125.80	118.00	122.50	123.50	124.80	112.30	105.60	105.70	109.70	106.60	108.50	116.40
(3)加工肉禽	130.60	125.10	126.90	131.00	126.30	126.60	121.90	113.10	109.70	109.20	108.00	103.80	118.60
6.蛋	126.00	112.30	111.30	114.80	111.60	101.90	97.00	94.70	92.30	88.30	88.70	86.40	100.90
7.水产品	110.20	114.40	105.90	107.80	111.00	110.00	110.40	107.40	106.00	105.30	105.10	107.60	108.40
(1)鱼	117.80	119.00	111.90	121.70	130.70	130.10	122.60	110.40	107.00	109.30	106.90	104.50	115.80
(2)其他水产品	96.20	104.90	94.40	83.50	77.30	75.60	86.50	101.50	104.40	97.10	101.40	114.00	94.10
8.菜	107.20	144.80	112.40	113.50	107.30	103.90	106.20	104.00	91.40	86.60	97.70	110.00	106.50
鲜　菜	103.90	149.70	109.30	111.60	103.60	99.00	102.30	99.80	89.00	86.90	97.80	113.90	105.00
9.调 味 品	100.00	100.00	103.80	105.10	105.10	108.20	108.20	110.20	110.20	110.20	110.20	110.20	106.80
10.糖	97.20	98.80	103.80	104.10	104.50	101.30	100.00	104.50	105.40	105.90	107.00	106.00	103.20
11.茶及饮料	100.50	100.50	100.20	100.20	100.20	100.20	99.70	99.70	99.70	99.70	99.70	99.70	100.00
(1)茶叶	100.00	100.00	100.00	100.00	100.00	100.00	100.00	100.00	100.00	100.00	100.00	100.00	100.00
(2)饮料	100.90	100.90	100.30	100.30	100.30	100.30	99.40	99.40	99.40	99.40	99.40	99.40	100.00
12.干鲜瓜果	117.70	115.80	110.10	113.40	114.60	132.10	125.80	101.20	94.30	89.00	97.10	92.60	108.10
鲜 瓜 果	116.80	111.60	105.50	111.20	113.00	136.30	129.10	96.80	88.70	84.60	93.80	89.10	105.50
13.糕点饼干面包	109.00	109.00	109.00	109.00	104.00	104.00	104.80	104.80	96.10	96.60	97.20	97.90	103.30
14.液体乳及乳制品	99.00	98.60	98.60	98.60	104.60	122.10	128.70	129.50	129.50	123.00	126.20	132.60	115.80

指　标	1月	2月	3月	4月	5月	6月	7月	8月	9月	10月	11月	12月	累计(上年同期=100)
15.在外用膳食品	104.70	103.90	105.50	105.50	137.50	137.50	137.50	132.10	131.30	130.30	131.30	131.30	124.20
16.其他食品	106.90	106.90	106.90	106.90	106.90	106.90	100.00	100.00	100.00	100.00	100.00	100.00	103.30
二、烟酒	97.60	97.60	97.60	99.20	99.20	99.20	99.20	99.60	99.90	99.90	99.90	99.90	99.10
1.烟草	96.10	96.10	96.10	96.10	96.10	96.10	96.10	96.10	96.10	96.10	96.10	96.10	96.10
2.酒	98.50	98.50	98.50	102.90	102.90	102.90	102.90	103.80	104.50	104.50	104.50	104.50	102.40
三、衣着	103.00	103.30	101.30	101.30	101.10	101.20	102.60	103.10	100.70	98.40	98.60	98.00	101.00
1.服　装	104.30	104.60	101.70	101.70	101.40	101.40	101.40	101.60	100.80	97.70	97.90	97.50	101.00
2.衣着材料	100.00	100.00	100.00	100.00	100.00	100.00	100.00	100.00	100.00	100.00	100.00	100.00	100.00
3.鞋袜帽	100.00	100.00	100.40	100.40	100.40	100.40	106.80	108.40	100.40	100.40	100.40	99.30	101.40
4.衣着加工服务费	95.90	95.90	95.90	95.90	95.90	100.00	100.00	100.00	100.00	100.00	100.00	100.00	98.20
四、家庭设备用品及维修服务	101.10	101.10	100.80	100.80	100.80	100.80	99.90	99.90	99.90	99.60	99.60	99.10	100.30
1.耐用消费品	101.10	101.10	101.00	101.00	101.00	101.00	99.80	99.80	99.80	99.20	99.20	98.40	100.20
2.室内装饰品	100.00	100.00	100.00	100.00	100.00	100.00	100.00	100.00	100.00	100.00	100.00	100.00	100.00
3.床上用品	100.00	100.00	100.00	100.00	100.00	100.00	100.00	100.00	100.00	100.00	100.00	100.00	100.00
4.家庭日用杂品	101.10	101.10	101.10	101.10	101.10	101.10	100.00	100.00	100.00	100.00	100.00	100.00	100.60
5.家庭服务及加工维修服务	102.20	102.20	100.00	100.00	100.00	100.00	100.00	100.00	100.00	100.00	100.00	100.00	100.40
五、医疗保健和个人用品	103.40	102.80	102.10	101.80	101.80	101.10	100.00	99.50	98.90	98.70	99.30	99.40	100.70
1.医疗保健	102.70	102.70	101.70	101.40	101.40	100.40	98.80	98.40	97.50	97.60	98.40	98.40	99.90
2.个人用品及服务	105.00	103.00	103.00	102.50	102.50	102.50	102.50	101.90	101.80	101.10	101.20	101.50	102.30
六、交通和通信	95.90	96.20	96.00	95.80	96.40	96.90	97.50	97.60	97.60	97.90	97.50	97.50	96.90
1.交通	100.40	100.50	100.00	99.40	99.40	100.20	101.80	102.00	102.10	102.10	101.10	100.10	100.80
(1)交通工具	98.70	98.70	99.90	97.00	97.00	97.00	99.40	99.40	99.40	99.40	99.40	99.60	98.70
(2)车用燃料及零配件	104.80	105.20	105.20	106.10	106.10	111.50	117.10	117.10	117.10	116.60	109.70	103.30	109.90
(3)车辆使用及维修费	100.00	100.00	96.60	96.60	96.60	96.60	96.60	96.60	97.00	97.00	97.00	97.00	97.30
(4)市区公共交通费	100.00	100.00	100.00	100.00	100.00	100.00	100.00	100.00	100.00	100.00	100.00	100.00	100.00
(5)城市间交通费	100.20	100.40	100.40	100.40	100.40	100.40	101.00	103.20	103.20	103.20	103.10	103.10	101.60
2.通信	93.20	93.60	93.60	93.60	94.60	94.90	94.90	94.90	94.90	95.30	95.30	95.90	94.60
(1)通信工具	76.90	78.60	78.60	78.60	84.60	86.10	86.10	86.10	86.10	88.50	88.50	91.40	83.90

指 标	1月	2月	3月	4月	5月	6月	7月	8月	9月	10月	11月	12月	累计(上年同期=100)
(2)通信服务	97.30	97.30	97.30	97.30	96.90	96.90	96.90	96.90	96.90	96.90	96.90	96.90	97.00
七、娱乐教育文化用品及服务	102.30	100.30	99.60	99.60	99.80	99.80	99.60	98.40	98.40	98.60	97.70	97.80	99.30
1.文娱用耐用消费品及服务	95.30	95.30	95.20	95.20	96.60	96.60	96.60	96.30	96.30	94.10	92.60	92.80	95.20
2.教育	98.80	98.80	99.90	99.90	99.90	99.90	99.90	99.90	100.00	100.00	100.00	100.00	99.80
3.文化娱乐类	107.70	107.70	101.40	101.20	101.20	101.00	100.00	100.00	100.00	100.00	99.80	99.80	101.60
(1)文化娱乐用品	101.50	101.50	101.50	101.50	101.50	101.50	100.00	100.00	100.00	100.00	99.50	99.50	100.70
(2)书报杂志	100.00	100.00	100.00	100.00	100.00	100.00	100.00	100.00	100.00	100.00	100.00	100.00	100.00
(3)文娱费	121.00	121.00	102.00	101.60	101.60	101.00	100.00	100.00	100.00	100.00	100.00	100.00	103.50
4.旅游	114.50	100.60	101.20	101.20	101.20	101.20	101.20	93.90	93.90	98.40	93.90	93.90	99.40
八、居住	106.10	107.30	107.00	107.00	108.90	108.50	106.90	107.50	107.50	105.80	97.30	98.30	105.50
1.建房及装修材料	104.70	105.10	106.50	106.60	105.80	105.00	102.20	102.30	102.40	102.40	101.10	101.10	103.70
2.住房租金	100.00	100.00	100.00	100.00	100.00	100.00	100.00	100.00	100.00	100.00	100.00	100.00	100.00
3.自有住房	111.80	111.80	109.30	109.30	104.80	104.80	103.20	102.10	98.40	98.40	86.50	83.90	101.70
4.水、电、燃料	107.50	109.60	108.30	108.30	112.30	112.20	110.60	112.10	113.00	109.40	95.40	97.10	107.60
商品零售价格总指数	108.00	108.80	107.40	108.10	109.60	110.20	108.50	106.30	105.40	104.20	103.30	102.60	106.80
一、食品	121.30	123.20	118.90	121.10	125.20	125.70	118.80	112.10	109.00	107.40	108.60	108.30	116.30
1.粮食	109.20	111.00	110.30	115.00	129.40	126.40	120.60	122.20	124.00	123.80	123.80	123.60	120.10
2.淀粉及制品	117.90	116.40	106.80	107.10	107.10	107.10	100.80	100.80	95.20	89.40	95.20	95.20	102.80
3.干豆类及豆制品	126.40	140.20	146.10	150.20	148.80	145.50	127.90	125.60	124.70	125.40	124.70	124.00	133.40
4.油脂	119.40	116.80	126.70	123.80	123.70	121.10	119.90	117.20	114.20	111.50	104.60	95.90	115.90
5.肉禽及其制品	151.00	141.80	140.20	146.80	140.20	139.20	119.00	107.00	104.70	104.70	101.30	98.50	122.00
(1)食用畜肉及副产品	157.40	154.60	156.90	165.90	153.30	150.20	122.00	106.70	103.30	101.30	97.20	92.90	125.60
(2)禽	146.60	125.80	118.00	122.50	123.50	124.80	112.30	105.60	105.70	109.70	106.60	108.50	116.40
(3)加工肉禽	130.60	125.10	126.90	131.00	126.30	126.60	121.90	113.10	109.70	109.20	108.00	103.80	118.60
6.蛋	126.00	112.30	111.30	114.80	111.60	101.90	97.00	94.70	92.30	88.30	88.70	86.40	100.90
7.水产品	104.10	110.40	100.90	96.90	95.70	94.40	100.10	104.90	105.30	101.80	103.60	110.30	102.30
(1)鱼	117.80	119.00	111.90	121.70	130.70	130.10	122.60	110.40	107.00	109.30	106.90	104.50	115.80
(2)其他水产品	96.20	104.90	94.40	83.50	77.30	75.60	86.50	101.50	104.40	97.10	101.40	114.00	94.10

指 标	1月	2月	3月	4月	5月	6月	7月	8月	9月	10月	11月	12月	累计(上年同期=100)
8.菜	107.20	144.80	112.40	113.50	107.30	103.90	106.20	104.00	91.40	86.600	97.70	110.00	106.50
鲜 菜	103.90	149.70	109.30	111.60	103.60	99.00	102.30	99.80	89.00	86.90	97.80	113.90	105.00
9.调味品	100.00	100.00	103.80	105.10	105.10	108.20	108.20	110.20	110.20	110.20	110.20	110.20	106.80
10.糖	97.30	98.90	103.90	104.10	104.60	101.40	100.30	103.50	104.40	105.10	106.20	104.50	102.80
11.干鲜瓜果	117.70	115.80	110.10	113.40	114.60	132.10	125.80	101.20	94.30	89.00	97.10	92.60	108.10
鲜瓜果	116.80	111.60	105.50	111.20	113.00	136.30	129.10	96.80	88.70	84.60	93.80	89.10	105.50
12.糕点饼干面包	109.00	109.00	109.00	109.00	103.90	103.90	104.70	104.70	96.10	96.60	97.20	97.80	103.20
13.液体乳及乳制品	99.00	98.60	98.60	98.60	104.60	122.10	128.70	129.50	129.50	123.00	126.20	132.60	115.80
14.在外用膳食品	105.50	104.80	106.40	106.40	138.90	138.90	138.90	132.40	131.60	130.50	131.60	131.60	124.90
15.其他食品	106.90	106.90	106.90	106.90	106.90	106.90	100.00	100.00	100.00	100.00	100.00	100.00	103.30
二、饮料、烟酒	99.00	99.00	98.80	99.80	99.80	99.80	99.50	99.70	99.80	99.80	99.80	99.80	99.60
1.茶及饮料	100.50	100.50	100.20	100.20	100.20	100.20	99.70	99.70	99.70	99.70	99.70	99.70	100.00
(1)茶叶	100.00	100.00	100.00	100.00	100.00	100.00	100.00	100.00	100.00	100.00	100.00	100.00	100.00
(2)饮料	100.90	100.90	100.30	100.30	100.30	100.30	99.40	99.40	99.40	99.40	99.40	99.40	100.00
2.烟草	96.40	96.40	96.40	96.40	96.40	96.40	96.40	96.40	96.40	96.40	96.40	96.40	96.40
3.酒	98.50	98.50	98.50	102.90	102.90	102.90	102.90	103.80	104.50	104.50	104.50	104.50	102.40
三、服装、鞋帽	103.10	103.30	101.40	101.40	101.20	101.20	102.90	103.40	100.70	98.40	98.60	98.10	101.10
1.服装	104.30	104.60	101.70	101.70	101.40	101.40	101.40	101.60	100.80	97.70	97.90	97.50	101.00
2.鞋袜帽	100.00	100.00	100.80	100.80	100.80	100.80	108.90	110.30	100.40	100.40	100.40	99.50	101.80
3.其他	100.00	100.00	100.00	100.00	100.00	100.00	100.00	100.00	100.00	100.00	100.00	100.00	100.00
四、纺织品	100.00	100.00	100.00	100.00	100.00	100.00	100.00	100.00	100.00	100.00	100.00	100.00	100.00
1.衣着材料	100.00	100.00	100.00	100.00	100.00	100.00	100.00	100.00	100.00	100.00	100.00	100.00	100.00
2.床上用品	100.00	100.00	100.00	100.00	100.00	100.00	100.00	100.00	100.00	100.00	100.00	100.00	100.00
五、家用电器及音像器材	99.10	99.10	99.00	99.00	99.00	99.00	99.00	99.00	99.00	97.50	97.00	96.10	98.50
1.家庭设备	99.80	99.80	100.20	100.20	100.20	100.20	100.20	100.20	100.20	99.20	99.20	97.80	99.70
2.文娱用耐用消费品	97.90	97.90	97.30	97.30	97.30	97.30	97.30	97.30	97.30	94.70	93.60	92.90	96.50
3.专业音像器材	100.00	100.00	100.00	100.00	100.00	100.00	100.00	100.00	100.00	100.00	100.00	100.00	100.00
六、文化办公用品	99.00	99.00	99.00	99.10	100.10	100.10	99.00	98.90	98.90	98.90	98.90	99.50	99.20

指　标	1月	2月	3月	4月	5月	6月	7月	8月	9月	10月	11月	12月	累计(上年同期=100)
七、日用品	101.70	101.70	101.70	101.00	101.00	101.00	101.20	104.10	104.30	104.30	104.30	104.30	102.50
1.日用百货	101.90	101.90	101.90	99.90	99.90	99.90	102.20	104.20	104.50	104.50	104.50	104.50	102.50
2.日用杂品	101.80	101.80	101.80	101.80	101.80	101.80	100.00	100.00	100.00	100.00	100.00	100.00	100.90
3.洗涤用品	100.00	100.00	100.00	100.00	100.00	100.00	100.00	107.50	107.90	107.90	107.90	107.90	103.30
4.其他日用品	105.50	105.50	105.50	105.50	105.50	105.50	103.70	103.70	103.70	103.70	103.70	103.70	104.60
八、体育娱乐用品	100.00	100.00	100.00	100.00	100.00	100.00	100.00	100.00	100.00	100.00	100.00	100.00	100.00
1.体育用品	100.00	100.00	100.00	100.00	100.00	100.00	100.00	100.00	100.00	100.00	100.00	100.00	100.00
2.娱乐用品	100.00	100.00	100.00	100.00	100.00	100.00	100.00	100.00	100.00	100.00	100.00	100.00	100.00
九、交通、通信用品	92.80	93.10	94.70	94.30	95.40	95.60	97.50	97.50	97.30	97.70	97.70	98.30	95.90
1.交通运输机械	95.40	95.40	97.00	97.00	97.00	97.00	99.20	99.20	99.20	99.20	99.20	99.50	97.90
2.通信器材	83.40	84.70	86.30	84.70	89.20	90.20	91.00	91.00	90.20	91.90	91.90	94.00	88.90
十、家具	104.20	104.20	104.00	104.00	104.00	104.00	99.80	99.80	99.80	99.80	99.80	99.80	101.90
十一、化妆品	100.00	100.00	100.00	100.00	100.00	100.00	100.00	100.00	100.00	100.00	100.00	100.00	100.00
十二、金银珠宝	118.30	122.10	121.40	116.80	116.60	118.10	118.80	115.10	112.80	98.10	96.50	96.20	112.10
十三、中西药品及医疗保健用品	101.40	101.40	100.70	100.30	100.20	99.60	97.80	97.60	97.20	97.40	97.80	97.80	99.10
1.医疗器具及用品	100.00	100.00	100.00	100.00	100.00	100.00	100.00	100.00	100.00	100.00	100.00	100.00	100.00
2.中药材及中成药	106.90	106.90	104.60	104.60	104.60	101.90	100.60	99.70	97.70	97.10	98.90	98.90	101.80
3.西药	99.80	99.80	99.30	98.60	98.60	98.40	95.70	95.70	95.70	96.30	96.30	96.30	97.50
4.保健器具及用品	100.70	100.70	101.00	101.00	100.30	100.30	100.30	100.30	100.30	100.30	100.30	100.30	100.50
十四、书报杂志及电子出版物	98.50	98.50	99.90	99.90	99.90	99.90	99.90	99.90	100.00	100.00	100.00	100.00	99.70
1.教材及参考书	93.80	93.80	99.60	99.60	99.60	99.60	99.60	99.60	100.00	100.00	100.00	100.00	98.70
2.书报杂志	100.00	100.00	100.00	100.00	100.00	100.00	100.00	100.00	100.00	100.00	100.00	100.00	100.00
3.电子音像制品	100.00	100.00	100.00	100.00	100.00	100.00	100.00	100.00	100.00	100.00	100.00	100.00	100.00
十五、燃料	110.90	112.60	112.10	113.10	114.40	119.90	124.90	123.20	127.40	124.50	110.10	104.80	116.40
1.煤炭及制品	113.80	113.80	113.80	113.80	113.80	113.80	113.80	100.00	124.30	124.30	124.30	124.30	116.30
2.石油及制品	110.40	112.40	111.80	113.00	114.50	120.90	126.70	127.80	128.10	124.60	107.70	101.40	116.40
十六、建筑材料及五金电料	103.50	104.00	105.70	108.40	108.60	108.40	106.10	105.40	105.10	104.40	102.00	102.00	105.30
1.建筑装璜材料	104.30	104.90	107.10	110.40	110.70	110.40	107.50	106.80	106.40	105.50	102.50	102.50	106.60
2.五金电料	100.00	100.00	100.00	100.00	100.00	100.00	100.00	100.00	100.00	100.00	100.00	100.00	100.00

居民消费、商品零售价格分月分类指数(2009年)

(上年同期=100)

指　标	1月	2月	3月	4月	5月	6月	7月	8月	9月	10月	11月	12月	累计(上年同期=100)
居民消费价格总指数	101.80	98.30	99.80	99.70	97.40	96.40	97.10	98.00	99.20	100.00	101.20	101.50	99.20
一、食品	108.30	99.40	102.90	101.00	95.90	93.90	95.70	97.70	99.90	101.90	103.20	103.90	100.20
1.粮食	121.40	119.60	119.30	114.30	102.10	100.20	99.80	99.80	99.80	99.80	99.80	100.00	105.60
2.淀粉及制品	90.90	92.10	100.30	100.00	100.00	100.00	100.00	100.00	100.00	100.00	100.00	100.00	98.50
3.干豆类及豆制品	121.40	108.70	103.90	99.70	99.20	98.30	97.90	99.00	99.00	99.00	101.00	102.10	102.10
4.油脂	94.10	94.20	86.70	87.00	85.60	85.50	84.00	82.60	83.40	84.80	85.40	93.50	87.10
5.肉禽及其制品	97.50	92.50	93.10	88.50	84.70	82.20	82.40	85.30	92.00	96.00	100.30	99.60	91.00
(1)食用畜肉及副产品	93.30	87.40	88.20	82.90	76.00	74.20	74.70	78.20	83.40	88.60	94.10	92.40	84.20
(2)禽	105.60	100.90	101.30	96.70	96.60	94.80	94.70	96.80	106.90	108.50	110.80	111.70	102.00
(3)加工肉禽	100.20	98.10	98.10	96.10	96.40	90.30	89.20	90.90	95.90	97.60	99.40	100.30	96.00
6.蛋	90.20	97.10	97.30	96.80	97.90	97.90	99.50	100.70	103.60	104.30	105.40	106.60	99.70
7.水产品	111.10	93.30	98.50	98.40	99.80	96.90	103.90	104.50	105.40	109.00	113.30	110.80	103.50
(1)鱼	103.70	94.30	96.80	86.60	82.60	83.50	91.10	95.00	98.60	99.30	102.90	103.50	94.40
(2)其他水产品	123.40	91.40	101.40	124.10	143.70	133.00	137.40	125.00	119.80	128.20	133.20	122.10	122.20
8.菜	102.30	67.90	86.40	84.80	88.10	88.10	102.70	102.50	101.60	109.30	111.00	114.70	95.50
鲜　菜	103.70	63.50	85.70	84.00	88.90	89.20	107.20	106.60	106.10	111.60	113.40	116.50	96.40
9.调 味 品	110.50	110.50	106.40	105.60	106.00	102.90	100.20	98.40	98.50	98.50	98.50	98.50	102.70
10.糖	107.10	108.60	105.10	104.80	104.80	105.00	103.90	99.20	99.20	99.50	99.50	101.20	103.10
11.茶及饮料	99.70	99.70	100.00	100.00	100.00	100.70	100.70	100.70	100.70	100.70	100.70	100.70	100.30
(1)茶叶	100.00	100.00	100.00	100.00	100.00	100.00	100.00	100.00	100.00	100.00	100.00	100.00	100.00
(2)饮料	99.40	99.40	100.00	100.00	100.00	101.30	101.30	101.20	101.20	101.20	101.20	101.20	100.60
12.干鲜瓜果	99.70	87.00	96.10	101.40	107.50	91.40	90.30	113.90	119.40	111.90	105.30	114.50	102.30
鲜 瓜 果	97.40	84.50	95.80	101.60	109.50	89.20	87.90	117.90	125.10	112.10	104.30	115.40	102.00
13.糕点饼干面包	97.90	97.90	97.90	97.90	102.60	102.60	101.80	101.80	101.80	101.30	100.70	99.80	100.30
14.液体乳及乳制品	131.90	133.70	133.70	133.70	126.10	106.30	102.80	105.00	105.90	108.00	103.40	100.20	114.30

指　标	1月	2月	3月	4月	5月	6月	7月	8月	9月	10月	11月	12月	累计(上年同期=100)
15.在外用膳食品	131.30	130.30	130.30	130.30	102.00	105.30	105.30	105.30	105.30	105.30	105.30	105.30	112.00
16.其他食品	100.00	91.90	91.90	91.90	91.90	91.90	96.40	97.20	96.40	96.40	96.40	96.40	94.90
二、烟酒	101.60	101.40	101.70	100.10	97.30	97.00	97.30	97.50	98.10	98.10	98.10	98.10	98.90
1.烟草	100.00	100.00	100.60	100.60	96.90	96.90	96.90	96.90	96.90	96.90	96.90	96.90	98.00
2.酒	104.50	104.10	104.10	99.70	97.10	96.30	96.90	97.50	98.80	98.80	98.80	98.80	99.60
三、衣着	96.00	94.70	96.60	97.90	97.80	97.00	94.00	93.10	97.00	99.00	99.10	98.00	96.70
1.服　装	95.30	94.10	96.00	97.20	97.20	96.60	93.10	92.70	96.10	98.20	98.60	97.00	96.00
2.衣着材料	100.00	100.00	100.00	100.00	100.00	100.00	100.00	100.00	100.00	100.00	100.00	100.00	100.00
3.鞋袜帽	97.70	95.80	98.20	99.60	99.40	97.90	95.90	93.00	99.30	101.10	100.40	100.40	98.20
4.衣着加工服务费	100.00	100.00	100.00	100.00	100.00	100.00	100.00	100.00	100.00	100.00	100.00	100.00	100.00
四、家庭设备用品及维修服务	99.00	98.90	99.10	99.00	98.70	98.40	97.70	97.60	97.80	98.00	98.00	98.30	98.40
1.耐用消费品	98.30	98.00	98.30	98.30	97.80	97.20	95.90	95.70	96.00	96.30	96.30	97.00	97.10
2.室内装饰品	100.00	100.00	100.00	100.00	100.00	100.00	100.00	100.00	100.00	100.00	100.00	100.00	100.00
3.床上用品	100.00	100.00	100.00	98.90	98.90	98.90	98.90	98.90	98.90	98.90	98.90	98.90	99.20
4.家庭日用杂品	100.00	100.00	100.00	100.00	100.00	100.00	100.00	100.00	100.00	100.00	100.00	100.00	100.00
5.家庭服务及加工维修服务	100.00	100.00	100.00	100.00	100.00	100.00	100.00	100.00	100.00	100.00	100.00	100.00	100.00
五、医疗保健和个人用品	99.50	98.80	98.70	99.00	99.20	99.30	100.00	100.20	100.30	98.90	98.80	98.60	99.30
1.医疗保健	98.60	98.50	98.70	98.80	98.80	99.00	100.10	100.10	100.10	97.60	97.50	97.50	98.80
2.个人用品及服务	101.40	99.40	98.90	99.50	99.80	99.80	99.70	100.40	100.60	101.40	101.50	100.70	100.30
六、交通和通信	99.90	98.30	98.90	99.00	98.90	99.10	98.90	98.40	98.60	98.50	98.80	99.10	98.90
1.交通	99.60	95.70	97.20	97.40	97.30	97.70	97.90	97.00	97.50	97.20	98.10	99.00	97.60
(1)交通工具	100.00	100.00	100.00	100.00	100.00	100.00	99.20	99.20	99.20	99.20	99.20	99.20	99.60
(2)车用燃料及零配件	96.70	94.60	98.10	99.10	99.10	98.10	98.30	96.50	98.90	97.30	101.90	108.10	98.90
(3)车辆使用及维修费	103.40	97.00	100.30	100.30	100.30	100.30	100.30	100.30	100.00	100.00	100.00	100.00	100.20
(4)市区公共交通费	100.00	89.80	89.80	89.80	89.80	89.80	89.80	89.80	89.80	89.80	89.80	89.80	90.70
(5)城市间交通费	102.20	102.00	102.00	102.00	101.40	103.80	103.60	99.80	99.30	100.20	98.80	98.50	101.10
2.通信	100.00	99.80	99.80	99.80	99.80	99.80	99.50	99.30	99.30	99.30	99.30	99.20	99.60
(1)通信工具	100.00	99.20	99.20	99.20	99.20	99.20	97.50	96.50	96.50	96.50	96.50	96.10	98.00

指　标	1月	2月	3月	4月	5月	6月	7月	8月	9月	10月	11月	12月	累计(上年同期=100)
(2)通信服务	100.00	100.00	100.00	100.00	100.00	100.00	100.00	100.00	100.0	100.00	100.00	100.00	100.00
七、娱乐教育文化用品及服务	98.80	98.20	98.20	101.70	99.90	99.40	101.30	102.50	102.8	102.00	102.30	101.90	100.70
1.文娱用耐用消费品及服务	93.90	93.70	93.80	93.80	93.80	92.70	92.60	92.60	92.6	93.90	95.60	96.10	93.70
2.教育	100.10	100.10	100.00	100.00	100.00	100.00	100.00	100.00	100.2	100.20	100.20	100.20	100.10
3.文化娱乐类	102.10	102.10	102.10	102.10	102.10	102.10	102.10	103.30	103.3	104.90	106.20	106.20	103.20
(1)文化娱乐用品	99.50	99.50	99.50	99.50	99.50	99.50	99.50	99.50	99.5	99.50	100.00	100.00	99.60
(2)书报杂志	110.50	110.50	110.50	110.50	110.50	110.50	110.50	110.50	110.5	110.50	110.50	110.50	110.50
(3)文娱费	100.00	100.00	100.00	100.00	100.00	100.00	100.00	103.70	103.7	109.00	112.40	112.40	103.40
4.旅游	96.00	92.40	92.40	114.90	103.20	101.10	114.10	121.90	122.9	112.10	111.60	108.10	107.40
八、居住	98.30	97.30	97.40	97.50	95.60	94.70	94.70	95.70	96.2	97.30	102.70	104.20	97.70
1.建房及装修材料	101.10	99.80	98.70	99.40	98.60	99.50	99.50	99.50	102.4	102.40	102.80	102.80	100.50
2.住房租金	100.00	100.00	100.00	100.00	100.00	100.00	100.00	100.00	100.0	100.00	100.00	100.00	100.00
3.自有住房	83.90	83.90	83.90	83.90	83.90	83.90	83.90	83.90	85.6	85.60	97.50	100.00	86.30
4.水、电、燃料	97.30	95.50	96.40	96.40	91.90	89.40	89.40	91.90	91.3	94.10	105.30	108.80	95.70
商品零售价格总指数	102.30	98.70	100.40	100.10	98.40	97.30	97.50	98.00	99.1	100.00	101.40	102.30	99.60
一、食品	108.30	98.80	102.50	101.30	96.70	94.30	96.10	98.30	100.5	102.6	103.80	104.60	100.50
1.粮食	122.50	120.50	120.30	115.00	102.20	100.20	99.80	99.80	99.8	99.80	99.80	100.00	105.90
2.淀粉及制品	90.90	92.10	100.30	100.00	100.00	100.00	100.00	100.00	100.0	100.00	100.00	100.00	98.50
3.干豆类及豆制品	121.30	108.40	103.70	99.80	99.20	98.50	98.10	99.10	99.1	99.10	101.10	102.10	102.10
4.油脂	94.10	94.20	86.70	87.00	85.60	85.50	84.00	82.60	83.4	84.80	85.40	93.50	87.10
5.肉禽及其制品	97.90	92.70	93.20	88.50	84.70	82.40	82.70	85.60	92.3	96.30	100.50	99.70	91.20
(1)食用畜肉及副产品	93.90	87.80	88.40	83.00	76.30	74.50	75.20	78.80	83.9	89.10	94.60	92.70	84.60
(2)禽	105.60	100.90	101.30	96.70	96.60	94.80	94.70	96.80	106.9	108.50	110.80	111.70	102.00
(3)加工肉禽	100.20	98.10	98.10	96.10	96.40	90.30	89.20	90.90	95.9	97.60	99.40	100.30	96.00
6.蛋	90.20	97.10	97.30	96.80	97.90	97.90	99.50	100.70	103.6	104.30	105.40	106.60	99.70
7.水产品	116.70	92.50	99.80	109.00	116.70	110.50	116.60	112.90	111.4	117.20	121.90	116.10	111.40
(1)鱼	103.70	94.30	96.80	86.60	82.60	83.50	91.10	95.00	98.6	99.30	102.90	103.50	94.40
(2)其他水产品	123.40	91.40	101.40	124.10	143.70	133.00	137.40	125.00	119.8	128.20	133.20	122.10	122.20

指　标	1月	2月	3月	4月	5月	6月	7月	8月	9月	10月	11月	12月	累计(上年同期=100)
8.菜	102.30	67.90	86.40	84.80	88.10	88.10	102.70	102.50	101.60	109.30	111.00	114.70	95.50
鲜　菜	103.70	63.50	85.70	84.00	88.90	89.20	107.20	106.60	106.10	111.60	113.40	116.50	96.40
9.调味品	110.50	110.50	106.40	105.60	106.20	103.10	99.80	98.00	98.10	98.10	98.10	98.10	102.60
10.糖	106.00	107.40	103.90	103.70	103.70	103.90	102.60	99.10	99.10	99.20	99.20	101.60	102.40
11.干鲜瓜果	99.70	87.00	96.10	101.40	107.50	91.40	90.30	113.90	119.40	111.90	105.30	114.50	102.30
鲜瓜果	97.40	84.50	95.80	101.60	109.50	89.20	87.90	117.90	125.10	112.10	104.30	115.40	102.00
12.糕点饼干面包	97.80	97.80	97.80	97.80	102.60	102.60	101.80	101.80	101.80	101.30	100.70	99.80	100.30
13.液体乳及乳制品	131.90	133.70	133.70	133.70	126.10	106.30	102.80	105.00	105.90	108.00	103.40	100.20	114.30
14.在外用膳食品	131.60	130.60	130.60	130.60	102.40	106.40	106.40	106.40	106.40	106.40	106.40	106.40	112.80
15.其他食品	100.00	91.90	91.90	91.90	91.90	91.90	96.40	97.20	96.40	96.40	96.40	96.40	94.90
二、饮料、烟酒	100.80	100.70	101.10	100.10	97.70	97.70	97.90	98.00	98.50	98.50	98.50	98.50	99.00
1.茶及饮料	99.70	99.70	100.00	100.00	100.00	100.70	100.70	100.60	100.60	100.60	100.60	100.60	100.30
(1)茶叶	100.00	100.00	100.00	100.00	100.00	100.00	100.00	100.00	100.00	100.00	100.00	100.00	100.00
(2)饮料	99.40	99.40	100.00	100.00	100.00	101.30	101.30	101.20	101.20	101.20	101.20	101.20	100.60
2.烟草	100.00	100.00	100.60	100.60	96.90	96.90	96.90	96.90	96.90	96.90	96.90	96.90	98.00
3.酒	104.50	104.10	104.10	99.70	97.10	96.30	96.90	97.50	98.80	98.80	98.80	98.80	99.60
三、服装、鞋帽	96.00	94.50	96.50	97.90	97.80	96.90	93.80	92.80	97.10	99.10	99.10	97.90	96.60
1.服装	95.30	94.10	96.00	97.20	97.20	96.60	93.10	92.70	96.10	98.20	98.60	97.00	96.00
2.鞋袜帽	97.30	94.70	97.40	99.80	99.00	97.50	95.00	91.70	99.50	101.70	100.40	100.10	97.80
3.其他	100.00	100.00	100.00	100.00	100.00	100.00	100.00	100.00	100.00	100.00	100.00	100.00	100.00
四、纺织品	100.00	100.00	100.00	99.30	99.30	99.30	99.30	99.30	99.30	99.30	99.30	99.30	99.50
1.衣着材料	100.00	100.00	100.00	100.00	100.00	100.00	100.00	100.00	100.00	100.00	100.00	100.00	100.00
2.床上用品	100.00	100.00	100.00	99.10	99.10	99.10	99.10	99.10	99.10	99.10	99.10	99.10	99.30
五、家用电器及音像器材	96.10	95.80	96.00	96.00	95.70	94.70	93.60	93.30	93.60	94.50	95.20	96.00	95.00
1.家庭设备	97.60	97.30	97.40	97.30	96.80	95.30	93.10	92.40	93.00	93.50	93.60	94.80	95.20
2.文娱用耐用消费品	93.10	92.80	93.30	93.30	93.30	92.50	92.50	92.50	92.50	94.30	95.90	96.50	93.50
3.专业音像器材	100.00	100.00	100.00	100.00	100.00	100.00	100.00	100.00	100.00	100.00	100.00	100.00	100.00
六、文化办公用品	100.00	100.00	100.00	100.00	100.00	100.00	100.00	100.00	100.00	100.00	100.00	100.00	100.00

指　标	1月	2月	3月	4月	5月	6月	7月	8月	9月	10月	11月	12月	累计(上年同期=100)
七、日用品	105.00	105.00	105.00	105.00	105.00	105.00	103.90	100.60	100.40	100.40	100.40	100.40	103.00
1.日用百货	107.50	107.50	107.50	107.50	107.50	107.50	104.50	101.40	101.20	101.20	101.20	101.20	104.60
2.日用杂品	100.00	100.00	100.00	100.00	100.00	100.00	100.00	100.00	100.00	100.00	100.00	100.00	100.00
3.洗涤用品	107.90	107.90	107.90	107.90	107.90	107.90	107.90	100.40	100.00	100.00	100.00	100.00	104.50
4.其他日用品	100.00	100.00	100.00	100.00	100.00	100.00	100.00	99.60	100.00	100.00	100.00	99.60	99.90
八、体育娱乐用品	100.00	100.00	100.00	100.00	100.00	100.00	100.00	100.00	100.00	100.00	100.00	100.00	100.00
1.体育用品	100.00	100.00	100.00	100.00	100.00	100.00	100.00	100.00	100.00	100.00	100.00	100.00	100.00
2.娱乐用品	100.00	100.00	100.00	100.00	100.00	100.00	100.00	100.00	100.00	100.00	100.00	100.00	100.00
九、交通、通信用品	100.00	99.90	99.90	99.90	99.90	99.90	99.20	99.00	99.00	99.00	99.00	99.00	99.50
1.交通运输机械	100.00	100.00	100.00	100.00	100.00	100.00	99.50	99.50	99.50	99.50	99.50	99.50	99.70
2.通信器材	100.00	99.40	99.40	99.40	99.40	99.40	98.20	97.50	97.50	97.50	97.50	97.20	98.50
十、家具	99.80	99.80	100.00	100.00	100.00	100.00	100.00	100.00	100.00	100.00	100.00	100.00	100.00
十一、化妆品	100.00	100.00	100.00	100.00	100.00	100.00	100.00	100.00	100.00	100.00	100.00	100.00	100.00
十二、金银珠宝	96.30	96.90	92.70	95.00	96.10	95.60	95.40	98.70	99.10	112.50	113.60	108.80	99.80
十三、中西药品及医疗保健用品	97.90	97.90	98.10	98.30	98.30	98.60	100.20	100.20	100.20	98.10	98.00	98.00	98.70
1.医疗器具及用品	100.00	100.00	100.00	100.00	100.00	100.00	100.00	100.00	100.00	100.00	100.00	100.00	100.00
2.中药材及中成药	99.50	99.50	99.30	99.30	99.30	99.50	99.50	99.50	99.50	89.60	89.60	89.60	97.00
3.西药	96.30	96.30	96.80	97.20	97.20	97.70	100.50	100.50	100.50	100.30	100.10	100.10	98.60
4.保健器具及用品	100.30	100.30	100.00	100.00	100.00	100.00	100.00	100.00	100.00	100.00	100.00	100.00	100.10
十四、书报杂志及电子出版物	106.40	106.40	106.30	106.30	106.30	106.30	106.30	106.30	106.60	106.60	106.60	106.60	106.40
1.教材及参考书	100.40	100.40	100.20	100.20	100.20	100.20	100.20	100.20	101.20	101.20	101.20	101.20	100.50
2.书报杂志	110.50	110.50	110.50	110.50	110.50	110.50	110.50	110.50	110.50	110.50	110.50	110.50	110.50
3.电子音像制品	100.00	100.00	100.00	100.00	100.00	100.00	100.00	100.00	100.00	100.00	100.00	100.00	100.00
十五、燃料	98.30	94.20	98.60	99.70	98.30	96.50	97.10	96.30	95.60	95.700	104.80	112.80	98.90
1.煤炭及制品	124.30	124.30	124.30	124.30	124.30	124.30	124.30	124.30	100.00	100.00	100.00	100.00	115.00
2.石油及制品	93.80	89.00	94.10	95.30	93.80	92.00	92.90	92.10	94.80	94.90	105.80	115.60	96.10
十六、建筑材料及五金电料	101.90	100.40	98.50	97.20	96.20	97.20	97.50	98.70	101.80	102.50	104.00	104.10	100.00
1.建筑装璜材料	102.40	100.50	98.10	95.90	94.60	95.90	96.20	97.70	101.60	102.30	104.20	104.30	99.40
2.五金电料	100.00	100.00	100.00	103.00	103.00	103.00	103.00	103.00	103.00	103.00	103.00	103.00	102.30

居民消费、商品零售价格分月分类指数(2010年)

(上年同期=100)

指　标	1月	2月	3月	4月	5月	6月	7月	8月	9月	10月	11月	12月	累计(上年同期=100)
居民消费价格总指数	100.80	102.40	101.80	101.30	102.10	102.30	101.90	101.90	101.80	102.50	103.60	104.10	102.20
一、食品	101.90	106.50	104.80	104.30	106.00	106.00	104.40	105.70	106.30	108.60	109.10	109.00	106.10
1.粮食	101.50	101.70	102.20	103.60	103.60	103.60	103.60	103.60	105.20	105.40	107.60	112.60	104.50
2.淀粉及制品	108.30	108.30	108.30	108.30	113.30	113.30	113.30	113.30	113.30	113.30	120.30	148.10	115.10
3.干豆类及豆制品	101.40	107.30	104.30	103.60	105.80	106.50	106.70	106.40	104.50	103.10	106.00	106.00	105.10
4.油脂	94.80	95.00	94.40	94.50	95.70	96.00	97.60	99.50	100.40	100.80	107.80	109.10	98.70
5.肉禽及其制品	99.70	104.50	102.00	100.50	103.40	105.10	106.80	108.80	107.60	109.10	109.50	110.30	105.60
(1)食用畜肉及副产品	91.30	97.10	94.00	92.40	98.90	100.00	100.90	103.90	108.00	110.80	113.30	113.60	101.80
(2)禽	113.60	117.00	114.90	113.70	111.80	112.40	115.40	117.00	108.40	108.20	105.60	107.50	112.00
(3)加工肉禽	102.40	105.30	104.70	103.30	102.10	108.80	110.30	108.60	103.30	103.60	103.30	102.90	104.80
6.蛋	106.60	107.80	106.40	105.00	105.10	106.30	105.10	107.70	109.40	107.50	108.50	111.50	107.30
7.水产品	105.00	123.40	117.60	114.40	109.00	113.30	104.00	110.40	112.90	113.20	109.50	111.10	111.90
(1)鱼	103.60	113.70	110.50	116.10	114.50	114.70	109.00	115.40	116.60	115.80	112.20	115.00	113.10
(2)其他水产品	106.90	138.90	128.70	111.00	100.30	109.10	92.40	99.80	103.60	107.60	104.40	104.50	108.60
8.菜	103.00	119.40	116.30	115.80	130.10	124.80	110.50	112.70	114.20	128.30	117.10	103.80	116.00
鲜　菜	101.40	116.80	112.70	112.00	129.20	123.50	107.20	109.00	108.80	125.50	111.40	95.70	112.30
9.调 味 品	98.30	98.30	98.90	98.50	98.10	98.10	100.70	99.90	99.80	99.80	99.80	100.20	99.20
10.糖	100.10	100.60	102.30	101.90	104.00	104.20	104.20	105.00	105.80	105.80	106.50	109.80	104.20
11.茶及饮料	100.70	100.70	100.70	100.20	100.90	100.20	100.20	100.70	100.70	100.70	100.70	100.70	100.60
(1)茶叶	100.00	100.00	100.00	100.00	100.00	100.00	100.00	100.00	100.00	100.00	100.00	100.00	100.00
(2)饮料	101.20	101.20	101.20	100.30	101.70	100.40	100.40	101.20	101.20	101.20	101.20	101.20	101.00
12.干鲜瓜果	102.70	102.50	102.30	101.10	106.50	115.40	113.50	102.70	104.40	108.20	121.30	120.00	108.20
鲜 瓜 果	101.60	101.20	101.30	100.60	107.20	118.70	116.50	102.90	104.90	109.80	126.40	124.90	109.40
13.糕点饼干面包	99.80	99.20	99.20	99.20	99.20	99.20	99.20	110.20	112.00	112.00	112.00	112.20	104.50
14.液体乳及乳制品	102.40	101.70	99.60	102.00	101.00	102.60	102.50	99.90	99.30	103.70	106.40	102.10	101.90

指　标	1月	2月	3月	4月	5月	6月	7月	8月	9月	10月	11月	12月	累计(上年同期=100)
15.在外用膳食品	105.30	105.30	105.30	105.30	103.30	100.00	100.00	101.10	101.10	101.10	103.70	106.30	103.10
16.其他食品	96.40	103.80	96.50	97.60	97.60	97.60	96.70	95.50	100.70	103.80	103.80	105.00	99.60
二、烟酒	98.10	98.20	98.20	98.50	101.30	101.70	101.50	101.20	100.40	100.40	100.70	100.80	100.10
1.烟草	96.90	96.90	96.30	96.30	100.00	100.00	100.00	100.00	100.00	100.00	100.00	100.00	98.80
2.酒	98.80	99.00	99.40	100.20	102.80	103.80	103.30	102.70	101.50	101.50	102.10	102.30	101.40
三、衣着	97.80	95.70	98.30	96.30	95.10	95.50	98.60	97.00	93.10	91.50	98.10	103.80	96.70
1.服　装	97.50	95.70	99.20	96.20	94.70	94.80	98.20	96.00	92.70	92.10	98.70	104.70	96.70
2.衣着材料	100.00	100.00	100.00	100.00	100.40	103.10	103.10	101.00	101.00	101.00	102.10	103.10	101.20
3.鞋袜帽	98.30	95.00	95.20	96.10	95.60	96.90	99.30	99.50	93.20	88.80	96.00	101.60	96.30
4.衣着加工服务费	100.00	100.00	100.00	100.00	100.00	98.80	98.80	98.80	98.80	98.80	98.80	98.80	99.30
四、家庭设备用品及维修服务	98.30	97.80	97.60	96.40	95.90	96.00	96.70	97.60	97.30	97.40	97.20	97.70	97.20
1.耐用消费品	97.20	96.50	96.20	93.60	92.70	92.80	94.10	94.70	93.50	93.40	93.20	93.80	94.30
2.室内装饰品	100.00	100.00	100.00	100.00	100.00	100.00	100.00	100.00	100.00	100.00	100.00	100.00	100.00
3.床上用品	97.50	95.80	95.80	96.90	96.90	96.90	96.90	99.60	102.10	103.00	103.00	104.60	99.10
4.家庭日用杂品	100.00	100.00	100.00	100.00	100.00	100.00	100.00	100.00	100.00	100.00	100.00	100.00	100.00
5.家庭服务及加工维修服务	100.00	100.00	100.00	100.00	100.00	100.00	100.00	102.70	102.70	102.70	102.70	102.70	101.10
五、医疗保健和个人用品	99.90	100.20	100.30	100.70	101.10	101.10	101.10	101.70	101.50	102.80	105.80	105.30	101.80
1.医疗保健	99.40	99.80	99.90	100.50	101.10	101.00	101.00	101.70	101.70	104.30	107.90	107.10	102.10
2.个人用品及服务	101.00	100.80	101.30	101.20	101.00	101.40	101.30	101.70	100.90	99.70	101.30	101.80	101.10
六、交通和通信	99.00	99.90	99.40	99.20	98.90	98.30	98.40	98.60	98.60	98.90	98.70	99.00	98.90
1.交通	99.50	103.70	103.00	103.10	103.00	101.30	100.40	101.00	100.70	101.80	101.10	102.20	101.70
(1)交通工具	99.20	99.30	99.30	98.80	98.60	99.00	99.30	99.00	98.60	98.50	99.10	99.30	99.00
(2)车用燃料及零配件	115.70	116.80	112.70	114.50	113.50	106.60	101.20	103.40	101.90	105.60	101.50	104.00	107.80
(3)车辆使用及维修费	93.80	100.00	100.00	100.00	100.00	100.00	101.90	101.90	101.90	101.90	101.90	104.70	100.60
(4)市区公共交通费	89.80	100.00	100.00	100.00	100.00	100.00	100.00	100.00	100.00	100.00	100.00	100.00	99.10
(5)城市间交通费	97.90	101.60	102.50	100.50	102.20	100.20	99.90	101.10	102.10	104.10	105.60	105.90	102.00
2.通信	98.70	97.70	97.40	96.90	96.60	96.60	97.20	97.10	97.30	97.30	97.30	97.10	97.30
(1)通信工具	93.80	88.90	87.20	85.00	83.40	83.20	86.00	85.70	86.60	86.50	86.50	85.70	86.50

指　标	1月	2月	3月	4月	5月	6月	7月	8月	9月	10月	11月	12月	累计(上年同期=100)
(2)通信服务	100.00	100.00	100.00	100.00	100.00	100.00	100.00	100.00	100.00	100.00	100.00	100.00	100.00
七、娱乐教育文化用品及服务	101.10	101.80	100.70	99.20	100.80	101.60	100.90	100.80	101.10	100.60	101.00	100.80	100.90
1.文娱用耐用消费品及服务	97.50	96.90	96.90	96.60	95.50	98.40	98.40	99.80	99.70	100.60	100.10	100.40	98.40
2.教育	100.20	100.20	97.90	97.90	97.90	97.90	97.90	97.90	98.80	98.80	98.80	98.80	98.60
3.文化娱乐类	103.80	103.80	103.80	103.80	103.80	103.80	103.80	101.50	101.50	99.90	98.70	98.90	102.20
(1)文化娱乐用品	100.00	100.00	100.00	100.00	100.00	100.00	100.00	97.60	97.60	97.40	97.20	97.60	99.00
(2)书报杂志	100.00	100.00	100.00	100.00	100.00	100.00	100.00	100.00	100.00	100.00	100.00	100.00	100.00
(3)文娱费	112.40	112.40	112.40	112.40	112.40	112.40	112.40	108.40	108.40	103.10	100.00	100.00	108.70
4.旅游	104.00	110.20	109.70	100.40	111.80	114.10	108.80	110.20	109.30	107.30	112.40	110.90	109.00
八、居住	103.80	104.50	104.30	105.10	105.80	105.90	105.70	102.60	103.30	103.20	103.10	103.50	104.20
1.建房及装修材料	102.80	103.20	102.20	101.30	101.90	101.10	101.10	101.30	100.10	103.40	103.40	104.70	102.20
2.住房租金	100.00	100.00	100.00	100.00	100.00	100.00	100.00	100.00	100.00	100.00	100.00	100.00	100.00
3.自有住房	100.00	100.00	100.00	102.90	102.90	102.90	102.90	102.90	102.90	110.30	110.30	112.50	104.20
4.水、电、燃料	107.80	109.20	109.20	110.70	112.80	113.60	113.00	105.00	107.30	102.70	102.20	102.10	107.80
商品零售价格总指数	101.90	103.40	102.70	102.30	102.60	102.20	101.50	101.70	101.50	102.60	103.50	104.40	102.50
一、食品	102.10	107.00	105.10	104.10	105.70	106.00	104.10	105.20	105.90	108.50	109.40	109.30	106.00
1.粮食	101.50	101.60	102.20	103.60	103.60	103.60	103.60	103.60	105.10	105.30	107.60	112.60	104.50
2.淀粉及制品	108.30	108.30	108.30	108.30	113.30	113.30	113.30	113.30	113.30	113.30	120.30	148.10	115.10
3.干豆类及豆制品	101.40	107.50	104.30	103.60	105.40	105.90	106.00	105.90	104.20	102.90	105.80	105.80	104.90
4.油脂	94.80	95.00	94.40	94.50	95.70	96.00	97.60	99.50	100.40	100.80	107.80	109.10	98.70
5.肉禽及其制品	99.80	104.50	101.90	100.50	103.40	104.90	106.40	108.40	107.20	108.70	109.10	109.90	105.40
(1)食用畜肉及副产品	91.50	97.20	94.00	92.4 0	98.90	99.60	100.20	103.30	107.30	110.10	112.60	113.00	101.40
(2)禽	113.60	117.00	114.90	113.70	111.80	112.40	115.40	117.00	108.40	108.20	105.60	107.50	112.00
(3)加工肉禽	102.40	105.30	104.70	103.30	102.10	108.80	110.30	108.60	103.30	103.60	103.30	102.90	104.80
6.蛋	106.60	107.80	106.40	105.00	105.10	106.30	105.10	107.70	109.40	107.50	108.50	111.50	107.30
7.水产品	105.90	130.50	122.80	113.00	105.00	111.70	99.10	105.90	109.10	110.80	107.30	108.10	110.60
(1)鱼	103.60	113.70	110.50	116.10	114.50	114.70	109.00	115.40	116.60	115.80	112.20	115.00	113.10
(2)其他水产品	106.90	138.90	128.70	111.00	100.30	109.10	92.40	99.80	103.60	107.60	104.4	104.50	108.60

指 标	1月	2月	3月	4月	5月	6月	7月	8月	9月	10月	11月	12月	累计(上年同期=100)
8.菜	103.00	119.40	116.30	115.80	130.10	124.80	110.50	112.70	114.20	128.30	117.10	103.80	116.00
鲜 菜	101.40	116.80	112.70	112.00	129.20	123.50	107.20	109.00	108.80	125.50	111.40	95.70	112.30
9.调味品	97.90	97.90	98.50	98.00	97. 50	97.50	100.70	100.10	100.00	100.00	100.00	100.30	99.00
10.糖	100.20	100.50	101.70	101.40	103.50	103.60	103.60	104.40	105.20	105.20	105.90	109.20	103.70
11.干鲜瓜果	102.70	102.50	102.30	101.10	106.50	115.40	113.50	102.70	104.40	108.20	121.30	120.00	108.20
鲜瓜果	101.60	101.20	101.30	100.60	107.20	118.70	116.50	102.90	104.90	109.80	126.40	124.90	109.40
12.糕点饼干面包	99.80	99.20	99.20	99.20	99.20	99.20	99.20	110.20	112.00	112.00	112.00	112.20	104.50
13.液体乳及乳制品	102.40	101.70	99.60	102.00	101.00	102.60	102.50	99.90	99.30	103.70	106.40	102.10	101.90
14.在外用膳食品	106.40	106.40	106.40	106.40	103.90	100.00	100.00	101.10	101.10	101.10	104.20	107.20	103.60
15.其他食品	96.40	103.80	96.50	97.60	97.60	97.60	96.70	95.50	100.70	103.80	103.80	105.00	99.60
二、饮料、烟酒	98.50	98.50	98.50	98.60	101.20	101.30	101.20	101.10	100.70	100.70	100.90	101.00	100.20
1.茶及饮料	100.60	100.60	100.60	100.10	100.90	100.20	100.20	100.70	100.70	100.70	100.70	100.70	100.60
(1)茶叶	100.00	100.00	100.00	100.00	100.00	100.00	100.00	100.00	100.00	100.00	100.00	100.00	100.00
(2)饮料	101.20	101.20	101.20	100.30	101.70	100.40	100.40	101.20	101.20	101.20	101.20	101.20	101.00
2.烟草	96.90	96.90	96.30	96.30	100.00	100.00	100.00	100.00	100.00	100.00	100.00	100.00	98.80
3.酒	98.80	99.00	99.40	100.20	102.80	103.80	103.30	102.70	101.50	101.50	102.10	102.30	101.40
三、服装、鞋帽	97.80	95.30	97.60	95.50	94.50	94.90	98.00	96.60	92.40	90.60	97.30	103.00	96.10
1.服装	97.50	95.70	99.20	96.20	94.70	94.80	98.20	96.00	92.70	92.10	98.70	104.70	96.70
2.鞋袜帽	98.30	95.50	94.60	94.90	94.80	96.20	99.10	100.10	92.30	87.10	95.50	101.40	95.80
3.其他	100.00	88.20	87.10	88.20	89.20	89.20	89.20	88.00	88.00	85.20	85.20	85.20	88.60
四、纺织品	98.20	96.80	96.80	97.40	97.50	98.20	98.20	99.40	101.40	102.20	102.40	104.00	99.40
1.衣着材料	100.00	100.00	100.00	100.00	100.40	103.10	103.10	101.00	101.00	101.00	102.00	103.00	101.20
2.床上用品	97.60	95.80	95.80	96.60	96.60	96.60	96.60	98.80	101.50	102.60	102.60	104.30	98.80
五、家用电器及音像器材	96.70	96.30	96.10	96.30	96.80	98.00	99.20	99.80	98.60	99.10	98.80	99.10	97.90
1.家庭设备	95.20	94.60	94.30	95.00	96.10	96.50	98.90	100.10	97.90	98.20	97.90	98.40	96.90
2.文娱用耐用消费品	97.40	97.40	97.40	97.10	96.80	99.40	99.40	99.40	99.20	100.00	95.50	99.70	98.60
3.专业音像器材	100.00	100.00	100.00	100.00	100.00	100.00	100.00	100.00	100.00	100.00	100.00	100.00	100.00
六、文化办公用品	100.00	100.00	100.00	100.00	99.20	99.20	99.20	101.00	101.00	101.00	101.00	100.80	100.20

指　标	1月	2月	3月	4月	5月	6月	7月	8月	9月	10月	11月	12月	累计(上年同期=100)
七、日用品	99.00	98.30	99.20	100.00	100.00	100.30	100.60	99.40	99.00	98.90	98.90	99.00	99.40
1.日用百货	97.20	95.40	97.80	100.10	100.10	100.90	101.80	99.70	98.50	98.10	98.10	98.40	98.80
2.日用杂品	100.00	100.00	100.00	100.00	100.00	100.00	100.00	100.00	100.00	100.00	100.00	100.00	100.00
3.洗涤用品	100.00	100.00	100.00	100.00	100.00	100.00	100.00	98.80	98.80	98.80	98.80	98.80	99.50
4.其他日用品	99.60	99.60	99.60	99.60	99.60	99.60	99.60	99.10	98.70	98.70	98.70	99.30	99.30
八、体育娱乐用品	100.00	100.00	100.00	100.00	100.00	100.00	100.00	100.00	99.90	100.80	101.70	102.30	100.40
1.体育用品	100.00	100.00	100.00	100.00	100.00	100.00	100.00	100.00	100.00	102.20	104.30	105.20	101.00
2.娱乐用品	100.00	100.00	100.00	100.00	100.00	100.00	100.00	100.00	99.70	99.40	99.00	99.50	99.80
九、交通、通信用品	98.60	97.90	97.70	96.80	96.30	96.80	97.10	96.80	96.60	96.50	97.10	97.20	97.10
1.交通运输机械	99.40	99.70	99.70	99.00	98.70	99.40	99.20	98.90	98.40	98.30	99.10	99.30	99.10
2.通信器材	95.50	91.60	90.40	88.80	87.70	87.50	89.60	89.40	90.00	90.00	90.00	89.70	90.00
十、家具	100.00	98.70	98.70	90.60	85.70	85.70	85.70	85.70	85.70	85.40	85.40	86.00	89.40
十一、化妆品	100.00	100.00	100.00	100.00	100.00	100.00	100.00	100.00	100.00	99.80	99.60	99.60	99.90
十二、金银珠宝	110.40	105.80	107.80	109.10	109.50	109.10	108.80	110.00	110.60	110.20	111.00	113.20	109.70
十三、中西药品及医疗保健用品	99.80	100.20	100.20	101.40	102.30	102.10	102.20	103.30	103.30	105.50	109.10	107.60	103.10
1.医疗器具及用品	112.30	112.30	112.30	112.30	112.30	112.30	112.30	112.30	112.30	112.30	112.30	112.30	112.30
2.中药材及中成药	92.60	93.60	93.60	93.80	94.00	94.50	94.50	95.30	95.30	105.90	110.80	110.80	97.60
3.西药	100.10	100.40	100.50	101.50	102.20	101.70	101.80	102.10	102.10	102.30	107.10	105.10	102.30
4.保健器具及用品	100.00	100.00	100.00	103.80	107.20	107.20	107.20	112.30	112.30	112.30	111.80	109.70	107.00
十四、书报杂志及电子出版物	100.20	100.20	101.90	101.90	101.90	101.90	101.90	101.30	101.20	101.20	101.20	101.20	101.40
1.教材及参考书	100.80	100.80	107.70	107.70	107.70	107.70	107.70	107.70	107.30	107.30	107.30	107.30	106.40
2.书报杂志	100.00	100.00	100.00	100.00	100.00	100.00	100.00	100.00	100.00	100.00	100.00	100.00	100.00
3.电子音像制品	100.00	100.00	100.00	100.00	100.00	100.00	100.00	96.00	96.00	96.00	96.00	96.00	98.30
十五、燃料	119.60	124.60	119.70	122.30	121.50	113.40	107.20	106.40	105.90	107.80	105.40	109.40	113.10
1.煤炭及制品	100.00	100.00	100.00	100.00	100.00	100.00	100.00	100.00	100.00	100.00	112.50	125.00	103.10
2.石油及制品	124.10	130.50	124.20	127.30	126.40	116.30	108.60	107.70	107.10	109.30	104.30	106.90	115.30
十六、建筑材料及五金电料	104.10	104.90	104.80	103.80	104.20	103.10	102.70	102.20	101.30	105.00	105.30	106.20	104.00
1.建筑装璜材料	104.30	105.30	105.10	104.70	105.20	103.80	103.30	102.70	100.90	105.60	105.90	107.10	104.50
2.五金电料	103.30	103.50	103.50	100.50	100.50	100.50	100.50	100.50	102.80	102.80	102.80	102.80	102.00

居民消费、商品零售价格分月分类指数(2011年)

(上年同期=100)

指　标	1月	2月	3月	4月	5月	6月	7月	8月	9月	10月	11月	12月	累计(上年同期=100)
居民消费价格总指数	106.40	106.90	107.20	107.90	107.80	107.60	107.20	105.90	105.20	105.10	101.90	100.80	105.80
一、食品	115.00	116.60	117.80	119.10	117.40	118.30	118.90	115.20	113.90	112.60	108.90	107.10	115.00
1.粮食	114.00	114.90	119.60	119.00	119.10	119.10	119.20	119.90	119.90	119.50	116.50	112.10	117.70
2.淀粉及制品	137.40	135.00	135.60	137.40	132.50	134.70	134.70	134.70	134.70	134.70	127.00	103.10	131.00
3.干豆类及豆制品	106.20	101.80	104.80	106.20	104.30	103.70	102.80	100.60	101.90	104.00	98.90	98.10	102.70
4.油脂	109.10	110.50	111.90	112.40	111.70	112.60	109.60	109.40	108.20	106.50	100.90	98.60	108.40
5.肉禽及其制品	111.90	115.30	116.00	121.20	125.90	131.90	136.80	128.30	123.40	121.40	116.30	109.70	121.20
(1)食用畜肉及副产品	116.10	120.80	122.10	129.30	135.50	145.30	155.90	141.60	133.00	129.50	121.20	112.00	129.50
(2)禽	106.30	108.60	108.90	111.50	114.20	115.00	110.40	108.20	107.70	108.50	108.10	104.90	109.30
(3)加工肉禽	103.50	102.30	102.50	104.30	107.90	108.70	110.20	110.20	110.30	109.60	109.30	109.00	107.30
6.蛋	115.20	115.00	108.20	112.50	111.40	113.00	118.20	116.10	106.60	107.90	104.50	101.00	110.60
7.水产品	113.80	111.20	115.40	117.40	117.60	114.00	119.00	114.40	114.00	110.70	111.80	111.60	114.20
(1)鱼	114.60	108.70	110.00	110.20	114.40	114.20	118.90	117.00	114.80	112.90	113.70	111.00	113.40
(2)其他水产品	112.30	115.10	124.30	130.50	123.80	113.60	119.40	108.90	112.40	106.60	108.30	112.60	115.70
8.菜	129.60	132.60	133.50	125.40	106.10	109.60	109.40	101.40	109.00	100.30	96.40	112.50	113.20
鲜　菜	129.20	134.80	136.20	126.70	104.60	108.60	108.40	100.10	109.50	99.90	95.70	115.20	113.40
9.调 味 品	102.60	103.40	103.10	103.10	103.20	103.20	103.60	106.70	106.70	106.10	106.40	105.70	104.50
10.糖	110.90	110.30	112.30	113.00	110.70	111.60	111.60	117.10	117.10	117.90	117.60	115.70	113.90
11.茶及饮料	100.80	100.80	100.80	101.50	101.80	103.80	103.40	103.20	103.50	103.50	103.70	103.90	102.60
(1)茶叶	100.00	100.00	100.00	100.00	100.00	100.00	100.00	100.00	100.00	100.00	100.00	100.00	100.00
(2)饮料	101.30	101.30	101.30	102.60	102.90	106.30	105.70	105.30	105.80	105.80	106.20	106.50	104.30
12.干鲜瓜果	145.10	149.40	150.30	150.70	145.10	131.00	120.60	117.80	112.20	119.00	111.50	101.30	128.50
鲜 瓜 果	156.00	161.80	162.40	162.40	154.00	135.50	122.40	119.40	112.60	121.00	112.50	100.40	133.50
13.糕点饼干面包	112.30	112.90	114.30	115.60	115.60	116.30	115.60	112.90	111.10	111.40	111.00	110.20	113.20
14.液体乳及乳制品	100.70	100.10	99.30	99.10	96.90	100.60	101.10	100.40	100.20	99.30	98.00	100.10	99.70

指　标	1月	2月	3月	4月	5月	6月	7月	8月	9月	10月	11月	12月	累计(上年同期=100)
15.在外用膳食品	106.90	107.30	107.30	109.10	109.10	109.10	109.10	108.70	108.70	108.70	105.40	104.00	107.80
16.其他食品	105.00	106.00	114.10	111.10	109.50	114.50	110.30	110.80	101.50	102.80	102.80	101.60	107.30
二、烟酒	101.80	102.00	102.40	102.00	103.00	102.40	102.30	102.70	103.90	104.00	104.60	104.40	103.00
1.烟草	100.00	100.00	100.00	100.00	100.00	100.00	100.00	100.00	100.00	100.00	100.00	100.00	100.00
2.酒	103.60	103.90	104.70	104.00	105.90	104.70	104.60	105.40	107.60	107.80	108.90	108.60	105.80
三、衣着	102.80	102.30	100.90	104.20	108.10	105.20	103.00	97.00	96.60	100.70	93.40	88.80	100.20
1.服　装	102.40	100.40	98.3 0	102.90	107.40	104.60	102.20	97.6 00	97.10	99.80	91.80	87.00	99.20
2.衣着材料	106.60	106.60	106.60	106.60	106.60	104.90	104.90	106.40	106.40	112.40	115.70	113.20	108.10
3.鞋袜帽	103.50	107.00	107.20	106.90	109.20	106.00	103.90	93.700	93.30	101.40	95.00	90.80	101.40
4.衣着加工服务费	106.70	106.70	106.70	119.40	119.40	120.90	120.90	120.90	120.90	120.90	120.90	120.90	117.10
四、家庭设备用品及维修服务	101.30	102.60	103.80	103.30	103.20	103.10	102.50	101.30	101.20	101.30	101.60	101.30	102.20
1.耐用消费品	99.20	100.70	102.60	101.50	101.30	101.00	100.00	98.90	99.70	99.80	100.30	100.30	100.40
2.室内装饰品	97.50	97.50	97.50	98.40	98.80	98.80	98.80	98.80	99.80	100.70	100.70	100.70	99.00
3.床上用品	112.60	117.50	119.20	119.20	119.20	119.20	119.20	114.20	108.30	106.80	106.80	104.50	113.60
4.家庭日用杂品	100.00	100.00	100.00	100.00	100.00	100.00	100.00	100.40	100.60	100.90	100.90	100.90	100.30
5.家庭服务及加工维修服务	102.40	102.40	102.40	102.40	102.40	102.40	102.40	100.00	101.70	103.30	103.30	103.30	102.40
五、医疗保健和个人用品	103.30	103.30	104.30	104.30	104.20	104.30	104.40	104.50	105.40	105.90	103.00	104.00	104.20
1.医疗保健	103.60	103.50	105.10	105.20	104.70	104.70	105.00	104.90	105.90	106.20	102.60	104.20	104.60
2.个人用品及服务	102.60	102.70	102.70	102.70	103.40	103.40	103.30	103.60	104.30	105.30	103.90	103.70	103.50
六、交通和通信	102.70	102.90	102.40	103.70	103.60	103.30	103.10	103.90	103.60	102.50	101.90	100.90	102.90
1.交通	105.60	106.00	105.20	108.00	107.90	107.80	107.50	109.30	108.80	106.60	105.50	103.70	106.80
(1)交通工具	98.20	98.00	98.00	98.90	100.50	99.90	100.80	101.80	102.40	102.60	101.00	100.70	100.20
(2)车用燃料及零配件	106.60	106.60	106.60	106.60	106.60	104.90	104.90	106.40	106.40	112.40	115.70	113.20	108.10
(3)车辆使用及维修费	103.50	107.00	107.20	106.90	109.20	106.00	103.90	93.70	93.30	101.40	95.00	90.80	101.40
(4)市区公共交通费	106.70	106.70	106.70	119.40	119.40	120.90	120.90	120.90	120.90	120.90	120.90	120.90	117.10
(5)城市间交通费	101.30	102.60	103.80	103.30	103.20	103.10	102.50	101.30	101.20	101.30	101.60	101.30	102.20
2.通信	99.20	100.70	102.60	101.50	101.30	101.00	100.00	98.90	99.70	99.80	100.30	100.30	100.40
(1)通信工具	97.50	97.50	97.50	98.40	98.80	98.80	98.80	98.80	99.80	100.70	100.70	100.70	99.00

指　标	1月	2月	3月	4月	5月	6月	7月	8月	9月	10月	11月	12月	累计(上年同期=100)
(2)通信服务	104.50	108.60	108.60	109.80	110.80	113.40	113.70	113.20	112.10	107.20	107.20	104.50	109.40
七、娱乐教育文化用品及服务	103.90	103.70	103.70	103.70	103.70	103.70	103.70	103.70	103.70	103.70	103.70	100.20	103.40
1.文娱用耐用消费品及服务	100.00	100.00	100.00	100.00	100.00	100.00	100.00	100.00	100.00	100.00	100.00	100.00	100.00
2.教育	123.30	121.00	116.50	128.40	124.20	121.70	118.50	126.10	124.10	117.80	114.80	111.60	120.60
3.文化娱乐类	99.80	99.80	99.70	99.40	99.20	98.90	98.60	98.60	98.40	98.50	98.20	98.10	98.900
(1)文化娱乐用品	98.90	98.70	98.10	96.40	95.20	93.70	92.20	92.10	91.00	91.20	89.50	89.10	93.90
(2)书报杂志	100.00	100.00	100.00	100.00	100.00	100.00	100.00	100.00	100.00	100.00	100.00	100.00	100.00
(3)文娱费	104.40	103.50	102.90	101.50	102.00	101.80	99.80	99.60	97.30	97.60	98.00	98.50	100.50
4.旅游	97.90	96.70	96.60	95.80	96.60	95.10	94.30	92.10	91.20	91.10	91.20	91.10	94.10
八、居住	103.70	103.70	103.20	103.20	103.40	103.80	103.80	104.30	99.70	99.70	99.70	99.50	102.30
1.建房及装修材料	100.30	100.30	100.30	100.40	102.10	102.10	97.70	97.70	97.50	99.20	95.20	95.30	99.00
2.住房租金	100.90	100.90	100.90	101.30	101.80	101.90	101.80	101.90	101.80	102.00	102.20	102.50	101.70
3.自有住房	100.00	100.00	100.00	100.00	100.00	100.00	100.00	100.00	100.00	100.00	100.00	100.00	100.00
4.水、电、燃料	100.00	100.00	100.00	100.00	103.10	103.10	93.80	93.80	93.40	97.00	88.20	88.20	96.70
商品零售价格总指数	124.20	118.20	115.20	105.30	105.30	105.30	98.00	98.00	98.00	98.00	105.60	110.50	106.10
一、食品	101.10	101.10	101.00	101.70	102.10	101.10	100.70	102.00	101.50	101.60	95.20	94.00	100.20
1.粮食	104.20	105.00	104.10	104.10	105.20	105.50	106.60	107.30	107.40	105.70	105.70	104.60	105.40
2.淀粉及制品	137.40	135.00	135.60	137.40	132.50	134.70	134.70	134.70	134.70	134.70	127.00	103.10	131.00
3.干豆类及豆制品	106.40	102.40	105.40	106.80	104.30	103.50	102.40	100.40	101.80	104.00	98.90	98.10	102.80
4.油脂	109.10	110.50	111.90	112.40	111.70	112.60	109.60	109.40	108.20	106.50	100.90	98.60	108.40
5.肉禽及其制品	110.90	114.10	114.90	119.80	124.30	129.80	134.20	126.50	122.20	120.40	115.70	109.60	119.90
(1)食用畜肉及副产品	115.00	119.60	121.00	128.10	134.10	143.50	153.70	140.20	132.10	128.80	120.80	112.00	128.40
(2)禽	106.20	108.60	108.80	111.40	114.10	114.80	110.30	108.10	107.70	108.40	108.10	104.80	109.20
(3)加工肉禽	103.50	102.30	102.50	104.30	107.90	108.70	110.20	110.20	110.30	109.60	109.30	109.00	107.30
6.蛋	115.40	115.10	108.20	112.60	111.40	113.10	118.30	116.20	106.60	107.90	104.50	100.90	110.70
7.水产品	113.90	111.30	115.20	117.40	117.40	113.60	118.40	113.50	113.20	110.10	111.30	111.30	113.80
(1)鱼	115.00	108.70	109.50	109.90	113.80	113.70	117.90	115.80	113.60	111.90	112.90	110.50	112.80
(2)其他水产品	112.30	115.10	124.30	130.50	123.80	113.60	119.40	108.90	112.40	106.60	108.30	112.60	115.70

指 标	1月	2月	3月	4月	5月	6月	7月	8月	9月	10月	11月	12月	累计(上年同期=100)
8.菜	129.60	132.60	133.50	125.40	106.10	109.60	109.40	101.40	109.00	100.30	96.40	112.50	113.20
鲜 菜	129.20	134.80	136.20	126.70	104.60	108.60	108.40	100.10	109.50	99.90	95.70	115.20	113.40
9.调味品	102.50	103.30	102.80	102.80	102.90	102.90	103.30	105.80	105.80	105.40	105.80	105.10	104.00
10.糖	110.50	110.10	112.00	112.70	110.10	110.30	110.30	116.40	116.80	117.70	117.70	115.80	113.40
11.干鲜瓜果	145.10	149.40	150.30	150.70	145.10	131.00	120.60	117.80	112.20	119.00	111.50	101.30	128.50
鲜瓜果	156.00	161.80	162.40	162.40	154.00	135.50	122.40	119.40	112.60	121.00	112.50	100.40	133.50
12.糕点饼干面包	112.80	113.50	114.70	115.90	115.90	116.60	115.90	111.90	110.90	111.20	110.80	109.90	113.20
13.液体乳及乳制品	100.70	100.20	99.50	99.20	97.50	100.70	101.30	100.70	100.60	99.80	98.70	100.50	100.00
14.在外用膳食品	106.80	107.30	107.40	109.10	109.10	109.10	109.10	108.60	108.60	108.60	105.50	104.30	107.80
15.其他食品	105.00	106.00	114.10	111.10	109.50	114.50	110.30	110.80	101.50	102.80	102.80	101.60	107.30
二、饮料、烟酒	101.40	101.50	101.80	101.80	102.50	102.70	102.60	102.70	103.60	103.70	104.10	104.10	102.70
1.茶及饮料	101.00	101.00	101.00	101.80	101.90	104.20	103.80	103.40	103.70	103.70	104.00	104.30	102.80
(1)茶叶	100.00	100.00	100.00	100.00	100.00	100.00	100.00	100.00	100.00	100.00	100.00	100.00	100.00
(2)饮料	101.40	101.40	101.40	102.60	102.80	106.10	105.60	104.90	105.50	105.50	105.90	106.30	104.10
2.烟草	100.00	100.00	100.00	100.00	100.00	100.00	100.00	100.00	100.00	100.00	100.00	100.00	100.00
3.酒	103.50	103.80	104.70	104.10	106.00	104.70	104.70	105.50	107.80	108.00	109.10	108.80	105.90
三、服装、鞋帽	102.30	102.20	100.90	104.10	107.80	104.90	102.70	96.80	96.30	100.70	93.40	88.50	99.90
1.服装	102.50	100.70	98.80	103.30	107.60	104.90	102.60	98.10	97.60	100.50	92.70	87.50	99.60
2.鞋袜帽	103.50	107.00	107.60	107.10	109.60	106.20	104.00	93.70	93.30	102.30	95.30	90.80	101.60
3.其他	85.20	96.70	97.80	96.70	95.50	90.40	90.40	90.10	90.10	93.10	93.10	93.10	92.60
四、纺织品	110.90	114.30	115.70	115.70	115.60	114.90	114.90	111.10	107.20	107.30	108.10	106.20	111.70
1.衣着材料	105.50	105.50	105.50	105.50	105.10	102.40	102.40	104.40	104.40	109.90	113.80	112.30	106.40
2.床上用品	112.50	116.80	118.50	118.50	118.50	118.50	118.50	112.90	107.90	106.70	106.70	104.70	113.10
五、家用电器及音像器材	97.90	98.20	99.60	98.90	99.30	98.70	97.70	96.00	96.40	96.00	96.10	96.10	97.60
1.家庭设备	98.00	100.10	102.90	101.30	101.60	101.30	100.00	98.10	99.70	99.70	100.00	100.10	100.20
2.文娱用耐用消费品	97.10	95.20	95.10	95.50	95.90	94.80	94.00	92.40	91.30	90.10	89.90	89.90	93.40
3.专业音像器材	100.00	100.00	99.50	99.50	99.50	99.40	99.40	98.70	98.70	98.70	98.70	98.70	99.30
六、文化办公用品	101.10	101.10	100.90	100.40	101.00	101.10	101.10	100.00	99.80	99.80	99.80	99.90	100.50

指标	1月	2月	3月	4月	5月	6月	7月	8月	9月	10月	11月	12月	累计(上年同期=100)
七、日用品	99.60	100.50	99.20	97.60	98.40	98.40	98.20	100.00	101.00	101.50	101.40	101.30	99.70
1.日用百货	99.70	102.30	98.70	93.90	95.20	95.00	94.80	98.50	100.00	100.40	100.10	99.70	98.10
2.日用杂品	100.00	100.00	100.00	100.00	100.00	100.00	100.00	100.00	100.40	100.80	100.80	100.80	100.20
3.洗涤用品	99.00	99.00	99.00	99.00	100.30	100.30	100.30	101.30	102.30	103.20	103.20	103.20	100.80
4.其他日用品	100.00	100.00	100.00	100.40	100.60	100.70	100.30	101.20	101.70	102.10	102.10	102.10	100.90
八、体育娱乐用品	102.00	102.00	102.00	102.00	102.00	102.40	102.40	103.70	104.00	103.10	102.40	101.60	102.50
1.体育用品	105.10	105.10	105.10	105.10	105.10	105.80	106.40	109.10	109.10	106.70	104.60	103.80	105.90
2.娱乐用品	99.10	99.10	99.10	99.10	99.10	99.10	98.40	98.40	98.9 0	99.40	100.10	99.30	99.10
九、交通、通信用品	99.00	98.80	98.70	99.10	99.00	97.90	98.30	99.10	99.40	99.60	98.40	98.10	98.80
1.交通运输机械	99.00	98.60	98.60	99.60	99.70	98.60	99.50	100.50	101.20	101.30	100.10	99.80	99.70
2.通信器材	99.10	99.20	98.70	97.40	96.60	95.50	94.20	94.10	93.30	93.50	92.20	91.80	95.50
十、家具	101.20	103.50	104.00	104.00	104.00	104.00	104.00	104.00	104.00	104.00	104.00	103.80	103.70
十一、化妆品	99.70	99.70	99.80	99.80	100.10	100.30	100.30	100.20	100.20	100.80	101.20	101.10	100.30
十二、金银珠宝	109.00	111.20	112.70	114.10	112.70	113.00	113.80	120.60	117.40	106.30	109.70	104.30	112.00
十三、中西药品及医疗保健用品	102.60	102.60	102.60	102.70	102.50	102.70	102.70	102.50	102.90	103.00	101.40	103.60	102.60
1.医疗器具及用品	100.00	100.00	100.00	100.00	105.90	111.20	111.20	111.20	111.20	111.20	111.20	111.20	107.00
2.中药材及中成药	102.80	103.00	107.70	109.80	109.20	109.40	110.20	111.20	113.20	113.60	112.0	112.00	109.50
3.西药	101.90	101.70	100.80	100.50	100.20	99.90	99.50	99.20	98.90	98.90	96.50	100.10	99.80
4.保健器具及用品	107.90	107.90	99.00	96.00	93.50	93.30	93.20	89.70	89.70	90.30	91.20	92.70	95.20
十四、书报杂志及电子出版物	102.10	102.20	100.00	100.00	100.00	100.00	100.00	100.00	100.00	100.00	100.00	100.00	100.40
1.教材及参考书	106.70	106.90	100.00	100.00	100.00	100.00	100.00	100.00	100.00	100.00	100.00	100.00	101.10
2.书报杂志	100.00	100.00	100.00	100.00	100.00	100.00	100.00	100.00	100.00	100.00	100.00	100.00	100.00
3.电子音像制品	100.00	100.00	100.00	100.00	100.00	100.00	100.00	100.00	100.00	100.00	100.00	100.00	100.00
十五、燃料	107.70	110.10	110.20	111.90	112.90	114.50	114.30	115.90	113.50	109.50	107.60	102.60	110.80
1.煤炭及制品	125.00	125.00	125.00	125.00	125.00	125.00	125.00	125.00	125.00	125.00	111.10	100.00	121.20
2.石油及制品	106.40	109.00	109.10	111.00	112.00	113.70	113.50	115.20	112.70	108.40	107.30	102.80	110.00
十六、建筑材料及五金电料	105.50	105.80	104.70	104.30	105.00	105.30	106.60	107.50	106.70	105.50	105.00	103.90	105.50
1.建筑装璜材料	106.30	106.80	105.50	104.80	105.80	106.10	107.80	108.90	108.40	106.80	106.20	104.90	106.50
2.五金电料	102.30	102.00	102.00	102.00	102.00	102.00	102.00	102.20	100.20	100.20	100.20	100.20	101.40

居民消费、商品零售价格分月分类指数(2012年)

(上年同期=100)

指　标	1月	2月	3月	4月	5月	6月	7月	8月	9月	10月	11月	12月	累计(上年同期=100)
居民消费价格总指数	102.40	101.80	102.60	101.60	103.20	103.40	103.50	104.60	105.00	103.50	105.00	105.30	103.50
一、食品	108.60	104.00	104.10	102.00	103.80	102.30	101.40	103.40	103.80	101.80	104.90	105.60	103.80
1.粮食	110.50	110.50	107.50	107.50	107.40	107.60	107.50	106.80	105.40	105.40	105.80	105.20	107.20
2.淀粉及制品	102.60	104.40	103.70	102.00	102.40	102.00	102.00	102.00	102.00	102.00	102.00	102.00	102.40
3.干豆类及豆制品	98.70	95.70	95.90	95.90	96.10	96.80	97.90	99.80	100.10	99.70	99.90	100.90	98.10
4.油脂	100.00	102.50	100.70	99.90	102.10	101.80	105.20	109.80	114.30	117.80	116.80	114.20	107.00
5.肉禽及其制品	111.10	106.00	107.60	104.50	101.70	96.10	93.10	96.90	98.80	98.90	102.40	107.50	101.90
(1)食用畜肉及副产品	113.60	107.40	108.80	103.70	100.60	92.80	88.00	93.80	95.40	96.80	101.60	108.30	100.50
(2)禽	106.60	101.10	104.30	105.20	103.30	102.30	104.30	104.40	107.40	104.10	105.90	108.90	104.80
(3)加工肉禽	107.80	109.40	109.00	107.50	104.50	101.10	99.80	99.20	99.90	99.20	99.10	99.20	102.90
6.蛋	97.20	87.80	94.80	91.90	90.30	97.10	91.40	94.70	106.1	103.40	105.60	110.50	97.60
7.水产品	117.00	112.40	110.80	106.90	106.10	108.40	104.20	103.80	104.90	104.10	104.70	105.00	107.40
(1)鱼	109.40	108.30	113.70	113.70	109.80	111.00	105.20	102.20	100.50	103.70	103.90	104.60	107.00
(2)其他水产品	130.20	118.50	106.50	96.40	99.70	103.30	102.20	107.50	114.60	104.90	106.30	105.70	108.00
8.菜	119.80	104.80	104.20	102.60	122.00	114.40	109.80	117.90	107.80	94.50	112.60	110.40	109.80
鲜　菜	123.30	106.10	105.70	103.80	127.00	118.00	112.70	122.40	110.20	94.50	116.30	113.40	112.40
9.调 味 品	103.10	102.10	101.90	103.10	103.30	103.30	102.90	100.40	100.40	100.20	100.70	101.50	101.90
10.糖	114.50	113.80	112.50	111.20	112.20	112.00	112.00	106.60	107.80	107.50	107.30	105.90	110.10
11.茶及饮料	104.50	104.50	104.50	106.40	105.70	103.80	104.00	106.20	106.60	107.40	107.10	106.90	105.60
(1)茶叶	100.00	100.00	100.00	100.00	100.00	100.00	100.00	100.00	100.00	100.00	100.00	100.00	100.00
(2)饮料	107.50	107.50	107.40	110.60	109.30	106.30	106.60	110.10	110.70	112.00	111.60	111.20	109.30
12.干鲜瓜果	98.60	89.90	89.40	85.90	87.30	95.40	103.00	102.10	107.20	101.30	99.60	96.30	95.70
鲜 瓜 果	97.50	87.40	86.10	81.90	84.10	93.80	103.00	102.40	108.70	101.10	98.80	94.50	94.00
13.糕点饼干面包	111.00	112.30	113.60	113.00	114.40	111.20	111.90	103.80	103.20	102.10	103.30	104.00	108.40
14.液体乳及乳制品	100.10	100.00	102.90	101.00	104.80	100.90	99.80	100.40	100.40	100.20	100.20	100.20	100.90

指 标	1月	2月	3月	4月	5月	6月	7月	8月	9月	10月	11月	12月	累计(上年同期=100)
15.在外用膳食品	104.70	104.30	104.30	103.30	103.30	104.30	105.20	105.20	105.60	105.90	106.50	105.00	104.80
16.其他食品	105.60	105.60	105.60	103.00	108.70	103.90	103.90	103.90	106.40	99.90	99.90	99.90	103.80
二、烟酒	103.80	103.80	103.10	103.10	102.10	102.70	102.60	102.20	101.00	100.90	100.10	100.10	102.10
1.烟草	99.30	99.30	99.30	99.30	99.30	99.30	99.30	99.30	99.3	99.30	99.30	99.30	99.30
2.酒	108.10	108.00	106.60	106.60	104.70	105.80	105.70	104.80	102.50	102.30	100.80	100.80	104.70
三、衣着	91.20	96.40	100.90	100.20	100.90	103.60	101.90	107.60	109.10	101.30	100.90	102.70	101.30
1.服 装	89.60	94.70	100.30	99.50	100.20	102.80	102.80	108.00	110.10	102.50	102.30	105.40	101.30
2.衣着材料	111.20	111.20	111.20	111.20	111.20	111.20	111.20	111.20	111.20	105.30	100.00	100.00	108.70
3.鞋袜帽	92.30	98.50	100.60	100.80	101.60	104.90	98.20	105.60	106.10	97.20	96.40	95.2 0	99.70
4.衣着加工服务费	124.20	124.20	124.20	111.00	111.00	111.00	115.00	115.00	115.00	115.00	115.00	115.00	116.10
四、家庭设备用品及维修服务	100.90	100.50	100.10	100.30	101.70	102.10	102.70	103.00	103.50	102.50	102.50	102.30	101.90
1.耐用消费品	99.80	99.30	98.80	99.30	102.30	103.10	104.30	104.10	105.50	104.10	103.80	103.10	102.30
2.室内装饰品	103.30	103.90	104.50	103.60	103.20	103.20	103.20	100.90	99.90	98.90	98.90	98.90	101.80
3.床上用品	103.20	101.50	100.00	100.00	100.00	100.00	100.00	100.00	100.00	100.00	100.00	100.00	100.40
4.家庭日用杂品	100.90	100.90	100.90	100.90	100.90	100.60	100.60	101.20	100.90	100.70	101.30	101.80	101.00
5.家庭服务及加工维修服务	103.30	103.30	103.30	103.30	103.30	103.30	103.30	108.10	106.30	104.70	104.70	104.70	104.30
五、医疗保健和个人用品	104.60	104.90	103.80	103.20	103.20	102.30	102.20	101.80	100.90	100.70	101.30	101.30	102.500
1.医疗保健	105.50	105.90	104.30	103.50	103.90	102.70	102.40	101.70	100.20	99.80	101.00	101.00	102.60
2.个人用品及服务	102.80	103.00	102.80	102.70	102.00	101.60	101.70	102.00	102.40	102.60	102.00	102.00	102.30
六、交通和通信	101.10	99.80	100.80	100.20	100.00	100.10	100.30	100.30	101.20	101.50	101.40	101.20	100.60
1.交通	103.90	100.60	102.50	101.00	100.50	100.40	100.80	100.60	102.30	102.90	102.40	101.70	101.60
(1)交通工具	100.80	101.30	101.70	102.30	101.30	101.70	101.70	101.40	101.40	101.20	101.50	101.50	101.50
(2)车用燃料及零配件	104.50	103.90	108.80	104.70	103.20	99.70	96.50	99.40	103.70	106.20	103.70	103.70	103.10
(3)车辆使用及维修费	100.20	100.40	100.40	100.40	100.40	100.60	100.60	100.60	106.40	109.10	109.10	109.10	103.10
(4)市区公共交通费	100.00	100.00	100.00	100.00	100.00	102.30	100.00	100.00	100.00	100.00	100.00	100.00	100.20
(5)城市间交通费	111.50	97.10	100.20	97.20	97.30	98.30	104.80	101.20	101.60	100.70	100.50	97.50	100.600
2.通信	98.10	98.90	99.00	99.30	99.50	99.80	99.70	99.90	99.90	99.90	100.20	100.60	99.60
(1)通信工具	89.10	88.50	88.60	90.30	91.30	93.00	92.70	93.80	93.80	93.80	95.60	97.60	92.30

指 标	1月	2月	3月	4月	5月	6月	7月	8月	9月	10月	11月	12月	累计(上年同期=100)
(2)通信服务	100.00	101.10	101.10	101.10	101.10	101.10	101.10	101.10	101.10	101.10	101.10	101.10	101.00
七、娱乐教育文化用品及服务	98.70	100.90	102.40	102.20	102.20	103.20	105.70	105.40	106.50	104.80	104.00	102.30	103.20
1.文娱用耐用消费品及服务	92.80	94.70	95.90	97.60	96.60	95.90	96.60	96.90	98.30	99.00	99.30	99.30	96.90
2.教育	99.50	101.80	101.80	101.80	101.60	101.60	101.60	101.20	102.70	102.70	102.70	102.70	101.80
3.文化娱乐类	100.90	101.00	101.60	101.40	99.80	105.70	110.50	109.50	109.70	107.70	111.70	111.40	105.80
(1)文化娱乐用品	102.50	102.90	104.60	104.10	103.60	103.50	103.60	100.80	100.80	100.50	100.10	99.40	102.20
(2)书报杂志	100.00	100.00	100.00	100.00	100.00	100.00	100.00	100.00	100.00	100.00	100.00	100.00	100.00
(3)文娱费	100.10	100.10	100.10	100.10	97.10	109.50	120.30	120.30	120.80	116.40	126.60	126.60	111.00
4.旅游	101.90	106.30	114.80	110.20	114.30	114.90	125.40	125.40	125.40	115.80	106.30	95.90	113.00
八、居住	98.60	100.40	101.50	101.30	106.40	108.70	109.80	110.20	110.10	110.60	113.70	114.50	107.00
1.建房及装修材料	104.50	104.30	106.30	107.80	107.60	107.00	105.80	104.90	103.50	104.40	104.80	105.30	105.50
2.住房租金	100.20	100.20	100.20	100.00	100.00	100.00	102.60	102.60	102.60	102.60	108.10	108.10	102.20
3.自有住房	100.30	100.30	100.30	100.00	107.50	112.00	112.00	112.00	112.00	112.00	112.00	112.00	107.70
4.水、电、燃料	91.70	98.20	101.20	100.00	107.70	110.00	113.60	115.70	116.10	117.60	126.80	130.10	109.90
商品零售价格总指数	102.80	102.00	103.00	102.00	102.20	101.80	101.20	102.40	103.20	102.20	102.90	103.30	102.40
一、食品	108.50	104.10	104.40	102.30	104.00	102.70	101.80	103.70	104.40	102.40	105.30	105.90	104.10
1.粮食	110.40	110.50	107.50	107.50	107.50	107.60	107.50	106.90	105.40	105.40	105.90	105.30	107.20
2.淀粉及制品	102.60	104.40	103.70	102.00	102.40	102.00	102.00	102.00	102.00	102.00	102.00	102.00	102.40
3.干豆类及豆制品	98.70	95.30	95.40	95.30	95.60	96.40	97.60	99.40	99.80	99.40	99.70	100.60	97.70
4.油脂	100.00	102.50	100.70	99.90	102.10	101.80	105.20	109.80	114.30	117.80	116.80	114.20	107.00
5.肉禽及其制品	111.20	106.50	108.10	105.30	102.60	97.20	94.40	98.20	100.00	100.10	103.50	108.20	102.80
(1)食用畜肉及副产品	114.20	108.40	109.70	104.90	101.90	94.30	89.60	95.50	97.10	98.70	103.40	109.90	102.00
(2)禽	106.50	101.00	104.20	105.20	103.20	102.20	104.20	104.30	107.40	104.10	105.80	108.90	104.70
(3)加工肉禽	107.80	109.40	109.00	107.50	104.50	101.10	99.80	99.20	99.90	99.20	99.10	99.20	102.90
6.蛋	97.10	87.70	94.80	91.90	90.30	97.10	91.30	94.60	106.20	103.40	105.70	110.60	97.60
7.水产品	117.00	112.50	110.70	106.60	106.10	108.50	104.80	104.50	105.60	104.50	105.10	105.40	107.60
(1)鱼	109.00	108.30	113.70	113.50	110.00	111.30	106.10	103.10	101.30	104.30	104.50	105.20	107.40
(2)其他水产品	130.20	118.50	106.50	96.40	99.70	103.30	102.20	107.50	114.60	104.90	106.30	105.70	108.00

指 标	1月	2月	3月	4月	5月	6月	7月	8月	9月	10月	11月	12月	累计(上年同期=100)
8.菜	119.80	104.80	104.20	102.60	122.00	114.40	109.80	117.90	107.80	94.50	112.60	110.40	109.80
鲜 菜	123.30	106.10	105.70	103.80	127.00	118.00	112.70	122.40	110.20	94.50	116.30	113.40	112.40
9.调味品	102.70	101.80	101.60	102.70	102.90	102.80	102.50	100.50	100.50	99.80	100.50	101.20	101.60
10.糖	114.70	114.00	113.80	112.20	113.40	113.70	113.70	107.60	108.40	107.80	107.50	105.80	110.90
11.干鲜瓜果	98.60	89.90	89.40	85.90	87.30	95.40	103.00	102.10	107.20	101.30	99.60	96.30	95.70
鲜瓜果	97.50	87.40	86.10	81.90	84.10	93.80	103.00	102.40	108.70	101.10	98.80	94.50	94.00
12.糕点饼干面包	110.70	112.20	113.50	113.10	113.90	110.80	111.50	103.30	102.70	101.60	102.70	103.60	108.10
13.液体乳及乳制品	100.50	100.40	102.80	101.20	104.50	101.20	99.80	100.30	100.30	100.30	100.30	100.30	101.00
14.在外用膳食品	105.20	104.70	104.70	103.90	103.90	104.80	105.70	105.70	106.20	106.50	107.10	105.30	105.30
15.其他食品	105.60	105.60	105.60	103.00	108.70	103.90	103.90	103.90	106.40	99.90	99.90	99.90	103.80
二、饮料、烟酒	103.80	103.80	103.30	103.80	102.90	102.80	102.80	103.20	102.50	102.60	102.00	101.90	103.00
1.茶及饮料	105.00	105.00	105.00	106.90	106.20	104.10	104.30	106.70	107.30	108.20	107.90	107.60	106.20
(1)茶叶	100.00	100.00	100.00	100.00	100.00	100.00	100.00	100.00	100.00	100.00	100.00	100.00	100.00
(2)饮料	107.40	107.40	107.30	110.10	109.00	106.00	106.30	109.70	110.50	111.80	111.40	110.90	109.00
2.烟草	99.30	99.30	99.30	99.30	99.30	99.30	99.30	99.30	99.30	99.30	99.30	99.30	99.30
3.酒	108.30	108.20	106.80	106.80	104.80	105.90	105.90	105.00	102.60	102.40	100.80	100.80	104.80
三、服装、鞋帽	90.80	96.20	100.70	100.00	100.70	103.50	101.70	107.30	108.80	100.80	100.60	102.70	101.00
1.服装	90.20	95.20	100.70	99.60	100.20	102.60	102.70	107.90	109.90	102.10	102.10	105.50	101.40
2.鞋袜帽	92.50	99.30	101.40	101.80	102.90	106.30	99.10	106.20	106.60	97.10	96.30	95.10	100.30
3.其他	93.10	93.10	93.10	93.10	93.10	98.40	98.40	100.00	100.00	100.00	100.00	100.00	96.70
四、纺织品	104.60	103.30	102.10	102.10	102.10	102.10	102.10	102.10	102.10	101.00	100.00	100.00	102.00
1.衣着材料	110.40	110.40	110.40	110.40	110.40	110.40	110.40	110.40	110.40	105.00	100.00	100.00	108.10
2.床上用品	103.10	101.50	100.00	100.00	100.00	100.00	100.00	100.00	100.00	100.00	100.00	100.00	100.40
五、家用电器及音像器材	97.00	97.40	97.20	98.10	100.60	100.30	101.30	101.30	103.00	103.50	103.50	102.90	100.50
1.家庭设备	100.10	98.90	97.60	98.70	104.20	104.90	106.40	106.00	107.90	107.70	107.30	106.20	103.80
2.文娱用耐用消费品	92.30	94.80	96.00	96.90	95.70	94.00	94.60	95.00	96.80	98.50	99.10	99.10	96.00
3.专业音像器材	98.70	98.70	99.20	99.20	99.20	99.30	99.30	99.50	99.50	99.50	99.50	99.50	99.30
六、文化办公用品	99.90	100.00	101.70	102.20	102.00	101.80	101.80	100.80	100.80	100.60	100.40	100.40	101.00

指　标	1月	2月	3月	4月	5月	6月	7月	8月	9月	10月	11月	12月	累计(上年同期=100)
七、日用品	101.30	101.90	102.40	103.20	102.30	102.40	102.60	103.00	102.60	102.20	102.60	102.90	102.50
1.日用百货	99.70	101.30	102.80	105.10	103.90	104.10	104.20	104.90	104.70	104.70	105.10	105.10	103.80
2.日用杂品	100.80	100.80	100.80	100.80	100.80	100.80	100.80	100.80	100.40	100.00	101.10	102.10	100.80
3.洗涤用品	103.20	103.20	103.20	103.20	101.90	101.90	102.40	103.20	102.60	101.60	101.60	101.60	102.50
4.其他日用品	102.10	102.40	102.60	102.40	102.20	102.00	102.50	101.60	101.30	100.80	100.80	100.80	101.80
八、体育娱乐用品	101.60	102.50	103.10	103.10	103.10	102.80	102.80	101.10	101.10	101.10	101.10	101.10	102.10
1.体育用品	103.80	105.20	106.40	106.40	106.40	105.70	105.10	103.00	103.00	103.00	103.00	103.00	104.50
2.娱乐用品	99.30	99.70	99.70	99.70	99.70	99.70	100.30	99.10	99.10	99.10	99.10	99.10	99.50
九、交通、通信用品	98.20	97.90	97.70	97.90	98.30	98.80	98.80	99.60	99.60	99.40	99.50	99.80	98.80
1.交通运输机械	99.90	99.60	99.30	99.30	99.50	99.80	99.80	100.50	100.50	100.30	100.10	100.10	99.90
2.通信器材	91.80	91.60	91.90	93.10	93.90	95.20	95.00	96.00	96.00	95.90	97.20	98.60	94.60
十、家具	101.20	100.70	100.10	100.10	100.90	101.70	101.70	101.70	101.70	98.20	98.20	98.00	100.30
十一、化妆品	101.10	101.00	101.00	101.00	100.60	100.40	100.40	100.70	100.90	100.60	100.50	100.70	100.80
十二、金银珠宝	104.20	104.60	105.00	102.50	99.90	98.90	98.80	94.00	99.30	109.20	100.20	102.50	101.50
十三、中西药品及医疗保健用品	104.30	104.40	103.90	102.90	102.90	102.30	102.30	101.70	101.00	100.60	100.80	100.80	102.30
1.医疗器具及用品	111.20	111.20	111.20	111.20	105.00	100.00	100.00	100.00	101.50	101.50	101.50	101.50	104.40
2.中药材及中成药	114.60	115.10	112.50	111.70	113.20	112.10	111.50	109.80	106.90	106.50	106.70	106.70	110.50
3.西药	100.10	99.90	98.60	97.20	97.10	97.20	97.50	97.30	97.50	97.00	97.40	97.30	97.80
4.保健器具及用品	92.70	92.70	101.10	101.10	101.50	101.30	101.50	101.50	101.20	100.50	99.80	99.80	99.50
十四、书报杂志及电子出版物	100.00	100.00	100.00	100.00	100.00	100.00	100.00	100.00	100.00	100.00	100.00	100.00	100.00
1.教材及参考书	100.00	100.10	100.00	100.00	100.00	100.00	100.00	100.00	100.00	100.00	100.00	100.00	100.00
2.书报杂志	100.00	100.00	100.00	100.00	100.00	100.00	100.00	100.00	100.00	100.00	100.00	100.00	100.00
3.电子音像制品	100.00	100.00	100.00	100.00	100.00	100.00	100.00	100.00	100.00	100.00	100.00	100.00	100.00
十五、燃料	102.80	104.00	109.90	105.60	101.00	99.50	96.90	100.50	104.50	106.80	105.00	106.00	103.50
1.煤炭及制品	100.00	100.00	100.00	100.00	100.00	100.00	100.00	100.00	100.00	100.00	100.00	100.00	100.00
2.石油及制品	103.10	104.30	110.70	106.10	101.00	99.40	96.60	100.50	104.90	107.40	105.40	106.50	103.80
十六、建筑材料及五金电料	103.60	102.60	105.30	106.60	106.10	105.60	104.20	102.30	101.30	102.60	103.20	103.40	103.90
1.建筑装璜材料	104.50	103.30	106.00	107.60	107.00	106.00	104.30	101.90	100.70	102.40	103.10	103.30	104.10
2.五金电料	100.20	100.20	102.50	102.50	102.50	103.90	103.90	103.70	103.70	103.70	103.70	103.70	102.80

四、住户调查

居民家庭人均现金收支情况(2007 年-2012 年)

单位:元

项　目	2007年	2008年	2009年	2010年	2011年	2012年
家庭总收入	12167.18	14565.35	16020.31	17657.81	19050.79	21187.09
其中:可支配收入	11513.69	13664.71	15001.02	16565.78	17914.83	19449.64
工薪收入	7198.02	7810.36	8461.97	9187.12	9002.38	10385.19
工资及补贴收入	7085.53	7105.16	8079.90	8955.73	8981.77	10364.69
其他劳动收入	112.49	705.20	382.07	231.39	20.61	20.50
经营净收入	725.44	1911.46	2113.48	2202.64	1642.74	1370.06
财产性收入	112.11	281.78	214.74	396.17	658.06	552.36
利息收入	30.79	37.43	8.60	35.07	16.75	42.69
股息与红利收入	78.54	106.24	22.60	145.76	446.51	69.58
保险收益		1.02		0.01	2.94	2.07
其他投资收入	2.78	17.04				
出租房屋收入		120.04	183.14	214.98	190.98	418.33
知识产权收入						17.27
其他财产性收入			0.39	0.34	0.88	2.42
转移性收入	4131.61	4561.75	5230.11	5871.89	7747.60	8879.48
养老金或离退休金	3627.65	4124.93	4805.63	5435.59	6680.50	7953.15
社会救济收入	26.31	15.96	1.60		66.09	75.89
最低生活保障收入	20.21				54.53	38.71
辞退金					198.50	0.00
赔偿收入				23.73	0.00	10.93
保险收入	24.71	33.66	3.09		5.28	11.19
失业保险金	24.71	14.58	3.09		5.28	11.19
赡养收入	214.60	80.87	127.50	69.15	323.04	146.25
来自城镇居民的赡养收入				66.10	323.04	136.58
捐赠收入	73.31	170.67	152.37	214.54	131.03	188.81
来自城镇居民的捐赠收入				187.76	131.03	188.12
提取住房公积金	57.02	10.22				
记帐补贴	72.77	104.39	125.62	122.10	118.91	206.09
其它转移性收入	35.23	21.04	14.30	6.78	224.25	287.17
出售财物收入	3.62	3.89	13.08	1.86	2.46	2.23
出售住房收入						
出售其它物品收入	3.62	3.89	13.08	1.86	2.46	2.23
借贷收入	1909.87	1654.54	1753.00	4021.47	3837.87	3639.89
提取储蓄存款	1356.61	1587.15	1688.50	3973.68	3789.32	3533.89
借入款	239.79	29.77	48.98		23.12	56.99
收回借出款	66.72	2.73	15.52		6.61	2.07
收回储蓄性保险本	3.48				6.61	
兑售有价证券	208.51			5.08		
收回投资本金	34.75					
住房贷款					0.66	

项　目	2007年	2008年	2009年	2010年	2011年	2012年
汽车贷款						
教育贷款						
其他贷款		34.15		39.32	3.30	21.58
其他借贷收入		0.75		3.39	8.26	25.35
家庭总支出	10277.07	10920.58	11848.05	13704.45	14643.24	16725.52
(一)消费性支出	8251.95	8991.90	9880.36	10934.37	11890.24	13508.22
(二)财产性支出	2.77	18.39	36.01	47.92	30.19	92.46
1.非生产性贷款利息支出	36.00	7.02	35.72	47.92	15.57	92.46
2.其他		11.37	0.29		14.62	
(三)转移性支出	1146.44	1153.72	1092.07	1479.58	1377.55	1638.58
1.交纳所得税	48.48	39.68	54.05	66.34	144.12	45.11
其中:来自工资性收入的个税				52.51	127.98	32.46
来自经营净收入的个税				4.07	3.96	0.00
来自财产性收入的个税				9.76	12.19	12.64
来自转移性收入的个税						
2.捐赠支出	613.57	597.67	594.67	833.11	777.34	986.81
3.购买彩票	3.55	3.02	1.55	5.04	0.33	3.17
4.赡养支出	419.44	303.75	364.98	481.36	331.63	480.88
其中:在外就学子女费用	235.39	186.34	205.57	164.29	122.21	292.03
5.各种非储蓄性保险支出	31.68	101.45	28.41	57.39	81.75	66.23
其中:车辆保险支出		1.38	1.43	6.10	25.10	10.36
6. 其他转移性支出	29.71	108.15	48.39	36.33	42.38	56.39
(四)社会保障支出	529.46	756.57	839.61	903.60	872.92	1486.25
1.个人交纳的养老基金	170.28	341.76	391.13	411.91	327.27	589.43
2.个人交纳的住房公积金	287.67	283.32	306.69	345.60	380.04	623.38
3.个人交纳的医疗基金	55.69	96.76	112.24	116.21	140.02	225.93
4.个人交纳的失业基金	15.81	21.65	23.69	26.64	22.13	44.39
5.其他社会保障支出		13.07	5.86	3.24	3.47	3.12
(五)购房与建房支出	310.45			338.98	472.34	
1.购房	310.45			338.98	472.34	
2.建房						
六、借贷支出	3441.26	5974.73	6022.69	7948.24	8222.20	8024.74
1.存入储蓄款	3008.18	5653.84	5734.95	7427.47	7957.33	7530.53
2.借出款			19.88		1.65	
3.归还借款	100.43	18.40	24.07	104.07	72.34	100.38
4.储蓄性保险支出	116.55	57.54	88.67	17.56	34.64	107.12
5.购买有价证券		176.54	91.40	5.08	54.73	
6.其他投资支出		0.95		14.58		
7.归还住房贷款	216.08	64.04	62.67	379.48	25.43	150.11
8.归还汽车贷款					72.78	130.22
9.归还教育贷款						
10.归还其它贷款		3.24				
11.其他借贷支出		0.17	1.05	0.00	3.30	6.39

居民家庭人均消费支出情况(2007年-2012年)

单位:元

指　标	2007年	2008年	2009年	2010年	2011年	2012年
消费支出	8251.95	8991.90	9880.36	10934.37	11890.20	13508.20
其中:服务性消费支出	1953.01	2202.16	2541.06	2691.82	3026.20	3023.90
一、食品	3726.92	4568.11	4878.45	5030.16	5142.30	6236.60
㈠粮油类	439.06	556.72	559.73	573.89	660.30	790.50
1.粮食	249.21	289.20	313.71	327.88	413.50	495.40
2.淀粉及薯类	27.79	19.62	32.08	39.57	41.40	48.10
3.干豆类及豆制品	63.46	90.64	93.56	98.4	102.90	109.50
4.油脂类	98.59	157.26	120.39	108.05	102.60	137.50
(1)食用植物油	96.39	153.96	119.36	106.25	100.70	136.00
(2)食用动物油	2.20	3.30	1.03	1.79	1.80	1.50
㈡肉禽蛋水产品类	1263.52	1590.05	1598.41	1644.28	1738.60	2065.90
1.肉类	646.88	898.62	864.46	897.77	1006.00	1153.40
(1)猪肉	421.56	668.51	585.03	591.69	740.80	791.70
(2)牛肉	126.28	141.5	152.44	172.84	142.20	208.60
(3)羊肉	18.07	24.96	31.31	35.40	29.50	30.30
(4)其他肉及制品	80.98	63.64	95.69	97.84	93.70	122.80
2.禽类	359.54	390.44	377.96	392.82	386.90	464.50
(1)鸡	186.76	217.00	200.02	211.86	210.20	261.40
(2)鸭	88.9	134.31	117.65	115.43	97.80	123.10
(3)其他禽类及制品	83.88	39.14	60.29	65.53	78.90	79.90
3.蛋类	77.09	77.89	79.02	85.13	96.70	113.70
(1)鲜蛋.单价	70.00	69.88	69.05	76.01	87.00	102.50
(2)蛋制品	7.09	8.01	9.97	9.12	9.70	11.20
4.水产品类	180.01	223.09	276.97	268.55	248.90	334.40
(1)鱼	129.94	172.08	186.48	192.25	181.80	240.40
(2)虾	11.09	19.910	25.14	25.35	14.60	25.70
(3)其他水产品及制品	38.98	31.10	65.35	50.95	52.60	68.30
㈢蔬菜类	344.01	458.95	504.17	584.71	527.70	668.10
1.鲜菜	302.35	406.01	447.27	522.63	486.00	610.80
2.干菜	22.67	37.51	36.44	40.45	29.00	41.60
3.菜制品	18.98	15.43	20.47	21.63	12.70	15.70
㈣调味品	34.40	40.96	46.55	45.04	44.20	58.40
㈤糖烟酒饮料类	300.61	346.32	437.24	356.02	428.00	527.60
1.糖类	49.92	53.18	70.53	63.10	83.70	103.20
2.烟草类	124.5	134.57	175.32	139.78	142.80	219.80
3.酒类	70.72	97.78	113.51	88.13	135.20	132.70

指　标	2007年	2008年	2009年	2010年	2011年	2012年
⑴白酒	46.47	59.37	58.05	57.04	99.50	104.1
⑵果酒	6.80	3.42	5.16	5.54	6.70	10.5
⑶啤酒	12.47	20.12	33.16	22.95	21.70	12.8
⑷其他酒	4.99	14.88	17.15	2.59	7.30	5.2
4.饮料	55.46	60.79	77.87	65.02	66.30	72.0
⑴碳酸饮料	4.30	8.26	6.06	3.10	5.90	3.1
⑵瓶装饮用水	19.86	7.65	13.44	9.52	4.50	5.9
⑶茶叶	9.46	19.52	25.77	20.45	16.90	27.4
⑷其他饮料	21.84	25.36	32.6	31.95	39.10	35.6
㈥干鲜瓜果类	289.03	339.04	370.4	394.87	413.90	517.9
1.鲜果	199.40	227.43	250.63	264.31	277.70	329.4
2.鲜瓜	32.38	33.23	35.52	36.30	37.10	44.1
3.其他干鲜瓜果类及制品	57.25	78.38	84.26	94.26	99.10	144.4
㈦糕点、奶及奶制品	211.25	256.04	247.3	293.66	319.30	364.8
1.糕点	67.99	55.32	60.42	75.00	80.60	103.5
2.奶及奶制品	143.26	200.71	186.89	218.66	238.70	261.3
⑴鲜乳品	107.69	100.70	117.16	127.43	117.20	138.8
⑵奶粉	15.37	51.67	35.31	60.38	104.40	95.7
⑶酸奶	11.23	20.91	16.68	15.58	11.80	14.1
⑷其他奶制品	8.97	27.43	17.73	15.27	5.30	12.7
㈧其他食品	66.76	69.56	46.23	52.53	33.10	35.9
㈨饮食服务	778.29	910.47	1068.41	1085.17	977.30	1207.6
1.食品加工服务费	8.26	1.08	0.55	1.09	1.30	1.7
2.在外饮食	770.03	909.39	1067.86	1084.08	976.00	1205.8
二、衣着	688.02	743.11	747.99	839.63	728.20	918.6
㈠服装	506.03	504.26	501.76	574.39	519.10	669.7
㈡衣着材料	9.06	11.31	8.14	4.25	10.00	7.4
㈢鞋类	157.40	195.03	196.63	233.03	168.90	208.6
㈣其他衣着用品	11.59	29.95	39.5	22.89	24.90	26.9
㈤衣着加工服务费	3.95	2.55	1.97	5.07	5.40	6.0
三、居住	745.44	794.38	850.10	1057.34	975.00	1282.8
㈠住房	102.75	78.38	103.97	235.83	144.20	375.1
1.租赁房房租	17.40	57.34	43.05	30.99	56.40	59.6
2.住房装潢支出	64.99	18.73	29.74	188.90	82.10	292.1
3.维修用建筑材料	7.97	0.94	5.65	11.20	5.70	19.2
4.其他住房支出	12.40	1.36	25.53	4.74		4.3
㈡水电燃料及其他	597.16	673.25	695.25	788.52	798.70	859.3
1.水	68.75	99.53	103.43	96.11	70.70	88.9
2.电	249.8	332.86	362.31	394.53	377.20	419.8
3.燃料	270.48	235.96	228.79	283.82	326.30	322.7
⑴煤炭	5.16	11.48	9.85	9.67	20.60	9.2
⑵罐装液化石油气		220.43	195.72	227.17	264.30	248.5
⑶管道液化石油气	259.79	1.58		8.36	12.00	6.8

指　标	2007年	2008年	2009年	2010年	2011年	2012年
(4)管道煤气	4.72	0.11		0.27	0.40	0.60
(5)管道天然气		2.07	21.78	37.30	25.00	56.80
(6)柴油						
(7)其他燃料	0.81	0.29	1.43	1.06	4.10	0.80
4.取暖费				0.51		
5.其他相关支出	8.13	4.89	0.73	13.55	24.60	28.00
(三)居住服务费	45.53	42.76	50.87	32.99	32.20	48.30
1.物业管理费	13.86	25.25	33.09	19.23	21.10	35.90
2.维修服务费	4.63	4.96	3.64	5.66	1.50	1.80
3.其他居住服务费	27.04	12.55	14.15	8.09	9.60	10.70
四、家庭设备用品及服务	492.43	562.86	591.84	561.82	641.50	832.20
(一)耐用消费品	137.3	234.62	276.09	180.72	235.70	394.70
1.家具	46.91	42.69	59.11	32.60	59.60	42.60
2.家庭设备	71.92	191.93	216.98	148.11	176.10	352.20
(1)洗衣机		16.43	4.18	30.66	27.20	38.70
(2)电冰箱		31.29	31.38		34.20	48.80
(3)微波炉		5.1	9.33	2.57	2.50	4.10
(4)空调器	33.83	24.37	63.9	25.01	24.70	97.60
(5)淋浴热水器	2.38	15.4	26.96	14.14	28.00	78.80
(6)消毒碗柜	27.11	9.3	1.23	1.22	3.60	
(7)洗碗机						
(8)其他家庭设备	8.6	90.05	80	74.51	56.00	84.20
(二)室内装饰品	16.34	5.73	8.91	6.75	9.30	4.80
(三)床上用品	23.34	43.39	41.37	35.77	23.50	62.80
(四)家庭日用杂品	254.73	249.17	206.08	291.39	321.70	349.20
(五)家具材料	30.8	1.72	2.91	1.61	0.10	0.40
(六)家庭服务	29.92	28.23	56.48	45.59	51.20	20.40
1.家政服务	11.11	5.2	7.04	24.17	24.20	3.20
2.加工维修服务费	17.39	23.03	49.44	21.42	27.10	17.20
五、医疗保健	595.26	339.32	592.64	451.21	927.80	965.50
(一)医疗器具	7.12	0.14	1.21	1.14	7.00	19.20
(二)保健器具	0.2	5.3	0.98	8.92	11.30	1.40
(三)药品费	354.8	120.02	142.59	124.85	453.90	489.60
(四)滋补保健品	22.32	41.85	87.94	85.46	95.10	192.10
(五)医疗费	199.61	162.51	323.78	222.48	357.50	257.40
(六)其他医疗保健支出	11.21	9.49	36.13	8.37	3.00	5.80
六、交通和通信	927.73	900.72	1079.49	1676.73	1681.40	1682.10
(一)交通	559.59	294.61	479.94	1034.69	1121.50	1122.50
1.家庭交通工具	329.3	65.31	57.83	574.79	384.40	464.50
(1)摩托车		9.13	23.02			
(2)助力车	47.33	40.32	4.53	26.44	48.60	67.80
(3)家用汽车	280.8			535.59	330.30	389.60
(4)其他交通工具	1.17	15.86	30.27	12.76	5.50	7.10

指标	2007年	2008年	2009年	2010年	2011年	2012年
2.车辆用燃料及零配件	42.99	82.28	184.18	242.00	372.40	317.80
(1)燃料	36.30	67.41	163.51	234.53	284.10	272.10
(2)零配件	6.69	12.75	15.30	5.72	82.70	26.00
(3)其他		2.12	5.37	1.75	5.70	19.80
3.交通工具服务支出	42.70	25.80	70.60	47.45	136.80	144.40
(1)维修费	6.61	18.02	53.35	28.22	58.40	29.50
(2)车辆使用税费		4.64	7.23	12.72	65.40	94.00
(3)其他车辆使用费用	35.70	3.14	10.02	6.51	13.10	20.90
4.交通费	144.60	121.22	167.33	170.44	228.00	195.90
(1)飞机	5.17	6.82	25.60	12.64	48.80	29.80
(2)火车	39.13	19.54	38.28	54.16	59.60	41.90
(3)长途汽车	21.66	40.09	49.58	32.72	46.50	46.20
(4)市内公共交通	41.69	30.15	37.99	34.58	38.90	46.40
(5)出租汽车费	31.49	15.17	14.08	25.64	32.90	29.20
(6)其他交通费	5.48	9.45	1.80	10.70	1.30	2.40
(二)通信	368.14	606.11	599.56	642.04	559.80	559.60
1.通信工具	82.00	57.76	44.29	40.02	95.40	80.70
(1)电话机	2.37	4.98	0.71	1.46	1.50	1.70
(2)移动电话	71.09	52.22	40.98	37.36	93.00	77.20
(3)其他通信工具	0.19	0.56	2.60	1.20	1.00	1.80
2.通信服务	286.14	548.35	555.27	602.02	464.40	478.90
(1)电信费	283.43	528.93	552.26	594.79	452.60	472.10
(2)邮费	2.07	1.23	0.87	1.49	3.50	3.20
(3)其他通信服务费	0.64	18.19	2.14	5.74	8.30	3.50
七、教育文化娱乐服务	894.95	888.77	870.71	1109.45	1548.80	1318.90
(一)文化娱乐用品	199.44	180.17	218.64	275.79	459.70	281.80
1.彩色电视机	3.66	44.68	39.66	22.9	108.20	63.80
2.计算机	21.62	13.13	31.62	36.71	127.20	63.10
(1)购买整机	20.61		18.84	35.56	115.60	36.40
(2)计算机外部设备	0.87	10.70	7.87	0.17	3.30	3.30
(3)各种零配件及耗材	0.13	2.42	4.92	0.98	8.20	23.30
3.组合音响			3.37	0.09	7.90	
4.摄像机			13.95			
5.照相机	41.01	29.17	2.62	24.09	42.90	14.00
6.钢琴				54.24		
7.其他中高档乐器				14.58	13.20	4.90
8.健身器材			1.38	6.92	7.20	
9.电子辞典				4.48		2.40
10.音像制品及软件	5.53	4.36	3.99	2.86	2.90	3.80
11.体育用品	2.92	2.02	2.05	2.92	5.40	2.50
12.书报杂志	52.07	39.08	37.13	41.45	31.70	39.80
13.纸张文具	7.57	12.32	10.91	12.70	9.20	10.60

指标	2007年	2008年	2009年	2010年	2011年	2012年
14.其他文娱用品	65.07	35.41	71.94	51.87	103.90	77.10
㈡文化娱乐服务	229.89	281.98	292.02	442.77	619.20	477.00
1.参观游览	31.77	31.43	37.06	32.20	34.00	34.00
2.健身活动	2.57	0.07	2.59	6.67	13.50	5.30
3.团体旅游	24.89	171.91	164.26	275.28	478.90	334.10
4.其他文娱活动	152.66	73.89	85.66	125.42	89.30	99.10
5.文娱用品修理服务费	18.00	4.66	2.45	3.19	3.500	4.50
㈢教育	465.62	426.63	360.06	390.89	469.80	560.10
1.教材	3.99	22.23	10.43	12.4	7.20	9.50
⑴课本及参考书	2.90	19.81	9.59	9.08	5.60	7.80
⑵教育软件		0.37			0.70	0.10
⑶其他教材	1.09	2.05	0.84	3.32	0.90	1.60
2.教育费用	461.63	404.4	349.63	378.49	462.60	550.60
⑴非义务教育学杂费	255.03	184.82	112.71	106.75	116.90	161.30
⑵义务教育学杂费	42.29	16.68	29.56	15.97	18.20	15.20
⑶托幼费	4.96	46.54	73.00	120.23	178.60	171.00
⑷成人教育费	7.61	23.51	11.39	15.22	33.30	36.20
⑸家教费	29.89	11.27	10.88	11.32	3.60	5.70
⑹培训班	106.95	62.72	78.44	86.57	102.20	149.00
⑺学校住宿费	9.07	24.44	13.16	10.07	5.70	6.40
⑻其他教育费用	5.82	34.43	20.49	12.36	4.30	5.90
八、其他商品和服务	181.19	194.63	269.14	208.03	245.30	271.60
㈠其他商品	108.8	130.88	185.46	113.19	154.80	207.70
1.金银珠宝饰品	1.28	9.41	30.15	9.58	14.80	26.10
2.手表		1.12	1.31	0.31	2.90	1.90
3.理发美容用具		3.29	1.77	3.28	0.10	0.80
4.化妆品	40.04	63.00	59.99	71.51	70.90	84.60
5.其他杂品	67.48	54.07	92.24	28.53	66.20	94.30
㈡服务	72.39	63.75	83.68	94.84	90.50	63.90
1.旅馆住宿费	11.69	8.97	31.12	30.59	24.80	22.60
2.理发洗澡费	20.33	15.34	11.27	16.28	13.30	12.40
3.美容费	12.83	21.56	34.73	22.85	19.30	19.90
4.其他服务	27.54	17.88	6.56	25.13	33.10	9.00

居民家庭每百户主要耐用消费品年末拥有量(2007年-2012年)

项　目	计量单位	2007年	2008年	2009年	2010年	2011年	2012年
摩托车	辆	19.00	26.00	25.96	23.76	18.26	14.56
助力车	辆	25.00	65.00	50.96	46.53	57.39	68.93
家用汽车	辆	4.00	8.00	7.69	8.91	13.04	14.56
洗衣机	台	92.00	95.00	96.15	97.03	96.52	96.12
电冰箱	台	94.00	96.00	97.12	97.03	92.17	94.17
彩色电视机	台	134.00	132.00	133.65	135.64	133.04	133.98
接入有线电视网络的电视机	台	86.00	91.00	90.38	92.08	85.22	87.38
计算机	台	42.00	62.00	66.35	72.28	83.48	96.12
接入互联网的计算机	台	22.00	42.00	44.23	63.37	69.57	79.61
组合音响	套	32.00	39.00	45.19	45.54	40.00	36.89
摄像机	架	6.00	7.00	9.62	9.90	10.43	6.80
照相机	架	40.00	43.00	46.15	48.51	53.04	60.19
钢琴	架	4.00	4.00	5.77	6.93	0.87	
其他中高档乐器	件	3.00	2.00	3.85	2.97	6.09	8.74
微波炉	台	51.00	64.00	67.31	69.31	74.78	80.58
空调器	台	93.00	107.00	120.19	125.74	144.35	159.22
淋浴热水器	台	100.00	97.00	102.88	102.97	100.00	100.97
消毒碗柜	台	44.00	49.00	52.88	54.46	49.57	51.46
洗碗机	台		4.00	1.92	1.98		
健身器材	套	3.00	6.00	5.77	5.94	5.22	5.83
固定电话	部	76.00	73.00	73.08	70.30	57.39	58.25
移动电话	部	154.00	178.00	187.50	200.99	222.61	234.95
接入互联网的移动电话	部	2.00	10.00	8.65	9.90	15.65	49.51

五、企业调查

企业景气指数(2007年)

指　　标	一季度	二季度	三季度	四季度
企业景气指数	117.19	126.89	119.45	121.42
按行业门类分				
工业	117.99	125.91	114.68	118.65
建筑业	106.31	110.90	118.55	129.07
交通运输、仓储及邮电通信业	140.00	145.06	146.67	126.67
批发和零售业	124.95	133.41	133.99	122.45
房地产业	110.66	113.31	125.00	133.33
社会服务业	107.69	123.08	138.34	107.45
信息传输、计算机服务和软件	125.00	125.00	75.00	175.00
住宿餐饮业	93.33	142.86	115.35	94.99

企业景气指数(2008年)

指　　标	一季度	二季度	三季度	四季度
企业景气指数	112.14	110.43	103.25	99.55
按行业门类分				
工业	97.91	108.42	103.54	82.42
建筑业	104.05	121.56	110.53	115.05
交通运输、仓储及邮电通信业	127.62	120.00	112.94	125.87
批发和零售业	137.02	112.23	124.84	133.68
房地产业	115.83	78.97	85.13	69.18
社会服务业	93.33	106.67	73.33	66.67
信息传输、计算机服务和软件	166.67	150.00	116.67	116.67
住宿餐饮业	54.30	84.30	78.57	48.59

企业景气指数(2009年)

指　　标	一季度	二季度	三季度	四季度
企业景气指数	96.06	108.73	124.02	125.56
按行业门类分				
工业	91.62	107.20	123.13	125.10
建筑业	105.48	104.44	113.03	127.20
交通运输、仓储及邮电通信业	131.88	137.94	117.94	122.94
批发和零售业	117.33	131.28	135.61	142.28
房地产业	50.23	78.57	98.53	92.86
社会服务业	55.12	96.36	148.23	149.76
信息传输、计算机服务和软件	176.44	176.90	167.80	156.99
住宿餐饮业	100.00	58.76	93.75	76.01

企业景气指数(2010年)

指　标	一季度	二季度	三季度	四季度
企业景气指数	116.75	118.49	120.33	125.94
按行业门类分				
工业	111.21	115.7	114.02	118.91
建筑业	125.00	130.00	120.00	152.08
交通运输、仓储及邮电通信业	143.75	137.5	137.5	143.75
批发和零售业	140.91	136.7	152.38	133.68
房地产业	127.27	109.09	127.27	127.27
社会服务业	88.89	88.89	111.11	166.67
信息传输、计算机服务和软件	137.05	125.94	148.16	144.44
住宿餐饮业	76.92	91.67	91.67	100.00

企业景气指数(2011年)

指　标	一季度	二季度	三季度	指　标
企业景气指数	114.21	135.96	130.30	126.34
按行业门类分				
工业	109.35	137.53	127.01	128.22
建筑业	120.00	134.40	134.40	135.60
交通运输、仓储及邮电通信业	125.00	131.25	137.50	118.75
批发和零售业	140.91	150.00	145.45	136.36
房地产业	127.27	118.18	100.00	100.00
社会服务业	88.89	100.00	122.22	111.11
信息传输、计算机服务和软件	137.85	155.56	155.56	166.67
住宿餐饮业	84.62	153.85	146.15	100.00

企业家信心指数(2007年)

指　标	一季度	二季度	三季度	四季度
企业家信心指数	126.72	133.99	131.15	130.11
按行业门类分				
工业	128.34	131.32	125.89	126.92
建筑业	127.50	132.00	134.34	134.34
交通运输、仓储及邮电通信业	126.67	138.39	140.00	146.67
批发和零售业	140.14	151.93	145.53	141.68
房地产业	147.67	138.68	147.67	131.01
社会服务业	107.81	134.08	153.73	115.38
信息传输、计算机服务和软件	75.00	100.00	75.00	125.00
住宿餐饮业	120.00	142.86	142.86	129.64

企业家信心指数(2008年)

指　标	一季度	二季度	三季度	四季度
企业家信心指数	119.64	113.75	104.18	90.60
按行业门类分				
工业	128.11	120.32	110.31	83.46
建筑业	127.83	120.31	120.31	110.53
交通运输、仓储及邮电通信业	132.37	112.94	112.94	119.20
批发和零售业	147.74	131.62	121.68	113.76
房地产业	76.44	77.93	47.16	46.10
社会服务业	96.51	106.50	86.82	66.51
信息传输、计算机服务和软件	126.33	150.00	133.33	100.00
住宿餐饮业	90.29	79.98	78.57	48.59

企业家信心指数(2009年)

指　标	一季度	二季度	三季度	四季度
企业家信心指数	95.90	101.61	119.79	115.80
按行业门类分				
工业	96.20	94.13	115.57	115.39
建筑业	98.39	119.06	127.06	133.23
交通运输、仓储及邮电通信业	130.87	120.87	124.82	117.94
批发和零售业	104.29	122.28	120.31	123.64
房地产业	35.58	98.53	107.14	107.14
社会服务业	67.78	74.61	139.14	96.36
信息传输、计算机服务和软件	163.02	185.99	175.17	166.08
住宿餐饮业	87.50	81.03	87.50	84.99

企业家信心指数（2010年）

指　标	一季度	二季度	三季度	四季度
企业家信心指数	121.97	118.37	128.01	130.03
按行业门类分				
工业	119.41	118.18	131.66	133.90
建筑业	147.92	156.45	151.46	160.00
交通运输、仓储及邮电通信业	131.25	125.00	118.75	125.00
批发和零售业	141.24	127.94	152.38	133.68
房地产业	109.09	63.64	90.91	81.82
社会服务业	100.00	100.00	88.89	133.33
信息传输、计算机服务和软件	137.05	125.94	137.05	137.05
住宿餐饮业	76.92	91.67	66.67	83.33

企业家信心指数（2011年）

指　标	一季度	二季度	三季度	四季度
企业家信心指数	128.78	134.64	133.99	131.08
按行业门类分				
工业	135.00	139.43	138.09	135.34
建筑业	141.96	156.96	151.96	170.00
交通运输、仓储及邮电通信业	143.75	125.00	131.25	137.50
批发和零售业	127.06	131.82	140.91	136.36
房地产业	54.55	72.73	45.45	72.73
社会服务业	111.11	133.33	133.33	88.89
信息传输、计算机服务和软件	160.08	144.44	151.03	151.03
住宿餐饮业	107.69	123.08	130.77	100.00

六、退耕还林调查

退耕还林(草)县级监测情况(2007年)

指标名称	单位	阳朔县	临桂县	灵川县	全州县	兴安县	永福县
一.基本情况							
(一)乡(镇)个数	个	9	11	11	18	10	9
其中:退耕还林(草)乡镇个数	个	9	11	11	18	10	9
(二)村民委员会个数	个	99	161	129	273	115	93
其中:退耕还林(草)村民委员会个数	个	98	104	109	156	86	93
(三)年末总户数	户	90660	130446	111011	250130	122696	80019
其中:退耕还林(草)总户数	户	10323	6554	7838	15869	15010	8471
(四)总人口	人	310644	472914	362002	776150	367541	273512
其中:退耕还林(草)总人口	人	41292	42773	31352	63052	56363	38750
(五)乡村从业人员数	人	151365	225370	166737	355999	195560	122171
其中:农林牧渔业	人	99508	130671	131548	262685	134880	102990
其中:外出务工	人	33029	71867	25470	50331	33668	17811
二.土地情况							
行政区域土地面积	公顷	143691	224984	227942	402120	234800	277708
(一)耕地总面积	公顷	26712	44947	29664	46722	28443	29648
其中:水田	公顷	17316	37445	25056	35063	22204	23075
水浇地	公顷				1184	68	
1.陡坡地(大于25度)	公顷	235		110	797	1385	
2.斜坡地(15-25度)	公顷	2431		782	1925	2175	
3.缓坡地(小于15度)	公顷	24046		28772	4400	24883	
其中:严重沙化耕地	公顷						
(二)林地面积	公顷	63855	121434	157646	239428	177133	191277
1.有林地面积	公顷	53170	89595		156746	146141	145655
其中:防护林	公顷	18141			33733	50000	
用材林	公顷	18414			91461	77509	
经济林	公顷	16005			31551	11104	
特种用途林	公顷	441					
薪炭林	公顷	170			1	4794	
2.其他林地	公顷	10685	31839		82682	30992	
(三)牧草地面积	公顷	219	15	801		30	1460
(四)渔业养殖水面面积	公顷	141	687	85	2152	1728	175
(五)其他土地面积	公顷	2292	57903	4654			
三.地区生产总值	万元	333400	706400	549900	691408	583805	441072
其中:第一产业增加值	万元	94900	193167	159117	230924	157490	112939
其中:林业	万元	1800	4246	10158	14884	12368	6400
四.退耕还林(草)工程情况							
(一)工程完成面积	公顷	333		333	2667		2667
其中:荒山荒地造林	公顷	333		333	2667		2667
按林种分:							
1.生态林	公顷	333		333	2667		2033

指标名称	单位	阳朔县	临桂县	灵川县	全州县	兴安县	永福县
其中:兼用树种	公顷	333					130
2.经济林	公顷						633
3.草	公顷						
按坡度分							
1.陡坡地(大于25度)	公顷						963
2.斜坡地(15-25度)	公顷						450
3.缓坡地(小于15度)	公顷			333	2667		1254
其中:严重沙化耕地	公顷						
(二)国家补助建设基本口粮田面积	公顷						
1.水田	公顷						
2.水浇地	公顷						
(三)种苗供应量	万株	420			632		640
(四)退耕还林(草)投资完成总额	万元	736			4899		4107
1.退耕造林种草投资额	万元	736			4474		3987
2.配套荒山荒地造林投资额	万元				425		120
按资金来源分							
1.中央专项补助	万元	736			4899		4107
其中:粮食等实物折成现金	万元	714			3908		3457
2.省及省以下专项补助	万元						
其中:粮食等实物折成现金	万元						
五.后续产业发展情况							
(一)农业产业化龙头企业个数	个			12	1		7
吸纳农村从业人员数	人			1985	80		395
(二)建成或扶持企业个数	个				1		7
吸纳从业人员数	人				80		395
(三)扶持后续产业资金	万元						10
1.中央专项补助	万元						
2.省及省以下专项补助	万元						10
六.生态环境变化情况							
(一)自然保护区个数	个	2	1		2	1	2
自然保护区面积	公顷	21817	9393		14454	48000	
(二)水土流失面积	公顷	30593	200	5910		90	150000
其中:已治理面积	公顷	405	200	4470		40	112000
(三)年总降水量	毫米	1309	1438	1593	1319	1534	1924
(四)境内主要河流泥沙含量	公斤/立方						
(五)农作物受灾面积	公顷	8007	15800	17200	45693	14000	8928
1.旱灾	公顷	5607	5000	8800	21113	11000	5626
2.水灾	公顷	2400	6000	8400	24580	3000	3302
补充资料:规划区总面积	公顷			227836	6913	2667	
其中:退耕还林(草)工程规划面积	公顷	3600			6913	2667	2000

指标名称	单位	灌阳县	龙胜县	资源县	平乐县	荔浦县	恭城县
一、基本情况							
(一)乡(镇)个数	个	9	10	7	10	13	9
其中:退耕还林(草)乡镇个数	个	9	10	5	10	11	9
(二)村民委员会个数	个	138	119	71	134	123	117
其中:退耕还林(草)村民委员会个数	个	112	119	61	134	44	100
(三)年末总户数	户	96298	50664	55497	124737	113679	86576
其中:退耕还林(草)总户数	户	26589	15088	49936	12046	137	7931
(四)总人口	人	283413	172112	168940	438534	375610	287866
其中:退耕还林(草)总人口	人	106310	170152	152016	50000	590	35690
(五)乡村从业人员数	人	132940	75830	79525	215956	197164	130429
其中:农林牧渔业	人	102092	66930	47985	127175	136698	114308
其中:外出务工	人	26604	15608	5128	54956	26404	3628
二、土地情况							
行政区域土地面积	公顷	183700	252086	193544	192956	175324	214240
(一)耕地总面积	公顷	23381	17475	15920	19066	26026	21470
其中:水田	公顷	16578	12184	10431	12343	18584	13613
水浇地	公顷				136		
1、陡坡地(大于25度)	公顷		11394		1394	53	50
2、斜坡地(15-25度)	公顷	846	1588		3701	1833	591
3、缓坡地(小于15度)	公顷	22535	4493		14818	5458	9076
其中:严重沙化耕地	公顷						
(二)林地面积	公顷	99830	183025	103122	140088	104219	139622
1、有林地面积	公顷	85382	171969	103122	115683	81876	107571
其中:防护林	公顷		71900		29652		
用材林	公顷		85528		57898		
经济林	公顷		14034		28015		
特种用途林	公顷				117		
薪炭林	公顷		507				
2、其他林地	公顷	14448	11056		24405	22343	32052
(三)牧草地面积	公顷	3113	4298	90		71	9224
(四)渔业养殖水面面积	公顷	27	6	6	1056	533	183
(五)其他土地面积	公顷	57350	47281		32746	44475	2379
三、地区生产总值	万元	224247	195700	141400	435565	476619	325889
其中:第一产业增加值	万元	71976	45400	46100	176185	131146	123456
其中:林业	万元	5805	6800	7500	9324	4847	2868
四、退耕还林(草)工程情况							
(一)工程完成面积	公顷	533			333	467	
其中:荒山荒地造林	公顷	533			333	467	
按林种分:							
1、生态林	公顷	533			333	467	

指标名称	单位	灌阳县	龙胜县	资源县	平乐县	荔浦县	恭城县
其中:兼用树种	公顷	533					
2、经济林	公顷						
3、草	公顷						
按坡度分							
1、陡坡地(大于25度)	公顷						
2、斜坡地(15-25度)	公顷	533				467	
3、缓坡地(小于15度)	公顷				333		
其中:严重沙化耕地	公顷						
(二)国家补助建设基本口粮田面积	公顷						
1、水田	公顷						
2、水浇地	公顷						
(三)种苗供应量	万株	82					
(四)退耕还林(草)投资完成总额	万元	818				63	539
1、退耕造林种草投资额	万元	794					539
2、配套荒山荒地造林投资额	万元	25				63	
按资金来源分							
1、中央专项补助	万元	739				63	539
其中:粮食等实物折成现金	万元	715					539
2、省及省以下专项补助	万元	79					
其中:粮食等实物折成现金	万元						
五、后续产业发展情况							
(一)农业产业化龙头企业个数	个		21			20	4
吸纳农村从业人员数	人		48996			7800	206
(二)建成或扶持企业个数	个						4
吸纳从业人员数	人						206
(三)扶持后续产业资金	万元					70	
1、中央专项补助	万元						
2、省及省以下专项补助	万元					70	
六、生态环境变化情况							
(一)自然保护区个数	个	2	1			1	2
自然保护区面积	公顷	21271	6113			24000	78843
(二)水土流失面积	公顷			80400		114800	93
其中:已治理面积	公顷			10267		93600	4
(三)年总降水量	毫米	1344	1236	1353	1177	1250	1174
(四)境内主要河流泥沙含量	公斤/立方					1	1
(五)农作物受灾面积	公顷	8359	4500	6500		7540	22230
1、旱灾	公顷	3904	3220	4730		3500	21780
2、水灾	公顷	4455	1280	1770		3180	450
补充资料:规划区总面积	公顷	184228	241100	667			213844
其中:退耕还林(草)工程规划面积	公顷	5261	3000	667		2833	5667

退耕还林(草)县级监测情况(2008年)

指标名称	单位	阳朔县	临桂县	灵川县	全州县	兴安县	永福县
一、基本情况							
(一)乡(镇)个数	个	9	11	11	18	10	9
其中:退耕还林(草)乡镇个数	个	9	11	11	18	10	9
(二)村民委员会个数	个	99	161	129	273	115	94
其中:退耕还林(草)村民委员会个数	个	94	104	109	156	88	94
(三)年末总户数	户	91550	131945	112288	255314	124910	80313
其中:退耕还林(草)总户数	户	7778	6584	7765	15869	15080	8624
(四)总人口	人	312364	477882	365923	784360	371373	275847
其中:退耕还林(草)总人口	人	38890	42893	31060	63052	56583	39500
(五)乡村从业人员数	人	152964	226482	165957	343843	167579	123433
其中:农林牧渔业	人	98462	129023	131489	274801	135695	103089
其中:外出务工	人	36840	71272	27780	100556	31037	37727
二、土地情况							
行政区域土地面积	公顷	143691	224784	227942	396733	234721	277708
(一)年末耕地总资源(面积)	公顷	26749	44960	29656	76274	28334	21885
其中:水田	公顷	17309	37324	25283	52196	22097	15686
水浇地	公顷	569			1184		416
1、陡坡地(大于25度)	公顷	235	429	110	4028	626	
2、斜坡地(15-25度)	公顷	2431	1359	783	1301	1200	
3、缓坡地(小于15度)	公顷	24083	43172	28763	70945	26508	
其中:严重沙化耕地	公顷						
(二)林地面积	公顷	45391	121403	157595	254729	142336	191246
1、有林地面积	公顷	38168	89578	125146	230401	126880	145626
2、其他林地面积	公顷	7223	31825	32448	24328	15456	45620
(三)宜林荒山荒地面积	公顷			5562			
(四)牧草地面积	公顷	12195	15	793	640	1334	1460
(五)渔业养殖水面面积	公顷	757	686	84	1641	252	175
(六)其他土地面积	公顷	58600	57721	34252	63449	62466	62942
三、地区生产总值	万元	385334	863451	616565	865991	705853	490739
其中:第一产业增加值	万元	106207	214886	163321	248072	161462	111097
其中:林业	万元	4138	9450	14362	19173	13439	11280

指标名称	单位	阳朔县	临桂县	灵川县	全州县	兴安县	永福县
四、退耕还林(草)工程情况							
(一)工程累计完成面积	公顷	3933	3600	5611	1667	2667	7600
其中:荒山荒地造林	公顷	1667	1000	2000	1667	800	4933
按林种分:							
1、生态林	公顷	3186	3017	5148	1660	2433	7003
2、经济林	公顷	747	583	463	7	233	597
3、草	公顷						
按坡度分							
1、陡坡地(大于25度)	公顷	1486	1705	1943	1067	590	2332
2、斜坡地(15-25度)	公顷	1064	1287	2168	320	1722	3822
3、缓坡地(小于15度)	公顷	1384	608	1500	280	355	1446
其中:严重沙化耕地	公顷	983		1210			
(二)本年专项规划新增基本口粮田实际完成面积	公顷					209	
其中:水田	公顷					209	
水浇地	公顷						
(三)本年种苗供应量	万株	33			250		
五、本年退耕还林(草)补助资金	万元	1028	443	441	1015	575	519
(一)原政策到期补助资金	万元	628	443	54	765	575	21
(二)完善退耕还林(草)补助资金	万元	42		43			60
(三)巩固退耕还林(草)成果专项资金	万元	358		323			438
(四)荒山造林补助资金	万元			21	250		
其中:封山育林补助资金	万元			21			
六、本年退耕还林(草)成果巩固情况							
(一)本年建成沼气池个数	个	2600	125	400	2983	3045	3350
本年建成沼气池总容量	立方米	20800	750	3200	23864	24360	26800
(二)本年补植补种退耕地面积	公顷		607	16		140	217
七、生态环境情况							
(一)本年水土流失面积	公顷			5910		90	6121
其中:已治理面积	公顷			4460		42	892
(二)本年总降水量	毫米			2454		2028	2087

指标名称	单位	灌阳县	龙胜县	资源县	荔浦县	平乐县	恭城县
一、基本情况							
(一)乡(镇)个数	个	9	10	7	13	10	9
其中:退耕还林(草)乡镇个数	个	9	10	7	10	10	9
(二)村民委员会个数	个	138	119	74	123	134	117
其中:退耕还林(草)村民委员会个数	个	112	119	70	15	132	117
(三)年末总户数	户	98278	50707	56221	114101	127515	87475
其中:退耕还林(草)总户数	户	26589	15088	15065	40	11978	8157
(四)总人口	人	285789	172835	170147	376419	440988	290013
其中:退耕还林(草)总人口	人	106310	170152	56221	148	6000	36706
(五)乡村从业人员数	人	133604	74837	79564	201256	215578	130369
其中:农林牧渔业	人	101834	64950	47814	135976	125681	113710
其中:外出务工	人	28692	14773	25003	30293	51351	15055
二、土地情况							
行政区域土地面积	公顷	183303	244295	193444	175324	189698	214240
(一)年末耕地总资源(面积)	公顷	23261	17466	15916	29709	19599	21476
其中:水田	公顷	14604	12178	10430	18591	12379	13597
水浇地	公顷					33	
1、陡坡地(大于25度)	公顷		11394		215	1080	111
2、斜坡地(15-25度)	公顷	842	1579		7415	3701	1306
3、缓坡地(小于15度)	公顷	22420	4493		22079	14818	20059
其中:严重沙化耕地	公顷						
(二)林地面积	公顷	99830	175221	122375	103907	112663	139613
1、有林地面积	公顷	85098	164154	103121	81862	73403	107562
2、其他林地面积	公顷	14732	11067	19254	22045	39260	32051
(三)宜林荒山荒地面积	公顷	32948	35945	41025	22579		
(四)牧草地面积	公顷	3113	4311	90	48	9	9190
(五)渔业养殖水面面积	公顷	244	6	6	521	179	176
(六)其他土地面积	公顷	23907	11347	14032	18560	57247	43785
三、地区生产总值	万元	296446	248612	180090	573349	512111	361361
其中:第一产业增加值	万元	94682	56350	48676	141478	179614	124879

指标名称	单位	灌阳县	龙胜县	资源县	荔浦县	平乐县	恭城县
其中:林业	万元	12300	16087	11263	5885	12941	5555
四、退耕还林(草)工程情况							
(一)工程累计完成面积	公顷	7800	3000	6333	3433	3333	5667
其中:荒山荒地造林	公顷	3134	1333	4333	1467	1467	2333
按林种分:							
1、生态林	公顷	7515	2682	6198	3083	2793	5148
2、经济林	公顷	286	318	136	350	540	519
3、草	公顷						
按坡度分							
1、陡坡地(大于25度)	公顷	2400	1294	692	1447	1232	1780
2、斜坡地(15-25度)	公顷	2383	1235	5546	1031	1153	2874
3、缓坡地(小于15度)	公顷	3017	471	95	955	949	1013
其中:严重沙化耕地	公顷						
(二)本年专项规划新增基本口粮田实际完成面积	公顷						
其中:水田	公顷						
水浇地	公顷						
(三)本年种苗供应量	万株	135		293			
五、本年退耕还林(草)补助资金	万元	869	735	922	625	894	953
(一)原政策到期补助资金	万元	530	423	582	532		577
(二)完善退耕还林(草)补助资金	万元	16	46	22	40	51	51
(三)巩固退耕还林(草)成果专项资金	万元	266	267	318	52	292	325
(四)荒山造林补助资金	万元	57					
其中:封山育林补助资金	万元	21					
六、本年退耕还林(草)成果巩固情况							
(一)本年建成沼气池个数	个	2135	188	1221	1151	3223	3734
本年建成沼气池总容量	立方米	17080	1504	490000	9208	25784	29872
(二)本年补植补种退耕地面积	公顷	240	125		287	329	36
七、生态环境情况							
(一)本年水土流失面积	公顷	8590	1291	1210	32887		
其中:已治理面积	公顷	2028		660	980		
(二)本年总降水量	毫米						1642

退耕还林(草)县级监测情况(2009年)

指标名称	计量单位	全市	阳朔	临桂	灵川	全州	兴安
一、基本情况							
(一)乡(镇)个数	个	126	9	11	11	18	10
其中:退耕还林(草)乡镇个数	个	123	9	11	11	18	10
(二)村民委员会个数	个	1575	99	161	129	273	115
其中:退耕还林(草)村民委员会个数	个	1234	94	104	109	156	88
(三)年末总户数	户	1363779	92629	134536	114423	255314	129142
其中:退耕还林(草)总户数	户	138958	7778	6672	7765	15869	15080
(四)总人口	人	4348152	314390	480877	370321	784360	375940
其中:退耕还林(草)总人口	人	683784	35001	42928	31060	63052	56583
(五)乡村从业人员数	人	2020355	155085	227248	165563	343843	167788
其中:农林牧渔业	人	1470104	101732	128466	133385	274801	135653
其中:外出务工	人	470630	35284	70244	26517	100556	33834
二、土地情况							
行政区域土地面积	公顷	2707271	143561	224984	230176	396733	233246
(一)年末耕地总资源(面积)	公顷	289556	13927	33418	28274	76274	21587
其中:水田	公顷	210980	10785	27558	24479	52196	16838
水浇地	公顷	2633	9	1359	14	1184	
旱地	公顷	46996	3133	4501	3782		4719
1、陡坡地(大于25度)	公顷	12783	70	318	412	4028	410
2、斜坡地(15-25度)	公顷	11241	188	1009	782	1301	863
3、缓坡地(小于15度)	公顷	227707	13670	32092	27081	70945	20314
(二)林地面积	公顷	1768595	82766	121403	156442	254729	166851
1、有林地面积	公顷	1423681	43515	89578	122945	230401	140315
2、其他林地面积	公顷	344914	39251	31825	33497	24328	26536
(三)宜林荒山荒地面积	公顷	111720	34750				
(四)牧草地面积	公顷	51668	4617	15	7281	640	1334
(五)渔业养殖水面面积	公顷	7032	1003	2264	1168	1641	252
(六)其他土地面积	公顷	478700	6498	67885	37011	63449	43222
三、地区生产总值	万元	6489993	429059	937561	651362	875458	727239
其中:第一产业增加值	万元	1704593	109575	222417	171009	248105	164469
其中:林业	万元	119171	3644	7176	14415	19173	14440
四、退耕还林(草)工程情况							

指标名称	计量单位	全市	阳朔	临桂	灵川	全州	兴安
(一)工程累计完成面积	公顷	73557	6933	4267	5611	10113	2667
其中:退耕地还林(草)	公顷	25367	2267	1667	2067		1867
荒山荒地造林	公顷	32800	2000	1333	2000	5667	800
封山育林	公顷	10933	2667	1267	1533		
按林种分:							
1、生态林	公顷	64138	5819	3991	5148	9636	2433
2、经济林	公顷	5087	1115	276	463	477	234
3、草	公顷	4333					
按坡度分							
1、陡坡地(大于25度)	公顷	23889	3686	2372	1943	2253	590
2、斜坡地(15-25度)	公顷	27604	1513	1287	2168	1813	1722
3、缓坡地(小于15度)	公顷	22065	1734	608	1500	6048	355
(二)本年专项规划新增基本口粮田实际完成面积	公顷						
其中:水田	公顷						
水浇地	公顷						
(三)本年种苗供应量	万株	968				250	
五、本年退耕还林(草)补助资金	万元	10720	1001	315	432	1015	577
(一)原政策到期补助资金	万元	4784	46		51	765	577
(二)完善退耕还林(草)补助资金	万元	2715	636	33	57		
(三)巩固退耕还林(草)成果专项资金	万元	2716	319	282	324		
(四)荒山造林补助资金	万元	400				250	
(五)封山育林补助资金	万元	105					
六、退耕还林(草)成果巩固及生态环境情况							
(一)本年建成沼气池个数	个	24387	2535	2010	1880	2983	1654
本年建成沼气池总容量	立方米	1266112	20280	12060	752000	23864	13232
(二)本年补植补种退耕地面积	公顷	1285	231	93	267		
(三)自然保护区个数	个	10	2		2		1
自然保护区面积	公顷	245314	28862		88881		17009
(四)本年水土流失面积	公顷	52466	2	16000	5910		91
其中:已治理面积	公顷	17806	1	1180	590		43
(五)本年平均降水量	毫米	4766		164	152		1422

指标名称	计量单位	永福	灌阳	龙胜	资源	平乐	荔浦	恭城
一、基本情况								
(一)乡(镇)个数	个	9	9	10	7	10	13	9
其中:退耕还林(草)乡镇个数	个	9	9	10	7	10	10	9
(二)村民委员会个数	个	94	138	119	74	134	122	117
其中:退耕还林(草)村民委员会个数	个	94	112	119	70	132	39	117
(三)年末总户数	户	80490	100137	50723	57325	145071	115050	88939
其中:退耕还林(草)总户数	户	8707	26718	15088	15065	11978	74	8164
(四)总人口	人	278209	286813	174411	171496	441226	378460	291649
其中:退耕还林(草)总人口	人	39865	106310	170152	51835	50000	260	36738
(五)乡村从业人员数	人	124532	132058	75760	79374	217728	200360	131016
其中:农林牧渔业	人	104635	101747	66857	47543	125843	135343	114099
其中:外出务工	人	32875	27140	14443	23987	53924	32264	19562
二、土地情况								
行政区域土地面积	公顷	277708	183529	244295	193444	189698	175966	213931
(一)年末耕地总资源(面积)	公顷	21909	15221	12044	15916	19986	25554	5443
其中:水田	公顷	15581	10524	6143	10430	12498	19542	4407
水浇地	公顷					67		
旱地	公顷	6328	2817	5901	1345	7421	6013	1036
1、陡坡地(大于25度)	公顷			5973		1101	395	77
2、斜坡地(15-25度)	公顷		553	1579		3774	985	208
3、缓坡地(小于15度)	公顷		14668	4493		15111	24175	5158
(二)林地面积	公顷	191246	126408	175221	122375	112663	119340	139152
1、有林地面积	公顷	145626	111504	164154	103121	73404	97106	102013
2、其他林地面积	公顷	45620	14903	11067	19254	39260	22234	37139
(三)宜林荒山荒地面积	公顷			35945	41025			
(四)牧草地面积	公顷	1460	17538	4311	90	9	8234	6139
(五)渔业养殖水面面积	公顷	175	338	6	6	180		
(六)其他土地面积	公顷	62918	24023	16768	14032	56860	22838	63197
三、地区生产总值	万元	503668	335691	274866	202754	532137	624480	395718
其中:第一产业增加值	万元	118688	98168	58187	52238	186467	147771	127499
其中:林业	万元	10215	10669	12997	10913	10139	5390	
四、退耕还林(草)工程情况								
(一)工程累计完成面积	公顷	9067	9800	3000	7667	3333	4767	6333
其中:退耕地还林(草)	公顷	2667	5333	1667	2000	1867	1967	2000

指标名称	计量单位	永福	灌阳	龙胜	资源	平乐	荔浦	恭城
荒山荒地造林	公顷	5933	3800	1333	4333	1467	1800	2333
封山育林	公顷	467	667		1333		1000	2000
按林种分:								
1、生态林	公顷	8470	9515	2682	7531	2793	4417	1704
2、经济林	公顷	597	286	318	136	540	350	296
3、草	公顷							4333
按坡度分								
1、陡坡地(大于25度)	公顷	2856	3667	1294	840	1232	2544	613
2、斜坡地(15-25度)	公顷	4765	3104	1235	6670	1153	1185	990
3、缓坡地(小于15度)	公顷	1446	3030	471	156	949	1038	4730
(二)本年专项规划新增基本口粮田实际完成面积	公顷							
其中:水田	公顷							
水浇地	公顷							
(三)本年种苗供应量	万株		184		334			200
五、本年退耕还林(草)补助资金	万元	1940	1146	773	946	558	1048	969
(一)原政策到期补助资金	万元	640	849	47	637	543	571	58
(二)完善退耕还林(草)补助资金	万元	860	26	468		8	44	583
(三)巩固退耕还林(草)成果专项资金	万元	440	150	259	309	7	298	328
(四)荒山造林补助资金	万元		50				100	
(五)封山育林补助资金	万元		70				35	
六、退耕还林(草)成果巩固及生态环境情况								
(一)本年建成沼气池个数	个	1341	1890	2100	863	1866	1730	3535
本年建成沼气池总容量	立方米	11928	18900	16800	340000	14928	13840	28280
(二)本年补植补种退耕地面积	公顷		200	79		416		
(三)自然保护区个数	个	2		1	1		1	
自然保护区面积	公顷	94828		3573	2161		10000	
(四)本年水土流失面积	公顷	266		10177	710		19310	
其中:已治理面积	公顷	188		1339	685		13780	
(五)本年平均降水量	毫米	1883			100			1045

退耕还林(草)县级监测情况(2010年)

指标名称	计量单位	阳朔	临桂	灵川	兴安	全州	永福
一、基本情况							
(一)年末总户数	万户	9.20	13.50	8.05	13.03	25.97	8.05
(二)年末总人口	万人	31.40	48.90	28.39	37.95	81.77	28.39
(三)年末乡村从业人员数	万人	17.47	22.80	12.41	16.76	37.74	12.41
其中:农林牧渔业从业人员	万人	15.78	12.86	10.36	13.49	27.04	10.36
外出务工	万人	4.27	7.05	3.59	3.65		3.59
二、行政区域土地面积	公顷	143561	224711	277708	233289	397882	277708
(一)年末耕地总面积	公顷	13921	47042	21909	26262	78651	21909
其中:陡坡地(大于25度)	公顷	29.00	1022			834	
(二)林地面积	公顷	82726	133174	156317	166855	250072	191246
其中:有林地面积	公顷	43491	112365	122864	140328	174112	145626
(三)宜林荒山荒地面积	公顷	38941					
(四)牧草地面积	公顷		7	7249		16915	1460
(五)渔业养殖水面面积	公顷	1460	686	1165		1825	175
(六)其他土地面积	公顷	6513	43802	37215	40172	50999	62918
三、经济发展情况							
(一)地区生产总值	万元	558763	1077753	729182	817047	997329	619218
其中:第一产业增加值	万元	133047	247478	190753	191842	285884	134765
其中:林业	万元	3540	10570	15221	15980	24208	10916
(二)财政总收入	万元	45018	107187	80290	71403	49898	41516
其中:地方财政一般预算收入	万元	33802	64847	49820	43384	29420	21429
(三)全年固定资产投资完成额	万元	775888	1317082	820549	886468	703514	515535
其中:农业投资完成额	万元	134256	93561	65757			63593
(四)年末农业专业合作经济组织个数	个	86	26	69	117	53	
(五)年末农技推广服务机构个数	个	80	17	24	10	18	79
(六)本年粮食作物播种面积	公顷	4701	47368	32979	40115	119205	28331
(七)本年粮食总产量	万吨	11.45	34.70	16	20.7	40.67	14
四、社会发展情况							
(一)医院、卫生院数	个	9	13	13	18	24	11
(二)学校个数	个	91	147	87	97	295	100
(三)年末参加农村新型合作医疗人数	万人	23.29	40.20	29	30.81	61.92	21.51
(四)年末享受农村最低生活保障的人数	万人	0.74	3.90	2	1.29	3.13	2.16
(五)年末参加农村社会养老保险人数	万人	0.008	1.30	1	16.49	6.01	2.12
五、退耕还林(草)工程情况							
(一)截至本年末累计完成退耕还林(草)面积	公顷	6933.40	4266.70	5600	2667	16113.30	9733.40
其中:实际保存面积	公顷	6905.60	4266.70		2667	16113.30	

指标名称	计量单位	阳朔	临桂	灵川	兴安	全州	永福
按工程类型分:							
1、退耕地造林	公顷	2266.70	1666.70	2066.70	1867	2580	2666.70
2、荒山荒地造林	公顷	2000	1333.30	2000	800	11533.30	6600
3、封山育林	公顷	2666.70	1266.70	1533.30		2000	466.70
按林种分:							
1、生态林	公顷	6122.70	3990.60	5280.30	2433.40	15846.60	9091.10
2、经济林	公顷	810.70	276.10	319.70	233.60	266.70	642.30
3、草	公顷						
(二)年末退耕还林(草)总户数	万户	0.78	0.70	1.00	1.51	0.50	0.88
(三)年末退耕还林(草)总人口	万人	3.30	4.30	3.00	5.66	1.80	5.01
(四)本年退耕还林(草)补助资金	万元	935.78	820.30	939.80	822	743	617.07
1、原政策到期补助资金	万元			463.90	363	31.40	
2、完善退耕还林(草)补助资金	万元	628.28	534.90	155.30	149	151.60	180.9
3、巩固退耕还林(草)成果专项资金	万元	307.50	285.40	320.60	310	60	436.17
4、荒山造林补助资金	万元					500	
5、封山育林补助资金	万元						
(五)退耕还林(草)成果巩固情况							
1、截至本年末国家专项规划基本口粮田累计完成面积	公顷						
2、新能源建设							
其中:截至本年末建成沼气池累计个数	个	40235	46066	38411	100	84745	35550
截至本年末节煤节柴灶累计个数	眼	59687	78850				36000
截至本年末太阳灶累计个数	个						
3、后续产业建设(填写截至本年末的累计数据)							
其中:种植业	公顷				64.10		
林果茶业	公顷				186.10		
养殖业棚圈	平方米				485		
养殖业青贮窖	立方米						
4、退耕户参加技能培训	人次		428		4690		
5、截至本年末生态移民累计人数	人						
6、本年补植补造面积	公顷				140		
六、生态环境情况							
(一)年末森林覆盖率	%		57.00	66.83	74.87	59.00	74.90
(二)本年末水土流失面积	公顷		15380	5907	9600		136811
(三)年总降水量	毫米		1705.90	2013	2144	1667.10	1922.30

指标名称	计量单位	灌阳	龙胜	资源	平乐	荔浦	恭城
一、基本情况							
(一)年末总户数	万户	10.00	5.08	5.24	14.10	11.53	9
(二)年末总人口	万人	29.10	17.69	17.30	44.60	38.48	29.85
(三)年末乡村从业人员数	万人	13.30	7.56	8.0097	21.90	19.87	13.18
其中:农林牧渔业从业人员	万人	10.20	6.69	4.8298	12.70	13.36	11.47
外出务工	万人	3.00	1.56	1.1376	6.80	3.69	1.79
二、行政区域土地面积	公顷	183529	245048	194101	189315	175966	213931
(一)年末耕地总面积	公顷	19737	17510	15215	20753	25633	5443
其中:陡坡地(大于25度)	公顷	1153	11394	6473	47	315	
(二)林地面积	公顷	126359	178291	156210	107573	119173	139152
其中:有林地面积	公顷	98453	168310	141466	70213	96994	102013
(三)宜林荒山荒地面积	公顷		39362	7651		8341	
(四)牧草地面积	公顷	17532	4311			8215	6139
(五)渔业养殖水面面积	公顷	320	6	29		541	
(六)其他土地面积	公顷	19582	5569	14996	60990	14063	63198
三、经济发展情况							
(一)地区生产总值	万元	404606	317530	243696	613951	740421	478509
其中:第一产业增加值	万元	110796	63250	59505	221418	169191	151093
其中:林业	万元	13400	15694	11472		6944	6331
(二)财政总收入	万元	22711	28357	13799	25760	53348	30186
其中:地方财政一般预算收入	万元	13040	12784	8213	25760	28530	10877
(三)全年固定资产投资完成额	万元	374202	292875	251419	356175	434255	392738
其中:农业投资完成额	万元	16168	5717		8434	8135	6134
(四)年末农业专业合作经济组织个数	个	36	27	11	56	130	845
(五)年末农技推广服务机构个数	个	14	20	7	42	52	9
(六)本年粮食作物播种面积	公顷	25104	10222	20618	29276	22462	17453
(七)本年粮食总产量	万吨	13.20	5.40	5.30	15	11.74	7.50
四、社会发展情况							
(一)医院、卫生院数	个	16	13	8	19	16	334
(二)学校个数	个	156	74	126	129	179	125
(三)年末参加农村新型合作医疗人数	万人	23.20	14.42	14.97	34.50	30.14	23.55
(四)年末享受农村最低生活保障的人数	万人	2.80	2.09	1.51	0.70	2.10	2.99
(五)年末参加农村社会养老保险人数	万人	3.30	1.23	1.65	1.80	3.02	1.34
五、退耕还林(草)工程情况							
(一)截至本年末累计完成退耕还林(草)面积	公顷	9133.40	3000	8000	3333.30	4882.10	6333
其中:实际保存面积	公顷	9133.40		8000	1567.60	4882.10	6266.70
按工程类型分:							
1、退耕地造林	公顷	2666.70	1666.60	2000	1866.60	1748.80	2000
2、荒山荒地造林	公顷	3800	1333.40	4066.70	1466.70	2133.30	2333
3、封山育林	公顷	2666.70		1333.30		1000	2000
按林种分:							
1、生态林	公顷	8918.10	1666.70	7864.50	2793.40	4637.30	5936

指标名称	计量单位	灌阳	龙胜	资源	平乐	荔浦	恭城
2、经济林	公顷	215.30	1295.50	135.50	539.90	244.80	397
3、草	公顷		37.80				
(二)年末退耕还林(草)总户数	万户	2.70	1.51	1.60	1.20	0.86	0.81
(三)年末退耕还林(草)总人口	万人	10.60	17.02	3.30	5	4.18	3.64
(四)本年退耕还林(草)补助资金	万元	1462.60	680.01	523.50	551.30	680.90	810.95
1、原政策到期补助资金	万元	668.50	143.08	325.20	30	529.60	211.40
2、完善退耕还林(草)补助资金	万元	162	280.68	198.30	22.50	51.30	282.23
3、巩固退耕还林(草)成果专项资金	万元	429.60	256.25		498.80		317.32
4、荒山造林补助资金	万元	200				100	
5、封山育林补助资金	万元	2.50					
(五)退耕还林(草)成果巩固情况							
1、截至本年末国家专项规划基本口粮田累计完成面积	公顷			716.67			272
2、新能源建设							
其中:截至本年末建成沼气池累计个数	个	2135	26404	18146	59569	44799	65407
截至本年末节煤节柴灶累计个数	眼		35720	22600	95000		62852
截至本年末太阳灶累计个数	个	60		500			12000
3、后续产业建设(填写截至本年末的累计数据)							
其中:种植业	公顷	361.10		126.67		464.30	73.30
林果茶业	公顷		276.70				277.10
养殖业棚圈	平方米			253			200
养殖业青贮窖	立方米						
4、退耕户参加技能培训	人次	400		1601			6236
5、截至本年末生态移民累计人数	人						90
6、本年补植补造面积	公顷	200	52.40	280			460
六、生态环境情况							
(一)年末森林覆盖率	%	74.60	77.12	75.24		69.83	79.70
(二)本年末水土流失面积	公顷	18460		6700		10550	157.20
(三)年总降水量	毫米	1682.50	1279.30	1594.60		1314.70	1476.70

退耕还林(草)县级监测情况(2011年)

指标名称	单位	阳朔县	临桂县	灵川县	全州县	兴安县	永福县
一、基本情况							
(一)年末总户数	万户	9.25	13.6	12	26.03	13.04	8.05
(二)年末总人口	万人	31.75	49.2	38	82.86	38.17	28.47
(三)年末乡村从业人员数	万人	16.05	22.8	17	35.92	16.77	12.42
其中:农林牧渔业从业人员	万人	13.87	13.5	14	24.33	13.49	10.34
外出务工	万人	5.3		3		3.66	3.85
二、行政区域土地面积	公顷	143561	224711	230176	397882	233246	279481
(一)年末耕地总面积	公顷	13927	47634	28182	78737	26205	27002
其中:陡坡地(大于25度)	公顷	235	1032	411	834		138
(二)林地面积	公顷	82692	133101	156067	250058	166162	213031
其中:有林地面积	公顷	43476	112336	122627	174082	139685	150772
(三)宜林荒山荒地面积	公顷	40219					
(四)牧草地面积	公顷		4	7239	16915		14136
(五)渔业养殖水面面积	公顷	1234	2340	1165	1825		1137
(六)其他土地面积	公顷	5490	41633	37523	50346	40879	24175
三、经济发展情况							
(一)地区生产总值	万元	711877	1361073	895250	1223435	1077419	763580
其中:第一产业增加值	万元	162934	287444	240647	356334	237193	168801
其中:林业	万元	5270	14518	20479	29677	20161	17823
(二)财政总收入	万元	55500	140573	100071	56456	93071	43272
其中:地方财政一般预算收入	万元	40440	89955	61662	34266	59502	26152
(三)全年固定资产投资完成额	万元	974332	1807014	1029578	905732	1151355	650674
其中:农业投资完成额	万元	168570	36569	80851		83422	119320
(四)年末农业专业合作经济组织个数	个	86	23	75	53	110	6
(五)年末农技推广服务机构个数	个	80	17	24	18	10	79
(六)本年粮食作物播种面积	公顷	24500	47648	33261	77732	39932	28364
(七)本年粮食总产量	万吨	11.53	24.3	17	39.24	21.07	13.84
四、社会发展情况							
(一)医院、卫生院数	个	9	13	16	23	18	11
(二)学校个数	个	91	141	106	290	97	103
(三)年末参加农村新型合作医疗人数	万人	23.29	38.5	29	62.02	31.19	21.84
(四)年末享受农村最低生活保障的人数	万人	0.74	4.27	2	3.62	1.37	3.66
(五)年末参加农村社会养老保险人数	万人	0.008	20.7	1	12.15	16.38	10.38
五、退耕还林(草)工程情况							
(一)截至本年末累计完成退耕还林(草)面积	公顷	6933.4	4600	5600	16780	2667	10400

指标名称	单位	阳朔县	临桂县	灵川县	全州县	兴安县	永福县
其中:实际保存面积	公顷	6933.4	4600	5600	16780	2667	10400
按工程类型分:							
1、退耕地造林	公顷	2266.70	1666.70	2066.70	2580	1867	2666.60
2、荒山荒地造林	公顷	2000	1666.60	2000	12200	800	7266.70
3、封山育林	公顷	2666.70	1266.70	1533.30	2000		466.70
按林种分:							
1、生态林	公顷	6122.70	4323.90	5280.30	16513.30	2433.40	9757.70
2、经济林	公顷	810.70	276.10	319.70	266.70	233.60	642.30
3、草	公顷						
(二)年末退耕还林(草)总户数	万户	0.78	0.67	1	0.50	1.51	0.88
(三)年末退耕还林(草)总人口	万人	3.30	4.29	3	1.80	5.66	4.20
(四)本年退耕还林(草)补助资金	万元	872.94	650.7	802.40	522.50	700.80	840.60
1、原政策到期补助资金	万元	175.29	97	135.50	199.60	53.90	113.80
2、完善退耕还林(草)补助资金	万元	340.80	282	337.30	41.30	342.40	381
3、巩固退耕还林(草)成果专项资金	万元	356.85	271.70	329.60	151.60	304.50	345.72
4、荒山造林补助资金	万元				130		
5、封山育林补助资金	万元						
(五)退耕还林(草)成果巩固情况							
1、截至本年末国家专项规划基本口粮田累计完成面积	公顷						
2、新能源建设							
其中:截至本年末建成沼气池累计个数	个	40235	47266	42985	87945	1500	36500
截至本年末节煤节柴灶累计个数	眼	59687	78850				36000
截至本年末太阳灶累计个数	个						
3、后续产业建设(填写截至本年末的累计数据)							
其中:种植业	公顷		116.90			64.10	
林果茶业	公顷					186.10	
养殖业棚圈	平方米					485	
养殖业青贮窖	立方米						
4、退耕户参加技能培训	人次		200			1600	
5、截至本年末生态移民累计人数	人						
6、本年补植补造面积	公顷					140	
六、生态环境情况							
(一)年末森林覆盖率	%	58.90%	60.20	66.81	59	74.91	74.92
(二)本年末水土流失面积	公顷	1.30		5907		9764	6120.25
(三)年总降水量	毫米		1259	1203	1142	1250	1247.30

指标名称	单位	灌阳县	龙胜县	资源县	荔浦县	平乐县	恭城县
一、基本情况							
(一)年末总户数	万户	10	5.08	4.16	14.60	11.50	9.07
(二)年末总人口	万人	29	17.76	17.43	44.70	38.48	30.05
(三)年末乡村从业人员数	万人	13.30	7.61	8.13	21.90	19.40	13.21
其中:农林牧渔业从业人员	万人	10.30	6.16		12.60	14.10	11.37
外出务工	万人	3.20	1.57			3.50	
二、行政区域土地面积	公顷	183529	245048	194101	189315	175966	213931
(一)年末耕地总面积	公顷	19737	17678	16544	20736	25601	5501
其中:陡坡地(大于25度)	公顷	1149	11503	6471	47	315	77
(二)林地面积	公顷	125988	178197	156174	107558	119004	139125
其中:有林地面积	公顷	98185	168264	141440	70198	96847	102001
(三)宜林荒山荒地面积	公顷		38028	7590			
(四)牧草地面积	公顷	17842	3883	7634		8178	6134
(五)渔业养殖水面面积	公顷	320	6	240		1068	301
(六)其他土地面积	公顷	19643	7255	5920	61022	22115	62871
三、经济发展情况							
(一)地区生产总值	万元	479551.80	340434	308570	688089	864151	617534
其中:第一产业增加值	万元	133139	72708	72500	261019	207971	185065
其中:林业	万元	10857	15595	16306	17863	10135	7887
(二)财政总收入	万元	28393	32995	17020	29253	53989	36226
其中:地方财政一般预算收入	万元	13990	15136	10280	19100	26325	22546
(三)全年固定资产投资完成额	万元	382901	260415	314477	257114	563600	501934
其中:农业投资完成额	万元	8484	4959	56673	5004	11629	10247
(四)年末农业专业合作经济组织个数	个	51	27	11	61	120	850
(五)年末农技推广服务机构个数	个	14	16	7	23	52	9
(六)本年粮食作物播种面积	公顷	25269	10387	9123	29513	22719	17937
(七)本年粮食总产量	万吨	13.6	6.07	5.21	15	11.60	7.64
四、社会发展情况							
(一)医院、卫生院数	个	16	12	8	19	16	12
(二)学校个数	个	156	76	126	129	85	123
(三)年末参加农村新型合作医疗人数	万人	23.90	14.50	14.96	35.30	30.10	23.55
(四)年末享受农村最低生活保障的人数	万人	2.20	2.53	1.45	4.30	2	2.98
(五)年末参加农村社会养老保险人数	万人	13.40	7.94	2.83	17.40	11.80	12.96
五、退耕还林(草)工程情况							
(一)截至本年末累计完成退耕还林(草)面积	公顷	9133.40	3000	8000	3333.30	5100	6333
其中:实际保存面积	公顷	9133.40		8000	1567.60	5100	6333
按工程类型分:							
1、退耕地造林	公顷	2666.70	1666.70	2000	1866.60	1966.70	2000
2、荒山荒地造林	公顷	3800	1333.30	4667	1466.70	2133.30	2333

指标名称	单位	灌阳县	龙胜县	资源县	荔浦县	平乐县	恭城县
3、封山育林	公顷	2666.70		1333		1000	2000
按林种分：							
1、生态林	公顷	8918.10	2664.90	7864.50	2793.40	4749.99	5966
2、经济林	公顷	215.30	335.10	135.50	539.90	350.01	367
3、草	公顷						
(二)年末退耕还林(草)总户数	万户	2.70	1.51	1.50	1.20	0.86	0.81
(三)年末退耕还林(草)总人口	万人	10.60	17.02	6	5	4.10	3.64
(四)本年退耕还林(草)补助资金	万元	1357.10	584.83	725.10	933	209.17	712.13
1、原政策到期补助资金	万元	208.50	106.73		13.50	187.51	1.37
2、完善退耕还林(草)补助资金	万元	415	212.50	399.90	541	21.66	392.10
3、巩固退耕还林(草)成果专项资金	万元	431.10	265.60	325.21	378.50		318.66
4、荒山造林补助资金	万元	300	0				
5、封山育林补助资金	万元	2.50	0				
(五)退耕还林(草)成果巩固情况							
1、截至本年末国家专项规划基本口粮田累计完成面积	公顷						540
2、新能源建设							
其中：截至本年末建成沼气池累计个数	个	2135	26804	18546	60369	45499	66071
截至本年末节煤节柴灶累计个数	眼			23400	95500	86200	62852
截至本年末太阳灶累计个数	个	124	35720	550			12000
3、后续产业建设(填写截至本年末的累计数据)							
其中：种植业	公顷	381.10		207.6		211	73.30
林果茶业	公顷					253.30	741
养殖业棚圈	平方米		272.30	253			200
养殖业青贮窖	立方米		1851				
4、退耕户参加技能培训	人次	726	60	1601			7736
5、截至本年末生态移民累计人数	人						90
6、本年补植补造面积	公顷	226.70		649.10			460
六、生态环境情况							
(一)年末森林覆盖率	%	74.80		78.44		69.83	79.70
(二)本年末水土流失面积	公顷	18460	77.51	685		19310	15715
(三)年总降水量	毫米	1033.70		12656		842.60	1002.90

退耕还林(草)县级监测情况(2012年)

指标名称	计量单位	全州	兴安	灌阳	资源	灵川	临桂
一、基本情况							
(一)年末总户数	万户	25.50	13.04	9.50	5.90	12	13.20
(二)年末总人口	万人	82.90	38.18	29	17.50	38	49.20
(三)年末乡村从业人员数	万人	36.40	16.80	13.30	8.10	17	24.40
其中:农林牧渔业从业人员	万人	24.40	13.50	10.30	4.90	13	13.50
外出务工	万人		3.70	3		4	
二、行政区域土地面积	公顷	397882	233246	183529	194101	230176	224711
(一)年末耕地总面积	公顷	70766	26205	19703	16559	28140	47596
其中:陡坡地(大于25度)	公顷	834	58	1153	6492	411	451
(二)林地面积	公顷	250099	166160	126081	156153	156054	133090
其中:有林地面积	公顷	174119	139685	98262	141429	122619	112329
(三)宜林荒山荒地面积	公顷				7629		
(四)牧草地面积	公顷	16915		17704	7700	7236	4
(五)渔业养殖水面面积	公顷	1825		319	240	1162	2408
(六)其他土地面积	公顷	58275	40881	19722	5821	37583	41614
三、经济发展情况							
(一)地区生产总值	万元	1312822	1240716	532213.3	350721	1053363	1655303
其中:第一产业增加值	万元	384984	257011	142916	83043	272893	320492
其中:林业	万元	31601	19074	10330	18038	23250	14778
第二产业增加值	万元	538966	714563	263769.4	166383	511033	1014547
第三产业增加值	万元	388872	269142	125527.9	101295	269437	320264
(二)财政总收入	万元	62256	111041	35064.9	20263	120278	180447
其中:地方财政一般预算收入	万元	43796	80605	18180.6	12273	86260	125961
(三)全年固定资产投资完成额	万元	925471	1488043	529424	420146	1434670	2382022
其中:农业投资完成额	万元	23100	94312	23358	51572	47578	67193
(四)年末农业专业合作经济组织个数	个	69	112	68	15	80	23
(五)年末农技推广服务机构个数	个	18	10	14	7	24	17
(六)本年粮食作物播种面积	公顷	78795	40001	25845	9112	33787	48174
(七)本年粮食总产量	万吨	41.30	22.03	15	5.50	18	25.6
四、社会发展情况							
(一)医院、卫生院数	个	21	15	15	8	17	13
(二)学校个数	个	316	96	149	109	103	137
(三)体育场数	个	1	1	2	1	1	1
(四)年末参加农村新型合作医疗人数	万人	68.74	31.20	24.2	14.18	29	39.20

指标名称	计量单位	全州	兴安	灌阳	资源	灵川	临桂
(五)年末参加农村社会养老保险人数	万人	44.64	16.70	12.90	6.20	15	20
五、退耕还林(草)工程情况							
(一)截至本年末累计完成退耕还林(草)面积	公顷	15113.30	2666.70	9800.10	8000	5600	4933.40
其中:实际保存面积	公顷	15113.30	2666.70	9800.10	8000	5600	4933.40
按工程类型分:							
1、退耕地造林	公顷	2580	1866.70	2666.70	2000	2066.7	1666.70
2、荒山荒地造林	公顷	10533.30	800	4466.70	4667	2000	2000
3、封山育林	公顷	2000		2666.70	1333	1533.30	1266.70
按林种分:							
1、生态林	公顷	14846.60	2433.40	9584.80	7880.40	5280.30	4657.30
2、经济林	公顷	266.70	233.60	215.30	119.60	319.70	276.10
3、草	公顷					0	
(二)年末退耕还林(草)总户数	万户	0.50	1.51	2.7	1.4	1	0.67
(三)年末退耕还林(草)总人口	万人	1.80	5.66	10.60	6	3	4.29
(四)本年退耕还林(草)补助资金	万元	870.10	655.50	1204.70	638.24	1239.70	791.10
1、原政策到期补助资金	万元	123.80	56.40				101.90
2、完善退耕还林(草)补助资金	万元	385.50	289	466.60	338.24	660	247.10
3、巩固退耕还林(草)成果专项资金	万元	46.80	310	588.10	300	579.70	292.10
4、荒山造林补助资金	万元	300		150			150
5、封山育林补助资金	万元	14					
(五)退耕还林(草)成果巩固情况							
1、年末国家专项规划基本口粮田面积	公顷			1917			
2、后续产业建设(填写年末数据)							
其中:种植业	公顷	66.70	65	427	426.70		199.40
林果茶业	公顷		211.30				
养殖业棚圈	平方米		485				
养殖业青贮窖	平方米						
设施农业	公顷						
饲草基地	公顷						
3、退耕户参加技能培训	人次		1700	1886	1500		200
4、本年末生态移民人数	人						
其中:移民到本县(区)外人数	人						
5、新能源建设							
年末沼气池个数	个	89455	1500	2135	18726	43155	48066
年末节煤节柴灶个数	眼				23899		78850
年末太阳灶个数	个			124	600		
6、本年补植补造面积	公顷		273.30		649.10		
本年补植补造费用	万元		23				

指标名称	计量单位	永福	龙胜	阳朔	平乐	荔浦	恭城
一、基本情况							
(一)年末总户数	万户	8.01	4.82	9.16	14.6	11.36	8.99
(二)年末总人口	万人	28.06	17.79	31.76	44.8	38.069	30.05
(三)年末乡村从业人员数	万人	12.22	7.88	16.05	22	19.456	14.88
其中:农林牧渔业从业人员	万人	10.16	6.38	13.86	12.6	14.046	11.88
外出务工	万人	4.05	1.54	5.30		3.60	
二、行政区域土地面积	公顷	279481	245048	143561	189315	175966	213931
(一)年末耕地总面积	公顷	26997	17675	13923	20718	30569	5499
其中:陡坡地(大于25度)	公顷	138	11503	29	47	397	78
(二)林地面积	公顷	213022	178188	82688	107551	118642	139123
其中:有林地面积	公顷	150769	168256	43472	70192	96552	101999
(三)宜林荒山荒地面积	公顷		38028	40219			
(四)牧草地面积	公顷	14133	3883			8438	6134
(五)渔业养殖水面面积	公顷	1233	6	1234		538	300
(六)其他土地面积	公顷	24095	7267	5498	61047	17779	62875
三、经济发展情况							
(一)地区生产总值	万元	828667	405950	764067	793229	993938	665762
其中:第一产业增加值	万元	189960	84430	182151	301799	227547	199882
其中:林业	万元	19567	17233	6267	19653	10334	6996
第二产业增加值	万元	496612	208444	265376	298945	456140	318048
第三产业增加值	万元	142095	113076	316540	192485	310250	147832
(二)财政总收入	万元	51293	41272	60066	35056	70198	41838
其中:地方财政一般预算收入	万元	13984	22753	46511		42257	30150
(三)全年固定资产投资完成额	万元	842789	377909	975803	660353	810258	653920
其中:农业投资完成额	万元	30429	11300	166020	38143	24005	18763
(四)年末农业专业合作经济组织个数	个	8	28	86	67	125	849
(五)年末农技推广服务机构个数	个	80	18	80	23	52	9
(六)本年粮食作物播种面积	公顷	28569	10708	24693	29745	23122	18487
(七)本年粮食总产量	万吨	14.49	6.39	11.7	16	12.19	7.91
四、社会发展情况							
(一)医院、卫生院数	个	11	15	9	19	15	17
(二)学校个数	个	93	70	91	150	81	120
(三)体育场数	个	1	2	1	4	2	1
(四)年末参加农村新型合作医疗人数	万人	22.09	14.81	26.75	35.30	30.013	23.65
(五)年末参加农村社会养老保险人数	万人	10.39	7.86	2.80	18.20	12.4587	13.44
五、退耕还林(草)工程情况							
(一)截至本年末累计完成退耕还林(草)面积	公顷		3000	6802.7	3333.30	5100	7333
其中:实际保存面积	公顷		3000	6802.70	1567.60	5100	7333

指标名称	计量单位	永福	龙胜	阳朔	平乐	荔浦	恭城
按工程类型分：							
1、退耕地造林	公顷		1666.70	2136	1866.60	1966.70	2000
2、荒山荒地造林	公顷		1333.30	2000	1466.70	2133.30	2333
3、封山育林	公顷			2666.70		1000	3000
按林种分：							
1、生态林	公顷		2664.90	6122.7	2793.4	4749.99	6966
2、经济林	公顷		335.10	680	539.90	350.01	367
3、草	公顷						
(二)年末退耕还林(草)总户数	万户		1.51	0.78	1.60	0.86	0.81
(三)年末退耕还林(草)总人口	万人		17.36	3.30	6.50	4.10	3.64
(四)本年退耕还林(草)补助资金	万元	893.55	541.03	805.57	543.40	237.11	660
1、原政策到期补助资金	万元		43.07	187.75		186.57	
2、完善退耕还林(草)补助资金	万元	457.38	241.70	274.42	255.60	50.54	324
3、巩固退耕还林(草)成果专项资金	万元	436.17	256.26	343.40	287.80		336
4、荒山造林补助资金	万元						
5、封山育林补助资金	万元						
(五)退耕还林(草)成果巩固情况							
1、年末国家专项规划基本口粮田面积	公顷						572
2、后续产业建设(填写年末数据)							
其中：种植业	公顷					464.30	72
林果茶业	公顷		286		463.20		733.30
养殖业棚圈	平方米		1851				280
养殖业青贮窖	平方米		65				
设施农业	公顷		4.97				
饲草基地	公顷		2000		4.70		21.30
3、退耕户参加技能培训	人次		50000		8191		1500
4、本年末生态移民人数	人						24030
其中：移民到本县(区)外人数	人						
5、新能源建设							
年末沼气池个数	个		26804	43295	61169	54499	67800
年末节煤节柴灶个数	眼		35720	59687	95500	86250	65100
年末太阳灶个数	个		533				15200
6、本年补植补造面积	公顷				74.10		
本年补植补造费用	万元				25		

七、投资环境调查

投资硬环境满意度(2007年－2012年)

	2007年		2008年		2009年		2010年		2011年		2012年	
	满意度	排序	满意度	排序	满意度	排序	满意度	排序	满意度	排序	满意度	排序
桂林市	78.29	2	79.98	3	79.9	3	79.85	3	81.21	1	83.35	2
全区	76.43		77.93		78.18		78.65		79.51		81.99	

投资软环境满意度(2007年－2012年)

	2007年		2008年		2009年		2010年		2011年		2012年	
	满意度	排序	满意度	排序	满意度	满意度	满意度	排序	满意度	排序	满意度	排序
桂林市	76.27	5	78.20	5	77.70	9	78.40	5	79.19	6	81.20	9
全区	75.98		77.81		77.90		78.31		78.92		81.57	

总体投资环境满意度(2007年－2012年)

	2007年		2008年		2009年		2010年		2011年		2012年	
	满意度	排序	满意度	排序	满意度	排序	满意度	排序	满意度	排序	满意度	排序
桂林市	76.88	3	78.73	5	78.36	5	78.84	4	79.79	4	81.84	6
全区	76.11		77.85		77.99		78.41		79.1		81.69	

八、附　录

主要统计调查指标解释

1.居民消费价格指数(CPI):是反映一定时期内城乡居民所购买的生活消费品价格和服务项目价格变动趋势和程度的相对数,是对城市居民消费价格指数和农村居民消费价格指数进行综合汇总计算的结果。利用居民消费价格指数,可以观察和分析消费品的零售价格和服务价格变动对城乡居民实际生活费支出的影响程度。

2.商品零售价格指数:是反映一定时期内城乡商品零售价格变动趋势的一种经济指数。零售物价的调整变动直接影响城乡居民的生活支出和国家财政的收入,影响居民购买力和市场供需平衡,影响消费与积累的比例。因此,该指数可以从一个侧面对上述经济活动经行观察和分析。

3.城镇低收入居民基本生活费用价格指数:是反映价格变化对低收入阶层影响的指数。主要针对社会低收入群体维持基本生活的消费内容进行调查统计汇总、编制而成的指数,能够准确客观地反映价格变化对低收入群体生活的影响。

4.工业品出厂价格指数:是反映一定时期内全部工业产品出厂价格总水平的变动趋势和程度的相对数,包括工业企业售给本企业以外所有单位的各种产品和直接售给居民用于生活消费的产品。该指数可以观察出厂价格变动对工业总产值及增加值的影响。

5.房地产价格指数:是反映一定时期内房地产价格变动趋势和程度的相对数,包括房屋销售价格指数、房屋租赁价格指数、土地交易价格指数和物业管理价格指数。

6.景气指数:又称为景气度,它是对企业景气调查中的定性指标通过定量方法加工汇总,综合反映某一特定调查群体或某一社会经济现象所处的状态或发展趋势的一种指标。景气指数以100为临界值,范围在0-200点之间,即景气指数高于100,表明经济状态趋于上升或改善,处于景气状态;景气指数低于100,表明经济状况处于下降或恶化,处于不景气状态。

7.企业家信心指数:也称宏观经济景气指数,是根据企业家对企业外部市场经济环境与宏观政策的人事、看法、判断与预期编制的指数,用以综合反映企业家对宏观经济环境的感受和信心

8.企业景气指数:也称企业综合生产经营景气指数,是根据企业家对本企业综合生产经营情况的判断与预期而编制的指数,用于反映企业的综合生产经营状况。

9.采购经理指数(PMI):是通过对企业采购经理的月度问卷调查结果统计汇总、编制而成的指数。PMI涉及生产与流通、制造业与非制造业等领域,是世界通行的宏观经济监测指标体系之一,对国家和地区经济活动的监测和预测具有重要作用。

10.城镇居民可支配收入:是指家庭成员得到可用于最终消费支出和其他非义务性支出以及储蓄的总和,即居民家庭可以用来自有支配的收入。

11.农村居民现金收入:是指农村住户和住户成员在调查期内得到以现金形态表现的收入。按来源分成工资性收入、家庭经营现金收入、财产性收入、转移性收入。

12.城镇家庭消费性支出:指被调查的城镇居民家庭用于日常生活的全部支出,包括购买商品支出和文化生活、服务等非商品性支出。不包括罚没、丢失款和缴纳的各种税款(如个人所得税、牌照税、房产税等),也不包括个体劳动者生产经营过程中发生的各项费用。

13.耐用消费品:通常使用周期较长,一次性投资较大,包括(但不限于)家用电器、家具、汽车等。

14.期初(末)畜禽存栏头(只)数:是指报告期初(末)农村各种合作经济组织和国营农村、农民个人、机关、团体、学校、工矿企业、部队等单位以及城镇居民饲养的大牲畜、猪、羊、家禽等畜禽的存栏数。

15.猪、牛、羊肉产量:是指当年出栏并已屠宰、除去头蹄下水后带骨肉(即胴体重)的重量。

全区8个市居民可支配收入对比表(2007年-2012年)

单位:元

	2007年	2008年	2009年	2010年	2011年	2012年
南宁市	12955.19	14983.46	16530.58	17740.82	19971.94	22024.00
柳州市	11919.12	14536.00	15395.24	17531.70	18630.55	22261.00
桂林市	11513.69	13664.51	15001.02	16565.78	17914.83	19450.00
梧州市	10021.88	13343.80	14617.36	16578.17	18531.40	21416.00
北海市	13090.07	14624.82	15535.64	16611.62	18347.26	20296.00
贵港市	9883.00	11414.00	12455.00	14447.00	16276.00	18595.00
百色市	11677.48	12984.12	14219.37	15553.70	16928.61	19242.00
贺州市		13462.92	15013.19	16760.81	18611.82	21442.00

全区14个市CPI对比表(2007年-2012年)

以上年同期=100

	2007	2008	2009	2010	2011	2012
全区平均	106.1	107.8	97.9	103.0	105.9	103.2
南宁市	104.4	108.4	98.2	102.5	105.7	102.9
柳州市	106.1	107.9	97.8	103.5	105.4	104.0
桂林市	106.6	105.9	99.2	102.2	105.8	103.5
梧州市	105.8	107.5	97.6	103.5	105.4	102.9
北海市	105.0	107.3	97.4	103.1	105.5	102.6
贵港市	106.5	108.0	97.2	103.8	105.9	103.5
百色市	105.7	109.8	98.5	103.7	106.5	103.0
贺州市	106.9	108.6	97.9	104.4	106.8	102.8
防城港市					106.0	102.6
钦州市					105.4	103.1
玉林市					105.5	103.4
河池市					105.6	103.2
来宾市					105.5	102.6
崇左市					105.5	103.1

九、国家统计局采用的政务信息

桂林局队就住户调查工作达成三点共识

庞育光

7月4日，桂林市统计局与桂林调查队就住户调查问题召开协调会议。市统计局局长胡辽光、调查队主持全面工作的副队长阳德芳出席会议。会议达成三点共识：

一是形成合力、资源共享、齐抓共管、分头上报。今年的大样本由局队共同按照“全国一次性调查方案”实施调查，由局队联合统一布置，分别汇总，各自上报，以达到不重复调查、资源共享、统一管理的目的。2008年局队调查样本相互兼容，即市区的调查样本由原两套整合成一套。

二是加强调查样本的检查，把好数据质量关。由局队共同定期或不定期地对样本的代表性、调查户的记账质量、指标的归类和编码、录入到帐机平衡进行检查，发现问题及时协商解决，确保调查数据质量。上级到桂林市进行质量检查时，也由局队共同负责组织实施。

三是加强工作联系，搞好数据评估工作。每月由桂林市统计局负责住户调查的普查中心会同桂林调查队住户科召开数据质量检查和评估分析例会，以便增进沟通，提高调查数据质量，促进统计调查工作的顺利开展。

桂林局队六要求做好工农业调查工作

唐彰徽

2月12日，桂林调查队和市统计局联合召开各县(区)统计局、县级调查队负责企业景气、规模以下工业、退耕还林(草)和畜禽监测调查业务人员参加的专题会议，提出六项要求做好工业和农业调查，培训相关业务知识。

一是相关县区要以桂林市局队之间营造的“相互关心、相互支持、相得益彰、资源共享”为楷模，相关县局队之间也要加强联系和沟通，共同研究制定方案，科学地组织实施。领导之间、股室之间、个人之间都要围绕工作加强团结协作。二是要严把数据质量关。认真执行相关专业方案制度，科学抽取样本。严格按规范化要求操作，加强报表的审核，杜绝出现方向性、逻辑性错误；三是充分认识各专业调查的重要性。这些工作都是局队共同研究布置的，基层做的虽然是微观的工作，但是到了国家就汇总成为宏观的数据；四是认真学习相关方案、制度，弄清各项指标含义。有的县已有多年相关专业的工作经验，有的县可能刚接手，相互间要多交流，有疑问争取在这次会议上解决；五是抓紧落实。今天与会的都是相关专业的业务人员，回去后要及时向单位领导汇报。要采取各种措施力求园满完成会议布置的各项任务；六是正确处理好这次调查任务与日常专业工作的关系，这些工作与平时的工作是互为补充的关系，并非矛盾的关系。调查队需要的资料要与自治区、市统计局布置的各项报表数据口径统一，搞好数据的衔接，不能出现数据打架现象。

会议分专业布置了2008年年报和2009年定期报表。详细讲解了各专业报表的指标含义、上报要求、注意事项并对各专业操作程序进行了培训。

桂林市统计局党组书记、局长胡辽光，党组成员、副局长黄明贵，桂林调查队阳德芳队长、邹学亲副队长等局队领导参加了会议。

桂林五部门建立房地产调查信息联动机制

粟凌燕

近期，由国家统计局桂林调查队牵头，联合桂林市建设规划委员会、土地交易中心、房产管理局、统计局等部门开展了2009年房地产价格指数数据质量评估工作。同时，就今后房地产调查统计工作建立了信息联动机制，明确组织分工。

一是市建规委适时提供所有批建楼盘项目资料，建立和维护调查大样本框，以确保调查样本的全面性；

二是市房产局适时提供楼盘预售备案情况，保证所有可预售楼盘能及时纳入统计范围，以确保调查样本的及时性；

三是市统计局定期提供各类型房屋销售面积、各房地产企业投资额等，以确保调查样本的代表性；

四是市土地交易中心定期提供土地招、拍、挂等详细价格资料，作为土地价格指数的主要参考依据之一；

五是调查队按规定反馈房地产价格变动情况，每半年牵头召开一次价格指数数据评估会，把握正确的市场价格趋势。

桂林队“送下去、请上来”访户工作见成效

廖晓露

桂林调查队采取“送下去、请上来”的方法，扎实开展访户工作，有效解决了记账质量差、配合程度低的问题，以进一步巩固城镇住户调查网络，提高调查员的业务水平和调查户的记账质量及责任感。做法如下：

友情送下去，配合请上来。一是在全面访户的基础上，利用工作检查、回访、收账本等机会，深入社区和调查户，密切与调查户的关系，增进感情，建立友谊；二是熟悉掌握调查户家庭基本情况，与调查户随时保持联系，对长期受疾病困扰户上门看望慰问，对下岗失业户及时提供就业信息，对调查户存在的困难在力所能及范围内予以帮助。通过感情投入，架起了理解的桥梁，巩固了调查户，确保了换户率在规定的范围之内。

辅导送下去，质量请上来。一是对调查户平日记账过程中存在的一些问题进行整理，带着问题深入调查户家中进行现场辅导，想方设法让调查户记全、记实每一笔收支账。二是对调查户在记账过程中遇到的疑难问题，及时上门进行指导，帮助调查户记准帐，切实提高记账质量。

桂林队“四抓四到位”做好规下工业调查

李丽华

近日，国家统计局桂林调查队在部署三季度规模以下工业企业主要经济指标专项调查中，采取“四抓四到位”的措施，力促该项工作任务高质量完成。

一是抓规范，告知书送达到位。加强依法统计，在部署调查任务前，向每一个调查对象发放《统计事务告知书》，“一法一规”告知调查对象统计调查的内容、法定权利、法定义务以及统计违法行为应承担的法律责任，促使统计调查对象准确、及时地报送统计资料。

二是抓培训，调查要求传达到位。于8月29日召开2011年规模以下工业企业主要经济指标专项调查培训会，向20多家企业的近40名统计员详细讲解了此次调查报表的填报方法，并根据1-8月常规季报改为主要经济指标专项调查，及时更换调查表，强调提前至9月6日上报的规定，确保报表不误报。

三是抓质量，数据指标审核到位。根据此次调查表增加十项指标的实际，要求各相关企业加强对新增指标的人工审核力度。同时，指定专人加强相应审核工作，确保数据准确、真实可靠。

四是抓服务，调查结果利用到位。此次专项调查目的是为了深入了解当前规模以下工业企业生产经营状况和存在的突出问题，及时为宏观经济发展提供政策依据。桂林调查队将根据调查结果深入挖掘数据内容，为当地党委、政府提供宏观决策依据，提高优质服务水平。

桂林队开展企业报表数据质量执法检查

谢登宝

近期，国家统计局桂林调查队对工业生产者价格、房地产价格和规下工业调查部分企业开展了执法检查。本

次检查共抽取15家企业，检查内容包括2011年1-8月企业报表数据是否真实、完整，有无虚报、瞒报统计数字现象，统计人员是否持证上岗以及基础工作规范化等情况。

检查表明，企业报表数据基本无虚报、瞒报统计数字现象，但同时发现，部分企业统计基础工作仍较薄弱，原始统计记录和统计台账不够健全，统计资料移交、归档等方面管理较为混乱，统计人员对有关报表统计指标理解不到位，部分指标填写不完整、欠规范，存在质量隐患。

通过检查，一方面加强了《统计法》宣传，维护了《统计法》的权威性，另一方面提高了调查企业依法统计的法律意识，规范了统计基础工作，确保了统计数据的真实、可靠性。

执法小组针对检查结果正在进行处理。

桂林队“四招”破解二手房价统计调查难题

粟凌燕

近期，国家统计局桂林调查队针对当前二手房价统计调查中存在的中介经纪机构缺乏有效监管约束机制、配合程度低、填报人员统计理论素质不高、二手房交易信息资料分散等原因造成的工作开展难问题，积极探索出“四招”破解措施。

一是齐抓共管，多头约束。联合市房产管理局、中介行业协会召开工作布置暨业务培训会，充分依靠主管部门和行业自律约束，提高企业履行统计义务的配合程度。

二是加强监管，建立考评制度。一方面依据《统计法》，加大对企业的督促、检查力度；另一方面与行业协会合作，进行年终评优评先表彰，有效激励企业统计人员做好报表积极性。

三是加强指导，提高质量。活学活用各种先进的房价编制理论，并与企业实际运作情况相结合，加强对企业价格采集和评估方法的指导，提高采价的同质可比性，提高源头数据质量。

四是扩大服务，互惠共赢。在为当地党委、政府提供决策依据的同时，为企业提供服务。积极运用价格指数为行业发展建言献策，发挥好指数的经济服务作用，做到数据取之于民用之于民。主动帮助企业学会运用统计手段提高管理水平，将统计运用到企业运营管理、战略发展中来，提高统计调查在企业的声誉和地位。

桂林队“三结合”创新工价调查工作

郑雯月

近日，国家统计局桂林调查队与桂林市统计局、工信委联合召开桂林市2012年工业生产者价格调查工作布置暨业务培训会，对全市近250多家企业的统计员进行了业务培训。此次培训会议呈现三个结合：

——培训对象上，将国家调查企业和地方调查企业相结合。将这两类企业召集一起，统一讲解填报方法和要求，增强了企业对专业报表制度的了解，促进了企业之间的相互沟通和了解。

——培训方式上，将现场演示和企业统计员操作相结合。专业人员演示从数据采集到填报的全过程，指导企业统计人员梳理好报表填报流程，而对于明年增补的网上直报企业，专业人员手把手教，企业统计员亲自操作，确保企业统计员人人都懂填报报表。

——培训内容上，将解答问题和出台激励措施相结合。针对企业采集数据过程中对同质可比理解不透彻等问题，专业人员以举例的方式对报表数据的采集方法和处理技巧一一进行了解答，提高了企业统计员对方法制度的理解。同时，为了激励统计员做好统计调查工作，出台并公布了2012年评比优秀调查企业的标准，旨在提高企业积极性，为做好全年工价调查打下良好基础。

桂林队多管齐下迎接城乡住户调查一体化

梁白冰

城乡住户调查一体化即将启动，面对新的任务，新的挑战，国家统计局桂林调查队积极做好“加、减、除、乘”四个方面的工作，为一体化工作的开展奠定良好的基础。

“加”是指加强队伍的管理，确保调查顺利开展。由于城乡住户调查工作面广量大，选调优秀的住户调查员是做好此项工作的关键。一是把好选人关、选择文化程度较高、熟悉当地情况，善于与调查对象沟通的人担任调查员。二是对相关调查人员进行业务培训与指导，使其掌握必要的专业知识。三是进行必要的调查技巧培训，通过培训使其掌握在上门调查中如何取得调查对象的支持与配合，让调查对象解除顾虑，确保城乡住户调查基础数据真实可信。

“减”是指减少和避免人为选择或随意调整样本现象的发生，严格执行国家住户调查一体化抽样方案。样本代表性是住户调查数据质量的基础，是否科学、合理都关系到调查数据能否及时、准确。因此，加强城乡住户调查的管理，特别是做好调查样本的抽选和日常维护管理显得尤为重要。在样本抽选的过程中，更要严格执行国家住户调查一体化抽样方案，减少和避免人为选择或随意调整样本现象的发生。

“除”是指破除阻力，切实加强沟通和宣传。一体化住户调查工作直接面向基层，需要宣传、民政等有关部门的大力支持，需要广大社会公众特别是抽中社区基层组织（村居委会）和调查户的积极配合。各级统计机构要加大组织协调力度，做好与有关方面的沟通联系，努力争取各方支持，为一体化住户调查工作的顺利推进创造良好的工作环境。

“乘”是指乘马建堂局长在全国住户调查工作会议上讲话的东风，狠抓落实，提高执行力。讲大局、讲纪律、讲落实、讲机制，狠抓四个环节，努力形成强大合力。坚持整体设计分市县住户调查制度，坚持统一实施分市县住户调查，加快建立健全分市县住户调查数据质量控制体系，加强改进分市县数据使用和发布的管理，为即将开展的城乡住户调查一体化工作打下坚实的基础。

桂林队出台CPI手持数据采集应急预案

李小雯

近日，桂林调查队在总结两年多试点经验的基础上，出台《CPI手持数据采集突发事件应急预案》，确保了CPI手持数据采集突发事件的应急处理。

一是加强领导，成立应急工作领导小组。成立了由本队分管该项业务工作的副队长为组长、价格科负责人及在职在编工作人员为组员的应急工作领导小组，负责组织协调和处置CPI手持数据采集突发事件。

二是结合实际，做好应急情况分析准备。结合工作实际，对有可能出现或发生事件，提前做好各项应急准备。如采价器硬件故障、数据无法正常上报、采价器丢失（包括被抢和被盗）、采价员或后台管理人员因故无法正常开展工作等。

三是未雨绸缪，制定应急状况解决办法。根据两年多试点工作经验，研究并制定了12条应急办法应对在采价器、工作人员、数据处理程序等方面有可能出现的问题，如遇到突发事件，则启动应急预案做好处置。

四是不断改进，完善应急事件解决预案。以开展“争创合格采价员”主题活动为契机，加强总结和分析突发事件产生的原因，探索有效解决的新途径和新办法，不断完善应急预案，最大限度地预防突发事件的发生。

桂林队新干部教育强调“德”

梁白冰

7月12日，桂林调查队召开欢迎新干部座谈会。队领导阳德芳、邹学亲、李小雯与新干部亲切交谈，并代表全体干部职工向新同事的到来表示热烈的欢迎。

队党组书记、队长阳德芳在简要介绍了单位基本情况后，就新同志如何尽快融入集体，适应工作岗位，认真履行职责，提出了殷切希望和具体要求：

首先讲个人品德。尤其是公务员作为国家和社会公共事务的管理者，其自身的道德价值取向、水平和实际表现，对社会有着极其重要的导向作用。“才”是个人发展的基本条件，“德”是“才”的方向和灵魂。必须坚持把德放在首要位置，形成以德修身、以德服众、以德领才、德才兼备、以德为先。

其次讲职业道德。统计调查的“生命线”在于实事求是，确保统计调查数据真、准、实。作为一个统计调查工作者，必须以对国家、对人民高度负责的精神，切实做到忠诚统计，乐于奉献；实事求是，不出假数；依法统计，严守秘密；公正透明，服务社会。

最后讲同心同德。面对统计调查工作的新形势、新任务、新要求，必须坚定“提高统计能力、提高统计数据质量、提高政府统计公信力”的发展目标，以强化国家队意识和调查队意识为根本，同心同德为统计调查事业作出应有的贡献。

桂林队开展CPI数据质量专项检查取得实效

刘宇波

8月13-21日，桂林调查队组织开展了CPI数据质量专项检查工作。检查走访采价网点200多个，涉及1500多个规格品，该项活动取得四方面实效。

*一是采价员直接调查能力得到提高。*在检查过程中，采价员与商家沟通，按照平时采价的方式获取数据，检查组对采价员采价方式提出意见，进一步规范采价员的采价方式，提高直接能力。

*二是管理人员数据审核能力得到提高。*此次专项检查由价格科在编人员深入每一个采价点，了解每一个规格品的采价情况，全面了解每一笔数据产生的源头，为日后审核数据打下坚实的基础。

*三是调查对象配合程度得到提高。*注重与商家的沟通协调，宣传调查的意义、数据产生的过程、纠正对CPI采价工作的误解和数据的误读，提高了调查对象的配合程度，为数据及相关变动情况的准确获取提供了良好的平台，也为提高政府统计公信力奠定了基础。

*四是规格品代表性得到提高。*在检查的过程中，通过与商户交流，了解哪些品种的变动具有代表性，从商品变动的时间、特点、受影响的因素等方面入手，及时更换丧失代表性的规格品，从根本上提高数据的代表性和准确性。

桂林队“四加四减”筑牢住户调查基础工作

庞育光

近日，国家统计局桂林调查队认真落实广西总队进一步加强城乡住户调查基础工作做好居民增收情况研判要求，采取“四加四减”措施夯实住户调查工作基础，为城乡住户调查一体化改革搭桥铺路。

*一是加大访户力度，减少源头数据误差。*一方面严格执行访户制度，坚持调查员每月访户两次以上，特别对记账质量不高的调查户，重点进行辅导帮助。另一方面充实访户内容，在完成数据反馈、账本检查、记账辅导、信息收集的同时，多与调查户访谈了解，对家庭情况特殊、消费支出习惯特殊的调查户重点跟踪，做好账实之间的印证，减少记账中的错记、漏记和瞒记现象。并于近期组织调查员对所负责的调查户进行了一次入户访问，重点核对调查户姓名、联系方式与开户信息表登记是否一致，确保信息的准确无误，全力配合国家统计局做好电话抽查工作。

*二是加大网点管理维护力度，减少换户。*对记账有厌烦情绪、不愿记账的调查户加大回访力度，联合居委会等相关部门，耐心做好说服、动员和辅导工作，争取他们的理解和支持。加强宣传和反馈工作，广泛进行住户调查工作重要意义的宣传，及时对调查数据进行反馈，取得调查户的信任。逢节假日，慰问家庭生活困难的记账户，平时探望住院调查户，尽最大努力为调查户排忧解难。截止8月底，该队仅更换2户调查户。

*三是加大逻辑检查力度，减少数据处理误差。*在数据处理审核基础上，导出EXCEL格式数据，对每笔收支账全方位，多角度加强指标内部的对比和平衡关系的检

查审核，并对重要指标采取手工检查。坚持每月召开报表工作小结会，通报编码、录入差错情况，归纳容易混淆和出错的指标分类，统一认识和处理口径，减少在编码、数据核算、录入过程中的误差。

四是加大调查数据的审核与评估力度，减少代表性误差。加强季报的评估工作，认真审核评估各项收支数据与当地经济发展的匹配性，特别是外出从业，增资或社保等惠民政策实施后对收入增长的影响。结合宏观经济的总体特征，把握调查数据的合理趋势，随时关注影响收入、消费的新政策，分析受影响的群体和程度，找准数据的现实支撑点。通过科学评估和预判，减少调查数据的代表性误差。

桂林队“保提强增”激活一体化辅调员队伍

梁白冰

在城乡住户一体化改革工作推进过程中，国家统计局桂林调查队通过“保、提、强、增”，激活辅助调查员队伍，扎实推进摸底、开户、试记账工作，也为确保正式记账后源头数据质量筑起第一道堡垒。

一是严格筛选，“保”其高素质。把具有较高的政治思想觉悟，文化素质好，工作能力较强，在群众中具有较高的威信，能积极协助开展有关住户调查工作作为选聘条件，保证辅助调查员的较高素质。

二是加强培训，“提”其工作力。精心安排培训，做到内容全面：不仅包括住户调查方法制度、调查技巧，还涵盖统计法知识、调查工作的目的和意义等方面内容；做到贴近实际：尤其是针对重点难点，尽量用实例来讲解说明，利于辅助调查员理解和掌握；做到灵活：不是一味采用教学式培训方法，而是增强互动交流，确保培训取得实效，提高辅助调查员的工作能力。

三是细化管理，“强”其责任心。出台《桂林市城乡一体化住户调查辅助调查员管理办法》，落实辅助调查员的职责，明确各分项工作的补贴标准，强调严格执行保密制度，并颁发聘书，强化辅助调查员的责任意识。

四是健全考核，“增”其荣誉感。通过组织辅助调查员代表进行宣誓活动，通过健全检查、考核和奖励制度，把访户记录、账本审核、上报时间等工作质量与考核和奖励结合在一起，评选并颁发《优秀辅助调查员证书》，增强辅助调查员的荣誉感。

桂林队“1+1模式”提高执法工作水平

杨丽佳

今年以来，国家统计局桂林调查队采用三个“1+1模式”，提高统计执法工作水平。

——“统计执法+宣传教育”有效结合。在制作宣传板报、发送宣传短信、QQ群普法等基础上，将法制宣传教育融入统计执法过程中，如在工作布置会发放《统计事务告知书》的同时或统计检查执法过程，向调查对象发放印有《统计法》的宣传小册子，让《统计法》入企业入户。同时，注重本队人员统计法律知识的培训，并于11月初组织全队人员参加了全市普法考试。

——“执法流程+风险防控”有机统一。梳理执法流程，召开专题会，集体探讨，群策群力，找出风险点，评定风险等级，将执法流程和风险防控有机统一，编制《统计执法检查工作流程及廉政风险防控图》、《统计违法案件查处工作流程及廉政风险防控图》等，使执法人员增强责任意识，熟悉掌握工作流程。

——“公信力提升+配合度提高”真实体现。2012年，组织执法检查10余次，严格执法，对一家迟报企业处以警告处罚，维护数据质量，维护了政府统计权威，提高了政府统计公信力。同时，多种方式宣传《统计法》，调查对象的配合度与往年相比也有了很大提高。

桂林队“实”字法推进一体化改革工作

庞育光

城乡住户调查一体化改革工作启动后，国家统计局桂林调查队精心组织，周密部署，用“实”字法稳步推进一体化改革。

机构落“实”。成立了以桂林市常务副市长为组长的改革工作领导小组，在桂林调查队设领导小组办公室，坚持独立调查、独立上报，确立了分市、县扩充样本工作领导机制。

力量充“实”。一是选派业务骨干充实住户调查科，现有的4名公务员均为大学本科毕业的正、副科级干部。二是选聘素质较高的辅助调查员35名，并出台管理办法，明确责任，严格考核和奖惩措施，提高调查和管理能力。

宣传扎“实”。一是加强与市统计局协商，向市政府汇报，形成“领导重视，部门支持”的工作环境；二是通过媒体、网络进行广泛和深入的宣传，报纸、广播、电视多次播放、刊登，同时以海报、横幅、“一封信”等短、平、快方式直接宣传，切实提高配合度。

培训务“实”。一是业务人员培训到位。两次组织本队人员、抽中村(居)委会和辅助调查员进行业务培训。并采取模拟调查、考试检验等形式，确保培训取得实效。二是记账户培训到位。对抽中记账户采取一对一、面对面、有重点、有实物的记账辅导。

调查踏“实”。一是在摸底调查，样本抽选、开户试记账过程中，严格执行住户调查一体化改革方案。二是层层落实责任，做好“三查三审”、分类辅导、常态化跟踪监测和严格的评估工作，11月1日起，调查户按照“六有六无”标准做好试记账的每一笔收支账，确保源头数据的真实可信。

桂林队山歌唱响统计法

梁白冰

近期，国家统计局桂林调查队在开展统计法制宣传工作中，针对当地山歌在群众中的普及面和影响力，把《统计法》内容植入山歌，开展“山歌唱普法”宣传活动，收到了良好的效果。

山歌是广西民族文化的一个组成部分，是民间开展娱乐活动的一种重要形式，群众有喜欢自编、自唱山歌的习俗，不仅流行面广，且爱好者众多。针对这一特点，该队把《统计法》内容植入山歌进行创编，并印成宣传页1000多份在群众中分发。新创编的山歌，法理内容突出，语言通俗易懂，在群众中产生广泛影响。

据悉，该队还将紧紧围绕城乡住户调查一体化改革、联网直报等统计调查中心工作编制山歌开展法制宣传活动。

统计山歌唱起来

统计山歌唱起来，桂林山水摆歌台；
众人传唱宣传好，壮乡处处荡歌海；
统计工作有法律，各位听我慢道来。
真实准确和完整，统计工作的根本；
了解国情和国力，服务社会快发展。
调查项目有三类，国家部门和地方；
明确分工是基本，互相衔接不重复。
项目应当有制度，必须报批或备案；
统计标准国家定，保障统计标准化。
统计对象需配合，必须依法提供数；
拒绝假数部分数，不得迟报和拒报。
统计机构和人员，应当依法履职责；
如实搜集报送数，不得伪造和篡改；
坚持实事和求是，负责资料一致性。
统计人员均有证，开展调查应出示；
无证人员做统计，调查对象有权拒。
资料定期会公布，公开透明数服人；
单位个人无需虑，资料绝对会保密；
国家秘密如有泄，依法追究其责任。
统计工作似平凡，关系国家你我他；
数字里面藏真相，大家参与共学习；
了解法律明事理，共推统计公信力。

桂林队“多心”提升一体化记账质量

庞育光

城乡住户调查一体化改革的正式记账工作从12月1日启动后，国家统计局桂林调查队针对试记账阶段以来存在的问题，强调继续用“心”做好记账户工作，提升记账质量。

——“专心”职责。“恪守一条生命线，增强两个意识”，要求负责住户调查工作的同志做到作风硬，业务精，责任心强；并出台了责任追究制度。分别给辅调员和记账户颁发聘书，并完善辅调员的管理办法。年终对记账质量好的优秀记账户进行表彰，增强记账户责任心。

——“耐心”辅导。通过举实例、问情况、解疑问，将记账过程中需注意的事项、常用的计量单位等讲解透彻。结合法制宣传日，利用各种形式或载体贴近实际，宣传统计法律法规。增强调查户“为国记账、为己理财”理念。建立互信，明确单户资料、家庭隐私的保密制度。让记账户放心，变被动记账为主动配合。

——“细心”核实。仔细核查每个记账户“家庭基本情况表”中家庭成员、住房、耐用消费品等的变化情况，做好常态化跟踪、每月及时更新的动态化管理，确保信息的准确无误。核查日记账本是否按照“六有六无”标准及时准确记录每天的每一笔收支账，把差错解决在源头。确保日记账记实、记细、记全。

——“热心”帮助。通过开展“假如我是记账户”讨论活动，想调查户所想，主动关心记账户的日常工作生活。及时慰问关怀家庭生活困难、生病或家庭发生变故的记账户。尽可能解决记账户的实际困难，彰显人文关爱。建立全天候网络沟通平台，及时了解，快速解决记账户提出的疑难问题。

——“恒心”访户。持之以恒“有的放矢”入户回访，辅之以电话和QQ平台等常态化回访制度。加大调查网点管护力度，减少换户。计划12月15日前对全部记账户进行访户，对记账质量差、老弱病残、家庭情况复杂和农村记账户增加访户次数。

桂林队“4S”法服务一体化正式记账

梁白冰

12月1日，城乡住户一体化调查进入正式实施阶段，国家统计局桂林调查队采用“4S”法服务正式记账工作的扎实开展。

See（走访指导）：从11月下旬开始，统筹安排时间对全市所有记帐户进行走访指导，翻阅试记帐帐本，现场点评存在的问题，传授改正的方法，确保源头数据的真实性、完整性、准确性。

Symposium（座谈会）：12月5日，召开一体化试记账工作座谈会，邀请部分记账户与调查员、辅助调查员一起重温住户调查方法制度，共同探讨，查找问题。对试记账过程中遇到的问题用实例来讲解说明，避免记账户错记、漏记、重复记账。

Summarize（总结）：认真做好试记账工作的总结，全面审视试记账的全过程，对发现和存在的问题，认真梳理，及时解决，不能解决的及时请示请教总队处室，并做好有关资料的上报工作。

Service（服务）：继续做好对记账户的服务工作，对困难户尽所能予以帮助，如看望慰问生活困难户、长期受疾病困扰户、及时提供就业信息给下岗失业户，把调查队的温暖传递到记账户家中。同时研究和探索新的服务方式，例如定期向记账户反馈其收支状况，帮助记账户理财，使记账工作对居民有实际用处；例如研究记账精简化的办法，探讨账册项目、内容设计的合理性，切实减轻居民的记账负担。

国家统计局桂林调查队围绕“管理提升”主题强化纪检监察

梁白冰

2012年以来，国家统计局桂林调查队紧紧围绕广西总队提出的“管理提升年”活动主题，不断强化纪检监察工作，充分发挥纪检监察职能，服务人事、财务、行政和调查业务管理水平提升。

一、强化廉政意识教育。全年共组织党员干部学习反腐倡廉制度、文件66人次，组织观看廉政教育片、演出89人次；逐步加强与地方纪检部门的联系，参加总队和地方组织的纪检监察干部培训5次。进一步筑牢党员干部反腐倡廉思想防线，确保本队各项调查工作健康有序开展。

二、强化廉政制度建设。以建立廉政风险防控体系为抓手，逐步健全民主集中制、民主生活会制度、述职述廉制度以及“三重一大”决策事项制度，并做到“四结合四推动”：建立防控体系与加强廉政意识相结合，推动履行“两个意识”的自觉性；建立防控体系与完善廉政制度相结合，推动制度执行力；建立防控体系与提升管理水平相结合，推动行政和调查业务规范化建设升华；建立防控体系与落实党风廉政建设相结合，推动反腐倡廉建设深化。

三、强化监督制约。重点围绕人、财、物、数、权等五个重点领域进行监督。一是在今年中层干部竞争上岗中，选拔工作的各环节，都有纪检监察工作负责人参与，确保严肃性和公正性；二是在年初广西调查队系统第五届职工运动会中，对各工作组的工作任务、职责、进度进行督促，对运动会各项物品采购和费用开支进行监督，确保运动会高效、透明；三是对年度的政府采购和资产管理进行监督，扎实推进公务卡制度改革取得初步成效，确保规范运行；四是加大对数据审核与评估的监督力度，推动CPI手持数据4项制度和《国家统计局桂林调查队数据质量检查制度》、《国家统计局桂林调查队数据质量责任追究制度》等制度的建立健全，有效地保证了“统计数据质量生命线”；五是注重监督统计执法和处罚过程，确保公平、公正。